COLEÇÃO

HISTÓRIA DA IGREJA DE CRISTO

DANIEL-ROPS

COLEÇÃO

HISTÓRIA DA IGREJA DE CRISTO

V

A IGREJA DA RENASCENÇA E DA REFORMA (II)

4ª edição

Tradução de Emérico da Gama

QUADRANTE

QUADRANTE

QUADRANTE EDITORA
Rua Bernardo da Veiga, 47 | Tel.: 3873-2270
CEP 01252-020 | São Paulo - SP
atendimento@quadrante.com.br
www.quadrante.com.br

Direção geral
Renata Ferlin Sugai

Direção de aquisição
Hugo Langone

Direção editorial
Felipe Denardi

Produção editorial
Juliana Amato
Gabriela Haeitmann
Ronaldo Vasconcelos
Roberto Martins
Karine Santos

Capa
Gabriela Haeitmann

Diagramação
Sérgio Ramalho

Título original: *L'Église de la Renaissance et de la Réforme. I. Une ère de renouveau: La réforme catholique*
Edição: 4ª

Dados Internacionais de Catalogação na Publicação (CIP)

Daniel-Rops, Henri, 1901-1965
A Igreja da Renascença e da Reforma: I. A reforma católica / Henri Daniel-Rops; tradução de Emérico da Gama – 4ª ed. – São Paulo: Quadrante Editora, 2024.

Título original: *L'Église de la Renaissance et de la Réforme*
Conteúdo: V. II. A reforma católica
ISBN (capa dura): 978-85-7465-749-3
ISBN (brochura): 978-85-7465-737-0

1. Contra-reforma 2. Reforma I. Título

CDD–270.6

Índices para catálogo sistemático:
1. Contra-Reforma : Igreja cristã : História 270.6
2. Reforma : Igreja cristã : História 270.6

Sumário

I. O DESPERTAR DA ALMA CATÓLICA: SANTO INÁCIO DE LOYOLA

Verdadeiro "Renascimento", não "Contrarreforma"

Um terrível abalo que sacudiu as próprias bases da cristandade, partes inteiras do velho edifício da Igreja que se afundaram na heresia, e a reação dos responsáveis dessa Igreja que, por fim, saíram da sua indiferença mortal e, sob a ameaça do protestantismo e contra ele, se decidiram a tomar medidas há muito indispensáveis: é assim que geralmente se encara a sequência dos acontecimentos que assinalaram a história do catolicismo em meados do século XVI, e este é o esquema contido na expressão "Contrarreforma". É uma expressão usual, mas errônea.

Nem na ordem cronológica nem na ordem lógica temos o direito de falar de "Contrarreforma" para caracterizar esse salto gigantesco, esse admirável esforço de rejuvenescimento e ao mesmo tempo de reorganização que, em cerca de trinta anos, deu à Igreja um rosto novo. Foi um verdadeiro "renascimento", no sentido etimológico e profundo do termo, muito mais impressionante para um cristão do que aquele de que se gabavam na mesma época as letras e as artes. A pretensa "Contrarreforma" não começou com o Concílio de Trento, bem depois de Lutero, mas é muito anterior à explosão de Wittenberg tanto nas suas origens como nas suas realizações; não se fez de modo nenhum para enfrentar os "reformadores", mas para corresponder a exigências e princípios inscritos na mais imutável tradição da Igreja, alicerçada nas suas mais vivas constantes de fidelidade.

Como vimos, já na segunda metade do século XV, tudo o que havia de mais representativo entre os católicos, todos os que tinham verdadeiramente consciência da situação, reclamavam a reforma, por vezes num tom de violência feroz, e mais frequentemente como um ato de fé nos destinos eternos da *Ecclesia Mater*[1]. No momento em que nascia Lutero, esse desejo de reforma estava tão difundido, era tão premente, que tomava aspectos de angústia. No tríplice campo da fé, dos costumes e da organização eclesiástica, o Concílio de Trento não fará mais do que responder a questões que se vinham formulando havia pelo menos um século, e chegará a adotar soluções propostas muito tempo antes pelas mentes mais lúcidas. Isto não quer dizer que o protestantismo não tenha desempenhado dialeticamente o seu papel nesse grande ato histórico. *Oportet haereses esse*, convém que haja hereges, repetir-se-á com São Paulo; a heresia obrigou a Igreja a precisar a sua doutrina em certos pontos, a fixar as suas posições com mais firmeza do que o teria feito se não houvesse erros a combater[2]. Mas o impulso que lhe permitiu travar esse combate era muito anterior ao ataque luterano e não pode de maneira nenhuma ser tido como consequência do abalo que este provocou.

Basta lançar uma vista de olhos pela história da Igreja para compreender facilmente que a reforma católica do século XVI não é diferente, na sua essência, das outras "reformas" que desde sempre balizaram o decurso do tempo, marcando a aplicação de uma lei inelutável. O que os monges de Cluny fizeram no século XI, o que São Norberto, São Bernardo e outros realizaram no século XII, o que São Francisco de Assis e São Domingos empreenderam tão corajosamente no século XIII, todos esses trabalhos incessantemente recomeçados provêm do mesmo espírito e têm o mesmo significado daqueles que serão realizados pelos papas e pelos padres conciliares do Concílio de Trento e pelos fundadores de ordens religiosas, seus contemporâneos. Trata-se de uma das mais evidentes constantes do cristianismo, de um dos testemunhos mais seguros da sua origem divina e da realidade das promessas que recebeu. Perpetuamente puxada para baixo pelas forças que o pecado desenvolve no mais profundo da sua natureza, a alma batizada decai incessantemente, cobre-se de trevas e parece prestes a entregar-se à morte; mas também, do próprio fundo dessa alma onde a mancha original não chega a encobrir nem a destruir completamente a sua semelhança sobrenatural, brota com total regularidade uma força que a faz subir para a luz e para a vida, uma força cujo nome é *graça*. Detido durante um certo tempo por acontecimentos humanos — o exílio de Avinhão, o Grande Cisma do Ocidente, a Guerra dos Cem Anos —, esse sublime jogo de balança recomeçou no século XVI, e a necessária reforma operou-se como no passado: se parece mais vasta quanto aos meios, mais decisiva quanto aos resultados, é porque, por se ter feito esperar, o remédio teve de atuar contra males maiores.

Assim, ao contrário do protestantismo, que de qualquer modo marca uma ruptura na história do cristianismo — a mais dolorosa, a mais trágica de todos os tempos —, a reforma católica situa-se na linha reta da mais antiga tradição. A bem dizer, ela própria é a Tradição viva reencontrada. Seja qual for o ângulo sob o qual a consideremos, observamos a mesma permanência: os decretos reformadores do Concílio de Trento emitem a mesma nota das bulas gregorianas, e os que se formularem em matéria de fé haverão de referir-se sem cessar às antigas decisões conciliares, às decretais dos papas, à doutrina dos Padres e dos doutores da Igreja. E o mesmo acontece no plano propriamente espiritual: da *Imitação de Cristo* (que por sua vez se ligava através de Tauler e Suso aos grandes místicos da Idade Média) até Santo Inácio, a filiação é clara, como também o é de Santa Catarina de Gênova até São Filipe Neri, por meio das irmandades e Oratórios do Amor Divino.

Se, cronologicamente, a reforma católica não é uma "Contrarreforma", também não o é no processo do seu desenvolvimento. Os homens que a levarão avante não terão nem de longe o propósito de combater o protestantismo e de deter os seus progressos. Santo Inácio ficaria muito surpreendido se, no dia da Assunção em que pronunciou os seus votos em Montmartre, lhe tivessem dito que muitos historiadores o apresentariam como recrutador de uma milícia de choque encarregada de esmagar a heresia! E mesmo os grandes bispos que, vinte ou trinta anos antes do concílio, tomaram medidas para reformar o seu clero, não se propunham de modo nenhum aparar as críticas sangrentas dos luteranos. A verdadeira reforma não se operou *contra* um inimigo, mas *em favor* de Deus, *em favor* de Cristo, em favor da mais autêntica fidelidade. Antes de se plasmar num corpo de doutrina, num cânon disciplinar, num código eclesiástico, foi um imenso e prodigioso movimento de fervor que exaltou a alma cristã quase por toda a parte — talvez com maior força na Itália e na Espanha —, uma espécie de arrebatamento da alma de que os santos foram os agentes.

Há aqui um fenômeno literalmente inexplicável, que uma vez mais faz pressentir no desenrolar dos acontecimentos históricos os arcanos misteriosos das intenções da Providência. Por que razão essas testemunhas eficazes da verdade e da justiça — que, no decurso dos grandes séculos da Idade Média, tinham surgido sempre no momento em que se impunha a necessidade da sua ação e que, durante perto de duzentos anos, tinham feito falta tão cruelmente — tornaram a aparecer em grande número, dotadas de uma estatura adequada à época, a partir de começos do século XVI? Que teria acontecido se um Santo Inácio, um São Pio V e outros tivessem vivido precisamente antes de eclodir o drama do cisma? Não há dúvida de que tudo teria sido diferente. E por que Deus deixou a sua Igreja mergulhar tanto tempo em trevas enlameadas antes de a iluminar com a sua luz? O próprio Bossuet, que se apercebeu desse enigma, não lhe deu resposta.

Na hora decisiva em que a Igreja, católica, apostólica e romana, vai refazer-se e reencontrar o seu verdadeiro rosto, acontecerá o que sempre aconteceu: a sua história autêntica será escrita pelos *santos*. É por meio de uma renovação espiritual, ou seja, de um aprofundamento nas certezas, de um regresso às fontes vivas, que a reforma católica dará o seu primeiro passo. É pela prática da oração que se porá fim às dúvidas, aos relaxamentos, ao divórcio entre a fé e a vida. Chama a atenção que as personalidades realmente determinantes da reforma católica sejam todas elas almas místicas, cujo fim primário — e na verdade único — é conhecer a Deus, amá-lo e servi-lo. Não é um tratado de estratégia anti-herética o que o capitão Íñgo escreve em Pamplona, recuperando-se dos seus ferimentos, mas uns *Exercícios espirituais*; e não é com certeza o furor contra as teses luteranas, mas o amor ao Único, o que ilumina o rosto de São Caetano de Tiene durante a noite de Natal de 1517, junto do presépio de Santa Maria Maior. Que a oração ocupe o primeiro lugar na origem do grande movimento de renascimento católico é algo de um significado profundo. Toda a diferença entre a reforma católica e a reforma protestante está nestas palavras que um monge de fé lúcida, Gil de Viterbo, pronunciava já em 1512, no princípio do insuficiente Concílio de Latrão: "São os homens que é necessário mudar pela religião, e não a religião pelos homens". Já o dizia o Mestre: *Buscai primeiro o reino de Deus e a sua justiça, e tudo o mais vos será dado por acréscimo* (Mt 6, 33)...

Mas o admirável é que esse movimento interior, esse esforço por regressar ao *metanoeité*, ao "convertei-vos" do Evangelho, não se limitou ao campo onde cada um pode ser soberano, se o quiser: o da consciência. Ao passo que nos dias conturbados do século XV a mística, como vimos[3], se ensimesmou e se isolou do mundo dos homens, propondo, com a *Imitação de Cristo*, a clausura de um mosteiro ou a do mais secreto campo do coração como âmbito do esforço espiritual, os chefes místicos que influirão na reforma do século XVI praticarão uma espiritualidade orientada para a ciência de Deus e centrada na caridade. Mudança capital de perspectiva, cujas razões escapam também a qualquer análise. Mas será assim, formando homens totalmente religiosos, homens de oração e de renúncia, que esses guias prepararão, quase sem o pretenderem, tropas de uma solidez a toda a prova para as grandes batalhas que a Igreja travará, e cujos adversários mais eficazes serão esses hereges que a princípio eles mesmos ignoraram. A reforma que tiverem começado por realizar em si próprios é a que passará para as instituições e de lá se propagará.

É este movimento de fervor renascente, esta espécie de frêmito de fé que faz do século ímpio e sanguinolento que foi o século XVI um dos mais belos da história cristã. Nessa hora em que o espírito humano crepita por toda a parte em fulgores de inteligência e gênio, a alma humana irradia também exaltações sublimes, atos de fé, de esperança e de caridade. E é, em última análise, este fenômeno propriamente espiritual que, por meio da pressão exercida sobre os chefes da Igreja, determinará a reforma nos costumes, nas instituições, no ensino da doutrina, como será ele que, mudando o clima da época, permitirá que se reúna o maior dos concílios e, com as suas decisões, injete no corpo da Igreja o sangue fresco de uma fé renovada.

Uma religião feita vida

"Nos meios protestantes, circula com frequência uma ideia falsa sobre o sentido da evolução da espiritualidade cristã [...]. Digamos antes que, nas vésperas da Reforma, a religião se fizera vida". Esta observação de um grande professor calvinista[4] tem muito peso e corresponde a uma realidade evidente. Os protestantes não tiveram o monopólio do desejo de encontrar na fé um contato direto com Deus, de beber na fonte evangélica sem deter-se nos usos exteriores e nas devoções formais, de conhecer a palavra de Deus em toda a sua verdade. Muito antes de Lutero ter traduzido a Bíblia para o alemão no castelo de Wartburg, já se tinham feito muitas edições em vernáculo do livro sagrado[5]. O cardeal Cisneros consagrara imensos esforços à sua "poliglota", e Lefèvre d'Étaples obtivera grande êxito com a sua tradução francesa dos textos sagrados. E quanto ao desejo de uma religião mais pura, mais exigente e mais interior, que seria o primeiro móbil do monge agostiniano de Wittenberg, tinham sido inumeráveis os autores espirituais, totalmente católicos, de Tauler a Ruysbroeck, de Suso ao autor desconhecido da *Imitação de Cristo*, que o haviam experimentado muito tempo antes.

Desejaríamos poder traçar um quadro dessa espécie de frêmito que se apoderou de tantas almas em fins do século XV e princípios do século XVI, e que viria a ter tantas consequências diferentes. Mas o fenômeno resiste à análise, a tal ponto são complexos, contraditórios e muitas vezes ambíguos os elementos de que se compõe. É uma época em que a consciência cristã se busca a si própria, às vezes com audácias excessivas, e em que o longo silêncio de Roma concorre para que alguns se extraviem. Na sua origem, as sementes de que brotarão as messes do protestantismo não parecem diferir muito dos germes fecundos que darão vida à Igreja Católica. Antes que as posições se endureçam e se ergam as barreiras que em breve se tornarão intransponíveis, o que se vê é o conjunto dos batizados, pelo menos no que há de melhor entre eles, que se esforça por desembaraçar o cristianismo de tudo o que o mancha e desfigura. Distingue-se perfeitamente uma orientação geral, mas, nos pormenores, que diferença! E torna-se tão impossível captar esse fenômeno como é impossível compreender o processo múltiplo pelo qual, na primavera, desabrocham as flores e vingam os frutos de cada árvore de um pomar.

Em todos os países, em todas as classes sociais, são inumeráveis os nomes que seria necessário citar para lembrar os animadores deste grande impulso de fervor. Eis alguns, na hierarquia da Igreja e até nas fileiras do Sacro Colégio: Cisneros, Sadolet, Aleandro, Giberti, Caraffa, Lippomani... Entre os padres e os monges: Caetano, Antônio Maria Zacarias, Jerônimo Emiliano, Serafim di Fermo, Mateus de

Bascio, Battista de Crema. São numerosos os intelectuais desejosos de promover essa reforma interior, sobretudo entre os expoentes do humanismo cristão, de Marsílio Ficino a Vives, de Erasmo a Thomas More. Desempenham um grande papel nessa animação espiritual as mulheres, algumas bastante suspeitas como Margarida de Navarra e Renée de Ferrara, mas em geral profundamente católicas, como a poetisa Vitória Colonna, cujo rosto puro expressa bem a qualidade da sua alma e que é a confidente de Michelangelo, de Reginald Pole e também de Valdés; ou a sua amiga Catarina Cibo, que, para melhor conhecer a Sagrada Escritura, aprende o hebreu e o grego, e que será a grande protetora dos capuchinhos nos seus princípios; ou ainda Luísa Torelli, condessa de Guastalla, cujas virtudes confinam com a santidade. Observa-se também o mesmo fervor no povo: não é por acaso que o analista Tassini nos mostra populares embrenhados em discussões sobre a fé e o dogma nas ruas e praças de muitas cidades italianas.

Formam-se por toda a parte grupos de cristãos que debatem juntos todos os graves problemas, que leem o Evangelho e o Antigo Testamento, que discutem teologia e mística: há-os em Alcalá, Burgos, Palência, na corte do próprio Carlos V como na de Francisco I ou de Henrique VIII; há-os em Nápoles, em torno de Juan de Valdés, o espanhol místico que morrerá católico depois de ter semeado ao mesmo tempo a boa semente e o joio; há-os ainda em Verona, ao redor de Giberti, tanto no palácio calabrês de Donatello como sob as arcadas de São Jorge Maior; e, como veremos já a seguir, há-os entre os oratorianos do Amor Divino, que se reúnem em Roma à volta de Gregório Cortese. O Centro de Meaux, formado por Briçonett, não é inicialmente senão um de entre muitos outros cenáculos análogos, dos quais a Igreja não tem nenhum motivo de queixa[6].

Outro sinal característico dessa animação: a proliferação de livros religiosos e de métodos de oração. É impressionante a lista das obras dos místicos que se reeditam e dos tratados que se publicam entre o fim do século XV e as proximidades de 1530. A *Imitação de Cristo*, incessantemente reimpressa, anda de par com a *Vida de Cristo* de Ludolfo o Cartuxo ou com os *Solilóquios* de Santo Agostinho. Ressuscitam-se os místicos da Idade Média; o *Espelho da Perfeição* de Harphius é traduzido em várias línguas; os cartuxos de Colônia especializam-se em compilar as obras espirituais dos séculos anteriores, mas o bispado de Granada e a abadia de Monserrat na Espanha não lhes ficam atrás. É nesta última abadia que Garcia de Cisneros publica os seus *Exercícios de vida espiritual*, que serão lidos mais tarde por Inácio de Loyola na cidade vizinha de Manresa. Os tratados de São João de Ávila, *Audi, filia*, e de Luís de Granada, *Guia de pecadores*, difundem-se além das fronteiras da Espanha. Mas outros métodos de oração, provenientes dos Irmãos da Vida Comum ou dos cônegos de Windesheim, encantam também as consciências exigentes. Na França, *Louis de Blois* (1506-1566) publica muitos livros de alta espiritualidade, dentre os quais a *Instituição espiritual é* o mais célebre. E o *Tratado das armas espirituais*, de uma simples e santa religiosa, Catarina de Bolonha, entusiasma muitas almas.

Tudo é vivo, apaixonado, neste movimento confuso, às vezes singularmente inclinado para os extremos. Antes de a reforma católica impor os seus princípios e pôr tudo em ordem, tem-se a impressão de que a alma cristã tateia e envereda por toda a espécie de direções, tal a necessidade que experimenta de reencontrar a certeza e a luz. Consideremos, por exemplo, a Espanha, essa Espanha que vai aparecer no reinado de Filipe II como a terra por excelência da

"Contrarreforma" mais rígida, essa Espanha onde se forma o grande soldado do papa, Inácio, onde se preparam os arautos da experiência mística mais indubitavelmente católica, Santa Teresa e São João da Cruz. Mas, vinte ou trinta anos antes, que espetáculo diferente não dá! Dir-se-ia um metal em fusão. A quem pede ela a inspiração para retornar ao cristianismo autêntico, à religião vivida? A Erasmo e à sua *filosofia de Cristo*, que, diz o mestre, "deve ser vivida e não argumentada". O erasmismo invade a Península como uma maré; todos os intelectuais cristãos "avançados" se apoiam nele; a Universidade de Palência converte-se no seu centro, mas em breve a de Sevilha a imita. Na Flandres espanhola, em Lovaina e depois em Bruges, um espírito do mais alto quilate, *Luís Vives* (1492-1540), que será um dos iniciadores da ciência pedagógica, é, mais do que um discípulo de Erasmo, seu êmulo. O *Enchiridion militis Christi* ("Manual do soldado de Cristo") exerce por toda a parte uma influência enorme, mesmo na obra de Luís de León e de São João da Cruz, que o lerão na célebre tradução — aliás prudente — de Alonso Fernando. Esse manifesto do cristianismo interior, hostil a todo o formalismo, enche de alegria muitas almas. Os franciscanos e os dominicanos inquietam-se com os possíveis desvios da obra e a Inquisição intervém; Diego de Zúñiga lança contra as ideias do holandês o seu panfleto *Blasfêmia e impiedade*. Mas pode-se negar que o erasmismo foi um fermento de renovação espiritual? O bom Maldonado e os dois Vergara são testemunhas disso.

Mas há outro movimento que atinge não tanto os intelectuais das universidades, como as massas simples e fervorosas, sacerdotes, religiosos, freiras, ainda que nele se filiem espíritos de grande categoria como Juan de Valdés, antes da sua fuga para Nápoles, ou Miguel Servet, futura vítima da fogueira de Calvino, e que mesmo um purpurado, o cardeal Carranza, o olhe com benevolência. É o *iluminismo*, que também tende para um cristianismo interiorizado e apela para o sentimento vivo da graça. O *Terceiro Abecedário* do franciscano Osuna expõe o princípio em que se baseia, no que tem de moderado: fazer o vazio absoluto na alma para que o Senhor nela penetre sozinho e a cumule da sua "luz". Mas no extremo dessa doutrina do recolhimento, nota-se a do abandono, em que se incute a persuasão de que a consciência humana iluminada por Deus já não pode pecar — o que roça o luteranismo. Que tipos estranhos não se encontram entre esses *alumbrados* ou iluminados! Maria de São Domingos fica em êxtase durante horas, como se estivesse morta, e, apesar de ignorante e quase analfabeta, discute com os maiores teólogos; Madalena da Cruz, a clarissa, faz um pacto com o demônio! Erasmianos como os Vergaras deixam-se tentar por essas doutrinas, e Maria Cazalla, *beata,* fala de Lutero com singular indulgência. Sob alguns aspectos, o movimento ladeia a aberração espiritual. Sob outros, parece promover uma doutrina esotérica para uso de uns poucos iniciados. De qualquer modo, não contribui para a renovação das almas? Não fomenta o desejo de um cristianismo mais próximo de Cristo? A Inquisição poderá golpeá-lo — e muitas vezes com toda a razão —, mas não deixa de ser verdade que, sem as tentativas pouco coerentes do iluminismo, um São João da Cruz talvez não tivesse sido o que foi, ele que saberia ultrapassá-lo.

Tais fenômenos, se por um lado dão forma à pressão das almas fervorosas sobre a Igreja para obrigar os seus chefes a meter ombros à reforma, por outro, mostram como são indispensáveis as tomadas de posição nítidas e categóricas. No momento em que Lutero e os demais reformadores protestantes lançam a sua ofensiva contra a Igreja

Católica e Romana, esse perigo que eles a fazem correr não é o único. Se Roma permanecer muda e inerte, se a autoridade não se decidir a assumir todos esses movimentos complexos e a propor uma regra que fixe as relações entre a fé e a vida, em que estranho matagal não se perderão tantas almas sequiosas? Que ela fale, e tudo se tornará claro, tudo se porá em ordem. Noções que originariamente podiam prestar-se a confusões, uma vez polidas e definidas pela Igreja, deixarão de ser perigosas; acabará a mistura da verdade com o erro. É o que Erasmo proclamará bem alto quando romper com Lutero: "Não ponho as minhas certezas senão nos juízos certos da Igreja". É a decisão que será tomada por aqueles que, com toda a sua alma, com todas as suas forças, "sentem com a Igreja". A grande agitação espiritual resolver-se-á num ato de obediência e de fidelidade[7].

Mas precisamente dessa fermentação confusa emergem homens que pensam e sentem plenamente com a Igreja, que nutrem poderosos anseios espirituais, mas que nem por isso concebem por um instante sequer que se possa fazer a reforma senão "pela mudança do homem, e não da religião". Todos querem permanecer inteiramente fiéis à Santa Madre Igreja, mesmo que ela ofereça momentaneamente um rosto decepcionante. Um Santo Inácio será o espécime mais ilustre desses homens; um Adriano VI, se tivesse vivido mais tempo e sido mais hábil, teria podido ser outro exemplo, no trono pontifício. Mas há outros, muitos outros que o são, e é por serem tão numerosos que, no final, a aspiração que sobe do fundo da alma cristã arrastará toda a Igreja e a reforma se fará.

Queremos exemplos? Aqui temos um, singularmente sedutor. *Gaspar Contarini* (1470-1542), senador de Veneza, um dos dirigentes da Sereníssima, da qual foi embaixador em Roma e na corte de Carlos V. Humanista notável, helenista lúcido, amigo de tudo o que conta na Europa letrada. Ao mesmo tempo, uma alma repleta de Deus, dotada de uma piedade e uma caridade tão delicadas que fazem pensar com antecedência em São Francisco de Sales, uma alma igualmente preocupada com a renovação do cristianismo e que, com esse propósito, se põe em contato com Valdés e com Sadolet, com Reginald Pole e com o bom bispo Giberti. Mais do que ninguém, viu de perto a corrupção de Roma, o abismo de miséria em que mergulhou a Sé de São Pedro, mas é um filho da Igreja, totalmente: é no marco da tradição, sob a autoridade da Igreja, que ele quer ver desenvolver-se o impulso espiritual a que aspira. Mais tarde, depois de enviuvar, será criado cardeal, e essa reforma terá nele um dos seus advogados mais influentes.

Outro exemplo: desta vez, é um grupo de cristãos fervorosos, ou melhor, um conjunto de grupos animados de extrema vibração espiritual, onde, numa febre alegre, se preparam grandes renovações. O título, simples e despojado: *Oratório do Amor Divino*. Observemos esses cristãos admiráveis numa pequena igreja do Trastévere em Roma, a dos Santos Silvestre e Doroteia, entre os anos de 1510 e 1520. Há de tudo nesse meio: clérigos e leigos, burgueses piedosos e humanistas. A ideia original que os agrupou procede da "Companhia do Amor Divino", que nasceu em fins do século XV, principalmente sob a ação de Santa Catarina de Gênova. O santo que tomaram por padroeiro é São Jerônimo, alma ardente, grande letrado, tradutor da Bíblia. As principais cabeças são Caetano de Tiene, João Pedro Caraffa, Luís Lippomani, Giuliano Dati, pároco da modesta igreja onde se reúnem.

Esses homens rezam e meditam juntos, estudam a Escritura e os Padres da Igreja: mais do que reformar a Igreja, o que os preocupa é reformarem-se a si mesmos e preparar neles mesmos a terra fecunda em que cresce a semente de Cristo. Não tardará que o seu exemplo seja seguido e se formem oratórios semelhantes em Veneza, em Bréscia, em Verona. É desses grupos ardentes que sairão fundadores de ordens como São Caetano, reformadores como Caraffa, futuro papa, e Lippomani, que presidirá ao Concílio de Trento. Nada melhor do que o exemplo dessa sociedade sem estatutos, desse movimento sem regras fixas, para ver como a reforma propriamente dita mergulhou as suas raízes no fervor da alma. São Jerônimo Emiliano, fundador dos somascos, cujo único fim é fazer com que reinem a fé e a caridade, põe nos lábios de umas crianças órfãs esta sublime oração que vale por um programa: "Doce Pai, Nosso Senhor Jesus Cristo, nós Vos pedimos pela vossa bondade infinita que volteis a pôr todo o cristianismo no melhor estado de santidade que possa agradar à vossa Divina Majestade".

Bispos reformadores

"Voltar a pôr o cristianismo no melhor estado de santidade": tal foi, com efeito, muito antes do Concílio de Trento e das decisões dos papas, a preocupação de um grande número de homens. Isso não apenas entre os que só tinham por arma a oração, mas também entre aqueles cujas funções os punham em condições de traduzir as suas intenções em atos. E assim se esboçou, antecipando-se à reforma oficial, uma reforma episcopal, abacial e prioral, que devia preparar para a outra o caminho e, às vezes, os meios. Reforma esporádica, limitada muitas vezes às dimensões de uma diocese, excepcionalmente às de um reino, ligada à existência de um homem e, por conseguinte, frágil, mas que, como sinal, era de uma grande importância.

Reformas episcopais[8]. Tem-se falado demais de bispos indignos, preocupados com prebendas, de vidas pouco exemplares, para não experimentar satisfação em dizer que nem todos os chefes da hierarquia católica foram desse gênero, e que se sabe de muitos que, haurindo na sua fé um profundo sentido dos seus deveres, tentaram reconduzir o seu clero e os seus fiéis a uma religião purificada. Houve-os em todos os países, e seria demorado enumerá-los: irenistas ou violentos, segundo os caracteres, felizes ou infelizes nos seus resultados, mas constituindo no conjunto a vanguarda daqueles que, em Trento, fariam passar essas excelentes intenções reformadoras para as instituições da Igreja.

Um desses precursores? O cardeal *Ximénez de Cisneros* (1435-1517). Vimo-lo acompanhar os seus soberanos na expedição contra o reino mourisco de Granada[9] — "o cheiro da pólvora agrada-me tanto como o do incenso", gostava ele de dizer —, mas erraríamos se o representássemos unicamente como um prelado de elmo na cabeça. Morreu em 1517, no mesmo ano em que Lutero começava a sua carreira, mas, mais de vinte e cinco anos antes do Concílio de Trento, já consagrara uma ampla parte da sua atividade incansável a restaurar a Igreja na sua santidade. O que impressiona nele é que não foi por motivos teológicos que se fez reformador, mas como fruto de uma experiência interior que o levou a despertar para um fervor religioso análogo ao que se observa em muitos dos seus contemporâneos. Por que este sacerdote secular, administrador do bispado de Sigiienza, renunciou a tudo aos quarenta e oito anos e, dentro da mais severa observância, tomou o hábito franciscano no convento de Castanar? Durante mais de dez anos, sequioso de penitência, retirado numa cabana de vime construída por ele mesmo num lugar isolado, parecia não estar chamado a ser senão um eremita modelo, mas as suas virtudes não tardaram a ser conhecidas a muitas léguas de distância.

Arrancado à sua solidão por vontade da rainha, que fez dele o seu confessor e lhe deu o arcebispado de Toledo, adaptou-se imediatamente às suas novas funções e pôs a sua autoridade, que em breve se tornaria imensa, ao serviço da causa de Deus. Visitou pessoalmente os mosteiros de Castela, um por um, e convidou-os a reformar-se. Empenhou-se em fazer do clero da sua diocese um clero exemplar. Ao mesmo tempo, compreendendo que a Igreja não poderia ser eficaz no mundo que tentava nascer se não utilizasse os meios adequados, meteu ombros à tarefa de fazer da cultura e do humanismo os aliados do cristianismo. Fundou a Universidade de Alcalá, que chegou a contar cerca de doze mil alunos, e encarregou-a de preparar a elite católica da Espanha. A *Bíblia poliglota*, em seis volumes, realizada por um grupo de especialistas — López de Zúñiga, Nunez de Guzmán — guiados de perto pelo arcebispo, ergueu um monumento de erudição católica bem antes das bíblias protestantes e dos trabalhos de Erasmo. Feito cardeal, inquisidor-mor, primaz, governador de Castela, regente do Império, Cisneros exerceu infatigavelmente a sua atividade até passados os oitenta anos. Nem todos os planos lhe correram bem, longe disso; assim, quando quis obrigar os seus cônegos a viver em comum e lhes construiu casas junto da catedral, os cônegos, rebelados contra a autoridade episcopal, recusaram-se a ocupá-las e chegaram a encarcerar o núncio Ortiz, que viera excomungá-los. Mas foi à sua ação que a Espanha deveu em larga medida a resistência que opôs às ideias protestantes; e a Igreja inteira pôde ver, apontado pelo terrível cardeal de Toledo, o caminho que devia seguir.

Tais exemplos não se viriam a perder. Na própria Espanha, a corrente reformadora continuou a desenvolver-se depois da morte daquele que fora a sua fonte. Nessa Andaluzia onde João de Ávila, aluno da Universidade de Alcalá, entrou em ação dez anos depois do desaparecimento do cardeal, os bispos mostraram-se ardorosos em dar prosseguimento à sua obra. Foi o caso do arcebispo *Pedro Guerrero* de Granada, que seria chamado a participar do Concílio de Trento e proporia àquele apóstolo dos camponeses que o acompanhasse. E ainda o de *São Tomás de Vilanova* (1488-1553), arcebispo de Valência, alma mística e pura, fundador de admiráveis obras hospitalárias, às quais doava todas as rendas dos seus benefícios (tendo-lhes cedido até a sua cama pessoal!); grande letrado e pregador eloquente, chegou a ser nomeado pregador da corte por Carlos V, mas foi também um reformador eficaz, a tal ponto que já em vida era chamado "o novo apóstolo da Espanha".

Se a Península Ibérica ocupou um lugar insigne nesse movimento, não foi no entanto a única parte da cristandade a ser sacudida por ele. Foi-o também a Itália, essa Itália cujo episcopado se tende a julgar, em bloco, pela ótica dos cardeais mundanos ou — pior ainda — pela dos Médicis, dos Farnese ou dos Bórgia, mas que contou à frente das suas dioceses com um número considerável de personalidades livres da menor mancha e cuja qualidade espiritual e ação temos de admirar. Um único nome seria suficiente para resumir todo o esforço realizado em muitos lugares para arrancar a Igreja aos maus exemplos que vinham, infelizmente, da corte pontifícia: o de um homem tão evidentemente santo que quase nos admira não o vermos nos altares: *Giberti*, bispo de Verona (1495-1543), esse "*Messire* João Mateus, reverendíssimo e singularíssimo", que o bom cronista barnabita Lourenço Davídico citaria na primeira fila dos combatentes de vanguarda da reforma católica.

Que admirável figura, com efeito, a desse místico — quando jovem, só sonhara com a vida silenciosa dos claustros — que as circunstâncias obrigaram a assumir altíssimas funções na Igreja, mas cujo único desígnio, onde quer que se encontrasse, foi sempre o de introduzir o Evangelho, seiva da sua vida, na vida dos outros homens. Colocado por seu pai, almirante-mor genovês, na secretaria do cardeal Júlio de Médicis, encarregado de missões delicadas por Leão X, nomeado "datário", isto é, quase primeiro-ministro do seu antigo senhor que se tornara o papa Clemente VII, apesar de ocupar tão pesados cargos, continuava a ser o homem fervoroso e abnegado que sonhara com a clausura, e o Oratório do Amor Divino não tinha ninguém mais fiel do que ele às suas piedosas reuniões. Os seus títulos e as suas honras pesavam-lhe; quando, por fim, depois do saque de Roma, conseguiu do sumo pontífice permissão para os abandonar, foi residir na sua diocese de Verona, onde, durante cerca de quinze anos, levou a cabo uma transformação impressionante.

Pregando com o exemplo, renunciando a todos os seus benefícios, vivendo no paço episcopal à maneira de um monge — durante as refeições, lia-se um livro de piedade —, pôde impor a um clero muito pouco digno de elogios o regresso à moral e à disciplina. Sempre na estrada, visitando em rodízio as paróquias da sua diocese, afastando os sacerdotes indignos, animando os tíbios e os moles a reagir, reacendeu por toda a parte a vida de fé e a prática religiosa. Encarregou "vigários forâneos" de fazer executar as suas ordens na sua ausência. As suas determinações, impressas, foram distribuídas a todos os párocos e eram tão perfeitas que muitos dos seus artigos passariam ao pé da letra para os cânones do Concílio de Trento. As ordens religiosas foram também objeto da sua firme solicitude, o que não agradou a todos, de modo particular a certas religiosas perfumadas que até foram queixar-se dele em Roma, aliás sem qualquer resultado.

Em que campo não exerceu o admirável bispo o seu esforço? Para desenvolver a piedade dos fiéis, criou a "Confraria do Santíssimo Sacramento", que viria a fazer escola. Restaurou a liturgia em toda a sua dignidade na diocese de Verona, e muitas outras seguiram-lhe o exemplo[10]. Convidou os pregadores a não abusar dos direitos da eloquência, a limitar a duração dos seus sermões e a não gargarejar citações latinas! Muito culto, fundou à sua volta um centro de estudos, a "Academia Gibertina". Social e caridoso, tanto como defensor da disciplina e da moral, multiplicou orfanatos, hospícios, casas de refúgio para moças pobres e arrependidas, e a sua *Societas pauperum* foi uma prefiguração das atuais Confrarias de São Vicente de Paulo, trezentos anos antes de Ozanam! Tudo isso, é claro, não se fez sem lutas nem fracassos e cóleras; mas é necessário dizer, para honra dos papas, que todos apoiaram com energia aquele que Clemente VII constituíra seu "legado". João Mateus Giberti morreu cedo demais e jovem demais para ver as suas ideias triunfarem no Concílio de Trento, mas abriu-lhes o caminho. Na oração fúnebre, o carmelita Castiglione teve muita razão em dizer: "O nosso bispo viveu e morreu como um santo".

Giberti esteve longe de ser o único da sua espécie. O que ele fez tão bem em Verona — onde Lippomani viria a dar-lhe perfeita continuidade —, outros depois dele o fizeram na mesma ocasião em outras partes: Cornaro em Bréscia, Ridolfi em Vicenza, Hércules Gongaza em Mântua, Contarini em Belluno, Vida em Alba da Lombardia, Pisani em Pádua,

Aleandro em Brindisi, Doria em Gênova, Cles em Trento; os resultados variaram e em lugar nenhum atingiram o nível dos de Verona, mas foi significativo que tantas dioceses tivessem sido assim trabalhadas. Aliás, observava-se o mesmo movimento por toda a parte, com maior ou menor eficácia.

Na Alemanha, onde nem todos os bispos eram da espécie de Hermann de Wied ou de Ruppert von Simmern, esse esforço foi levado a cabo por ótimos prelados, como Johann Eck, Frederico de Hohenzollern, Bertold Pirstinger. Na sé de Basileia, sucederam-se bispos excelentes, como Cristóvão de Utenheim, eficazmente apoiados por auxiliares muito ativos. Na Inglaterra, houve um John Fisher, e está tudo dito. Mesmo na Polônia, vemos um Estanislau Hosius, bispo de Chelm e futuro cardeal, lutar contra os protestantes não só pela pena, mas pelo exemplo. E não poderíamos deixar de evocar, nesta lista sucinta e incompleta, essas equipes de bispos da França que, como vimos, também realizaram um bom trabalho, extraindo do seu profundo fervor as forças com que se empenharam em reformar as suas dioceses, quer se tratasse do brilhante Sadolet no Carpentras ou de Briçonnet em Meaux, cuja doutrina chegou a despertar suspeitas nalgum momento, mas cuja estatura moral e coragem em refazer a Igreja jamais provocou crítica alguma[11].

A reforma das antigas ordens: os capuchinhos

Essa reação dos bispos contra as forças da decadência contou com a cooperação de outra, a mais tradicional na Igreja: a dos religiosos. Em todas as crises que afetaram a Igreja no decurso dos séculos, não foi nas ordens monásticas que se concretizaram as forças de resistência?

Mas os velhos institutos regrantes seriam ainda capazes de fazer o que outrora tinham feito sucessivamente os beneditinos e os cistercienses, e depois os franciscanos e os dominicanos? Aparentemente, o seu papel não parecia terminado: as abadias de monges negros ou brancos continuavam a ser muito numerosas; os frades menores continuavam a exercer uma grande influência sobre o povo; seria aos dominicanos que Paulo III confiaria em 1542 a Inquisição romana restaurada. Mas, como é bem sabido, essas ordens antigas tinham em geral decaído muito do seu fervor primitivo; contavam certamente com religiosos piedosos, mas esses bons elementos, misturados com monges duvidosos admitidos com pouca severidade, obrigados a viver com confrades frequentemente pouco edificantes, sofriam, sentiam-se ineficazes, e daí resultavam inúmeras tensões e até conflitos violentos. A questão consistia em saber se o bom trigo venceria o joio, se os observantes da Regra e das tradições de santidade chegariam a impor a sua maneira de ver aos outros; questão tanto mais grave quanto essas ordens iriam sofrer os assaltos mais ferozes da crítica protestante e, além disso, veriam surgir novas ordens ao seu lado, cheias de vigor e prestes a suplantá-las.

Desenhou-se uma tendência muito nítida — que será a de toda a reforma católica — no sentido de sujeitar mais estritamente as ordens religiosas às autoridades eclesiásticas: à Santa Sé, por intermédio da Congregação dos Religiosos; e aos bispos, recortando diversos privilégios monásticos. Em 1516, Leão X colocou sob a autoridade episcopal todos os religiosos, mesmo os mendicantes, no que dizia respeito ao exercício do ministério exterior, e em numerosas ocasiões, quando surgiram conflitos entre bispos reformadores e frades — por exemplo em Verona, nos tempos de Giberti —, a

Santa Sé deu sempre razão aos primeiros. Era uma política que anunciava os decretos do Concílio de Trento destinados a pôr fim aos abusos, a constituir em congregação os beneditinos negros, a vigiar a pobreza oficial dos franciscanos, como também antecipava as medidas severas de Paulo IV contra os monges giro vagos (perambulantes), que seriam mandados para as galeras ou para a cadeia.

Essas medidas conciliares ou pontifícias teriam sido inúteis se, no seio das velhas formações conventuais, não se tivesse manifestado uma vontade de reforma sincera e espontânea. Mas manifestou-se, e de uma forma singular. A bem dizer, já nos piores dias dos séculos XIV e XV, haviam brotado algumas reformas realmente eficazes, nascidas do mais profundo senso de fidelidade[12]. Santa Catarina de Sena, Santo André Corsini, São João de Capistrano, Santo Antonino, Santa Colette e muitos outros tinham trabalhado corajosamente. Agora, era preciso voltar uma vez mais a meter ombros a essa tarefa, porque é próprio da natureza humana deslizar incessantemente pela encosta das suas inclinações, mesmo quando sustida pelo tríplice voto. Mas começou-se de novo.

Não houve talvez nenhuma das antigas ordens religiosas que, nos quarenta anos que precederam o Concílio de Trento, não desse sinais bem claros de renovação. Em todas ou em quase todas, houve homens e mulheres que, como vimos a respeito das dioceses, hauriram numa experiência pessoal a fortaleza necessária para empreenderem a luta contra tudo o que punha em perigo, juntamente com as suas ordens, as próprias bases da sua vida espiritual. Esta renovação dos conventuais é um dos aspectos mais impressionantes da "pré-reforma" que anunciou a reforma oficial, preparando-lhe os caminhos e as tropas de choque. Quase por toda a parte, o processo foi o mesmo: um homem de

Deus suscitava no seio de uma ordem antiga, mais ou menos decaída, uma congregação ou uma comunidade nova, resolvida a viver em total fidelidade à Regra; após dificuldades várias, o pequeno núcleo chegava a impor-se, a prosperar; numerosos elementos vinham juntar-se-lhe e, às vezes, era o conjunto ou uma ampla maioria da antiga congregação que se transformava ao calor desse exemplo.

É necessário prestar homenagem a esses corajosos que reacenderam a chama. São menos conhecidos do que os seus contemporâneos que fundaram novos institutos, como Santo Inácio, São Caetano e outros; não tiveram, para servir a sua memória, o zelo de umas formações jovens, desejosas de possuir um protetor no Céu, e por isso poucos deles foram canonizados. Mas quantos não o teriam merecido!

Entre os beneditinos, destaca-se na Alemanha todo o magnífico esforço da congregação de Bursfeld, herdeira do ímpeto de São Nicolau de Cusa. À frente da célebre abadia espanhola de Monserrat, perto de Barcelona, sobressai o grande místico que influirá em Santo Inácio de Loyola, *Garcia de Cisneros* (1544-1610), sobrinho do cardeal Ximénez, que restaurou não só a disciplina, mas também o esplendor do ofício divino. E, na Itália, o belo humanista *Gregário Cortese* (1483-1548), que, primeiro em Mântua, depois no antigo mosteiro de Lérins e mais tarde em São Jorge Maior de Veneza, reativou não só o fervor e a disciplina, como o gosto pelos trabalhos intelectuais, e veio a exercer uma profunda influência sobre todos os seus irmãos de Montecassino; Paulo III fê-lo bispo de Urbino e cardeal.

Entre os camaldulenses, a venerável ordem de São Romualdo, quem se põe à testa do movimento é o *Beato Giustiniani* (1476-1528), da mesma família veneziana que deu à Igreja o virtuoso patriarca Lourenço e o Venerável Nicolau, beneditino. Primeiro nos Apeninos, depois na planície de Ancona, os seus filhos espirituais viviam em pequenas cabanas isoladas, como verdadeiros eremitas, abnegados e mortificados, e o seu exemplo teve tal irradiação que em breve todo o conjunto da ordem passou a segui-lo. Depois dele, o seu parente Pedro Giustiniani de Bérgamo faria de Monte Corona, no alto Tibre, o centro dos camaldulenses renovados.

Entre os mendicantes de todas as cores, nota-se a mesma animação, a mesma vontade de renascimento. Os dominicanos não têm nesta época personalidades reformadoras excepcionais, mas isso porque a reforma se fez entre eles desde 1493, na célebre congregação de São Marcos em Florença, sob o amparo do bom arcebispo Santo Antonino; e talvez também porque a ação de Savonarola, apesar do seu fracasso final, continuou a fazer-se sentir muito tempo depois de as suas cinzas terem sido lançadas ao Arno. Os frades de hábito branco e negro possuem agora um maravilhoso animador, *Battista da Crema*, cuja voz é pouco menos poderosa que a de frei Jerônimo. Em Pavia e Alba, o prior Ghislieri, futuro papa São Pio V, distingue-se pela sua autoridade. Mas é mais no plano intelectual, aliás de acordo com a sua vocação, que os dominicanos trabalham pela renovação: na Espanha, *Francisco de Vitória* (1480 ou 1492-1546), professor de Salamanca — o mesmo que fundou o direito internacional e que ainda hoje é citado com frequência nas nossas faculdades —, renova o tomismo, afastando-se das sutilezas escolásticas, e tem como continuadores, nessa trilha da dogmática positiva, os seus discípulos *Melchor Cano* e *Domingos de Soto*.

Os agostinianos, que Lutero vai trazer de modo tão lastimável ao primeiro plano da atualidade, contam nas suas fileiras homens notáveis, tão preocupados com a vida espiritual profunda e com a reforma como o frade de Wittenberg, mas que, ao contrário deste, nem por um instante pensarão em abandonar a Igreja. Citemos apenas dois: *Gil de Viterbo* († em 1532), humanista de categoria, orador de prestígio, que causa sensação no Concílio de Latrão com o seu discurso corajoso, em que flagela os vícios da Igreja e expõe um verdadeiro programa de reforma; e o seu discípulo *Jerônimo Seripando* (1494-1563), membro do ramo mais severo desses frades, o da Carbonária, tão exemplar que aos vinte e um anos é feito secretário e depois geral da ordem, e que visita todas as casas que esta possui, mesmo no extremo de Portugal e da Espanha, incutindo em toda a parte os melhores princípios, desfazendo habilmente as influências luteranas, quebrando todas as resistências, partilhando da vida dos seus irmãos e apoiando a fundo um Tomás de Vilanova ou um Gaspar Casal; será bispo de Leiria e de Coimbra e grande teólogo do concílio, e por fim cardeal e legado do papa em Trento — numa palavra, uma das personalidades mais vigorosas do seu tempo.

Quase não há ordens, congregações, institutos religiosos em que não se encontrem sintomas desta fermentação; os "reformadores" conhecem-se, influenciam-se uns aos outros, sem se preocuparem com a diferença de regras nem de clausuras. E assim, entre os cônegos de Latrão, "o arminho cordial do revdo. pe. Serafim di Fermo", como dirá o cronista Lourenço Davídico, introduz as ideias de Battista da Crema; em Bolonha, outro cônego regular, Pedro de Lucca, trabalha no mesmo sentido; entre os premonstratenses da Espanha e da Lorena, preparam-se reformas que se tornarão efetivas logo após o Concílio de Trento.

Mas em nenhuma ordem esta aspiração reformadora deu ocasião a incidentes tão vivos nem a oposições tão ousadas como entre os franciscanos, a ordem mais numerosa na época e sem dúvida a mais influente. Professores em todas ou quase todas as universidades, pregadores em todos os púlpitos, os filhos do *Poverello* passeavam por toda a Europa cristã o seu hábito familiar de burel. Mas é forçoso reconhecer que eram também muito criticados, e muitas vezes com razão, pela sua proverbial habilidade em tirar dinheiro aos fiéis e pela sua conduta moral, nem sempre acima de qualquer suspeita; o cardeal Nicolau de Cusa e São João de Capistrano tinham tido muitos desgostos com eles, e na Espanha o cardeal Ximénez de Cisneros ia tratá-los com severidade.

É sabido que, logo após a morte do seu fundador, se tinham manifestado duas tendências na ordem de São Francisco: uma que queria interpretar de modo estrito a Regra e o testamento do *Poverello*, outra que reclamava adaptações, necessárias — diziam — ao funcionamento de uma grande ordem. Essa cisão dera lugar à famosa crise dos Espirituais[13]. Acalmado, reorganizado, o partido da observância estrita tivera como principais representantes na Itália os celestinos (1294) ou clareninos; na França, os coletinos (1406); na Savoia, os amedeus (1457); na Espanha, os frades do capucho (1487); e em meados do século XV, parecera ser o partido dos santos, com Bernardino de Sena, João de Capistrano, Diogo da Marca, Bernardino de Feltre. Foi sob a influência destes que se formou em amplas camadas da ordem uma corrente decidida a reconduzir à Regra os conventos relaxados e a reunificar a grande família franciscana. Em 1516, Leão X chegou a persuadir-se de que a questão já estava madura e de que se poderia suprimir por um simples decreto todas as antigas denominações e designar os filhos de São Francisco pelo único título de "frades menores". Mas a operação falhou. Um certo número de casas recusou-se a renunciar à posse coletiva dos bens, e Leão X condescendeu e deu existência oficial aos *frades menores conventuais*, desde então vestidos de preto.

Foi grande a decepção no conjunto da ordem, mas essa decepção teve um bom resultado: reavivou em muitos setores franciscanos as energias individuais e levou ao aparecimento de homens resolvidos a aplicar estritamente os princípios do santo de Assis e a viver numa pobreza heroica. O mais célebre viria a ser, na Espanha, *São Pedro de Alcântara* (1499-1562), asceta austero, místico de visões sublimes, de uma espiritualidade tão elevada que o rei Dom João III de Portugal o chamou para junto de si e Santa Teresa de Ávila o tomou por conselheiro quando quis reformar o Carmelo; sob a sua direção, os *alcantarinos* experimentaram um considerável desenvolvimento espiritual e mesmo numérico. A sua prática de criar "casas de recolhimento" ou de retiro, onde vinham viver periodicamente ou para sempre os fervorosos da ascese, entrou nos costumes. Na França, estes franciscanos de observância estrita expandiram-se sob o nome de *recoletos*, "recolhidos".

Foi a um propósito inteiramente análogo — o do regresso à observância primitiva — que deveram o seu aparecimento outros franciscanos, agora de uma nova espécie, que pelo seu hábito insólito foram designados com um novo nome. "Capuchinhos! Capuchinhos!", gritavam os garotos nas ruas de Camerino, ao verem perambular esses engraçados frades barbudos, de burel grosseiro e um estranho capuz quadrado. A alcunha passou a designá-los assim comumente: *capuchinhos!* E ainda hoje é assim chamado um dos ramos — um dos três ramos — da ordem franciscana. O humilde frei *Mateus de Bascio* (1495-1552), no entanto, nem de longe pensava em fundar uma congregação nova quando em 1525, saindo da sua casa de Montefalcone, viera pedir ao papa Clemente VII, com a suave obstinação de um coração simples, que o autorizasse a usar um hábito que ele julgava ser o autêntico hábito de São Francisco, e também a ir em pregação por todo o mundo, com o fim de exortar todas as pessoas, mais pelo exemplo do que pela palavra, a enveredar pelos caminhos de Deus.

Apesar de ser filho de uns modestos lavradores, Mateus já era então um religioso modelo; tornara-se notável pela sua dedicação aos empesteados durante a epidemia de 1523, e a duquesa de Camerino, a virtuosa Cibo, admirava-o. Contava-se que São Francisco lhe aparecera várias vezes e lhe gritara: "Quero que se observe a minha Regra à letra!, à letra!", e como nessas aparições o fundador usava o capuz quadrangular dos camponeses de Ancona, Mateus adotara-o, apesar de todas as críticas e até da proibição dos superiores. Devidamente autorizado pelo papa, mas apenas verbalmente, o bom do frade, a quem se tinham juntado dois companheiros, começou por encontrar na sua ordem as piores resistências! A coisa foi até à excomunhão. Mas um dos seus adeptos, Luís de Fossombrone, tinha ouvido falar de João Pedro Caraffa, futuro papa, então muito influente na Cúria, como um partidário resoluto da reforma. Foi procurá-lo em Roma e, graças a ele, obteve uma bula pontifícia que o subtraía à jurisdição dos franciscanos para o colocar sob a do bispo de Camerino, amigo seguro. Tinham nascido os eremitas franciscanos — os *capuchinhos* (1528).

Em brevíssimo tempo a nova formação conheceu um êxito impressionante. Aqui e além viram-se surgir as estranhas casas desses novos menores, de portas tão baixas que não se podia passar por elas sem abaixar a cabeça, de janelas estreitas e desprovidas de vidraças. Comiam apenas pão, fruta e ervas, e nada bebiam além de água. O seu hábito era feito do pano mais grosseiro. Mas também saíam dos seus conventos, e era frequente encontrá-los sobretudo nos bairros populares — diz Castelnau nas suas *Memórias* —, "indo pelas cidades, aldeias e casas particulares, admoestando pessoa por pessoa, mostrando ao povo a excelência da religião católica", retomando, em suma, a grande e fecunda tarefa apostólica que tinha sido tão bem realizada pelos primeiros franciscanos. A inesgotável caridade que os animava — em flagrante contraste com a rapacidade dos outros mendicantes — acabou por ganhar-lhes as simpatias. A seguir ao saque de Roma, numa Itália devastada pela soldadesca e depois pela fome e pelas epidemias, mostraram-se admiráveis: o Hospital dos Incuráveis em Roma, na *Piazza del Popolo*, ainda hoje guarda a lembrança da generosidade desses homens. Constituídos a partir desse momento em congregação, sob a jurisdição benevolente e bastante nominal dos menores conventuais, tiveram as suas constituições aprovadas por Roma em 1529 e pareciam voar de triunfo em triunfo. Mas severas provas os esperavam.

Veio primeiro o ataque violento da ala da observância, furiosa por ver o zelo da nova formação — às vezes um pouco excessivo — tirar-lhes membros. Esse ataque falhou, e até alguns dos mais célebres pregadores observantes da época adotaram o capuz, o que desencadeou uma nova ofensiva, muito mais violenta, que só a influência de Catarina Cibo e de Vitória Colonna conseguiu neutralizar. Paradoxalmente ajudados pelos conventuais, os capuchinhos puderam viver praticamente independentes, sob a autoridade de um vigário-geral.

Infelizmente, aguardava-os uma desgraça muito pior. Uma das novas aquisições, a mais ilustre, cuja chegada tinha sido festivamente acolhida, e que os frades se tinham apressado a eleger como vigário-geral, era nem mais nem menos que *Bernardino Ochino*... Mas quando esse homem impressionante, esse orador excepcional — "comoveria as pedras!", dizia dele Vitória Colonna —, esse verdadeiro condutor de homens abandonou a ordem e passou para as fileiras do protestantismo, provocou um escândalo que bem se pode imaginar. O chefe dos capuchinhos, luterano e casado! Era mais que suficiente para fazer ruir todo o edifício sob os golpes dos adversários, e Paulo III chegou a exclamar, ao receber a notícia: "Dentro em breve, não haverá capuchinho nenhum!" Na realidade, porém, as dedicadas protetoras dos piedosos frades intervieram mais uma vez, ajudadas por Giberti e pelo cardeal San Severino. Um inquérito sério mostrou que o caso de Ochino era completamente isolado. Podiam condenar-se tantos homens por causa do erro de um só? Salvos dos raios pontifícios, os capuchinhos puderam continuar a expandir-se. Cem anos depois, disporiam de 1.400 casas e 30 mil religiosos, e, ao lado deles, desenvolver-se-iam também, fundadas por Maria Laurência Longa, as Irmãs da Paixão, a quem o público chamaria gentilmente "as capuchinhas".

Foi, pois, um movimento magnífico, que recompôs os quadros das antigas ordens e as preparou para entrar em cheio no esforço que dentro em breve a Igreja pediria aos seus filhos. Viria a durar ainda muito tempo, já que tomou um desenvolvimento muito maior a seguir ao Concílio de Trento — os franciscanos observantes chegaram a contar 165 mil membros! — e suscitou novos entusiasmos, novas personalidades santas. No momento em que Roma, refazendo-se, ia empreender a reforma universal, uma virgem de gênio, abrasada em fogo místico, recolhida num claustro da Espanha, meditava na reforma da sua ordem, o Carmelo, e preparava as bases da sua grande obra: Santa Teresa de Ávila.

Nascem novas ordens: a inovação dos clérigos regrantes

Bastava a reorganização e a reanimação das antigas ordens? Aparentemente, não. Para necessidades novas, fórmulas novas. Essa fórmula não tardou a surgir: a dos *clérigos regrantes*. Para dizer a verdade, não era algo que não estivesse na linha da evolução anterior; já no século XIII, os filhos de São Francisco e de São Domingos, insistindo muito menos do que os seus predecessores na retirada do mundo e na contemplação, tinham-se aproximado dos fiéis sobretudo mediante o trabalho de pregação. O novo fermento que haviam introduzido na massa cristã contribuíra incontestavelmente para levedá-la. Contudo, os resultados não tinham sido tão decisivos como era de desejar. Nem sempre — longe disso! — o clero paroquial seguira o exemplo de virtudes sacerdotais dado muitas vezes por eles; parecia que, para ser bom sacerdote, era preferível ser religioso. Não seria possível ir mais longe e constituir um corpo sacerdotal que tivesse as mesmas qualidades espirituais que os regrantes — e para isso estivesse sujeito como eles a votos —, mas permanecesse no seio do clero ordinário, vestindo como ele e vivendo como ele?

Esses clérigos regrantes ajudariam os padres no seu trabalho, dedicar-se-iam ao mesmo ministério que eles e, ao mesmo tempo, ofereceriam uma espécie de experiência pública das virtudes sacerdotais no século. Formados na oração metódica, aprofundando a sua experiência espiritual, mas isentos da obrigação do coro a que estavam submetidos os mendicantes e os regrantes, esses sacerdotes de um tipo novo aplicar-se-iam a transplantar a sua fé para a vida. Foi uma inovação capital, que veio a revelar-se fecunda.

Iria desempenhar um papel importante na obra de reforma da Igreja.

A primeira instituição que a realizou — e o fato em si é rico de significado — saiu desse admirável movimento de fervor que era o Oratório do Amor Divino; foi a dos *teatinos*. Nasceu do encontro de dois homens, de dois homens aliás muito diferentes. Um, *São Caetano de Tiene* (1480-1547), alma dedicada e piedosa, caráter modesto, cheio de moderação e mansidão; o outro, *João Pedro Caraffa* (1476-1559), "calabrês de sangue fumegante", que mais tarde, no trono de São Pedro, levaria ao auge esse temperamento, mas também as qualidades de chefe que revelara desde a juventude. A ideia veio de Caetano; tendo assistido a muitas reuniões do Oratório do Amor Divino, concluiu que os piedosos exercícios desse cenáculo fechado, excelentes em si mesmos, não tinham nenhuma influência sobre a Igreja. Se os mesmos métodos de aperfeiçoamento espiritual fossem empregados por muitos padres, por verdadeiros padres, não seriam mais eficazes? Pensou, pois, em criar uma comunidade sacerdotal cujos membros renunciassem a honras e a situações lucrativas, fizessem votos semelhantes aos dos religiosos e trabalhassem no meio dos outros sacerdotes, com eles e em favor deles.

Esse doce místico talvez não tivesse conseguido levar a bom termo o seu projeto se as qualidades de homem de ação de Caraffa não tivessem vindo completar as suas. Mas o acordo entre eles não se fez sem dificuldade; o humilde Caetano desconfiava um pouco do temperamento impetuoso do outro e, na sua pobreza voluntária, temia que os benefícios episcopais de que desfrutava o seu eventual aliado fossem um obstáculo sério à realização dos seus planos. Conta a tradição que o altivo Caraffa se lançou aos pés do futuro santo, pedindo-lhe para aceitar os seus serviços, e que Caetano, impressionado, se ajoelhou por sua vez e o abraçou a chorar.

Seja como for, associados desde então, os dois homens trabalharam de mãos dadas. Em 1524, graças a Giberti, então datário de Clemente VII, obtiveram licença para fundar a sociedade dos clérigos regrantes com que sonhavam e o favor de não dependerem senão da Santa Sé. Num belo gesto, Caraffa renunciou aos seus dois bispados, mas, como fora titular de Chieti, nos Abruzzi — em latim *Theatinum* —, os membros do novo instituto foram logo designados pelo povo com o nome de *teatinos*. A não ser pelas meias brancas e pela tonsura mais ampla, não se distinguiam em nada dos outros padres, mas estavam sempre presentes onde quer que fosse necessário pregar, atuar e exercer a caridade.

O empreendimento prosperou muito depressa. Começaram por multiplicar-se em Veneza, onde se tinham refugiado após o saque de Roma; pouco depois, o patriarca Caraccioli chamou-os a Nápoles. Voltando a Roma, à igreja de São Nicolau de Tolentino, conquistaram a gratidão do povo pela sua bondade e zelo nos meses de fome e de miséria. Em cerca de vinte anos, estavam espalhados por toda a Itália, pela Espanha, Polônia, Áustria, Alemanha; a eleição de Caraffa como papa (com o nome de Paulo IV) contribuiu muito para o seu êxito. Constituíram um viveiro de bispos — mais de duzentos saíram das suas fileiras —, de pregadores, como Santo André Avelino, e de grandes autores espirituais, como Lourenço Scupoli. Se nos nossos dias a sua fórmula, muito semelhante à dos jesuítas — aos quais estiveram a ponto de juntar-se —, mas menos firme, perdeu muita influência, nem por isso se pode esquecer o papel histórico que desempenharam e a influência que exerceram[14]. A canonização de São Caetano, em 1671, prestou homenagem a uma iniciativa que abrira à Igreja um caminho novo nas vésperas do Concílio de Trento.

Não tardou que várias pessoas enveredassem por esse caminho ou por outros semelhantes. Em Cremona, um médico ainda muito jovem, *Santo Antônio Maria Zacarias* (1502-1537), impressionado ao ver no povo tanta miséria e ao mesmo tempo tanta imoralidade, lançou-se à ação, mesmo antes de ser sacerdote, gritando por toda a parte a necessidade da penitência, como um novo São Paulo, inteiramente imbuído das lições do Apóstolo dos gentios. Em breve outros espíritos fervorosos se juntaram a ele, e pôde então admirar-se nas ruas de Milão e de outras cidades o espetáculo desses novos evangelizadores, que carregavam cruzes enormes às costas, traziam uma corda apertada ao pescoço e se postavam nas encruzilhadas para clamar bem alto o amor de Deus. Pouco a pouco, o movimento organizou-se: Luísa Torelli, condessa de Guastala, falou a Zacarias do Oratório do Amor Divino e da obra de Caetano de Tiene. Constituiu-se uma pequena comunidade, à qual um breve pontifício concedeu em 1533 os mesmos privilégios que aos teatinos. Tinham nascido os "clérigos regrantes de São Paulo", a quem o povo logo deu o nome de *barnabitas*, porque a sua casa em Roma se instalou no local de uma antiga igreja dedicada ao antigo companheiro de apostolado de São Paulo, São Barnabé. Distinguindo-se um pouco dos teatinos pela sua inclinação para as belas cerimônias litúrgicas — essas belas cerimônias a que São Luís Gonzaga, ainda pequeno, gostará tanto de assistir —, pela prática de devoções como a Adoração Perpétua, pelo impulso que deram ao ensino, os barnabitas também se expandiram rapidamente, apesar da morte prematura do seu chefe, aos trinta e cinco anos. Louvava-se tanto o zelo e a circunspeção desses clérigos que São Francisco de Sales recorrerá a eles para reorganizar o ensino na sua diocese.

Era tal a irradiação do Oratório do Amor Divino que foi ainda um adepto desse grupo espiritual que criou a congregação dos *somascos*: Jerônimo Miani, filho de um senador de Veneza, mais conhecido pelo seu nome de religião — *Jerônimo Emiliano* (1481-1537). Também ele optou pela fórmula dos "clérigos regrantes" quando se propôs agrupar à sua volta os que, como ele, vivamente impressionados pela miséria universal, queriam combatê-la com a caridade de Cristo. Orfanatos, hospícios, refúgios para prostitutas arrependidas, tudo o que podia tornar menos cruel o sofrimento humano, esse foi o terreno em que fixaram a sua ação. Aprovada em 1540, a congregação dos "clérigos regrantes de Saint-Mayeul" — do nome da sua casa em Paris — passou a ser conhecida sobretudo por congregação dos *somascos*, por se ter instalado na pequena cidade de Somasca, entre Milão e Bérgamo. Dentro em breve haviam de encontrar um novo campo para a sua vocação, e, cem anos antes de São João Batista de la Salle, consagrar-se-iam à instrução dos filhos do povo.

Teatinos, barnabitas, somascos — esta enumeração está muito longe de resumir toda a atividade criadora que se manifestou então na Igreja. A ideia dos "clérigos regrantes" dominava tanto o ambiente que tomava corpo por toda a parte, sem que tenhamos de buscar uma relação de influência entre um empreendimento e outro. Em diversos pontos da cristandade, fora mesmo das grandes fundações, foram surgindo grupos de sacerdotes que se reuniam para orar em comum, para se prepararem uns aos outros para a luta por Cristo, e que até decidiam obedecer a uma regra como os monges; eram pequenos núcleos cuja história é mal conhecida e que talvez nunca seja possível escrever. Vemo-los aparecer em torno do cardeal Sadolet no Carpentras e do cardeal Fisher na Inglaterra.

Um dos grupos mais vivos foi o que se formou na Espanha em volta de uma figura extraordinária, *João de Ávila* (1500-1569), místico, autor do admirável tratado *Audi, filia* e apóstolo incansável da palavra. Nas cidades e até nas aldeias mais pobres da Andaluzia, ele e os seus companheiros, antepassados das nossas missões rurais e operárias, esbanjaram as suas energias sem se pouparem, apresentando-se em toda a parte com a sua batina surrada e os seus rostos macilentos de olhos em chamas, incutindo vergonha nos cristãos ricos pela sua dureza e nos prelados pelas suas fraquezas, levando na sua bolsa de caçadores de Cristo peças que se chamavam Luís de Granada, João de Deus e Francisco de Borja, construindo na Serra Morena igrejas que ainda hoje lá se veem — verdadeiros precursores que, com quinze anos de antecedência, anunciavam os primeiros passos de Santo Inácio de Loyola e dos seus companheiros.

Queremos uma prova da profunda influência que essas iniciativas exerceram por toda a parte? Quando o jovem João Cidade, português, voltou das muitas guerras onde se batera com denodo e pôde escutar o apóstolo João de Ávila na Andaluzia, perto de Évora, sua terra natal, converteu-se, dedicou-se por inteiro a obras de caridade e, com o nome de *João de Deus* (1495-1550), resolveu, sendo leigo, agrupar outros leigos e adotar o mesmo teor de vida dos clérigos regrantes, sujeito aos três votos. Assim nasceu em 1540, em Granada, a pequena "congregação de João de Deus", consagrada às tarefas mais duras dos hospitais e dos hospícios, cujos membros serão chamados na França "Pais da Caridade", na Alemanha "Irmãos da Misericórdia", e cuja ação generosa não cessará de se estender e permanecerá viva até os nossos dias.

Quanto às mulheres, se não ocuparam neste vasto movimento criador um lugar tão considerável como os homens, nem por isso estiveram ausentes, muito pelo contrário. Formaram-se nessa época congregações cujos princípios foram sob muitos aspectos exatamente os mesmos que deram origem aos "clérigos regrantes": em lugar de deixar as religiosas encerradas nos conventos segundo o modo tradicional, limitadas às tarefas da contemplação — aliás necessárias, mas próprias de outras atividades —, propuseram-se introduzi-las mais ativamente no combate cotidiano da Igreja, levá-las a trabalhar ao lado do clero em obras de caridade, de ensino e mesmo de apostolado. Apareceram pois "religiosas seculares", não sem provocar espantos e resistências: "Para as mulheres, ou uma clausura ou um marido", era o que se ouvia dizer com frequência. Mas a inovação viria a revelar-se também de uma singular fecundidade.

Assim nasceram em 1535, à sombra de Santo Antônio Maria Zacarias e dos seus barnabitas, sob o impulso da admirável Luísa Torelli, as *Angélicas de São Paulo*, tão dedicadas às órfãs e às moças da vida arrependidas. São Francisco de Sales irá buscar nelas muitos elementos para a Regra das suas "visitandinas"; e, reorganizadas em 1919 por Bento XV, experimentarão nos nossos dias um incremento notável na América do Sul, sob a designação de "Irmãs de São Paulo". Um pouco mais tarde, também suscitadas pela mesma Luísa Torelli, apareceram as *Filhas de Maria*, que o povo passou a designar pelo sobrenome de casada da fundadora, as "guastalinas", dedicadas especialmente a tarefas de educação. Criadas em Nápoles por outra mulher admirável, Úrsula Benincasa, apareceram ainda as *teatinas*.

De todas estas fundações, aquela que havia de ter um futuro mais sorridente seria a que realizou em Bréscia, em

1535, uma jovem mulher da sociedade, que Deus havia chamado para mais perto de Si em êxtases surpreendentes: *Santa Angela de Mérici* (1474-1540). Tendo visto no céu uma escada semelhante à de Jacó, ao longo da qual subiam e desciam virgens com flores-de-lis na mão, resolveu juntar à sua volta moças que pronunciassem os três votos monásticos, mas continuassem a viver no mundo para nele se esforçarem por levá-lo a Deus. A jovem associação, colocada sob o patrocínio de Santa Úrsula, conheceu tal êxito que em breve teve de tomar um caráter mais oficial, aceitar umas constituições[15] e tornar-se passo a passo uma ordem verdadeira. Essa foi a origem das *ursulinas*, que, aprovadas em 1544, iriam encarregar-se, logo após o Concílio de Trento, da educação cristã da juventude feminina, como os jesuítas se encarregariam da dos rapazes. Tiveram uma expansão notável — passariam de dez mil — e mais tarde, como aventureiras de Deus com Maria da Encarnação, cavalgariam ao lado dos oficiais reais pelas perigosas florestas canadenses, para "nelas implantar a Cruz junto das flores-de-lis".

Assim era a animação, literalmente prodigiosa, de que a Igreja dava mostras em tantos setores, muito antes de os papas terem assumido a direção do movimento de reforma e convocado o concílio para institucionalizá-lo. Era uma fermentação espiritual intensa, que se plasmava em inúmeras realizações organizadas de apostolado e de caridade, e em inúmeras boas vontades que se declaravam prontas a meter ombros e já se armavam com meios eficazes. Esse despertar da alma católica, esse retorno a "uma religião feita vida", segundo a palavra do professor Leonard, transbordava de evidentes promessas. Caberia a um homem de gênio, a um místico desdobrado em organizador, fazer a síntese de todas essas aspirações, de todos esses esforços, para com ela enriquecer a nova Igreja: tal foi o destino histórico de Santo Inácio de Loyola.

O basco Íñgo é chamado por Deus

No decorrer da primavera de 1521, recomeçou mais uma vez a guerra entre a França e a Espanha, isto é, entre Francisco I e Carlos V. Comandadas pelo conde André de Foix, as tropas francesas atravessaram os Pireneus sem nenhuma dificuldade: a Revolta dos Comuneiros de Castela chamara para outra parte os seus adversários. Tratava-se de retomar Navarra, que Fernando o Católico conquistara de surpresa nove anos antes, enquanto Luís XII corria as suas aventuras milanesas, e de restituir ao rei João d'Albret a terra de que fora despojado. A praça de Pamplona estava mal defendida: apenas por uma magra companhia armada de lanças e arcabuzes, sob as ordens de um capitão de trinta anos. Vendo-se cercadas por tão fortes colunas, as autoridades da cidade pensaram logo em abrir as portas. Mas o jovem comandante da praça opôs-se: o duque de Nájera, vice-rei, confiara-lhe a praça para que a defendesse; não a entregaria sem combater, por mais desigual que fosse a luta. Encerrado na cidadela com um punhado de fiéis, resistiu por uma questão de honra durante seis dias. Subitamente, um pelouro ricocheteou numa muralha e atingiu o corajoso soldado nas pernas: uma ficou ferida, a outra quebrada. Com ele afundou-se a resistência. Esse capitão de trinta anos chamava-se *Íñgo;* nascera no castelo de *Loyola*, no país basco, em pleno coração da Guipúzcoa.

A guerra tinha então as suas elegâncias. Os oficiais franceses mostraram-se gentis com o seu valoroso prisioneiro: um cirurgião militar vendou-lhe as feridas, repôs-lhe bem ou mal os ossos no lugar — mais mal do que bem —, e depois, em liteira, transportaram-no pelos maus caminhos de Navarra até ao castelo da sua terra. Grato, o vencido ofereceu aos seus vencedores as melhores armas com entalhes de esmalte que possuía.

A bem dizer, o que os carregadores depositaram no velho edifício foi um pobre corpo maltratado. As feridas não acabavam de sarar; mal soldada, a tíbia partida deslocara-se com os solavancos do caminho. Como é que um oficial de Espanha podia ficar assim disforme! Repita-se a operação!, ordenou o ferido. De punhos cerrados, sem um gemido, suportou tudo: "uma verdadeira carnificina", viria ele a dizer. Aliás, de nada serviu: depois de novamente partido e soldado, o osso continuou lamentavelmente a sair por debaixo do joelho. Foi necessário serrar-lhe a ponta e depois, com pesos, cordas e tábuas, estirar a perna encurtada. Estoico, Íñgo de Loyola suportou tudo sem dizer uma palavra.

Por que quis ele tudo isso? Por altivez? Por preocupação com a elegância? Talvez. Que vale um soldado aleijado, um capitão galante que coxeia? Mas a Providência parecia querer opor uma barreira ao seu vão desejo. Em breve teve que render-se à evidência: nunca voltaria a ser o belo cavaleiro de belos caracóis loiros, cujo perponte bordado, com aberturas de cetim, se abria sobre a couraça reluzente, e que era objeto de contemplação das mulheres. Sonhara com uma vida à *Amadis de Gaula*, cheia de proezas e de galantarias; tinha de resolver-se a não ser senão um estropiado? Mas o sofrimento físico e esse gênero de experiências humilhantes que impõem ao ser altivo a redução das forças do corpo são com frequência o meio de que Deus se serve para trazer um homem ao sentido da medida, à necessária humildade. O longo período de convalescença que o ferido de Pamplona teve de guardar, dentro das paredes mal-caiadas do velho castelo, transformou-se depressa num retiro de alma. A princípio, consumia-o a revolta contra essa sorte estúpida, contra esse futuro sem esperança; obcecavam-no sonhos loucos de vida mundana, de amor e de batalhas; pensava na dama dos seus sonhos — como todo o fidalgo, tinha uma, e de que ilustre linhagem! — e interrogava-se sobre "o que faria ao seu serviço, que palavras lhe diria e que feitos de armas realizaria por ela". Mas a triste realidade arrancava-o a esses fantasmas. Tudo isso acabara. Nunca mais iria ao castelo longínquo, para arrancar à sua sorte nefasta a infanta Catarina, filha de Joana a Louca, que esgotava os seus dias na tristeza, condenada a ser a companheira de vida reclusa da mãe... E então? Que destino o aguardava? Era nesse ponto que o Senhor o espiava no caminho, para o vencer e iluminar.

Na biblioteca paterna, para onde se dirigia de muletas através dos corredores, já tinha lido todos os romances de cavalaria. Restavam ainda alguns livros nas carcomidas estantes, uns tratados de piedade cobertos de pó. Pegou neles. Eram o *Flos Sanctorum* ("Flores ou florilégio dos santos"), adaptação espanhola da *Legenda áurea* de Giacobo de Voragine, e essa *Vida de Cristo* de Ludolfo o Cartuxo que o cardeal Ximénez mandara traduzir para o castelhano. Tendo aberto esses livros por simples passatempo, ficou surpreendido com o extraordinário interesse que lhe despertaram imediatamente.

Deu-se então dentro de si uma espécie de luta: no seu espírito, opunham-se duas correntes de pensamento, dois sonhos contrários que se apresentavam alternadamente. A história de São Francisco e de São Domingos suscitou nele uma exaltação estranha. O que esses santos tinham feito, por que não o faria ele também? Os meios divinos não lhe permitiriam satisfazer essa ambição de grandeza que já não podia alcançar por meios humanos? Foi o primeiro apelo, ainda discreto e bastante nebuloso, da voz inefável. “Deus começava a vencer o demônio na minha alma”, diria ele deste período. O que o impelia a encontrar um novo caminho não era a angustia espiritual — essa que agitava Lutero —, mas uma espécie de orgulho sublimado, de altivez inata. Os caminhos do Senhor são impenetráveis. Subindo ao cimo do castelo, passando longas horas a contemplar o céu cravejado de estrelas, Íñgo de Loyola compreendeu nas belas noites do verão de 1521 que uma força mais poderosa do que a sua vontade dispusera da sua vida: soube que era chamado.

Quer isto dizer que não tinha sido cristão até essa hora? Sim, como o eram no seu país, no seu tempo, isto é, com uma fidelidade irreprimível à fé, mas com grandes pecados de homem, muito evidentes. Não se é verdadeiramente espanhol se não se é católico, e nesse país onde trinta anos antes tivera lugar o último ato da Reconquista com a tomada de Granada, a fé identificava-se tanto com a consciência nacional que um jovem cavaleiro, por mais espadachim ou caçador de moças que fosse, não chegaria sequer a compreender que lhe perguntassem se era crente. O aleijado de Loyola era tão profundamente do seu país, da sua raça, da sua terra! Filho desse país basco que se ligara à Espanha sem dobrar a espinha, e na certeza de cumprir no seio do reino ibérico um grande destino pessoal, era realmente o irmão desses cruzados que no decorrer dos séculos tinham retomado a sua terra aos mouros, desses conquistadores que nesse período ganhavam mundos para o seu rei, e também desses místicos que ainda nesse momento empreendiam a perigosa ascensão aos altos cumes da alma. O nome que usava — e que mais tarde trocaria pelo do grande Inácio de Antioquia, mais conhecido em todos os países e talvez mais revelador dos seus desígnios —, esse sonoro nome de Íñgo, era o de um muito venerável abade beneditino local.

A sua família[16], enraizada há muito nos flancos do vale de Urola — e mais nos pedregulhos das colinas do que nos milharais e pomares das planícies —, fora sempre, por mais longe que se remontasse na genealogia, um viveiro de soldados. As sete faixas cor de sangue do brasão lembravam as proezas do antepassado Juan Pérez, que, com os seus sete filhos, combatera durante toda a vida e até à morte. Dos quatro irmãos do jovem capitão — sem falar das oito irmãs —, um caíra diante de Nápoles, outro diante da cidade do México e um terceiro morrera em terras húngaras, lutando contra os turcos. A sua infância fora a de muitos rapazes da sua condição: instruída nos princípios à força de sumárias bastonadas, vagamente prometida à clerezia, mas em breve impelida para a carreira das armas e posta a serviço de um alto personagem. Nada disso o preparara para o destino que o esperava. Faltara-lhe muito cedo a piedosa influência da mãe e, em toda essa classe de homens de espada, não encontrara "senão uma tradição de pecado", como diria mais tarde; quanto ao seu único irmão eclesiástico, não tinha uma conduta muito edificante. E, no entanto, não seria nessas fidelidades basilares, nessa fé que se confundia com o sentido da honra, nessa violência ancestral em servir as causas justas, que ele iria beber a força com que empreenderia o novo caminho? A sua hereditariedade de cruzado predispunha-o, mais do que pensava, para a decisão que ia tomar. Seria dali em diante e por toda a vida um combatente de Deus.

O debate interior chegou ao fim. O "discernimento dos espíritos" fez-se pouco a pouco, não na morna resignação de um enfermo desgostado da vida, mas na escolha de uma vocação nova, mais exigente do que aquela a que renunciava. Todos os atrativos da vida no mundo lhe pareceram insípidos ao lado dos que começava a descobrir numa outra vida. Copiando "amorosamente", como diz na *Autobiografia*, páginas inteiras dos tratados espirituais que lia — "as de Nossa Senhora com tinta azul", "as de Cristo com tinta vermelha" —, orando sem cessar e com uma alma cada vez mais ardente, sentiu cristalizar-se nele uma decisão silenciosa, uma tranquila aquiescência ao apelo que ouvia. E o próprio Céu o ajudou. "Estando uma noite desperto — diria mais tarde a um confidente —, vi claramente uma imagem de Nossa Senhora com o santo Menino Jesus. Essa visão, que durou um espaço de tempo considerável, ofereceu-me uma consolação que tomou conta de mim. E imediatamente experimentei tal desgosto da minha vida passada, e especialmente das coisas da carne, que me pareceu sentir a minha alma despojada de todas as imagens que nela tinha pintadas". Tudo o que havia nele de mais forte, de mais exigente — a paixão pelas armas, a tentação amorosa, a arrogância do nobre e do soldado — encontrou-se desde então transferido e ordenado para outros desígnios. Não sabia ainda como empregaria essas forças novas — na cruzada?, na extrema ascese de alguma cartuxa? —, mas sabia-se resolvido a "fazer essas coisas grandes que os santos fizeram pela glória de Deus". *Caballería a lo divino*, cavalaria à moda divina: interiormente, o cavaleiro de Cristo estava decidido.

Partiu então do castelo paterno, "vestido segundo a sua posição, com armas e acompanhado por dois criados". Depois de ter orado uma noite inteira diante de Nossa Senhora de Aránzazu, muito cara aos habitantes da Guipúzcoa, dirigiu-se a Monserrat, a abadia beneditina da Catalunha, célebre santuário da devoção espanhola. No caminho, um incidente mortificante fê-lo sentir até que ponto se encontrava ainda longe do Deus de amor: um cavaleiro mouro, em cuja companhia viajara algumas léguas, pôs em dúvida a virgindade da Mãe de Deus, e o seu primeiro impulso foi desafiá-lo a um duelo e matá-lo; mas, num segundo movimento, hesitou e ficou na incerteza; por fim, resolveu confiar o caso à Providência divina de uma forma pitoresca: se na encruzilhada seguinte a sua montada — nova burra de Balaão — tomasse o caminho do mouro, matá-lo-ia; se fosse por outro caminho, deixá-lo-ia em paz. O bom do animal escolheu o caminho da mansidão. O cavaleiro de Deus tinha ainda que aprender, entre muitas coisas, a caridade de Cristo; o homem velho não estava morto nele.

Foi em Monserrat que Íñigo, num breve retiro de apenas três dias, se desembaraçou do passado e dispôs tudo com uma firmeza exemplar. Nesse monte fantástico, cujas rochas wagnerianas talvez tivessem escondido no seu flanco o santo Graal, aos pés dessa Virgem salva por um milagre nos dias da invasão muçulmana, os futuros cavaleiros vinham passar a sua velada de armas. E assim fez Inácio de Loyola. Não, porém, para cingir as armas ao amanhecer, mas para as deixar definitivamente. Depondo a espada e o punhal diante de Nossa Senhora das Batalhas, abandonando o perponte, a couraça e todos os ouropéis do mundo, revestiu-se das mais humildes vestes de peregrino, tomou o bordão e calçou as sandálias. Uma confissão escrita, minuciosa, exaustiva, depositada nas mãos do bom monge Jean Chanones, um francês, tornou-lhe a alma alegre. O seu novo guia entregou-lhe um livro que acabaria por dirigi-lo para o caminho que queria seguir: o *Ejercitatorio de la vida espiritual*, de Garcia de Cisneros.

Mas qual seria esse caminho? Por onde passaria? Não o sabia ainda, e buscou-o numa estranha direção. Convertido num mendigo de saco às costas, num vagabundo de

Deus de quem os garotos troçavam, de barba, cabelos e unhas compridas à moda dos anacoretas da Tebaida, foi instalar-se em *Manresa*, extenso burgo da Catalunha, e lá empreendeu durante um ano uma experiência ascética duríssima, tendo em vista — ele que mais tarde seria tão moderado nesse campo — levar a renúncia e a mortificação a extremos raramente atingidos. O convento dos dominicanos, onde o receberam muito bem, o hospital onde se dedicou ao serviço dos doentes mais graves, uma casa, um teto, tudo lhe pareceu excessivo: passou semanas numa gruta próxima do rio Cardoner, sozinho, quase sem comer, ajoelhado sete horas por dia numa oração interminável.

Com esse regime, não tardou a ficar doente. Mas também a sua inteligência se abriu a novas certezas. O próprio Senhor veio arrancá-lo desse sonho desperto em que se comprazia. "Um dia — conta ele em *O Peregrino*, livro em que referiu, muito mais tarde, o arco da sua experiência espiritual —, um dia em que eu ia orar a uma igreja afastada de Manresa cerca de uma milha, sentei-me junto às margens do Cardoner; o rio corria fundo diante de mim. E estando ali sentado, começaram a abrir-se os olhos do meu entendimento. Não foi visão. Mas entendi e conheci muitas coisas, tanto espirituais como da fé e de letras, e isso numa luz tão grande que tudo me parecia novo". Que *compreendeu* ele nesse instante de vida sobrenatural? Que Deus não o chamava para eremita e que o aguardavam outros trabalhos, que a Providência divina lhe iria propondo. Recomeçaria, pois, a comer carne, a cortar o cabelo, e levaria aos homens os frutos da sua experiência. Da gruta de Manresa saiu um homem novo.

A prova sobre-humana a que se submetera não podia ser inútil. Nessas longas horas de meditação silenciosa, descobriu o segredo da mais difícil das conquistas: aquela que cada um deve alcançar sobre si mesmo. Inicialmente para seu uso pessoal, e mais tarde também com a ideia de ajudar os outros, anotou minuciosamente todos os elementos dessa descoberta. "O peregrino — diz ele — observava tal coisa na sua alma, depois tal outra, verificando que eram úteis, e foi assim que, pensando que isso podia servir a outros, escreveu um livro". Esse livro, de cujas preciosas folhas não se desprenderia durante o resto da sua vida, esse livrinho saído do mais íntimo da experiência pessoal de uma alma, iria tornar-se uma das obras-mestras da época, um dos mais eficazes manuais de ação e de conquista que a Igreja já possuiu. Eram os *Exercícios espirituais*.

Um método de oração converte-se em código de ação

Os *Exercícios espirituais*... Para penetrar plenamente no sentido das suas breves páginas, para as compreender sobretudo com relação àquele que as escreveu, é necessário situar-se tanto quanto possível no ambiente em que Inácio viveu durante esses meses de tensão inimaginável, meses de solidão e penitência em que se sentiu simultaneamente o terreno e o sujeito da pior luta entre o bem e o mal, entre Cristo e o demônio, e em que, por um esforço lúcido da vontade, realizou a sua escolha. Cada um desses parágrafos, cada uma dessas fórmulas cuja simplicidade elíptica às vezes desconcerta, resume uma experiência, designa um meio vital que o autor descobriu para orientar a luta. Nenhum livro cristão — nem mesmo a *Imitação*, embora infinitamente mais comovente — dá uma impressão tão lancinante de testemunho como esse pequeno manual, com ares de regulamento militar, escrito visivelmente em pleno combate.

Quando Inácio de Loyola deixou Manresa, estava certamente de posse do essencial dos *Exercícios espirituais*. Talvez a forma ainda deixasse muito a desejar: é certo que aquela em que os conhecemos hoje não foi a do princípio e que, durante os vinte e sete anos[17] que separam a conversão do santo da publicação do livro, se deram constantes retoques e acréscimos enriquecedores: minuciosos comentadores julgaram encontrar no livro reminiscências de São Bernardo, de São Boaventura ou de modernos como Frei Alonso de Madri, que o autor só pôde conhecer posteriormente. Tudo isso são pormenores: basta ler o próprio livro para sentir que não pôde nascer senão num ambiente de fogo, o da *Santa Cueva*, a gruta à borda do Cardoner.

Como? Inúmeros especialistas analisaram as "fontes" e tentaram descobrir em que livros o solitário de Manresa teria podido haurir a seiva viva do seu. Certamente e acima de tudo, no Evangelho, cujas passagens mais marcantes copiara e mantinha sempre ao alcance da mão, bem como nessas obras que, durante a sua convalescença tinham determinado o choque inicial: o *Flos Sanctorum* e a *Vida de Cristo* do cartuxo Ludolfo, e a *Imitação de Cristo* da qual se alimentara avidamente durante o seu ano de retiro; e sem dúvida também no *Ejercitatorio de la vida espiritual* de Garcia de Cisneros; chegou-se mesmo a reconhecer nessas páginas um eco da *Vitória sobre si mesmo* de Battista da Crema. Cada uma dessas obras pode ter desempenhado um papel de estimulante na misteriosa operação que se realizou na alma do antigo homem de armas; mas de nenhuma delas tirou ele diretamente alguma coisa de importante: a exegese literária é incapaz de captar a originalidade única dos *Exercícios*.

Não foi nos livros que Inácio encontrou o essencial do que tinha a dizer, mas sim no fundo da sua alma, e o fato é em si prodigioso. Quando sabemos as dificuldades que encontra quem tenta conhecer-se e exprimir-se por escrito, perguntamo-nos como é que um jovem oficial, que mal sabia ler e escrever, e que acabava de deixar a vida do mundo e das armas, pôde chegar tão longe no conhecimento mais íntimo da alma e encontrar termos tão claros, tão fortes e tão profundos para formular as suas descobertas. A palavra-chave dos *Exercícios* está neste pequeno preceito: "Estudai-vos, analisai o que se passa no vosso íntimo, porque é essa a arena onde se defrontam o espírito do bem e o do mal". Foi analisando-se a si mesmo, anotando as suas próprias dificuldades e o que lhe permitira vencê-las, fazendo por escrito — "pelo processo das linhas", segundo a sua expressão — o seu exame de consciência, que Inácio compôs o seu livro. Mas também era necessário que houvesse nele um sentido excepcional da interioridade soberana, do drama espiritual, do apelo que Deus faz ouvir no recôndito de cada alma, e dos meios misteriosos que a graça emprega. Gênio, com certeza, mas mais ainda, sem dúvida, inspiração divina, ação direta do Espírito Santo numa inteligência humana. O próprio Inácio reconheceu em várias ocasiões ter sido agraciado com revelações sobrenaturais, e uma tradição, a que a voz de um papa deu uma consagração oficial[18], afirma que foi *dictante Deípara*, a ditado da Mãe de Deus, que ele escreveu esse "código perfeito de todo o bom soldado de Jesus Cristo".

Materialmente, os *Exercícios espirituais* são um livro muito pequeno, ou antes um livreto: cabem facilmente em cem páginas, a terça parte da *Imitação*, a quarta parte da primeira versão da *Instituição cristã*, e nada de comparável ao pesado monumento em que se transformou essa obra de Calvino na sua última edição: para se exprimir, um soldado é sóbrio em palavras. Foram escritos primeiro em castelhano, um castelhano de basco, áspero e canhestro, atravancado de palavras inusitadas ou impróprias, mas em que brilham também fórmulas bem cunhadas, de uma concisão e de uma propriedade inesquecíveis. Mais tarde, em 1534, o próprio Inácio traduziu o seu livro para o latim; mas depois, julgando essa tradução insuficiente, encarregou o padre André de Freux de fazer outra mais elegante. Mesmo nesta última forma, os *Exercícios* não têm nada que possa seduzir um amante da literatura: parecem feitos para desencorajar o simples curioso.

Tal como o possuímos hoje, o livro divide-se em quatro partes, mas a quarta, constituída por uma série de regras sobre o discernimento dos espíritos, a distribuição das esmolas, os escrúpulos, o modo de "sentir com a Igreja militante", é com toda a evidência muito posterior a Manresa, pois manifesta as preocupações de um diretor de almas, de um chefe de grupo, e, nas últimas regras sobre a ortodoxia, parece refletir os decretos do concílio nacional de Sens, de 1528. Os três "elementos" fundamentais do livro são: as "Anotações", os "Exercícios" propriamente ditos e as "Meditações". No princípio, sem nenhuma preocupação de agradar ao leitor, começa por explicar minuciosamente como se deve "tomar algum conhecimento" dos *Exercícios* e como se deve praticá-los. Oferece nada menos de vinte desses conselhos; nada será deixado ao acaso. Depois de uma página densa e decisiva, chamada "princípio e fundamento", onde em vinte linhas se resume o sentido da vida e da experiência cristã, dá início aos "exercícios".

Têm a duração prevista, em princípio, para quatro semanas. Na primeira, o espírito deter-se-á na consideração dos últimos fins do homem, e, depois de ter aprendido as regras do exame e da meditação, concentrará a sua atenção sobre o pecado e o inferno. No decurso da segunda, colocar-se-á perante Jesus Cristo e o seu reino, a fim de compreender profundamente a obra do Verbo encarnado e estar em condições de fazer, no último dia dessa semana, a "eleição" de uma vida fiel aos princípios dessa obra. A terceira e a quarta semanas terão por objetivo levar a alma a enveredar definitivamente pelo caminho já escolhido: meditando primeiro os mistérios dolorosos da Paixão e depois os mistérios gloriosos de Cristo ressuscitado, penhor uns e outros do amor infinito do Criador pelo homem que Ele criou. A terceira parte do livro, intitulada "Meditações", é na realidade uma sequência de fórmulas sucintas, sem nenhuma explicação, em que cada uma deve servir de suporte para uma meditação de conjunto sobre a vida de Cristo: uma espécie de esqueleto de experiência mística ou de índice evangélico para um tratado de espiritualidade.

Tal é o esquema do livro, mas seria um erro julgar o seu conteúdo por esse resumo. Os *Exercícios espirituais* não foram escritos para serem lidos com um olhar mais ou menos atento, mas para serem feitos e vividos, antes de mais nada por um homem que foi o primeiro a fazê-los e vivê-los com toda a sua alma. É por isso que pedem a quem queira seguir o seu método que dê muito de si, ou, melhor, que dê tudo. Todas as potências da alma, do espírito, da inteligência e da sensibilidade devem entrar em jogo. Cada uma das concisas fórmulas de que constam os capítulos parece austera, seca, muitas vezes abstrata, mas, se se sabe carregá-las de vigor espiritual, essas fórmulas servem de base para uma reflexão que comandará toda a vida. Fazer verdadeiramente os "exercícios" não é, pois, somente tomar um após outro os seus parágrafos para compreender o seu sentido: é desencadear no íntimo poderosos movimentos de paixão — de amor ou de ódio —, de tal modo que cada uma das suas palavras provoque na consciência um choque emotivo e arraste irresistivelmente a vontade. A alma que se acostume por esse método a ver Cristo, a escutar as suas palavras, a saborear a suavidade da sua presença, a participar nas dores atrozes por Ele suportadas para remissão dos pecados dos homens, ficará preservada de ceder ao mal em virtude do próprio amor que terá cultivado dentro de si; e se não o conseguir inteiramente por esse meio, poderá ser ajudada pela representação dos horrores que esperam o pecador: o fogo do inferno, a podridão eterna e a maldição divina. E assim impregnada de amor ou de temor de Deus, conforme medite na luz ou nas trevas, será impelida a enfrentar corajosamente a vida, com os seus riscos mortais e as suas tentações cotidianas, e poderá vencer no combate.

Porque se trata realmente de um combate e a palavra "exercícios" deve ser entendida no seu sentido estritamente militar, como se diz de uma companhia de soldados que "faz exercícios". Esse livreto, que se apresenta como um manual de oração, é mais profundamente um "regulamento", um código de estratégia militar para uma guerra terrível cujo objeto de disputa é nada menos do que a eternidade. O capitão Íñgo, convertido no eremita Inácio, ainda pensa e escreve como soldado. Para ele, Cristo é o rei que chama todos os homens a alistar-se no seu exército, para travar com ele batalhas grandiosas. O ponto culminante das quatro semanas de retiro está no quarto dia da segunda, na célebre meditação das "duas bandeiras", em que Inácio mostra frente a frente os dois exércitos inimigos, o de Cristo no "grande campo de Jerusalém", com todos os que o servem sob a sua bandeira, e o que se encontra no "grande campo de Babilônia", comandado por Lúcifer, "sentado numa espécie de grande cadeira de fogo e de fumo". Verdadeiro cristão é aquele que depositou em Cristo toda a sua fé e que combate por Ele. A sua arma ofensiva é o exame particular, repetido duas vezes por dia, graças ao qual os vícios serão vencidos um após outro. A Regra consiste numa disciplina estrita; não se tolera nenhuma falha.

Esta noção de combate é fundamental na espiritualidade inaciana: ela pressupõe e sustenta uma teologia diametralmente oposta à dos reformados protestantes. Que sentido teria ensinar aos cristãos as leis do combate, se, em última análise, o resultado do combate dependesse unicamente de Deus, sem cooperação alguma do homem? Inácio proclama bem alto que o Senhor, na sua ciência infinita, sabe qual será esse resultado e que, sem a graça, as forças humanas são insuficientes para conseguir a vitória. Mas opõe ao fatalismo quietista de Lutero e ao predestinacionismo de Calvino uma espiritualidade do esforço que é a marca principal da sua doutrina. Mais tarde, Molina elaborará uma sistematização teológica dessa doutrina, ao tratar das relações entre a liberdade e a graça[19]. Mas os elementos dessa sistematização são evidentes no livrinho de Inácio: uma das suas fórmulas preferidas — conta um dos seus confidentes — era que "hão de procurar-se os meios humanos como se não houvesse divinos; e os divinos como se não houvesse humanos"[20]. Tão severo como Calvino a respeito do destino dos homens — "sem Cristo, dizia, todos iriam para o inferno" —, Inácio crê na possibilidade de a alma enferma se curar e se renovar pelo trabalho interior de cooperação com a graça. Aqui está o essencial da sua mensagem: um otimismo lúcido e construtivo, que fará dele um dos instrumentos mais eficazes que a Igreja já possuiu.

Por isso é um engano total considerar os *Exercícios espirituais* como uma máquina de guerra montada pelo catolicismo contra o protestantismo. Substancialmente antiprotestante, o pensamento de Santo Inácio não deve nada a uma reação dialética contra o dos "reformadores" de Wittenberg ou mais tarde de Genebra. "Sob a palavra tão espalhada de 'reforma', ele não concebe nada mais do que a necessidade de cada um se mudar a si mesmo, antes de querer mudar o mundo... Loyola não emite nenhum juízo sobre as questões profanas, tão embrulhadas, que agitam todo o mundo da sua época; mais ainda, antes de enunciar as regras para 'sentir com a Igreja', parece desinteressar-se dos aspectos externos da religião: doutrina, hierarquia, liturgia, sacramentos, costumes eclesiásticos. Não se ocupa senão do 'coração', isto é, da atitude central perante a vida que condiciona toda a ação do homem. Calvino começa a Reforma no sentido inverso, por uma revolução geral de toda a estrutura da Igreja, ao passo que Santo Inácio tem em vista a reforma profunda da sua alma. Muito longe de o hipnotizarem, as lutas confessionais parecem ter ficado durante muito tempo no último plano do seu pensamento... O esforço de conquista que se propõe submeter o mundo inteiro ao 'rei eterno e universal' tem como único objetivo a salvação e a libertação individual das almas, de todas as almas, pelas únicas armas do sacrifício, da humildade, da caridade, dentro da verdade católica pressuposta"[21]. Nenhuma experiência como a de Santo Inácio nos dá a compreender o que foi verdadeiramente a reforma católica, no seu essencial movimento de renascimento espiritual, e não de contra-ataque às posições protestantes; nenhuma como ela faz sentir que não houve inicialmente uma "Contrarreforma", mas sim uma reforma nascida do mais profundo senso de fidelidade.

E qual será a finalidade última desse combate em que, segundo Santo Inácio, o cristão está comprometido? Uma só resposta se impõe: a glória de Deus. Tudo o mais é vão e ridículo. No limiar dos *Exercícios*, na primeira linha do "Princípio e Fundamento", lê-se esta afirmação categórica e tranquila: "O homem foi criado para louvar, reverenciar e servir a Deus Nosso Senhor, e assim salvar a sua alma". Os dois desígnios são solidários: a reforma interior, meio de salvação, é ao mesmo tempo e em primeiro lugar homenagem a Deus. Coincidindo neste ponto com Calvino, Inácio tem literalmente a obsessão dos direitos de Deus, da adoração da sua onipotência, do reconhecimento do seu poder divino, da sua glória, que deve crescer continuamente. *Ad majorem Dei gloriam:* a célebre fórmula acode-lhe com frequência à pena; no conjunto da sua obra e da sua correspondência, encontramo-la pelo menos um milhar de vezes — nada menos que cento e quatro vezes só nas Constituições da Companhia de Jesus! Mas a diferença radical entre Calvino e Loyola está em que um concebe Deus no temor e no tremor, e curva o homem sob a férula de um senhor terrível!, ao passo que Inácio quer inclinar suavemente as liberdades humanas perante "a Bondade infinita, a divina Misericórdia, a Sabedoria e o Amor eternos, a Caridade de Cristo, Nosso Senhor". Este homem que tantas vezes será representado como duro, rígido e insensível, quando quer reunir em três linhas toda a sua doutrina — como faz numa carta aos escolásticos de Coimbra —, não fala de disciplina, nem de temor sagrado de Deus, mas diz simplesmente: "Acima de tudo, quereria excitar em vós o puro amor de Jesus Cristo, o desejo da sua honra e o da salvação das almas que foram resgatadas por Ele".

Falta dizer a quem se dirigia o livreto, e a que gênero de almas pensava Santo Inácio ser "útil" ao escrevê-lo e, depois, ao deixar que fosse difundido. Em princípio, segundo parece, a todos os cristãos. "Exercícios — diz o subtítulo — para levar o homem a vencer-se a si mesmo, a desligar-se de toda a afeição desordenada e depois a achar a vontade divina na disposição da sua vida para a salvação da alma".

Semelhante programa é exatamente o que todo o batizado deve propor-se, e é bem verdade que qualquer pessoa, contanto que tenha fé, encontra nos *Exercícios* matéria abundante com que alimentar a sua vida religiosa, poder conhecer-se melhor e governar a sua alma. Seja qual for o nível em que o homem se encontre na escala espiritual, pode obter muito fruto dessa doutrina feita de alegria interior, de disciplina de si mesmo, de obediência a nobres princípios. E por isso, já lá vão quatrocentos anos, o método tem sido empregado de mil modos e com os propósitos mais diversos, dando origem a "retiros fechados", a "casas de retiros" e a "tratados de meditação". E se de Francisco Xavier a Afonso Maria de Ligório, de Carlos Borromeu a Vicente de Paulo, são inúmeros os santos que lhe manifestaram gratidão, não há com certeza um católico que, mesmo sem o saber, não esteja em dívida com esse livrinho que tanto fez para ensinar ao mundo a importância do silêncio interior, a necessidade da concentração espiritual, e para lhe dar essa espécie de calor comunicativo com o mundo sobrenatural sem o qual não há verdadeira vida religiosa.

Com efeito, os *Exercícios* — e nisto reside a sua riqueza — dirigem-se a todas as almas sem exceção. Fazem bem às mais comuns, àquelas que não têm nem grandes ambições espirituais nem grandes meios. Ajudam também aqueles que já "fizeram a sua eleição" de vida a ajustar-se à sua vocação, e é por isso que São Francisco de Sales, no seu *Tratado do amor de Deus*, aconselhará os bispos, os sacerdotes e os religiosos a utilizá-los. Mais ainda — como observou profundamente Henri Brémond —, longe de serem apenas um método de ascese, podem levar as almas exigentes até aos mais altos cumes da vida mística: pela oração, conduzem à contemplação própria da vida unitiva; e não é por acaso que, de São Francisco de Borja a Surin, de Baltazar Álvarez a

Lallemant, tantos homens se tornaram contemplativos pela simples prática dos métodos inacianos.

Mas a própria aura e a difusão universal alcançadas pelo livreto podem induzir em erro sobre o verdadeiro fim pretendido pelo seu autor. Foi sem o querer, e por trazer em si a chama de um gênio excepcional, que Santo Inácio chegou a fazer-se ouvir de tantas maneiras. O seu propósito inicial não era tão ambicioso. Tal como os escreveu, "os *Exercícios* — diz Grandmaison — têm em vista sobretudo um caso determinado: propõem-se colocar um homem ainda livre de dispor da sua vida, e muito bem dotado para o apostolado, em condições de discernir claramente e de seguir generosamente o apelo de Deus". Toda a oração bem feita deve traduzir-se em atos, e o contemplativo deve ser, ao mesmo tempo, apóstolo. Tal é a conclusão lógica da espiritualidade do esforço.

E assim, parecendo empenhado unicamente em reformar o homem interior, Santo Inácio chega a compor um tipo de homem de ação cuja eficácia procederá diretamente do esforço realizado em primeiro lugar no plano da consciência. O princípio de Corneille: "Sou senhor de mim como do Universo", poderia muito bem resumir o desta maiêutica que vai fazer nascer homens novos, ao serviço de Deus e da Igreja; para dizê-lo melhor, o princípio será este: "Serei senhor do mundo na medida em que primeiro for senhor de mim mesmo". Já nos dias do grande desmoronamento do mundo antigo, São Bento, ao escrever a sua *Regra*, julgava apenas estar propondo métodos para formar monges que fossem perfeitos servidores de Deus, mas, na realidade, também preparava as futuras elites que reconstruiriam a sociedade ocidental durante os tempos bárbaros.

Ao deixar Manresa, Inácio de Loyola levava na mão, provavelmente sem o saber, o instrumento que lhe permitiria dotar o catolicismo da mais eficaz das suas tropas. Dali por diante, iria fazer a experiência e agrupar à sua volta os primeiros dos muitos e muitos que responderiam ao apelo lançado por Deus por meio da sua voz[22].

O peregrino e o estudante

É frequente que uma ideia não encontre logo de entrada o seu ponto de aplicação, que o homem de gênio que a forjou tateie na escolha dos meios e que seja necessário esperar dos acontecimentos, agentes da Providência, a decisão que a tornará eficaz. Assim aconteceu com Santo Inácio de Loyola. Ao deixar Manresa em fins de fevereiro de 1523, esse peregrino dos itinerários espirituais sonhava com uma peregrinação muito real aos Lugares Santos, à maneira de São Francisco de Assis; seria talvez o prelúdio de uma cruzada que realizaria como cavaleiro de Cristo. Gastaria muito tempo para renunciar completamente a esse sonho, ainda tão medieval.

Embarcou em Barcelona. Por Gaeta e Roma, onde o austero papa Adriano VI, amigo dos espanhóis, o recebeu em audiência e o alentou, chegou a Veneza, de onde partiam ordinariamente os navios para a Palestina. A sua saúde não era boa, mas o enjoo — diz Ribadeneira, testemunha da sua vida — evacuou-lhe os humores e restabeleceu-o: seis semanas dessa dura terapêutica curaram esse homem de ferro. Desembarcando em Jafa, realizou todos os gestos do romeiro tradicional: noite de oração junto ao Santo Sepulcro, visita a Betânia, a Belém, ao vau do Jordão onde João batizava. Era ali que Deus o queria? Ficaria ali para levar o Evangelho aos judeus e aos muçulmanos? Quando manifestou esse projeto aos franciscanos que tinham a guarda dos Lugares Santos, estes apressaram-se a desencorajá-lo, pouco desejosos talvez de que esse estranho espanhol viesse caçar na sua coutada; as autoridades islâmicas — disseram-lhe — nunca estariam de acordo com os seus projetos! Inácio tornou, pois, a embarcar: Cristo não o chamava para converter os infiéis.

Mas para que missão o chamava? "Interrogava-se muitas vezes — diz *O Peregrino* — sobre o que devia fazer; por fim, inclinou-se a pensar que, para ser útil às almas, a primeira coisa que devia fazer era estudar". Estudante tardio, com trinta e três anos já feitos, aplicou-se briosamente aos estudos de gramática, recebendo em Barcelona lições de um professor da universidade. Continuou, evidentemente, a sua vida de penitência e de oração, e chegou mesmo a tentar o apostolado, aliás, devemos confessá-lo, com mais coragem do que senso da medida! Deu-se então um episódio pitoresco: certas religiosas bastante livres foram reconduzidas pelo fervoroso basco às práticas de piedade e a uma clausura estrita; o resultado foi que os galanteadores castigaram o zeloso reformador com umas pauladas!

Depois, em Alcalá, devorou com ânsia — um pouco precipitada — tudo o que pôde sobre filosofia, letras, ciência, teologia; ao mesmo tempo, visitava os hospitais e os conventos, e falava com tanto ardor da vida em Deus aos seus colegas da universidade que quatro deles se lhe tornaram inseparáveis. Aqui também o seu zelo quis andar depressa demais. Não tardou que se começasse a perguntar na cidade quem eram esses jovens bizarros, que se vestiam sempre de burel pardo, como os eremitas, e que pregavam sem ser sacerdotes; não seriam "iluminados"? As autoridades religiosas alarmaram-se e prenderam Inácio, conservando-o mais de quarenta dias na cadeia e interrogando-o sobre a sua doutrina: não encontraram nela nada que censurar, mas proibiram-no de se vestir como religioso e de pregar a grupos e multidões.

Seria ele mais feliz em Salamanca? A cidade era então a capital intelectual da Espanha, foco da ciência, e lá reinavam os dominicanos. Estes inquietaram-se mais com o pregador basco: doze dias depois da sua chegada, prendiam-no e levavam-no à presença dos oficiais da Inquisição. Seria um *alumbrado* disfarçado, um luterano secreto, um erasmiano clandestino? Depois de três longas semanas, os juízes, que tinham lido minuciosamente os *Exercícios*, concluíram não haver nada de errado nem no pensamento nem na vida do estudante e dos seus companheiros; seriam, pois, autorizados a continuar a ensinar o catecismo e as coisas divinas, dentro de certos limites. Mas essas provações determinaram Inácio a ir buscar fora da Espanha um campo onde a liberdade de pensamento e de ação fosse um pouco menos precária. Apesar de tudo o que os seus amigos lhe disseram sobre os perigos que correria num país distante como a França, cuja língua ignorava e que estava então em guerra com a sua pátria, tomou o caminho de Paris.

A permanência na capital francesa viria a ser de decisiva importância para ele. Quando lá chegou, a cidade estava em plena fermentação de ideias e de paixões: o humanismo à Guillaume Budé defrontava-se com os seguidores da velha escolástica; os livros de Lutero circulavam e eram lidos avidamente por muitos, apesar de terem sido condenados pelo Parlamento de Paris e pela Sorbonne. Dizia-se que o rei Francisco I e sobretudo a sua irmã Margarida eram simpatizantes das novas ideias. O Colégio dos Leitores Reais ia abrir as suas portas, ao lado da Sorbonne, do Colégio de Navarra e dos cursos dos franciscanos e dos dominicanos. Não foi, porém, a essa espécie de exaltação intelectual que o estudante se mostrou sensível, mas ao que havia de sensato, de calmo e de sólido na *ordo parisiensis*. O ambiente da *Île-de-France* exerceu sobre o vivo espanhol a sua influência moderadora e desembaraçou o fidalgo medieval de alguns sonhos. Fê-lo compreender que, aos conhecimentos espirituais que adquirira sozinho em Manresa, era necessário acrescentar outros que só se compram com o trabalho e o estudo. Em Alcalá e em Salamanca, andara demasiado depressa para poder reter muito. Seguindo, pois, com paciência os cursos das várias disciplinas, quer com os dominicanos de Saint-Jacques, quer com os Leitores Reais, pôs-se a viver a mesma vida dos estudantes de vinte anos, ele que tinha quase o dobro dessa idade: matriculou-se como *martinet*, isto é, como aluno externo, primeiro em Montaigu, o célebre colégio dirigido pelo rude mestre-escola Béda, depois em Sainte-Barbe (Santa Bárbara), dirigido pelo português Gouveia, onde a filosofia era melhor. Durante sete anos, esse homem maduro teve o tino e a fortaleza de fincar raízes nos estudos. E essa longa e minuciosa formação viria a parecer-lhe tão necessária que a imporia à sua Companhia quando redigisse as respectivas constituições.

Inácio aos quarenta anos

Observemos, pois, o velho estudante dos anos 30, que encontramos coxeando pelas ruelas da colina de Santa Genoveva. Alguns dos seus condiscípulos começam a ver nele um líder, e o seu ascendente vai crescer, não certamente devido ao prestígio do dinheiro e da linhagem. Em Paris, o caçula de uma obscura família nobre da Guipúzcoa não goza de renome, e, dinheiro, Inácio não o tem nem o terá durante os próximos sete anos, como não o tinha quando, com os seus magros pertences carregados numa mula, subia a encosta da outra margem do Sena à busca de pousada e de um meio de vida. Arranja-se como pode para ganhar o pão e pagar os seus estudos e, nos dias mais negros de penúria, vê-se obrigado a ir mendigar à maneira dos franciscanos. No verão, ao menos durante dois anos seguidos, dirige-se a Flandres e até à Inglaterra, onde alguns negociantes espanhóis se comovem e lhe abrem as suas bolsas. É tal a sua miséria que, tendo conseguido a licenciatura em artes em 1533, terá de esperar um ano para receber o barrete doutoral, à falta de recursos com que pagar os selos do diploma e oferecer o banquete de praxe. Quem imaginaria que esse estudante indigente, que tem de partilhar o seu quarto com outro, é já, em potência, o homem de um grande destino?

Impor-se-á ao menos pelo seu aspecto físico? Pouco. Sem falar dessa pobre perna cujo osso encurtado o faz coxear sempre, está muito longe de ser o que se chama "um belo homem". Não é alto nem forte, mas um serrano de baixa estatura, seco e nodoso, de tez tostada e traços angulosos. Mas o seu rosto causa uma impressão singular. Será pela altura da testa, desmedidamente ampliada pela calva? Será pelas orelhas um pouco extravagantes? Ou por essa veia azul que se vê pulsar nas têmporas? O que nele surpreende mais do que tudo são os olhos semivelados pelas pálpebras pesadas e que, pelo admirável retrato de Sánchez Coello na catedral de Madri, dão tão poderosamente a impressão de olhar para dentro, de considerar apenas o homem interior.

Pelo menos, fala bem? Não, no sentido em que isso se diz de um orador ou de um dialético hábil. Mesmo em espanhol, conservou o sotaque, a fala e até muitas fórmulas da sua província natal. Em latim, claudica; em francês e em italiano, as frases tornam-se logo uma algaravia. No entanto, quando se dirige a um só interlocutor, a um grupo ou a uma multidão, impõe-se imediatamente e é escutado. Esse homem do campo, formado na reflexão lenta e solitária, sabe condensar em sentenças incisivas as conclusões do seu pensamento: como dirá mais tarde o cardeal Carpi, "sabe cravar o prego". E é então, nesses clarões, que a sua inteligência explode, embora seja menos brilhante do que sólida, menos original na forma do que no fundo.

Porque Inácio de Loyola não tem nada de um Calvino; não é desses talentos fulgurantes que se movem por entre as ideias ou as formas com um à-vontade dominador, e a quem todos os dons do espírito parecem ter sido oferecidos por predestinação. Para conhecer, para compreender, tem necessidade de pesquisas laboriosas, levadas a cabo com meios modestos e até com certa prevenção contra as iluminações. O que, no entanto, tem de comum com o futuro reformador de Genebra — como, aliás, com Lutero e com quase todos os que deixam neste mundo um rasto profundo — é uma capacidade de trabalho enorme, ilimitada. Pode passar dias inteiros assistindo às aulas, dando-se aos outros, continuando a conversar sobre os assuntos mais abstratos, e ainda dedicar uma grande parte da noite a ler e a escrever à luz de uma lamparina. Conhecemos nada menos de 6742 cartas escritas pelo seu próprio punho: doze grandes volumes que certamente não constituem nem a metade da sua correspondência. E o geral da Companhia não se aplicará à sua tarefa de governo com menos empenho do que o estudante de Sainte-Barbe ou de Montaigu.

Contudo, ao aproximar-nos hoje dessas cartas com a nossa sensibilidade de homens modernos, parecem-nos bastante frias, pouco entusiasmantes; não encontramos nelas o brilho impetuoso de um Lutero nem mesmo a chama surda de um Calvino. Mas o que nelas admiramos é a calma soberana, a lógica, a medida. Eis a palavra que talvez caracterize Inácio: ele é sereno, firme, admiravelmente comedido.

Lutero, esse explodia com muita frequência em raivas e delírios, e de Calvino, o seu maior panegirista, Doumergue, confessa que "demasiadas vezes perdeu a plena posse dos nervos". Os *Exercícios espirituais* seriam o que são se o seu autor não fosse uma personalidade perfeitamente senhora de si mesma, treinada na disciplina pelo exército e que transpôs os princípios militares para o campo da alma? "Nunca — diz uma testemunha — se ouviu Inácio injuriar ninguém ou usar palavras de desprezo". Na adversidade, não mostra senão alegria. Quando, na Espanha, o arcebispo de Toledo tentar desfazer a sua obra, Inácio comentará simplesmente: "Esta prova demonstra-nos que o Senhor espera muito de nós". De inveja, de rancor, nem sinal, como também não de medo, de dúvida ou de ardores exagerados. "Parecia imune a qualquer perturbação interior, a qualquer movimento violento da alma", diz Ribadeneira. Quando o papa Caraffa o criticar sem piedade, dirá sorrindo: "Pensemos no papa Marcelo, que, esse sim, era um santo e gostava de nós". O mesmo comedimento usava nas suas relações afetivas; tanto assim que um dos primeiros historiadores da Companhia dirá dele: "Ama os seus filhos, mas com tino e reserva; emociona-se, mas com discrição e prudência; castiga, mas com calma e moderação".

É um homem duro? Assim se disse, e é verdade, no sentido de que, no essencial, nunca transige. É duro como deve sê-lo um soldado em combate, e o combate que quer travar é duro. Colocado à testa de um grande instituto, deverá eliminar sem hesitação os elementos duvidosos, os fracos, os indecisos e os recalcitrantes. São essas medidas necessárias, acompanhadas de penitências que os nossos costumes julgam exorbitantes, que provocam o dito de Zapata: "Gostaria mais de obedecer a cinquenta superiores do que a um só Inácio". Mas a dureza de Inácio não tem nada que ver com a dureza de coração. Um companheiro engana a sua confiança e rouba-o de modo abominável? Inácio, mal tem notícia de que o ladrão está doente, vai ter com ele para o abraçar e perdoar-lhe. Mais tarde, já geral dos jesuítas, quando souber da apostasia de Ochino, geral dos capuchinhos, longe de troçar e de rir do caso, como fizeram tantos outros (os franciscanos à frente), mandará escrever ao rebelde que, se quiser voltar ao seio da Igreja, ele e os seus irmãos estarão de braços abertos para acolhê-lo e ajudá-lo. A caridade de Cristo não é uma palavra vã para aquele que concebe "a maior glória de Deus" como uma expansão do amor e da justiça. "O amor — diz ele nos *Exercícios* — mostra-se mais pelos atos do que pelas palavras". Essa caridade atuante explica certamente em larga medida a irradiação da sua personalidade e o seu ascendente sobre os outros. Mais tarde, um dos seus filhos espirituais, o padre Gonçalves da Câmara, prestar-lhe-á esta homenagem que exprime com certeza a opinião geral: "O nosso Padre Inácio é tão universalmente amado que não há nenhum membro de toda a Companhia que não o ame e que não esteja bem certo de ser igualmente amado por ele".

Mas, muito mais do que a beleza do caráter, o que fundamenta o misterioso prestígio desse homem de pequena estatura, seco de carnes e de traços rudes, é o evidente quilate da sua alma. Todos os que o conheceram de perto prestam o mesmo testemunho. Durante as suas viagens à Flandres espanhola, Luís Vives, o grande humanista, que recebeu por caridade esse estudante pedinchão, murmura quando o vê partir: "Este homem é um santo; algum dia o veremos à frente de uma nova ordem". Pedro Fabro, seu jovem companheiro de colégio, exclamará: "Por meio desse homem, Nosso Senhor concedeu-me a graça de ler até o fundo da minha consciência". É exatamente isso. A seu lado, as pessoas sentem-se elevadas acima de si próprias, instaladas muito naturalmente num clima de grandeza e de heroísmo, talvez o mesmo — numa pátria interior — cujo ar se respira na Espanha dos Reis Católicos e de D. Quixote, o clima também de Santa Teresa de Jesus e de São João da Cruz. Por estar ele próprio inundado de Deus, Inácio irradia Deus e o Espírito que o anima. E se ama os homens, seus irmãos, não será senão "para levá-los a servir e a glorificar a Deus".

Tal é o segredo do estudante pobre e quadragenário que vê pouco a pouco reunirem-se no seu quarto sem móveis dois, três e em breve seis ou sete adeptos fervorosos. Fala a todos. Mas faz mais do que falar: para lhes ensinar realmente a vida, entrega-lhes o opúsculo do qual nunca se separa, para que o copiem. O segredo da atração que exerce não estará, afinal de contas, nessa centena de páginas, nesses artigos de regulamento militar? Desde o momento em que se compreendeu a lição que oferecem e se assimilou a sua substância, é-se lançado num novo caminho. O Inquisidor parisiense que teve de examinar o livrinho ficou tão maravilhado que pediu o favor de lhe darem uma cópia. Os *Exercícios* fazem corpo com a personalidade e com a própria alma de Inácio; são inseparáveis. E é assim que se aglutina à volta do basco coxo de Montaigu e de Sainte-Barbe o núcleo de que vai nascer a Companhia de Jesus.

O voto de Montmartre e a bula de Paulo III

Na manhã de 15 de agosto de 1534, festa da Assunção de Nossa Senhora, por um atalho pedregoso e mal traçado entre vinhas e campos bravios, sete homens, quase todos jovens, subiam a encosta da colina a que os parisienses chamavam Monte dos Mártires, situada meia légua fora das muralhas da cidade. Tinham caminhado quase duas horas, recitando orações, com um ar simultaneamente misterioso e ardente. No cimo do *Montmartre*, como para lhes indicar o objetivo, já com o sol prestes a nascer e os moinhos a agitarem as suas asas brancas, esses sete estudantes dirigiram-se à capela meio subterrânea da antiga abadia beneditina, que conservava a memória do santo bispo Denis ou Dionísio, decapitado naquele mesmo lugar, segundo se dizia. Quem os chefiava, apesar da perna pesada e do andar claudicante, era o mais velho dentre eles.

Havia um pouco de tudo nesse pequeno grupo: ricos e pobres, filhos de camponeses e nobres de boa estirpe: *Pedro Fabro*, savoiano, que fora enviado a Paris pelo bispo de Genebra para ali se ordenar e que acabava de celebrar a sua primeira Missa; seu companheiro de quarto em Sainte-Barbe, *Francisco de Jassu*, nascido no castelo de *Xavier*, em Navarra, e cujo porte aristocrático impressionava; três espanhóis: *Diego Laínez*,, filho de um comerciante de Almazán, antigo estudante em Alcalá; *Nicolau*, apelidado *Bobadilla*, do nome da sua terra, mais rico em sabedoria do que em metal sonante; e o pequeno *Alfonso Salmerón*, cuja ciência precoce não ensombrava a alegria dos seus dezenove anos; e por fim o português *Simão Rodrigues*, de alta linhagem, que alimentava o sonho dos grandes espaços a conquistar para o Evangelho, pelas novas rotas do mundo em que o Infante de Sagres lançara o seu povo. Todos reconheciam como chefe o magro coxo, pelo menos quinze anos mais velho do que todos eles, que lhes mostrava o caminho; a ele deviam o grande desígnio que os reunia na capela de Montmartre.

Ganhara-os, um a um, no decorrer dessas discussões apaixonadas que os estudantes de todos os tempos gostam de manter. E era um espetáculo curioso, revelador do prestígio que emanava de Inácio, ver aqueles jovens brilhantes, vários deles ricos e todos cheios de talentos, inclinar-se diante do velho estudante já de quarenta anos e aceitar dele as palavras de ordem que decidiriam da sua vocação. Com uma lucidez extraordinária, fora escolhendo, um após outro, exatamente aqueles que poderiam compreender o seu desígnio, sabendo falar a cada um a linguagem que melhor os poderia tocar. Depois de os ter abalado, comunicara-lhes o seu famoso método, pedindo-lhes que fizessem eles próprios os *Exercícios*. Esse tinha sido o choque decisivo. Fora depois de os ter feito que Pedro Fabro, ainda hesitante sobre a sua vocação, resolvera ordenar-se sacerdote, e que Francisco Xavier, dominado pela ambição de fazer uma bela carreira, compreendera, como diz o Evangelho, que de nada lhe serviria ganhar o universo inteiro se viesse a perder a sua alma. Assim se formara esse pequeno grupo fraternal, ligado por um idêntico amor pela vida interior, grupo sem regulamento e sem laços formais, em que cada um procuraria ajudar o outro na difícil luta contra si mesmo e todos poriam em comum as suas magras economias, conhecimentos e orações.

Vê-se, pois, como esse pequeno círculo de entreajuda espiritual estava longe de querer constituir uma tropa de choque, um exército fanático destinado a confundir a heresia, como muitos historiadores pensariam da Companhia de Jesus! Estava muito mais perto desses pequenos cenáculos que, nessa mesma época, os Oratórios do Amor Divino faziam nascer em tantas cidades italianas — talvez com o acréscimo de um propósito claro de evangelização. E os sete companheiros pareciam não prestar nenhuma atenção aos dramáticos acontecimentos que as questões religiosas provocavam na capital: nem às primeiras execuções de luteranos ou à do humanista Louis de Berquin, em 1529, nem ao turbulento discurso pronunciado no dia de Todos-os-Santos de 1533 pelo reitor Cop, nem à fuga de João Calvino; de nada disso se encontram ecos nos seus escritos e na sua correspondência dessa época, como também não acerca do trágico "caso dos panfletos", que iria eclodir em 1534, dois meses depois da jornada em Montmartre[23]. Não, esses rapazes não se pareciam em nada com os núcleos de evangélicos, de bíblicos ou de luteranizantes que começavam a proliferar no reino; a própria Inquisição se deu conta disso: franziu o sobrolho uns instantes, mas depois aprovou-lhes a vida e a doutrina. Se também participavam do estranho fervor religioso que naquele momento animava tantos espíritos, o certo é que não pensavam despender os seus esforços para revolucionar as bases da Igreja, mas para trabalhar "para a maior glória de Deus".

De que maneira? A bem dizer, ainda não tinham discernido que caminho concreto seguir para empregar a sua vocação. Ainda os encantava o sonho de Inácio, que era também o do seu companheiro português, compatriota de Bartolomeu Dias e de Vasco da Gama. Simão Rodrigues diz assim nas suas *Memórias*: "Tendo decidido todos, com admirável regozijo da alma, dar a própria vida fosse pelo que fosse que pudesse aumentar a glória de Deus, resolveram por unânime acordo partir para Jerusalém, a fim de que Deus decidisse lá a seu respeito". Teriam de esperar ainda vários anos e passar por muitas experiências para compreender que a velha Europa oferecia aos mensageiros do Evangelho campos tão vastos como as regiões pagãs. Ao subirem a Montmartre, o voto que tinham resolvido pronunciar era, pois, o de conquistadores de Cristo em terras distantes.

Sem a presença de mais ninguém, assistiram à Missa na capela semienterrada; celebrou-a Pedro Fabro, o único do grupo que era sacerdote. No momento da comunhão, Inácio, em nome de todos, pronunciou os três votos pelos quais se obrigavam a observar a pobreza evangélica, a guardar castidade perfeita e a ir a Jerusalém para trabalhar pela conversão dos infiéis. No entanto, por uma intuição profunda e a bem dizer sobrenatural, acrescentou que, se depois de um ano de esforços não conseguissem chegar à Terra Santa, se dirigiriam a Roma para pôr-se à inteira disposição do Papa. Este último voto, sem o saberem, introduzia-os no seu verdadeiro caminho. "Passaram todo o dia numa imensa alegria fraterna, conversando uns com os outros sobre o comum desejo de servir a Deus. E, quando o sol se punha, voltaram para a cidade entre bênçãos e louvores". Pode-se dizer que nesse memorável 15 de agosto de 1534, embora tivesse que esperar ainda um bom tempo até receber o seu nome e as suas constituições oficiais, tinha nascido a *Companhia de Jesus*.

Restava saber em que se empregaria, se obedeceria ao seu voto missionário ou se deveria pedir ao Papa que se servisse dela como quisesse. Inácio não pôde pôr-se logo a caminho da Itália e levar os seus companheiros para a Jerusalém dos seus projetos. Adoeceu e, por ordem dos médicos, teve de regressar a Loyola para recuperar-se com os ares da sua terra. Por humildade, recusou-se a ficar no castelo de seus pais e hospedou-se no hospital da Madalena, retomando a vida de outrora, de mendicante e penitente, ao mesmo tempo que visitava os doentes e pregava. E de novo vieram as ciladas, as suspeitas e até implicâncias da família, que se mostrava pouco contente com esse caçula andrajoso. Logo que se restabeleceu, deixou a Espanha, aonde nunca mais voltaria, e dirigiu-se a Veneza, a fim de juntar-se aos seus companheiros.

Estes, apesar da sua ausência, não se tinham desviado da linha fixada por ele; era tão profunda a marca gravada neles pelo chefe e pelos *Exercícios* que, como diz Laínez, nem lhes passava pela cabeça afastar-se do "regulamento deixado pelo Padre Mestre Inácio" e que era aplicado em seu nome pelo "excelente mestre Pedro Fabro". Continuavam a reunir-se com frequência, a ajudar-se mutuamente no seu esforço espiritual e nas necessidades da vida. O pequeno grupo até aumentara: a 15 de agosto de 1535, quando da primeira renovação solene dos votos, Fabro trouxera-lhes o seu compatriota Cláudio Jaio; no ano seguinte, tinham sido admitidos dois novos membros, Pascácio Broet e João Codure. Vida de alegria e de alegre aventura! No outono de 1536, apesar do frio, da fome, da insegurança dos caminhos em tempo de guerra, tinham partido para o Leste da França, para o Sul da Alemanha e para a Suíça, isto é, para regiões repletas de luteranismo, pregando por toda a parte onde podiam, com tanta modéstia e gravidade que um camponês da Lorena, ao vê-los passar, exclamara: "Aí vão esses a reformar algum país!"

Em Veneza, juntaram-se ao seu chefe, que os esperava há dezoito meses e nesse lapso de tempo fizera algumas conquistas úteis: Pedro Contarini, primo do cardeal, Gaspar de Doctis, auditor da nunciatura, João Helyar, um inglês, fâmulo do cardeal Reginald Pole, e sobretudo três espanhóis, Diego de Hoces e os irmãos Eguias, que ele agregou à sua Companhia. Em janeiro de 1537, estavam todos novamente juntos e, uns meses mais tarde, Inácio e todos os que ainda pertenciam ao estado laical eram ordenados sacerdotes. O bispo consagrante declararia depois nunca ter procedido a uma ordenação que lhe tivesse causado uma impressão tão forte como aquela.

Soava a hora da escolha. A guerra fazia os seus estragos. O Mediterrâneo, presa dos corsários barbarescos, era também o campo onde se enfrentavam a esquadra imperial e a dos genoveses a serviço dos franceses. Em Vicenza, os companheiros de Inácio vinham pedir-lhe ordens à casa escalavrada onde ele se abrigara para buscar na oração uma resposta aos problemas com que se debatia. Enquanto esperavam a partida para a Palestina, não lhes seria proveitoso frequentar as universidades, a fim de se prepararem melhor para os trabalhos apostólicos? Apesar das incertezas, não estavam menos unidos pelo laço dos votos, pelo afeto fraterno e pela formação que o chefe lhes dera; onde quer que estivessem, não seriam outra coisa senão soldados de Cristo. Foi nessa altura, talvez por volta do Natal de 1537, que se impôs ao espírito de todos o nome de *Companhia de Jesus*. Na meditação das "duas bandeiras", tinham-se decidido para sempre pela de Cristo.

Mas visto que o projeto de peregrinação e de cruzada, o grande sonho missionário, se mostrava irrealizável, não seria bom lembrarem-se da outra cláusula do voto? Inácio começou a compreendê-lo. E o espírito de luz que outrora, em Manresa, nas margens do Cardoner, lhe indicara o caminho, interveio uma vez mais. Orando em San Pietro in Vivarolo, em Vicenza, sentiu-se arrebatado em êxtase. Partiu então para Roma e, ao aproximar-se da cidade, ouviu nitidamente estas duas frases: "Quero que sejas o meu servo. Vai, que Eu te serei propício em Roma". De quem podiam provir tais promessas senão dAquele em cujo nome o apóstolo Pedro tinha vindo plantar a Igreja sobre as sete colinas? A alguns dos seus companheiros que o tinham precedido na Cidade Eterna, não lhes dizia rotundamente o papa Paulo III — é Bobadilla quem o refere — "Por que vos empenhais tanto em ir para Jerusalém? A Itália é uma verdadeira e boa Jerusalém, se quereis fazer o bem na Igreja de Deus!"

Ia ser tomada a última decisão. Como é que os soldados da Companhia de Jesus, tão fiéis aos seus votos e resolvidos a pôr-se ao serviço do Papa, podiam não prestar ouvidos ao apelo desse pontífice que, finalmente sensível aos inúmeros clamores de toda a Igreja, se empenhava com toda a alma em empreender a reforma, derrubando um após outro todos os obstáculos, e ia por fim reunir o concílio tantas vezes prometido?

Aliás, antes mesmo de que uma bula regulamentasse canonicamente a situação, o papa já empregava os companheiros de Inácio em tarefas que denotavam bem o apreço em que os tinha. A partir de 1539, incumbia o padre Broet de reformar um mosteiro em Siena, o padre Bobadilla de pacificar a Ilha de Isquia, os padres Laínez e Fabro de inspecionar a cidade de Parma e depois de ensinar no Colégio da Sapiência, fundação recente do pontífice. No ano seguinte, encarregava o padre Jaio de uma missão em Bréscia. Pouco depois, o padre Fabro acompanhava, como teólogo, o diplomata Pedro Ortiz, que ia participar da Dieta de Worms. E, enquanto, a pedido do rei Dom João III de Portugal, os padres Francisco Xavier e Simão Rodrigues partiam para esse país com a intenção de ir evangelizar a Índia, tratava-se da nomeação dos padres Salmerón e Broet como núncios apostólicos na Irlanda e na Escócia. Estranha situação a desse instituto religioso que não tinha ainda nenhuma existência canônica, que não contava senão com um punhado de homens, e que, no entanto, já desempenhava um papel importante na Igreja!

Um êxito de tal porte, bem se vê, não podia agradar a toda a gente. A inveja eclesiástica passa por ser inventiva, e o zelo pela glória de Deus induz por vezes a lançar mão de meios bastante singulares. O eco das pregações desses homens — sobretudo de Inácio, em espanhol, em Santa Maria de Monserrat — não lhes conseguia a simpatia irrestrita dos dominicanos e dos franciscanos. A nova ordem teatina, em vésperas de nascer, depois de ter pensado em anexar a si esses vigorosos recrutas, não se mostrava mais amiga. Sombrias intrigas, urdidas por um navarro recusado pela Companhia, levaram esta a ter de justificar-se perante as mais altas autoridades. A própria comissão cardinalícia encarregada pelo papa de preparar a reforma e de reunir o concílio — formada por Contarini, Sadolet, Reginald Pole — via com maus olhos a criação de uma nova ordem religiosa — era assim que a Companhia de Jesus lhes parecia por fora —, sobretudo de uma ordem que não cantava no coro e não se distinguia por um hábito.

Por fim, todos os obstáculos foram ultrapassados. Fazendo habilmente intervir todas as amizades poderosas com que podia contar — Pedro Contarini agiu junto do tio, e Ortiz, outrora desconfiado, mostrou-se um amigo perfeito —, mandando celebrar três mil Missas pelo triunfo da sua causa, Inácio aguentou e acabou por vencer. Redigiram-se umas *Constituições*, pelas quais se criava uma ordem apostólica governada por um superior eleito, que exerceria o seu cargo num espírito de disciplina absoluta, militar, mas sem outro objetivo que o de realizar a vontade do Papa. E assim, escreve Bobadilla, "a divina Providência trocou os votos de Montmartre por outros melhores e mais fecundos". Paulo III compreendeu que instrumento maravilhoso lhe era oferecido para empreender as grandes tarefas que tinha em mente. A 27 de setembro de 1540, pela bula *Regimini militantis Ecclesiae*, fundava canonicamente a Companhia de Jesus. No juramento escrito que o novo organismo prestava, dizia-se que os seus membros se comprometiam a partir para onde os papas quisessem mandá-los, não só entre os fiéis, como também entre os turcos ou outros infiéis, bem como entre os hereges e cismáticos. Para as lutas que se preparavam, a Igreja podia contar dali por diante com essa milícia de elite.

As Constituições

Os elementos de organização submetidos ao juízo do Papa não passavam, a bem dizer, de um esboço: eram indispensáveis umas *Constituições* mais pormenorizadas. Inácio, colocado em 1541 à frente da Companhia de Jesus por voto unânime dos seus companheiros — apesar das suas reticências e dos seus escrúpulos de humildade —, aplicou-se meticulosamente a essa tarefa, que se prolongaria por cerca de dez anos. Ajudado pelo seu secretário, o padre Polanco, estudou com cuidado as Regras das outras ordens, meditou as lições dos fatos, viu como trabalhavam os seus filhos espirituais, escutou as objeções e observações de muitos deles, e por fim estabeleceu um regime tão firme e ao mesmo tempo tão comedido, tão simples e ao mesmo tempo tão lúcido, que um historiador protestante[24] pôde prestar-lhe esta homenagem: "O seu autor é sem dúvida um dos maiores gênios organizadores que já existiram".

Criada por um soldado, para travar o combate espiritual, a "Companhia" tinha em muitos dos seus aspectos um caráter militar. Não é necessário exagerar esses elementos, como fizeram alguns dos seus adversários, que comparavam o seu espírito a uma espécie de militarismo prussiano; mas são evidentes. O próprio Inácio dizia: "Não julgo ter deixado o serviço militar, mas apenas ter passado a viver às ordens de Deus". O princípio essencial era, pois, como no exército, a obediência. Quem quisesse entrar na Companhia devia, segundo o próprio texto das Constituições, "despojar-se de toda a afeição desordenada pelos parentes, para os amar somente com o amor bem ordenado exigido pela caridade, porque, morto para o mundo, não vive senão para Jesus Cristo e a Ele tem em lugar de pai, mãe, irmãos, e de todas as coisas". Devia submeter plenamente a sua vontade à do superior, "por respeito e por amor a Jesus Cristo que ele representa". Tinha de manifestar-lhe uma docilidade completa, abandonar à sua voz qualquer ocupação, deixando em meio até uma carta começada, executar as suas ordens prontamente, com alegria interior e aplicação; numa palavra, devia estar convencido de que, vivendo sob a obediência, tinha que deixar-se conduzir pela divina Providência, por intermédio dos seus superiores, "*perinde ac cadaver*, como um cadáver, que se deixa levar para qualquer lado, ou ainda, como o bordão de um velho, que se serve dele à vontade".

Como um cadáver! A fórmula é célebre e provocou muitos comentários discutíveis. Atribuí-la unicamente a Santo Inácio, para louvá-lo ou para censurá-lo, é em qualquer dos casos um absurdo; as mais antigas tradições, segundo São Basílio, Santo Agostinho, São Bento, exprimem já essa necessidade da obediência, e foi muito provavelmente na tradição franciscana, talvez na encantadora *Vida* do *Poverello* escrita por Tomás de Celano, que o fundador da Companhia foi beber a ideia de que os súditos "abatidos, deslocados, maltratados ou honrados, devem permanecer como cadáveres, imperturbáveis na sua humildade"[25]. Aliás, os termos das Constituições que acabamos de ler são por acaso mais duros que os do próprio Cristo, quando diz que devemos "deixar pai e mãe", "morrer para nós mesmos" e "perder a vida para salvá-la»?

Segundo o pensamento de Santo Inácio, a dependência absoluta é uma obediência livre, baseada na vontade do homem de vencer-se a si próprio, de se reformar e dar-se por inteiro a um ideal que o ultrapassa. Se a disciplina jesuíta era em certo sentido uma reação contra o individualismo exaltado pelos arautos da Renascença, a verdade é que elevava o ser humano ao seu mais alto nível de realização, que é o sacrifício lúcido e decidido do próprio eu. Longe, pois, de torná-lo um escravo à disposição de senhores mais ou menos secretos, segundo uma fábula que ainda hoje impressiona alguns espíritos, situava-o num plano acima de si mesmo, para servir voluntariamente[26].

Era precisamente em recrutar e formar homens dessa têmpera que se concentrava grande parte do esforço de Santo Inácio ao redigir as Constituições. "No que diz respeito ao recrutamento — diz ainda o historiador protestante Böhmer, anteriormente citado —, talvez não tenha havido uma só congregação como a Companhia de Jesus que se tenha mostrado tão prudente e tão difícil na aceitação dos novos membros. Inácio só considera absolutamente qualificadas pessoas sãs, na força da idade, de exterior atraente, de boa capacidade intelectual e caráter calmo e enérgico". Não se recrutam no exército somente homens sãos e vigorosos? As Constituições têm em vista afastar os corações fracos, hesitantes, nervosos e medíocres. Os jesuítas deviam, acima de tudo, ser equilibrados, comedidos, prudentes e desconfiados em relação aos exageros de qualquer espécie. E por isso Inácio não lhes pedia mortificações excepcionalmente rigorosas, nem grandes jejuns à maneira dos cistercienses, nem privações de sono, receoso de que o excesso nessas práticas ascéticas lhes debilitasse tanto o corpo e lhes tomasse tanto tempo que em breve os impedisse de estar em condições de trabalhar e lhes "esfriasse o fervor de espírito". Pela mesma razão, com a finalidade de que os seus filhos espirituais pudessem concentrar todas as suas faculdades na obra a empreender, renunciava para eles a qualquer ofício de coro, cantado ou mesmo recitado: deviam ter uma formação suficientemente sólida para que, sem salmodias em comum, pudessem extrair toda a sua força espiritual do breviário e da oração, e, sem assistir em grupo às cerimônias do ciclo litúrgico, pudessem estar unidos à vida e à paixão de Cristo.

Essa formação revestia-se de uma importância capital. A ideia básica — que já se podia encontrar nos *Exercícios* — era a de que o homem mais eficaz de todos é aquele que se torna mais totalmente senhor de si mesmo; era para o domínio de si que se devia preparar os futuros soldados de Cristo. E o atilado fundador não achava que dezessete anos de preparação fossem demasiados para que um candidato se tornasse jesuíta no pleno sentido da palavra!

O *postulante* começaria por ser posto em observação durante algumas semanas ou alguns meses, depois do que seria admitido como *noviço*. O seu noviciado duraria dois anos (na maioria das outras ordens era de um ano), ao longo dos quais seria formado nas práticas espirituais, no exame de consciência, na meditação, e se submeteria a certas provas ou "experiências" — por exemplo, na cozinha ou num hospital —, para ver se era capaz de adaptar-se a todas as circunstâncias. Passado esse período de prova, faria os votos simples de pobreza, castidade e obediência, como todos os outros religiosos, e começaria então o seu *escolasticado*, durante o qual receberia a sua formação propriamente dita. Longa: dois ou três anos de estudos clássicos e de ciências, três de filosofia, quatro de teologia e, entre a filosofia e a teologia, vários anos de prova prática, no máximo cinco, num estabelecimento de ensino da Companhia. No fim dos estudos teológicos, receberia a ordenação sacerdotal — entre os trinta e os trinta e cinco anos —, mas deveria ainda passar por uma última prova, "o terceiro ano", num noviciado especial. Só então poderia incorporar-se definitivamente à Companhia como *coadjutor espiritual*. Mais acima, haveria uma elite — na proporção de um para trinta ou quarenta padres — que pronunciaria o quarto voto, o da obediência ao Papa: seria o pequeno grupo dos *professos dos quatro votos*. Para este último e supremo grau, além de muitas outras qualidades, seria necessária uma inteligência acima do vulgar. No entanto, a Companhia não se fechava aos menos dotados que quisessem igualmente servir como soldados de Cristo: a esses, Inácio fixava-lhes um lugar como *coadjutores temporais*; teriam por ocupação cuidar das tarefas materiais da comunidade como porteiros, jardineiros, cozinheiros, etc., e as Constituições precisavam que lhes ficava "proibido aprender mais do que sabiam no momento em que tivessem sido aceitos na Companhia".

Esta lógica admirável, esta estruturação de gênio, encontrava-se também na organização do corpo da Companhia. Ainda à semelhança de um exército, deveria estar fortemente hierarquizada, tendo sempre em vista o combate por Deus. À cabeça estaria o Geral ou Prepósito Geral, eleito vitaliciamente pela maioria absoluta de uma "Congregação Geral" formada pelos provinciais e por dois delegados professos enviados por cada província. Ajudado por vários assistentes, o Geral seria o chefe verdadeiramente monárquico da Companhia, mas um monarca cuja autoridade, como estava bem especificado, devia ser exercida paternalmente e de pleno acordo com o conjunto dos membros; desse modo, o poder pessoal e o poder oligárquico se controlariam mutuamente e se equilibrariam. No plano da organização territorial, a Companhia dividir-se-ia em províncias, à frente das quais estariam os provinciais, nomeados por três anos e assistidos por conselheiros ou consultores. Era proibido aos jesuítas aceitar dignidades fora da Companhia: deviam estar "ao serviço da Santa Sé sem lhe tomar o lugar". As relações hierárquicas deviam ser ao mesmo tempo de confiança e de estrita exatidão: o súdito devia prestar regularmente "contas de consciência" ao superior, "isto é, revelar-lhe toda a sua vida interior, tentações, dificuldades, progressos", e as Constituições estabeleciam um *admonitor* junto do geral e dos provinciais, especialmente encarregado de levar discretamente esses dados ao conhecimento dos superiores, quando o julgasse necessário e em determinadas condições[27].

É difícil imaginar organização mais apertada, centralização mais forte, disciplina mais bem estabelecida; sendo a última das grandes ordens, a Companhia de Jesus parecia afastar-se ao máximo das características antigas do monaquismo. Mas, pela vontade de aperfeiçoamento que a animava e pela sua resolução firme de servir a Deus acima de tudo, não manifestava ela da melhor forma possível as tendências essenciais a que o monaquismo, vanguarda da Igreja desde as suas origens, ficara a dever o seu desenvolvimento no decurso dos séculos?

Este sistema hierárquico e esta disciplina da Companhia viriam a ser criticados com violência logo no começo e até aos nossos dias. Michelet afirmou que o jesuíta não é senão uma roda automática na enorme máquina que é a Companhia. Isso é não compreender nada do espírito com que Santo Inácio concebeu todo o seu prodigioso sistema. Bem longe de ser prisioneiro do quadro administrativo e hierárquico, o jesuíta sente-se tanto mais livre quanto mais se sabe protegido das tentações e dos perigos por esse mesmo quadro. Dentro dos princípios marcados pelas Constituições e livremente aceitos, goza de uma autonomia de ação considerável, que às vezes até pode surpreender. Solto no mundo, prega, ensina, luta da maneira que lhe parece mais útil aos seus propósitos e mais adaptada ao seu temperamento, sem ter acima de si um chefe imediato que o fiscalize e lhe mande, já que essa fiscalização e esse comando se exercem num plano superior, ao nível das altas responsabilidades dos homens.

Perfeitamente formados, os soldados de Cristo, tal como Inácio os recrutava, não obedeciam a outros critérios a não ser o zelo pelas almas, e o seu chefe estava certo de que esse seria o móbil essencial de todos eles. Unidos por um grande desígnio, adeririam à estrita disciplina proposta pela sua Companhia com a convicção de servirem uma causa que os ultrapassava a todos, aquela cuja fórmula o seu fundador lhes dera de uma vez para sempre: *Ad majorem Dei gloriam (A.M.D.G.)*, "Para maior glória de Deus"[28].

Os meios de uma reconquista pacífica

Assim constituída, a Companhia estava pronta para a ação, para a ação ao serviço de Deus. Os seus membros, que exteriormente em nada se distinguiam dos padres seculares — menos até que os teatinos, que se identificavam por pequenos pormenores originais na sua vestimenta —, deviam misturar-se com o povo, viver o mais perto possível daqueles a quem tinham de levar a sua mensagem, obedecer em suma à célebre orientação de São Paulo, que continua a ser a máxima de todo o trabalho missionário: *judeu com os judeus, gentio com os gentios* (cf. 1 Cor 9, 20-23). E logo o conseguiram às mil maravilhas, e até demais para o gosto de alguns: é sabido que a habilidade dos jesuítas, a sua capacidade de adaptação às circunstâncias, a sua flexibilidade em adequar-se a todas as mentalidades são tão proverbiais — e tão caluniadas — como a sua famosa disciplina de ferro; constituem o prato forte de inúmeras histórias que correm há duas ou três centenas de anos nos meios eclesiásticos.

Mas nem por isso essas qualidades são menos verdadeiras e menos admiráveis. Foi pela sua disposição de participar na vida real que os filhos de Santo Inácio exerceram a influência que exerceram. Nenhuma tarefa, nenhuma dificuldade os amedrontou. O seu apostolado foi tão maleável como universal. Vê-los-emos mais tarde tornar-se astrônomos e geógrafos na China, seguir na Índia os usos das castas mais altas, mas misturar-se igualmente por inteiro com os escravos, como São Pedro Claver na América. Serão escritores, pregadores, conferencistas, professores, missionários e outras coisas mais, segundo a regra que Santo Inácio lhes dera: "Importa que cada um se ocupe generosamente das tarefas em que se pratique mais a humildade e a caridade".

Foi no plano propriamente religioso que a sua eficácia se mostrou notável em curto espaço de tempo. Para isso dispunham desse excelente instrumento de ação que eram os *Exercícios;* pregaram-nos em toda a parte aonde foram enviados, e em muitos casos fizeram verdadeiras pescas maravilhosas. Os noviços afluíram depressa: italianos, espanhóis, portugueses e, a seguir, franceses, belgas, alemães. Depois que um Fabro, um Jaio, um Bobadilla ou um Francisco Xavier acabavam de falar, apareciam almas entusiasmadas, que se entregavam sem reservas a esse ideal. Assim foi com o holandês Pedro Canísio, futuro apóstolo da Alemanha; e o mesmo aconteceu com o grande de Espanha, vice-rei da Catalunha, que viria a ser o terceiro geral da

Companhia e cuja santidade lavaria a mancha que outros tinham lançado sobre o seu nome de família: São Francisco de Borja[29].

Mas, além daqueles que corresponderam totalmente à chamada, muitos outros sofreram a influência do pequeno tratado. Foi então que se introduziu e se propagou por toda a Igreja a prática dos *retiros*, à imitação de Manresa, em que a alma se refaz na solidão e no silêncio, medita nos seus últimos fins e considera a sua esperança de salvação: a princípio, retiros individuais; depois, coletivos, pregados, cada vez mais frequentes, em que se instava os assistentes à conversão. Em breve o costume do retiro anual de oito dias se imporia nos conventos, nos seminários, e se tornaria obrigatório para todos os sacerdotes. E quando as decisões e as intenções do Concílio de Trento passassem para a vida da Igreja, esse modo de utilizar os *Exercícios* seria um dos grandes meios de que se serviriam numerosos mosteiros para se reformarem e desenvolverem entre os seus membros a vida de oração.

Esta influência far-se-ia sentir até entre a gente do mundo, muito longe dos claustros. Difundindo por toda a parte a prática da confissão frequente, instalando em todas as suas igrejas o recém-inventado confessionário de grades discretas, os jesuítas iriam afinar a própria técnica da confissão pela prática do exame de consciência e pelo recurso à *casuística*, arte tão caluniada pelos seus adversários, mas que permitiria aplicar com mais flexibilidade e, afinal de contas, com mais justiça os grandes princípios da moral cristã às contingências, muitas vezes extremamente complexas, da vida real. Graças às suas qualidades intelectuais, os jesuítas não tardariam em suplantar os sacerdotes seculares e os membros das ordens mendicantes como confessores junto dos príncipes, o que não lhes valeria apenas admiração...

Na ordem puramente espiritual, a sua ação apoiou-se em devoções e práticas que não se podia dizer que fossem novas, mas às quais deram novo alento. A meditação da vida de Cristo nos *Exercícios* levava a exaltar o amor de Deus feito homem e o sacrifício do Calvário; desse amor proviria depois a devoção ao Coração de Jesus. Unida ao culto prestado ao seu Filho, Nossa Senhora foi também muito honrada pelos jesuítas, a ponto de São João Eudes ter dito no século seguinte: "Entre todas as ordens religiosas, não há nenhuma que se empenhe com mais zelo e ardor no serviço e honra da Rainha do Céu do que a Companhia de Jesus". Estas duas formas de devoção, que outrora tinham constituído o êxito de São Bernardo, contribuíram também para o êxito dos filhos de Santo Inácio. Outro dos grandes meios de ação de que se serviram foi a prática da comunhão frequente, que caíra em desuso e que Santo Inácio se aplicou a restaurar. Muitas das suas cartas espirituais insistem na importância da Eucaristia e na utilidade que há em receber com frequência esse sacramento[30].

Esta profunda mudança introduzida nos hábitos de piedade do tempo aumentaria mais o prestígio da nova ordem. No mosteiro de Ávila, quando Santa Teresa lá entrou em 1534, as cento e cinquenta carmelitas não eram admitidas à comunhão senão seis vezes por ano ou, quando muito, uma vez por mês; oito anos mais tarde, graças ao seu confessor dominicano, a santa obtinha licença para comungar todos os quinze dias; em 1554, o primeiro jesuíta que conheceu aconselhou-a a comungar cada manhã...

Dentre os meios de ação que os jesuítas empregaram desde o começo da Companhia, aquele que teve todas as preferências, ainda em vida de Santo Inácio, foi a *educação*. Não era uma preocupação exclusivamente deles: já outros institutos a tinham tido, como, por exemplo, os barnabitas e

Ângela de Mérici; mas eles deram tal impulso à pedagogia e ao ensino que em menos de um século viriam a deter, se não o monopólio, pelo menos uma grande parte das principais realizações nesse campo. A sua ação pedagógica exerceu-se em dois planos, judiciosamente escolhidos. Deixando aos outros o ensino elementar, aplicaram-se no entanto ao ensino do catecismo às crianças de todas as classes sociais e aos ignorantes: obra tanto mais indispensável quanto negligenciada na época. Os primeiros jesuítas — e Santo Inácio em primeiro lugar — foram catequistas zelosos. O *Sumário da doutrina cristã* de São Pedro Canísio, em três versões escalonadas segundo a idade e o grau de instrução, teve um êxito imenso: publicado em 1555, seria reeditado quatrocentas vezes e traduzido em doze línguas, entre as quais o japonês e o etíope, no período de um século; mas foi ultrapassado pelo catecismo de Belarmino, que teve cinquenta traduções em todas as línguas — das quais seis ou sete só na Índia — e uma difusão universal. No fim do Concílio de Trento, tratou-se de adotar um desses catecismos jesuítas como catecismo oficial da Igreja.

A outra ação pedagógica dos jesuítas situou-se num plano muito diferente: o da formação das elites sociais pela criação de um novo tipo de ensino. Neste ponto também, a preocupação não era original: havia já um século que os Irmãos de Vida Comum tinham feito um esforço sério nesse sentido, e os resultados estavam à vista no Colégio de Montaigu em Paris. Mas os métodos pedagógicos que lá se seguiam eram arcaicos, escolásticos e muitas vezes brutais, pelo menos a darmos crédito a Erasmo, Calvino e Rabelais... Surgiria um sistema pedagógico novo, que, tendo em conta a corrente da época, daria às línguas antigas um lugar de preferência nos estudos; ao mesmo tempo, sem deixar de permanecer firme na disciplina e na moral, empregaria uma técnica de encorajamento e de prêmios para despertar a emulação entre os alunos, e não descuidaria da higiene nem dos exercícios físicos: era, sem dúvida, um método destinado a ter um êxito muito maior que o dos rebarbativos estabelecimentos da época. A ideia não figurava no plano inicial de Santo Inácio; mas, quando viu a sua eficácia, adotou-a. Os primeiros *colégios* jesuítas foram a princípio casas onde moravam os "escolásticos" que frequentavam os cursos universitários. Em breve, começaram a admitir jovens que não se destinavam à Companhia e, por fim, passaram de colégios-seminários a instituições que ministravam elas mesmas o ensino. Santo Inácio apercebeu-se tanto da importância desse instrumento que inseriu nas Constituições uma regulamentação do ensino.

E assim, muito antes de Calvino ter criado em Genebra a sua célebre Academia, os jesuítas multiplicaram os colégios com tal profusão que, nos fins do século XVI, três quartas partes das casas da Companhia seriam escolas, e quatro quintos dos seus membros professores. Proliferação espantosa! Todos os países da Europa e até a Índia passaram a contar com essas casas de ensino de um novo tipo: Coimbra em 1542, Alcalá em 1543, Valência em 1544, Barcelona em 1545, mas, ao mesmo tempo, também Gubbio, Messina, Perugia, Bolonha, Ferrara e ainda Goa! Na França, os colégios jesuítas só se instalarão a partir de 1550, primeiro em Billon, depois em Pamiers, Tournon, Mauriac, Dole e Dijon; o Colégio de Clermont, fundado em Paris em 1565 graças à generosidade do bispo de Clermont, Guillaume Duprat, virá a ser o célebre Liceu Louis le Grand. Através da Europa, a Companhia reorganizava as escolas superiores de Viena, de Praga, de Ingolstadt, de Dillingen, instalava-se em Lovaina — onde, apesar de sérias resistências, contribuiria muito para o renascimento da célebre universidade —, fundava em Douai e em Reims colégios especiais para católicos ingleses decididos a trazer de novo o seu país à fé romana. Em Roma, o Colégio Germânico teve em vista preparar para a Alemanha sacerdotes zelosos e instruídos, e o Colégio Romano, fundado em 1551, hoje a ilustre *Universidade Gregoriana*, iria tornar-se o modelo dos seminários.

A finalidade dessa pedagogia era dupla: preparar sacerdotes para as suas missões sacerdotais e formar cristãos sólidos no meio em que vivessem. Ao humanismo do tempo pediria a sua técnica, mas não o espírito, no que este tinha de antirreligioso e de individualista em excesso. Nunca se poderá superestimar o papel que os jesuítas desempenharam desta forma na renovação do catolicismo. Atraídos pela qualidade do ensino e pela novidade dos métodos — e também pela gratuidade que se oferecia em muitos casos —, os estudantes afluíam à porta "dessas boas casas em grandes bandos", dizia um contemporâneo calvinista, pouco satisfeito porque muitos filhos de reformados as frequentavam, aliás com grande escândalo também dos sínodos eclesiásticos! Dos colégios dos jesuítas iria sair uma nova elite cristã, que ocuparia cargos de relevo no mundo católico do século XVII.

Esses meios de ação dos jesuítas não foram os únicos. Seria preciso aludir aqui às tarefas propriamente missionárias que eles assumiram, a começar pela Europa, primeiro na região invadida pela heresia protestante e depois em diversos outros pontos, onde o seu trabalho — como o realizado por São Pedro Canísio na Alemanha e na Polônia — foi coroado de êxito. E seria preciso evocar o prodigioso impulso que deram às missões em terras pagãs, a epopeia de São Francisco Xavier e de tantos outros missionários, do Zambeze ao Monomotapa, de Macau ao México, na corte do *Negus* como entre os escravos dos mouros. Fiaveria também muito a dizer do que foi o seu papel criador num outro campo muito diferente, o da arte, sobretudo desde o momento em que, em 1568, Vignola levantou em Roma a igreja de *Gesù*. A influência que exerceram neste campo foi tão profunda que, de todas as grandes ordens religiosas, só a Companhia deu o seu nome corrente a uma forma de arte, "o estilo jesuítico", que durou até os nossos dias, e de que falaremos mais adiante. A bem dizer, não há talvez nenhum setor da atividade humana (até na política, na economia e nas finanças...) em que os jesuítas não tenham encontrado os meios necessários para a sua ação *A.M.D.G.*

Todos esses meios têm uma característica que deve ser sublinhada: todos são construtivos, nenhum é negativo nem polêmico. Encontra-se neles a essência do pensamento de Santo Inácio: tratar de restaurar antes de tudo e acima de tudo o homem cristão. O que não quer dizer que os jesuítas não tivessem chegado a envolver-se nos rudes combates da Contrarreforma, tal como os dominicanos, os franciscanos, os capuchinhos e muitas outras ordens: mas essa não foi a sua primeira intenção. O que eles tentavam fazer era reconstituir a própria estrutura do catolicismo, a sua substância, os seus elementos interiores; o resto viria como consequência. Nada é mais absurdo do que afirmar, como se tem feito tantas vezes, que "a Companhia de Jesus foi fundada para extirpar a heresia", ou, mais absurdo ainda, associar numa mesma reprovação "os jesuítas e a Inquisição"! Pelo contrário, a Companhia manteve-se cuidadosamente afastada da Inquisição, mesmo quando Roma a reconstituiu e fez dela um organismo importante da Igreja, como se verá mais adiante. Nunca se soube de nenhuma pessoa que tivesse sido condenada à morte por intervenção de Inácio de Loyola, e ele nunca perseguiu pessoalmente um adversário com o propósito de vê-lo executado pelo braço secular. Em todos os primeiros padres da Companhia, o que é bem manifesto é o espírito de mansidão, de caridade, o espírito dos verdadeiros apóstolos, e não o zelo fanático que se lhes atribui tão injustamente. É de um jesuíta, São Pedro Canísio, a bela expressão "os nossos irmãos separados", que deveria ser a única nos lábios católicos para designar os protestantes. E, de qualquer modo, é um fato que, até à morte de Inácio, a luta contra o protestantismo e a polêmica não ocuparam senão um lugar mínimo nas preocupações dos jesuítas; era por outros meios que eles entendiam dever opor-se à heresia e vencê-la.

Expansão da Companhia, morte de Santo Inácio

Quando, em 1555, o santo cardeal Cervini foi eleito papa com o nome de Marcelo II (infelizmente para a Igreja, só reinou vinte e dois meses), um dos seus primeiros atos foi convidar Inácio de Loyola a pôr à sua disposição dois dos seus padres para que, vivendo no seu palácio, fossem seus conselheiros imediatos. E disse-lhe assim: "Vós, reuni soldados, formai-os para a luta; quanto a Nós, empregá-los-emos".

A expressão resumia maravilhosamente o papel que a Companhia de Jesus vinha desempenhando na Igreja desde a sua fundação e que em breve se tornaria capital. Com a sua forte organização e o espírito de disciplina que animava os seus membros, com a sua qualidade moral, intelectual e espiritual, ela era o instrumento providencial de que a Igreja podia servir-se para tolher os progressos do protestantismo e tentar retomar o terreno perdido. Os papas assim o compreenderam, e por isso favoreceram o mais possível o desenvolvimento do novo instituto. A bula *Regimini Militantis Ecclesiae*, que autorizara a Companhia, tinha limitado o número dos seus membros a sessenta; três anos mais tarde, Paulo III, por uma nova bula, *Injuntum nobis*, suprimia essa cláusula restritiva e permitia o recrutamento ilimitado. Mais ainda: dois anos depois, em 1545, um breve assinado por ele concedia aos jesuítas a isenção da jurisdição episcopal: dava-lhes o direito de pregar e administrar todos os sacramentos em toda a parte onde exercessem os seus ministérios, sem terem que pedir licença nem aos bispos nem aos párocos. Júlio III, que no Concílio de Trento, de que fora presidente, se tornara amigo dos teólogos jesuítas enviados à assembleia — Laínez, Jaio, Salmerón, Canísio —, promulgara logo depois de eleito a bula *Exposcit debitum*, a fim de confirmar e "revalidar com maior força ainda" os privilégios da Companhia; fazia dela um solene elogio e declarava formalmente que fora colocada "sob a sua proteção direta e da Sé Apostólica". Marcelo II confirmou essas intenções.

Assim encorajada pelos papas, considerada oficialmente como o exército espiritual de Roma, a Companhia de Jesus ia conhecer uma expansão prodigiosa, muito semelhante à que tinham tido outrora as ordens mendicantes, e talvez mais impressionante ainda, se se pensa na severidade do recrutamento e na minuciosa formação imposta a cada um. Em 1540, os jesuítas eram 10; em 1556, no momento da morte do seu fundador, chegavam a mil, em 101 casas repartidas por 12 províncias; quarenta anos após a sua criação, seriam cinco mil em 21 províncias; em 1616, 13.112, com 436 casas em 37 províncias; e duzentos anos após a fundação, mais de 22 mil.

Assiste-se, pois, ao desencadear de uma verdadeira "ofensiva dos jesuítas" — aliás, iniciada mesmo antes da ereção canônica da Companhia, como vimos —, cujo caráter polimorfo e planetário tem visos de milagre. É como se quisessem estar em toda a parte e ocupar-se de tudo. Participam das sessões do Concílio de Trento, onde o seu saber causa impressão. Encontram-se perto de Carlos V, como legados, e na Irlanda e na Escócia, como núncios. É necessário ir inspecionar a Córsega, onde a fé e a moral decaíram? Lá vai um jesuíta. Simultaneamente, multiplicam-se os colégios e veem-se missionários jesuítas a trabalhar nos quatro cantos do mundo. Onde encontram eles tantos homens qualificados para assumir simultaneamente tarefas tão diversas? Porque haverá outros ainda que serão encarregados de traduzir a Bíblia e de redigir ou traduzir os cânones do Concílio de Trento à medida que forem elaborados!

Do seu escritório de Roma, Inácio vigiava os fios desse imenso tecido; em 1551, tendo concluído a redação das Constituições e dando por terminada a sua tarefa, apresentou a sua demissão; os professos recusaram-na unanimemente: ainda fazia falta à sua Companhia! Continuou, pois, o seu trabalho até o fim, escrevendo inúmeras cartas aos seus padres disseminados por toda a face da terra, a correspondentes religiosos e leigos, e até ao imperador da Etiópia.

Como é evidente, um êxito tão grande não podia deixar de provocar reações: manifestaram-se invejas suspicazes. Quando ao santo papa Marcelo II sucedeu o teatino João Pedro Caraffa, Inácio não pôde esperar dele a mesma benevolência do seu predecessor; os dois homens eram muito semelhantes pela inflexibilidade de caráter e muito diferentes no comportamento. Paulo IV tentou impor à Companhia os costumes religiosos tradicionais, particularmente o ofício no coro, e, inquieto por ver instituída à testa de uma ordem uma autoridade de poderes tão vastos, mandou suprimir a cláusula das Constituições que determinava a vitaliciedade do generalato. Inácio, simples e modesto, submeteu-se sem recalcitrar às decisões pontifícias: pensou de si para si que os papas são mortais e que o que um faz, outro pode desfazê-lo, o que realmente sucedeu com Pio IV. Aliás, já nos últimos tempos do seu pontificado, o áspero Caraffa suavizou um pouco as suas prevenções e contribuiu até para a fundação de diversos colégios jesuítas, especialmente em Ingolstadt e em Praga.

A Companhia encontrou resistência em muitos países. Assim aconteceu na França: que vinham fazer esses espanhóis, súditos do inimigo Carlos V, ao reino das flores-de-lis? O ultramontanismo dos professos, de que dava provas o seu quarto voto, não tenderia a limitar os direitos da Igreja galicana? Muitos bispos, em particular o de Paris, Eustache du Bellay, achavam exorbitantes os privilégios que lhes tinham sido concedidos. O Parlamento de Paris e a Sorbonne tornaram-se instrumentos dessa resistência e ver-se-ia a primeira dessas grandes corporações recusar-se a registrar o edito de Henrique IV que autorizava a fundação de um colégio jesuíta em Paris. Apesar de tudo, a Companhia instalou-se lá, patrocinada pelo cardeal Carlos de Lorena e pelo bispo de Clermont, Guillaume Duprat. Os primeiros padres apareceram quase clandestinamente, sob o pretexto de cursar estudos, e alojaram-se no paço do seu protetor, o bispo. Pouco a pouco, a resistência atenuou-se e puderam realizar as fundações projetadas, apesar de a oposição nunca se ter desarmado[31].

Mais surpreendente foi a resistência que a Companhia encontrou no próprio país onde nascera: a Espanha. Enquanto em Portugal, aonde Francisco Xavier e Simão Rodrigues tinham chegado em 1540, o êxito foi rápido e triunfal, no país católico por excelência os começos foram espinhosos. As razões podem ter sido diversas. Terá sido pela inveja dos todo-poderosos dominicanos, que temiam a concorrência dos novos soldados de Cristo, tão bem equipados? Carlos V e Filipe II, por grandes cristãos que fossem, não terão desconfiado desses religiosos que, oficialmente, não serviam senão o papado? O fato de a Companhia ser romana, em vez de primordialmente espanhola, não terá criado animosidades? O certo é que houve mais do que manobras: houve verdadeiros atos de hostilidade, como o decreto, obtido de Filipe II pelos dominicanos, pelo qual se proibia qualquer espanhol de estudar no exterior, o que era um golpe direto contra a Companhia. Em Salamanca, os teólogos mais eminentes da Ordem dos Pregadores — como Vitória e, depois, Melchor Cano — não se privaram de atacar a espiritualidade inaciana como suspeita de excessos místicos e até de iluminismo... Mas, apesar de todos os obstáculos, a Companhia fincou raízes no país de Santo Inácio: em 1554, tinha lá três províncias, Aragão, Castela e Andaluzia, com perto de trezentos padres. E o sinal mais retumbante desse êxito foi a entrada para as suas fileiras de *São Francisco de Borja*, duque de Gandía (1510-1572), a quem os *Exercícios* tinham conquistado para Cristo e para a sua nova milícia, e que pediu para nela ser admitido logo que a sua bem-amada esposa morreu e antes mesmo de ter assegurado o futuro dos seus oito filhos[32]. A partir de 1554, desempenhou o cargo de "comissário" das três províncias da Espanha, e, onze anos mais tarde, foi eleito geral.

Ante as perspectivas imensas que via abrirem-se, o que eram aos olhos de Inácio as resistências e as más-vontades? Aos ataques frequentemente furibundos, não respondia senão com a mansidão e a oração, e aconselhava aos seus padres que, se encontrassem adversários, "os recomendassem a Deus, e tudo fizessem para lhes tocar o coração, não por medo das contradições, nem por receio das dificuldades que poderiam causar, mas por caridade". Serenidade admirável. O fundador sabia que a obra que Deus criara por meio dele estava já estabelecida em bases inabaláveis. Já podia morrer, pois os que lhe sucedessem à frente da ordem seriam capazes de seguir as suas lições e o seu exemplo, e de dar continuidade ao seu impulso. E, realmente, depois dele, viriam a suceder-lhe gerais eminentes, cuja obra prolongaria magnificamente a sua: Diego Laínez, seu companheiro, São Francisco de Borja, o belga Everaldo Mercuriano e o napolitano Acquaviva, cujo gênio organizador daria aos jesuítas um impulso ainda maior[33]. Se não fosse profundamente humilde, Inácio, no fim da sua vida, poderia prestar a si mesmo a homenagem que em nossos dias lhe prestou um escritor protestante: "A Igreja ficou a dever-lhe a maior parte das suas vitórias e da sua vitalidade recuperada"[34].

A sua morte teve a discrição e a simplicidade que convinham a quem praticava perfeitamente o que, na segunda semana dos *Exercícios*, recomendava ao exercitante: que se considerasse sempre "como se estivesse a ponto de morrer". Há muito tempo que tinha tomado "as disposições e medidas necessárias"; desde os quase quarenta anos de idade tinha feito a "boa e sã eleição". A 1º de julho de 1556 caiu doente. Os médicos declararam que a doença não era grave, mas ele, conhecedor do seu estado íntimo, não se iludiu com o diagnóstico e disse que ia morrer. A 30 de julho, indicou ao seu secretário Polanco que fosse em seu nome saudar o papa pela última vez e pedir-lhe a bênção para bem morrer. Não julgando o caso desesperado, Polanco diferiu a execução do encargo. Mas no dia 31, pelas cinco horas da manhã, o santo entrou em agonia. Polanco saiu a toda a pressa, mas não regressou a tempo. Às sete, Santo

Inácio entregava a alma a Deus, unicamente na presença de dois dos seus padres. Solidão do santo! Amara tanto a solidão, exaltara tanto os seus benefícios espirituais!

Quase ao mesmo tempo, chegava a Roma a notícia de que, no outro extremo do mundo, diante daquela China à qual tanto desejara levar o Evangelho, morrera também o seu amigo Francisco Xavier, também ele sozinho. Dos votos de Montmartre a essas mortes solitárias, em vinte anos, quanto caminho andado![35]

A hora dos papas

Com Santo Inácio e os seus companheiros, chegava ao auge esse movimento de renovação que levantava a alma católica e ia levá-la a enfrentar com grande ardor os perigos da época. O que a experiência desses homens mostrava claramente, mais ainda que a das outras ordens nascidas ou reformadas naquele mesmo tempo, era até que ponto uma vontade sólida de aperfeiçoamento pessoal, muito longe de encerrar os cristãos no baluarte da oração, os preparava, por uma necessidade interior, para atuar de acordo com a sua fé, isto é, para se tornarem eficazes no plano das vicissitudes e dos combates humanos. Para todas essas almas profundamente místicas — como para todos os homens da Renascença —, a grande questão era viver mais intensamente, e, para eles, viver era viver em Cristo. Mas, por compreenderem as exigências da caridade de Cristo, em vez de se encerrarem numa cela de mosteiro, nalguma *santa cueva* de Manresa, estavam resolvidos a levar o seu testemunho ao mundo, a qualquer parte onde estivesse em jogo a causa que estimavam mais que a vida. A reforma tão necessária das instituições e dos costumes não teria melhores instrumentos do que esses homens pessoalmente reformados.

Além disso, as próprias condições em que se desenvolvera essa renovação permitiam ter a certeza de que uma reforma assim não se desviaria da linha reta, que não desembocaria num ou noutro desses movimentos anárquicos que se multiplicavam então e que pretendiam refazer a Igreja fora dela e contra ela. Nenhum desses reformadores pensara em inovar, mas somente em regressar às fontes, em tornar mais viva a tradição nos seus dois princípios de progresso e de fidelidade. Nenhum desses reformadores, por mais informado que estivesse sobre as deficiências que se notavam na Igreja, quisera dar-lhes remédio opondo a elas um sistema saído da sua própria cabeça, mas simplesmente retomar na base os princípios eternos para melhor os aplicar. Nenhum deles, enfim, preconizara a ruptura com a hierarquia da Igreja, embora essa hierarquia apresentasse aspectos muito discutíveis. Pelo contrário, todos eles, rejeitando o orgulho que inflamava tão perigosamente um Lutero e um Calvino, se tinham sujeitado humildemente à autoridade, acima de tudo à do Sumo Pontífice, o único que, como responsável pela Igreja diante de Deus, pode aceitar as iniciativas e dar-lhes eficácia.

Achavam-se, pois, reunidas as condições para uma verdadeira reforma católica. Estavam prontos os homens que poderiam servir-lhe de instrumento. Exigia-a o ambiente moral e espiritual. Que faltava para a sua realização? Aquilo que, no decorrer da história, sempre foi indispensável neste gênero de problemas: a intervenção da autoridade suprema, do papado. Em todos os momentos em que a Igreja teve necessidade de se refazer para impor ao mundo um regresso ao Evangelho, foram sempre os papas que, em última análise, empreenderam essa tarefa como seus agentes decisivos. Foi assim no século VI com São Gregório Magno, no século IX com São Nicolau I, e mais ainda no século XI com São Gregório VII e no século XIII com Inocêncio III. Por maiores que fossem os santos, os fundadores de ordens, os Bernardos, os Norbertos, os Brunos, os Franciscos de Assis e os Domingos, jamais teriam conseguido por si sós recompor a Igreja se, junto deles, acima deles, na cátedra magistral de São Pedro, não se tivessem erguido homens investidos pelo Espírito de uma autoridade infalível, que chamassem os cristãos ao cumprimento dos seus deveres.

Nos começos do século XVI, num mundo fremente de paixões e de aspirações confusas, numa Europa em desequilíbrio, o papel dos papas parecia mais decisivo do que jamais o fora. Ninguém poderia empreender a reforma completa senão eles. Numa cristandade agora desconjuntada, em que os nacionalismos crescentes se afastavam cada vez mais do antigo ideal unitário, se as iniciativas pessoais não fossem assumidas por Roma, só poderiam ser ineficazes e até levar a cisões. Já não havia soberanos leigos capazes — como um Carlos Magno — de velar como "bispos do exterior" pelos interesses, mesmo espirituais, da Igreja; o imperador já não era senão uma palavra. Restavam, pois, os papas, e só eles.

Ora bem, todos os que se tinham sucedido no trono de São Pedro havia um século, todos tinham reparado perfeitamente em que consistia o seu dever primordial. Mesmo aqueles cuja presença em Roma, só por si, parecera demonstrar a necessidade da reforma "quanto à cabeça e quanto aos seus membros", mesmo esses pontífices que vimos devorados pelas tentações da carne, ou da política, ou da arte, mesmo esses tinham falado da necessidade de cumprir o seu dever. Para não citar senão alguns exemplos, ouvira-se Nicolau IV anunciar, com o apoio de Nicolau de Cusa e de João de Capistrano, que ia corrigir os vícios do clero; Pio II estabelecer um vasto plano de reforma geral, que começaria por Roma e pela Cúria; Paulo II fulminar a simonia e todos os relaxamentos dos conventos; Sisto IV declarar que os monges deviam empenhar-se em semear nas almas a boa semente da sabedoria e da honestidade; e o próprio Alexandre VI, durante uns meses que passaram depressa, chamar para junto de si uma comissão de reforma e encarregá-la com nobre ardor de preparar a bula purificadora.

Fora tudo *flatus vocis*: nenhum desses belos projetos tinha passado da fase das intenções, das boas palavras, quando muito dos começos de execução. E o próprio concílio ecumênico que se realizara no palácio de Latrão de 1512 a 1517, sob a presidência sucessiva de Júlio II e de Leão X, se promulgara textos perfeitamente judiciosos sobre o mal das reservas e a acumulação de benefícios, se lembrara aos cardeais os deveres do seu estado e editara medidas muito oportunas quanto à moral dos clérigos, o seu trabalho ficara muito incompleto e, na aplicação prática, mantivera-se nas meias-medidas. O perigo tinha sido, pois, claramente avistado — Leão X dissera muito bem "que a verdade cristã estava em perigo e que tinha soado a hora de defendê-la" mas, para detê-lo, faltavam decisão e coragem. E sobretudo decisão e coragem no próprio Vigário de Cristo, para levar a cabo a reforma onde ela era absolutamente indispensável: nele mesmo.

Mas agora tudo ia mudar. Por que motivo? Por que mistério? Acaso a pressão exercida pela alma cristã renovada sobre toda a Igreja, e até sobre os seus chefes, foi tão forte que trouxe consigo a nova decisão? É preciso lembrar de novo as intenções secretas da Providência, cujos caminhos são impenetráveis à razão humana. Por fim, iriam cingir a tiara papas que, sem serem todos santos, se revelariam muito mais fiéis à sua vocação e saberiam ouvir o apelo que, com insistência, subia até eles de toda a Igreja. Essa reforma que parecera tão difícil de empreender, operar-se-ia nuns vinte anos, não sem esforço, não sem dificuldades sérias, mas sem choques violentos, sem inovações surpreendentes, simplesmente por um regresso do catolicismo aos seus verdadeiros princípios. "Um império conserva-se pelos mesmos meios pelos quais foi criado"; nesses tempos de paixão pelos clássicos de Roma, mais de um devia conhecer a profunda máxima de Salústio. Era só aplicá-la à Igreja, que não demoraria a aparecer de novo no seu verdadeiro rosto.

Notas

[1] Cf. vol. IV, cap. IV, par. *As forças intactas: a angústia da reforma.*

[2] É somente neste sentido que se pode falar de uma "Contrarreforma", sobretudo depois do Concílio de Trento, nos pontificados de Pio V e Sisto V, em que se tomaram medidas coercitivas e repressivas que não foram certamente a melhor expressão da admirável obra da reforma católica. Levando a Igreja a retesar-se, a endurecer, o drama protestante foi também dialeticamente prejudicial ao cristianismo.

[3] Cf. vol. IV, cap. III, par. *A mística desenvolve-se, mas isola-se.*

[4] E.G. Léonard, em *Calvin et la Réforme en France*, Aix, 1944.

[5] Dezessete traduções só para o alemão; cf. vol. IV, cap. V, par. *Worms, Wartburg, a Bíblia.*

[6] Muitos desses pequenos grupos darão lugar a verdadeiras confrarias de caridade, como as que se constituíram na segunda metade do século XV. A mais célebre foi a da *Caridade de San Girolamo* (do nome da igreja de Roma que lhe foi atribuída como centro, dedicada a São Jerônimo), que gozou da proteção do cardeal Júlio de Médicis, futuro Clemente VII, e em que cristãos de todas as condições, desde cardeais e mordomos do papa até estudantes, se dedicavam a cuidar dos doentes mais pobres, a visitar os pobres envergonhados e os presos, a enterrar os mortos sem família. Um quarto de século mais tarde, será a partir de San Girolamo que se expandirá a ação de São Filipe Neri.

[7] É por isso que a Igreja aceitará ou condenará fórmulas aparentemente muito próximas, conforme a atitude de quem as pronuncia. Por exemplo, lê-se na 14ª regra sobre o "sentir com a Igreja" de Santo Inácio de Loyola: "Ainda que seja muito verdade que ninguém pode salvar-se sem estar predestinado e sem ter a fé e a graça..." Estas palavras, em si, fazem pensar em Calvino e na sua doutrina sobre a predestinação; mas o que vem a seguir mostra claramente que o fundador da Companhia de Jesus, sentindo verdadeiramente com a Igreja, evita os erros e os excessos do teólogo da *Instituição cristã*. Do mesmo modo, Seripando, superior geral dos agostinianos de 1539 a 1551, mais tarde cardeal e legado pontifício, expõe teses sobre o papel da fé que, pela forma como estão expressas, lembram as de Lutero. A este propósito, escreve Pasquier no *Dictionnaire de théologie catholique*: "Não nos devem escandalizar os termos extremamente opostos com que a Igreja tratou essas ideias e esses homens... (Seripando, Lutero). Em todas as épocas da vida da Igreja, certas teorias semelhantes tiveram tratamentos muito diferentes".

[8] No século XV, imprimiram-se muitos tratados sobre o ideal do bispo, entre eles os de Henrique de Haguenau, Jean Gerson, Dionísio o Cartuxo, Lourenço Giustiniani, Antonino de Florença.

[9] Cf. vol. IV, cap. IV, par. *O baluarte espanhol: a tomada de Granada.*

[10] A Igreja ficou a dever a Giberti o costume de guardar a Eucaristia num tabernáculo colocado no altar-mor e de tocar a campainha na elevação da missa; e, quanto aos confessores, a obrigação de usarem a veste de coro e a estola. Também é a ele que muitos atribuem a origem dos confessionários que perduram até os nossos dias.

[11] Ver vol. IV, cap. VI, par. *Um humanismo evangélico: Lefèvre d'Étaples e o grupo de Meaux.*

[12] Cf. vol. IV, cap. III, par. *A Igreja será reformada,* e cap. IV, par. *As forças intactas: a angústia da reforma.*

[13] Cf. vol. III, cap. XIV, par. *Uma intensa e dolorosa fermentação.*

[14] Atribuem-se a São Caetano e aos teatinos diversos usos e devoções que, instituídos primeiro em Nápoles, se tornaram universais: a prática das "quarenta horas", a novena preparatória do Natal, a generalização dos presépios (inventados por São Francisco de Assis), o uso de sobrepeliz na pregação, etc.

[15] Ainda hoje as *angelinas* de Bréscia guardam os costumes do tempo de Ângela de Mérici; não aceitaram as constituições das ursulinas.

[16] Inácio de Loyola nasceu presumivelmente por volta do Natal de 1491, uns meses antes da tomada de Granada e do descobrimento da América.

[17] Santo Inácio só autorizou a sua publicação em 1548, mas antes foram recopiados e traduzidos por muitos "exercitantes".

[18] Pio XI, *Carta apostólica ao Geral dos Jesuítas*, datada de 3 de dezembro de 1922.

[19] Cf. cap. V deste volume, par. *A defesa da fé: o esforço positivo dos teólogos.*

[20] Esta mesma máxima encontra-se, aliás, em Erasmo: "Imploro a ajuda de Cristo como se sem a sua intervenção nada corresse em nosso favor, e esforço-me como se nada se fizesse sem ingente trabalho" (*Colloquia*, n. 56, ed. de Lyon, 1664) (N. do T.).

[21] André Favre-Dorsaz, *Calvin et Loyola,* Paris-Bruxelas, 1951.

[22] Como tudo o que diz respeito a Santo Inácio e à Companhia de Jesus, sinais permanentes de contradição, os *Exercícios espirituais* foram muito atacados, e não apenas por incrédulos

como Michelet ou Quinet; este último dizia que o livro pretendia "produzir em trinta dias autômatos estáticos". Os católicos também não lhe pouparam críticas, entre outras coisas talvez porque a sua precisão ultrapassava tudo o que existia até então, o que criava invejas. Quando se começou a sentir a sua influência, os ataques foram tão vivos que São Francisco de Borja pediu em 1548 ao papa Paulo III que o mandasse examinar: a aprovação explícita desse papa foi a primeira de todas as que emanaram de Roma até os nossos dias. Uma das mais célebres é a de Pio XI, que em carta ao cardeal Dubois escreve que ele mesmo experimentou "a santa eficácia dos *Exercícios*".

[23] O único ponto em que se pode notar uma influência *a contrario* das ideias em curso sobre o pequeno grupo inaciano é no compromisso assumido por todos, sacerdotes ou futuros sacerdotes, de não aceitar nunca estipêndios pelas Missas ou pelo exercício do ministério: "Não por isso lhes parecer ilícito" — diz Simão Rodrigues —, "mas para calar a boca às calúnias dos hereges". Quanto ao "caso dos panfletos", cf. vol. IV, cap. VI, par. *A era dos equívocos.*

[24] H. Böhmer, *Les Jésuites,* Paris, 1909.

[25] Estas palavras são de Tomás de Celano, que as atribui a São Francisco.

[26] Essa fábula e outras ainda mais ineptas provêm de um libelo intitulado *Monita Secreta Societatis Jesu*, redigido em torno de 1612, com propósitos de baixa vingança, por um certo Jerônimo Zanorowski, antigo jesuíta polonês expulso da Companhia. Diz-se aí, entre outras coisas, que a Companhia é governada por uma pequena casta detentora de segredos, cujos membros estão ligados entre si por juramentos terríveis. Lê-se também no libelo que os jesuítas têm ordens de captar a benevolência dos poderosos e a confiança dos ricos, para exercerem a sua influência em toda a parte e acumularem proveitosos tesouros. "É lamentável — escreve o protestante Harnack — que se continue ainda e sempre a explorar contra a Companhia libelos como o das *Monita Secreta*". Mas... continua-se! Quanta gente boa não acredita ainda nos "segredos dos jesuítas" e no "papa negro", que "fiscaliza o papa branco" e até o elimina, se recalcitrar!

[27] Foram estes dois pontos que deram ocasião às críticas feitas à Companhia por aqueles que não queriam compreender o espírito caridoso com que deviam ser aplicados.

[28] É preciso dizer que Santo Inácio não previu a fundação de uma congregação feminina. São Francisco Xavier escreveria: "As mulheres dariam aos confessores mais trabalho do que proveito; eu vos aconselharia sempre a cultivar de preferência os maridos". De 1543 a 1547, houve tentativas de fundar comunidades jesuítas de mulheres na Itália, na Espanha e em Portugal, mas sem resultado. A de Barcelona, organizada por Isabel Roser, grande benfeitora do santo, levou tão mau caminho que Inácio tentou um processo contra a fundadora. Por essa ocasião, o fundador conseguiu que a Companhia se libertasse da direção espiritual de comunidades femininas. Foi preciso esperar a nossa época para que diversas ordens religiosas femininas adotassem a espiritualidade inaciana e o essencial das Constituições: estão neste caso, entre outras, as Auxiliadoras das Almas do Purgatório, as Damas do Cenáculo, as Damas do Sagrado Coração.

[29] O ramo florentino dessa família, originariamente espanhola, tinha italianizado o sobrenome para *Bórgia* (N. do T.).

[30] O próprio fundador sentia tal emoção ao celebrar a Santa Missa e consagrar a Hóstia, que prolongava a cerimônia muito além da meia hora prescrita aos seus religiosos, e às vezes renunciava a subir ao altar.

[31] Henrique IV viria a expulsá-los do reino após o atentado de Jean Chatel, porque estavam mais ou menos envolvidos na Liga, mas tornaria a chamá-los pouco depois.

[32] A fim de poder tratar de todos os assuntos relativos ao futuro da família, o papa concedeu-lhe uma dispensa especial para que, durante perto de três anos, exercesse as suas funções de vice-rei ao mesmo tempo que cursava o escolasticado.

[33] Foi Acquaviva quem mandou editar os princípios pedagógicos da Companhia com o título de *Ratio Studiorum*, obra que permaneceria em vigor até o século XIX.

[34] G. Monod, na sua Introdução à tradução francesa dos *Jesuítas* de H. Böhmer.

[35] Beatificado em 1607, Inácio de Loyola foi canonizado em 1622, ao mesmo tempo que São Francisco Xavier, de quem se falará adiante.

II. O Concílio de Trento e a obra dos santos

"Um cadáver dilacerado"

Na tarde de 5 de maio de 1527, um domingo, as sentinelas que vigiavam as muralhas de Roma viram subitamente cintilar nos flancos do Monte Mário as armas e as couraças de um exército numeroso, enquanto a suave brisa primaveril lhes trazia o rumor de vociferações ameaçadoras. Não foram apanhados de surpresa: havia um mês que se esperava esse ataque. Sabia-se que as tropas imperiais marchavam contra a cidade, avançando a uma velocidade incrível, de sete a oito léguas por dia. Ousariam elas violar a capital da cristandade, onde repousava São Pedro? Em qualquer caso, não seriam os batalhões pontifícios, frouxamente comandados por Lourenço de Ceri, que estariam em condições de lhes resistir. Preparava-se um dos dramas mais horríveis da história cristã.

Havia de tudo nesse exército: italianos, espanhóis, alemães — muitos alemães. Os quinze mil lansquenetes conduzidos por Frundsberg, luteranos na maior parte, ardiam em ânsias de participar de uma guerra santa, de combater e vencer o Anticristo, deitando abaixo o Papa de Roma; os outros, a grande maioria, estavam dominados até o fanatismo por impulsos menos elevados: avidez de pilhagem, apetite de violência. Havia meses que não lhes pagavam o soldo e, quando berravam: "Dinheiro! Dinheiro!", o seu chefe mostrava-lhes a opulência dos italianos à guisa de resposta. "Se por vezes sonhastes com pilhar uma cidade para conseguir tesouros, aí tendes uma, a mais rica de todas, a rainha do mundo". Esse chefe era o condestável de Bourbon, traidor ao seu rei, francês rebelado contra a França, que se preparava para cometer um sacrilégio, talvez na esperança de conquistar para si um principado.

A investida terminou em pouco tempo. Apesar da má sorte do Bourbon, morto no assalto por uma bala que Benvenuto Cellini se gabou de lhe ter atirado, os mercenários infiltraram-se pelos jardins, transpuseram as muralhas, arrombaram as portas. Em poucas horas estava decidido o destino da cidade, um destino atroz. Excitadas, desenfreadas, não obedecendo a ninguém, as tropas do imperador católico Carlos V entregaram-se em Roma a uma orgia de sangue. Era o que o taciturno Habsburgo tinha querido, ou tolerado, ou sugerido? Quem o saberá? Durante sete dias, a cidade foi abandonada ao saque, à violação, à pilhagem. "O inferno — diz um diplomata — não era nada em comparação com o que então se viu". Os conventos foram palco de repugnantes obscenidades, tendo as religiosas por atrizes involuntárias. Viram-se pais apunhalarem as próprias filhas para evitar que caíssem nas mãos da soldadesca. Os palácios, as igrejas, tudo foi saqueado. Quebrou-se, mutilou-se à vontade, com toda a violência. Sob a ameaça das espadas, os burgueses tiveram de pagar sucessivos resgates, extorquidos pelas diferentes tropas. À crueldade juntou-se o sarcasmo; o velho cardeal Araceli foi passeado num sarcófago; prelados e bispos foram arrastados ao mercado como escravos à venda; os lansquenetes, ébrios, revestidos de paramentos eclesiásticos, berravam nas tabernas. O saque só parou quando não houve mais nada que roubar ou destruir e quando o cheiro intolerável dos cadáveres exigiu que os removessem com toda a urgência.

Pelas janelas estreitas do castelo de Sant'Angelo, onde se refugiara, o papa Clemente VII contemplava angustiado aquele espetáculo de pesadelo. Por obra do acaso, estava a salvo, mas prisioneiro. Em breve iria ter ao seu lado, como carcereiro, esse Alarcón que vigiara Francisco I em Madri. O que o preocupava, porém, não era tanto a sua situação pessoal, como aquele espetáculo de horror. A violência desencadeada parecia não querer ter fim: estendia-se a todos os Estados da Igreja e ao reino de Nápoles. Foi então que, voltando-se para o homem que, fosse ou não responsável pelo drama, era o seu beneficiário, Clemente VII escreveu a Carlos V aceitando as severas condições que lhe eram impostas: entregaria os seus Estados, pagaria uma enorme soma em resgate, aceitaria tudo, contanto que cessasse aquele frenesi. "Filho amadíssimo" — gritava-lhe o papa —, "não temos diante dos olhos senão um cadáver dilacerado..."

Mas não tinha o próprio Clemente VII uma parte de responsabilidade nessa catástrofe? No plano da política, sem dúvida: empenhara-se num jogo demasiado comprometido e simultaneamente demasiado hesitante, demasiado temporal e demasiado débil. Depois do tratado de Pavia, aterrorizado com os avanços de Carlos V, quisera apoiar-se em Francisco I e animara-o a denunciar as cláusulas de Madri, assegurando-lhe por escrito que "os tratados concluídos por medo são nulos"; associara-se à Liga de Cognac, constituída para expulsar os espanhóis da Itália; em suma, fizera tudo para atrair sobre si os raios, sem em contrapartida ter tomado as medidas necessárias para se proteger. Frouxamente apoiado pelo rei da França, mais pródigo em boas palavras do que em reforços, atacado na própria Roma pelo clã Colonna, sofria — e com ele a Urbe — o contragolpe dessa política italiana em que os papas tinham envolvido a Sé Apostólica havia um século.

Mas não se lhe podia imputar apenas essa responsabilidade política. O ultraje feito a Roma pelos soldados alemães do Bourbon tinha o valor de um símbolo: manifestava à face do mundo muitos outros ultrajes que a Igreja e a cristandade haviam recebido durante os últimos tempos. Em que direções da rosa dos ventos não estava carregado o céu? Na Alemanha, a heresia luterana prosperava e acabava de provocar o sangrento abalo da guerra dos camponeses. Na Suíça, surgia um novo reformador ainda mais radical: Zwinglio. Na Inglaterra, uma paixão real, que andava na boca de todos, não tardaria a levantar o problema do divórcio, questão muito difícil. Na França, divisavam-se correntes suspeitas, como aliás na Boêmia, na Polônia e em muitos outros lugares. E ainda por cima, nas fronteiras do Leste, o perigo turco tornava-se mais ameaçador do que nunca: a Hungria acabava de cair após a investida de Solimão em Móhacs, e os corsários muçulmanos estavam a ponto de tornar-se senhores do Mediterrâneo. Parecia que a Providência se encarniçava contra a Igreja, ferindo-a com golpes sucessivos. Qual a razão de tudo isso, qual a razão dessa última tragédia que acabava de ensanguentar a Cidade Eterna? Havia muita gente convencida de que se tratava de um castigo do Céu.

A fraqueza, a leviandade e até a indignidade de demasiados papas recentes eram abertamente apontadas como as causas sobrenaturais, mas decisivas, de tantas desgraças. Essa corte pontifícia, essa Cúria e mesmo esse Sacro Colégio, atulhados pelos próprios papas de sobrinhos indignos e de criaturas desprezíveis, porventura mereciam eles do Céu outra coisa que não esse adensamento da cólera divina? Um

Alexandre VI, dominado pelas tentações da carne, um Júlio II, devorado pela ambição e pela vontade de poder, um Leão X, seduzido até à embriaguez pelo encanto das artes, em detrimento de interesses mais altos, todos esses pontífices pouco à altura dos seus deveres, não tinham eles mesmos atraído sobre a Igreja a espada da justiça divina? Muitas vozes corajosas haviam denunciado as múltiplas manchas que desfeavam a Esposa mística de Cristo, mas que tinham feito os papas para tirá-las? Quando Carlos V, com um ar sobranceiro e de fingida pena, exclamava: "Tudo isto aconteceu por Juízo de Deus mais do que por minha ordem!", muita gente boa se mostrou inclinada a aceitar essa desculpa. Teve ampla difusão um panfleto, redigido por um plumitivo a soldo do imperador, em que se dizia que cada uma das provações sofridas por Roma era o castigo preciso de uma torpeza: que outra coisa podia ser a Basílica de São Pedro, transformada em cavalariça, senão o símbolo estarrecedor de tantas almas romanas habitadas unicamente pelos vícios? E as hóstias profanadas pela soldadesca, que haviam de ser senão imagem dos ultrajes com que tantos sacerdotes indignos aviltavam o Santíssimo Sacramento? Houve quem pensasse que esse panfletário tinha razão.

Deslizando por essa pendente, devia a Igreja de Cristo rolar até ao fundo do abismo? Não haveria ninguém que pudesse detê-la e obrigá-la a remontar? Após a morte de Leão X, julgou-se por um instante que tinha surgido um homem capaz de realizar essa tarefa hercúlea: Adriano de Utrecht, antigo preceptor de Carlos V, eleito papa com o nome de *Adriano VI* (1522—1523)[1]. Era um sacerdote austero, rígido, de costumes inatacáveis, que o Conclave elegera quase sem querer, por uma dessas manobras de cortesia que às vezes decidem de um escrutínio. Mal foi sagrado, o corajoso holandês empreendeu o trabalho da reforma. Viram-no levar no seu palácio a vida mais edificante, afastar da corte os elementos suspeitos e erradicar todos os hábitos de fausto. Em discursos veementes, denunciou os escândalos, criticou a venalidade da justiça, a corrupção dos funcionários, o desregramento de muitos clérigos. Algumas medidas exemplares causaram impressão.

Mas essas excelentes intenções não tiveram a servi-las as qualidades de prudência e de habilidade que a situação exigia. Atacar ao mesmo tempo todos os escândalos era arriscar-se a que todos se voltassem contra ele. Sem forças para deter os progressos do luteranismo — os príncipes alemães começavam a secularizar bispados e abadias —, bem como o avanço dos turcos, que tomaram Rodes aos cavaleiros de Villiers de L'Isle-Adam, e ainda as intrigas de Francisco de Sicília, Adriano VI não tardou a mostrar-se incapaz de chamar à ordem o bando dos anichados e dos aproveitadores. Os cardeais a quem ele mandara reduzir o trem de vida, os clérigos a quem proibira a acumulação de benefícios, os datários e outros secretários que pretendera impedir de engordar os bolsos, toda essa gente, ou quase toda, foi unânime em tratá-lo de "pão-duro" e de "bárbaro tudesco". Correram de boca em boca algumas frases infelizes que pronunciara, como, por exemplo, quando havia exclamado diante dos admiráveis mármores antigos colecionados pelos seus predecessores: "Ora! ídolos bárbaros!" E depois, quer ele quisesse, quer não, era tido, por causa das suas origens, "não por pai comum da república cristã, mas por um agente do César da Alemanha", como dizia um embaixador de Veneza. Uma impopularidade enorme acabou por envolver esse homem de bem que, no momento da morte, deixou escapar num murmúrio esta confissão de desânimo: "É triste que haja épocas em que o homem mais honesto seja obrigado a entregar os pontos".

Tal foi a situação encontrada pelo sucessor do holandês, *Clemente VII* (1523-1534), um homem tão diferente dele! Não é que esse espírito distinto, esse humanista, esse cardeal acostumado a enfrentar problemas, tivesse paixões degradantes ou más intenções. Muito pelo contrário! Os seus primeiros gestos chegaram até a causar excelente impressão. Chamou para junto de si duas cabeças do movimento reformador: Sadolet e Giberti; constituiu uma comissão de cardeais para estudar as medidas necessárias; documentou-se seriamente sobre os assuntos da Alemanha e enviou para lá o seu legado com o fim de tentar arranjar as coisas. Mas esse intelectual fino carecia terrivelmente de caráter; pôde-se dizer dele que "sofria de uma espécie de anemia da vontade". Ondulante, irresoluto, incapaz de tomar a tempo uma decisão e de mantê-la, devia dar a impressão de que lhe faltava franqueza. E depois, esse Médicis — era filho de Juliano, o assassinado da conjuração dos Pazzi — era incapaz de separar os interesses da sua família dos da Igreja, e de não se envolver no jogo das intrigas italianas, em que não bastava ter nascido florentino para triunfar.

Todo o seu reinado se desenrolou, pois, numa confusão extrema e, para dizê-lo com todas as letras, não levou senão a uma sucessão de fracassos. Reconciliado com Carlos V, que tinha necessidade dele para proteger a sua tia, Catarina de Aragão, prestes a ser repudiada por Henrique VIII da Inglaterra, apressou-se a obter do imperador a reinstalação de um Médicis em Florença; mas depois, ao ver crescer a influência espanhola na Itália, ao mesmo tempo que coroava solenemente Carlos V em Bolonha, preparou uma nova reviravolta de alianças e, aproximando-se de Francisco I, manobrou para casar a sua sobrinha Catarina com Henrique II. Inteiramente absorvido pela política italiana e pelos interesses familiares, cercado pelo caos dos grandes conflitos que agitavam a Europa, como poderia ele ocupar-se criteriosamente dos verdadeiros problemas da Igreja? Não é verdade que, na questão do divórcio de Henrique VIII, se teve o mérito de permanecer firme quanto aos princípios, as suas manobras e as suas hesitações contribuíram em certa medida para o cisma? E que, na Alemanha, por não saber utilizar com Carlos V a linguagem adequada, permitiu que a política imperial tolerasse tempo demais os progressos luteranos? Do lado dos turcos, a situação foi igualmente catastrófica: Solimão ocupou toda a Hungria e cercou Viena com trezentos mil homens. "O mais infeliz dos papas" — escreveria dele Gregorovius —, mas não terá sido ele, em parte, o responsável por essas infelicidades?

E a reforma? Como poderia ter progredido nessas circunstâncias? A comissão de cardeais, depois de muitas reuniões e de muitos relatórios bastante acertados, dissolveu-se sem que nenhuma das suas recomendações fosse levada à prática. De toda a parte, os católicos, defrontados desde então com as doutrinas luteranas, reclamavam medidas para acabar com os escândalos e tirar aos hereges os seus argumentos. Roma calava-se. O mais grave era que já corria a ideia de que, como a Santa Sé não se mostrava capaz de tomar as decisões indispensáveis, seria necessário que outra potência as tomasse em seu lugar. Qual? As penas ao serviço de Carlos V diziam-no às claras: "Se o imperador reformar a Igreja — e todos veem como isso é necessário! —, além do serviço que prestará a Deus, ganhará neste mundo a maior glória que príncipe algum jamais conseguiu". O perigo não era ilusório. Se Carlos V, dominado nessa altura pelo desejo de reconciliar os adversários para devolver a paz ao Império, resolvesse convocar um concílio, que faria o papa? Em 1534, chegou-lhe realmente às mãos uma proposta imperial bem concreta nesse sentido, mas Clemente VII teve a coragem de rejeitá-la. E que louca situação se criou! O Vigário de Cristo recusava-se a tomar as medidas que os melhores elementos da Igreja reclamavam e, ao mesmo tempo que se opunha a que um outro as promovesse, permanecia na inércia mais absoluta!

Estaria então tudo perdido, e dever-se-ia desesperar da sorte da Igreja? A resposta não foi dada pelo hesitante pontífice Médicis, nem pela sua Cúria sem coragem, nem mesmo pelo imperador germânico, cujas boas intenções mal conseguiam disfarçar as suas evidentes ambições. Foi dada nessa mesma conjuntura por todas as almas fervorosas que, num regresso às verdadeiras fidelidades, prepararam a reviravolta decisiva. Foi no pontificado de Clemente VII — e, é preciso dizê-lo, encorajadas por ele — que se empreenderam muitas dessas iniciativas individuais que vimos empenhadas em refazer as forças da Igreja! Teatinos, capuchinhos, barnabitas, somascos..., foi então que nasceram muitas ordens, institutos e congregações cuja ação ia ser decisiva. Não foi de maneira nenhuma obra do acaso. Algumas semanas antes de Clemente VII expirar, a 15 de agosto, numa pequena igreja semissubterrânea da colina de Montmartre, Inácio de Loyola e os seus seis companheiros tinham jurado consagrar todas as suas energias à Igreja. Essa Igreja parecia ter chegado ao fundo do abismo, mas a retomada da ascensão estava próxima. O "cadáver dilacerado" ia reviver em breve.

Paulo III o papa da reviravolta decisiva

Não era com certeza um santo o cardeal Alexandre Farnese que o Conclave elegeu papa por unanimidade em 13 de outubro de 1534 e que tomou o nome de Paulo III

(1534-1549). Pertencia a um desses poderosos clãs italianos que disputavam entre si a tiara, e fora por isso que, treze anos antes, após a morte de Leão X, a sua candidatura, combatida conjuntamente pelos Colonna e pelos Médicis, não conseguira triunfar[2]. Devia atribuir-se à sua idade, ao seu ar doentio e alquebrado, a facilidade com que foi eleito? Pelo seu prestígio espiritual é que parece não ter sido. Desde que se ordenara, em 1519, os seus hábitos de vida tinham sido corretos, mas os romanos não esqueciam que fora criado cardeal por Alexandre VI, num momento em que a sua irmã, a bela Júlia, passava por nada recusar ao Bórgia (tinham-lhe posto então a alcunha de *gonella*, de "cardeal-anágua"). Lembravam-se também de que, no decorrer de uma existência assaz tempestuosa, tivera três bastardos, Pierluigi, Ranuccio e Constança, cuja legitimação concedida por Júlio II talvez não bastasse para desculpá-lo. Homem da Renascença, culto, amigo das artes e do fausto, isso era-o Alexandre Farnese até à ponta dos cabelos, e assim devia continuar a ser na cátedra de São Pedro. Não lhe ouviriam dizer um dia, a propósito de Benvenuto Cellini, culpado de muitos crimes, que "um artista de gênio está acima das leis da moral"? Não o veriam continuar a participar de brilhantes caçadas, a receber à sua mesa as mulheres da sua família, a celebrar no seu palácio festas excessivamente ruidosas, com cantoras, dançarinas e bobos? E os seus pendores requintados não o levariam a mandar decorar o Vaticano, e sobretudo o castelo de Sant'Angelo, com afrescos de um evidente paganismo? As tendências do novo papa eram por demais conhecidas. Por isso, quando o primeiro gesto do seu pontificado foi criar cardeais dois dos seus netos, Alexandre Farnese de catorze anos e Ascânio Sforza de dezesseis — pudicamente designados como "sobrinhos" —, os verdadeiros cristãos, os que desejavam com toda a alma a reforma da Igreja, pensaram desolados que tudo iria continuar como dantes.

Era falso. Paulo III não seria nem um Clemente VII, nem um Leão X, nem um Bórgia. Tal como o vemos no fascinante retrato pintado por Ticiano, esse homem de sessenta e sete anos, curvado, quase corcunda, de comprido nariz aristocrático e barba branca, tinha um caráter muito forte, acompanhado de uma inteligência extremamente lúcida. Violento, mas sabendo dominar os instintos coléricos que relampejavam às vezes nos seus olhos penetrantes, tinha conseguido permanecer na corte pontifícia durante seis pontificados, e ao longo deles mantivera num equilíbrio tão perfeito a balança das relações do papado com a França e com o Império simultaneamente, que tanto Francisco I como Carlos V se declararam satisfeitos com a sua eleição. Onde Adriano VI se mostrara desastradamente apressado, onde Clemente VII se revelara um diplomata de escassa sensibilidade, um homem tão firme, tão sutil e tão prudente como o papa Farnese poderia fazer maravilhas, se compreendesse um pouco o sentido do imenso drama que envolvia o cristianismo. Ora, precisamente Paulo III iria compreendê-lo, e, graças a ele, a Igreja daria a decisiva reviravolta esperada há tanto tempo.

Na bula que enviaria mais tarde ao Concílio de Trento, resumiria perfeitamente a situação que encontrou ao ascender ao trono pontifício: "Naqueles dias, tudo estava cheio de ódios e dissensões. Em toda a parte, os príncipes a quem Deus confiara o governo digladiavam-se entre si. A unidade do nome cristão estava despedaçada em consequência dos cismas e das heresias. Os turcos progrediam por mar e por terra: Rodes estava perdida, a Hungria devastada, a Itália ameaçada, do mesmo modo que a Áustria e a Eslovênia. A cólera divina abatia-se sobre todos nós, pecadores". Esse homem lúcido compreendeu que era tempo de enfrentar o triplo perigo dos turcos, do esfacelamento político e da desagregação religiosa. Mas compreendeu também que mais grave ainda era o mal que roía a própria alma cristã, essa universal traição que atraía sobre os católicos a ira divina.

Em toda a cristandade se faziam ouvir clamores, furiosos ou desolados, que lhe suplicavam ou o intimavam a pôr fim a tantos escândalos. Ao atravessar a ponte de Sant'Angelo, ouvira um dia o brado de um homem estranho, chamado Franz Titelmans, antigo professor das universidades de Angers e de Lovaina, que abandonara tudo, estudantes e cátedras, para vir gritar-lhe em Roma um protesto solene: "Ao inferno os pecadores! Ao inferno os adúlteros!" Era um grande humanista, ardente adversário de Erasmo, que deixara a sua cátedra em 1535 e se fizera capuchinho em Roma, onde viria a morrer em odor de santidade a 12 de setembro de 1537. Mas o grito do capuchinho flamengo estava longe de ser o único a ressoar. Eram inúmeros os que, segundo a expressão do jurisconsulto Caccia, de Novara, suplicavam ao papa que restituísse à Igreja "a sua natureza evangélica", que a reconduzisse à humildade, à sabedoria, à pureza e à coragem do tempo dos apóstolos. "O mérito eminente de Paulo III consistiu em escutar essas vozes sem conta, a voz da consciência cristã, e em obedecer-lhe por todos os meios ao seu alcance". Imediatamente se pôde verificar que algo havia mudado.

O ponto mais nevrálgico, no momento em que Paulo III cingiu a tiara, era a Inglaterra, onde a questão do divórcio real levara ao rompimento entre Henrique VIII e os católicos, isto é, à perseguição. John Fisher e Thomas More, presos, apelaram para Roma. Paulo III ameaçou o Tudor com o interdito e quis obter dos príncipes católicos uma intervenção contra o cismático. Encetou negociações nesse sentido, mas nem a França nem o Império se mostraram muito interessados em romper com esse aliado eventual, intermitente, mas útil. E tirar do Mediterrâneo a esquadra de Andrea Doria para mandá-la combater no estuário do Tâmisa era entregar todas as costas da Itália e da França aos turcos. Mas Paulo III não desistiu. Firme nos princípios, ergueu-se com vigor contra o procedimento de Henrique VIII, incitou Reginald Pole a mover contra o rei infiel a sua campanha de protesto e não foi com certeza alheio à insurreição que agitou o Norte da Inglaterra. Em dezembro de 1538, lançou o interdito sobre o reino e excomungou o Tudor. Terminara a política de contemporização e do jogo duplo de Clemente VII.

Na França, onde acabava de eclodir em 1534 o "caso dos panfletos"[3], Paulo III animou Francisco I a agir com severidade, e na Alemanha encorajou os príncipes a unir-se contra a Liga de Smalkalde (cujas tropas foram vencidas). Por fim, para permitir que os soberanos católicos ficassem de mãos livres para lutar contra a heresia, e também para tirar aos turcos, com a aliança francesa, um dos seus melhores trunfos, conseguiu em 1538, à custa de imensos esforços diplomáticos conduzidos com suprema habilidade, que Francisco I e Carlos V se reconciliassem pela Trégua de Nice, por um período de dez anos. Estava desbravado o terreno para trabalhos mais decisivos.

A finalidade pela qual clamavam tantas vozes era clara: a reforma da Igreja; e o meio que propunham não o era menos: um concílio geral. Paulo III estava de acordo com uma e outra coisa; mas percebeu que havia nisso um perigo. Não iria a Assembleia da Igreja levantar-se contra ele, contra a sua corte, contra a Cúria, tão vulnerável à crítica sob tantos aspectos? O tempo das teorias conciliares não estava assim tão longe: era necessário a todo o custo evitar o recomeço do drama do século anterior; a própria estatura alcançada pelo papado havia uns cem anos o proibia de pôr-se a reboque de uma assembleia. O único meio de evitar esse perigo consistia em começar a reforma pela cabeça da Igreja, em pôr ordem na própria Roma e na corte pontifícia, como o tentara tão desastradamente Adriano VI. Seria a primeira fase. Depois viria a segunda: a convocação do concílio, cujos trabalhos lhe seria assim mais fácil dirigir e controlar. Finalmente, num terceiro momento, muito mais remoto, mas que Paulo III distinguia perfeitamente, o papado, renovado, purificado, encarregar-se-ia de aplicar os decretos conciliares. Obra imensa, que o brioso e empreendedor pontífice não chegaria a ver concluída, mas que teve o mérito singular de conceber no seu conjunto.

Desde os primeiros meses, pois, do seu pontificado, Paulo III meteu ombros à tarefa. Os consistórios de outubro e de novembro de 1534 ofereceram-lhe a primeira oportunidade de admoestar, com firme moderação, os cardeais presentes: deviam reduzir o seu teor de vida, vigiar a criadagem, retomar as vestes eclesiásticas que alguns menosprezavam. Foram criadas duas novas congregações, colocadas sob a direção de cardeais irrepreensíveis, uma para vigiar a conduta do clero de Roma, outra para investigar as contas dos Estados pontifícios. Nesse clima novo, compreendia-se melhor a nomeação para o Sacro Colégio dos dois pretensos "sobrinhos": talvez fosse até uma grande habilidade, porque esses dois imberbes, criados cardeais, teriam de ser substituídos por vigários no exercício dos seus cargos — e que cargos!, a Câmara apostólica e a Chancelaria —, o que significava passar para o controle direto do papa esses dois grandes departamentos.

Mas foi sobretudo a partir de 1535, ano em que se procedeu à primeira grande promoção cardinalícia, que se puderam verificar as intenções do pontífice e a energia com que pretendia pô-las em prática. A não ser Jean du Bellay — bispo de Paris, cujo chapéu cardinalício foi uma delicadeza para com o rei da França —, todos aqueles que Paulo III chamou para o Sacro Colégio foram adeptos convictos da reforma, homens de vida íntegra e alma ardente, os pilares da futura reconstrução, como dizia o bispo polonês Estanislau Hosius (que também seria feito cardeal, em 1560): "Para julgar bem este papa, nada melhor do que ver os conselheiros que escolheu".

Basta, com efeito, citar o nome desses homens para compreender o que significavam as escolhas de Paulo III: o santo John Fisher, que, encarcerado por Henrique VIII, viria mais tarde a pôr a cabeça sobre o cepo por fidelidade à fé católica; o seu amigo Reginald Pole; o prudente e irenista Sadolet; o enérgico João Pedro Caraffa, um dos fundadores dos teatinos, futuro papa Paulo IV; e aquele que o antecederia durante uns dias no trono pontifício, Marcelo Cervini, futuro Marcelo II. Nessa e nas seguintes fornadas de cardeais, houve grandes diplomatas como Schomberg e Caraccioli, administradores eminentes como Guinucci, canonistas como Simonetta. Houve também humanistas de grande classe, como Aleandro e Gaspar Contarini, este último simples leigo, mas um dos chefes do reformismo católico e que foi elevado imediatamente à púrpura. Paulo III teria até pensado em fazer cardeal o próprio Erasmo, se o velho mestre não se tivesse esquivado.

Dentre essa elite, o papa escolheu então os membros de uma "Comissão de reforma" encarregada de estudar o conjunto dos problemas e de propor soluções. As principais figuras dessa comissão foram Sadolet, Pole, Contarini e Caraffa. A bula *Sublimis Deus* conferia-lhes até, além de direitos ilimitados para conduzir as investigações, poderes de coerção e de sanção que se estendiam aos próprios membros da Cúria. Garantia-se a esses santos comissários a mais absoluta liberdade, e eles não se privaram de usar dela. O documento que apresentaram em janeiro de 1538 foi uma espécie de requisitório, perfeitamente objetivo, mas em que ninguém era poupado, nem mesmo os que rodeavam o papa. Os regulamentos que acompanhavam esse relatório a modo de conclusão receberam força legal: fixavam as condições de moralidade e de capacidade para a admissão às ordens sacras; impunham a todos os clérigos, desde os mais humildes párocos até aos cardeais, um estilo de vida condizente com os seus deveres de estado; ocupavam-se até da conservação dos edifícios do culto. Foram aplicados? O seu próprio rigor não os tornaria pouco eficazes? É difícil dizer se essa reforma interior teve melhores resultados do que no tempo do Concílio de Latrão; é uma constante da história que abusos antigos "resistem às medidas dos governos constituídos e têm necessidade de ser combatidos num ambiente novo"[4]. Mas, seja como for, neutralizaram por antecipado as críticas que certos membros do concílio em vias de ser convocado pudessem fazer contra Roma. E o que tinham de mais pertinente passou para os decretos do Concílio de Trento[5].

Mas não foi só à "Comissão de reforma" que Paulo III confiou o cuidado de trabalhar na indispensável tarefa. A sua ação, tão enérgica como clarividente, exerceu-se de muitos outros modos. Lembremo-nos de que foi por decisão sua que se reconheceu canonicamente a Companhia de Jesus, em 1540, quando a comissão dos cardeais punha reservas a essa nova fundação. Lembremo-nos também de que foi graças à sua intervenção que se autorizaram os somascos, se encorajaram os barnabitas e os teatinos, e as ursulinas se tornaram, em 1544, a grande ordem docente que conhecemos. Mesmo na ocasião em que o novel instituto dos capuchinhos atravessou, em 1542, a grave crise provocada pela apostasia de Ochino, Paulo III compreendeu, depois de um breve movimento de mau-humor, que seria absurdo destruir um instrumento tão útil, e fez cessar os ataques dos seus inimigos.

Deveram também a sua existência ao lúcido pontífice dois organismos cujo papel viria a ser capital no desenrolar dos acontecimentos.

Um deles foi a *Inquisição*. A velha instituição medieval caíra em desuso quase em toda a parte, exceto na Espanha, onde fora reconstituída em 1478 e era na prática um instrumento nas mãos do rei. Com efeito, a luta contra as doutrinas heréticas vinha sendo deixada aos cuidados desordenados de agentes oficiais preguiçosos e até suspeitos. Por conselho de Caraffa, e talvez de Santo Inácio de Loyola, Paulo III resolveu reconstituir em 1542 um organismo romano especialmente encarregado de lutar "contra todos os que se afastassem da fé católica ou que a atacassem, e de desmascarar os suspeitos". A bula *Licet ab initio* organizou, pois, o "Santo Ofício", com seis e depois dez cardeais, vinte e sete consultores e três qualificadores. À cabeça, foi colocado o próprio Caraffa, o que indicava suficientemente que o organismo não seria complacente, e encarregaram-se os dominicanos de tomar conta, como outrora, dos respectivos tribunais. Embora não se tivesse marcado claramente o âmbito da nova Inquisição, parecia que devia estender-se a toda a cristandade. Estava forjada uma nova arma para os futuros combates.

A outra inovação foi o *Index*. Perfeitamente consciente do papel do livro na difusão da heresia, Paulo III concentrou também os seus esforços nessa frente. Já pedira aos cardeais Contarini e Aleandro que escrevessem uma obra, destinada aos pregadores, em que se explicasse de que modo convinha ensinar a doutrina cristã às diversas classes da sociedade. Mas era necessário impedir que as falsas doutrinas se espalhassem. Elaboraram-se listas de obras nocivas — ou "índices" — em várias dioceses, e, em 1543, promulgaram-se medidas severas, que iam desde a multa até ao desterro, contra os vendedores de livros condenados. Ficavam assim estabelecidos os elementos da futura "congregação do Index", que receberia existência oficial em 1557, quando o cardeal Caraffa ascendesse ao sólio pontifício com o nome de Paulo IV.

Esta imensa e notável atividade permitiu, pois, que Paulo III vencesse a primeira fase do seu grande propósito. O terreno estava preparado: a autoridade da Santa Sé não corria o risco de ser questionada; o pontífice dispunha de meios para levar a bom termo o resto da tarefa. Podia, pois, passar para a segunda fase: a convocação do concílio. Mas era mais fácil falar disso do que realizá-lo...

A difícil convocação do Concílio

Para medir exatamente os méritos de Paulo III, é necessário reparar bem na quantidade e na envergadura dos obstáculos que teve de vencer. Eram tantos os interesses que estavam prontos para unir-se contra ele!

O primeiro foco de resistência encontrava-se nos que o rodeavam: entre os funcionários da Cúria que tinham comprado os seus ofícios e se irritavam quando o anúncio de uma reforma fazia baixar o preço de mercado; entre os conselheiros que pretendiam convencê-lo de que, mexendo nas anatas, onde fora reconstituída em 1478 e era na prática um instrumento nas mãos do rei. Com efeito nas expectativas e em outros privilégios romanos, iria arruinar a Sé Apostólica; mesmo entre pessoas muito piedosas, como por exemplo os frequentadores do Oratório do Amor Divino, que lhe repetiam que era pôr o carro adiante dos bois querer fazer uma reforma oficial antes de que tivesse dado frutos a revolução interior, a única eficaz.

Depois, era preciso contar com os protestantes, que não podiam ser postos de parte *a priori*, mesmo que viessem a fazê-lo por vontade própria. Também eles reclamavam o concílio: fazia já muito, a 28 de novembro de 1518, que Lutero, condenado por Roma, declarara apelar para a Assembleia da Igreja. Mas o concílio que eles queriam era de um gênero muito particular: uma assembleia em que os pastores estivessem em pé de igualdade com os bispos, em que a tradição da Igreja e nomeadamente as bulas e as decretais pontifícias fossem tidas por nulas, e se considerasse suficiente o "puro Evangelho" para resolver todos os problemas. Seria aceitável semelhante concílio "presbiteriano", por um instante sequer? Reunida nessas bases, a assembleia acabaria por lançar toda a Igreja no caos germânico.

Podia o papa encontrar apoio por parte dos príncipes? Já estava evidentemente fora de questão pensar no rei Henrique VIII, outrora "Defensor da fé" e agora excomungado. Francisco I fazia um jogo duplo; declarava-se grande partidário do concílio, mas na verdade temia ver enfraquecidos os privilégios da igreja galicana, e, além disso, aliara-se aos príncipes luteranos da Liga de Smalkalde: com certeza não poria nenhum empenho em enviar os seus bispos à assembleia. Quanto a Carlos V, a sua atitude era ainda mais ambígua: como rei da Espanha, era um feroz "reformador", absolutamente favorável ao concílio; como imperador, desejava acima de tudo reconciliar os seus súditos; não queria, pois, uma assembleia que condenasse o protestantismo, e, dada a inviabilidade de uma Dieta imperial, que ele teria preferido, sonhava com um concílio germânico em que seria ele a fazer a lei e em que, verossimilmente, imporia uma fórmula análoga à que mais tarde seria o *Ínterim*[6].

Como se vê, Paulo III tinha de conduzir a barca de São Pedro por entre temíveis escolhos. Mas havia mais. Mesmo que se conseguisse evitar todos esses escolhos e a assembleia chegasse a reunir-se, pôr-se-ia um problema muito sutil, mas muito grave: com que espírito se orientaria o concílio? Com efeito, entre os reformadores mais sinceramente preocupados com o bem da Igreja, desenhavam-se duas correntes mais ou menos antagônicas. Para dizê-lo em poucas palavras e numa linguagem claramente anacrônica, havia os "modernistas" e os "integristas". De um lado, os humanistas cristãos, discípulos e amigos de Erasmo — os Sadolet, os Reginald Pole, os Contarini —, partidários das reformas certas, que punham o acento na vida interior, mas que, no campo dos dogmas, eram favoráveis aos métodos suaves, à contemporização, às fórmulas conciliadoras: alguns desses homens, como o próprio Erasmo e o dominicano Johann Faber, tinham preconizado que as decisões do concílio fossem confiadas a uma espécie de "conselho superior" de competências — isto é, a eles e aos seus amigos —, antes de serem aprovadas pela assembleia. A outra corrente, comandada pelo cardeal Caraffa, era a dos que defendiam a severidade, as medidas categóricas, a Inquisição e a repressão; tinha a seu favor as circunstâncias, porque é uma constante da história que, nos grandes perigos, quem vence são os rigoristas. Escolhendo um dos dois métodos, não se arriscaria o papa a isolar o resto da assembleia? Compreende-se, pois, que, como ele mesmo escreveu, "no meio de toda esta turbulência de heresia, de discussões, de guerras, entre tantas tempestades, as mais terríveis que a barca de São Pedro já enfrentou", Paulo III tenha sentido os suores frios da angústia e suplicado ao Senhor "que o confortasse e armasse o seu espírito com o dom da fortaleza e constância, e a sua inteligência com o da sabedoria".

De constância e fortaleza viria o corajoso pontífice a necessitar de um modo excepcional, porque precisou de nada menos que nove anos de esforços ininterruptos para atingir os seus fins. A partir de 2 de junho de 1536 — depois de ter sondado Carlos V e enviado o seu núncio Vergério por toda a Alemanha para conseguir adesões à ideia —, começou a convocar o concílio para o mês de maio de 1537, fixando a sede na cidade de *Mântua*. Na realidade, ninguém estava decidido a deslocar-se até lá. Pelo embaixador Guillaume du Bellay, Francisco I mandou dizer aos seus amigos luteranos que podiam estar tranquilos, ao mesmo tempo que o próprio irmão do diplomata, o cardeal Jean du Bellay, garantia ao papa que o soberano francês estava nas melhores disposições. Carlos V, furioso com a escolha de uma cidade italiana, onde não falaria como senhor, fez ressoar com tal estrondo as esporas da sua cavalaria que o duque de Mântua, inquieto ou dando a impressão disso, declarou não poder responsabilizar-se pela segurança dos membros do concílio, o que levou a grande maioria dos cardeais a resolver ficar em casa.

O papa escolheu então a cidade de *Vicenza* e marcou a abertura do concílio para o dia 1º de maio de 1538. Estava mais esperançado: a Trégua de Nice não favoreceria a reconciliação dos dois grandes inimigos, o rei da França e o imperador Carlos? Mas havia ainda demasiados interesses que se opunham à magna reunião. Quando os legados pontifícios chegaram a Vicenza, depararam com cinco bispos ao todo, que pareciam admirados de ali se encontrarem.

Houve então uma quantidade de negociações e de colóquios, conduzidos sobretudo pelo príncipe-eleitor Joaquim de Brandenburgo e por Fernando da Áustria, para tentar eliminar os obstáculos à realização da assembleia. Falou-se muito, discutiu-se muito, e logo Paulo III reparou que essa política de colóquios não tinha em vista senão substituir-se ao concílio; sob o pretexto de pôr de acordo teólogos católicos e protestantes (a que nunca se chegaria), deixariam de tratar-se as graves questões relativas à reforma da Igreja e aos problemas da fé. Carlos V estava visivelmente por detrás dessa manobra, inventada por Granvelle. Foi então que se realizaram as reuniões que conhecemos em Spira, Worms e Ratisbona[7], todas elas totalmente inúteis; as coisas pareciam desviar-se do rumo do concílio. Reagindo com firmeza, Paulo III propôs de novo a reunião da assembleia: como Vicenza já não estava disponível, pois os venezianos se recusavam a ceder a cidade, aceitariam Piacenza, Bolonha ou mesmo Cambrai? Fernando da Áustria sugeriu *Trento*, pequena cidade do Tirol, italiana de raça e de língua, mas subordinada politicamente ao imperador. Carlos V não pôde recusar a escolha, que parecia lisonjeá-lo. E a *22 de maio de 1542* o papa, incansável, convocava uma vez mais o concílio.

Foram necessários ainda três anos para que começasse! Rebentou de novo a guerra entre Francisco I e Carlos V: o primeiro proibiu aos seus prelados que se dirigissem a uma cidade imperial; e o imperador protestou junto do papa porque, na bula de convocação, citara entre os "defensores e principais sustentáculos do nome cristão", logo a seguir a Sua Majestade Imperial, "o desprezível rei da França, aliado dos turcos!" Foi preciso esperar que a paz de Crespy-en-Valois de 17 de setembro de 1544 reconciliasse por fim os dois adversários para retomar a questão do concílio. Sem perder tempo, o velho Paulo III entregou-se de corpo e alma ao assunto, sentindo que era a última oportunidade. Pediu-se a concordância de Francisco I e Carlos V; negociou-se até com os turcos, que, ocupados em resistir aos persas, prometeram não voltar a ameaçar o norte da Itália. A bula *Laetare Jerusalem*, de 19 de novembro, convocou o concílio para o dia 15 de março, que seria precisamente o domingo *Laetare*: simbólica coincidência!

Seria dessa vez? Não. Ao chegarem ao lugar fixado, os cardeais-legados — del Monte, Marcelo Cervini e Reginald Pole — tornaram a encontrar uma assistência tão reduzida que não tiveram outro remédio senão correr a Roma e pedir ao papa que adiasse a abertura dos trabalhos para dezembro. Foi ainda necessário enviar núncios durante todo o verão a fim de urgir a chamada. O jovem cardeal Farnese, neto do papa, encontrou-se uma vez mais com o imperador, que pareceu de melhores disposições; mas os franceses e os espanhóis declaravam que Trento estava muito longe, os ingleses e os escandinavos acabavam de passar para o cisma ou para a heresia e, é claro, nem um só luterano alemão estava disposto a comparecer. Finalmente, a 13 de dezembro de 1545, no coro da catedral de Trento, o cardeal del Monte pôde celebrar a missa do Espírito Santo e declarar aberta a primeira sessão do concílio. Estavam presentes quatro cardeais, incluídos os legados, quatro arcebispos, vinte e um bispos, cinco gerais de ordens religiosas e uns cinquenta teólogos e canonistas. Era pouco. Mas pelo menos acabara de se conseguir que as reuniões começassem. Quanto aos resultados práticos, seria necessário esperar por eles dezoito anos...

Dificuldades e vicissitudes do Concílio de Trento

"Este concílio acabará dentro de semanas!", exclamava um bispo italiano ao chegar à pequena cidade tridentina onde os padres conciliares, definidores, consultores e secretários se amontoavam como podiam. Afinal, não estavam todos de acordo sobre os princípios? Mas não se podia deixar de contar com os acidentes de percurso. A cristandade, quer como ideal, quer como realidade, estava bem morta, e até no campo das questões espirituais mais elevadas iriam enfrentar-se todas as espécies de interesses, orgulhos e apetites.

Não era que faltasse boa vontade, antes pelo contrário!, nem o sentido das responsabilidades. Todos os membros do concílio seriam capazes de pronunciar as corajosas palavras proferidas pelo cardeal de Lorena numa das últimas sessões: "A quem acusaremos nós, meus irmãos bispos? A quem apontaremos como autores de um tão grande mal? Não precisamos e não podemos dizê-lo nem confessá-lo sem vergonha nossa e sem um grande arrependimento da nossa vida passada. Foi por nossa causa que se formou a tempestade, meus irmãos, e por isso lancemo-nos ao mar. Que o juízo comece pela Casa de Deus, e que sejam purgados e reformados os que trouxeram nas mãos os vasos do Senhor!" Entre esses novos Jonas, não houve nenhum que não estivesse resolvido a trabalhar bem. Mas não deixavam de ser homens, e o ciclone que sacudia o barco da Igreja era demasiado violento para que se pudesse discernir logo a rota a seguir e tomar o rumo certo.

As causas dos conflitos eram muitas. Umas relacionavam-se com os diferentes modos de ser, algo inevitável quando se reúne um número bastante grande de homens. Esses conflitos originaram por vezes incidentes divertidos. Viram-se prelados lançar contra um legado insinuações malcriadas sobre a nobreza do seu nascimento. Um bispo napolitano, tratado de "ignorante e perverso" por um bispo grego, atirou-se sobre ele, agarrou-o pela barba e abanou-o tão violentamente que lhe arrancou uma mão-cheia de cabelos! Mas, por trás das animosidades pessoais, havia quase sempre antagonismos nacionais. Eram raros, entre esses príncipes da Igreja, os que sabiam esquecer-se da sua dependência deste ou daquele príncipe temporal e renunciar a trabalhar pela sua própria pátria, em benefício dos interesses supremos da catolicidade. Altivos, os espanhóis arvoravam-se em únicos defensores da fé e dos costumes, mas ouviam em resposta que, na sua própria terra, a Igreja estava estranhamente sujeita ao poder civil; ao falar um dia alto demais, um deles ouviu uma voz cortar-lhe a palavra: "Por acaso estamos no Concílio de Toledo?" Os franceses, cuja doutrina despertava suspeitas em alguns, ripostavam com piadas aos críticos: um bispo da França, interrompido durante um discurso sobre a reforma da Cúria por estas palavras irônicas: "Escutai como o galo canta bem!", retrucou imediatamente: "Sim, mas, ao canto do galo, São Pedro caiu em si e chorou"; era uma alusão discreta... Quanto aos italianos, aproveitando-se da relativa proximidade de Trento, arranjavam maneira de trazer abundantes pelotões de bispos para as votações importantes, o que fez dizer a um dos do Conclave: "O Espírito Santo vem na mala de Roma!"

Em si, semelhantes atritos não eram muito graves e a história do concílio esteve longe de se reduzir a esses incidentes. A imensa maioria desses homens, apesar dos temperamentos tão diferentes, cooperou na grandiosa tarefa com uma enorme vontade de fazer o bem, com uma aplicação notável e a convicção de que trabalhava numa obra decisiva para a salvação da Igreja. Quereríamos conhecê-los um por um: os legados presidentes, del Monte, Crescencio, Gonzaga, Morone, todos apaixonadamente fiéis à Sé Apostólica; o prudente e zeloso Marcelo Cervini, que viria a ser um papa santo; o brilhante Reginald Pole, homem de saber e de critérios verdadeiramente ecumênicos; como também os teólogos que preparavam os relatórios e limavam as teses, quer fossem jesuítas como Cláudio Jaio, Diego Laínez e Alfonso Salmerón, quer agostinianos como Jerônimo Seripando, ou franciscanos como Russo, capuchinhos como Bernardino d'Asti, dominicanos como Melchor Cano e Domingos de Soto. E tantos outros! Quereríamos vê-los com as mãos na massa não só nas sessões oficiais da catedral de São Vigílio, mas também na nave da pequena igreja de Santa Maria Maior, onde se realizavam as reuniões de trabalho, ou ainda nas salas dos palácios onde tinham a sua sede as comissões, nas celas dos conventos onde os especialistas preparavam a refutação das heresias e redigiam os decretos reformadores.

Se os padres do concílio tivessem permanecido sós entre eles, ocupados unicamente com os interesses da Igreja, sem intervenção da política, a situação teria ganho clareza e o trabalho teria sido levado a bom termo com presteza. Mas os soberanos — particularmente um — arrogaram-se o direito de lançar o peso da sua autoridade sobre os assuntos da assembleia e durante muito tempo tornaram a situação inextricável. Carlos V foi um dos responsáveis por essas complicações. Extremamente desconfiado a respeito do papado, que ele sempre temia ver dominar a Itália, estava igualmente preocupado em não romper com os protestantes da Alemanha, para evitar perturbações nos seus Estados. Para o imperador, o concílio devia ser um campo de entendimento entre católicos e hereges, quando, para os papas e para o conjunto da Igreja, era imprescindível chegar a definições bem claras, mesmo que daí resultasse uma ruptura.

Essa oposição iria manifestar-se por um longo período em todas as circunstâncias. Por exemplo, o que é que se devia fazer em primeiro lugar: fixar o dogma ou reformar a disciplina? Carlos V mandava responder pelos seus representantes: "primeiro, a disciplina", para evitar uma condenação sem apelo das teses luteranas; "o dogma", respondiam os mais categóricos, que mediam o perigo herético. Mesmo a fórmula de compromisso de Campeggio — os dois temas seriam estudados *pari passu* — provocou discussões apaixonadas. Mas, por outro lado, é indubitável que, apesar dos seus meritórios esforços por levar a bom termo os trabalhos, os papas sucessivos nem sempre souberam eles próprios colocar-se decididamente à margem e acima da política, e todos ou quase todos ofereceram o flanco a ataques dirigidos contra eles num plano excessivamente temporal. E assim se explica a espantosa duração do Concílio de Trento, interrompido quatro vezes, suspenso durante perto de dez anos, e que só chegou ao fim dos seus trabalhos quando a situação geral permitiu a Roma ver-se livre da política.

Reunidos, pois, em dezembro de 1545 — em número ainda relativamente pequeno, como vimos —, os padres conciliares tiveram oito sessões em seis meses. Estabeleceram-se primeiro os métodos de trabalho, com muito cuidado, para impedir que voltassem a dominar as tendências demagógicas manifestadas outrora em Basileia e Constança. Seguindo — o que é curioso: seria por simples acaso? — o plano da Confissão de Augsburgo, como que para responder-lhe, levou-se a cabo um excelente trabalho doutrinal sobre o papel da Sagrada Escritura como regra de fé, sobre a doutrina do pecado original, a justificação e os sacramentos, enquanto se encetavam simultaneamente e muito a sério as reformas disciplinares, fixando os deveres dos bispos.

Mas, ao ter conhecimento do conteúdo dos decretos dogmáticos, Carlos V entrou num furor sinistro e intimou o concílio a não continuar por esse caminho. Embaraço cruel! Apesar dos esforços do cardeal legado del Monte, muitos bispos sentiram esfriar o seu zelo, agora que o imperador falava em voz tão alta. Exatamente nesse momento, pelos meados de maio, espalhou-se na cidade e entre os seus hóspedes uma epidemia mortal apelidada de "mal das lentilhas", porque a pele dos doentes se cobria de pequenas placas redondas. Um, dois, quatro, dez, doze padres se eclipsaram em busca de lugares menos insalubres. Foi necessário ordenar a transferência das reuniões para Bolonha (fevereiro de 1548), mas lá se apresentaram, para duas sessões anódinas, quase unicamente italianos, ao passo que os espanhóis e os imperiais permaneciam em Trento, por ordem de Carlos V. Impunha-se suspender o concílio.

Nessa ocasião, deu-se um incidente penoso. Cedendo uma vez mais aos sentimentos de família, Paulo III concedera ao seu próprio filho, Pierluigi Farnese, os ducados de Parma e Piacenza, desmembrando-os dos Estados pontifícios. O cardeal Gonzaga protestara: "Espetáculo raro — exclamara ele diante do pontífice —, um novo príncipe que brota numa noite, como um cogumelo!" O imperador também ficara muito descontente e ripostara nomeando governador de Milão um outro Gonzaga, Ferrante, inimigo violento de Farnese. A situação tornara-se cada vez mais tensa durante os anos de 1545 e 1546, a tal ponto que, em setembro, Pierluigi foi apunhalado e o seu cadáver lançado de uma janela do seu castelo, enquanto Gonzaga corria a ocupar Piacenza em nome de Sua Majestade imperial. Apesar de Carlos V ter representado a comédia da inocência, suspeitava-se que era ele quem estava por detrás dos atores desse drama. Desolado, loucamente inquieto — esse assassinato não anunciaria uma intervenção imperial na Itália, à maneira da de 1527? Paulo III, ao mesmo tempo que negociava com o imperador a suspensão do concílio (17 de setembro de 1549), preparava ativamente contra ele uma santa aliança com a França, a Suíça e muitas cidades italianas. E falava até em instigar os turcos a tornar a atacar Viena, quando morreu aos oitenta e dois anos, a 10 de novembro de 1549, depois de ter lançado as bases da reforma, o que é o seu maior título de glória, mas sem ter podido, nem de longe, levá-la a bom termo, e extremamente inquieto com o futuro.

Havia motivos para estar inquieto. Nos últimos meses do seu pontificado, vira-se Carlos V tomar uma iniciativa cujas consequências ninguém podia calcular. Autorizado a meias por Roma e a meias agindo por *motu proprio*, assinara a 15 de maio de 1548 o *ínterim* de Augsburgo[8], que beneficiava muito os protestantes, pois autorizava os sacerdotes casados a continuar a exercer o seu ministério e concedia aos leigos a comunhão sob as duas espécies[9]. Onde se iria parar?

O perigo da situação só se revelou claramente por ocasião do Conclave que se reuniu para eleger o sucessor de Paulo III. Encerrados em fins de novembro de 1549, os cardeais só vieram a escolher o novo papa a 8 de fevereiro de 1550! O Conclave, um dos mais longos da história da Igreja, viu enfrentarem-se abertamente o partido do imperador e o do rei da França, e só se pôde tomar uma decisão depois que os dois jovens líderes dos partidos adversários, o cardeal de Lorena e o cardeal Farnese, se puseram de acordo sobre o nome do candidato.

Foi eleito o cardeal del Monte, antigo presidente do concílio. Era um homem pessoalmente respeitável, embora inclinado um pouco demais aos prazeres mundanos e às belas obras de arte, e também rodeado de uma parentela de dentes afiados. Tomou o nome de *Júlio III* (1550-1555), em memória de Júlio II, que o fizera prelado doméstico. Tem-se sido excessivamente severo com este pontífice, de quem se chegou a escrever que "nada disse nem fez para reformar a Igreja". Não é essa a verdade. Amigo e confidente de Paulo III, cujas grandes aspirações conhecia bem, estava profundamente decidido a retomar a grande tarefa do concílio, como tinham jurado solenemente todos os membros do Conclave. Mas não era homem de caráter muito forte. Por outro lado, doente, gotoso, precocemente envelhecido, esse sexagenário alquebrado preferia a negociação ao combate e tinha muito medo de Carlos V. Por último, o seu nepotismo, que, nem por ser menos escandaloso do que o do seu antecessor, era menos patente, e as questões de Parma e de Piacenza, que continuavam a provocar agitações e até guerras, não lhe deixavam as mãos muito livres. Nessas condições, a sua clara boa vontade viu-se fortemente tolhida.

O concílio foi, pois, novamente convocado, em dezembro de 1550, para o dia primeiro de maio seguinte, em Trento. Mas o imperador, que dera o seu acordo e prometera enviar os seus bispos, não se apressava muito a facilitar-lhes a viagem. E os franceses, por sua vez, foram proibidos pelo rei Henrique II de deixar o reino, já que a guerra com Carlos V estava prestes a estalar de novo e as relações entre o Louvre e a Cúria se tinham deteriorado tanto que iam romper-se. O embaixador Amyot manifestava ao papa que a França, "pura de toda a heresia", não tinha necessidade alguma de um concílio geral e que ela mesma poderia reunir um concílio nacional. Nem por isso os vinte e cinco bispos reunidos em Trento, à volta do legado Marcelo Crescencio e do excelente bispo de Verona, Luís Lippomani, deixaram de trabalhar seriamente, em quatro sessões, na elaboração de decretos dogmáticos sobre os sacramentos. Pouco a pouco, outros se lhes juntaram, entre eles uma forte delegação protestante, que teve de ser admitida a pedido expresso de Carlos V, e que apresentou duas declarações de fé dos luteranos da Alemanha.

Uma vez mais, a política interveio brutalmente. Otávio Farnese recusava-se a ceder Parma ao imperador, desrespeitando a promessa do papa. Henrique II, que se irritara muito com a política da Santa Sé sobre os benefícios eclesiásticos, apoiava o príncipe com todas as forças e deixava que se criticasse abertamente Júlio III e o seu concílio. Chamadas com grande escândalo pelo rei cristianíssimo, as galeras turcas sulcavam os mares diante das costas pontifícias. Se não fosse pelo cardeal de Lorena, Henrique II talvez tivesse chegado até ao cisma. Os seus soldados apoderavam-se de Siena, que Montluc defenderia contra as tropas imperiais com uma energia que ficaria lendária. Toda a Itália central foi posta a ferro e fogo, devastada pelos partidários e pelos inimigos de Otávio Farnese. Por detrás de tudo isso, estava, evidentemente, mais uma vez, a mão imperial. De repente, constou em Trento que Maurício da Saxônia, rebelde ao imperador, acabava de invadir o Tirol e que, depois de por pouco não se ter apoderado do seu suserano em Innsbruck, se preparava para marchar sobre a cidade do concílio. Foi uma debandada! A 28 de abril de 1552, a toda a pressa, a assembleia foi suspensa por dois anos.

Mas quando o prazo passou, Júlio III não teve a coragem de retomar a tarefa. Descoroçoado com tantas intrigas e resistências, cada vez mais doente e cansado, refugiou-se na faustosa *villa* que mandara construir fora da Porta del Popolo e não parecia interessar-se senão pelos admiráveis jardins de que rodeara a sua residência. Só a sua morte, taciturna e terrível, pareceu mostrar que a sua consciência não deixava de censurá-lo. Em toda a cristandade, muitos se perguntavam se o concílio seria o meio mais adequado de resolver os problemas da Igreja, se esse gênero de reuniões não oferecia o risco de provocar sempre demasiadas discussões, e se não seria mais eficaz que fosse um homem só a agir. Assim ia pensar um papa de extrema energia: Paulo IV.

A tentativa pessoal do terrível papa Paulo IV

Foi grande a emoção na Igreja quando, a 23 de maio de 1555, dia da Ascensão, se anunciou a eleição como pontífice daquele que, por uma intenção clara de fidelidade ao papa reformador Farnese, tomou o nome de Paulo IV. Acabava de desaparecer um outro papa, o sucessor imediato de Júlio III, *Marcelo II,* que, segundo se disse, fora "mais mostrado do que dado à Igreja": homem cheio de Deus, imagem viva da reforma, o cardeal Marcelo Cervini, antigo segundo legado-presidente do concílio, caíra mortalmente doente dez dias depois de ter sido eleito e, dez dias mais tarde, rendera a alma a Deus. Palestrina não tivera tempo de acabar a admirável missa que preparava para a sua coroação. O desaparecimento súbito desse quinquagenário de espírito alerta semeou viva inquietação, não inteiramente acalmada pela escolha do sucessor. Com certeza o decano do Sacro Colégio seria também e de todo o coração partidário da reforma, mas aquela que o santo Marcelo II queria realizar era irenista nas suas intenções, moderada nos seus métodos, mais inclinada a apaziguar do que a condenar: aconteceria o mesmo com o novo sucessor de Pedro? Os conclavistas elegeram-no por motivos táticos, para afastar ao mesmo tempo o ambicioso cardeal de Ferrara, Hipólito d'Este, demasiado envolvido nas questões italianas, e Reginald Pole, que dava toda a impressão de querer lançar a Igreja contra a coroa inglesa. O novo eleito não era outro senão o terrível cardeal Caraffa.

Esse homem de muita idade — ia completar oitenta anos — continuava tão impetuoso e categórico como nos mais belos dias da sua juventude napolitana, quando, no seu sonho de restituir à Igreja a sua santidade, criticava acerbamente as autoridades espanholas. Pequeno de estatura, magro, dinâmico, de rosto macilento e olhos em brasa, era, no dizer de um contemporâneo, "semelhante a uma flecha sempre pronta para ir ferir o alvo". A sua palavra, dizia-se ainda, "era vulcânica e as suas explosões tão imprevisíveis como as do Vesúvio". A mansidão do seu amigo São Caetano de Tiene, que fundara a ordem dos teatinos[10], não exercera sobre ele nenhuma influência. Inteligente, culto, de uma ciência teológica profunda, de uma piedade admirável e costumes eremíticos, possuía sem dúvida as maiores virtudes, mas a violência do seu temperamento iria impedi-lo de fazer bom uso delas. A alta ideia que fazia da dignidade da Sé Apostólica, de mistura com o seu orgulho pessoal, levava-o a uma concepção teocrática cujo anacronismo não parecia notar. Os reis, os imperadores, os povos? Aos pés do Papa! Nações? Não, massas sujeitas à autoridade — sem apelação — do Vigário de Cristo! A desgraça foi que ele vivia no século XVI e não no tempo de Inocêncio III.

O seu breve pontificado (1555-1559) marcou, pois, uma interrupção nos trabalhos do concílio: mais até do que uma interrupção, uma mudança de rumos. Um homem desses não sentia nenhuma vontade de deixar que uma assembleia não dominada por ele tomasse decisões que, mais do que ninguém, julgava indispensáveis. Ele sozinho bastaria para fazer a reforma, a golpes de bulas e decretais com todo o ar de ucasses: para que o estéril palavreado dos teólogos? Seis dias depois de eleito, reuniu um primeiro consistório, e não disse uma palavra sobre o concílio, apesar de no Conclave ter jurado, como todos os outros, dar-lhe prosseguimento. Os cardeais entreolharam-se: tinham compreendido.

A tentativa de reforma pessoal de Paulo IV, foi, sem dúvida, excelente nas intenções e mesmo nalgumas das suas realizações. Decretos fulgurantes chamaram os bispos aos seus deveres de estado, proibiram que fossem nomeados com dispensa de idade, puseram termo a toda a alienação dos bens da Igreja, reorganizaram os grandes serviços do Vaticano — sobretudo a Dataria — para acabar com a simonia, abandonaram até as rendas da Sé Apostólica que podiam ser tidas por discutíveis; em suma, mostraram com estardalhaço que alguma coisa mudara realmente na Igreja. Alguns cardeais com reputação de mundanos foram chamados publicamente à ordem, e o de Ferrara, o faustoso Hipólito d'Este, que já distribuía ostensivamente ouro a mãos cheias para preparar a sua futura eleição, foi intimado a sair sem demora dos Estados da Igreja.

Essa vigilante solicitude estendeu-se o mais possível a todos os setores. Para cada país, foi nomeado um cardeal de confiança com a missão de transmitir as ordens pontifícias. Os bispos, cujos poderes foram reforçados, receberam instruções precisas para vigiar o seu clero. Os superiores das congregações religiosas também foram convidados com firmeza a pôr ordem nas suas casas e, se necessário, a apelar para o braço secular. Um episódio pitoresco marcou essa campanha de saneamento. Muitos monges "giróvagos", que viviam fora da clausura, geralmente pouco edificantes, perambulavam pela cidade de Roma, como aliás pelas grandes cidades da cristandade; uma bula feroz intimou-os a regressar aos seus conventos ou a deixar de ser religiosos. Um mês depois, fecharam-se cuidadosamente as portas da Cidade Eterna e a polícia pontifícia armou uma caçada a essa fauna escandalosa; foram apanhadas várias centenas de peças, duzentos foram metidos na cadeia ou condenados às galeras. Nunca se tinha visto um papa usar de tamanha severidade!

Mas o principal instrumento dessa reforma foi a *Inquisição*, que já Paulo III havia confiado ao futuro papa quando a restabelecera; para Paulo IV, ela era "a menina dos olhos, a preferida do seu coração". Escrevia o embaixador de Veneza em Roma: "A violência do papa é sempre grande, mas, quando se trata da Inquisição, é realmente indizível. No dia de semana fixado por ele para a reunião da comissão, a quinta-feira, não há nada no mundo que o impeça de realizá-la. Lembro-me de que, no dia em que os espanhóis se apoderaram de Anagni, quando toda a Roma corria para pegar em armas, temendo pela sua vida e pelos seus bens, Paulo foi presidir ao Santo Ofício e tratou com toda a impassibilidade dos assuntos da ordem do dia, como se os inimigos não estivessem às portas da cidade". Assim controlada por esse papa de ferro, que a confiou a um prior dominicano tão rígido como ele, Miguel Ghislieri — futuro São Pio —, a Inquisição assumiu uma feição terrível. Foram-lhe conferidos poderes excepcionais. Recebeu ordens de perseguir até as meras aparências de heresia, de "não recorrer em nenhum caso à misericórdia", de não hesitar nunca em castigar as personagens mais eminentes, para que o castigo servisse de exemplo. Todos os suspeitos foram presos e levados aos rígidos tribunais dominicanos: vendedores de livros de ideias perniciosas, judeus e mouros.

Retomando e institucionalizando as ideias de Paulo III, o papa Caraffa mandou elaborar o catálogo oficial dos livros proibidos, o *Index* (1558), que em breve ficaria sob a responsabilidade de uma congregação romana especial. Sessenta e um livreiros foram proibidos de fazer edições.

Realmente imparcial, a Inquisição não poupava ninguém. O patriarca de Aquileia, que certa vez desculpou um pregador de ter falado com excessiva ligeireza da predestinação num sermão quaresmal, foi intimado a explicar-se e, embora tivesse saído ilibado, perdeu com isso a púrpura que lhe fora prometida. O cardeal Morone, diplomata célebre, ousou dizer que a violência em matéria religiosa nunca dera bons resultados, e foi imediatamente encarcerado no castelo de Sant'Angelo. O cardeal Reginald Pole, culpado do mesmo crime, foi privado da sua legação na Inglaterra e intimado a comparecer em Roma, coisa que a sua rainha, Maria Tudor, o impediu prudentemente de fazer.

Todos os Estados católicos foram convidados a pôr em funcionamento a Inquisição em seus países; a França recusou-se, mas a Espanha, onde a instituição já era poderosa havia muito tempo, entregou-se a essa tarefa de corpo e alma. Foi então que se perseguiram todos os suspeitos, os restos de luteranos, os partidários do erasmismo, os *alumbrados* verdadeiros ou falsos, o que viria a dar à Inquisição espanhola uma fama tão terrível. Foram condenados livros admiráveis, como o *Audi, filia*, de São João de Ávila, e a própria Santa Teresa despertou suspeitas. Milhares de obras foram lançadas às chamas. Perseguido pelo seu confrade

Cano, "que farejava a heresia a dez léguas", o dominicano Bartolomeu Carranza, arcebispo de Toledo, foi preso por ter feito um comentário considerado suspeito sobre o catecismo. Semelhante reação por meio do terror, legitimada em certo sentido pelos terríveis perigos que ameaçavam realmente a Igreja, não ultrapassava as medidas? Era o que se começava a murmurar em muitos lugares.

Tanto mais que Paulo IV, papa íntegro, tão resoluto em colocar os interesses da Igreja acima de todos os interesses temporais, se encontrou metido em assuntos dos quais o menos que se pode dizer é que não acrescentaram nada à sua glória. Napolitano cuja família tivera de sofrer a férula espanhola, odiava tudo o que dizia respeito à Espanha e repetia sem escrúpulos que havia mil anos que não nascera no mundo homem algum tão nefasto como Carlos V. Seguindo os passos de Júlio II, acalentava o sonho de varrer da Itália "os bárbaros", e de reconstituir com Veneza, Nápoles e Milão uma península quadripartida, submetida sem discussão à Sé Apostólica. Impelido pelo seu sobrinho, Carlos Caraffa, e mais ou menos apoiado pelo rei da França, lançou as suas tropas contra Nápoles; com as costas da mão, o duque de Alba deteve o ataque. Como nesse mesmo momento a terrível derrota da França em Saint-Quentin — 10 de agosto de 1557, dia de São Lourenço — forçou Francisco de Guise a regressar à França o mais depressa possível para defender a sua pátria invadida, o fiasco dos exércitos pontifícios foi total. Numa Roma vencida e, para cúmulo de infelicidade, a braços com uma inundação do Tibre que obrigava a andar de barco na Praça de São Pedro, o duque de Alba entrou na cidade e, com uma humildade desdenhosa, foi apresentar as suas homenagens ao pai comum dos fiéis. Mas o soberano político dos Estados pontifícios recebeu uma dura lição.

Uma segunda e mais terrível ia ser-lhe infligida pela Providência. Veio-lhe por culpa do mesmo sobrinho extremamente querido, Carlos Caraffa, jovem *condottiere* que ele fizera cardeal e seu Secretário de Estado. Era uma personagem sem princípios morais, que, embora governador de Milão e general do Império, se passara para o campo francês movido pelos mais baixos interesses, e cuja vida privada e intrigas eram um permanente escândalo. Paulo IV não jurava senão por ele. À volta desse aventureiro, toda a camarilha dos Caraffa, o duque de Palliano, o marquês de Montebello, montaram os seus negócios, uma verdadeira fábrica de dispensas e de privilégios que rendia muito. Mas um dia o boato do escândalo dos sobrinhos chegou aos ouvidos do papa, talvez por meio de um agente florentino. Transtornado, o velho pontífice encarregou o padre Isachino, um teatino com fama de santo, de abrir um inquérito, e os resultados não foram lá muito edificantes!

Paulo IV deu então provas de uma admirável firmeza de alma. Vencendo o seu desgosto, convocou em janeiro de 1559 um consistório secreto, diante do qual, num discurso impressionante, confessou a sua falta — a falta de ter dado confiança a pessoas indignas — e anunciou que os seus três sobrinhos, o cardeal Carlos, Palliano e Montebello, ficavam destituídos de todos os cargos que possuíam na Igreja e condenados a exilar-se para longe de Roma; só o jovem cardeal Afonso, que não pactuara com essas manobras, permaneceria no seu posto, mas com a ordem expressa de nunca falar dos proscritos. Seis cardeais esforçaram-se quanto puderam por obter do papa que suavizasse o rigor do castigo: Paulo IV obstinou-se na sua decisão, desolado mas inflexível, dando um "grande exemplo — diz o cronista Massaretti — de retidão e de verdadeira magnanimidade".

Mas o velho saiu alquebrado desse trágico acontecimento. Multiplicando os seus jejuns e abstinências, como que para expiar a falta que a sua consciência não lhe perdoava, redobrou de intransigência na reforma, expulsando com terríveis invectivas os bispos que viviam em Roma em vez de residirem nas suas dioceses, submetendo à Inquisição o menor pecadilho (por exemplo, o descumprimento da abstinência às sextas-feiras, que foi castigado com prisão), mandando a polícia espiar os costumes particulares dos romanos, exatamente como fizera Calvino com os genebrinos. Morreu por fim, santamente, a 18 de agosto de 1559, e, nessa mesma tarde, o povo romano, que lhe erguera uma estátua por ter reduzido os impostos, levantou-se numa sedição medonha, pilhando o convento dos dominicanos e o palácio da Inquisição, abrindo as portas das prisões aos hereges, vociferando insultos à memória do defunto e, é claro, deitando abaixo a famosa estátua.

Na igreja de Santa Maria sopra Minerva, em Roma, em cima do pesado sarcófago de mármore, o papa Paulo IV levanta eternamente a mão direita de pedra: não se sabe se para abençoar ou para continuar a ameaçar.

Pio IV termina o concílio

Se houve uma ideia que dominou os espíritos no decurso do laborioso Conclave que se abriu no começo de setembro e que devia durar mais de três meses, foi a de não dar à Igreja um chefe tão rude e autoritário como o defunto papa Caraffa. Mas, afora isso, os cardeais não estavam de acordo em quase nada. Divididos em três grupos, os "espanhóis", os "franceses" e os "carafizantes", isto é, os que tinham eleito Paulo IV, tardaram muito em encontrar o candidato que pudesse satisfazer a todos. Como costuma acontecer em tais casos, acabou-se por escolher um homem de segundo plano, que até então não andara em boca alheia, nem para bem nem para mal, e que só ocupara cargos relativamente modestos. Era um certo cardeal João Angelo Médicis, arcebispo de Ragusa, que os seus partidários diziam aparentado de longe com a ilustre família dos Médicis de Florença, mas a quem os maliciosos chamavam *il Medichino*, "o Medicizinho", e que, na realidade, pertencia a essa boa burguesia de negócios que mandava educar os filhos nas melhores escolas e não detestava vê-los nas funções eclesiásticas.

Era um sexagenário gordo, vigoroso, cheio de entusiasmo e de astuciosa bonomia. Uma testemunha da sua eleição, *Panvinius*, traçou dele este retrato que tem todas as probabilidades de ser verdadeiro: "Testa ampla, olhos azuis, olhar oblíquo, nariz avermelhado e forte, barba pouco espessa e corpo bem nutrido. Falta-lhe um pouco de dignidade nas feições e sobretudo no andar; os pequenos passos que dá, levemente inclinado, prestam-se mais ao riso do que ao respeito". Semelhante personagem apresentava, evidentemente, um total contraste com o seu ardente predecessor; pelo menos era de esperar que a lei da alternância — bastante constante, como se sabe, nas eleições pontifícias —, que tão visivelmente se verificava no aspecto físico, se verificasse também no aspecto moral. Modesto, moderado, preocupado com não quebrar nada e até com voltar a colar o que estava em pedaços, o novo papa, que tomou o nome benigno de Pio IV (1559-1565), não trilharia certamente os caminhos do seu antecessor. Todos respiraram.

Mas quereria ele a reforma? Esse era sempre o grande problema. E reuniria novamente o concílio? Assim o jurara por escrito no Conclave, chegando a fazer-se notar pelas suas excelentes disposições reformadoras. Não é que ele próprio estivesse ao abrigo de censuras; os seus três filhos naturais atestavam que pagara com bastante largueza o tributo às desordens da época. Mas, enfim, soubera ser discreto, nunca provocara escândalo e, como observa ainda Panvinius, talvez com um pouco de malícia, soubera mostrar-se "notável pelo seu porte e pela sua reputação" nas magistraturas de segundo escalão que ocupara. Não era, pois, um santo o homem a quem ia caber o mérito de retomar com vigor a indispensável obra da reforma e de levá-la até ao fim com mais habilidade do que o seu predecessor. E não é uma das menores surpresas que esta história espantosa nos oferece, a de ver que, para uma obra tão claramente providencial, Deus se serviu de instrumentos tão discutíveis como foram Paulo III, Paulo IV e Pio IV...

Os primeiros atos do novo pontificado não pareceram indicar uma vontade muito clara de romper com os erros deploráveis da época. Muitos foram maculados pelo nepotismo mais evidente. Na numerosa família de onde proviera — cinco rapazes e cinco moças —, Pio IV contava muitos sobrinhos. Mal foi sagrado, essa parentela precipitou-se sobre ele, cheia de voracidade. Mas, sob as suas aparências bonacheironas, o *Medichino* era arguto e sabia julgar os homens. Todos os sobrinhos que se apresentaram de pires na mão receberam muitas honras e cargos, mas escolhidos de tal sorte que os obrigavam a afastar-se de Roma e a ver-se impedidos de exercer qualquer influência real. Havia em Milão outro jovem sobrinho do papa, filho de sua irmã Margarida, casada com um Borromeu, brilhante estudante de Pavia, conhecido pela vida de piedade que levava no meio de uma juventude louca, e que não pediu nada. Pio IV gostava muito dele; solicitou que o mandassem a Roma aos seus cuidados e em poucas semanas fê-lo cardeal e seu

Secretário de Estado. Esse rapaz com sorte tinha apenas vinte e dois anos. Belo ato de nepotismo! Mas não há dúvida de que o céu interveio nessa escolha e de que o papa mostrou ter um singular dom de conhecer os homens, porque esse jovem cardeal iria ser um dos maiores santos da época e o "olho direito do papa" na obra da reforma: não era outro senão *São Carlos Borromeu.*

Ajudado por esse precioso colaborador, de temperamento firme mas de modo nenhum violento, Pio IV, sem fazer marcha-à-ré em relação às medidas do seu predecessor, tornou-as mais moderadas. A Inquisição, da qual não gostava nada, não foi suprimida, e até se especificou e se repetiu que, em matéria doutrinal, a sua autoridade permanecia geral e absoluta, e que tinha o direito — e o dever — de usar dela contra quem quer que fosse, mesmo bispo ou cardeal, que cedesse à tentação da heresia. Mas foi-lhe também sublinhado que não devia intervir nos outros campos, e que os simoníacos, os blasfemos, os clérigos de má vida ou os sodomitas não caíam sob a sua alçada. Em diversos casos, o papa comportou-se com brandura; por exemplo, o infeliz patriarca de Aquileia, que, como vimos, fora convocado a depor perante os tribunais inquisitoriais por ter desculpado um pregador suspeito, foi autorizado a submeter os seus escritos ao exame de autoridades mais moderadas, que o ilibaram por completo. O Index, o terrível Index de Paulo IV, tão brutal que São Pedro Canísio o qualificava de "pedra de escândalo", foi revisto e mitigado. Por exemplo, da obra de Erasmo, que fora condenada na totalidade *in odium auctoris*, "por desconfiança contra o autor", só se mantiveram no Index certos tratados especificamente mencionados. Mudou, pois, a atmosfera; não se rompia com as intenções de Paulo IV, mas mudava-se de meios.

Só num caso, contudo, o calmo e contemporizador Pio IV se mostrou de uma severidade implacável e quase feroz. Foi a propósito de uma questão misteriosa, com visos de pesadelo ou de tragédia shakesperiana: o drama dos Caraffa. Os sobrinhos do papa defunto tinham inúmeros inimigos, que haviam sido ofendidos por eles nos seus tempos de poder e que agora estavam resolvidos a vingar-se: os Colonna, os Sforza, os Gonzaga, os Pallantieri e outros. Todos esses nobres achavam que o cardeal Carlos, um escandaloso oportunista, fizera negócios bons demais, dos quais aliás se gabava desde que, imprudentemente, voltara a Roma. Um terrível incidente fez com que se reabrisse o assunto. O duque de Palliano, ou, por outra, João Caraffa, suspeitando que a sua mulher Violante o traía, erigiu-se em juiz, levou-a a ela e ao seu pretenso cúmplice a um tribunal senhorial presidido por ele mesmo e composto por dois parentes seus, arrancou ao jovem confissões completas por meio da tortura, apunhalou-o ali mesmo com as suas próprias mãos — vinte e sete vezes —, e depois, com a concordância do próprio cunhado, mandou garrotear atrozmente a esposa adúltera, que estava grávida de sete meses. O crime foi cometido no momento em que Paulo IV morria, deixando vacante a Sé Apostólica; mas o escândalo chegou a Roma e de toda a parte se elevou um imenso protesto. Imediatamente, todos os que odiavam a família Caraffa se puseram em movimento. Formou-se um *dossier* formidável, que enchia oito caixas e que arrasava com a família de Paulo IV. O próprio jovem cardeal Afonso, de longe o melhor de todos, foi acusado de abuso de confiança e desvio de dinheiro. Presos, julgados por um consistório sem indulgência, enquanto Roma era posta em estado de sítio para evitar qualquer manifestação, os Caraffa foram condenados, a despeito da intervenção do rei da Espanha.

Os três assassinos da jovem Violante foram enforcados, o que era de justiça; e o cardeal Carlos também, o que era mais discutível[11]. Só o jovem cardeal Afonso foi absolvido e simplesmente convidado a fixar residência na diocese de Nápoles, para nunca mais sair de lá. Quanto ao duque de Montebello, outro Caraffa pouco recomendável, conseguiu fugir a tempo. Por que Pio IV se mostrou tão inflexível? Para ceder à opinião pública? Para deixar claro que cortava com os usos do seu antecessor? Para fazer saber aos clãs e mesmo aos cardeais que, apesar de parecer um homem bom, era perfeitamente capaz de usar de autoridade? Diz-se que foi então que proferiu uma frase bastante divertida: "Tenho quatro grandes preocupações, que procedem de quatro *Cs*". Os quatro *Cs* eram: os Caraffa, os Colonna, os cardeais e o concílio.

Esta sua última preocupação não era a menor. A bem dizer, não há dúvida de que, desde que cingira a tiara, não deixara de pensar nela: pacientemente, preparava a realização do seu plano. A política pessoal de Paulo IV, evidentemente, não tinha dado resultado; era necessário voltar ao concílio. Ora, as grandes dificuldades que quinze anos antes haviam impedido a assembleia de dar o seu fruto, acabavam de se aplanar. Carlos V, retirado desde 1557 no mosteiro de Yuste, ali morrera a 21 de novembro de 1558, e desde então o seu gigantesco domínio dividira-se em dois impérios, a Espanha de Filipe II e a Alemanha de Fernando I, e nenhum deles pensava em retomar as pretensões do Sacro Império Romano Germânico. Henrique II morrera em 1559, pouco antes de Paulo IV. Desaparecidos os dois grandes adversários, o ambiente melhorara e, com a paz política restabelecida, tornava-se mais fácil trabalhar na reforma da Igreja. Pio IV compreendeu que a ocasião era boa e pôs mãos à obra.

Iniciou, pois, as negociações com os grandes príncipes. Filipe II era completamente "reformador" em princípio, mas tinha mais ou menos em vista um casamento inglês, com Elisabeth, que era protestante. Fernando I, a quem o papa julgou poder ganhar dando-lhe a coroa imperial, preferia um concílio de simples "colóquios", em que os seus súditos católicos e os seus súditos protestantes acabassem por entender-se. Quanto a Catarina de Médicis, regente da França, era também radicalmente partidária de uma política de aproximação, de contemporização; o fracasso do Colóquio de Poissy, em agosto de 1561, e a famosa "matança de Vassy", no ano seguinte, não foram suficientes para esclarecê-la sobre as medíocres possibilidades de um entendimento.

Apesar de todas essas dificuldades, o papa persistiu no seu propósito. A bula *Ad Ecclesiae Regimen* convidou os prelados a reunir-se em Trento no dia da Páscoa de 1561. Nem por isso cessaram as complicações, e foram necessários meses e meses de negociações complexas para tornar a pôr em andamento a assembleia. Felizmente, para levar a bom termo essa tarefa difícil, Pio IV dispôs de um colaborador notável, talvez o melhor diplomata do tempo, esse *cardeal João Morone* que o seu terrível predecessor lançara na prisão como suspeito de heresia e a quem os pasquins de Roma apelidavam de "inimigo da Virgem e dos santos". Antigo núncio junto do imperador Fernando I, que o chamava seu amigo, Morone conseguiu persuadi-lo de que era do seu próprio interesse apoiar o concílio. Ao mesmo tempo, Catarina de Médicis descobria que o protestantismo na França podia ser uma força perigosa para o seu poder. Um pouco de ouro judiciosamente prometido acabou de convencer os hesitantes. Dali em diante, as circunstâncias mostraram-se favoráveis ao prosseguimento dos trabalhos.

Foi o que se pôde verificar quando se viu chegar à pequena cidade alpina, semana após semana, um número crescente de bispos, teólogos e prelados. Enquanto outrora as primeiras sessões do concílio não tinham contado senão com sessenta a oitenta membros, agora, nas sessões finais, recolher-se-iam os votos de mais de duzentos e cinquenta definidores, rodeados de uma assistência considerável. O famoso quadro de Ticiano, no Louvre, dá uma ideia da majestade dessas reuniões plenárias: sentados em frente do altar de Santa Maria Maior, os quatro legados presidiam a uma plateia tão cerrada de mitras brancas que mais parecia um formigueiro, sob o olhar dos embaixadores de todas as nações católicas, devidamente representadas. Nas ruas, nas praças, nos palácios, nos conventos, e até nas mais modestas casas da pequena cidade, podia-se dizer, ao pé da letra, que as pessoas se esmagavam umas contra as outras.

Reunido finalmente em janeiro de 1562, sob a direção dos legados — os cardeais Hércules de Gonzaga, substituído mais tarde por João Morone, Estanislau Hosius, Jerônimo Seripando e Luís Simonetta —, o concílio pôs-se a trabalhar com uma vontade verdadeiramente notável de chegar logo a resultados sólidos. Realizaram-se nove sessões em cerca de vinte e três meses. Não deixou de haver conflitos pessoais, mas, como ninguém estava envenenado pela política, esses embates nunca atingiram a violência e o azedume dos tempos anteriores. Houve com certeza momentos delicados, como, por exemplo, aquele em que Catarina de Médicis, furiosa com a redução dos privilégios dos príncipes que o concílio estava resolvido a decretar, ordenou aos seus embaixadores que abandonassem a cidade. Mas, no conjunto, tudo correu bem.

Estudou-se a maior parte dos grandes problemas dogmáticos e disciplinares que a Igreja enfrentava: a Eucaristia, a Missa, os sacramentos, o culto dos santos, o purgatório; todos esses temas foram objeto de decretos dogmáticos. Regulamentaram-se também os direitos dos príncipes, a residência dos bispos, a moral dos clérigos. "Nenhum outro concílio na história da Igreja — diz o cardeal Hergenröther — definiu tantas questões, fixou tantos pontos de doutrina nem fez tantas leis". Obra imensa; depois de tantas hesitações e resistências, a Igreja formulava com admirável vigor e inexcedível precisão as suas respostas tanto às teses da heresia como às críticas que lhe faziam a ela própria. Amanhã, o missal e o catecismo, decididos no concílio, elaborados por alguns dos seus membros, farão passar a doutrina para a massa dos fiéis; amanhã, os seminários, expressamente queridos pelo concílio, darão à Igreja um clero inteiramente novo, preparado para as grandes tarefas de reconquista; amanhã, entrará em funções a "Congregação do Concílio", especialmente constituída para velar pela aplicação estrita dos decretos; e amanhã, esse papado que, apesar dos seus defeitos, tivera o mérito insigne, com Paulo III e Pio IV, de querer o concílio e de levá-lo a bom termo, dar-se-á por inteiro, com São Pio V, à tarefa de fazer passar as reformas para o sangue e para a medula da Igreja Católica.

"Não me seria possível exprimir — escreve uma testemunha, Paleotti — o que foi a alegria espiritual que se apoderou de todos, a sua gratidão para com Deus, as suas ações de graças, quando o concílio teve a sua última sessão. Eu mesmo vi muitos prelados, e dos mais circunspectos, chorarem de alegria, e abraçarem-se com efusão os que, ainda na véspera, se tratavam como estranhos. Uma explosão assombrosa de aclamações e aplausos em honra do papa marcou essa última sessão". Era o dia 4 de dezembro de 1563. Quatro legados, três patriarcas, vinte e cinco arcebispos, cento e sessenta e nove bispos, sete abades, sete superiores gerais de ordens, dez procuradores de bispos e os embaixadores de todas as potências católicas assinaram solenemente os decretos. No seu palácio, onde, adoentado, envelhecido, severamente afetado pelo reumatismo e pela asma, se informara cada dia do andamento das sessões, Pio IV podia sentir-se orgulhoso de ter sido instrumento dessa obra grandiosa e decisiva. Mas aos seus dois íntimos, Carlos Borromeu e Filipe Neri — ambos futuros santos —, quando o felicitavam pelo êxito alcançado, esse homem cheio de sabedoria murmurava simplesmente: "Tudo se fez por inspiração de Deus".

O Concílio de Trento e a definição dos dogmas

Julga-se a árvore pelos seus frutos: para medir a importância do Concílio de Trento, basta considerar os seus resultados. Foram imensos, a tal ponto que nenhum concílio em toda a história da Igreja teve jamais importância igual. As decisões tomadas durante essas sessões agitadas, no meio de dificuldades de toda a espécie, fixaram a fé católica de tal forma que desde então ela nunca mais foi posta em questão. "Eu peço — exclama Bossuet — que me mostrem na Igreja um só escritor católico, um só bispo, um só sacerdote, um só homem, seja quem for, que julgue poder dizer: 'Eu não recebo a minha fé de Trento; pode-se duvidar da fé de Trento'. Isso não acontecerá nunca". O grande orador só se referia à obra doutrinal do concílio, mas, historicamente, o trabalho realizado no campo moral e administrativo não foi menos importante, ainda que menos determinante. Elaboraram-se decretos dogmáticos, que continham sempre "cânones" — isto é, breves fórmulas com anátemas contra aqueles que negassem a doutrina exposta —, e decretos disciplinares, destinados a operar a reforma na Igreja, mas não acompanhados de censuras. Nem uns nem outros resultaram de um plano preconcebido, de uma ordem lógica, mas revelavam uma visão tão ampla dos problemas postos à Igreja que o conjunto desses textos constitui uma massa enorme — catorze *in quarto* na edição oficial começada em 1901 e inacabada —, uma verdadeira "suma" de doutrina e de regulamentação.

Monumento de sabedoria e de precisão, assim se pode definir a obra dogmática do Concílio de Trento! A fé da Igreja, baseada na Escritura e na Tradição, é formulada nela com uma nitidez, uma força e uma amplitude que nunca tinha conhecido até então. Sente-se perpassar por ela um sopro vasto e forte, e a todo o instante demonstra a solidez dos seus dados teológicos, fruto de um trabalho imenso e mais que milenar. Não se trata de um sistema engendrado pelo cérebro de um homem, à maneira das doutrinas de Lutero ou de Calvino; o que nela se exprime é verdadeiramente a consciência coletiva da Igreja, não só a do seu tempo, mas a de todos os tempos, do presente, do passado e do futuro. Não faltaram teólogos ao catolicismo do período conciliar, como aliás não tinham faltado nos primeiros dias do ataque luterano. Os padres do concílio eram, na sua imensa maioria, homens de uma competência insigne, bons conhecedores da teologia, da patrística, do direito canônico e da Escritura. E sobretudo "sentiam com a Igreja" tão profundamente que, mesmo sobre os pontos em que não estavam muito documentados, decidiam muito naturalmente no sentido da mais segura tradição, e as suas conclusões matizadas mostram-se hoje plenamente conformes com as exigências da crítica histórica[12]. Os *vota scripta*, relatórios elaborados pelos consultores, deixam-nos assombrados pela sua erudição e ainda hoje servem para alimentar muitos dicionários ou manuais de história doutrinal.

Não foi em vão que havia meio século se operara na Igreja essa "renovação da teologia que alguém qualificou como uma das glórias do renascimento católico"[13]. No momento em que o concílio estabelecia com precisão a doutrina dogmática da Igreja, pairava sobre ele a sombra de *Caetano* (1468-1534), o grande cardeal dominicano que o papado enviara contra Lutero[14], profundo teólogo da Santíssima Trindade; a de *Ambrósio Catarino* (1487-1553), especialista na doutrina da graça; a de *Francisco de Vitória*, renovador do tomismo; a de muitos controversistas que, de Johann Eck a John Fisher, de Clichtove a Tapper, tanto tinham trabalhado em refutar as teses heréticas, e também a de Santo Inácio, representado por vários dos seus filhos. E no próprio seio das reuniões conciliares, exerciam um papel de primeira importância um Melchor Cano, um Domingos de Soto, dominicanos combativos, alunos de Vitória, a quem a teologia moderna deve tantas das suas bases. Foi o esforço múltiplo de todos esses pensadores que conseguiu, em última análise, construir e estruturar o enorme conjunto dos "cânones".

É aqui que se torna necessário reconhecer honestamente a ação histórica — ou dialética — do protestantismo na formação desses grandes princípios. O papel que já São Paulo atribuía aos hereges na célebre passagem da primeira *Epístola aos Coríntios* — *convém que haja hereges entre vós, a fim de que aqueles que são fiéis na prova se manifestem entre vós* (1 Cor 11, 19) —, esse foi o papel que representaram no gigantesco debate os Luteros e os Calvinos. Se no plano propriamente espiritual a renovação católica devida a Inácio de Loyola, a Caetano de Tiene, a

Antônio Maria Zacarias, a Giberti, não proviera da vontade de combater o protestantismo, no plano doutrinal, em contrapartida, os golpes desferidos pelos hereges levaram a Igreja a distinguir melhor os pontos do seu edifício que estavam ameaçados e que precisavam ser reforçados. Não houve nenhuma das grandes teses protestantes — particularmente as três fundamentais, a respeito da Revelação e das bases da doutrina, do papel da fé, das obras e da graça, e, por último, dos sacramentos e em especial da Eucaristia — que os cânones do concílio não tivessem enfrentado, para lhes opor a verdade católica.

Os protestantes asseveram que é no contato direto com Deus por meio do livro inspirado, expressão da sua Palavra, que todo o cristão deve encontrar a Revelação; ler a Bíblia, meditá-la, isso basta para estabelecer em bases sólidas o autêntico cristianismo: os ensinamentos da Igreja não contribuem com nada para o conhecimento da verdade. O concílio responde: "A missão docente da Igreja consiste em zelar pela perfeita integridade das duas fontes da nossa fé: a Sagrada Escritura e a Tradição"[15]. Estas duas fontes são, pois, igualmente necessárias à vida da Igreja. A primeira é indicada com precisão: em relação à Bíblia, o concílio fixa o respectivo *cânon*, isto é, os livros que a compõem[16], e proclama que todos eles foram escritos "sob a inspiração do Espírito Santo". O texto corrente aprovado é o da chamada *Vulgata* latina, obra insigne de São Jerônimo, da qual se fez uma edição definitiva editada em 1592. Mas ninguém é autorizado a interpretar a seu bel-prazer o livro sagrado, ninguém deve, "em matérias relativas à fé e aos costumes, atribuir à Escritura um sentido diferente do que lhe deu e lhe dá a Igreja". Também a Tradição é colocada expressamente "sob a inspiração do Espírito Santo". O que é, então, a Tradição? A assembleia não define dogmaticamente essa palavra, mas mostrará o que abrange pela referência que faz aos Padres e aos Doutores, aos decretos dos concílios reconhecidos, às decisões pontifícias, às intenções e ao consentimento da Igreja universal. Ao individualismo protestante opõe-se, pois, uma concepção comunitária; ao anarquismo, o princípio da autoridade. É a Igreja que permite aos seus filhos tirarem da Sagrada Escritura todos os frutos que dela podem esperar; é ela que lhes ensina o que se deve crer e o que não é necessário crer. O *Catecismo* do Concílio de Trento, que será publicado em 1566, fornecerá uma exposição completa de todo esse corpo de doutrina.

Da mesma forma que a respeito das fontes da fé, os protestantes afastam-se da doutrina tradicional quanto ao papel da fé no destino sobrenatural do homem. É a doutrina luterana da justificação pela fé, que trouxe tantos adeptos ao reformador de Wittenberg; é a terrível tese da predestinação, que Calvino prega nessa época aos genebrinos, sob as abóbadas da catedral de São Pedro de Genebra. O concílio toma posição contra essas teorias, dando-se perfeita conta de que o êxito de que gozam procede das aspirações profundas dos homens desse tempo, de uma busca ansiosa das verdadeiras leis do cristianismo, de uma procura ávida da salvação.

Coisa impressionante, o concílio sem de modo nenhum cair nas tentações do humanismo pagão, fica infinitamente mais próximo do verdadeiro humanismo do que os seus adversários. Não menospreza o homem nem o calca aos pés, como fazem os veementes profetas da heresia; os decretos conciliares denotam o otimismo que um Santo Agostinho, um São Bernardo, um São Tomás integraram no catolicismo. Lutero e Calvino não têm a menor confiança no homem; o Concílio de Trento confia nele, porque o homem traz em si uma inefável semelhança que, por mais que a conspurque, não pode aniquilar. Não é que seja imune ao pecado; o pecado original está aí, definido minuciosamente em cinco cânones. Mas, embora entenebrecida pelo pecado, a natureza humana não está irremediavelmente corrompida. A razão e a vontade estão lesionadas, mas não é verdade que lhes falte clarividência, retidão e energia. O que Deus pede ao homem é que coopere na obra da sua salvação com todas as forças de que seja capaz, na certeza de que o seu esforço será inútil sem a graça, mas também com a convicção de que essa graça não lhe será recusada, se ele for fiel. As *obras* são, pois, necessárias; só a fé não basta; um cristão que cometa um pecado mortal está privado da graça e a caminho de condenar-se, mesmo que creia.

É sobre este duplo papel da fé e das obras que insistem com admirável minúcia os decretos conciliares, aprovados na sessão VI. Dezesseis capítulos, trinta e três cânones!, devidos em grande parte ao santo cardeal Cervini, futuro papa Marcelo II. A justificação não pode ser obtida apenas pela fé, e menos ainda pela convicção, preconizada por Lutero, de se estar justificado; exige simultaneamente o esforço do homem e a ação da misericórdia divina. O sacrifício de Cristo, os méritos infinitos de Deus feito homem arrancam-nos à fatalidade do pecado, ao intolerável peso da nossa miséria; tocam a consciência no seu fundo mais íntimo, no âmago da sua liberdade, para levá-la a pôr-se diante da luz. O *livre arbítrio* do homem tem como contrapartida a *infinita bondade* de Deus. É sempre "com tremor", sem dúvida, que devemos trabalhar pela nossa salvação; o concílio insiste fortemente nesta ideia. Mas não é verdade que Deus seja um tirano caprichoso, que chame uns para o Céu e outros para a condenação, em virtude de uma incompreensível predestinação. O dogma central do catolicismo não é a queda, o pecado, o terror do castigo merecido; é a Redenção, é a caridade de Cristo, o seu amor pela humanidade.

O insubstituível dom de Cristo não foi dado para um tempo determinado e para circunstâncias marcadas, uma vez que atua perpetuamente nos sacramentos, por meio dos quais a ação inefável da graça se encontra com a fé e com o esforço do fiel, a fim de conduzi-lo à salvação. Também neste ponto o concílio se ergue categoricamente contra as teses protestantes: sob pena de anátema, impõe a fé nos sete sacramentos tradicionais, reafirma a origem divina e a base escriturística de todos eles e define a essência e a ação de cada um. Não são apenas, como ensinava Lutero, simples meio de alimentar a fé dos fiéis, nem, como afirmava Zwinglio, meros "sinais de cristandade"; contêm realmente a graça que significam e conferem-na àqueles que os recebem, contanto que não lhes levantem obstáculos com as suas más disposições.

O Batismo é indispensável à salvação, mas é falso que o batizado só possa perder a salvação se perder a fé, como se, por si só, esse sacramento dispensasse o homem de todo o esforço. A Confirmação, rejeitada pelos hereges como "uma injúria ao Espírito Santo", é afirmada como compromisso livre e total que o homem assume de participar na obra da salvação. A Penitência e a Unção dos enfermos, sacramentos condenados ou desvirtuados pelos protestantes — visto que, para eles, o essencial do perdão consiste na fé e nos méritos de Cristo — são proclamados santos, sagrados, necessários; ao absolver os pecados do penitente que acaba de confessá-los, o sacerdote realiza um "ato judicial" sobrenatural em nome de Cristo, de quem recebe os seus poderes, e a contrição expressa pelo cristão insere-se no grande plano da indispensável cooperação do homem na obra da sua salvação. A Ordem, rejeitada também pela heresia, é afirmada com uma firmeza solene, ao mesmo tempo que se proclama a sua origem escriturística; o poder de consagrar e de oferecer o Corpo de Cristo só pode pertencer a homens consagrados. Contra as teses dos partidários do divórcio, dos teorizadores do matrimônio-contrato, o concílio proclama nitidamente o matrimônio-sacramento, instituído pelo próprio Cristo e, tal como Ele o quis, indissolúvel.

Finalmente, e com mais energia ainda, o sacramento da Eucaristia foi tratado, nas sessões XIII, XXI e XXII, com um interesse e uma precisão jamais vistos em nenhum texto oficial da Igreja: são oito capítulos e onze cânones que, rebatendo as múltiplas interpretações, aliás contraditórias, dos reformados, afirmam a Presença Real de Cristo na hóstia consagrada, a sua presença *substancial* (e não *virtual*, como dizia Calvino), a sua presença *integral* sob cada espécie e, depois da fração, sob cada parcela das espécies; ensinam ainda a *transubstanciação* (contra a doutrina luterana da "empanação"). Quanto ao modo de administrar o sacramento, a comunhão sob as duas espécies fica reservada aos sacerdotes por motivos práticos. O concílio insiste nas disposições morais e espirituais com que o cristão deve comungar, confessando-se previamente para estar em estado de graça. Sacramento oferecido aos homens para a sua salvação, a Eucaristia, no fim das contas, não é só isso, mas também e acima de tudo um sacrifício oferecido a Deus — o que os protestantes, unânimes neste ponto, se recusam a admitir —, um sacrifício que, renovando o do Calvário, aplica eternamente a obra da Redenção à humanidade. O marco sobrenatural em que se oferece esse sacrifício é a *Missa*, claramente proclamada como peça central na obra da salvação.

E deste modo, em todos os pontos essenciais em que as doutrinas heréticas se opõem à tradição católica, o concílio fala e fixa resolutamente a fé e a doutrina. Obra capital que dá à Igreja a estabilidade das suas bases, põe fora do alcance das discussões os dados da Revelação, estabelece regras das quais ninguém poderá afastar-se dali em diante sem cair *ipso facto* no erro.

É necessário ainda acrescentar que este imenso esforço doutrinal não se limitou aos problemas urgentes. Praticamente, não houve nenhuma questão discutida, grave ou mínima, que a assembleia não abordasse e resolvesse. É o caso, por exemplo, do culto dos santos, declarado legítimo dentro de limites prudentemente fixados, para evitar abusos. Como também o da veneração das relíquias e das imagens: seguindo uma tradição imemorial, o concílio mantém-na, ao mesmo tempo que condena os desvios e os abusos. E ainda o das indulgências, vinculadas ao poder de "ligar e desligar" concedido por Cristo à sua Igreja: não devem ser objeto de nenhum abuso, mas são reconhecidas como perfeitamente legítimas. Em outros pontos doutrinais, sem chegar a formulações dogmáticas, o concílio estabelece qual é a tradição, prenunciando decisões que a Igreja tomará mais tarde. Por exemplo, é num decreto de Trento que se encontra a primeira afirmação oficial acerca da Imaculada Conceição da Virgem Maria: o concílio declara expressamente que a Mãe de Cristo não foi atingida pela universalidade do pecado original.

O Concílio de Trento e a reforma disciplinar

Ao fixar assim todos os dogmas num sistema mais ou menos completo, o Concílio de Trento firma, pois, a fé católica como um bloco compacto, contra o qual o erro será impotente. Mas essa obra indispensável será frágil se a sociedade humana encarregada do depósito sagrado puder ser atacada em muitos pontos, se continuar a apresentar demasiadas brechas aos seus adversários. Nada mais necessário, portanto, do que uma reforma disciplinar, como corolário das definições doutrinais. Aliás, as duas coisas interligam-se com frequência: é a uma teologia da Igreja, de uma Igreja concebida não só como a assembleia espiritual dos eleitos, mas também como sociedade humana, dotada legitimamente de leis, organização e hierarquia próprias, que se referem os decretos conciliares elaborados para precisar essas leis, essa organização, e para estabelecer melhor essa hierarquia. Aliás, não fora também nas suas respectivas "teologias" da Igreja que Lutero, Bucer e Calvino se tinham apoiado para dirigir os seus ataques contra Roma e os seus sacerdotes?

O essencial era pôr fim — depois de tantos anos e de tantas tentativas infrutíferas — aos deploráveis costumes que desonravam a Igreja e autorizavam todas as críticas. Um impressionante conjunto de decretos fixa regras para toda a hierarquia, a começar pelo Sumo Pontífice e a acabar no último dos fiéis. *In capite et in membris*, tinha-se repetido muitas vezes: a necessária reforma devia ser implantada "tanto na cabeça como nos membros".

Na realidade, da cabeça não se fala muito: é até um dos raros pontos que o concílio não sente necessidade de precisar ou de desenvolver. Não há um decreto sobre o Papa, como os há sobre a residência dos bispos e sobre o poder dos príncipes. No entanto, a autoridade do Sumo Pontífice é lembrada formalmente na sessão XXV, onde se diz que "nada de novo pode ser decidido na Igreja sem que o Papa tenha sido consultado": não se enuncia, como o tinham proposto alguns teólogos jesuítas, a infalibilidade pontifícia. Em compensação, proclama-se em diversos lugares que o Papa é "o Pastor universal, com todos os poderes para reger a Igreja universal". Recorda-se-lhe, em termos que evocam os de São Bernardo no *De consideratione*, que "está obrigado pelos deveres sagrados do seu cargo a velar pela Igreja universal", a extirpar dela os abusos, a estar vigilante em relação aos pastores negligentes, "porque Jesus Cristo lhe pedirá contas do sangue das ovelhas que o mau governo dos pastores tiver derramado". Numa adjuração patética, o concílio suplica-lhe que "não se rodeie senão de cardeais seletos", dignos da sua alta missão. Isto explica, sem dúvida, a discrição com que se trata o tema do papado, cujos erros antigos os padres se recusaram muito prudentemente a criticar: que o Papa crie bons cardeais, escolhidos em todos os pontos da cristandade, e deixará de haver papas menos dignos no trono de São Pedro. A verdadeira reforma opera-se pela base.

Os cardeais, esses, são menos poupados. É até divertido — e singularmente elucidativo a respeito da liberdade que reinava na Igreja — ver como, nas sessões do concílio, certos bispos ou simples teólogos se permitiam criticar duramente o Sacro Colégio, como por exemplo o arcebispo de Braga, Bartolomeu dos Mártires, que, sem travas na língua — bem é verdade que tinha fama de santo —, lançou aos *porporati* esta pequena frase cruel: "Os ilustríssimos e reverendíssimos cardeais têm grande mister de uma ilustríssima e reverendíssima reforma"[17]. O concílio é desse parecer, e ordena aos príncipes da Igreja que levem uma vida exemplar, frugal e de desprezo das vaidades: "Encarregados de assistir o Sumo Pontífice no governo da Santa Igreja universal, convém que tenham virtudes tão brilhantes e uma vida tão regrada que toda a gente possa tomá-los como exemplo". Fica, pois, proscrito o gênero de cardeais dissolutos, de *condottieri* de barrete vermelho que proliferavam até então.

Em relação aos bispos, o concílio dá provas de uma ampla e minuciosa solicitude: dedica-lhes nada menos que doze sessões. Não são eles a cavilha-mestra de todo o conjunto? *Ecclesia in episcopo!* O dever mais essencial que se lhes lembra diversas vezes é o da residência. Reafirmam-se as penalidades antigas e decretam-se outras novas contra os que abandonam as almas que têm a seu cargo: um bispo não deverá nunca estar ausente da sua diocese mais de três meses, e em nenhuma hipótese durante a Quaresma e o Advento. Obrigar os bispos a residir na sua diocese é ao mesmo tempo tornar-lhes impossível a acumulação de benefícios, proibida aliás por outro decreto: não se pode residir ao mesmo tempo em Mogúncia, Spira, Tréveris e outros lugares. Residindo na sua diocese, o bispo estará também em melhores condições de cumprir as suas funções. Quais são elas? O concílio enumera-as, talvez com mais pormenores do que método, mas o conjunto dessas advertências define um perfil de bispo admirável, atento às necessidades dos seus fiéis e do seu clero, escrupuloso em só conferir as sagradas ordens a homens dignos, empenhado em visitar pelo menos anualmente todas as suas igrejas, determinado a pregar todos os domingos e dias de preceito, um gênero de bispo desprendido também da política, dos interesses do dinheiro, dos laços de família, enfim, um perfil quase demasiado perfeito para se impor logo — e que, com efeito, não se imporá imediata e unanimemente aos menos respeitáveis —, mas cujo poder de ensinar e contagiar os outros vai ser considerável e se exercerá até os nossos dias.

O concílio também presta uma grande atenção aos sacerdotes; é a respeito deles e dos seus problemas que toma uma das suas iniciativas mais fecundas. O ideal proclamado é o mesmo dos bispos: "Os que levam os vasos do Senhor devem ser purificados, para servir de exemplo; os que se iniciam no sagrado ministério devem ser formados na prática de todas as virtudes". Esta ideia voltou a ser repetida muitas vezes no decorrer de todo o concílio. É através dos decretos conciliares que se desenha o tipo de pároco digno e venerável, que vive na sua casa paroquial, modesto, caridoso para com a miséria, dedicado ao seu povo, tal como o conhecemos. Não se casará: o concílio recusa-se absolutamente a seguir os protestantes neste ponto, apesar de algumas solicitações do imperador. Deverá, como o bispo, residir na sua paróquia, pregar, explicar ao povo a Sagrada Escritura, os sacramentos e a liturgia. Será capaz disso? Sim, porque o concílio, que assimilou as lições dadas pelos grandes pedagogos da época, pelos jesuítas e também por Calvino, propõe a fundação de "viveiros" onde se preparem os futuros clérigos: são os *seminários*. Nesses colégios especiais, em que se admitirão tanto ricos como pobres, os futuros sacerdotes receberão simultaneamente uma instrução intelectual sólida nas artes liberais, uma educação religiosa "sobre a Sagrada Escritura, os escritos dos santos padres, a vida dos santos e tudo o que é necessário para administrar bem os sacramentos, particularmente o da Penitência", assim como uma formação moral que os habilitará para a sua grande missão. Todos os bispos são convidados a ter um seminário na sua diocese. Iniciativa admirável, decisiva para o futuro da Igreja Católica.

O concílio também não esquece os religiosos, igualmente necessitados de emenda. No pontificado de Paulo III, a "Comissão de reforma" propusera um remédio radical: a supressão de todas as ordens existentes. Os padres conciliares não foram desse parecer: muitos deles, definidores ou conselheiros, eram religiosos. Mas estabelecem um arsenal de regulamentos a que os regulares devem sujeitar-se. Idade e condições de admissão, organização material dos conventos, eleição dos superiores, nada escapa a esse código, que os bispos recebem a missão de aplicar sem contemplações. O concílio tenta mesmo acabar com o escândalo da comenda, proibindo que se concedam as abadias a pessoas que não sejam religiosos.

Isto quanto ao conjunto da hierarquia: a Igreja docente e o clero não terão desculpas se errarem. Além disso, esses decretos propriamente moralizadores são acompanhados de outros cuja intenção é a mesma: restituir à religião toda a sua dignidade, reanimar no culto as tradições mais profundas do cristianismo, salvaguardar na Igreja os princípios da unidade e da autoridade. E assim, contradizendo os hereges, mantém-se o uso do latim, língua litúrgica tradicional — o concílio rejeita unanimemente o emprego da língua vernácula —, como se mantém o costume de pronunciar em voz baixa as palavras mais sagradas da Missa, uma parte do Cânon (oração eucarística) e a fórmula da consagração; não se rejeita, contudo, o emprego da língua vernácula em casos bem definidos, como, por exemplo, o da leitura privada da Bíblia. Regras estritas fixam também as condições de duração, de respeito, de solenidade em que todas as missas devem ser celebradas.

Mas a Igreja não se compõe apenas de clérigos; a massa dos fiéis tem uma importância ainda maior, já que foi para eles, com vistas à sua salvação, que se promulgaram todas essas medidas. O concílio não os esquece, e uma sessão, a XVIII, torna-lhes obrigatória a assistência à Missa aos domingos e dias de preceito. Outros decretos proíbem os duelos e fixam as regras dos casamentos. Mas é de admirar que, entre tantas sessões, não tenha havido uma que traçasse o retrato do verdadeiro cristão leigo, do cristão segundo o espírito da reforma, como se tinham traçado os do bispo e do sacerdote. Talvez porque o *Catecismo*, cuja redação fora decidida e em que já trabalhava uma comissão, estabeleceria para os leigos as regras indispensáveis.

Restava um problema muito grave — em certo sentido, o mais grave de todos — para concluir a obra da reforma: deveria proibir-se aos príncipes que se imiscuíssem nas questões da Igreja?; não eram eles, em grande medida, os responsáveis pelos abusos? Mas aqui o concílio hesita visivelmente, e é só na sessão XXV que aborda a questão. Não será porque sente que, neste ponto, os seus conselhos serão pouco escutados e as suas ordens ineficazes? Apesar da evolução que se notou nas últimas sessões no sentido de uma maior liberdade perante os poderes públicos, certos membros da Assembleia não estarão ainda demasiado ligados aos seus soberanos? Quando o projeto de "reforma dos príncipes", em quarenta e dois capítulos, é levado, segundo o costume, ao conhecimento dos embaixadores acreditados junto do concílio, que gritaria! Por uma vez, os representantes da França e da Espanha põem-se de acordo e indignam-se à uma. Sem desanimar, os padres elaboram outro projeto, mas, com grande surpresa de todos, o arcebispo de Praga pede em nome do imperador que se renuncie a ele. É à custa de trabalhosas negociações que se chegam a promulgar os decretos que proíbem aos príncipes, sob penas severas, de intervir nas questões eclesiásticas, obrigando-os por outro lado a aplicar nos seus Estados os cânones conciliares e intimando-os a respeitar os bens e os direitos da Igreja.

Esta resistência mostra que o concílio — como geralmente a Igreja Católica em si — tem de enfrentar ainda um derradeiro problema: o da aplicação das suas decisões. Decretos, cânones, censuras..., houvera-os muitos no passado: o concílio anterior, uns cinquenta anos antes, juncara o Latrão de boas intenções. Que ficara dele? "As leis desarmadas caem no desprezo", dirá mais tarde o cardeal de Retz. Estará a Igreja armada para fazer executar as leis tão sábias que acaba de promulgar?

Os padres dão-se perfeitamente conta da dificuldade e é por isso que, ao submeterem o conjunto das decisões da assembleia ao papa Pio IV, que as ratifica pela bula *Benedictus Dei* de 26 de janeiro de 1564, pedem a criação de uma "Congregação do Concílio", destinada a fazer executar e, se necessário, interpretar os decretos. Isso bastará? É evidente que as enérgicas medidas de reforma ferem demasiados interesses, e não só os dos soberanos leigos! Será, pois, necessário que o concílio, provocado por esse grande movimento de renovação que se operara na alma cristã, alargue a sua ação, que a sua inspiração generosa e o seu espírito impregnem toda a cristandade; essencialmente, esse trabalho caberá aos santos.

Mas será também necessário que se erga uma autoridade suficientemente elevada e forte que fale aos diversos interesses a linguagem apropriada. Esses decretos que foram enviados aos príncipes com o pedido de que os "recebam", são aceitos pela Itália, pelo Império, por Portugal, pela Polônia..., mas quem persuadirá a Espanha reticente, os Países-Baixos, tão suscetíveis, a azeda França galicana, a aplicá-los? O trabalho do concílio acabou; começa o dos papas. E a Providência, que permitiu à Igreja esse arranque admirável, quer que os pontífices que vão substituir a assembleia nos seus esforços compreendam o seu dever e sejam capazes de cumpri-lo.

São Pio V põe em prática o concílio

O papa a quem coube o temível encargo de provar ao mundo que as decisões do Concílio de Trento não seriam mero *flatus vocis* era ao mesmo tempo um homem de grande envergadura e um santo. No primeiro consistório que teve a seguir à sua eleição, dirigiu aos cardeais um discurso em que resumia em duas frases os seus propósitos: "Não conseguiremos deter os progressos da heresia a não ser por uma ação sobre o coração de Deus. É a nós, luz do mundo, sal da terra, que compete esclarecer os espíritos e encorajar os corações pelo exemplo da nossa santidade e das nossas virtudes". E ele mesmo foi o primeiro a pôr em prática esse programa, da maneira mais impressionante.

Roma não demorou a saber que o novo pontífice vivia numa cela monacal, que não bebia senão água, que passava horas a meditar na Paixão de Cristo, a orar e chorar diante do Santíssimo Sacramento, a desfiar as contas do seu terço. Em breve se verificou também que já não desfilavam pelas ruas da cidade esses cortejos cardinalícios que chocavam pelo seu fausto insolente, nem esses prelados que se exibiam nas suas carruagens acompanhados de mulheres bonitas; não se ouviu falar mais de festas ou festins escandalosos. Em contrapartida, as instituições de caridade receberam dotações generosas, e as obras de utilidade pública um novo impulso. A admiração atingiu o cúmulo quando se viu o Vigário de Cristo fazer a pé a peregrinação às basílicas, levando o ostensório; havia séculos que não se via tal coisa. Entusiasmado, o povo quis levantar uma estátua a esse papa de grandeza tão evidente: ele recusou.

Era um homem magro, de faces encovadas, testa ampla e maçãs do rosto salientes, como os demais camponeses da Ligúria, seus conterrâneos. Tinha uns olhos profundos e vivos, que pareciam obstinadamente cravados no objetivo em vista. Debaixo dos bigodes fortes, prolongados pela longa barba branca, a sua boca sem sorriso denotava uma vontade enérgica, uma resolução inflexível. A impressionante medalha que foi cunhada em 1570 com a sua efígie faz pensar vagamente em Calvino. "Não se presta ao riso", escrevia dele um embaixador de Veneza, e era realmente o menos que se podia dizer. Pode-se rir da Inquisição? E ele identificava-se com a temível instituição.

Ao longo dos tempos, esse Miguel Ghislieri, que ingressara aos catorze anos nos dominicanos, destacara-se tanto pelos seus costumes austeros e pela sua insigne piedade que o cardeal Caraffa o fizera seu adjunto e, mais tarde, seu sucessor à frente do Santo Ofício, quando ele próprio fora eleito papa. Sob o pontificado de Pio IV, o inquisidor-mor ousara protestar alto e bom som contra todos e quaisquer desvios, mesmo que fossem pontifícios — indignou-se, por exemplo, com a elevação ao cardinalato de um Médicis de treze anos e de um Este de vinte e dois —, mas o seu prestígio era tão grande que ninguém conseguira fazê-lo cair em desgraça.

No laborioso Conclave que se seguiu à morte de Pio IV, depois de algumas hesitações entre o inquietante Morone, o descorado e sábio Sirletti e o incolor Montepulciano, os eleitores acabaram por chegar a um acordo, não sem um certo receio, em torno do nome do prefeito do Santo Ofício. Quem promoveu essa eleição triunfal foi o cardeal Carlos Borromeu, apesar de ser sobrinho de Pio IV; soube reconhecer nesse homem sem graça a marca do Espírito inefável. Aos que temiam ver na cátedra de São Pedro o herdeiro do terrível Caraffa, a Inquisição em pessoa, o novo eleito mandou dizer: "Procederei de tal forma que Roma lamentará mais a minha morte do que a minha eleição". E cumpriria a palavra. E quando lhe perguntaram que nome queria adotar, o novo pontífice, para vincar bem que não se deixaria levar pelo rancor, mas unicamente pelo desejo de servir a Igreja, não escolheu o do seu senhor e modelo, Paulo IV, mas o do seu predecessor imediato, cuja obra iria continuar: seria *Pio V* (1566-1572).

A causa da reforma ficava em boas mãos. Apenas eleito, Pio V julgou seu dever executar os decretos disciplinares de Trento. Os bispos, nas suas dioceses! Os recalcitrantes foram avisados de que, se permanecessem em Roma, arriscavam-se a dar com os ossos no castelo de Sant'Angelo. Os cônegos de São Pedro, em ordem! Os seus antigos privilégios estavam cancelados. Os párocos da cidade, silêncio! Eles deixavam com excessiva indulgência que as suas ovelhas rissem e se divertissem nas suas igrejas; isso teria de acabar; seis deles foram presos. Confiada ao rígido sacerdote veronês Ormaneto, antigo vigário-geral de São Carlos Borromeu, a Cúria foi reorganizada de acordo com princípios estritos: simonia, tráfego de influência, nepotismo — tentou-se reformar tudo isso, o que talvez fosse demais para ser eficaz e duradouro.

Os espíritos malévolos murmuravam que o papa dera um mau exemplo nomeando cardeal secretário de Estado o seu sobrinho Miguel Bonnelli, mas esse jovem dominicano de vinte e cinco anos mostrou-se de um comportamento exemplar e, além disso, o seu terrível tio não lhe deixava passar nada. Os cardeais que Pio V nomeou foram todos homens de virtudes admiráveis: o abade geral dos cistercienses, Souchier, o perfeito teatino Burali. Quanto aos outros cardeais e aos bispos, multiplicou os avisos e repreensões, num tom que nem sempre lhes agradou.

Um vento de austeridade soprou sobre a Igreja, a começar por Roma. A polícia pontifícia fez extensas rusgas, de que foram vítimas as raparigas de vida fácil; as corridas de cavalos, à moda do *Palio* de Siena, que se realizavam tradicionalmente diante da Basílica de São Pedro, foram relegadas para um bairro periférico e acabaram por cair em desuso; o intransigente pontífice desejaria suprimir o carnaval romano e, não podendo consegui-lo — teria desencadeado uma revolução —, fomentou a devoção das Quarenta Horas para desagravar pelas desordens desses dias, e ele próprio se recolheu em Santa Sabina para ali fazer penitência. Um dos seus gestos mais espetaculares e também mais discutidos foi mandar retirar dos palácios pontifícios todos os nus pagãos que pôde, gesto de que a cidade de Roma se aproveitou para constituir o seu museu do Capitólio.

Paralelamente a essa obra coercitiva e punitiva, Pio V empreendeu outra, de caráter mais construtivo. Obedecendo também nesta matéria aos decretos de Trento, considerou sua obrigação levar a bom termo e promulgar os livros que o concílio achara indispensáveis. Não bastava eliminar as obras nocivas designadas pelo Index — corrigido —, depois de a Congregação do mesmo nome as ter investigado. Era necessário dar aos fiéis o bom alimento de que as suas almas tinham fome. Com esse propósito, editaram-se sucessivamente quatro publicações que viriam a ser fundamentais: o *Catecismo*, o *Breviário*, o *Missal* e a *Suma* de São Tomás de Aquino.

Uma comissão presidida pelo cardeal Seripando começara a redigir o *Catecismo* durante as últimas semanas do concílio, e, após a dissolução deste, o cardeal Borromeu continuara o trabalho, ajudado por três teólogos dominicanos. Só apareceu em setembro de 1566, depois de cinco anos de esforços tenazes: mas que obra! Tudo o que um católico podia e devia crer — sobre o Credo, sobre os sacramentos, sobre a moral cristã e sobre a vida espiritual — estava ali explicitado em termos claros e precisos. Traduzido logo em todas as línguas, difundido por todo o mundo, esse livro-suma ia ser a carta, o código dos católicos, e continuaria a ter um uso constante até os nossos dias.

O *Breviário*, o livro em que os clérigos podem seguir as "horas canônicas", existia já há muito tempo: o mais utilizado era o chamado "dos Menores", que datava de 1277. Fora sobrecarregado de acréscimos no decorrer dos tempos e tornara-se prolixo demais. No tempo de Leão X, alguém tivera a infeliz ideia de introduzir nele hinos mitológicos e outras belas coisas caras aos humanistas, mas muito distantes da verdadeira tradição cristã[18]. Clemente VII vira-se obrigado a criar uma comissão para corrigir os abusos e o cardeal espanhol Francisco de Quiñones elaborara outro texto. Finalmente, foi Pio V quem, chamando a si a questão com a sua energia costumeira, a confiou a uma comissão cardinalícia e a levou a termo, publicando em 1568 um texto mais curto, mais centrado no Ofício principal e desembaraçado de muitas festas secundárias. Foram raras as dioceses que se recusaram a adotá-lo, entre elas as de Milão, Lyon e Toledo.

A reforma do breviário supunha a do *Missal*, que também foi levada a cabo dentro do mesmo esforço por assegurar a unidade. Até então, a Igreja ocidental celebrava a Missa pelo menos de quatro maneiras, segundo o rito romano, o milanês ou ambrosiano, o galicano e o moçárabe. A mesma comissão cardinalícia que acabava de remodelar o breviário se encarregou de compor o novo missal, que suprimiu as diferenças, muito estranhadas pelos fiéis, e foi publicado em 1570. Estabeleceram-se alguns pontos novos, como o *Introibo* ("Subirei ao altar de Deus...") e o *Confiteor* ("Confesso a Deus todo-poderoso..") no princípio da

Missa, a bela oração *Suscipe Saneta Trinitas* ("Recebei, ó Santíssima Trindade...") no ofertório e o prólogo de São João como última leitura do Evangelho. À parte pequenos pormenores a que continuaram a ater-se algumas dioceses — como as de Lyon, Milão, Toledo e Braga — ou algumas ordens — como a dominicana —, o missal de São Pio V foi adotado pela cristandade inteira e assim permaneceu, quase sem nenhuma mudança, até a reforma litúrgica recomendada pelo Concílio Vaticano II.

Há por último uma quarta obra de que geralmente se fala menos do que das três precedentes e que, no entanto, viria a influir poderosamente no futuro da Igreja. Como dominicano, Pio V manuseava São Tomás de Aquino desde a juventude; o pensamento do grande teólogo parecia-lhe a base mais sólida para reedificar a Igreja, "um quebra-mar estável contra as tempestades". Em 1567, proclamou São Tomás Doutor da Igreja, colocando-o no nível de Santo Ambrósio, Santo Agostinho, São Jerônimo e São Gregório Magno. Depois, ordenou a dois teólogos da sua ordem, Giustiniani e Manrique, que preparassem, segundo os manuscritos do Vaticano, a publicação definitiva da *Summa theologica;* as despesas correriam por conta dele. As universidades receberam ordem de ensinar unicamente o tomismo; os jesuítas obedeceram logo.

Toda esta atividade disciplinar e doutrinal estava longe de ser suficiente para ocupar esse homem infatigável. Não houve terreno algum em que o papa não se empenhasse na luta pelo regresso às tradições cristãs, pela unidade e pela disciplina. Todos os soberanos sem exceção foram convidados com voz categórica a participar do propósito da Igreja, a promover nos seus povos a reforma, a lutar com todas as suas forças contra a heresia. A bula *In coena Domini* chamou-os às suas obrigações. Nem todos se submeteram com a mesma docilidade às injunções do pontífice, mas o mirrado ancião do Vaticano, sem se desviar um milímetro dos seus princípios, desprezando os meios habituais da diplomacia, avançava em todos os sentidos, falando claro e ameaçando se necessário, escorado na sua ação pelos incorruptíveis homens da Inquisição. Desencadeou-se uma imensa ofensiva de ortodoxia, tão múltipla nos seus aspectos que é quase impossível fazer uma ideia do seu conjunto.

Na Alemanha, terra abençoada da heresia, Maximiliano II parecia inclinado a perigosas concessões; reteve-o uma ameaça de excomunhão, quando nas Dietas de Augsburgo (1566) e de Spira (1568) se tratou de pôr em pé de igualdade católicos e protestantes. Na Inglaterra, onde Elisabeth I estabelecia definitivamente a sua Igreja de Estado, Pio V falou alto, excomungou a rainha herética, desligou os seus súditos do juramento de fidelidade, apesar do risco que os católicos iam correr e que efetivamente correram, até ao martírio[19]. Nos Países-Baixos, o duque de Alba, que lutava contra os protestantes, foi encorajado a prosseguir o combate e cumulado de bênçãos[20]. Na Polônia, Sigismundo II, que, assentado num trono frágil, tentava reconduzir o seu país à fé romana, foi ajudado o mais possível. Em contrapartida, quando a rainha Catarina Jagelão da Suécia, católica fiel, concordou a instâncias do seu marido em comungar sob as duas espécies, foi-lhe disparada uma duríssima bula de excomunhão.

Como não é difícil imaginar, a ação do papa foi mais severa ainda nos países onde podia exercer diretamente a sua influência. Os príncipes italianos, aterrorizados ou convencidos, entraram logo nos eixos: em Florença, em Veneza, bastaram algumas execuções para afastar qualquer perigo de protestantismo; em Mântua, numa operação espetacular, o dominicano Casanova apoderou-se do pastor protestante Celária e entregou-o aos juízes da Inquisição, que o reduziram a cinzas; e quando o embaixador imperial protestou, Pio V mandou-o energicamente pôr-se no seu lugar. Na Espanha, as medidas radicais preconizadas pelo papa foram acolhidas calorosamente. Sem com isso submeter-se docilmente a tudo o que Roma queria, *Filipe II* (1558-1589), soberano austero, taciturno e ardente ao mesmo tempo, aplicou por iniciativa própria a política de repressão. Do fundo do Escorial, onde os seus dias transcorriam entre o trabalho e a oração, partiram ordens draconianas de perseguir a heresia e de eliminar até o menor sinal suspeito[21]. Quanto à França, então nas mãos maquiavélicas de Catarina de Médicis, começou por resistir passivamente, tentando proteger dos golpes do papa os seus bispos suspeitos, entre eles um cardeal de Châtillon; mas quando o Parlamento de Paris resolveu entrar na luta contra os hereges, Pio V enviou-lhe um forte contingente de boas tropas para o ajudar nessa obra pia[22]. Em que terreno esse homem de uma ação incessante renunciou a fazer triunfar a verdade católica? Pensou até em negociar a conversão da Rússia, da Rússia de Ivã o Terrível!

Política de fidelidade, política de cristandade. Para esse papa, ainda medieval sob tantos aspectos, as duas confundiam-se. Ele, Vigário de Cristo, guardião do depósito sagrado, tinha o direito e o dever de lembrar a todos os homens as exigências cristãs, de dispor das coroas, se necessário, para proteger a fé e a Igreja, de entrar em guerra onde fosse preciso.

O ponto culminante da sua imensa atividade, aquele em que pareceu realmente que o céu o abençoava, foi a impressionante vitória que a cristandade alcançou contra os infiéis. Aproveitando-se da mediocridade do novo sultão Selim, filho indigno de Solimão o Magnífico, Pio V, anacrônico e genial, retomou a ideia da cruzada. Foram enviados núncios por toda a parte e — ó maravilha! — obtiveram-se mais do que promessas vagas. O próprio papa forneceu dinheiro e navios. Sob o comando de um chefe de vinte e quatro anos, o meio-irmão de Filipe II, Dom João de Áustria, assistido por um marinheiro de carreira, o catalão Luís de Requesens, uma esquadra internacional, a esquadra da cristandade, partiu em 1571 para o ataque aos mouros. A 7 de outubro, ao canto de salmos, os combatentes de Cristo travaram a grande batalha no *golfo de Lepanto.* Foi terrível e cheia de surpresas e ansiedade. Dom João de Áustria conservava-se de pé na proa do navio-almirante, de crucifixo na mão. Quando a noite desceu sobre a admirável baía, o fumo das galeras turcas incendiadas espalhou um odor acre de madeiras e cadáveres; toda a esquadra inimiga fora queimada ou aprisionada. A bordo do *Marquesa*, um soldado ferido, com um braço deslocado — Miguel de Cervantes —, entoava com os seus companheiros o *Te Deum* da vitória. Quando levaram a notícia ao papa, Pio V exclamou, aplicando ao jovem vencedor as palavras do Evangelho: "Houve um homem enviado por Deus, cujo nome era João!" Parecia vingada a perda de Constantinopla. O velho papa podia morrer a 1º de maio de 1572: o brilhante triunfo parecia o coroamento da sua obra imensa, o penhor do seu êxito definitivo.

Parecia, mas, na verdade, as coisas não eram tão simples. A vitória de Lepanto seria um episódio glorioso, mas sem amanhã. A multiforme ação política de Pio V estaria muito longe de mostrar-se por toda a parte fecunda em resultados duradouros, e, exatamente depois da sua morte, o desencadear das paixões religiosas seria ainda mais violento, mais confuso. O que de realmente definitivo se deve creditar a este papa — que, apesar das suas violências excessivas e da sua excessiva precipitação, foi grande — é o que lhe reconhece com tanta justiça o cardeal Grente: "As decisões do Concílio de Trento iam tornar-se realidade e as obras vivas do catolicismo iam experimentar um novo surto". Mas também por justiça se deve dizer que essa imensa tarefa não teria podido chegar ao fim — num pontificado de apenas seis anos —, se na mesma ocasião não tivesse surgido uma plêiade de santos e esta não tivesse trabalhado com todas as suas forças na magna tarefa de reanimar, reorganizar e desenvolver a Igreja Católica, se não tivesse havido, ao lado do papa Ghislieri, essas outras figuras envolvidas pela mesma veneração[23], mas talvez por mais ternura, como São Carlos Borromeu, São Filipe Neri, Santa Teresa de Jesus e São João da Cruz.

Bispos reformadores: São Carlos Borromeu

O Concílio de Trento formulara, pois, os princípios da indispensável renovação católica. E o papado, na pessoa de São Pio V, mostrara a firme resolução de não os deixar ficar em letra morta. Mas urgia que o novo espírito penetrasse até o mais íntimo da consciência cristã e até as mais distantes paróquias. Essa tarefa e essa honra recaíam em primeiro lugar sobre os bispos, cujo retrato o concílio traçara em pinceladas tão vigorosas, ao mesmo tempo que lhes recordava com tanto detalhe os seus deveres. Seriam eles capazes de compreender o que a Igreja esperava da sua ação? Tudo levava a crer que sim; como vimos atrás, antes mesmo de Roma ter assumido oficialmente o trabalho da reforma, já muitos homens de Deus tinham operado transformações impressionantes à frente das suas dioceses. A série nunca fora interrompida, e uma linha contínua ligava os novos bispos aos antigos, os bispos responsáveis pela execução dos decretos aos bispos preconizadores da reforma. A solicitude e a coragem de que tinham dado testemunho Giberti em Verona, São Tomás de Vilanova em Valência, e mesmo, apesar dos seus erros, Guillaume Briçonnet em Meaux, iriam refletir-se em muitas outras personagens mitradas, convertendo-as em exemplos vivos dessas virtudes. Entre elas, uma figura radiosa: a de *São Carlos Borromeu* (1538-1584), arcebispo de Milão.

Quando a 30 de janeiro de 1560, o papa Pio IV, numa promoção de três cardeais, deu a púrpura ao seu sobrinho Carlos Borromeu, filho da sua irmã Margarida; quando, três semanas depois, o nomeou seu Secretário de Estado; quando fez chover sobre ele, sucessivamente, uma avalanche de títulos insignes — arcebispo de Milão, protetor de Portugal e da Baixa Alemanha, legado de Bolonha, protetor dos carmelitas, dos cônegos de Coimbra, de todos os franciscanos, da Ordem de Cristo, arcipreste de Santa Maria Maior, Penitenciário-mor, sem falar de benefícios tão consideráveis que se pôde calcular as suas rendas em 50 mil escudos —, os romanos, já de si tão irônicos a respeito dos assuntos vaticanos, fartaram-se de rir. Sobrinhos dos papas, cumulados pelos tios de honras e prebendas, conheciam eles muitos, e isso não fizera lá muito bem à Igreja. Ainda mais um! O novo papa, pelos vistos, não se comportaria melhor que os antigos.

Os basbaques da Piazza Navona enganavam-se. O jovem cardeal, chamado de uma assentada a responsabilidades tão altas, era de molde a tomá-las todas sobre os seus ombros ossudos. Tinha apenas vinte e dois anos, mas a sua experiência da vida, a sua prudência, a sua inteligência, não eram em nada as de um rapaz recém-saído da adolescência. Porventura chegara a ser criança esse *Carlletino* cujo passatempo favorito, aos cinco anos, era construir altares e neles imitar as cerimônias religiosas, esse prelado de calças curtas, tonsurado aos oito anos, esse menino que, investido no cargo de abade, tomara tão a sério a sua responsabilidade que empreendera a reforma dos seus monges?! Na Universidade de Pavia, durante sete anos, fizera-se notar tanto pela inesgotável caridade com que cumulava os miseráveis de toda a espécie, como pelo seu amor ao trabalho e pelo seu brio. Era um rapaz magro, de longo nariz aquilino, de perfil sem encanto, mas que causava uma impressão de serena firmeza, de eficiência, de lúcida coragem. Daria uma prova brilhante da sua vocação quando, após a morte do irmão mais velho, em vez de pedir ao tio dispensa para regressar ao mundo a fim de ser chefe de família — apesar de ter sido criado cardeal, recebera apenas o subdiaconato —, se apressaria a ordenar-se sacerdote.

Deus marcara-o realmente com o seu selo, e a sua vida de renúncia e de mortificação calou em pouco tempo as mofas daqueles a quem a sua nomeação levara a falar de nepotismo. "Da riqueza — diria o seu panegirista na sua oração fúnebre —, Carlos não desfrutou senão daquilo que um cão recebe dos seus donos: água, pão e palha". Logo que se instalou junto do tio, revelou-se tal como era e como seria em todas as situações em que a Providência o colocasse: um trabalhador encarniçado, alma de meditação e de oração, cujas únicas distrações eram algumas partidas de "bobinho", para manter-se em boa forma, e as conversas sobre assuntos graves que tinha com alguns amigos e que denominava, sorrindo, as suas "noites vaticanas". Então, era possível ser cardeal-sobrinho e Secretário de Estado, auferir rendas enormes, e ao mesmo tempo ser um santo? O povo romano rendeu-se a essa evidência, assim como a Cúria, e ainda os cardeais, quando, depois de terem visto o seu zelo nas tarefas do governo da Igreja e a sua atuação na preparação do concílio e durante o próprio concílio, pensaram em oferecer-lhe a tiara após a morte do seu tio e se submeteram ao seu parecer quando ele propôs o inesperado cardeal Ghislieri. Carlos Borromeu tinha então vinte e oito anos; começava a parte decisiva da sua prestigiosa carreira.

Encerrado o concílio, eleito o novo papa, o antigo Secretário de Estado considerou que, dali em diante, o seu primeiro dever era dar exemplo e, obedecendo ao decreto sobre a residência episcopal, instalar-se na sua arquidiocese de Milão. Era uma diocese enorme, que abrangia, além do território milanês, partes do território veneziano e os Alpes suíços: tinha sob a sua jurisdição nada menos do que quinze sufragâneos. Retido até então em Roma ou em Trento pelos grandes assuntos da Igreja, tivera que delegar a tarefa de administrá-la num homem de virtudes e de talentos, o mesmo Ormaneto que Pio V chamaria a Roma para reformar a Cúria. A bem dizer, a situação em Milão não era nada boa: sacerdotes sem zelo e ignorantes, a ponto de não saberem dizer em latim a fórmula da absolvição; igrejas vazias de fiéis, a ponto de algumas servirem de celeiros; mosteiros tão relaxados que nos seus locutórios ou refeitórios se realizavam bailes, festas de casamento e banquetes! O trabalho era enorme, mas Carlos Borromeu meteu-lhe ombros e consagrou-lhe todas as suas energias até o momento da morte.

Em menos de vinte anos, que obra! No dia 23 de setembro de 1565 fazia a sua entrada solene em Milão e, logo a seguir, reunia um concílio provincial, a que foram convocados todos os seus sufragâneos, para promulgar os decretos do concílio e dar a conhecer as suas intenções. Depois, reuniu à sua volta todos os bons operários que pôde achar: jesuítas, teatinos, barnabitas e clérigos desse recentíssimo Oratório que São Filipe Neri acabava de organizar. Uma ampla reforma administrativa, centralizada, pôs ordem em oitocentas paróquias, dali em diante agrupadas em arciprestados, dirigidos por "vigários forâneos" controlados regularmente por inspetores especiais ou mesmo pelo arcebispo em pessoa. Previram-se concílios provinciais periódicos para estudar os problemas comuns a todas as dioceses, e, em cada uma delas, sínodos anuais. Seguindo as instruções do concílio, criaram-se seminários maiores: o famoso Colégio Borromeu em Pavia, cujos nobres pórticos ainda hoje conservam a lembrança do seu fundador, o Colégio Helvético de Milão, o Seminário de Ascona, junto do lago Maggiore. Restabeleceu-se em toda a parte uma rigorosa disciplina, e os sacerdotes faltosos viram-se convidados a fazer uma "peregrinação" à cúria arquiepiscopal, de onde eram levados, com cortesia mas com firmeza, a uma casa de retiro; só saíam de lá quando emendados e arrependidos. Os mosteiros foram reformados: acabaram-se os bailes e os banquetes! As freiras de clausura receberam ordem de instalar nas janelas grades sólidas, que os galanteadores não pudessem saltar. Não se podia imaginar melhor aplicação dos firmes decretos tridentinos.

Aliás, o arcebispo tinha perfeita consciência do alcance da obra que realizava: era uma primeira aplicação prática das doutrinas do concílio, uma "experiência-piloto". Por isso, cuidou de que não se perdesse nenhuma das suas decisões, nenhuma das suas cartas pastorais, nenhuma das medidas tomadas nos seus concílios provinciais. Tudo isso foi recolhido e publicado numa enorme compilação, que passou a estar à disposição dos reformadores de todo o mundo para que pudessem descobrir em detalhe o modo de aplicar as ideias de Trento. Um dia, o bispo de Verona, Valério, exclamou que Carlos Borromeu era o "Doutor dos bispos": nada mais exato.

Ninguém ousaria pensar que semelhante ação contentaria toda a gente. Não faltaram adversários declarados ou secretos dispostos a atravessar-se no caminho empreendido pelo arcebispo. Houve governadores espanhóis de Milão que, estando de acordo com ele sobre a luta contra a heresia, não o estavam tanto quando viam ameaçados interesses pessoais ou nacionais: foram muitos os conflitos e chegou-se até à excomunhão, e mesmo a apelações para Roma, que deu razão a Borromeu. Houve a questão dos *humiliati*, termo estranho para designar os descendentes degenerados de uma espécie de Ordem Terceira beneditina, pseudo-monges enriquecidos no negócio de lãs, que viviam — eram cerca de duzentos — em palácios de um luxo escandaloso; quando Carlos quis obrigá-los a ter um pouco mais de modos, aborreceram-se tanto e fizeram tal escândalo que o arcebispo teve de recorrer a ameaças, o que levou um deles, chamado Farina, a arcabuzá-lo em plena Missa, atingindo-o, felizmente, apenas de raspão. Houve o caso dos cônegos *della Scala*, que pretenderam proibir o seu superior hierárquico de inspecioná-los, em nome não se sabe bem de que antigo privilégio. Mais secreta, mas não menos perigosa, parece ter sido a pequena guerra que lhe moveram os jesuítas; não que não estivessem de acordo com os fins e os métodos do arcebispo, mas desejavam que a Companhia tirasse algum proveito dos esforços que desenvolvia e pudesse atrair para as suas fileiras as melhores individualidades, coisa que Carlos Borromeu, pensando nos seus seminários, não podia admitir; apesar de admirar os filhos de Santo Inácio e de os ter ajudado a abrir colégios, foi sem dúvida para resistir melhor a essas piedosas intenções que criou os *Oblatos de Santo Ambrósio*, uma espécie de missionários leigos que ele controlava sem dificuldade.

Um homem dessa envergadura impunha-se pelo prestígio da sua vontade, pela sua santidade e pelo seu exemplo. O povo, a quem ele doava todos os seus bens, venerava-o. Os seus hospitais e asilos estavam cheios. As suas escolas de doutrina cristã ministravam o ensino religioso a milhares de crianças. Perdoavam-lhe até que tivesse estabelecido regras para o carnaval e proibido os bailes de máscaras. Muito para além da sua diocese, a sua influência estendia-se até Lucerna, onde a sua viagem tanto inquietou os protestantes da Suíça; seria a ele que se ficaria a dever a famosa "Liga de Ouro" entre os cantões suíços católicos, conhecida por "Liga Borromeu". A sua glória atingiu o auge quando ocorreu em Milão, no ano de 1576, um surto de peste dos mais horríveis daquele tempo: o arcebispo começou a visitar em pessoa os doentes encerrados em lazaretos, que morriam de frio e de fome tanto quanto da epidemia, porque ninguém se aproximava deles para os socorrer; celebrava-lhes a Missa e dava-lhes o viático, ao mesmo tempo que, em instruções de uma caridade sublime, suplicava ao clero e ao povo que organizassem socorros coletivos. Vendeu tudo o que lhe pertencia, até os móveis e a roupa de cama. "Já não tem com que viver ele próprio — dizia um contemporâneo —, mas dir-se-ia que ressuscita os mortos com a sua presença".

Esgotado por todo esse incrível esforço, Carlos Borromeu morreu em 1584, aos quarenta e seis anos de idade, deixando à Igreja um modelo de bispo que viria a ser seguido por muitos outros, entre eles São Francisco de Sales e o cardeal Bérulle. Roma dedicou-lhe três igrejas, ao passo que São Francisco e São Domingos têm apenas uma cada um. "Havia muito tempo — diz Fléchier — que a Igreja não via nada tão assombroso como esse arcebispo, cardeal e sobrinho de papa, que passou de tão rico a ser o primeiro pobre da sua diocese".

O que São Carlos Borromeu fez de uma forma brilhante em Milão, quantos outros bispos contemporâneos seus não o fizeram em tantos lugares da cristandade, de uma forma mais modesta talvez, mas com um zelo e uma coragem igualmente admiráveis! Alguns desses nomes impuseram-se de tal modo à memória do seu povo que em muitas dioceses são venerados como o foram os bispos dos tempos bárbaros que, na época do grande caos, se constituíram em "guardiões da cidade" e "defensores da fé". Aí estão frei *Bartolomeu dos Mártires*, o santo arcebispo de Braga, cujas intervenções no Concílio de Trento foram muito notadas, e que fundou um dos primeiros seminários conciliares; *Alexandre Sauli*, o apóstolo da Córsega, promotor heroico da reforma entre um povo que carecia dela em grau extremo, e que tentou até acabar com a *vendetta;* o cardeal *Estanislau Hosius*, bispo de Chelm na Polônia e do Ermeland, um dos presidentes do concílio, que, tanto pela sua ação como pelo catecismo que editou, influiu decisivamente no regresso do seu país à fé católica; o próprio *cardeal de Lorena*, cuja vida não fora muito exemplar, mas que, depois do concílio, meteu ombros à reforma e fundou em Reims, em 1567, o primeiro seminário francês[24]. E tantos outros! *Gabriel Paleotti* em Bolonha, *Cipião Burali* em Piacenza, *Pedro Guerrero* em Granada, *José Ribera* em Valência, *Ludovico de Torres* em Monreale... Vinte anos depois do encerramento do concílio, existia uma elite de bispos decididos a manter a Igreja no bom caminho que os padres de Trento lhe tinham traçado.

A reforma das ordens antigas: Santa Teresa e São João da Cruz

O movimento de renovação que, no decurso do último meio século, se esboçara nas congregações e nos institutos religiosos, ganhou uma amplitude considerável quando passou a ser apoiado, animado e organizado oficialmente pela Igreja. Ante a concorrência exercida pelas recentes formações de clérigos regulares, as ordens antigas compreenderam que só um enérgico esforço de reforma lhes permitiria sobreviver. E enquanto continuavam a surgir novas fundações — como a do Oratório —, todas as mais importantes dos séculos anteriores se refizeram e regressaram pouco a pouco à sua primitiva disciplina. Esse movimento viria a estender-se por várias décadas, até muito entrado o século XVII.

Entre os beneditinos, depois de ter principiado em Bursfeld, em Monserrat, em Pádua, no Monte Cassino, alcançou simultaneamente a Alemanha, onde a abadia de Fulda se pôs à cabeça; a Áustria, onde o abade Gaspar Hoffmann, de Melte, deu o exemplo; a Lorena, onde um jovem monge de Saint-Vannes, Didier de la Tour, desencadeou um movimento que se estendeu a quarenta abadias, e do qual brotaria, no limiar do século XVII, um belo florão: a *Companhia de São Mauro* (1621), fundada por dom Laurent Bènard e chamada a um grande destino.

Entre os filhos de São Bernardo, os cistercienses de cogula branca, a reforma foi levada a cabo em 1573 por Jean de la Barrière, abade comendatário de Feuillant, perto de Toulouse, que se converteu à estrita observância e a impôs aos seus monges, após episódios dramáticos; os *feuillants* proliferaram na França e na Itália; o mosteiro de Paris, que viria a tornar-se célebre durante a Revolução (por motivos muito diferentes dos religiosos), foi fundado em 1588.

Entre os premonstratenses, o retorno à antiga disciplina deu-se quase simultaneamente na Espanha, com Diego de Mendieto, abade de Trevino, e na Lorena, com Daniel Picard, abade de Sainte-Marie au Bois, e depois com o seu sucessor, Servais de Laruelle; a congregação lorena amiga "do antigo rigor", perduraria até à Revolução. Nesse ínterim, começou entre os outros cônegos regulares — os da tradição de Santo Agostinho — o admirável movimento que teve como protagonista *São Pedro Fourier* (1565-1640) e que ultrapassou de longe o âmbito de uma reforma monástica.

A febre de renovação alcançou também as ordens mendicantes, que já há muito tempo, pelo menos de forma esporádica, vinham dando exemplo de regresso às boas tradições. Na Espanha e em Portugal, a influência de *São Pedro de Alcântara* (1499-1562) — asceta de macerações duríssimas, mas alma luminosa e grande místico, que foi um dos primeiros a compreender a vocação de Santa Teresa e que morreu no momento em que se ia encerrar o Concílio de Trento — exerceu pelo seu exemplo uma profunda influência póstuma em todos os franciscanos. E foi nesse tempo que os capuchinhos, separados da observância estrita e reconhecidos solenemente como "verdadeiros filhos de São Francisco", experimentaram um enorme crescimento numérico — 18 mil membros — e viram acorrer às suas fileiras homens notáveis como São Félix de Cantalice, São Lourenço de Brindisi, o mártir São Fidélis de Sigmaringen, assassinado pelos calvinistas; também ingressou na ordem, considerada uma das mais ativas e eficientes do seu tempo, aquele que viria a ser a "eminência parda" de Richelieu, o padre José Le Clerc du Tremblay.

E os próprios agostinianos, tão duramente afetados pela apostasia de Lutero e de muitos dos seus irmãos, se entregaram à reforma de corpo e alma: em Portugal e na Espanha sob a influência de *São Tomás de Vilanova*, fundador dos rigorosos "agostinianos descalços", e na Lorena sob a de François Flamel. Na França, gozaram de grande popularidade sob o nome de *petits pères*, "pequenos padres".

Movimento imenso, pois, esse que agitou beneficamente todas as ordens antigas no pós-concílio e ainda meio século depois, e do qual participaram também todas as ordens femininas; movimento tão complexo que não é possível descrevê-lo em duas breves páginas. Mas em lugar algum se revestiu de características tão impressionantes e sublimes como no *Carmelo*, a antiga ordem no seio da qual surgiram nessa época duas das personalidades mais ricas que a Igreja já produziu: *Santa Teresa de Jesus* e *São João da Cruz*.

Nos últimos dias do mês de agosto de 1562, quando em Trento os padres do concílio iam começar, na sua sessão XXII, o debate em torno do "decreto sobre a honestidade de vida dos clérigos", muito longe dali, numa pequena cidade de Castela-a-Velha, ocorreu um episódio, mínimo na aparência, mas que viria a ter o valor de exemplo e de símbolo na grande obra da reforma católica.

Comprimida nas suas muralhas cor de ferrugem fustigadas no inverno pelo vento agreste dos planaltos, Ávila tinha já tantos conventos, capelas e igrejas, anichados nas sinuosidades das suas ruas estreitas ou num recanto das suas praças irregulares, que a fundação de mais uma dessas santas casas não deveria dar muito que falar. À hora do Ângelus, a voz aérea de centenas de sinos levava até à serra a oração incontável de uma população para a qual a fé era desde sempre a coisa mais importante da vida. Ávila dos leais, Ávila dos santos e dos cavaleiros... Do novo convento de

São José, situado ao norte, no bairro mais popular, elevava-se agora para o opaco anil do céu de Espanha o tilintar de um novo sino: havia algo de novo nisso?

Acontece que precisamente esse minúsculo mosteiro — o coro das freiras só tinha dez passos de comprimento —, tal como a sua fundadora o concebera, não se assemelharia aos outros, muito especialmente a esse grande convento da Encarnação que toda a cidade conhecia bem por estar acostumada a ir até lá manter uma prosa com as religiosas. Nesse novo Carmelo, as paredes nem sequer estavam rebocadas, e uma dupla grade de varas estreitamente entrecruzadas ao longo do coro escondia totalmente as enclausuradas. Contava-se que as que ali se encerrassem nunca mais sairiam, que consagrariam todos os seus dias à oração, ao jejum e às disciplinas, que vestiriam um hábito de pano tão áspero que se pareceria com o pelo de camelo dos antigos eremitas, e que andariam descalças.

Desde que, em 1482, o papa Eugênio IV aceitara e confirmara a "mitigação" da Regra primitiva — aquela que, por volta do ano de 1200, o patriarca Alberto de Jerusalém dera aos austeros solitários que se consideravam herdeiros do profeta Elias —, chegara-se, louvado seja Deus, a um regime mais "razoável": os dias de abstinência de carne haviam sido reduzidos a três por semana, o burel do hábito cedera o lugar a tecidos mais finos, mais apropriados à distinção dos membros mais ilustres da ordem, e, quanto à reclusão e ao silêncio, tinham sido substituídos por um feliz regime de visitas no locutório, onde o exemplo e a conversa com pessoas tão piedosas não deixaria de exercer uma benéfica influência sobre os visitantes. Os conventos de freiras davam-se bem com esse gênero de apostolado, e chegava até a acontecer que uma ou outra carmelita, de preferência jovem e bonita, levava o seu zelo ao ponto de prolongar essas conversas espirituais pela noite adentro e fora da clausura... Era precisamente a esses usos e costumes, perfeitamente admitidos por todas as pessoas sensatas, que a Madre — uma tonta, segundo se dizia — pretendia opor-se ao fundar o seu pequeno mosteiro "remeloso", deixando a Encarnação para correr semelhante aventura.

Essa Madre chamava-se *Teresa de Ahumada y Cepeda*, era de "sangue puro", de linhagem nobre, e tinha quarenta e sete anos. Nascera numa família de doze filhos, em 1515, alguns meses antes da subida ao trono de Carlos V, no limiar desse *siglo de oro* espanhol em que ela brilharia como estrela de primeira grandeza. Mas quem havia de pensar, um quarto de século antes, ao ver passar pela rua a filha de dom Alonso e de dona Beatriz de Ahumada, toda esbelta e graciosa, com o busto bem ajustado no corpete de veludo, balançando a cada passo a sua ampla saia de tafetá alaranjado cortada obliquamente por tarjas pretas, que ela seria um dia a "austera", a "fanática" — ou, numa palavra, a reformadora —, como diziam as suas companheiras da véspera? Fanática, não o era de forma alguma; austera, sim, mas não à maneira que pretendiam as más línguas: como podia sê-lo essa mulher corada e viçosa, de cara um pouco cheia, traços ainda tão jovens, lábios carnudos de um belo róseo vivo, que gostava de cantar, dançar e rir, e que repetia aos devotos e beatos de cara triste: "Eu não gosto dos santos *encapotados* (sombrios)"?

Nos seus olhos negros, levemente salientes, viam-se brilhar alternadamente o entusiasmo e a ternura, um pouco de malícia e muita finura. Educada por um pai de piedade rebarbativa, obrigada desde pequenina às longas orações intermináveis, aos terços cotidianos, ao silêncio e à compunção, nem por isso perdera a fé, nem a virtude, nem a alegria de viver. Mas nessa alma forte, varonil pela inteligência e pela coragem, feminina pelo tato e pela intuição dos seres humanos, a graça encontrara um terreno maravilhosamente preparado para que a obra divina se erguesse na alegria criadora. A 24 de agosto de 1562, ao fundar o seu pequeno mosteiro de São José, a Madre Teresa obedecia a uma ordem do Altíssimo.

Para dizer a verdade, durante muito tempo, ela não prestara demasiada atenção ao apelo do Senhor; ou, antes, para compreender como se desenvolveu no seu íntimo esse amor sublime que um dia a levaria a preferi-lo a tudo no mundo, poderíamos dizer que passara por "intermitências do coração". Um primeiro impulso, aos vinte anos, levara-a a entrar no claustro; fora um impulso, mas também a amarga meditação da adolescência, que, saída dos jardins encantados da infância, descobre a vida, as suas taras, as suas misérias, e pergunta a si mesma se tudo não passará de "vaidade das vaidades". Fizera-se carmelita como outras fazem um casamento de conveniência, por desgosto e inquietação, vivendo, porém, como uma religiosa fiel e mesmo fervorosa, tanto quanto era possível sê-lo no meio daquelas cento e oitenta freiras bem mundanas. Mas, mais do que ela própria suspeitava, a sua decisão juvenil, a sua *determinada determinação* — para empregar a expressão de que tanto gostava — ligara-a ao seu verdadeiro destino; como tinha "grande firmeza e constância em não parar até chegar", ainda que continuasse a viver como carmelita mitigada, com um pé no convento e outro na cidade, progredia no seu caminho para a perfeição, rezando as horas, cuidando das doentes mais repugnantes. Não deixava "cair Cristo com a Cruz".

A seguir, dera-se a grande crise, a dupla crise de ordem física e moral. Durante dois anos, 1537-1538, sofrera perturbações nervosas, síncopes, desmaios, vômitos, paralisia parcial, uma sucessão de padecimentos tão graves que uma vez a julgaram morta e iam pô-la no caixão. Desaparecidas essas dores atrozes — momentaneamente, porque tornaria a experimentá-las em diversas ocasiões —, aparecera outra crise que ela consideraria ainda mais grave: fora o "tempo das infidelidades". Longo, terrivelmente longo, esse tempo em que, entediando-se no coro e nos ofícios, não rezando já senão com os lábios, conversando sobre bordados com as suas irmãs de clausura e sobre romances de cavalaria com os amáveis visitantes do locutório, se sentia simultaneamente desgostosa de si mesma e infiel ao que uma voz silenciosa lhe repetia no mais íntimo de si mesma, e que ela própria sabia muito bem ser a verdadeira Regra. "Esta alma que tantas vezes se destruiu", dizia ela falando de si mesma na sua admirável e lúcida autobiografia; destruída, talvez não, mas "posta em perigo", sim. Em 1543, o choque crudelíssimo que lhe causara a morte do pai abalara-a por um instante: fora a "primeira pancada da aldrava de Deus", a sua primeira conversão; os conselhos de um confessor dominicano, exigente e preciso, tinham-na ajudado nesse sentido. Mas não fora por muito tempo porque, apesar de ter retomado o hábito da oração mental, ainda persistira em "não renunciar totalmente às ocasiões" ou ao mundo. Durante mais dez anos, tentara conciliar o inconciliável e continuara a não ver claro dentro de si mesma.

E de repente, Deus, que estava à espreita dessa alma, feriu-a e falou-lhe. Um dia do ano de 1553... Mas é melhor que a própria Teresa nos conte o que se passou quando, ao entrar um dia na capela, se encontrou diante de uma imagem, de um *Ecce homo*, que acabavam de colocar ali: "Era de Cristo muito chagado e tão devota que, só de pôr os olhos nele e vê-lo em tal estado, fiquei toda perturbada, porque representava bem ao vivo o que passou por nós. Foi tanto o que senti, por haver agradecido tão mal aquelas chagas, que o meu coração parecia partir-se. Atirei-me aos seus pés, derramando muitíssimas lágrimas, e supliquei-lhe que me fortalecesse de uma vez para não o ofender mais".

Foi o choque decisivo, o raio de luz, semelhante àquele que derrubara Saulo na estrada de Damasco. Refez-se e, definitivamente clarividente a seu respeito e decidida, Teresa, a carmelita ainda mundana, deu-se conta de que dali em diante era "Teresa de Jesus".

Enquanto confessores jesuítas a dirigiam firmemente e lhe aconselhavam a sagrada comunhão como fonte de energia espiritual, o próprio Cristo entrou em cena, pouco a pouco, aproximando-se dela com passos misteriosos. Produziram-se fenômenos estranhos nela e à volta dela. Estabeleceu-se uma comunicação mística entre a sua alma e o Deus dos inefáveis desposórios. Transverberada, ofegante, experimentou êxtases tão fortes que saía deles estupefata e muda, mas com o rosto resplandecente, irradiando uma luz que não pertencia à terra. Houve ocasiões em que as irmãs e os fiéis da capela da Encarnação a viram elevar-se vários palmos acima do chão, apesar de ela se agarrar com todas as forças à grade da clausura. Alguns chegaram até a preocupar-se muito com essas estranhas brincadeiras do Céu: não seriam coisas do inimigo? Não — respondia a vidente —, dizendo a bom rir que fazia "figas aos demônios"! E esse era também o parecer de dois dos maiores santos da época, Pedro de Alcântara e Francisco de Borja, consultados sobre o caso.

Cumulada de graças místicas como poucos seres no mundo, elevada sem dificuldade à vida unitiva, Teresa de Jesus poderia ter mergulhado nessas alegrias inconcebíveis e esquecido a terra. Mas não: essa grande vidente era uma mulher de carne e osso, uma sólida filha dos planaltos de

Castela, dotada de um grande sentido da realidade, consciente de que fora chamada para outra coisa que não as evasões para o empíreo. Teria sido essa admirável mescla de sólido realismo e de impulso espiritual que levou o Soberano Senhor a escolhê-la? Chegou um dia em que a Presença, que já não a deixava, lhe deu a entender claramente que fora escolhida para ser testemunha e guia. A fim de "compensar Nosso Senhor" — como ela dizia belamente — dos sofrimentos que lhe causavam então Lutero e os hereges, bem como todos os maus frades, Teresa fundaria um convento de oração incessante, de total penitência, conforme os princípios recordados pelo *Livro da instituição dos primeiros monges*, impresso em 1507; o exemplo do sublime franciscano Pedro de Alcântara não lhe provava que essa vida nada tinha de impossível? Assim nasceu em Teresa a decisão de fundar São José de Ávila, primeiro mosteiro do Carmelo reformado.

São José..., semente minúscula do que viria a ser uma árvore tão frondosa, grão de mostarda... Nessa comunidade insignificante, envolta no manto branco de Nossa Senhora — cinco ou seis freiras no começo —, levar-se-ia a cabo um empreendimento que demonstraria pelos resultados a sua imensa riqueza.

Teresa tinha levantado voo, o voo real dos espaços infinitos. Mas as outras? Seria necessário "levar essas almas a reboque" ou, antes, conduzi-las "com grande suavidade para o seu maior bem"? Esse primeiro convento de Ávila, pelo qual nutriria durante toda a vida um amor de predileção, foi para ela um terreno privilegiado de experiência, onde aprendeu como combinar a suavidade e a força no encaminhamento das almas para o seu maior bem. Com que intensidade de amor falava ela às suas irmãs, suplicando-lhes que "se deixassem dominar nas próprias entranhas pela verdade dramática da Encarnação, da Paixão e da Redenção"! Com que tremor na voz lhes descrevia "o mundo em chamas", a Igreja ameaçada simultaneamente por dentro e por fora! Queria as suas filhas "solitárias e mudas, despreocupadas do corpo e das suas exigências, mas alegres como crianças; humildes, mas conscientes da dignidade da sua alma; submissas, mas ao Espírito; enamoradas, mas de Cristo; desprendidas de tudo, mas rainhas do mundo"[25]. Esse minúsculo convento, feito "um Céu na terra, quanto é possível", ia ser o padrão pelo qual Teresa, obreira incansável, talharia durante vinte anos outros dezesseis ou dezessete conventos de mulheres, além dos de homens, que o seu exemplo iria fomentar.

Passaram-se cinco anos, cinco anos de amadurecimento na vida de clausura. Levada pela oração à ação, livre com a liberdade do espírito, a reformadora lançou-se então a percorrer os horríveis caminhos de Castela, charcos de lama no inverno, lençóis de poeira no verão. Durante quinze anos, deslocou-se sem cessar de um lado para outro, como mensageira das exigências divinas, revolucionária de Cristo, oposta a todos os costumes fáceis da época, perpétua doente que se revelava de ferro, hóstia de amor que ia ser a mais sagaz das organizadoras, autêntica mulher de negócios. A mesma alma de onde brotavam, com clamores de entusiasmo e de dor, as páginas ardentes do *Castelo interior* ou *Moradas*, dos *Conceitos do amor de Deus* — comentário espiritual ao *Cântico dos Cânticos* de Salomão —, dava origem a essas memórias comoventes que são o *Livro da vida* e as *Fundações*, a esses códigos precisos que são as *Constituições* e o *Escrito sobre a visita aos mosteiros* — obras todas escritas sempre com a mesma letra apertada, angulosa, sem pontuação, visivelmente traçada por uma mão febril. Mescla original de razão e de paixão, de austeridade e de alegria infantil, do mais impetuoso impulso espiritual e do realismo mais terra-a-terra, que é característica da assombrosa santidade dessa mulher, e que Bergson citou com toda a justeza como prova das sólidas qualidades humanas que possuem ordinariamente os grandes místicos.

Foi o padre Rubeo, prior geral dos carmelitas, italiano de Ravena, espírito fino, o primeiro que, numa inspeção que fez a Ávila, compreendeu Teresa e mediu num relance o contributo que ela podia dar à ordem. Já em outros lugares, como principalmente em Bruxelas, onde sobrevivia o exemplo de São João Soreth, e em Veneza, onde trabalhara o austero Audet, tinham-se começado reformas na mesma ocasião, e essa que a religiosa de Castela queria empreender enveredava pelo rumo certo. Encorajou-a. E assim partiu essa mulher empreendedora, devidamente autorizada a fundar mosteiros segundo a Regra estrita que aplicava em São José, a Regra primitiva do Carmelo, e até a estabelecer mosteiros de homens, se pudesse.

Na sua primeira campanha, que durou de 1567 a 1571, fez sete fundações: Medina del Campo, Malagón, Valladolid, Toledo, Pastrana, Salamanca e Alba de Tormes. O Esposo divino ajudava visivelmente a sua esposa da terra, e bem podemos supor que o anjo que outrora lhe cravara no coração o dardo de fogo a acompanhava nos seus passos. A prova disso? O encontro que teve em Medina com o homem verdadeiramente providencial de quem tinha necessidade para que a sua obra masculina pudesse realizar-se — o futuro *São João da Cruz*.

Era um toquinho de homem, ágil, furtivo, de rosto macilento. A sua altura não ia além de metro e meio, mas não se reparava nisso quando se recebia de frente o olhar, quase insustentável de tão penetrante, dos seus olhos negros cheios de ardor. Tinha apenas vinte e cinco anos, pois nascera em 1542, e poderia ser filho de Teresa pela idade, mas, apesar de tão novo, a vida já o moldara duramente. Seu pai morrera "execrado" pela família, por se ter casado com uma moça pobríssima a quem deixara três filhos muito pequenos. Viúva, Catarina trabalhara para educar os filhos, tecendo panos e mais panos com as suas próprias mãos. Ele próprio, o pequeno João, tivera de aprender diversos ofícios no meio do frenesi das feiras de Medina, mas a raça, a pura raça dos fidalgos de Espanha, permanecia intocada no seu rosto fino, em toda a sua conduta, e a sua inteligência era de fogo.

Na ocasião em que Teresa o conheceu, acabava de concluir os seus estudos. Assistira às aulas dos padres jesuítas ao mesmo tempo que ganhava a vida como enfermeiro num hospital, e, com vinte e um anos, ingressara nos carmelitas, cujos superiores o tinham mandado a Salamanca para estudar teologia. Mas, renunciando a toda a ambição, desprezando o capelo e o anel de doutor, regressara ao seu convento para ali tentar seguir a vida de abnegação dos primitivos carmelitas, com a qual sonhava; e se os seus irmãos carmelitas não lho permitissem, iria encerrar-se, com o seu hábito e a sua cogula branca, nalguma cartuxa.

Esses dois seres, Teresa e João, estavam feitos para se entenderem um ao outro. O pequeno carmelita entusiasta e a reformadora que tinha o dom de discernir os espíritos "compreenderam-se às primeiras palavras". Teresa propôs ao jovem que colaborasse com ela na sua grande obra e que, para isso, renunciasse à ideia de fazer-se cartuxo. Ele corou de prazer, mas exclamou com um ardor juvenil: "Desde que não demore muito!"

E não demoraria! João de São Matias — assim se chamava ainda — vestiu o novo hábito dos carmelitas descalços, de burel grosseiro talhado e cosido pela própria Teresa, o escapulário e a capa branca marial, tudo cingido com uma correia de couro de três dedos de largura. E mãos à obra! Depois de Duruelo, que foi o primeiro, o germe da solidão (1568), os conventos da reforma multiplicaram-se. A autoridade e o fervor dos descalços atraíam-lhes muitos homens de primeira plana; a austera grandeza da nova observância impressionava.

O próprio frei João, pregando com o exemplo, levando uma vida de ascese terrível, reforçava as exigências da Regra primitiva, chegando a flagelar-se até ao sangue como castigo por ter comido alguma coisa antes da hora da refeição comum, porque se sentia desfalecer. O costume da adoração perpétua, que ele introduziu, não tardou a espalhar-se por toda a Espanha.

Sob a ação conjunta dessas duas almas de fogo, o movimento de reforma difundiu-se como uma mancha de óleo, a tal ponto que o convento da Encarnação de Ávila, o mesmo de onde Teresa partira, a viu regressar por ordem do visitador apostólico. Eleita priora depois de muitas vicissitudes, decidida a introduzir também ali a reforma, a Madre chamou para ajudá-la como confessor das freiras o seu companheiro espiritual João, e, à força de paciência, de diplomacia, de caridade e de amor, chegou com efeito a fazer com que as irmãs admitissem as novas ideias. Depois, quando concluiu essa obra, iniciou uma segunda série de fundações, que a levou a Segóvia, a Beas de Segura, a Sevilha e a Caravaca, sempre animada pela ânsia de arrastar consigo muitas almas. Parecia irresistível a ação dessa mulher.

Faltava-lhe descobrir uma das leis mais secretas da Providência: a de que nada de duradouro se realiza neste mundo a não scr pela resistência e pelo combate. Deparou pela primeira vez com essa oposição necessária em Sevilha, na pessoa de uma freira mesquinha e invejosa que a denunciou com uma saraivada de ignominiosas calúnias; o célebre jesuíta Rodrigo Álvarez, inquisidor do Santo Ofício, deu toda a razão a Teresa. Mas a borrasca decisiva, essa a que raramente consegue escapar um grande destino humano, rebentou com "a guerra dos mitigados".

Compreende-se que esses religiosos moles, essas freiras excessivamente ataviadas, não achassem tão mal assim comprazerem o mundo com uns docinhos, como também se compreende que o exemplo daqueles duros, às vezes as suas palavras, mas principalmente as da opinião pública, os fustigassem cruelmente. Era muito fácil fazer a comparação entre os esforços heroicos dos "descalços" e as brandas rotinas dos "calçados". E, como se não bastasse tudo isso, eis que os visitadores apostólicos enviados por Pio V para dar a conhecer os decretos e as intenções do Concílio de Trento, ultrapassando as instruções do geral da ordem, apoiavam a fundo o movimento de reforma! A cólera rosnou. No capítulo geral reunido na Itália, em Piacenza, decretaram-se medidas contra os "exagerados", o que mostra como era difícil à Igreja, mesmo guiada pelo mais bem disposto dos papas, introduzir em toda a parte o novo espírito! Por uma "eleição amarrotada" na Encarnação de Ávila, uma mitigada substituiu Teresa[26].

Mas não se podia ir muito longe contra a Madre, que já era demasiado célebre: Filipe II conhecia-a bem; o inquisidor-mor, que lera com atenção o seu *Livro da vida*, declarara admirá-la. E então atiraram-se contra o seu amigo e colaborador João. Sequestrado em plena noite, agrilhoado numa cela como um malfeitor, levado para o convento mitigado de Toledo, o santo teve de sofrer o indizível durante meses. Todos os dias, aplicavam-lhe as disciplinas no refeitório — cada frade dava-lhe um açoite, e que açoite! —, e tudo isso misturado com injúrias e troças. Depois, tentaram seduzi-lo: que renunciasse às suas loucuras, e seria nomeado prior em qualquer parte. Continuava a recusar-se? Então... recorrer-se-ia às ameaças. Não era ele um *alumbrado*, um desses iluminados mais que suspeitos, afanosamente procurados pela Inquisição?

Calmo, sobrenaturalmente calmo no seu cárcere, João ainda conseguia escrever, e dessas trevas brotou a chama do *Cântico espiritual*[27]. Finalmente, depois de sete meses de prisão, conseguiu evadir-se. Por essa mesma altura, Teresa — que movera céus e terra, que se dirigira ao próprio rei, que conseguira a intervenção de Roma, que multiplicara as diligências e as pressões mais sutis — acabava de alcançar a vitória: o papa dava razão aos descalços e constituía-os em província autônoma sob a direção mais ou menos frouxa do geral da ordem. Em 1580, um breve pontifício regulamentava tudo nesse sentido.

Era o triunfo decisivo? João — que, passada a terrível prova, adotara definitivamente o nome de João da Cruz — assim o julgou por algum tempo, nesse belo Carmelo de Granada de que era prior. Ali, na sua cela — da qual desfrutava de uma vista admirável que se estendia sobre os vermelhos do Alhambra e o ouro e cinza do Generalife, e sobre a planície africana onde corre o Genil —, escreveu em paz, no seio de uma comunidade estritamente fiel, a *Subida do Monte Carmelo*, a *Noite escura* e a *Chama de amor viva*. E assim também o julgou Teresa, cujo último ato, nesse impressionante drama que foi a sua vida, constituiu ainda mais uma assombrosa sementeira. "Velha e cansada, mas sempre jovem em desejos", retomou o seu peregrinar, mais "andarilha de Deus" do que nunca. Apesar da doença que a minava e do esgotamento que lhe provocavam as suas penitências, apesar da insegurança dos caminhos e dos perigos das viagens, lá foi ela, pela terceira vez, de cidade em cidade, e de novo nasceram casas de carmelitas reformadas: Villanueva de la Jara, Palência, Sória, Granada, Burgos... Ao todo, seriam dezessete conventos de mulheres e quinze de homens: que messe! E que imagem a dessa religiosa anciã, encolhida sob o toldo do desconfortável carroção, envolta no seu grande manto branco, de véu abaixado, a percorrer as estradas das duas Castelas — a "Velha" e a "Nova" — ao som dos guizos das suas mulas, e que ela rotura, semeia e colhe a mãos-cheias! Essa é a imagem definitiva que vai legar à terra. Raramente se viu força tão sublime empregada com tanta simplicidade.

No limite das suas energias, detém-se, exausta, em Alba de Tormes. Era o dia 4 de outubro de 1582, festa de São Francisco. Teresa sempre amara o *Poverello:* viria ele levá-la para o Céu? A sua obra parecia-lhe concluída: o capítulo de Alcalá aprovara as Constituições da reforma; tudo estava bem encaminhado. Quanto a ela, não aguentava mais. "Acho que não tenho um osso inteiro", murmurava, e depois, arrastada por essa força misteriosa que o matrimônio místico despertara nela, acrescentava com um sorriso luminoso: "Já é tempo de nos vermos, meu amado e meu Senhor". Porém, lúcida até o último momento, continuava a dar conselhos para o bom governo da casa onde se alojara. Os seus derradeiros instantes foram de uma serenidade extraordinária; as suas rugas de anciã pareciam ter desaparecido, o seu rosto empalidecera, tomando "a cor da lua cheia", mas dele emanava também uma luz suave. As suas últimas palavras foram um versículo do salmo: "Não desprezeis, Senhor, um coração contrito..." De que tinha ela que arrepender-se, ela, a heroica, a mortificada? Mas, aos olhos dos santos, não há limites para a humildade.

Privado do apoio da Madre, o seu filho espiritual, o franzino João, continuou sozinho a tarefa começada. Mas teve de enfrentar dificuldades tão numerosas e tão terríveis, que não podemos deixar de ver nelas a mão da Providência, carinhosamente empenhada em dar ao santo, pelo sofrimento, os últimos arremates. Abriu-se um período em que os carmelitas reformados atravessaram uma crise parecida à que sacudiu a ordem franciscana a seguir à morte do *Poverello*. Entrou em cena um italiano pertencente à orgulhosa família genovesa de onde proviera o ilustre *condottiere* dos mares Andrea Doria, o padre *Nicolau Doria* — "perfil anguloso, olhar imperativo, nenhum sentimento, uma fria vontade de triunfar", diz o padre Bruno —, um temperamento tão oposto quanto possível ao de João da Cruz. À era dos místicos sucedia a dos organizadores. Foram anos de antagonismo confuso, marcados muitas vezes por enfrentamentos mais do que penosos entre os diversos clãs. Evidentemente, todos invocavam as lições da "boa Madre Teresa". Esta sempre dissera que a experiência mística devia ser complementada com objetivos apostólicos, que não era apenas para si que o contemplativo devia orar e mortificar-se, mas para os outros; mas não era bem esse o parecer do padre Doria, que insistia na ascese da Regra primitiva e se opunha por isso à partida dos carmelitas para terras de missão. Os que tentaram resistir a esse homem terrível — apelidado "o leão do Carmelo" — foram impiedosamente esmagados. Acrescentaram-se centenas de regulamentos aos artigos da Regra, e João da Cruz, depois de ter obedecido durante longos anos em silêncio, segundo as inclinações do seu coração, acabou por manifestar claramente a sua discordância.

Os novos chefes da ordem viraram então contra ele o seu furor. Despojado das suas dignidades e dos seus cargos, foi mandado em retiro forçado para o deserto de Penuela, onde continuou a viver pacificamente essa existência em Deus que o levara a suportar sempre com igualdade de ânimo as provações da terra. A sua experiência mística tornou-se ainda mais sublime e mais intensa: era um diálogo de alma para alma com Cristo em pessoa. Quando o viram muito doente, já nas últimas, primeiro com os pés e pouco depois com uma grande parte do corpo crivados de abcessos, transportaram-no para o convento de São Salvador de Ubeda, uma antiga praça-forte moura flagelada pelos ventos dos planaltos. Foi ali que morreu, em 1591, tendo ultrapassado tanto as esferas da terra que já não sofria nem com as dores do seu corpo roído de úlceras, nem com o espetáculo desolador da obra de Teresa — e sua — despedaçada pelas dissensões[28].

Mas essa crise entre os descalços não desembocaria nas cisões que se tinham dado com os franciscanos. Em 1587, Sisto V autorizou-os a ter o seu vigário-geral; em 1593, Clemente VIII tornou-os totalmente independentes dos "grandes carmelitas", isto é, dos mitigados, e eles passaram a formar uma congregação autônoma, com o seu geral. Em 1611, as suas Constituições receberam a forma definitiva. Triunfou, pois, o espírito de Santa Teresa de Jesus e de São João da Cruz, com as suas grandes exigências místicas, mas também com o seu realismo apostólico. Sempre contemplativos, os carmelitas descalços mantiveram-se fiéis à antiga tradição eremítica, e com *Tomás de Jesus*, o "Santo do Deserto", reconheceu-se *de jure* que os que assim o desejassem ficavam autorizados a viver no "puro silêncio"; mas, ao mesmo tempo, aqueles que sentissem em si uma vocação mista poderiam trabalhar pela glória de Deus por meio da pregação, da caridade ou do culto, de um modo bastante semelhante ao dos filhos de São Francisco.

A reforma do Carmelo, que em breve teve seguidores em muitos territórios da Igreja, veio a ser nos séculos seguintes um dos acontecimentos mais relevantes da história cristã, e as fontes vivas reabertas pelos dois grandes místicos dessedentaram inúmeras almas. E ainda nos nossos dias, nas suas clausuras silenciosas, os carmelitas mostram bem que o espírito de Teresa de Jesus e de João da Cruz — esse espírito que viria a impregnar, com uma graça sorridente e sublime, uma outra Teresa, Santa Teresa do Menino Jesus — não apenas não morreu, como continua vivo na abundante descendência que Deus prometera aos dois heroicos fundadores.

São Filipe Neri e a fundação do Oratório

Não era rica, impressionantemente rica, essa Igreja da grande renovação católica, que contava nas suas fileiras, no mesmo espaço de tempo, santos tão diferentes como um Pio V, um Inácio de Loyola, um Francisco de Borja e um Caetano de Tiene, um Carlos Borromeu e uma Teresa de Jesus, sem falar de um Francisco Xavier e de um Pedro Canísio? É necessário sublinhar e ter muito em conta essas diferenças que se observam entre todos eles, no comportamento e no caráter. À primeira vista, parece que reformar a Igreja, estimular a Cúria, o clero, as ordens religiosas e o povo cristão a uma submissão mais fiel aos princípios do Evangelho deveria ser uma tarefa monótona, forçada a empregar meios estereotipados e a proporcionar alegrias melancólicas. No entanto, como souberam ser varia-dos, diversos, quase contrapostos, todos esses chefes da reforma católica, apesar de todos coincidirem no objetivo único de trabalhar para melhor servir a Deus e torná-lo respeitado! Entre esses papas, esses reformadores de dioceses ou de abadias, esses fundadores de ordens, não encontramos dois que tenham sido talhados pelo mesmo padrão. Liberdade dos filhos de Deus...

Liberdade dos filhos de Deus: não há certamente em toda a história da Igreja nenhum santo que tenha dado testemunho mais convincente dessa liberdade do que o fundador de um dos institutos também mais singulares — pelo menos nos começos — que o catolicismo já conheceu: *São Filipe Neri* (1515-1595), o pai do *Oratório*.

Por volta de 1590, vê-se passar pelas ruas de Roma esse estranho bonacheirão, calvo, de barba hirsuta, magro e desengonçado, que gesticula com espalhafato e fala e ri com toda a gente. Nada há nele de afetado — é o mínimo que se pode dizer. Nada lhe agrada tanto como contar uma boa piada, lançar um gracejo popular e até fazer com que se riam dele: ele bem sabe por quê. Dir-se-ia que resolveu não deixar que o tomem a sério. Mas é essa humildade, essa desenvoltura misturada com delicadeza, que impressiona as almas. Repreendem-no por vestir-se sem elegância? No dia seguinte, aparece coberto de peles riquíssimas e caminha com a solenidade de um cardeal envolto na sua capa. Acabam de aplaudi-lo por um comentário espiritual que fez? Põe-se a fazer de palhaço, desce os degraus da igreja imitando um bêbado, e depois dança grotescamente.

À sua volta, que alegre "turma" — *brigata* — a dos seus discípulos! Parecem gostar muito de piadas e não se passa um dia sem que o seu querido *Pippo* lhes pregue alguma dessas peças que são a sua marca registrada; mas, observemo-lo bem, de cada uma delas se extrai uma lição exemplar... Dois belos moços, excessivamente bem trajados, seguem o grupo dos fiéis, e eis que o santo os agarra pelos ombros, no momento em que passam com ele pela forca montada na ponte de Sant'Angelo, e os convida a subir ao estrado patibular, no meio do gáudio e das piadas da multidão. E o solene burguês que ainda não compreendeu que a alegria de Deus é também simplicidade humana? Eis que o santo lhe põe nos braços um cachorrinho e lhe ordena que o leve assim durante horas. E essa linda mundana que se mistura, curiosa, ao grupo de fiéis? O santo coloca-lhe no nariz os seus próprios óculos e desata a rir a bandeiras despregadas. "Vamos, imbecil, grande besta, animal!", grita ele, mimoseando com esses e outros epítetos o pecador a quem interpela, ao mesmo tempo que lhe puxa as orelhas, a barba ou as vestes. E tudo isso com tanta simplicidade que ninguém — a não ser os néscios — se lembraria de sentir-se ofendido! A sua "contínua hilaridade de espírito" é comunicativa, e o seu bom-humor, a que nunca renuncia, situa-se no ponto de encontro da ternura com a ironia, do conselho moral com o gracejo, no ponto em que explode na alegria a liberdade cristã.

Mas, ao mesmo tempo, essa personagem tão curiosa, verdadeiramente desconcertante sob muitos aspectos, homem de uma maravilhosa pureza de alma, é um extraordinário místico que o Céu cumula de graças visíveis e de carismas. Comenta-se que o próprio Cristo o marcou com o seu selo, num misterioso face a face de que Filipe nunca fala, mas que certamente foi decisivo na sua vida; diz-se que, nesse instante, o seu coração de carne se tornou demasiado pequeno para conter a imensidade do seu amor sobrenatural, e que se dilatou tanto que as suas costelas se arquearam para abrir espaço ao órgão dilatado[29]. Quando reza, diríamos que já não pertence à terra, e que vai voar rumo ao Céu, para onde estende as suas magras mãos diáfanas. Todos sabem que, à cabeceira dos doentes — um dos seus lugares preferidos —, Deus se serve dele para curas milagrosas. Na capela onde celebra a Missa, que são esses brados, esses cânticos, esses misteriosos diálogos que duram horas? Que coisas não se contam dele? Diz-se que sabe de antemão, por um simples olhar dirigido a um cardeal, se um dia a sua púrpura se tornará branca e o seu solidéu uma tiara com a tríplice coroa. Os penitentes que se ajoelham no seu confessionário — como mais tarde os do Cura d'Ars — não têm necessidade de relatar os seus pecados: o santo lê-lhes no coração melhor que eles mesmos. Mas que não se atrevam a perguntar: "Padre, como é que sabe que cometi este pecado?" Porque o santo lhes responderá, rindo às gargalhadas: "Pela cor do teu cabelo!"...

Assim é Filipe, esse santo que se parece bem pouco com o novo modelo criado por Santo Inácio, esse homem que Florença vira nascer em 1515 — ano jubiloso em que também Santa Teresa viera ao mundo, em Ávila —, no seio de uma família pobre de pequenos lojistas, que a gente conhecera ainda pequenino, já tão delicado no trato que lhe chamavam *Pippo buono* — "o bom Filipinho" —, e que, por volta dos dezessete anos, em vez de ir aprender os segredos do negócio junto de um dos seus tios, se tinha inesperadamente posto ao serviço de Cristo. Durante anos, vivendo ao deus-dará, dormindo nas igrejas ou debaixo de alpendres, levando o pão no capuz do seu manto, foi um dos grandes apóstolos leigos, testemunha bastante hirsuta da Palavra, compondo um tipo de apóstolo hoje inconcebível, mas então muito em voga. Em todos os bairros, mesmo nos de pior fama, pregava ao ar livre a ouvintes benévolos e obtinha conversões extraordinárias. Viam-no frequentemente nas Catacumbas, em oração diante do túmulo de algum mártir, e em peregrinação periódica às "sete igrejas", as mais célebres e santas basílicas da cidade. A Confraria da Caridade, que contava então membros em todas as classes sociais, não tinha servidor mais ardente e mais devotado ao próximo do que esse leigo bizarro com os lábios cheios de Deus.

Pouco a pouco, agrupa-se à sua volta, como que por acaso, um pequeno núcleo de fiéis, recrutados entre os que ele interpelava nas ruas com o seu famoso pregão: "Vamos ver, irmão, é hoje que nos decidimos a comportar-nos bem?" Por razões bastante obscuras, e sob influências não menos obscuras, aceitou ser sacerdote, embora aparentemente não tenha chegado a fazer estudos regulares de teologia. Mas o Espírito de Deus não tem nenhuma necessidade da teologia nem dos teólogos para soprar, e era verdadeiramente esse Espírito que falava pela sua boca.

Na pequena igreja de San Girolamo della Carità, ou antes, nas suas dependências, começa a receber os seus amigos, fiéis fervorosos, em reuniões íntimas de almas sequiosas. Esse pequeno grupo passa a chamar-se *Oratório*, como outros pequenos grupos aparentemente análogos que se tinham constituído um pouco antes[30]. Espontaneamente, como tudo o que fazia, Filipe põe em prática um método novo de exercícios espirituais — exatamente o contrário dos *Exercícios espirituais* de Santo Inácio —, que consiste num comentário livre de um texto e que recebe o mesmo nome do pequeno grupo, *Oratório*; aliás, o nome pelo qual viria a designar-se uma das formas mais belas da música religiosa.

Um irmão começa a ler umas páginas de um bom livro: esse é sempre o ponto de partida. Um outro explica e comenta a passagem. Um terceiro levanta questões, formula objeções, elucida os pontos obscuros. Que diálogo maravilhoso! Como não convém ficar demasiado nas alturas da especulação, onde há o perigo de vertigens, outro dos presentes relata um episódio da história da Igreja, e ainda um outro evoca, dia após dia, as etapas da vida de Cristo.

Filipe, que preside, intervém com uma palavra, com uma observação, séria ou jocosa, e é sempre ele quem tira a conclusão. E depois disso, para a frente! Todo o grupo se levanta, precipita-se pela escadaria da igreja e avança pelas ruas em cortejo. Vão todos juntos às Catacumbas, ou então da Basílica de São Pedro à de São João do Latrão, ou de São Lourenço à Basílica de Santa Cruz, que guarda a memória dos cruzados de Jerusalém. E pelo caminho vão cantando, em coros alternados, as belas antífonas para as quais um compositor de gênio — chamado Palestrina! — acaba de escrever uma música admirável...

Ao agir dessa maneira, pensava Filipe Neri em criar uma nova congregação religiosa? Com certeza que não: ele próprio se admiraria muito se lhe dissessem que era o que estava fazendo sem o saber; teria sem dúvida respondido, com o seu ar risonho, que ordens já havia bastantes: todas as antigas que estavam em vias de reformar-se, e todas as que tinham sido criadas nos últimos trinta anos: os teatinos, os barnabitas, os somascos e os oblatos de Carlos Borromeu, sem esquecer os mais ativos de todos, os padres de Inácio de Loyola, que o novo geral, Francisco de Borja, levava ao ápice! E sem falar das ordens de mulheres, também muito numerosas na época. Não havia, portanto, necessidade de mais uma congregação!

No entanto, isso é o que vai resultar do anárquico esforço do bom santo. Estabeleceu-se uma fraternidade entre os muitos príncipes e religiosos, artesãos e aristocratas que participam diariamente dos exercícios do Oratório. Alguns deles assumem papéis de relevo, como Parigi, o mirrado alfaiate florentino que durante trinta anos presta serviços a Filipe em San Girolamo; Cacciaguerra, o antigo comerciante que se tornou um místico muito exaltado; o elegante Tarugi, camareiro secreto do papa, cujos belos trajes de veludo não o inibem de somar-se à fiel *brigata;* o rústico estudante dos Abruzzi, Barônio, que virá a ser um grande historiador e cardeal. A nova igreja de Santa Maria in Valicella, mais espaçosa, onde o Oratório passa a ter dali por diante as suas reuniões, enche-se agora de multidões que vêm participar dos exercícios; por sua vez, os florentinos acabam de pedir ao seu compatriota que assuma, junto com os seus, a igreja de São João que têm em Roma. Mas o pequeno núcleo que dirige tudo isso é minúsculo: contará quinze membros? É urgente que Filipe se resolva a organizar o movimento, pois causaria inquietação se permanecesse anárquico: Paulo IV não lhe franzira o sobrolho, sem indulgência, nos primeiros anos do seu pontificado? E o próprio Pio V não lhe deixara entrever alguma desconfiança?

E é assim que, a despeito das hesitações e das resistências do santo, se cria o Oratório. Constituem-se grupos aqui e acolá: em Nápoles, em Milão, em Lucca, em Fermo, em Bolonha. Mais ou menos organizados — em Nápoles muito, em Lucca ou em Fermo muito pouco —, não se ligam ao de Roma senão vagamente. É só em 1575 que, por ordem formal do papa, Filipe aceitará que o seu movimento livre se torne uma congregação, mas uma congregação de tipo muito singular, em que clérigos e leigos piedosos, submetidos por igual a uma Regra muito simples, viverão em união de orações e de ação, sem a imposição de uma disciplina exterior e sem uma regulamentação rígida: uma república organizada pelo Amor, exatamente ao contrário dos jesuítas! O único vínculo proclamado e reconhecido é "aquele que nasce da afeição recíproca, do convívio cotidiano"; e quando se pergunta a Filipe pelo alfa e ômega da sua Regra, ele responde simplesmente, meio a sério, meio a sorrir: "Nada além da caridade!"

Não obstante, esse primeiro Oratório, tão extravagante, tão pouco organizado, exercerá uma influência considerável e oferecerá à Igreja outra milícia de elite para as grandes lutas do tempo. A sua ideia diretriz propagar-se-á, muito mais do que pelo desenvolvimento da instituição propriamente dita, pelo poder espiritual que irradiará. No século seguinte, na França, o cardeal Bérulle fará dela uma congregação poderosa, sólida, na aparência muito diferente do que era a princípio, mas muito próxima, no seu espírito, do espírito do sublime vagabundo das ruas de Roma; e mais tarde ainda, ganhará impulso com o Oratório de Gratry[31]. Mas já no seu tempo e no seu país, o exemplo do Oratório contagia o clero: será a essa "escola de santidade e de bom-humor cristãos" que os padres da Itália ficarão a dever certos traços dos mais simpáticos do seu modo de ser, como a simplicidade e a delicadeza que ainda hoje se notam neles.

Quanto ao santo fundador, preso ao quarto pela doença e pela velhice, terá um fim digno da sua vida. Tendo obtido o privilégio de celebrar Missa em casa, mesmo privadamente, aproveitá-lo-á para consagrar-se durante horas inteiras a cada uma delas. Magro, extenuado, cada vez mais parecido com um belo círio ou um pergaminho gasto, conservará sempre, até ao último dia, a mesma vibração alegre e a mesma chama sobrenatural. Às visitas, repetirá incansavelmente o preceito pelo qual se guiou desde a adolescência: "Viver sempre em Deus e morrer para si mesmo..." Depois, no momento em que os médicos anunciarem solenemente que a sua saúde é perfeita e que o octogenário será um dia nonagenário, como que para fazer uma última piada, retirar-se-á gentilmente da companhia de todos, diante de algumas testemunhas, levantando uma mão pálida, deixando cair dos lábios um murmúrio inaudível. Muito docemente, o "louco de Deus" adormeceu no Senhor (1595).

Uma nova Igreja ou um novo perfil?

Papas que reuniram o concílio, padres que nele trabalharam, pontífices que puseram em vigor os decretos, bispos que estenderam a sua aplicação ao universo católico, santos e santas que despenderam tesouros de coragem e de fé na reforma das almas e das instituições..., são todos esses que devemos evocar quando, considerando a história da Igreja no seu conjunto, nesta virada decisiva do século XVI, nos vemos incapazes de conter o grito de admiração que nos invade por dentro. Porque os resultados desse múltiplo esforço foram imensos, e até hoje sentimos os seus benefícios. Peçamos a um historiador "neutro"[32] um juízo que os resuma: "A obra de unidade era ao mesmo tempo uma obra de purificação e de rejuvenescimento. Em 1563, existe verdadeiramente uma Igreja Católica nova, mais segura do seu dogma, mais digna de reger as almas, mais consciente do seu papel e dos seus deveres".

Mas aqui levanta-se um problema: uma "nova" Igreja Católica? Estamos certos disso? Devemos levantar a questão, já que muitas das fórmulas deste gênero são usuais, mesmo entre os católicos. A religião do Concílio de Trento será a mesma da época medieval, a mesma dos primeiros tempos cristãos? Mesmo em escritos autorizados[33], podemos ler asserções como esta: "Como os tempos tinham mudado, era necessário que os chefes da resistência, papas, bispos, teólogos, hostis aos homens e às ideias novas, constituíssem uma nova religião, esse catolicismo tridentino que seremos incapazes de definir enquanto nos limitarmos a estudar os dogmas". E em certos meios protestantes, é bastante comum ouvir dizer que foi o protestantismo, e só ele, que operou o regresso ao autêntico cristianismo, ao puro evangelismo da Igreja primitiva, e que o catolicismo tridentino é um produto semi-italiano, semiespanhol, muito distante da verdadeira fé.

Semelhante interpretação dos fatos é tão falsa em relação ao protestantismo como em relação ao catolicismo. A equação "reforma = regresso à Igreja primitiva" é a expressão de um mito que os adversários do cristianismo tradicional propalaram, mas que as realidades desmentem. "'Reforma', 'Igreja primitiva', palavras cômodas de que os protestantes se serviram para disfarçar aos seus próprios olhos a desfaçatez dos seus desejos secretos. O que eles desejavam, na realidade, não era uma restauração, mas uma inovação"[34]. Como já notamos, a "Reforma protestante" aparece ao julgamento objetivo da história como uma revolução que rompeu de maneira brutal a evolução do cristianismo, ao passo que a reforma católica se inscreve, também objetivamente, numa linha pela qual podemos remontar sem interrupção até às origens, tanto pela forma como se operou, como pelos princípios que afirmou. Bossuet viria a demonstrá-lo numa página profunda, ao responder a uma carta que o grande filósofo Leibniz lhe escreveu expondo-lhe a crítica protestante ao Concílio de Trento[35]; o valor dos seus argumentos permanece.

Não há nenhuma medida tomada pelo concílio e pelos papas desta época cuja origem não se possa encontrar na organização anterior e nos princípios da Igreja. Não há nenhum artigo de fé proclamado pela assembleia que não se apoie solidamente na Escritura e na Tradição. Esses artigos são extremamente numerosos? Talvez não tanto como parecem, porque, na realidade, todos eles se reduzem a cinco ou seis aspectos centrais; se a Igreja sentiu a necessidade de os multiplicar, "foi porque — diz Bossuet — aqueles que ela considerou necessário condenar tinham remexido em muitas matérias". Mas não parecem ir mais longe, em diversos pontos, do que aquilo que se ensinava anteriormente? Sim, mas sempre se admitiu que a Igreja, na sua condição de guardiã do depósito sagrado, tinha o direito líquido e certo, bem como o dever ineludível, de tornar cada vez mais explícito o que estava implícito na Revelação: este foi sempre o papel essencial dos concílios, a partir do de Niceia, do qual se poderia afirmar que "inovou", se nos aferrássemos apenas à letra dos Evangelhos. É absolutamente normal que uma religião milenar e em progresso não permaneça encerrada no quadro limitado em que nasceu. "Uma árvore que cresce já não é a mesma, e, no entanto, é sempre a mesma"[36]. As mudanças introduzidas em Trento não formaram uma "nova religião", mas apenas tomaram medidas de conservação da antiga. O que caracteriza a Igreja Católica e Romana em toda a sua história é precisamente o equilíbrio entre a fidelidade mais total aos dados da Revelação e a evolução das fórmulas e dos costumes impostos pela vida: este é o sentido profundo do que ela entende por Tradição.

Portanto, de maneira nenhuma "uma nova religião". Pode-se, porém, asseverar que, tal como nos aparece após o Concílio de Trento, a Igreja Católica é exatamente a mesma que conhecíamos no tempo das catedrais e das cruzadas? Certamente que não. Surgiram novos traços; atenuaram-se outros, antigamente bem acentuados, a ponto de alguns se terem desvanecido. Impôs-se um espírito novo, a propósito do qual se disse justamente, como vimos atrás, que "seremos incapazes de definir o catolicismo tridentino enquanto nos limitarmos a estudar os dogmas"; um espírito cujos componentes é bastante fácil determinar — intangibilidade dos princípios, sentido reforçado da unidade, revigoramento da disciplina —, mas que refletiu também as circunstâncias em que se impôs, e que, ao penetrar nos grupos humanos e nas mentalidades, se coloriu de diversas maneiras sem deixar de permanecer substancialmente o mesmo. Encontramos este espírito do Concílio de Trento tanto nas práticas de piedade como nas formas arquitetônicas, na liturgia e na música.

O fenômeno, aliás, não era inédito na história do cristianismo. Permanente e fiel a si mesma na imutável certeza da Revelação, não tomou a religião cristã, no decorrer dos séculos, aspectos sensivelmente diferentes ao inserir-se em formas de sociedade muito diversas? A Igreja dos tempos bárbaros não é idêntica à do Império Romano constantiniano ou à de Bizâncio, e a de São Bernardo e de São Luís parece original sob diversos aspectos. O mesmo acontece nos nossos dias: vinculada por igual aos mesmos dogmas, submetida à mesma autoridade infalível do Papa, porventura a Igreja dos Estados Unidos é a mesma que a da Espanha, da Itália ou da França em todos os seus aspectos? Divina e ao mesmo tempo humana, a Igreja inscreve o seu destino na história, na geografia, na sociologia, e por isso o seu ser único toma diversos perfis. É um perfil novo que ela apresenta a seguir ao Concílio de Trento.

Devem-se retomar os diversos dados fundamentais do espírito do Concílio de Trento para definir a nova face da Igreja. O traço mais saliente é sem dúvida que os dogmas, já perfeitamente formulados, se mostram mais sólidos e intangíveis. Na sua carta a Bossuet, Leibniz, embora indignado por isso, observou com toda a clareza este fato: "Daqui por diante, já ninguém poderá duvidar de qualquer livro ou parte da Sagrada Escritura sem cair na heresia;

como não poderá duvidar de que a justificação se opera por uma qualidade inerente e de que o fim justificante é distinto da confiança na misericórdia divina; nem de que os sacramentos são sete; nem de que na Eucaristia se verifica a concomitância do corpo e sangue de Jesus Cristo com a sua divindade; nem de qual é a matéria, a forma e o ministro dos sacramentos; nem de que o casamento é indissolúvel". Sim, e foi esse o primeiro contributo dos decretos conciliares, cujos efeitos se estenderiam à massa dos fiéis através do *Catecismo* e do Missal. A partir desse momento, torna-se impossível discutir e pôr em dúvida as verdades sobre as quais a Igreja se pronunciou e a cujas formulações deu um caráter solene, definitivo. Essas verdades tinham sido demasiado atacadas para que não fosse indispensável cercá-las de uma muralha protetora. A Igreja tridentina é primordialmente e acima de tudo *ortodoxa*, preocupada com a certeza doutrinal e com a fidelidade aos dogmas: e esta característica ficou claramente vincada até os nossos dias.

Segundo traço não menos impressionante: este novo perfil é o de uma religião infinitamente mais digna, mais grave e ao mesmo tempo mais mística, que se esforça por satisfazer os anseios das almas ávidas de absoluto. Mais digna, e este é um aspecto ao qual estamos tão habituados que nos é praticamente impossível, a nós, herdeiros do Concílio de Trento, imaginar que pudesse ter havido uma Igreja em que se admitia que verdadeiras matilhas se digladiassem nos edifícios do culto e que ali acorressem os fidalgos "com o gavião sobre o punho, como uns imbecis", para gracejar em alta voz durante a celebração da Missa. É-nos também impossível compreender essas "festas do asno", "do arenque" ou "dos reis coroados", em que, na própria igreja e nas ruas, os cônegos se entregavam a mil facécias com o bom povo. Ora, esses costumes existiam ainda em 1540! Foi o concílio que acabou radicalmente com tudo isso.

Doravante, muda a própria fisionomia do cristão: a prática dos sacramentos, a comunhão mais frequente, transforma a vida dos melhores; talvez não haja tanta fé nem uma fé tão ardente como na Idade Média, mas essa fé tende a dar à existência cotidiana um ritmo mais profundamente religioso[37]. A moral lucrará com isso, ainda que os seus progressos, principalmente no campo sexual, se façam a passo bastante lento. Mas é uma onda mística, nascida simultaneamente nos austeros carmelos da Espanha e nos Oratórios de São Filipe Neri, que vai levantar as almas mais espirituais, mais fervorosas, e que irá crescendo ao longo de todo o século que se vai seguir. E um clero renovado que, graças à formação recebida nos seminários, se apresenta na sua grande maioria indene às críticas que se podiam legitimamente dirigir ao da véspera[38]. Um clero à cabeça do qual veremos gradualmente os papas amigos dos prazeres, políticos ou belicosos cederem o lugar a pontífices ponderados, perfeitamente respeitáveis, prudentes administradores ou místicos fervorosos.

Por último, o terceiro traço essencial deste novo perfil: é ao redor desse papado de sangue novo que se organiza a unidade reforçada do universo católico. A Igreja do Concílio de Trento é uma Igreja mais centralizada, organicamente mais bem alicerçada que a da Idade Média. O prestígio do "bispo da Igreja universal", já considerável desde o feliz fim do Cisma e da crise conciliar, sai ainda mais engrandecido deste meio século em que o papado assumiu as rédeas da assembleia e sancionou os seus trabalhos.

Às tendências democráticas e dentro em breve anarquizantes do protestantismo, opõe-se uma concepção cada vez mais monárquica, que terá o seu coroamento, três séculos mais tarde, com a proclamação do dogma da infalibilidade pontifícia. Frequentemente proclamado chefe supremo da hierarquia, o Papa será reconhecido também como habilitado a controlar tudo o que pensa, crê, quer e faz a Igreja. Um corpo de elite passa a estar inteiramente ao seu serviço para executar as suas ordens: a Companhia de Jesus. O princípio da autoridade será cada vez menos discutido. Quanto ao princípio da unidade, ainda suscita reservas: mas, se se encontram — e encontrar-se-ão ainda durante muito tempo — católicos dispostos a exasperar-se contra o *ultramontanismo*, o assentimento, explícito ou tácito, dado ao fim e ao cabo por todos os Estados aos decretos do concílio e às decisões dos papas, prova que o seu triunfo é indubitável. Foi o Concílio de Trento que deteve nitidamente o movimento que, em todas as monarquias, evoluía para a constituição de igrejas nacionais. Poderá ainda haver crises — semelhantes à do galicanismo no século XVII —, mas os seus próprios mentores não terão a menor intenção de chegar a um ponto em que se rompa a unidade.

Mas, num quadro cujos resultados despertam imensa admiração, não houve sombras? E, no novo perfil da Igreja, não se deixaram entrever traços menos felizes? Traços menos felizes que os adversários do concílio e da sua obra não se cansaram de sublinhar, mas que, no próprio campo católico, os historiadores lúcidos não hesitaram em reconhecer[39]. É preciso insistir: na medida em que a reforma católica foi autêntica e integralmente um regresso às fontes vivas, submissão heroica às exigências da fé, ela está acima de qualquer reserva. Mas teve de ser levada a cabo numa atmosfera de lutas, por vezes trágicas. Para se defender, a Igreja teve de se opor violentamente às teses e às manobras dos hereges. Daí resultou um endurecimento, um retesamento inevitável, e até um certo encolhimento. Foi na medida em que se viu obrigada a ser uma "Contrarreforma", que a reforma católica tomou características que não podemos omitir, se quisermos ser exatos.

A Igreja com a nova fisionomia é uma Igreja de combate. O Concílio de Trento pronunciou sozinho mais condenações, lançou mais anátemas que todos os concílios anteriores juntos! E ter-lhe-ia sido impossível proceder de outro modo, uma vez que tinha de combater um pulular de teses que se opunham todas elas à santa doutrina, e na medida em que via avançar contra a velha *Ecclesia Mater* adversários que, sob o pretexto de fortalecê-la, a teriam irremediavelmente lançado por terra.

Mas, com isso, a Igreja tridentina consagra também a ruptura definitiva com os protestantes. Dada a situação a que se tinha chegado no momento em que o concílio encerrava os seus trabalhos, essa ruptura era mais que desejável: era indispensável. O protestantismo já não ficava nas meias hesitações de um Lutero ou nas meias acomodações de um Melanchthon: o calvinismo tinha-o convertido num bloco de aço, numa contra-Igreja superiormente organizada. A única resposta possível a propostas de discussão que só podiam ser ilusórias ou mentirosas era um *Non possumus!* categórico. Foi o que compreenderam os teólogos — sobretudo os jesuítas — que, no concílio, se aplicaram a barrar o caminho a qualquer compromisso; é o que explica a atitude do segundo geral da Companhia de Jesus, Laínez, no Colóquio de Poissy, que se empenhou com toda a clareza em fazer malograr qualquer tentativa de aproximação.

Certos historiadores censuraram frequentemente à Igreja do Concílio de Trento essa "intransigência", mas isso não passava de uma reação "laica" ou "protestante"; a Igreja, guardiã do depósito de Cristo, não podia transigir com o erro: com a melhor boa vontade do mundo, nem os padres conciliares nem os papas podiam fazer com que os erros de Lutero, Zwinglio, Henrique VIII ou Calvino se transformassem em verdades aceitáveis. Um católico, se quer permanecer católico ortodoxo, está obrigado em consciência a subscrever sem restrições nem reservas as condenações proferidas pelo concílio. Mas não é menos verdade, no plano da história e não já da teologia, que esse endurecimento, esse retesamento — paralelo ao que demonstrava o protestantismo na mesma ocasião —, não deixou de contribuir em grande parte para arrastar toda a cristandade para o atroz período de lutas sanguinolentas que encerrou o século XVI, e do qual a Igreja de Cristo, tomada no seu conjunto, saiu arquejante e — talvez... — definitivamente mutilada.

No interior do catolicismo, certos traços parecem ter modificado bastante profundamente o antigo rosto da Igreja. "Uma vez que lutavam contra uma heresia, os soberanos pontífices e os padres do concílio deram às suas definições contornos tão fortemente acentuados que nos arriscamos a perder de vista as riquezas positivas que continham e das quais não havia necessidade de falar. Pela força das coisas, as fórmulas que condenam erros são sempre parciais: só iluminam um dos aspectos da verdade. Convém, no entanto, não esquecer que a verdade revelada é mais rica e mais fecunda do que aquilo que as definições podem expressar... A dolorosa crise do século XVI levou a Igreja Católica, ou pelo menos bom número dos seus teólogos, a deixar na sombra aspectos essenciais da sua doutrina e da sua vida. A tese da justificação pela fé é afirmada por São Paulo, retomada por Santo Agostinho, ensinada pelos concílios de Milevo e de Orange"[40]. Pode-se, pois, perguntar se os anátemas — inevitáveis, repitamo-lo — não acabaram por estreitar o pensamento cristão.

Será que se verificou esse mesmo fenômeno quanto à composição da comunidade cristã? Não há a menor dúvida de que o reforço da unidade e da centralização também era indispensável: caso contrário, corria-se o risco de cair na anarquia. Entre os adversários, chegou-se a sustentar que esse empenho levou a uma espécie de "caporalização", de redução à uniformidade militar, e que a desaparição da assombrosa diversidade que se observava na época em que um São Jerônimo e um São João Crisóstomo se opunham entre si tão veementemente, empobreceu a Igreja. É uma crítica que parece difícil de aceitar: basta cotejar santos exatamente contemporâneos como São Filipe Neri e São João da Cruz, ou o irmão mais novo dos dois, São Francisco de Sales, para compreender que, dentro do quadro hierárquico estrito imposto desde então, continuaram a ser possíveis as diferenças de temperamento e de vocação; e que já a simples sucessão dos papas e a variedade dos seus caracteres abria campo para a discussão, as arbitragens e os aperfeiçoamentos.

Mais evidente ainda é um outro aspecto que não deixa de chocar o historiador. "Para se opor mais eficazmente às doutrinas protestantes relativas ao caráter invisível da Igreja espiritual, chegou-se ao ponto de não falar senão da Igreja visível, encarada como uma instituição, como um governo, como um organismo. O 'tratado sobre a Igreja' constituiu-se assim à margem da teologia propriamente dita; tornou-se em parte uma tese de apologética e em parte um capítulo do direito canônico... Acabou-se quase por esquecer o aspecto interior da vida da Igreja, corpo místico do Salvador e distribuidora habitual da graça"[41]. E sabe-se que um dos mais brilhantes títulos de glória do papa Pio XII foi precisamente o de ter recordado energicamente a necessidade de uma teologia da Igreja como

"Corpo Místico", sem a qual os católicos não passariam de membros de uma sociedade e até, em última análise, de um partido. Mas não há dúvida de que, pondo com tanta força o acento na Igreja visível, o Concílio de Trento contribuiu muito para caracterizá-la como potência social, como organismo imponente, imagem que os recursos da arte renascentista, utilizados para esse fim pelos papas, acabavam de revestir de auréolas grandiosas, mas por vezes desconcertantes. Dos dois dados indissociáveis que constituem a majestade divina de Cristo — a Cruz e a glória —, é sobretudo a segunda que, aos olhos do profano, a Igreja do Concílio de Trento parece exaltar. Apenas os verdadeiros católicos sabiam que uma não anda sem a outra, e encontravam misteriosamente nos mármores de São Pedro a presença do Deus dos pobres em espírito.

Tal é o novo rosto que a Igreja vai apresentar à história. No momento em que o concílio termina, em que morre São Pio V, a terrível crise que há meio século sacode o mundo cristão está longe de ter acabado: pelo contrário, atingirá agora o seu paroxismo sangrento. Mas, pelo menos, tem-se a certeza de que a nave de São Pedro não será tragada pela tempestade — que está salva.

O catolicismo fez frente à heresia. Soube privar os adversários das suas melhores armas de propaganda, reformando-se a si mesmo, remoçando-se. Fez brotar do mais profundo das suas reservas de fidelidade expressões tão belas e tão altas da mais segura doutrina, que as almas em busca do absoluto já não terão necessidade de pedir a Lutero nem a Calvino a resposta para as suas antigas expectativas, antes as encontrarão em Teresa de Jesus ou em João da Cruz. Conseguiu mesmo integrar no seu pensamento o que era possível receber do humanismo, dos lampejos de inteligência criadora que esse movimento tinha trazido ao mundo; e dá a conhecer essa síntese viva através dos seus santos, hoje por um Santo Inácio de Loyola, amanhã por um São Francisco de Sales. Simultaneamente, como que para compensar as perdas em povo e em território que lhe infligiu o protestantismo, esse catolicismo de glória e de combate envia outros santos a conquistar-lhe um mundo, na esteira de São Francisco Xavier. Na verdade, a Igreja do Concílio de Trento, essa Igreja de rosto novo, é tão grande e tão admirável como as suas antecessoras. No caminho difícil e cheio de trevas pelo qual a humanidade resgatada se esforça, há mil e quinhentos anos, por subir em direção à luz, ela transpôs uma etapa decisiva e alcançou um novo patamar.

No espelho da arte

A esse novo rosto da Igreja, a arte ofereceu o seu espelho, e nele se refletiu uma imagem tão fiel que, para penetrar bem no espírito do Concílio de Trento, talvez baste contemplar e considerar as obras de arquitetura, de pintura, de escultura, de música, que desabrocharam no seu clima[42]. Foram inúmeras as suas manifestações durante o meio século em que, desde a morte de Leão X (1522) até à de São Pio V (1572), a reforma tridentina se impôs aos espíritos, se exprimiu nos cânones conciliares e enfim começou a passar para as instituições e os costumes. Porque, se essa reforma foi um movimento de austeridade, não se mostrou de modo algum sistematicamente hostil às artes. Muito pelo contrário. Perante os iconoclastas protestantes que rejeitavam as imagens pintadas ou esculpidas e não queriam nos seus templos senão a nudez total das paredes, a Igreja preconizou a veneração das obras de arte que permitissem aos fiéis apoiar a sua fé em formas belas, e, mais do que nunca, continuou a ver no esplendor das igrejas uma glorificação da majestade de Deus. Por isso, em todos os países onde o protestantismo não triunfou, especialmente na Itália, que saiu quase incólume do grande abalo, a arte continuou a manifestar a mesma vida intensa que conhecera na época precedente, e a Igreja consolidou o papel de protetora e de mecenas que vinha desempenhando.

Dos oito papas que ocuparam a cátedra de São Pedro durante esse meio século, um só, o curto de vistas Adriano VI de Utrecht, se interessou pouco pela arte, a não ser para condenar com desprezo as obras-primas dos antigos, esses "ídolos pagãos". Mas Clemente VII, sob cujo pontificado o saque de Roma pareceu esmagar o impulso criador, retomou logo que pôde e tanto quanto pôde a tradição dos seus antecessores, tornando a chamar Michelangelo para que concluísse a sua tarefa na Sistina e interessando-se de perto pela construção de São Luís dos franceses, cuja primeira pedra ele mesmo lançara quando cardeal Júlio de Médicis. Paulo III, o papa que fez vingar a ideia do concílio, espírito aliás enciclopédico e refinado conhecedor de arte, multiplicou as iniciativas, mandando erguer a porta *Santo Spirito* e o célebre palácio Farnese — obra-prima de Sangallo Júnior, que Michelangelo terminaria —, construindo no Vaticano a Capela Paulina e a Sala Real, e estimulando ativamente os trabalhos da Basílica de São Pedro. Júlio III quase só se interessou pela sua deliciosa *villa* del Monte. Mas ao nome do fugidio papa Marcelo II associa-se uma obra-prima, a *Missa da Coroação* de Palestrina. O próprio Paulo IV, o terrível Paulo IV, mandou continuar os trabalhos de São Pedro, encorajou a sobrinha a edificar o Colégio Romano e a *Annunziata* cuja ábside Zuccaro decoraria tão eloquentemente, e, no *Juízo Final* de Michelangelo, soube reconhecer a fé grave e trágica que caracterizava a sua própria... Pio IV, o papa a quem o concílio deve a conclusão dos seus trabalhos, teve, como mecenas e animador das artes, um papel tão considerável como o de um Júlio II ou de um Leão X: compôs a Praça de São Pedro, criou o famoso *Casino Médicis* nos jardins do Vaticano, mandou refazer a muralha do Sacro Palácio, concluiu o teto de São João de Latrão, ergueu a Porta Pia e a Porta do Povo, perto da qual edificou para si uma agradável *villa*, encarregou Michelangelo de construir a esbelta e imponente Santa Maria dos Anjos nas termas de Diocleciano, sem falar nos trabalhos que empreendeu em Ancona, em Óstia, em Civitavecchia, nem no *Oratório* cujo triunfo assegurou. E se o papa Ghislieri, o austero São Pio V, prestou mais atenção a obras de utilidade pública que às obras de arte propriamente ditas, teve contudo o mérito de não parar as que estavam a meio, e até de encorajar o imenso movimento que, a seguir ao concílio, levou muitos bispos e todas as ordens, tanto as antigas como as novas, a restaurar as igrejas ou a construir muitas outras.

Nada mais falso, pois, do que imaginar uma espécie de hiato, de fosso, entre os papas da Renascença e os da época tridentina. Aquilo que os do século XV tinham começado, os do século XVI continuaram-no, com outro espírito, sem dúvida, mas com o mesmo coração. Dessa fidelidade, não se poderia dar nenhuma prova mais esplêndida do que a da construção da Basílica de São Pedro, esse enorme e prodigioso canteiro de obras que, iniciado em 1499 — data significativa que marca verdadeiramente o começo da "Alta Renascença" —, conseguiu permanecer aberto ao longo de cento e cinquenta anos, contra ventos e marés, quer dizer, contra as guerras, as revoltas, as intrigas e os desfalecimentos dos homens. *Bramante*, o homem que concebera o genial projeto da basílica, morrera há muito tempo; *Rafael*, seu sucessor à frente do projeto, seguira-o demasiado depressa para a sepultura, como também os seus dois ajudantes, Fra Giocondo e Giulio Sangallo; no momento em que Antônio Sangallo Júnior acabara de lhe suceder, o atroz abalo de 1527 suspendera tudo, mas, imediatamente depois, logo que se pôde, tornou-se a pôr mãos à obra: de novo, centenas e centenas de operários invadiram o canteiro; de novo, chegaram de toda a parte mármores e outros materiais de grande valor. Em 1546, *Michelangelo* assume o comando da gigantesca construção e volta ao plano em cruz grega de Bramante[43], mas com a ideia substituir a cúpula primitivamente prevista, no estilo do Panteão antigo, por uma outra, mais admirável ainda, inspirada em Brunelleschi; trabalhou até à morte na realização desse sonho titânico, que refletiria a grandeza da Igreja e a sua majestade incomparável. História assombrosa e admirável, sinal concreto da vontade de afirmar-se que impelia o catolicismo, apesar de todos os perigos e de todas as derrotas.

Mas essa fidelidade à arte, de que a Igreja do Concílio de Trento deu provas tão impressionantes, andou a par, é preciso acrescentá-lo, com uma modificação profunda da sua atitude para com o próprio significado da arte. Os grandes papas humanistas e mecenas haviam-na concebido como um valor em si, destinado a dar à Igreja e especialmente ao papado uma projeção insigne, sem procurar pô-la ao serviço da fé. Resultaram daí uma grande ambiguidade e certas condescendências discutíveis, a que os próprios papas do período do concílio não ficaram imunes. Das obras de arte realizadas entre 1522 e 1572, quantas não foram laicas, profanas, às vezes no sentido menos aceitável da palavra! Sob o pontificado de Paulo III, certos afrescos no Vaticano ou no castelo de Sant'Angelo foram de um paganismo bastante inesperado, e o *Casino* mandado construir pelo bom reformador Pio IV, à custa de belas somas, não nos choca menos. Patrocinada pela Igreja, permaneceria a arte fora da grande corrente que a impelia a renovar-se, a purificar-se? Também neste campo entrou em ação o espírito do concílio.

Na vigésima quinta e última sessão, foi votado um cânon que dizia respeito à arte. "O Sagrado Concílio proíbe que se coloque nas igrejas qualquer imagem que se inspire num dogma errado e que possa extraviar os simples. Determina que se evite toda a impureza, que não se deem às imagens atrativos provocantes, proíbe que se coloque em qualquer lugar, mesmo nas igrejas que não estão sujeitas à visita do Ordinário, qualquer imagem insólita, a menos que o bispo a tenha aprovado". Esse cânon definia uma nova atitude da Igreja em relação à iconografia religiosa, que devia ser expurgada, corrigida, purificada, tanto do ponto de vista moral como do ponto de vista dogmático. O texto expressava o aspecto negativo da obra estética do concílio, mas bem cedo, inspirando-se no mesmo espírito que animava a assembleia, surgiu uma ação positiva, encaminhada a fazer passar esse espírito para as obras de arte, de acordo com os princípios formulados por Molanus no tratado latino que escreveu em 1570 sobre *Os pintores e as imagens sagradas*.

A primeira manifestação do novo estado de espírito foi uma onda de pudor. Paulo IV não esperara pelas decisões conciliares para mandar velar as nudezas da Sistina, o que se começou a fazer a partir de 1558 — quando Michelangelo ainda era vivo — e se concluiu sob o pontificado de Pio V[44]. Mais tarde, sob Clemente VII, pouco faltou para que se cobrissem todos os afrescos escandalosos! O gesto foi aprovado pela opinião pública, e, pormenor picante, houve um escritor que se destacou pelo seu virtuoso entusiasmo em louvá-lo: Aretino. A operação continuou: São Carlos Borromeu mandou esconder todos os nus que pôde; mais tarde, Belarmino gabar-se-á de ter conseguido de um amigo pintor que vestisse todas as suas obras; viram-se bispos mais expeditos, como o de Malinas, mandar destruir todos os quadros, todas as estátuas que lhes pareceram impudicas. A retirada das estátuas pagãs do Palácio do Vaticano, por ordem de Pio V, procedeu do mesmo espírito. Esse movimento de pudicícia chegaria ao extremo com o papa Inocêncio VIII, que mandou cobrir com uma camisola um encantador Menino Jesus recém-nascido de Guerchino[45].

Mas o esforço por corrigir os antigos erros estendeu-se a aspectos que nada tinham a ver com o pudor. Foram banidas das igrejas não somente as figuras excessivamente despidas, mas também as personagens inúteis, os episódios supérfluos, toda essa parafernália que dava às obras da Renascença um toque pitoresco muitas vezes encantador, mas não muito cristão. Paolo Veronese foi levado a explicar-se perante o Santo Ofício de Veneza por ter colocado numa Santa Ceia figuras impróprias da gravidade do tema: só soube responder que as colocara lá para preencher os vazios no quadro e "deixá-lo bem", dito o que lhe ordenaram que retocasse a obra no prazo de três meses. Não é necessário dizer que se proscreveu cuidadosamente tudo o que pudesse evocar, na arte, os erros doutrinais condenados. Durante os anos que se seguiram imediatamente ao concílio, os censores religiosos investiram até contra as tradições apócrifas de que os mestres da Idade Média tinham feito tanto uso. Houve pintores que foram repreendidos por terem mostrado a Santíssima Virgem desmaiada ao pé da Cruz, quando o Evangelho diz que ela se conservava de pé: *Stabat*. Mais tarde, esse rigor atenuou-se, mas o mundo dos apócrifos tornou-se letra morta e os artistas modernos haverão de ignorá-lo quase por completo.

Ao esforço negativo correspondeu um esforço positivo muito mais considerável. A Igreja do Concílio de Trento deu-se conta do papel apologético que a arte podia desempenhar, e, ardente e apaixonada, resolveu utilizá-la na imensa tarefa que empreendia para enfrentar a heresia e refazer as bases do cristianismo. O novo interesse da Igreja pela arte é o grande acontecimento deste período[46]; ao passo que a Renascença — sobretudo a do século XV, a dos gênios — marcara o triunfo do individualismo criador, o período que se seguiu ao concílio ia corresponder ao florescimento de uma arte católica de características novas muito fixas, da qual se deve dizer, a bem da verdade estrita, que teve entre os teólogos não só censores como inspiradores.

Essa transformação profunda dos elementos da arte viu-se facilitada pelo fato de os próprios artistas terem sido, pela influência do clima da época, homens de fé em número cada vez maior. Nos últimos tempos da sua vida, Michelangelo — sob a dupla influência de Vitória Colonna, sua mística amiga, e da Companhia de Jesus, cujo espírito e métodos o entusiasmaram — comportou-se totalmente como cristão, um cristão grave, austero, cheio de angústia diante da morte e do juízo, a ponto de ter chegado a exclamar: "Agora reconheço que foi um erro pesado a apaixonada ilusão que me levou a fazer da arte um ídolo soberano..." O tipo de artista diletante e gozador da vida, tal como a Renascença o tinha conhecido, trabalhando temas religiosos e pagãos com o mesmo brio e o mesmo talento, desapareceu quase totalmente. Em seu lugar, vai multiplicar-se o tipo do artista fiel, praticante, às vezes até de uma piedade acima do comum: é o caso de Guerchino, que assistia à Missa todas as manhãs e todas as tardes ia rezar a uma igreja;

ou o do cavaleiro Bernini, que comungará duas vezes por semana e fará um retiro anualmente; ou o do piedoso, mas adocicado, Cario Dolci, que fará voto de só pintar imagens capazes de despertar devoção nas almas.

Que rumos tomaria essa arte? "Tendo a arte passado a constituir uma forma da doutrina, o artista era levado a pensar que o tema dos seus quadros era parte essencial dessa doutrina". Ao passo que na época da Renascença o tema da obra era muitas vezes um simples pretexto para combinar com felicidade formas e cores, o que contará de futuro — e cada vez mais ao longo do século XVII — é aquilo que o artista quer exprimir, ou melhor, o que os seus conselheiros teólogos o convidam a exprimir. E assim, após o Concílio de Trento, firmou-se uma arte de combate, cujos protagonistas tomaram a peito exaltar tudo o que o protestantismo condenava: "O culto de Nossa Senhora, o primado de São Pedro, a fé nos sacramentos, no poder das orações pelos mortos, na eficácia das obras, na intercessão dos santos, o culto das imagens e das relíquias..., todos esses dogmas ou todas essas antigas tradições foram defendidas pela arte, aliada da Igreja". Os temas tratados trarão a marca dessa intenção de apologética combativa durante mais de um século.

Mas não foram somente os temas de pensamento e de ação da Igreja tridentina que a arte explorou; foi também o seu clima. O catolicismo renovado pelo concílio era uma religião grave, patética, que convidava a alma fiel a meditar na Paixão de Cristo e também a considerar a vida em função da morte. A arte tomou esse caráter. Desligando-se da idade de ouro da Renascença, em que a própria arte cristã, cheia de serenidade, exaltara tantas vezes a alegria de viver, a nova arte pareceu continuar o período do fim da Idade Média, tão carregado de terrores e angústias. Já não exprimia o repouso em Deus, mas a terrível aventura[47] da busca do absoluto, tal como os grandes extáticos a viviam. Já não evocava a beleza da criação, mas o drama do homem, destinado à morte por força do pecado; certos artistas do tempo — como Valdéz Leal, de Sevilha — levarão essa tendência até ao macabro, e a pompa funerária, tão apreciada pelos jesuítas, bem como os catafalcos fixados na pedra, serão ainda sinais da mesma tendência.

A obra-prima desta arte — entre outras, porque se pode pensar também na cruel *Deposição da Cruz* — é o *Juízo Final* da Capela Sistina, a última grande obra do velho grande mestre, concebida logo a seguir ao saque de Roma, na atmosfera tenebrosa desse drama, e realizada no momento em que a evolução interior de Michelangelo coincidia perfeitamente com a que a Igreja esperava dos seus fiéis. Obra prodigiosa, praticamente inacessível à nossa sensibilidade, onde não há nada — nem a menor porção de ar ou de paisagem — que permita repousar o coração e a vista, onde tudo está impregnado de uma atmosfera de chumbo fundido e de vertigem, perfeita evocação desse dia de cólera inimaginável de que fala o *Dies irae*, em que os tempos e os mundos se afundarão no abismo e em que, sob a mão erguida do Juiz, os homens, amontoados em rebanho como se vê no afresco, se sentirão prestes a desabar de desespero e de terror.

Mas, além das reações da alma de fé diante do seu pecado e do castigo, o que a arte tridentina procurou exprimir foi a glória da Igreja, renovada, reconstituída na sua força e nas suas certezas. Doravante, encontrar-se-á esta intenção por toda a parte: exprimi-la-ão tanto a arquitetura como a pintura e a escultura. As *Anunciações*, as *Transfigurações*, as *Ascensões*, as *Assunções*, todos esses temas que mostram a terra ligada sobrenaturalmente ao Céu, serão tratados com abundância, na magnificência das nuvens e das glórias, na profusão das cortinas de ouro e púrpura: símbolo da Igreja triunfante.

Também a arquitetura se filiará a esse espírito: abandonando as harmonias comedidas da Renascença, imitadas da Antiguidade, os tetos austeros, a decoração pintada e também o jogo de sombras e luzes de que tanto tinham gostado os góticos, adota um tipo de igreja novo, de que é modelo a célebre igreja de *Gesù* em Roma, concebida e construída em 1568 por Vignola (1507-1573) para a Companhia. Fachadas soberbas de andares sobrepostos, colocados diante de uma nave que lhes parece estranha, frontões que não passam de ornamentos, interrompidos por estátuas e pequenas pirâmides, naves enormes, únicas, abobadadas em berço, ladeadas por pequenas capelas laterais, cúpula monumental no cruzamento do transepto, construção sem mistério, que mais faz pensar num salão de palácio[48] do que na casa do Deus dos pobres, tantos são os mármores de cor, os estuques e os dourados que lá se encontram — esse é o tipo do edifício religioso, tão afastado quanto possível do templo protestante, que a reforma católica adota, que a Companhia de Jesus espalhará pelos quatro cantos do mundo católico e que perdurará até os nossos dias.

Do ponto de vista do valor estético, que influência exerceram essas ideias sobre a arte cristã? É difícil formular um juízo, porque o período em que ela se constituiu correspondeu ao momento em que, desaparecida a geração dos gênios da Alta Renascença italiana, esta foi substituída por talentos que, embora grandes e podendo ainda ser tidos por mestres, já não possuíam o poder criador dos seus antecessores; e porque os outros gênios que o mesmo espírito do Concílio de Trento suscitaria em outros lugares ainda não tinham nascido ou mal começavam a produzir.

Em 1572, *El Greco* tinha vinte e cinco anos e *Rubens* ainda não era nascido. Da raça dos titãs, em 1564 só Michelangelo sobrevivia em Roma.

Em nenhuma técnica se encontra o equivalente dos homens da véspera: *Vignola*, o "Vitrúvio moderno", *Vasari*, construtor do Palácio dos Ofícios (e mais conhecido como biógrafo dos mestres), e mesmo *Palladio* (1518-1580), a quem Vicenza deve a sua beleza e Veneza o seu São Jorge Maior, não têm o valor de Brunelleschi, de Bramante ou de Michelangelo. Em escultura, o hábil e um tanto jactancioso *Benvenuto Cellini* (1500-1571) — tão distante do espírito da reforma católica! —, que fez carreira sobretudo na França, e o *Sansovino* (1485-1570), autor das portas de bronze de São Marcos de Veneza, nada têm a oferecer que se compare às obras-primas de Donatello, de Verrochio, e menos ainda às do autor do *Moisés* e dos *Escravos*. Em pintura, o *Primaticcio* (1504-1570), com o seu talento firme, feliz e sorridente, à altura de todas as tarefas que a confiança do rei de França lhe atribuía, não poderá ser tido como igual aos grandes mestres.

Uma só exceção de importância se pode encontrar nesta espécie de queda de tensão criadora: Veneza. Na opulenta cidade, rainha do Adriático, suserana do Chipre, vitoriosa em Lepanto, que se inebriava do seu próprio esplendor sem saber ainda que o seu declínio tinha começado, três homens souberam permanecer no nível dos mestres da grande época: o velho *Ticiano* († em 1576), que chegou a uma avançada idade sem ter perdido nada da sua capacidade criadora e do seu fervor, antes auferiu da velhice uma serenidade soberana que vinha coroar a riqueza dos seus dons; *Tintoreto* (1516-1594), aluno de Ticiano, discípulo muitas vezes indócil, filho do tintureiro Robusti, gênio simultaneamente aristocrático e popular, apaixonado pelas imensas superfícies a colorir — o seu *Paraíso* é o maior quadro conhecido — decorador de igrejas e de palácios, produtor de retábulos em série, inexaurível e variado, frequentemente profundo no meio de uma assombrosa facilidade; e *Veronese* (1528-1588), Paolo Cagliari de Verona, o pintor das cores refinadas e sublimes, dos sóis deslumbrantes, das cabeleiras luminosas e das couraças de ouro, a quem caberá a honra de pintar no Palácio dos Doges a mais retumbante cena da história da sua pátria nesse *Triunfo de Veneza* que, por si só, bastaria para tornar sensíveis aos olhos a glória da Sereníssima República.

Os três mestres entraram ao serviço da Igreja renovada: sem segundas intenções nem arrependimento? Seria dizer demais. Houve ainda muito de pagão e de renascentista em todos eles, e, ao *Amor sagrado*, como no ilustre quadro de Ticiano, opôs-se ainda muitas vezes nas suas obras o *amor profano*. Duvida-se de que esteja muito de acordo com o cânon do concílio a fascinante *Susana* de Tintoreto que se vê no museu de Viena, ornada de braceletes, perfeitamente capaz de tentar os dois velhos ávidos que a espreitam enquanto se banha; e, para citar apenas uma de tantas formas admiráveis, a *Judite* de Veronese será algo mais do que uma esplêndida cortesã veneziana? Apesar de tudo, por uma boa parte da sua obra, esses mestres prestigiosos da cidade dos Doges entraram em cheio na corrente religiosa do tempo, celebrando a glória da Igreja no seu esforço de irradiação, traduzindo o regresso à Sagrada Escritura característico do espírito da época, exprimindo a gravidade da fé e a profundidade do drama cristão. A *Deposição no túmulo*, de Ticiano, o *Calvário*, de Veronese, as cinquenta composições de Tintoreto na *Scuola* de São Marcos, entre as quais o impressionante *Ecce Homo*, dão testemunho da intensidade do espírito cristão na alma desses mestres, da mesma forma que alguns dos seus retratos — como o célebre *Paulo III com os seus sobrinhos*, de Ticiano —, bem como os seus vastos conjuntos bíblicos (as *Bodas de Caná* de Veronese), exprimem à perfeição a altivez solene com que a Igreja passou a comportar-se, a majestade dos papas e o esplendor da tradição renovada.

Nem tudo, infelizmente, devia permanecer nesse nível, na arte saída do Concílio de Trento. Como todos os grandes movimentos criadores, a Renascença incubou os seus próprios perigos. O mais grave era o maneirismo. Perante os êxitos inigualáveis dos gênios, os meramente talentosos procuraram surpreender-lhes os segredos e, como é de regra constante, não encontraram senão receitas. A importância sistemática dos seus métodos desembocou em curiosos excessos; o formidável Deus de Michelangelo, repetido por Guido e *Domenichino* em milhares de exemplares, tornar-se-á um pastiche cada vez mais insípido; o Cristo de Leonardo e as *Madonnas* de Rafael levarão aos Jesus de Guido e às Virgens fáceis de Dolci. O rigor disciplinar do Concílio de Trento, que intervinha de cima para impor aos artistas critérios morais imperiosos, temas e por vezes até mesmo modelos, agiu no mesmo sentido, gerando um conformismo piedoso que nem sempre favoreceria a arte religiosa. Não há dúvida de que um dos resultados menos felizes da obra tridentina, tão grande sob tantos aspectos, foi o de ter contribuído em larga medida para o êxito de uma "arte sagrada" em que já se não reconheciam os grandes criadores da Renascença e, menos ainda, os santeiros e os entalhadores de pedra românicos e góticos.

Contudo, mesmo no maneirismo que derivava logicamente das lições dos gênios, e sobretudo no gosto pelo luxuoso, pelo glorioso e pelo decididamente teatral que a arte do Concílio de Trento manifestava, ainda restava uma probabilidade de que se operasse uma renovação. O domínio quase excessivo dos meios técnicos, o amor pelos materiais riquíssimos, o ardor místico a que levava a experiência dos grandes santos extáticos, como também essa misteriosa loucura que se apodera das artes da decadência com a ideia de reconduzi-las à inocência das suas origens, todos esses elementos se associaram para suscitar um novo estilo, que ia desenvolver-se sobretudo a partir de 1570 e produziria obras-primas muito saborosas: o *barroco*, paradoxal mas autêntico herdeiro dos austeros reformadores de Trento[49].

As artes visuais não foram as únicas a beneficiar-se da atenta solicitude dos padres do concílio: a música também foi reformada e, por uma coincidência singular, ao contrário da pintura e da escultura, encontrou então os seus mestres e ganhou admirável impulso[50]. Quando se encerrou a Idade Média, a música religiosa, como tudo o mais, encontrava-se em crise; o canto gregoriano, canto de igreja por antonomásia, estava em plena decadência; a partir da *Ars nova* dos começos do século XIV, a sua grave homofonia fora substituída por uma polifonia por vezes encantadora, mas também cheia de combinações excêntricas, atravancada de elementos confusos, profanos e populares; as melodias litúrgicas serviam simplesmente de tema para as competições dos contrapontistas, e, quanto às letras sacras, que habilidade não era necessária para compreender uma só palavra! A vigésima terceira sessão do concílio reagiu com vigor contra esses erros. Ordenou que se ensinasse o canto gregoriano aos novos clérigos, proibiu que se misturasse no acompanhamento qualquer coisa de mau ou de lascivo, e apenas tolerou a música chamada "medida ou figurada" — isto é, marcada em notas e não já com os simples traços do cantochão —, desde que se respeitassem as letras litúrgicas.

Era o fim da polifonia sacra? Não. Porque se encontraram grandes criadores que souberam pensar a sua arte segundo as novas regras e, aceitando-as, dar-lhe um brilho que ela nunca conhecera.

O primeiro foi *Costanzo Festa* († em 1545), cujo *Te Deum* ainda hoje consta do repertório da Sistina; depois, *Giovanni Animuccia* (t em 1571), cujos *Magnificat*, hinos e motetos, sem deixarem de ser polifônicos, correspondiam perfeitamente ao novo espírito, e que compôs para o Oratório de São Filipe Neri esses primeiros pequenos dramas musicais e cânticos em ação de onde saiu o novo gênero do "oratório". Mas o chefe da renovação foi *Giovanni-Pierluigi Palestrina* (1526-1594), antigo mestre-capela da cidade de Palestrina, que o seu bispo levou para Roma quando foi eleito papa com o nome de Júlio III. Verdadeiro gênio, prestigioso e fecundo, obrigou os mais austeros reformadores a admitir que a harmonia consonante, a perfeição no contraponto e o emprego supremamente hábil da polifonia podiam harmonizar-se com as aspirações religiosas mais autênticas. Homem de fé sincera, discípulo de São Filipe Neri, para cujo Oratório escreveu também "oratórios", como teria ele podido compor uma música que não fosse de pureza extática e de plácida fé? Noventa e três missas — a do papa Marcelo é a mais célebre —, seiscentos motetos, quarenta e dois salmos, inumeráveis *ricercari*, sem falar numa infinidade de peças profanas, constituem a obra deste gênio da música, cujo *Stabat Mater* ainda hoje anda nos lábios de todos os católicos. A sua influência viria a ser decisiva até os nossos dias; depois dele, já não se fez mais música religiosa como antes. E, sendo ainda vivo, o seu aluno e rival, *Tomás Luís de Vitória* (1540-1611), espanhol que residia em Roma, místico mais altivo do que ele, utilizou tão de perto as suas técnicas, em obras onde é sensível o hispanismo de Santa Teresa, que o denominaram o "cisne" de Palestrina — ou "o macaco", como chegavam a dizer os maliciosos.

Em Roma, há todos os anos um dia em que parece que o espírito inspirador da Igreja do Concílio de Trento se torna presença sensível, em que nos basta assistir às cerimônias que se desenrolam para nos sentirmos transportados exatamente a esse clima — ao mesmo tempo de esplendor e de angústia, de impulso místico e de dignidade renovada — que foi o da Igreja naqueles dias do século XVI em que se realizou a grande obra: esse dia é a Sexta-Feira Santa. O papa dirige-se em pessoa à Capela Sistina para celebrar os ritos litúrgicos desse dia santificado entre todos, diante dos olhares dos fiéis. Na sua prodigiosa queda, as figuras do *Juízo Final* parecem estar ali de propósito, para restituir o homem ao sentido do seu drama, do drama de viver. Mas quem levantar a cabeça notará no teto — onde profetas e sibilas montam uma guarda meditativa — o gesto de amor soberano com que o Todo-Poderoso, de mão estendida, cria eternamente o homem. É ali, nessa atenção muda de toda a assistência, que é necessário ouvir, sob a abóbada, o canto sublime de Palestrina, o *Stabat*, os *Improperia* que são propriedade exclusiva da Sistina, elevados ao céu por vozes tão puras que parecem de arcanjos ou de querubins.

É então, é ali, no momento em que o augusto celebrante descobre por completo a Cruz e a expõe à adoração dos fiéis, que resplandece o significado de todo o drama histórico. Prostrada diante do objeto de sofrimento e de infâmia, a Igreja inteira sente-se transportada para além de si mesma, libertada dos pecados, das fraquezas, das misérias de todos esses homens de carne e de lama que a constituem; é a própria alma cristã que se sabe prometida a um destino de glória e de luz, simplesmente porque de novo quis ser fiel à mensagem marcada com sangue que o seu Deus lhe confiou.

Notas

[1] Contrariamente ao costume, esse papa conservou no pontificado o nome de batismo. Foi o último papa não italiano até a eleição de João Paulo II.

[2] Chegou a ter 22 votos, mas eram necessários 24. Foi à sombra dessas lutas em torno da urna que se elegeu Adriano VI.

[3] Ver tomo IV, c. VI, par. *A era dos equívocos.*

[4] No seu belo livro *Le XVIe siècle par les ambassadeurs vénitiens*, Orestes Ferrara também manifesta dúvidas acerca da eficácia dos regulamentos da comissão *De Emendanda Ecclesia.*

[5] Convém mencionar aqui um pormenor curioso. O relatório da comissão chegou a ser publicado, mas quando o cardeal Caraffa, membro dessa comissão, foi eleito papa, mandou pô-lo no *Index*. Terá sido porque continha elementos com que ele não concordava? Ou porque temeu que a liberdade de juízo usada pela comissão servisse para alimentar campanhas contra a Igreja? O fato permaneceu misterioso.

[6] Cf. vol. IV, cap. V, par. *O luteranismo toma-se uma força política*, c cap. VII, par. *Os anos conturbados: malogro de Carlos V na Alemanha.* O principal conselheiro de Carlos V, Granvelle, era tão contrário ao concílio que espalhava por toda a parte o boato de que o próprio papa não o desejava e "o temia como ao fogo".

[7] Cf. vol. IV, cap. V, par. *O luteranismo toma-se uma força política.*

[8] Cf. vol. IV, cap. VII, par. *Os anos conturbados: malogro de Carlos V na Alemanha.*

[9] A estranha indulgência de Paulo III devia-se mais uma vez ao nepotismo: o papa obtivera confortáveis vantagens para Otávio Farnese, genro do imperador.

[10] Cf. cap. I, par. *Nascem novas ordens: a inovação dos clérigos regrantes.*

[11] A revisão do processo ordenada por São Pio V viria a provar que diversos documentos apresentados contra ele eram falsos.

[12] A. Michel, *Les décrets du Concile de Trente*, Paris, 1938.

[13] F. Cayré, *Manuel de Patrologie*, Paris, 1939.

[14] Ver vol. IV, cap. V, par. *Lutero contra Roma.*

[15] Todos os textos do concílio dizem, mais exatamente, "as tradições". Estabeleceu-se mais tarde o costume de dizer "a Tradição", fórmula que é talvez um pouco menos abrangente que a primeira.

[16] É o das Bíblias católicas, que não estabelece distinção entre livros *proto-canônicos* e *deuterocanônicos*. Veja-se, a este respeito, Geraldo Morurjão, *O que são os Evangelhos?*, Quadrante, São Paulo, 1992.

[17] Fr. Luís de Sousa, *Vida de Frey Bartolomeu dos Martyres*, Lisboa, 1818, vol. II, p. 227. Essa frase foi acolhida com júbilo por toda a cristandade (N. do T.).

[18] Por exemplo, Nossa Senhora era qualificada como "deusa benfeitora" e a Santíssima Trindade como "tríplice rosto do Olimpo"!

[19] Cf. neste volume o cap. III, par. *Três vitórias protestantes: Elisabeth I e o anglicanismo.*

[20] Cf. neste volume o cap. III, par. *Três vitórias protestantes: as Províncias Unidas dos Países-Baixos.*

[21] Cf. neste volume o cap. III, par. *Catolicismo e política: a Espanha de Filipe II.*

[22] Cf. neste volume o cap. III, par. *Na França, trinta e seis anos de horror.*

[23] Pio V foi beatificado em 1672 por Clemente X, papa dominicano, e canonizado por Clemente XI em 1711. Desde Gregório VII (1085), havia cinco séculos que nenhum papa fora elevado aos altares, e seria necessário esperar mais cerca de quatro séculos para que outro papa — São Pio X — fosse canonizado.

[24] Esse seminário não tardou a degenerar e foi, portanto, um falso ponto de partida.

[25] Marcelle Auclair, *Teresa de Ávila,* Quadrante, São Paulo, 1995, pp. 147-8.

[26] A eleição da priora foi presidida pelo provincial dos "calçados", pois o mosteiro da Encarnação pertencia à sua jurisdição. "A cada voto que [as freiras] lhe entregavam [em favor da reeleição de Teresa]", conta a santa, "o provincial as excomungava e amaldiçoava; com o punho fechado, amarrotava os votos, socava-os e lançava-os ao fogo". Mesmo assim, cinquenta e cinco religiosas votaram a favor de Teresa, enquanto as outras, por medo ou complacência, juntaram-se às "mitigadas". Cf. Marcelle Auclair, *Teresa de Ávila*, p. 295 ss.

[27] Uma coincidência impressionante: nesse mesmo momento, a dois passos dali, El Greco pintava o famoso quadro *A partilha da túnica inconsútil.*

[28] São João da Cruz foi beatificado em 1675, canonizado em 1726 e proclamado Doutor da Igreja universal em 1926. A canonização de Santa Teresa em 1622 é relatada nas últimas páginas deste volume.

[29] Na autópsia do seu corpo, veio a verificar-se, com efeito, que tinha o coração anormalmente grande e as costelas dilatadas. "Aneurisma!", dirá um homem do ofício.

[30] E com os quais é preciso não confundir os *Oratórios do Amor Divino*, de que se falou acima; cf. cap. 1, pars. *Uma religião feita vida* e *Nascem novas ordens: a inovação dos clérigos regrantes.*

[31] Surgiram na mesma época outras congregações de clérigos regulares: a dos *Clérigos regulares da Mãe de Deus*, fundada em Lucca por *São João Leonardi* para a pregação e luta contra o protestantismo; a dos *Clérigos regulares das Escolas Pias*, criada por *São José de Calasanz,* espanhol estabelecido em Roma, cujo primeiro fim era sobretudo a recuperação da infância abandonada e delinquente. Mais tarde, o exemplo do Oratório de São Filipe de Neri virá a ser imitado por São Francisco de Sales, São Vicente de Paulo e outros.

[32] Henri Hauser, em *La prépondérance espagnole*, Paris, 1953.

[33] Lucien Febvre, *Une question mal posée: les origines de la Réforme française et le problème général des causes de la Réforme*, em *Revue historique*, CLXI, 1929, p. 76.

[34] Lucien Febvre, ibid.

[35] Podem-se ler tanto a carta como a resposta nas *Oeuvres de Bossuet*, Lachat, vol. XVIII, 198-210.

[36] Louis Cristiani.

[37] Entre os melhores, como é lógico. Mas, entre os outros, esse perfil grave e sério da religião não corre o risco de separá-la das outras manifestações da vida? Não estará aqui a origem do divórcio moderno entre as duas facetas da existência: os deveres para com Deus, por um lado, e, pelo outro, tudo o mais, em que Deus não tem parte?

[38] Também evolui o hábito eclesiástico, distinguindo-se cada vez mais da maneira de trajar do leigo: prevalece a cor preta, preconizada por São Carlos Borromeu.

[39] Veja-se, por exemplo, o artigo de G. Bardy, *L'Église catholique: Moyen Âge et temps Modernes*, em *Année théologique*, 1947, IV, modelo de inteligência e de probidade.

[40] G. Bardy, *L'Église catholique...*

[41] G. Bardy, *L'Eglise catholique...*

[42] É impossível abordar este assunto sem prestar homenagem a Émile Mâle; o seu livro *L 'art réligieux aprês le Concile de Trente,* Paris, 1932, permite compreender por inteiro o espírito do concílio.

[43] Que Maderno abandonaria mais tarde; *cf.* cap. V, par. *Basílica de São Pedro.*

[44] Convém mencionar os nomes dos defensores do pudor: Daniel de Volterra em 1559, e Girolamo de Fano em 1566.

[45] Deve-se notar, contudo, que o movimento se limitou às imagens colocadas nas igrejas. As decorações pagãs, muitas vezes bem livres, continuaram a ser aceitas nos palácios, mesmo nos dos papas, como no palácio Farnese, por exemplo.

[46] Foi sobretudo neste ponto que os trabalhos de Émile Mâle sofreram uma evolução. Ele próprio o confessa, com uma magnífica humildade, na introdução ao *L'art réligieux*.... No final da sua obra *L'art religieux de la fin du Moyen Âge,* esc révéra: "Doravante, ainda haverá artistas cristãos, mas já não haverá arte cristã". Os seus trabalhos posteriores levaram-no a mudar totalmente de opinião. O seu gênio e a sua paciência souberam descobrir em todas as obras do pós-Concílio de Trento, que se tendia a desprezar, uma simbólica e uma apologética que correspondiam às preocupações do tempo.

[47] Não esqueçamos, contudo, que São João da Cruz lhe chama constantemente *dichosa aventura*, "ditosa aventura".

[48] Observe-se, no entanto, que a impressão de monumentos profanos que nos causam as igrejas jesuíticas não deve fazer esquecer que esses "toucadores de Deus" foram pensados em função dos ofícios religiosos: tinham por fim permitir que todos os fiéis vissem o altar e

seguissem a celebração da Missa, ao contrário das galerias góticas, que impediam a assistência de ver o altar.

[49] Cf. neste volume o cap. V, par. *A chamada arte barroca.*

[50] O espírito do Concílio de Trento exprimiu-se muito pouco nas obras literárias, talvez porque a teologia, a mística e os escritos propriamente espirituais monopolizaram todos os dons e talentos. É preciso ir buscar as verdadeiras obras-primas literárias deste tempo nos escritos de Santa Teresa e de São João da Cruz. A *Jerusalém libertada*, de Tasso, com o seu cenário resplandecente, os seus episódios pitorescos, a exaltação constante da coragem cristã, corresponde, em certo sentido, ao clima que veio a receber a sua coroação com a vitória de Lepanto, mas... de quantos sentimentos medíocres não está semeada, de quantos episódios suspeitos, e, ao fim e ao cabo, de quantas mostras de um mero verniz de religiosidade, mais do que de uma religião verdadeira!

III. O GRANDE DESPEDAÇAMENTO DA EUROPA CRISTÃ

A era dos fanatismos

Numa das numerosas ocasiões em que explicou às suas irmãs de religião o sentido profundo das suas orações, meio sobrenatural para apaziguar as cóleras do Céu e os furores dos homens, ao pedir ao Senhor que tivesse piedade daqueles que "não têm piedade de si próprios", Santa Teresa de Jesus, que no recôndito dos seus conventos de clausura sabia melhor do que ninguém o segredo de tudo, deixou escapar este queixume: "Meu Deus, o mundo está em chamas!" E era verdade. No último terço do século XVI, o mundo inteiro — pelo menos a cristandade inteira — estava a ferro e fogo. Viam-se reinos assolados pela guerra civil; outros que só gozavam de calma, aliás precária, graças a um regime de terror; entre os Estados, eclodiam uma vez mais os conflitos sangrentos. Ardiam fogueiras por toda a parte, por toda a parte se enforcava, se decapitava, se esquartejava com a maior sem-cerimônia. Esse período apaixonado considerar-se-ia fracassado na sua vocação se, no seu declínio, tivesse cedido à mansidão. Triunfo do fanatismo, reinado da crueldade.

Por mais doloroso que seja para um fiel do Deus do amor, é preciso reconhecer que se deve imputar a responsabilidade desse múltiplo drama à própria religião, a uma religião certamente infiel neste ponto à mensagem do seu Mestre, mas que assim se estabelecera na imensa maioria das consciências após mil e quinhentos anos de lutas, de contaminações políticas e de preconceitos profundamente arraigados. Não é segundo os nossos critérios "liberais" e "tolerantes" que devemos julgar os homens desse tempo para os compreender; é preciso, como diz Vacandard, arranjar "uma alma de ancestral". E talvez não seja assim tão difícil, se se pensa nos abismos de horror a que podem conduzir o mundo outros fanatismos, muito próximos de nós, que, dominados por "imperiosos" interesses sociais e políticos, põem também em causa o destino humano, o sentido da vida. Ora, se no século XVI o debate não se relacionava com a "morte de Deus", mas com a maneira de entender a Revelação cristã, nem por isso era menos violento.

O problema da heresia e da atitude a tomar em face dos seus fautores teve de ser equacionado pela Igreja desde as suas origens; já era um assunto batido no tempo de Santo Agostinho. Mas nunca teve uma solução definitiva que pudesse ser aplicada de maneira constante. Suavidade ou coerção? Uma e outra foram igualmente enaltecidas ao longo dos séculos cristãos. Com os Padres e os teólogos, a Igreja afirma, em princípio, segundo as palavras de São Bernardo, que "a fé é obra da persuasão e não da força": mas, na realidade, quantos dos seus filhos, e até dos seus chefes, não agiram exatamente como se a crença pudesse ser imposta pela coação! Chegou mesmo a haver uma horrível decretai de Inocêncio III que aconselhava a recusar os cuidados e os remédios a um doente que não consentisse em receber os sacramentos, ainda que daí lhe sobreviesse a morte!... Mas então não serão legítimas as medidas de defesa e de contra-ataque contra os que, pior do que fecharem-se à fé, o que fazem é degradá-la, desnaturá-la e, desse modo, induzir as almas em erro? O bispo de Hipona já o tinha admitido, com intenções de algum modo profiláticas. Numa época como o século XVI, em que, na terrível crise atravessada pela sociedade ocidental, o que estava em jogo era a própria concepção do mundo e do homem, como é que as almas crentes não haviam de ter por legítimas as medidas que esmagassem as doutrinas adversárias e permitissem o triunfo das suas crenças? Abandonar aos homens a livre escolha de uma fé parecia trair os princípios aos quais se conferia mais valor do que à própria vida. E essa traição foi rejeitada *pelos dois campos.*

Pelos dois campos, sim, porque nada seria mais iníquo do que fazer recair unicamente sobre a Igreja Católica a responsabilidade dos dramas que ensanguentaram a cristandade. O fanatismo não foi monopólio de ninguém. Abundam textos que nos mostram os protestantes dando provas da mesma intransigência cruel que os seus adversários, e reivindicando os mesmos princípios em nome dos quais se acendiam as fogueiras dos seus mártires. É Lutero quem escreve: "Se tivermos poder para isso, é preciso que não toleremos no mesmo Estado doutrinas contrárias, e, para evitar maiores males, mesmo aqueles que não creem devem ser constrangidos a ir à pregação, a ouvir comentar o Decálogo e a obedecer, pelo menos exteriormente" — o que era ainda muito moderado. Mais categórico, o seu auxiliar imediato, o doce Melanchthon, quer que "a autoridade civil se arme da espada contra os fautores de doutrinas novas". Com isso, os dois chefes de Wittenberg aludem aos Hoffmans, aos Thomas Münzer e outros anabatistas; mas estes hereges entre os próprios hereges, por sua vez, não tinham outra opinião. "Um homem privado de Deus não tem o direito de viver, porque é um obstáculo às almas piedosas!" Quem o disse? O próprio Thomas Münzer, que não demorará a ver esse preceito literalmente aplicado contra si próprio. Sabe-se o que João de Leyde fez durante o tempo em que estabeleceu em Münster o "reino de Sião"[1]. Outro rival de Lutero, Zwinglio, está neste ponto inteiramente de acordo com ele e prega: "Foi o Senhor que o disse: fazei perecer o perverso que está no meio de vós!" Não é preciso dizer que dos escritos de Calvino se pode extrair uma rica antologia de axiomas de fanatismo: ao longo de toda a obra — *Defensio fidei* — que escreveu após a morte de Servet, Calvino repete como *leitmotiv* que "é lícito punir os hereges" e que "é com toda a justiça que eles são executados"[2]. Tema que o seu sucessor, Teodoro de Beza, retomará com complacência: "Pretender que não é necessário punir os hereges é como dizer que não se devem punir os assassinos de pai e mãe". Monótona enumeração que prosseguiríamos sem dificuldade por muitas páginas. E é no mesmo Beza que podemos encontrar a conclusão de todas essas máximas: "Que é a liberdade de consciência? Um dogma diabólico"[3].

Não houve exceções a essa unanimidade no fanatismo? Para honra da humanidade, deve-se dizer que sim. Houve até um homem que tentou opor-se à corrente com um heroísmo pouco comum: *Sébastien Castellion*, que, expulso de Genebra por Calvino[4] e reduzido praticamente à miséria, compõe em 1554 um tratado para provar que não se encontra em toda a Escritura uma só frase que justifique o suplício dos hereges. Nessa obra, sustenta que existem duas espécies de hereges do ponto de vista religioso: os hereges de conduta, que devem ser corrigidos pela instrução e pelos exemplos de vida reta; e os hereges de opinião, que é impossível julgar, pois o seu crime se verifica no fundo do coração, fora do alcance da apreciação dos homens. Esse homem estava simplesmente avançado demais para o seu tempo — e talvez tenha cedido ao gosto do paradoxo —, quando continuava: "Depois de ter muitas vezes procurado saber o que é um herege, não descobri outra coisa senão que nós consideramos hereges todos os que não concordam com a nossa opinião". Noutro lugar, dizia ainda: "Não provamos a nossa fé queimando hereges, mas morrendo por ela"... Palavras de uma profundidade admirável e que até hoje não deixaram de ser verdadeiras.

O que Castellion formulava tão bem, havia homens espalhados pela Europa cristã, muito especialmente entre os humanistas, que o pensavam e tinham a coragem de dizer. Assim eram os do Cenáculo de Meaux, "esses obstinados da esperança que não sabiam odiar". Assim era o grande São Thomas More, que viria a dar a vida pela fé e que escrevia na sua *Utopia*: "Todo o homem tem o direito de confessar a religião da sua preferência e de procurar converter o seu vizinho pela força da razão, bem como pelo trato amigável. Mas deve abster-se de ser agressivo em relação às opiniões alheias e de recorrer à violência como argumento". Assim eram também Erasmo, Rabelais e vários outros, em todos os países, em todas as confissões, fossem protestantes ou católicos. Elementos de um "terceiro partido" que levará muito tempo, muitíssimo tempo, a triunfar, mas cuja existência esporádica, ao longo de todo este drama, é consoladora. Tanto mais que esses moderados não eram menos bons cristãos — menos bons católicos ou menos bons reformados, conforme os casos —, nem se pode confundir a tolerância de que davam provas com o ceticismo de um Jehan Bodin, antepassado de Bayle e de Voltaire, partidário de uma religião natural que, tal como a expõe, tomava todas as aparências de um positivismo. Mas essa atitude serena não correspondia a uma época que atravessava uma crise de consciência tão grave e para a qual não crer era ainda mais inconcebível do que condenável. Os que adotavam essa atitude eram denunciados, criticados, vilipendiados nos dois campos — Calvino trata Castellion de "besta peçonhenta" —, e durante muito tempo a sua influência foi quase nula: só se virá a fazer caso deles quando, esgotada e cansada de carnificinas, a cristandade compreender por fim que, se os irmãos inimigos se combatem, arriscam-se a perecer uns e outros. O *Edito de Nantes* terá de esperar trinta anos ainda.

Por que então o drama sangrento — "a carnificina atroz", como tinha dito profeticamente Erasmo —, que se vira ganhar corpo anteriormente aos anos sessenta, tomou a partir do último quartel do século XVI uma amplidão e uma violência novas? Por duas razões. A primeira diz respeito às próprias ideias religiosas. No momento em que morre Calvino e em que se encerra o Concílio de Trento, observa-se nos dois campos adversos um acirramento de posições: nem o rígido sistema genebrino nem o rígido sistema tridentino deixam espaço às acomodações, às contemporizações; são dois combatentes que se enfrentam couraçados de aço. A segunda prende-se com a política, que teve claramente o seu papel na terrível partida: quer se trate dos príncipes alemães, apoiados no famoso princípio *cujus regio, ejus religio*; quer se trate dos reis da França, inquietos ante a ameaça de ver o seu reino cindido em dois; ou dos nobres franceses, resolvidos a impor-se ao Estado; ou ainda dos burgueses holandeses, exasperados contra os funcionários espanhóis — por toda a parte passam a entrar em jogo poderosos interesses excessivamente temporais. A liberdade religiosa, "essa coisa estranha e ridícula", como diz um cronista alemão do tempo, é tanto menos aceitável quanto não há dúvida de que levará a uma espécie de conjura permanente contra a segurança dos Estados, conjura na qual intervirão as potências estrangeiras, aliadas aos revoltados de cada país. E assim, elevado à altura dos grandes conflitos em que se enfrentam as facções, os governos e os povos, o problema religioso vai ser resolvido por soluções sangrentas, cujo horror será agravado pela vastidão dos meios de que se lançará mão.

Catolicismo e política: a Espanha de Filipe II

Se algum príncipe encarnou a total confusão entre a ordem religiosa e a ordem política, marcando uma à outra os seus princípios, mas fornecendo-lhes ao mesmo tempo os meios de ação, foi realmente esse rei misterioso, nimbado de glória, mas também duramente marcado por alguns reveses, que a Espanha viu reinar sobre ela durante a segunda metade do século em que se realizaram os seus mais altos destinos: *Filipe II* (1556-1598). É difícil falar sem paixão deste homem, que já em vida suscitou os juízos mais contraditórios, mas igualmente violentos. "Demônio do meio-dia" ou "rei prudente"? Déspota ou gênio? Esse ser franzino, de membros esguios, *facies* inquieta, meio-sorriso de tímido, tal como Ticiano o pintou aos vinte e cinco anos, carregou sobre os ombros durante quarenta anos, sem um segundo de fraqueza, o peso de um império gigantesco: e isso é admirável. Mas que queria ele, o que é que tinha em vista? Por que se meteu por três vezes em terrenos onde os lucros calculados não compensavam os riscos que corria? Ninguém jamais penetrou no segredo desses olhos glaucos, desses traços imóveis, desse rosto branco e louro de flamengo convertido em espanhol até à medula. E quem sabe se, na terrível disciplina que se impôs a si mesmo, não latejava a vontade heroica de resistir às forças interiores de desagregação que lhe tinha legado a sua infeliz avó Joana?

Parece-se com ele o Escorial, esse prodigioso monumento que fez brotar do solo, a mil metros de altitude, no caos rochoso da Serra de Guadarrama, entre as escórias de forjas abandonadas e tufos de ervas amargas, a um tempo fortaleza, palácio, convento, ministério, ossário, cuja planta reproduz a forma de um instrumento de tortura, cuja existência recorda uma vitória militar, mas que está posto sob a proteção de um mártir[5]. Ali, numa solidão total, a uns setenta quilômetros dessa já tão solitária pequena capital, Madri, que ele mesmo criou de um modo completamente artificial no centro geográfico do país, dedicou-se com paixão, dia após dia, a manobrar pessoalmente a gigantesca meada de fios com que o seu poder envolvia o mundo. Nas suas antecâmaras austeras, de paredes brancas de cal, com desconfortáveis cadeirões de madeira de espaldar alto, permaneciam embaixadores, prelados, conquistadores de licença na mãe-pátria, grandes capitães, à espera de serem recebidos; o brilho amarelado dos círios iluminava longos rostos secos, semelhantes aos que pintava El Greco, hábitos brancos de inquisidores, colarinhos engomados sobre gibões de veludo negro, e ninguém falava senão em voz baixa... Do outro lado da porta real, estofada com uma tapeçaria com as armas reais, o homem franzino trabalhava doze horas por dia, controlava pessoalmente todos os pormenores, verificava todos os documentos, cobria resmas de papel com a sua fina caligrafia, não interrompendo o trabalho senão às horas canônicas, para pegar no breviário e rezar.

Os recursos que manejava para servir os seus princípios — ou os seus sonhos — eram prodigiosos. Seu pai, Carlos V, tinha-lhe deixado apenas metade das coroas a que renunciara, mas ainda bastavam para fazer dele o mais poderoso soberano da época: a Espanha, Milão, o reino de Nápoles, a Sicília, a Sardenha, o domínio borgonhês do Franche-Comté, o Artois, os Países-Baixos e as imensidões ainda desconhecidas que Pizarro e outros aventureiros de gênio tinham dado à sua coroa: belo domínio para um príncipe de vinte e cinco anos! Embora tivesse comprometido uma parte dos seus rendimentos como garantia dos empréstimos levantados junto aos bancos germânicos, era, sem dúvida, graças aos galeões da América, o rei mais rico do seu tempo. E o mais forte militarmente: 150 mil homens, número enorme para o tempo; chefes prestigiosos ao seu serviço — o duque de Alba, João de Áustria, Alexandre Farnese —; e essa "infantaria" recrutada entre a nobreza, cujos "soldados-senhores"[6] já se tinham por "invencíveis". Tinha ele consciência dos germes mortais que o seu glorioso império trazia no seu íntimo? Dava-se conta de que essa maré de ouro e prata[7] que invadia a Espanha desequilibrava a economia e acostumava os homens a não trabalhar, preparando-lhe um povo de fidalgos, de padres e de mendigos? Percebia que os campos do seu reino se despovoavam, que o seu comércio deslizava para as mãos dos estrangeiros, que os flamengos se irritavam com o jugo dos ocupantes, e que a Inglaterra, que vinha descobrindo o oceano, poderia tornar-se rival das suas enormes ambições atlânticas? Terá o misterioso, o desconcertante gênio compreendido tudo isso? Terá sido exclusivamente dele a culpa se não pôde impedir o seu país de caminhar no sentido para o qual tendia a história?

Para Filipe II, a Espanha, a "sua" Espanha, era a Espanha do "século de ouro", uma Espanha aureolada de prestígio, que não somente usufruía de todos os dons ainda intactos do poder, da riqueza e da força, como se revelava admiravelmente criadora em todos os domínios. Era a hora em que a língua castelhana se impunha em todo o reino e ultrapassava amplamente as suas fronteiras, a língua da qual Francisco de Medina celebrava "o esplendor, a majestade, a admirável pompa, língua digna de conquistar as mais longínquas províncias nas pregas das bandeiras vitoriosas". Era a hora em que o maneta de Lepanto, Miguel de Cervantes (1547-1616), mergulhado na pior miséria, concebia a sua obra-prima, esse *Don Quijote* que, unindo as lições da Idade Média à essência do Renascimento, exaltaria até ao extremo, até ao inverossímil, a paixão da glória e da independência da sua nação; a hora em que Lope de Vega, menino prodígio, e Guillén de Castro renovariam as bases do teatro dramático. Era a hora em que Tomás de Vitória, compositor cheio de ciência e de paixão, se tornaria rival de Palestrina, com quem iria competir na própria Roma[8]. Era a hora em que, brotando por toda a parte, tanto em Valência como na Catalunha e em Castela, o gênio pictural da Espanha tomava consciência de si mesmo, em que Pedro Berruguete adaptava a velha policromia esculpida ao estilo de Michelangelo, em que muitos estrangeiros acorriam a trabalhar nos canteiros das obras reais, a hora sobretudo em que vivia em Toledo o estranho gênio, o técnico perfeito, o olho de penetração incomparável, o filho de Bizâncio e de Veneza que sentiria melhor do que ninguém e eternizaria nas suas figuras ardentes e secretas a alma mística e apaixonada da Espanha: Domenikos Theotokópoulos, *El Greco* (1547-1614). E era a hora também de Santa Teresa e de São João da Cruz...

De toda essa glória multiforme que jorrava sobre a sua Espanha, não há dúvida de que, se tivesse de escolher, Filipe II teria preferido a última, a glória dos santos. Quando, na grande sala do palácio de Bruxelas, numa cerimônia desconcertante, seu pai lhe passara o fardo, ouvira dele o supremo conselho: "Meu filho, conserva em toda a sua pureza a fé católica!" E ele respondera: "Meu pai, assim o farei". E a esse juramento quis ser fiel durante todo o seu reinado, até ao extremo, até ao excesso. Como poderia traí-lo? A fé fazia uma só coisa com todo o seu ser, impregnava a sua existência. Passava todos os dias várias horas em oração, confessava-se com frequência, declarava não poder viver sem o Santíssimo Sacramento perto do seu quarto, e as suas leituras eram quase exclusivamente os místicos: João de Ávila e sobretudo Teresa. No momento da morte, atrozmente torturado na sua carne, viria a pronunciar esta palavra de convicção sublime: "Muito mais do que as minhas chagas, são os meus pecados que me fazem sofrer". Podemos perguntar qual era o significado exato dessa fé sombria, ansiosa — quase diríamos, antecipando-nos um pouco, jansenista —, e à qual parece ter faltado a flor da delicadeza espiritual que é a misericórdia. Mas não há dúvida de que essa fé governou a sua vida, pondo-lhe no coração a exigência de servir a Deus e de defender os interesses da sua Igreja. Pode-se estranhar que esses interesses se confundissem aos seus olhos com os interesses da coroa espanhola?

"Darei cem vidas e o meu reino para não ter hereges como súditos!" Filipe II era sincero ao proferir essas palavras, mas, ao executá-las com um rigor tão implacável, não deu prosseguimento também ao plano de centralização e de unificação concebido pelos seus antepassados Isabel e Fernando? Mais do que nunca, a Inquisição foi nas suas mãos um instrumento de domínio ao mesmo tempo religioso, político, administrativo e mesmo fiscal. "Podemos dizer — escrevia um embaixador veneziano — que o verdadeiro senhor do Santo Ofício é o rei. Nomeia pessoalmente os inquisidores. Serve-se do tribunal para controlar os seus súditos e para castigá-los com o segredo e com a severidade que o caracterizam. Inquisição e Conselho real andam sempre de mãos dadas e ajudam-se constantemente". Sem querer cair nos lugares-comuns da propaganda anticlerical, é necessário reconhecer que a confusão entre religião e política atingiu aqui o seu auge: muitos inimigos do rei foram considerados e tratados como inimigos da fé. Foi neste reinado que se forjou a imagem tradicional, indefinidamente explorada desde então contra a Igreja: o cortejo lúgubre dos condenados vestidos de *sanbenito*, acompanhados de coortes de clérigos, soldados e monges, o "auto-de-fé" em que lhes era lida a sentença, multidões compelidas a vir contemplar o espetáculo, e, para terminar, uma nuvem de fumo que subia até ao céu, exalando à volta o odor de carne humana calcinada... Apesar de este horror ter sido muito menos frequente do que se diz, basta que tenha existido para que a consciência cristã se aflija com ele — como se afligiu na França de Luís XIV com as perseguições aos protestantes.

Duas categorias de súditos foram as vítimas desses terríveis métodos de governo, uns e outros tidos como inimigos da fé e, por esse título, rebeldes. Em primeiro lugar, os mouriscos, antigos muçulmanos outrora convertidos à força, "aparentemente cristãos, mas na verdade mouros", camponeses laboriosos, na maioria pacíficos. Foram os inquisidores Pedro Guerrero e Diego de Espinoza que "carregaram a consciência real" com a obrigação de forçar esses infiéis a renunciar às suas crenças secretas. Organizaram-se contra eles implacáveis incursões nas aldeias, prisões de adultos, raptos de crianças. Não demorou a eclodir uma revolta, sob o comando de um descendente dos Omíadas, e, de Almería a Málaga, em torno de Granada, a região mergulhou num banho de sangue. A réplica foi uma repressão impiedosa, levada a cabo por João de Áustria e as suas tropas napolitanas. Depois de quatro anos de lutas selvagens, milhares de mouriscos abandonaram as suas lavouras — que até recentemente a agricultura espanhola não conseguira recuperar por completo — e fugiram para a África. Primeira etapa em direção à unidade de fé...

A outra etapa teve lugar simultaneamente e de modo muito mais acelerado. Os protestantes que havia na Espanha eram poucos — talvez umas centenas —, mas a mera existência desses hereges inquietava o rei católico, que não demorou a organizar a luta contra esses pequenos núcleos e contra os restos de erasmismo e iluminismo. Muito habilmente, o inquisidor-mor Fernando Valdéz enviou os seus agentes a esses meios suspeitos para espioná-los e, a seguir, lançou as redes. Sevilha e Valladolid, principais focos da heresia, foram rudemente fustigados. Cinco grandes autos-de-fé, no decorrer dos anos de 1559 e 1560, aniquilaram praticamente tudo o que podia haver de tendências luteranas, erasmistas e calvinizantes na Península. Intimado pelo inquisidor-mor a preservar a fé e a confiar essa missão ao Santo Ofício, não tinha Filipe II assumido esse compromisso, jurando-o sobre a espada desembainhada no dia em que entrara na Espanha?

Nunca nenhum juramento foi mais bem observado. Num auto-de-fé, um capitão italiano que levavam para a fogueira gritou ao rei: "Como é que vós, sendo fidalgo, deixais perecer às mãos destes monges um fidalgo?" Falando alto, e só daquela vez, Filipe II respondeu-lhe: "Se o meu filho fosse tão perverso como tu, eu mesmo levaria lenha para a fogueira que o havia de queimar!"

Mas se era fácil desmantelar os pequenos grupos protestantes da Espanha, não o era tanto consegui-lo nas possessões da coroa onde a heresia já tinha tomado posições consideráveis. Foi quando o tentou nos Países-Baixos que

Filipe II veio a experimentar um dos maiores fracassos do seu reinado, com a revolta dos *gueux*, dos "maltrapilhos", a esgotadora luta contra os rebeldes e, por fim, a cisão definitiva das Províncias Unidas. O autoritarismo e os métodos de violência quebraram-se contra a ânsia de liberdade dos calvinistas holandeses.

Não é só no plano interno que se pode discernir na conduta de Filipe II uma interferência constante entre os seus interesses pessoais e os da religião que pretendia defender. A sua política externa oferece também exemplos chocantes dessa mistura. É claro que nem sempre a convicção religiosa foi a fonte primária do seu imperialismo, mas sempre se misturou tão intensamente com os seus cálculos temporais que é quase impossível distinguir onde começavam a ambição e o orgulho e onde cessavam as intenções da fé. Visto em conjunto, o seu reinado aparece — e os historiadores têm-se comprazido em representá-lo assim — como um empreendimento múltiplo orientado para a defesa dos interesses do catolicismo e da autoridade da Igreja em todos os campos da política europeia. Mas não há dúvida de que se impõe introduzir muitos retoques nessa imagem tradicional do rei do Escorial, do campeão da fé.

Depois de ter vencido em Saint-Quentin os seus inimigos franceses, que adversário encontrou Filipe II pela frente? O papa Paulo IV[9], aliás tão ambicioso como ele. E o rei católico não hesitou em lançar os seus mercenários contra as tropas do pontífice católico. Mas que política preconizou o esposo de Maria Tudor em relação à Inglaterra? A da restauração da fé por meio da política de repressão que praticava no seu próprio reino? De modo nenhum, mas a da contemporização: talvez para manter na Grã-Bretanha um fator de debilidade útil aos seus interesses.

E quando, nas negociações de Cateau-Cambrésis, se tratou de lançar espanhóis e franceses em ação conjunta contra os protestantes da Alemanha ou de Genebra, Filipe II mostrou muito menos entusiasmo do que Henrique II. Só quando percebeu que, arvorando-se em campeão da intransigência, assumiria a liderança do mundo católico é que adotou definitivamente essa atitude. E assim ajudou com todas as suas forças o papa Pio IV a levar avante o concílio, embora a enorme delegação que enviou a Trento — mais de duzentos prelados e diplomatas — tenha dado por vezes a impressão de estar mais ao serviço dos interesses da Espanha do que dos da Igreja.

Esse imperialismo católico nem sempre trouxe resultados felizes para Filipe II. Houve uma ocasião em que realmente triunfou aos olhos do mundo inteiro: quando conduziu à vitória as armas da cristandade na prodigiosa batalha de *Lepanto*. Abençoada por Pio V, apoiada por todos os católicos da terra, a sua frota, comandada pelo seu meio-irmão natural Dom João de Áustria, afundou nas profundezas do mar as trezentas velas do sultão Selim III, dando a entender assim ao islã que qualquer tentativa de invasão do Oeste mediterrâneo estaria de futuro votada ao fracasso (1571). Mas o *Te Deum* que o imperturbável rei asceta entoou quando lhe vieram anunciar esse triunfo viria a ser o único da sua carreira de combatente da fé.

A essa imagem de glória correspondeu, com efeito, uma outra de infelicidade, em que a ambição de Filipe e os seus planos de restauração católica também se afundaram: uma outra aventura marítima, desta vez terminada em desastre. Declarando guerra à fanática Elisabeth, convertida em campeã da causa protestante na Inglaterra, terá o rei pretendido defender somente a causa do catolicismo? Pode-se duvidar, tantas eram as causas políticas e econômicas nos

Países-Baixos ou no Oceano que continuavam a lançar um contra o outro esses rivais; a cabeça ensanguentada de Maria Stuart não foi mais do que um pretexto. A colossal expedição — cento e trinta navios, dois mil e setecentos canhões, dez mil marinheiros, dezenove mil homens embarcados, sem falar dos trinta mil concentrados em Flandres — parecia realmente ter todas as condições para repetir na Inglaterra herética a vitoriosa operação levada a cabo contra os turcos. Mas a Providência não o julgou assim. E sabe-se qual foi a sorte da *Invencível Armada* (1588), sacudida pela tempestade, acossada pelos barcos incendiários ingleses, dispersada por toda a extensão das costas da Escócia e encalhada nos rochedos: sessenta e cinco navios perdidos, vinte mil mortos, tal foi o balanço dessa desmedida cruzada, na qual se jogavam demasiados interesses temporais.

Na França, sem chegar a um desastre dessas proporções, a política "católica" de Filipe II não conseguiu melhor resultado. Todos os passos dados pelo rei — aproveitando-se da crise sangrenta em que se debatia o reino dos Valois, alinhando-se ao partido dos rigorosos para influir por meio deles nos conselhos reais, ajudando a Liga com o seu ouro e tropas —, tudo isso terá sido somente na desinteressada esperança de devolver à França as suas tradições cristãs? Também é de duvidar. E não parece que Coligny se enganasse quando acusava os seus adversários de "trazer no ventre a Cruz vermelha da Espanha". Nunca foi tão evidente como nesses complexos e trágicos assuntos a contaminação dos interesses políticos e religiosos, e as segundas-intenções do rei espanhol foram certamente fazer reinar no Louvre a sua filha Isabel. O resultado foi decepcionante. Está fora de dúvida que a intervenção dos soldados da Espanha, até irromperem nas próprias ruas de Paris, não contribuiu pouco para provocar o sobressalto nacional que permitiria a Henrique IV instalar-se firmemente no trono da França. Mesmo os católicos franceses não podiam aceitar essa indiscreta intromissão de um estrangeiro nos assuntos da sua pátria, sob o pretexto da fé[10].

Como fazer o balanço da política de Filipe II? Do ponto de vista temporal, parece bastante decepcionante para o seu próprio reino. O filho de Carlos V deixou a Espanha mais fraca do que a tinha encontrado, esgotada por tantos esforços desmedidos, à beira da falência, incapaz sequer de impedir os corsários de atacar Cádiz, ela que fizera tremer a Inglaterra; numa palavra, deixou o seu país no declive da decadência, que o século XVII só viria a confirmar. E do ponto de vista da causa católica? O juízo deve ser mais matizado. Em certo sentido, foi também uma política decepcionante: as armas espanholas não fizeram triunfar a "Contrarreforma" nem nos Países-Baixos, nem na Inglaterra, nem na França, mas não se pode esquecer, sem cometer uma injustiça, que, se a própria Espanha se tornou um dos bastiões do catolicismo, se a Bélgica não foi submergida pelo protestantismo como os Países-Baixos holandeses, foi a Filipe II que isso se ficou a dever.

Mas, por que meios!, diz-se... Ao que Joseph de Maistre respondeu muito bem que o país da Europa onde as lutas religiosas fizeram correr menos sangue foi a Espanha do autoritário Filipe II. Na Península hispânica, a Inquisição fez certamente muito menos vítimas do que as guerras de religião na França e na Alemanha, menos que os tribunais de Henrique VIII, de Eduardo VI, de Maria Tudor e de Elisabeth I na Inglaterra. Quanto à confusão do político e do temporal, pode-se deplorá-la, mas sem esquecer que a França de Luís XIV oferece disso outro exemplo igualmente deplorável[11]. Além disso, agindo assim, não era o rei do Escorial totalmente sincero? No recôndito do coração humano, as intenções mais retas podem misturar-se quase inconscientemente com cálculos sem número, e é muito provável que esse príncipe asceta, cujo sonho mais alto foi certamente ser um santo, tenha permanecido sinceramente convencido de que, seguindo os seus próprios interesses, defendia também os da fé, os da Igreja, os da humanidade. Talvez fosse próprio do espírito cruel dessa época servir as causas mais puras por meios pouco puros.

Na França, trinta e seis anos de horror

A 1º de março de 1562, a sangrenta refrega de *Vassy*[12] desencadeou o drama que os espíritos mais lúcidos tinham por inevitável desde que, no reino da França, os assuntos religiosos tendiam a tornar-se assuntos políticos e as duas Igrejas se organizavam em clãs. O método de contemporização, experimentado pela fina diplomata Catarina de Médicis, regente em nome de seu filho ainda menor Carlos IX (1560-1574), malogrou totalmente. O Colóquio de Poissy encerrou-se igualmente com um fracasso. Nos campos da Champagne, vinte e oito protestantes foram abatidos e cem feridos escaparam por pouco. Espontaneamente, estalaram violências selvagens em diversos lugares do país: em Tours, duzentos calvinistas foram afogados; em Sens, demoliu-se o templo e daí seguiu-se um motim que fez huguenotes e católicos "abastecerem os peixes do Ionne". Começava a tragédia, que devia durar trinta e seis anos.

Formaram-se dois partidos antagônicos. Cada vez em maior número, os nobres aderiam ao protestantismo, uns por convicção, outros com o propósito mais ou menos consciente de restituir à sua casta a autoridade que, num ritmo regular, a monarquia vinha minando havia um século. Os Bourbons e os Châtillons não podiam deixar as mãos livres aos Guises, e esses aristocratas, passando-se para o campo dos hereges, arrastavam consigo, de boa vontade ou à força, os seus foreiros, por aldeias inteiras, o que lhes fornecia tropas. Por sua vez, os católicos, vendo o poder nas mãos de uma italiana pouco segura, de um frágil rei adolescente, voltavam-se para os homens fortes que lhes pareciam capazes de defender a sua fé com mais coragem; nas suas *Memórias*, Michel de Castelnau mostra perfeitamente como, a partir de cerca de 1560, se impôs entre os bispos, os padres e os pregadores a ideia de que a autoridade real já não bastava para garantir os direitos e as oportunidades do catolicismo. Estavam já presentes todos os elementos de uma guerra civil, incluído o vago sentimento de cólera que se observava por toda a parte, num reino duramente sacudido pela crise econômica, pela alta de preços e pela dispensa de soldados e capitães após o tratado de Cateau-Cambrésis, que pusera fim à guerra com a Áustria. Bastava que um dos lados tomasse a iniciativa do conflito para que o país inteiro pegasse fogo.

Foram os protestantes que, julgando-se ameaçados, assumiram essa responsabilidade: o íntegro Coligny[13], o ambicioso Condé, em breve seguidos por uma boa parte da aristocracia. Bem podia a maioria dos pastores — mesmo aqueles que pertenciam à nobreza, tais como François Morel e Antoine de La Roche-Chandieu — desaprovar a revolta armada: foram levados de vencida pelas suas tropas. O Cristo dos Evangelhos cedia o lugar a esse "Cristo de pistola" de que falava Ronsard.

Estranho e paradoxal espetáculo o que oferece essa França da segunda metade do século XVI, esvaindo-se em sangue e, contudo, toda resplandecente de arte, de ouro e de beleza! Porque não se pode esquecer, no momento de relatarmos esta tragédia, que os seus episódios se deram exatamente na época fecunda em que os historiadores da arte e da literatura nos mostram a Alta Renascença no ápice do seu desenvolvimento no país. Na hora em que começam os grandes embates sangrentos, surgem do chão maravilhosas construções em que se conjugam harmoniosamente a tradição francesa e a da arquitetura clássica, importada da Itália. Por toda a parte, pincéis prestigiosos cobrem superfícies ou matizam pormenores dos mais perfeitos retratos; estão em plena atividade músicos que vão renovar os elementos da sua arte; e talvez nunca se tenha escrito tanto em prosa e sobretudo em verso como nesse momento em que a língua francesa, "defendida e ilustrada" por mestres, toma cabal consciência da sua perfeição.

Esta atividade literária partilha em certa medida do drama do tempo, quer contando-o, como fazem os memorialistas Montluc e Castelnau, quer participando nele pelo combate. Surge assim uma literatura protestante, que, de Agrippa d'Aubigné aos anônimos autores das lamentações populares, ocupa o seu lugar nas lutas da Reforma protestante. Mas, ao lado da "literatura engajada", desenvolve-se uma outra, bem mais abundante, de feitura mais agradável, hedonista e até pagã. O mesmo se passa na arte, onde a produção mais importante parece ter como propósito legitimar e cantar a alegria de viver — a alegria de viver, até nesses tempos de sangrenta miséria! Aparentemente, pouco importa que a escultura de Ligier Richier (1500-1567), com o sublime "transido" de René de Chalons, brandindo para o céu o seu coração na extremidade de um braço esquelético, corresponda em certo sentido à trágica atmosfera da época — a não ser que seja somente a herdeira das angústias do século XV...

É agora que se concluem Chambord, Amboise, Azay-le-Rideau, Écouen, Dampierre, Valençay e tantos outros "castelos" que o rei e a corte visitam sucessivamente, em longa caravana. Pierre Lescot (1510-1571) constrói o Louvre, Philibert Delorme (1515-1570) é seu feliz rival com o castelo de Anet, o genial e misterioso cinzel de Jean Goujon (1515-1568) redescobre por intuição a beleza dos antigos, e Germaine Pilon (1535-1590) vai do firme e sereno realismo, com o seu *Le Chancelier de Birague*, à graça jovial dessas ninfas a que chama "virtudes". Bernard Palissy (1510-1590), com o rosto tisnado à boca do forno e a alma a arder por outras muitas angústias, dá à cerâmica uma dignidade nova, enquanto Léonard Limousin (1505-1577) abre à arte do esmalte campos ainda inexplorados. Primaticcio (1504-1570) termina os vastos conjuntos que fazem de Fontainebleau o centro de uma escola e Benvenuto Cellini cinzela e funde maravilhas. Qual dos dois Clouet, Jean ou seu filho François, penetra melhor no íntimo dos seres cujos traços fixa para sempre com um grafismo infalível? É também a altura em que Goudimel (1510-1572), mestre de Palestrina, Roland de Lassus, com os seus deliciosos motetos, Antoine de Baíf (1532-1589), com os seus jogos refinados e preciosos, preparam à música perspectivas novas. E que dizer da literatura? A *Pléiade* e Ronsard (1524-1585), Remi Belleau, Noël du Fail, sobrevivendo a Joaquim du Bellay (1522-1560), assistem como espectadores ao massacre de São Bartolomeu e às grandes carnificinas; o *Discurso das misérias destes tempos*, de Ronsard, mostra que nem todos eram indiferentes aos dilaceramentos da pátria. É acompanhada pelo estrondo dos arcabuzes que se deve escutar uma doce voz cantar: "Querida, vamos ver se a rosa...", com música de Jehan Chardavoine, que Henrique de Guise trauteará quando atravessar o pátio do castelo de

Blois indo ao encontro dos seus assassinos... E a reticente sabedoria de La Boétie (1530-1563) e de Montaigne (1533-1592) são, em larga medida, uma reação contra as loucuras sanguinolentas do seu tempo.

Contraste chocante, que basta para revelar a vitalidade dessa França do século XVI que alguns anos de sensatez e de ordem reabilitarão tão depressa quando a crise tiver passado. É porque o país se sente jovem, vigoroso, estuante de seiva, que põe tanto furor em se castigar a si próprio e que a vida lhe parece ter tão pouco valor. Os chefes que comandarem os exércitos inimigos terão quando muito vinte e cinco anos: é uma idade em que se gosta bastante de combater por combater, mas em que se apreciam também os belos gibões de couro aveludado, as golas impecáveis, os elegantes peitilhos em ponta, muito bordados, e as penas de garça no gorro. Dança-se, mata-se, morre-se. As damas das classes altas trazem o *vertugade* ou saiote bombeado, que aliás mal protege virtudes pouco austeras. Há um risonho aspecto de festa neste drama impiedoso. A aparição da ópera na França, com o *Bailado cômico da Rainha*, precederá em algumas semanas o assassinato de Henrique III...

É neste quadro rutilante de uma França resplandecente e criadora de beleza que devemos situar as extensas manchas sangrentas dos massacres em nome da fé. Nunca, no decurso de toda a sua história, à exceção do período do Terror revolucionário, essa nação, que sempre gostou de se proclamar sábia e moderada, dará semelhante exemplo de violência desenfreada, de ferocidade inumana: assassinatos, liquidação sumária dos feridos, massacre das populações depois de tomadas as cidades... Tanto de um lado como do outro, revela-se o mesmo desprezo pela vida humana, agravado por fanatismos de sinal oposto, mas idênticos no seu furor.

"Seria impossível dizer que crueldades barbarescas foram cometidas de um lado e do outro — diz o jurista Pasquier, testemunha imparcial, católico tolerante. — Onde o huguenote é senhor, destrói todas as imagens, viola as sepulturas e os túmulos, rouba todos os bens sagrados. Por sua vez, o católico mata, assassina, afoga todos os que conhece dessa seita e assim faz transbordar os rios". Nos seus *Comentários*, o marechal de Montluc, glorioso veterano das guerras da Itália, conta friamente as abundantes execuções de calvinistas a que procedeu na Guyenne: "Podia-se saber os locais por onde eu tinha passado, pois pelas árvores à beira dos caminhos se viam os restos dos enforcados". E, com sentido prático, acrescenta: "Um enforcado impressionava mais do que cem mortos". Informado de que os habitantes do vilarejo de Terraube davam guarida a hereges, o marechal envia para lá uma companhia com a ordem de "despachar todos os que ali se encontrassem". A ordem foi executada imediatamente e, quando se acabou de matar o último, os cadáveres foram lançados ao poço da cidade, "que era muito fundo e ficou tão repleto deles que se podia tocá-los com a mão". O valoroso carrasco conclui: "Foi um belíssimo despacho de rapazes muito maus". Em sentido inverso, no Sudeste, um chefe calvinista, o barão des Adrets, cometeu tais atrocidades que Coligny o qualificou de "besta furiosa". Tendo-se apoderado de Montbrison, obrigou os defensores da praça a atirar-se do alto das muralhas sobre as lanças eriçadas dos seus soldados. Em Mornas, perto de Orange, conta Castelnau que "alguns dos que foram precipitados das janelas tentaram agarrar-se às grades, mas o barão mandou cortar-lhes os dedos com uma incrível desumanidade". Isso não impediu, aliás, que, depois de reconciliar-se com a corte após um desentendimento com os calvinistas, o desumano barão recebesse o colar de São Miguel e declarasse com a maior desfaçatez que nunca agira senão por represália e como meio de intimidação!

Quer isto dizer que não havia na França inteira mais do que animais à solta e ambiciosos sem entranhas de misericórdia? É possível que não[14], pois os homens que formavam as tropas desses chefes sanguinolentos eram os mesmos que, como católicos, se amontoavam nas igrejas para rezar demoradamente após as missas; os mesmos que, como protestantes, cantavam salmos comoventes sobre o amor e a misericórdia, com o coração tão puro! Mas o antagonismo tinha-se tornado tão violento que todo o sentimento humano se desvanecia. Antes de terçar armas no primeiro grande combate fratricida na planície de Dreux, La Noüe, que era corajoso, sensato e profundo, confessa: "Cada um dos que ali se encontravam mantinha-se firme, pensando consigo mesmo que os homens que via avançar contra ele não eram nem espanhóis, nem ingleses, nem italianos, mas franceses, talvez dos mais valentes, entre os quais tinha companheiros, parentes, amigos, e que, dentro de uma hora, seria preciso matarem-se uns aos outros, o que imprimia ao cenário um certo tom de horror, sem por isso diminuir a coragem de ninguém". Esta restrição final dá talvez a chave dessas almas que não eram de modo nenhum insensíveis, mas que julgavam dever ser impiedosas em nome de Cristo...

Tal foi o clima do que se designaria no século XVII por "guerras de religião", com a intenção de desacreditar a fé que tinha suscitado tantas misérias e crimes; os contemporâneos diziam somente: "as agitações". No plano religioso, esses embates constituíram um dos piores aspectos do grande despedaçamento em que a revolta protestante mergulhou a Igreja de Cristo, e, no plano político, um dos principais episódios que levaram à formação da monarquia autoritária. Foram oito confrontos, de 1562 a 1593, mas, na realidade, não se tratou senão do mesmo conflito que, interrompido por tréguas, durou perto de trinta anos e abrangeu toda a França. Combateu-se por toda a parte. Os principais recontros tiveram lugar na Normandia, onde havia o risco de desembarcarem os socorros ingleses. Mas combatia-se também nas regiões do Loire médio, nessas províncias radiosas onde os Valois passeavam com a sua corte de castelo em castelo, onde Condé sonhava encravar "um Estado no Estado" para servir de base às suas ofensivas, com Orléans por capital: Orléans, a cidade em cujas muralhas Francisco de Guise foi atingido pelo tiro do arcabuz de Poltrot de Méré. O Sudoeste também não foi poupado, de Saintonge ao Languedoc e ao Béarn. E até nas longínquas regiões do Reno e dos Alpes, menos acessíveis que as planícies à autoridade central, os protestantes, solidamente estabelecidos, empreenderam operações perigosas.

Contudo, por mais atroz que pareça o espetáculo de todo um reino ensanguentado, não se deve pensar neste caso em operações de grande envergadura, que movimentassem exércitos numerosos, semelhantes aos de hoje. Foram raras as grandes batalhas nessas "guerras de religião". Em Dreux, a 19 de novembro de 1562, cada campo não terá mais do que doze mil homens; em Jarnac, Condé lançar-se-á a libertar Coligny com trezentos cavaleiros; em Moncontour, a 3 de outubro de 1569, os católicos enfileirarão vinte e quatro mil soldados contra cerca de vinte mil protestantes. À medida que passarem os anos, e for mais difícil pagar aos mercenários, e as operações se fracionarem numa multidão de pequenos episódios locais, os efetivos diminuirão ainda mais. Compreender estas guerras não é evocar manobras estratégicas bem articuladas, com a sua clássica divisão em oito partes; é antes seguir o seu desenrolar em cada província, em cada cidade, quase em cada aldeia; é imaginar a ação de um grupo de fanáticos numa cidade, a passagem de bandos que pilham, extorquem, violam e matam; é evocar um terror quase geral, um sofrimento intermitente, mas aterrador, análogo àquele de que nos dará uma ideia a guerra civil da Espanha na década de trinta do século XX.

Enfim, complicando ainda mais as coisas — exatamente como nessa outra guerra civil que acabamos de evocar —, a intervenção estrangeira... O seu mecanismo foi perfeitamente exposto pelo chanceler Michel de L'Hôpital, falando aos Estados Gerais: "Vemos que um francês e um inglês que são de uma mesma religião têm mais afeição e amizade entre si que dois cidadãos da mesma cidade, súditos do mesmo rei, que sejam de religiões diferentes". Para poder triunfar, cada campo fez apelo à potência estrangeira que lhe parecia fraternal no plano religioso. Os católicos contavam com a Espanha de Filipe II, com a qual mantinham relações tão estreitas que, na sua correspondência secreta, o embaixador da Espanha designava o cardeal de Lorena[15] com esta única expressão: "o amigo". Os protestantes, por sua vez, apoiavam-se na Inglaterra protestante.

Pesou sobre todas as operações militares uma atmosfera que nós hoje não hesitaríamos em qualificar de traição. Chegou-se a sacrificar os interesses da França aos do fanatismo, a ponto de se entregar o Havre aos ingleses, como fizeram os reformados, ou de se introduzir em Paris tropas espanholas, como fizeram os católicos; e bem raros foram os que se indignaram com semelhantes manobras. A política internacional interferiu, pois, na política interior ao longo de todos esses trinta anos sangrentos. E as intervenções estrangeiras, estabelecendo um equilíbrio de forças, não contribuíram pouco para prolongar uma guerra fratricida em que nenhum dos dois adversários estava em condições de dar ao outro o golpe decisivo, mas em que ambos se dilaceraram, acabando por fazer do belo reino esse "Cadáver da França" de que falará, por volta de 1598, o jurista Pasquier.

Catarina e Coligny: a carnificina de São Bartolomeu

Como uma tragédia de teatro, a das guerras de religião dividiu-se em três grandes atos, e no decurso de cada um dos três uma personalidade significativa esteve em primeiro plano. A conclusão do drama será traçada por Henrique IV, quando a França, cansada, desgostosa de tanto sangue, se tornar por fim capaz de refletir. O ato central, o do paroxismo, será o de um príncipe hesitante, puxado de cá para lá, movido por nebulosas paixões e instintos mal controlados: Henrique III. O primeiro ato foi o de *Catarina de Médicis*.

A personagem é enigmática sob muitos aspectos, tal como aparece nos retratos: "Rosto fechado, enterrado no colarinho branco, gorda aos seus quarenta anos, de testa arqueada sob a ponta do véu sombrio, grandes olhos negros, globosos e salientes, verdadeira máscara de abadessa, como diz Balzac, distante e macerada, discreta e inquisidora". Alerta, enérgica, amiga das cavalgadas, dos festins e das farsas, tinha também um lado do seu ser que combinava bem com as vestes de luto que nunca abandonou: a sombria paixão pela intriga era nela a de uma autêntica compatriota de Maquiavel, e a imoralidade absoluta também. Não somente em política; sabe-se para que fins utilizava o encantador batalhão das suas damas de honra, sujeitas à mais servil obediência por todos os meios, mesmo pelos mais grosseiros castigos aplicados pessoalmente por ela, pobres peões sobre o tabuleiro de Sua Majestade. Do ponto de vista religioso, cultivava uma espécie de indiferença superior aos dogmas e preceitos, que a fez escrever ao papa Pio IV uma carta muito curiosa, em que lhe propunha reduzir a religião aos mandamentos do Decálogo, o que permitiria a todos reconhecerem-se cristãos de uma só fé! Entrando no jogo dos campos adversos, uma mulher de tal calibre certamente não introduziria nele o fanatismo religioso, mas uma única paixão: a de comandar por todos os meios os interesses do trono que ocupava; e poria ao serviço dessa política, juntamente com o seu cinismo, a sua majestade natural, a sua inteligência prática e uma incontestável habilidade.

A intenção de Catarina de Médicis foi manter o prestígio real acima das desordens internas. Conseguiu-o durante cerca de dez anos. Quando a morte a desembaraçou quase ao mesmo tempo de Antoine de Bourbon, de Francisco de Guise e do marechal de Saint-André, impôs a primeira "paz de religião", o *edito de Amboise* (março de 1563), que daria à França quatro anos de paz, e aproveitou-se disso para lançar os adversários da véspera, reunidos, numa expedição que arrebatou o Havre aos ingleses. Depois, no decorrer dos anos de 1564 e 1565, para divertir os franceses, segundo os conselhos de Francisco I, empreendeu uma lenta e suntuosa viagem pelas províncias, a fim de mostrar ao seu povo o jovem Carlos IX, que, tendo atingido os treze anos, acabava de ser declarado maior de idade.

Mas foi uma trégua bem precária. Condé e Coligny desconfiavam da boa-fé da rainha-mãe, temiam que o severo papa Pio V a exortasse a enveredar pela repressão e que Filipe II lhe tivesse feito promessas, caso seguisse esse caminho. Derrotados em Dreux, os protestantes não se davam de maneira nenhuma por vencidos. Catarina, por seu lado, parecia recear uma vitória excessiva que a entregasse ao partido da reforma católica: concedeu liberdade de culto aos hereges nos subúrbios das cidades, a critério do juiz local, e nas residências dos altos magistrados, e depois onde quer que se fizessem as pregações publicamente, não as proibindo senão em Paris. Consciente das intenções da rainha, Montluc exclamava furioso: "Nós vencemos pelas armas, mas os protestantes vencem por esses diabos de escrituras!"

As hostilidades recomeçaram, portanto, em 1567 e 1568. O condestável de Montmorency foi morto num combate travado em Saint-Denis para libertar Paris que Condé tinha cercado; os calvinistas deixaram-se bater em Jarnac e em Moncontour; tenaz, Coligny retomou a vantagem. O jogo de balança servia demasiado aos interesses da rainha para que não o encorajasse. Oficialmente, irritava-se profundamente com a insolência de que tinham dado mostra os huguenotes ao tentarem tirar o rei ainda pequeno do palácio de Monceaux, mas ao mesmo tempo negociava o casamento de sua filha Margarida de Valois com o jovem rei de Navarra, Henrique, que aos quinze anos se tornara chefe do partido calvinista. E a estrela de *Gaspard de Coligny* (1517-1572) subia.

"Tinham-no — diz Brantôme — por um fidalgo, por um homem de bem, sensato, maduro, politicamente prudente, corajoso censor dos costumes, que pesava as probabilidades e amava a honra e a virtude". Fora com pena — e com os escrúpulos que vimos — que se metera na guerra civil; dizia com frequência aos seus companheiros que "não havia nada no mundo que detestasse tanto". Era de aspecto agradável, sério, de olhos muito azuis, de rosto enérgico e magro. Tão bom francês como protestante fervoroso, desejava acima de tudo a grandeza da sua pátria. "Não há dúvida — diz ainda Brantôme — de que ambicionou muito para o seu rei e de que se preocupou e se empenhou muito em torná-lo grande".

Chamado para o Conselho real por Carlos IX em 1571, ganhou imediatamente uma grande influência. Prometia grandes coisas ao jovem rei. Pensava ser urgente reatar a política tradicional contra a Espanha e estabelecer uma grande aliança com a Inglaterra, com os príncipes luteranos da Alemanha, com os Médicis da Toscana, com os Cantões suíços e com os turcos. Os Países-Baixos acabavam de sublevar-se; soava a hora de "lançar-se à guerra de dentro para fora"; já havia voluntários huguenotes que, sob o comando de La Noüe, ajudavam Luís de Nassau a ocupar Mons e Valenciennes. E quando se reuniu em Paris a 18 de agosto de 1572, para o casamento de Henrique de Navarra, a nobreza huguenote parecia triunfar.

Nada disso agradava a Catarina. Por um lado, não admitia que a suplantassem na tutela do seu filho. Por outro, media as dificuldades da ação fora das fronteiras. Elisabeth I não estava disposta a comprometer-se; os príncipes luteranos já não simpatizavam com os calvinistas dos Países-Baixos; os turcos acabavam de ser batidos em Lepanto; um exército de reforço comandado por Genlis era aniquilado antes de atingir Mons. O porte frio e altivo do almirante Coligny acabou por exasperar a rainha. Entrou em conchavos com *Henrique de Guise* (1550-1588), o filho de Francisco, belo moço de vinte e dois anos, cheio de ambições e de audácias impiedosas, que via numa política ultra-católica a oportunidade decisiva da sua carreira. E, a 22 de agosto, quatro dias depois do casamento de Henrique de Valois, futuro Henrique IV, um nobre do clã Guise, Maurevert, escondido numa casa, na esquina da rua Fossés-Saint-Germain com a Poulies, disparava sobre Coligny que saía do Louvre. Uma bala cortou-lhe um dedo, outra rasgou-lhe o braço esquerdo. Mas estava vivo e sabia quem tinha posto a arma nas mãos do assassino.

Carlos IX enfureceu-se: "Acaso nunca mais terei descanso? Sempre novas agitações?" Foi visitar o ferido e anunciou que vingaria o crime "de maneira horrível". À noite, Catarina encostou-o contra a parede, como ninguém melhor do que ela sabia fazer, para que lhe confessasse o que o almirante lhe dissera em segredo. Carlos tinha então vinte e dois anos, mas diante da mãe continuava a ser uma criança. Falou. Coligny tinha-o aconselhado a reinar por si próprio. Catarina ficou desvairada. Reunidos em Paris para o recente casamento, não estariam todos esses nobres senhores huguenotes em condições de desembaraçar-se dela? Não influenciaria Coligny o fraco cérebro do seu filho? O primeiro golpe falhara; era preciso suprimir todos os chefes da Reforma. Foi o que lhe devem ter dito alguns, e com toda a certeza o jovem e terrível Guise. E o crime abominável, o mais horrível sem dúvida que já se cometeu em nome da fé, não seria afinal de contas senão o expediente desesperado de que se serviu uma grande ambição em apuros.

Na tarde de 23 de agosto, Catarina foi visitar o filho. Durante duas horas, pintou-lhe a sua coroa em perigo, os seus irmãos ameaçados, a mão dos ingleses sorrateiramente introduzida nos negócios da França. Ora maternal, ora ameaçadora e imperiosa, exaltou tão bem a sensibilidade doentia do jovem que este acabou por perder literalmente a cabeça. Todos os seus conselheiros mais fiéis, um por um — Birague, o italiano Gonzaga, o duque de Nevers, o marechal Tavannes, o cavaleiro de Angoulême —, todos eles pesaram sobre a sua decisão, mostrando-lhe a guerra civil como prestes a recomeçar. E foi então que, numa crise quase de demente, o jovem rei gritou a célebre ordem: "Matai-os a todos, para que não fique nenhum que me venha recriminar!"

Em plena noite, armou-se o plano do massacre: Guise tomou a direção das operações. Foi decidido que só se deixariam com vida Condé e Henrique de Navarra, por causa do sangue real das suas veias. Na madrugada de 24 de agosto, as milícias municipais e os guardas suíços deram começo à operação. No último instante, a família real, tomada de terror, quis suspender tudo, mas era demasiado tarde: já se tocava a rebate em Saint-Germain-l'Auxerrois. Ia levantar-se sobre Paris a aurora de um dia atroz: era o dia litúrgico da festa de São Bartolomeu, apóstolo e mártir.

Num instante, Henrique de Guise dirigiu-se ao domicílio de Coligny. Forçou-se a porta e empurraram-se os guardas. Despertado pelo barulho, o almirante apareceu envolto num roupão. Um mercenário tcheco, João Janowitz, gritou-lhe: "Sois vós o almirante?" Coligny respondeu: "Sou eu". Depois acrescentou: "Prouvesse a Deus que fosse um homem e não um canalha quem me matasse". Ferido no ventre e depois apunhalado, ainda respirava. Na rua, Guise gritava aos assassinos que se apressassem. Lançaram o moribundo pela janela. O loreno reconheceu-o, afastou-o com o pé e depois retirou-se sem dizer palavra. A cabeça do grande almirante da França foi cortada para ser enviada a Roma e o seu corpo levado para o cadafalso de Monfaucon, como o de um bandido.

Explodiu então uma orgia de assassinatos, um contágio sanguinário. Só se deviam matar os chefes, mas houve mais de duas mil vítimas. Excitada, a populaça entrou no jogo e inúmeros protestantes foram arrancados da cama, degolados ou afogados por megeras em delírio e por loucos. Matou-se nos corredores do Louvre, na câmara da jovem rainha de Navarra, onde o seu escudeiro, o visconde de Léron, foi perseguido até ao leito. Levados à presença do rei, Condé e Henrique de Navarra ouviram a proposta: "Ou missa, ou morte, ou Bastilha". Abjuraram. Em vão o rei mandou publicar na tarde do dia 24 a ordem de cessar a matança — e a pilhagem, que ia de vento em popa —: foi somente no dia 27 que o povo, embrutecido, parou de matar. No interior, Orléans, Rouen, Toulouse e Lyon imitaram Paris, mas no Delfinado, na Borgonha e na Auvergne os governantes católicos conseguiram impedir a mortandade. Quantas vítimas houve em toda a França? Não se sabe ao certo: entre oito e trinta mil, segundo as estimativas. Entre elas, o grande humanista Ramus e o músico Goudimel. Bernard Palissy, por simples escrúpulo, foi apenas encarcerado na Bastilha, e Michel de l'Hôpital foi esquecido nas suas terras de Vignay, onde se encontrava, adoentado; morreu de desespero alguns meses mais tarde. Ora arrepiado de horror, ora embriagado pelo sangue, Carlos IX jamais esqueceria as atrozes visões de que tinha sido responsável: o seu equilíbrio mental não resistiria.

As repercussões internacionais foram consideráveis. "Que paulada para nós!", exclamou Guilherme o Taciturno, chefe dos rebeldes dos Países-Baixos. Os católicos fanáticos rejubilaram-se. E o papa? A sua atitude foi muito criticada, mas as críticas baseavam-se apenas nas aparências. São Pio V tinha certamente estimulado Catarina, desde há muito, a "exterminar os hereges": prova-o uma carta de 1569. Mas o que ele desejava era a guerra aberta e não o morticínio coletivo. O seu sucessor, Gregório XIII, partilhava da mesma opinião, e, quando ouviu dizer que a

Corte da França preparava o assassinato de Coligny e de Condé, protestou sem reservas. Chegou a ficar vermelho de ira ao saber que o cardeal de Lorena tinha trazido ao Vaticano o homem, Maurevert, que atirara sobre o almirante: "É um assassino!", gritou.

O papado não teve, pois, nenhuma responsabilidade na matança de São Bartolomeu, nem de perto nem de longe. Mas, iludido pelo relato tendencioso do episódio que lhe foi enviado de Paris, Gregório XIII acreditou que se tratava de uma batalha bem ganha, e exclamou que era "mais grata do que cinquenta vitórias de Lepanto" (esse bolonhês sabia usar o exagero meridional). Depois disso, mandou cunhar uma medalha comemorativa e encarregou Vasari de imortalizar sobre as paredes o novo triunfo da Igreja. Esse erro viria a ser-lhe duramente censurado[16].

No plano interno, a carnificina de São Bartolomeu trouxe uma consequência muito grave: a Reforma francesa mudou mais uma vez de feição. Começara por ser "opinião, depois igreja, depois partido político e exército", segundo a expressão exata de Léonard[17]; a partir desse momento, tornou-se, segundo a opinião de Michelet, "uma república protestante", um contra-Estado. Ao abraçá-la, os nobres tinham pensado quase exclusivamente nas liberdades religiosas da sua casta; agora, muitos deles estavam mortos e quinhentos e vinte e sete tinham abjurado juntamente com Henrique de Navarra e Condé. Os burgueses, aterrorizados, fugiam para Genebra e Londres. Mas, nos burgos, no campo, a arraia-miúda sustentou a causa, chefiada por modestos senhores do Béarn, do Languedoc ou de Rouergue. Apoiada em Nîmes e Montauban, em Sancerre e em La Rochelle, facilitada pelas antigas tradições comunais do *Midi*, do Sul da França, a "república protestante" organizou-se.

Em Millau, em dezembro de 1574, uma assembleia delineava a constituição desse Estado esparso e flutuante. Decidiu-se prever o levantamento de fundos, a criação de cônsules eleitos e uma estrutura militar. A democracia calvinista desentranhou-se em panfletos e tratados contra o governo dos assassinos. Enquanto um desses libelos — *Vida, ações e costumes dissolutos de Catarina de Médicis* — escarnecia da rainha, Teodoro de Beza no seu *Direito dos magistrados sobre os seus súditos*, Hotman no seu *Franco-Gallia*, Duplessis-Mornay ou Languet nas anônimas *Vindiciae contra tyrannos* traçavam as bases jurídicas de uma insurreição, desenvolviam — com um século e meio de antecedência — a tese do *Contrato social*, reclamavam a convocação dos Estados Gerais para a escolha de um novo rei. Montluc, nas suas *Memórias*, diz que essa propaganda se estendia por toda a França, que por toda a parte se ouviam os camponeses calvinistas exclamar que o verdadeiro rei da França eram eles, o povo soberano. A situação que Catarina julgara loucamente poder solucionar pelo meio atroz da carnificina piorou muito.

Minado pela tuberculose, gasto pelos prazeres do amor, com o sono entrecortado por abomináveis pesadelos em que via os seus antigos amigos aparecerem-lhe ensanguentados e com palavras duras de censura nos lábios, Carlos IX finava-se. Viria a morrer em 30 de maio de 1574, medindo com terror as consequências do seu ato, a maldição que o sangue derramado lançava sobre o seu reino, essa maldição que Agrippa d'Aubigné, o poeta das *Tragiques*, iria cantar:

Cidades ébrias de sangue e de sangue sedentas,
vós sentireis de Deus a terrível mão.
As vossas terras serão ferro, e o vosso céu de bronze...

Henrique III e a Santa Liga

Logo que teve conhecimento da morte do irmão, o terceiro filho de Catarina, Henrique, o seu preferido, a quem ela fizera rei da Polônia, apressou-se a deixar subrepticiamente a cidade de Cracóvia para voltar a Paris e ocupar o trono. Tinha vinte e três anos. Era um rapaz "alto, delgado, ligeiramente curvado, que olhava de cima, sem afetação, com uma graça majestosa e com muito à-vontade e ao mesmo tempo muita reserva. Dotado de uma inteligência notável, sofria de intermitências da vontade que o faziam parecer indiferente à coisa pública, quando a trazia no fundo do coração. À semelhança de Carlos VII, teve falhas de caráter até o momento em que necessitou dele a todo o custo. Mas, tão frívolo nos detalhes da sua vida como sério nos negócios, a sua extravagância, os seus caprichos, as suas manias, levadas por vezes até ao ridículo, iam desconcertar e depois exasperar uma opinião tantas vezes mantida em suspenso pelos seus talentos de orador e de homem de Estado"[18]. Personagem infinitamente complexo, viam-no passar de escandalosas mascaradas à prática de uma devoção exagerada — pôde-se observá-lo em Lyon acompanhando uma procissão e flagelando as costas a golpes de açoite —, rodear-se de mancebos demasiado conhecidos, mas fazer um casamento de amor e tratar carinhosamente a esposa; em suma, foi o primeiro rei da França a quem os súditos chamaram oficialmente "Majestade" e que mereceu esse título. Mas tinha ele estatura suficiente para assumir as terríveis responsabilidades que as circunstâncias lhe impunham?

O reinado de *Henrique III* (1574-1589) foi o do pior despedaçamento da França, o da guerra civil conduzida com decisão e o das grandes intervenções estrangeiras: quinze anos terríveis. Três grupos dividiam entre si o reino:

os protestantes, agrupados na União calvinista, esse "Estado dentro do Estado", como havia de dizer Richelieu; os católicos violentos, exaltados pela vitória e mais do que nunca resolvidos a impor por todos os meios as suas ideias; e um terceiro partido cujos antecedentes não era difícil encontrar, quanto mais não fosse nas ideias de Michel de L'Hôpital — "a mansidão aproveitará mais do que a violência" —, mas que as circunstâncias, o desgosto provocado pelo sangue e um instinto de sabedoria tornavam atual.

Os partidários desta última corrente eram chamados "os políticos" ou "os descontentes", duas palavras que designavam com propriedade os seus sentimentos e o seu programa. Governadores que não tinham autorizado a carnificina, católicos aterrorizados por tanto sangue derramado, huguenotes moderados conscientes de que a longo prazo a guerra seria funesta à sua doutrina, convertidos recentes — todos eles desejavam a reconciliação nacional e a paz na tolerância. Os seus chefes eram o filho de Montmorency, Damville, governador do Languedoc, e — infelizmente, porque se tratava de um ambicioso trapalhão, que nem sempre seria útil à bela causa —, Francisco, duque de Alençon, o irmão mais novo do rei, pretendente insatisfeito e sempre disposto a tudo.

Graças ao novo partido, graças também à indomável resistência de Rochelle e Sancerre — dignas da Sião e da Samaria bíblicas —, os protestantes, muito pouco tempo depois da trágica noite de agosto de 1572, deram-se conta de que tinham recuperado as suas posições. Na esperança de acalmar toda a gente, Henrique III, incitado por Catarina de Médicis, negociou a *Paz de Beaulieu* (maio de 1576). Autorizava-se o culto reformado em toda a parte menos em Paris; concediam-se aos protestantes oito "praças de segurança", verdadeiros arsenais de um clã que a partir desse momento podia manter-se legalmente em pé de guerra e ter livre acesso a todas as fronteiras; criavam-se câmaras mistas nos Parlamentos provinciais para julgar processos em que estivessem em causa os protestantes. A coroa aprovava o "Estado dentro do Estado".

Como é que os católicos violentos não haviam de ripostar a umas medidas que lhes pareciam uma inadmissível demissão do rei? À organização protestante, responderam com uma organização contrária. Durante os primeiros recontros, tinham-se formado confederações armadas aqui e acolá. Logo que se firmou a Paz de Beaulieu, quando se viu Condé, já antes governador da Picardia e Navarra, ser nomeado governador da Guyenne, falou-se alto e bom som de traição. Em Péronne, para impedir o jovem príncipe Condé de tomar posse do seu governo, d'Humières convidou os católicos a agrupar-se "numa santa e cristã união, a fim de restaurar o santo serviço de Deus e a obediência a Sua Majestade": nascera a *Liga*, que em breve se constituiria também no Languedoc, na Champagne, no Nivernais, na Borgonha. Paris, ardorosamente aferrada à ortodoxia romana, responsável pela extensão da mortandade, respondeu ao apelo fanático de muitos padres e monges que excitavam as multidões. Assim surgiu um segundo "Estado dentro do Estado", com um líder de audácia implacável à cabeça: Henrique de Guise, daí em diante conhecido por *le Balafré*, "o Acutilado", por causa do ferimento que acabara de receber no combate de Dormans.

A doutrina do partido foi elaborada logo pelos jesuítas. Sintetizava-se em quatro palavras: "restabelecimento integral do catolicismo". Proclamava-se bem alto a fidelidade ao rei, mas ao mesmo tempo falava-se dos Estados Gerais para o caso de o soberano vir a ser infiel ao programa que lhe era proposto. Guise mandou organizar uma árvore genealógica que o ligava gratuitamente nada menos que a Carlos Magno! E Filipe II enviou à Liga emissários com promessas de subsídios e reforços.

A situação era, pois, muito grave para Henrique III. Tinha ele plena consciência disso? A história abandonou já a imagem que formou durante muito tempo a seu respeito: a de uma espécie de títere fardado, apaixonado por cachorros e por bailes de máscaras. O primeiro dos reis Capetos que teve a ideia de estabelecer uma espécie de Código geral — os trezentos e sessenta artigos da grande ordenação de Blois —, que procurou reorganizar a economia francesa, impondo quadros corporativos a todos os ofícios, estava certamente longe de ser um medíocre. Mas, nessa hora decisiva, teria sido necessário à frente do reino um outro homem que não esse rebento de uma raça envelhecida e condenada.

Em face da Liga, Henrique III não descobriu outro modo de proceder senão proclamar-se seu chefe e, depois de um novo confronto armado, restringir pelo Edito de Poitiers de outubro de 1577 as vantagens concedidas no ano anterior aos protestantes. Estabelecidas essas garantias, ordenou à Liga que se dissolvesse, imaginando — um pouco ingenuamente — que assim se reduziam os dois campos à impotência. Queria sinceramente trabalhar por restituir ao seu país a ordem e a prosperidade, e à coroa todo o seu prestígio; foi nessa altura que instituiu a Ordem do Espírito Santo, cujos cavaleiros lhe juravam obediência. Em política externa, conduzia um jogo sutil: por um lado, deixava o seu jovem irmão Francisco intervir nos Países-Baixos contra a Espanha; por outro, não impedia que vários dos seus nobres se associassem ao grande projeto de cruzada contra Elisabeth da Inglaterra, forjado por jesuítas exaltados. Mas essa política de balança estava votada ao fracasso. Quanto à Liga, nunca um Henrique de Guise concordaria em entrar na fila como uma criança bem disciplinada, e, quanto aos protestantes, não viam proveito em renunciar às vantagens adquiridas, tanto mais que dali por diante a União calvinista tinha um jovem cabo de guerra de primeira ordem, cujo ardor e intrepidez sem igual galvanizavam as tropas: Henrique de Navarra, que, tendo voltado à heresia, fugira de Paris.

Uma nova luta, sem vencedores nem vencidos, parecia contudo encaminhar as coisas para alguma forma de acordo no momento em que a questão da sucessão voltou a inflamar os ânimos. Henrique III não tinha filhos nem parecia capaz de tê-los. O turbulento Francisco era o seu herdeiro; mas, em 19 de junho de 1584, num vômito de sangue, expirou. Em virtude da lei fundamental — a famosa «lei sálica» —, a sucessão passava para Henrique de Bourbon, "rei de Navarra": Henrique III reconheceu-o. Indignação no clã católico! O quê?! Ver no trono de São Luís esse renegado, esse traidor? Era uma situação inquietante. Mas o herdeiro guardou-se de tirar proveito imediato da situação. Permanecendo em Nérac, onde rivalizava com a sua esposa, "a rainha Margot", em aventuras galantes, teve — como diz d'Aubigné — a sabedoria de "esconder-se atrás de si mesmo". Mas a sua mera existência era suficiente para exasperar as paixões.

Espontaneamente, em diversos lugares do reino, a Liga reconstituiu-se antes mesmo de entrarem em cena os três Guises, o Acutilado, o cardeal de Lorena e Mayenne. Como é que a imensa maioria desses católicos, que lutavam há tantos anos pela sua fé, podia admitir que um huguenote viesse a ser rei da França? Havia a lei fundamental, sim, mas acima dela pairava outra lei mais imperativa: "Jesus Cristo, rei da França, que tinha no país o seu lugar-tenente, sempre cristão, a fazer justiça". Essa reação tomou conta espontaneamente do próprio povo, para além de todos os interesses políticos. Em Paris, a propaganda da Liga conquistou a burguesia, as câmaras do Parlamento, o mundo do funcionalismo público, a corporação dos açougueiros, os pequenos artesãos. Alguns membros da nobreza apoderaram-se de várias praças para prepararem a luta: Châlons-sur-Marne, Dijon, Mâcon. Henrique de Guise alertou Filipe II, que lhe prometeu 50 mil reais por mês. Começou a lançar-se a ideia de que, no caso de morte do rei, os católicos reconheceriam como soberano o velho cardeal de Bourbon, tio de Henrique de Navarra. O papa Sisto V assinou uma bula declarando o navarro incapaz de subir ao trono da França. Desenhava-se a ameaça de uma guerra civil, pior do que tudo o que se tinha visto até à data. Quase todas as grandes cidades no Norte, no Oeste e no Leste pegaram em armas contra "aqueles que se esforçavam por subverter a religião católica e o Estado". O próprio cardeal de Bourbon intimava o rei a reunir os Estados Gerais.

Henrique III sentiu-se encurralado. Em vão o duque de Épernon, enviado para junto de Henrique de Navarra, lhe suplicou que retornasse ao seio da Igreja: o herdeiro, como era do seu estilo, limitou-se a fazer belas promessas vagas e juramentos de fidelidade. O protesto dos católicos transformou-se em ultimato. O rei deixou a mãe assinar o tratado de Nemours, em julho de 1585: proibiu-se o exercício do culto protestante e os seus sequazes foram intimados a abjurar dentro de seis meses, sob pena de exílio; Henrique de Navarra perdeu o direito à coroa. A Liga triunfava. Foi esse o sinal do que vulgarmente se chama "a oitava guerra de religião", a mais longa — durou oito anos —, a mais violenta. A intervenção estrangeira tornou-se cada vez mais ativa: desde a época dos Armagnacs e dos Borgonheses, nunca a unidade da França estivera em tão grave perigo.

A popularidade de Henrique de Guise não cessava de crescer: "A França — diz um contemporâneo — está louca por esse homem, porque é pouco dizer que está enamorada". Enquanto Henrique de Navarra, senhor do Sudoeste, derrotava em Coutras o duque de Joyeuse, um dos favoritos do rei, o Acutilado conseguia na Champagne dois modestos êxitos que uma hábil propaganda transformou em triunfos do "novo Macabeu". A Liga estendia o seu domínio a três quartas partes do país e desenvolvia um programa destinado a vincular a Roma o clero francês renovado e a restituir à nobreza e às cidades os seus privilégios e imunidades. Henrique III encontrava-se totalmente ultrapassado pelos acontecimentos. Por meio de Montaigne, conservava o contato com Henrique de Navarra. Mas de quem mais desconfiava era do duque de Guise, e, quando este anunciou a sua chegada a Paris, proibiu-o de lá entrar. O Acutilado fez ouvidos surdos à proibição real e foi acolhido triunfalmente. Iria ele obrigar o seu soberano a abdicar? Correu esse boato, como também o de que Henrique III, que acabava de fazer entrar tropas na capital, se preparava para prender e talvez assassinar o seu rival. Rebentou um verdadeiro motim, o *dia das barricadas* (12 de maio de 1588), que causou a morte de sessenta soldados do rei, e que só a autoridade de Henrique de Guise conseguiu deter. Furioso, Henrique III fugiu para Chartres.

E foi então que esse rei que parecia perdido jogou com consumada astúcia uma temível cartada. Fingiu concordar em tudo com o seu feliz rival. Nomeou-o lugar-tenente geral do reino e, nos Estados Gerais reunidos em outubro de 1588 em Blois, não só aderiu às teses da Liga como foi mais longe. Publicar os decretos do Concílio de Trento? Pois claro. Introduzir nas leis fundamentais o banimento dos hereges? Com muito gosto. Mas ele não ignorava que os jovens loucos — e loucas — do círculo de Henrique de Guise, e especialmente a sua irmã Montpensier, mostravam a quem quisesse as tesouras de que se serviriam para tosquiá-lo, como a um vulgar merovíngio *fainéant*, "boa-vida", e preparava na sombra a sua desforra.

No sábado, 23 de dezembro, antevéspera do Natal, mandou pedir ao duque que viesse conversar com ele no seu gabinete. Estavam lá oito homens de confiança. Guise entrou e cumprimentou-os; os oito gentis-homens levantaram-se, como por deferência. E deu-se o drama. Apunhalado por diante e por trás, crivado de golpes de espada nos rins, Guise gritou em vão por socorro. Como era particularmente forte, ainda teve forças para arrastar o cacho dos seus assassinos até ao leito do rei, diante do qual tombou. O cardeal de Guise foi morto no dia seguinte, e o cardeal de Bourbon lançado numa masmorra. "Agora sou rei" — exclamou Henrique III, e assim escreveu ao legado do papa —, "e estou resolvido a não sofrer mais injúrias nem violências".

Os acontecimentos precipitaram-se com uma lógica impiedosa: rebelião de Paris, que constituiu um Conselho geral para coordenar a ação dos católicos, rápida expansão do movimento da Liga por quase todas as cidades, nomeação do duque de Mayenne, o mais novo dos Guises, como "lugar-tenente geral do Estado e Coroa da França", reconciliação de Henrique III com Henrique de Navarra, intimação papal ao rei para que comparecesse na corte de Roma a fim de responder pela morte do cardeal de Guise... A velha Catarina tinha morrido em janeiro, desesperada. "Perjuro, promotor da heresia, assassino, sacrílego", Henrique III enfrentou a tempestade com uma coragem que não se esperaria de um efeminado como ele. Totalmente resolvido a acabar com a Liga, aliou-se aos protestantes de Navarra e veio cercar a sua capital com trinta mil homens.

Mas o punhal atrai o punhal. Na Paris sitiada, reinava uma excitação demencial. Pregações exaltadas, panfletos, quadros expostos nas igrejas e até nas ruas esquentavam ao máximo as imaginações. Muita gente boa estava sinceramente convencida de que, se os dois Henriques vencessem, cometeriam as mesmas violências que Elisabeth da Inglaterra cometera contra os seus súditos católicos. Ganhava força a ideia da necessidade de um regicídio. Um jovem jacobino de vinte e dois anos, Jacques Clément, filho de camponeses, rude e tacanho de inteligência, decidiu ser o instrumento da justiça divina. Depois de ter orado e jejuado, e de ter sido encorajado nos seus desígnios por visões místicas — segundo declarou —, apresentou-se a 1º de agosto de 1589 no acampamento real de Saint-Cloud, conseguiu ser recebido pelo rei sob o pretexto de ter segredos a comunicar-lhe, e, logo que chegou à sua presença, enterrou-lhe um cutelo no ventre; depois, com os braços em cruz, esperou que os guardas o chacinassem. Antes de morrer, Henrique III ainda teve tempo de abençoar o seu sucessor, que acorreu a toda a brida de Meudon.

Henrique IV, o pacificador

Abria-se um novo reinado, que viria a ser um dos mais belos da história da França (1589-1610). Mas abria-se na pior das confusões. D'Aubigné, testemunha ocular, relatou a agitação que se estabeleceu no acampamento de Saint--Cloud em volta do defunto, guardado pelos dois irmãos mais novos. Nobres senhores enterravam o chapéu na cabeça ou jogavam-no ao chão, gritando com raiva: "Antes sofrer mil mortes do que ter um rei huguenote!" Os príncipes e os grandes oficiais reconheceram Henrique de Navarra como rei da França, mas ele não podia iludir-se sobre as dificuldades que teria de transpor; no entanto, não era homem para desesperar.

Henrique IV! Não há nenhum rei da França que tenha deixado na consciência nacional uma recordação mais amigável e indulgente. Contudo, tinha muitos defeitos: "criatura de raça estrangeira, muito firme como militar, para tudo o mais tão fluido como a água", era inconstante no amor, infiel na amizade, falador e mais pródigo em cumprimentos que em ouro, muito rápido em esquecer tanto os benefícios como as injúrias; sem chegar a ser "a água mentirosa" de que falou Shakespeare, era precisamente o contrário de um homem seguro. Mas as suas qualidades eram sólidas: inteligência penetrante para captar os homens e os acontecimentos, paciência e bravura, o dom tão raro de saber rodear-se das pessoas certas, e uma inesgotável sabedoria. Inimigo dos golpes de autoridade, dando às suas ordens a aparência de pedidos, queria, diz Pasquier, "ser acreditado absolutamente, e um pouco mais que os seus predecessores, na condução dos negócios de Estado". Todo esse complexo conjunto de méritos e de carências fazia dele o tipo de herói que agradava aos franceses, até mesmo pelo seu trato simples e familiar, pela bonomia um pouco trocista, pela bondade fácil, pela confiança em si próprio e na sua estrela... Não se resistia à sua gentileza insinuante, aos seus olhares vivos, à sua voz acariciadora, às suas lágrimas, às suas piadas e risos. Tudo isso formava em suas mãos uma vaza de bons trunfos: saberia servir-se deles.

Avaliou a situação ao primeiro golpe de vista. A Liga dominava Paris, as grandes cidades e uma parte das províncias. Mayenne declarava rei, com o nome de Carlos X, o cardeal de Bourbon, mantido na prisão desde a morte de Henrique de Guise. Os protestantes dissuadiam Henrique de Navarra de tentar mudar-lhes a fidelidade, posta à prova pela aliança incerta com inimigos ferozes. Os "políticos" sussurravam-lhe que, como chefe de uma minoria confessional, não podia reinar sobre uma nação cuja maioria permanecia ligada à Igreja romana. Alteado pelo sentimento da sua legitimidade, Henrique IV, "pálido de cólera e de medo", como conta d'Aubigné, começou por indignar-se "com essa violência de agarrá-lo assim pelo pescoço logo nos primórdios da sua chegada... e de intimá-lo a despojar-se da alma e do coração à entrada da realeza". Contudo, embora tivesse proclamado — com esse dom das fórmulas cortantes tão útil aos seus desígnios — que tinha a seu favor "entre os católicos, todos os que amavam a França e a honra", que "ele era o rei dos bravos e que só seria abandonado pelos poltrões", não ignorava que, se quisesse reinar, teria de voltar à fé dos seus antepassados.

A 4 de agosto, afirmava que manteria "no reino a religião católica, apostólica e romana na sua integridade, sem lhe inovar ou mudar qualquer coisa", e que "estava pronto e nada desejava mais do que ser instruído na dita religião por um bom, legítimo e livre concílio geral e nacional". No fundo de si mesmo, sem ser o cético que certas intemperanças de linguagem deixam supor, notava, na história recente e na sua experiência de chefe, excessivos compromissos temporais misturados com as opções religiosas para não pensar que Deus reconhecia os seus para além das diferenças rituais e mesmo doutrinais, e que se podia alcançar a salvação tanto numa confissão como noutra. E depois, tinha uma ideia demasiado elevada da monarquia e um sentido demasiado agudo das realidades francesas para não lhes sacrificar os seus escrúpulos pessoais.

Para começar, metade das tropas que cercavam Paris tinha desertado: não havia outra solução senão recuar para a Normandia, a fim de manter o contato com a Inglaterra. Foi o que fez e, quando Mayenne tentou persegui-lo em dois recontros fragorosos — em Arques, perto de Dieppe, em setembro de 1589, e depois em Ivry, perto de Évreux, em março de 1590 deteve-o em seco; foi lá que, com as suas cargas temerárias, especialmente a do "penacho branco" de Ivry, que comandou em pessoa, se firmou definitivamente a sua reputação de chefe intrépido, a quem nada podia resistir. Mas, instalando provisoriamente a sua capital em Tours, o sutil Henrique de Navarra sabia bem que, em tais circunstâncias, uma conversão não só não teria efeito nenhum, como seria entendida como uma manobra desesperada. E pacientemente preparou o assalto.

Foi porque a questão da religião pessoal de Henrique se viu ultrapassada pelo extremo perigo que ameaçava a França, que o rei legítimo aguardado pela nação triunfou das piores dificuldades, ajudado por um bom-senso que lhe ditou os gestos necessários. A Espanha esperava atrair a França para a sua órbita: abandonando a reconquista dos Países-Baixos do Norte, Filipe II ordenou ao seu melhor general, Alexandre Farnese, que socorresse Paris cercada depois da batalha de Ivry, e que aí lançasse uma guarnição; e como o candidato católico "Carlos X", o cardeal de Bourbon, morreu, procurou fazer aceitar como rainha da França a sua própria filha, a infanta Isabel Clara Eugênia, neta de Henrique II por parte da mãe, Isabel de Valois. Prometendo um desmembramento do reino, entendia-se com outros pretendentes: o duque da Savoia, Carlos Manuel, sobrinho de Henrique III por parte de mãe, que se apoderara de Aix e de Marselha, o duque de Lorena, Carlos III, genro de Henrique II, que reivindicava as regiões do Leste, o duque de Mercoeur, o filho mais novo da casa de Lorena, que sublevava a Bretanha e instalava guarnições espanholas nas costas meridionais dessa península. Diante de tais traições, não reagiria a nação?

Os trinta mil fanáticos que organizavam em Paris procissões armadas e apoiavam o governo terrorista dos representantes dos "dezesseis bairros" aprovavam tudo, mas a burguesia, e principalmente os meios parlamentares, mais ou menos galicanos, indignavam-se com as excomunhões lançadas pela Santa Sé sobre o homem que a lei sálica trazia ao trono da França e desejavam um acordo com Henrique: quando o comitê insurrecional parisiense mandou enforcar o primeiro presidente e alguns conselheiros do Parlamento de Paris, Mayenne foi forçado a mandar executar quatro membros da municipalidade que pertenciam à Liga. Isso não adiantava nada.

Henrique IV, "rei sem coroa, general sem dinheiro, marido sem mulher", compreendeu então que não convinha decepcionar a secreta esperança dos que ansiavam por ele. A Liga ia ter os seus Estados Gerais em começos de 1593, e a presença do duque de Feria, embaixador extraordinário de Filipe II, fazia prever que nesse momento se proporia claramente a escolha da infanta. Henrique precipitou as coisas: ofereceu uma conferência de reconciliação. Os delegados encontraram-se em Suresnes a 5 de maio. O arcebispo de Bourges, Renaud de Beaune, defendeu o princípio da legitimidade monárquica; Pierre d'Épinac contrapôs a necessidade de um soberano católico. Por fim, a 17, Beaune anunciou que o rei ia converter-se.

Pela abundância dos testemunhos contemporâneos, não é impossível apurar a psicologia de Henrique IV nessas horas decisivas. Sentia-se urgido pelos acontecimentos. Desejaria tornar-se senhor de Paris antes de mudar de religião, mas esse cálculo caíra por terra; novas dilações o perderiam. Os políticos de um partido e do outro não mordiam a língua: "Pensai bem na escolha", disse-lhe o católico marquês de O: "ou comprazer os vossos profetas da Gasconha e voltar a frequentar lupanares, lançando-nos no jogo do salve-se quem puder, ou vencer a Liga, que nada teme tanto de vós como a conversão... para serdes, no espaço de um mês, rei absoluto de toda a França, lucrando mais numa hora de Missa do que em vinte batalhas ganhas e em vinte anos de perigos e trabalhos".

Seu amigo Rosny, mais tarde duque de Sully, fez-se porta-voz dos huguenotes do governo, argumentando assim: "Não chegareis nunca à plena posse e à pacífica fruição do vosso reino senão por dois únicos expedientes e meios: pelo primeiro deles, que é o da força e das armas, tereis de lançar mão de fortes resoluções, de severidades, rigores e violências, que são procedimentos inteiramente contrários ao vosso humor e inclinação, e ser-vos-á necessário passar por milhares e milhares de dificuldades, fadigas, penas, desgostos, perigos e trabalhos, andar continuamente com o rabo colado à sela, a mochila às costas, o capacete na cabeça, a pistola numa mão e a espada na outra, e, muito mais do que tudo isso, dizer adeus a descansos, prazeres, passatempos, amores, amantes, jogos, cães, pássaros e construções, porque não vos livrareis dos problemas senão por meio da tomada de muitas cidades, de muitos combates, de vitórias marcantes e de grande efusão de sangue; ao passo que, pela outra via, que é acomodar-vos à vontade da imensa maioria dos vossos súditos no tocante à religião, não tereis tantos aborrecimentos, penas e dificuldades neste mundo, embora não vos possa garantir o mesmo quanto ao outro... Aconselhar-vos a ir à Missa é coisa que não deveis, parece-me, esperar de mim, sendo da religião que sou; mas dir-vos-ei que é esse o meio mais rápido e mais fácil de derrubar todos os monopólios e de converter em fumaça todos os projetos malvados..." Evidentemente, o dito que se lhe atribui, "Paris bem vale uma Missa", é apócrifo, mas corresponde à inevitável escolha.

Mas, dentro da perspectiva política, Henrique enxergava mais longe. Diante do pastor La Faye, que procurava retê-lo, evocou a causa nacional: "Se eu seguisse a vossa opinião, dentro de pouco tempo não haveria nem rei nem reino na França". Para dobrar o homem privado, Gabrielle d'Estrées multiplicava as suas instâncias. Terá sido ela "o último instrumento que fez mais que todo o resto", como quer o irreconciliável d'Aubigné? Os católicos intransigentes troçavam alto e bom som da sua conduta, e ela se ressentia disso. "Quando a esperança de chegar à realeza pelo casamento se firmou no espírito dessa dama — conta o historiador calvinista —, e quando lhe meteram na cabeça que nem todos os ministros juntos poderiam dissolver o primeiro casamento e que só o papa era capaz de dar um golpe tão grande, ela deixou-se imbuir das poderosas persuasões daqueles que, tendo mudado de opinião, se gloriam de ter expurgado a anterior; desde então, serviu-se da sua grande beleza e das horas cômodas dos dias e das noites para reforçar os seus argumentos em favor da mudança". Por outro lado, não prometera Henrique, havia quatro anos, que se deixaria instruir? Rodeado de ministros huguenotes que não queriam largá-lo — aliás, dessedentados por ele com belas promessas —, e de prelados que lhe votavam uma fidelidade meritória e hábil, não tinha ele evoluído a ponto de julgar que "a dissensão entre as duas religiões só era grande pela animosidade dos pregadores, e que um dia poderia resolvê-la com a sua autoridade"?

Convocou em Nantes uma vintena de bispos, de teólogos e de párocos e, a 23 de julho, em Saint-Denis, mandou que "lhe expusessem as causas de todos os principais pontos controversos desse tempo". As explicações duraram cinco horas; escutou com seriedade. Quando se tratou da questão do purgatório, não pôde conter uma fanfarronada: "Era uma boa fonte de receita para a Igreja!" Mas, quando se falou da realidade do Santíssimo Sacramento do altar, disse-lhes: "Não tenho dúvidas a este respeito, porque sempre foi essa a minha crença". Deu notícia da sua conversão aos primeiros presidentes dos Parlamentos de Paris e de Rouen com uma habilidade que conciliava a sua boa vontade com a razão de Estado e a graça divina: "Revelou-nos — observa Claude Groulart, parlamentar de Rouen — que, desde que Deus o chamara à coroa, todo o seu desejo fora procurar os meios de alcançar a sua salvação, que ele preferia a todos os bens do mundo. Orara continuamente à divina Majestade para que lhe abrisse o caminho, mas, sobretudo havia alguns dias, reconhecera que os seus súditos católicos assim o desejavam. Entregara-se então nas mãos de alguns teólogos e aproveitara tanto em falar com eles que confessava ter sido induzido a professar a religião católica e ter por fim resolvido fazê-lo; e embora houvesse sido criado em profissão contrária e confirmado nessa opinião, todavia, pela graça do Espírito Santo, começava a tomar gosto pelas razões que lhe tinham sido alegadas".

Mas o rei ignorava as consequências do seu gesto; adivinhando os apoios que perdia, não imaginava os ganhos que obteria; assim se deve entender a frase — desta vez autêntica — que rabiscou num bilhete a Gabrielle d'Estrées:

"Será no domingo que darei o perigoso salto!" A 25 de julho de 1593, uma multidão imensa, curiosa e serena, enchia a igreja de Saint-Denis. Henrique IV entrou na famosa igreja abacial; o arcebispo de Bourges esperava-o no fundo da nave: — "Quem sois vós?" — "Sou o rei". — "Que pedis?" — "Peço para ser recebido no seio da Igreja Católica, Apostólica e Romana". — "Assim o quereis?" — "Sim, assim o quero e desejo". Leu a profissão de fé, entregou-a assinada ao arcebispo e recebeu a absolvição da apostasia. A seguir, enquanto se cantava o *Te Deum*, passou para trás do altar e confessou-se. Depois, assistiu à Missa e comungou.

As operações de guerra interromperam-se por três meses; a boa gente de Paris acorria, aguardava a passagem do rei e aclamava-o. Henrique IV conquistava os corações. Desde o princípio da primavera, circulava às escondidas um escrito, redigido por parlamentares e poetas, que aparecera em Tours com o título de *Satire Ménippée*, "Sátira de Menipeu"; ridicularizando os Estados revoltosos, Mayenne, os monges intransigentes, o legado e o embaixador da Espanha, esse escrito apressou a decomposição da Liga. Como Reims era considerada amiga dos Guises, o rei fez-se sagrar em Chartres, a 27 de fevereiro de 1594, e tocou as escrófulas dos doentes, como era de praxe; dali em diante, era rei pela santa unção. Pôde entrar em Paris a 22 de março e assistir, de uma casa da Porta de Saint-Denis, à partida dos soldados espanhóis. O papa Clemente VIII — desencantado com os dissabores que a diplomacia de Filipe II lhe vinha causando, aconselhado por alguns jesuítas esclarecidos e pelo seu confessor, Césare Baronio, que, por indicação de São Filipe Neri, ameaçava negar-lhe a absolvição se não aceitasse o rei Henrique — tornou-se mais tratável; e a 17 de setembro de 1595, depois que o abade d'Ossat e o de Perron, bispo de Evreux, reconheceram em nome do seu real senhor que a absolvição de Saint-Denis fora insuficiente sem a aprovação do papa e prometeram a publicação dos decretos de Trento no reino, concedeu-lhe o perdão oficial da Igreja.

Henrique IV alcançou, pois, a vitória. Isto não significa que tivesse desarmado as iras; nunca conseguiria desarmá-las todas. Pouco antes da conversão, um soldado da Liga, mais ou menos incitado por dois jesuítas, tinha projetado assassiná-lo; fora preso e sofrera o tormento da roda. Alguns dias depois da absolvição de Saint-Denis, Chatel, um aluno dos mesmos jesuítas, procurou também matá-lo e fendeu-lhe o lábio; esquartejaram-no, enforcaram um jesuíta, e a Companhia — pagando pela falta de um dos seus membros — foi expulsa da França. Até ao cutelo de Ravaillac, o rei da tolerância viveria sob a ameaça constante dos assassinos que espreitavam na sombra...

Mas a situação mudou por completo. Agora soberano legítimo, Henrique beneficiou do enorme apoio dos que queriam o fim da era das desgraças e das matanças, de todo o bom povo da França que, desde o instante em que se tinha reconciliado com a Igreja, estava pronto para amá-lo. É certo que nem todas as dificuldades desapareceram num abrir e fechar de olhos. A Liga era demasiado poderosa, a Espanha intrometera-se muito, o rei não dispunha de meios financeiros e militares para que a submissão e a pacificação do país fossem imediatas e fáceis. A Borgonha com Mayenne, a Picardia com o duque de Aumale, a Bretanha com Mercoeur erguiam-se como verdadeiros baluartes. Henrique deu provas da sua estatura: falando alto e energicamente, mas hábil em mostrar-se bondoso, confirmando privilégios e distribuindo cargos, recorrendo às armas e, mais ainda, à isca do dinheiro — a ponto de "comprar o seu reino ao invés de conquistá-lo", como viria a dizer —, sempre na brecha, conseguiu em quatro anos congregar a

França à sua volta. Sob os auspícios do núncio, que estava ansioso por levar à reconciliação os dois principais Estados católicos, a Paz de *Vervins*, assinada a 2 de maio de 1598, pôs fim à guerra espanhola, em termos que lembravam as condições de paz estabelecidas em Cateau-Cambrésis quarenta anos antes.

A solução guerreira do problema religioso ultrapassara o alvo. Faltava estabelecer o estatuto dos reformados no reino. Os efetivos protestantes haviam diminuído, a maior parte dos chefes tinha desaparecido, mas, animadas pelos pastores, coordenadas pelas assembleias periódicas, endurecidas pelas provações, as comunidades tinham-se imposto como um dos elementos irredutíveis da vida nacional. As relações do rei convertido com a maior parte dos seus antigos correligionários eram tensas. O Edito de Poitiers fora restabelecido em 1591, mas Henrique desejava ordenar e garantir as suas disposições essenciais. Quando as negociações com a Espanha se aproximaram do seu termo, os protestantes compreenderam que não tinham outro remédio senão aceitar o novo edito, que foi assinado em *Nantes* a 13 de abril de 1598.

Este célebre documento tinha noventa e dois artigos principais e cinquenta e seis artigos de aplicação. Definindo os direitos religiosos dos reformados, concedia-lhes uma liberdade de consciência ilimitada, mas restringia a liberdade de culto aos lugares autorizados em Poitiers, em 1577, e àqueles onde era praticado em 1597; proibia as cerimônias em Paris, num raio de cinco léguas à volta das cidades episcopais e das residências reais, e no exército. Reconhecia à minoria huguenote direitos civis completos, acesso a todos os cargos, às universidades e aos hospitais. Para garantir a imparcialidade da justiça, criava câmaras compostas por conselheiros das duas confissões, chamadas "câmaras bipartidas", em Paris, Grenoble, Castres e Nérac.

Tal era a "lei geral, clara e absoluta", que constituiu o mais belo título de glória daquele que a promulgou. O *Edito de Nantes,* como já se disse muitas vezes, "marca uma data na história do mundo". Quando na Alemanha, na Espanha e na Inglaterra os governos impunham aos seus súditos uma fé única, a França foi a primeira a adotar a liberdade religiosa. Não se deve, porém, exagerar a importância imediata desta medida, que foi aceita pelos franceses mais por sabedoria política, por indiferença para com as Igrejas e as autoridades — como Sully —, do que por respeito à liberdade espiritual das consciências. Henrique IV teve de lutar para conseguir dos Parlamentos o registro do Edito: "Ainda tendes o espanhol na barriga!", exclamava ele ao de Toulouse. Do lado protestante, a mesma resistência; foi preciso que o rei acrescentasse ao documento dois alvarás, comprometendo-se pelo primeiro a prover às despesas do culto reformado, e garantindo pelo segundo aos huguenotes, durante oito anos, cem "praças de segurança", cujas guarnições seriam pagas por ele. Seria cometer um anacronismo imaginar que o Edito pacificador foi acolhido com clamores unânimes de alegria. Não podemos deixar de dizer que o papa Clemente VIII, ao ler o texto, exclamou: "Isto crucifica-me...", e que acrescentou este aforismo, muito análogo aos que se tinham ouvido dos lábios de Calvino e de Teodoro de Beza: "A liberdade de consciência para cada um é a pior coisa do mundo..." Tais eram as ideias do tempo...

A França saía da terrível prova devastada, exangue, com as terras de cultivo abandonadas, os camponeses esfomeados, prontos para a revolta, o comércio arruinado; tinha necessidade, como dizia o rei, de "retomar o fôlego".

A Igreja Católica, em certo sentido, podia considerar-se vitoriosa, pois o soberano tivera de sujeitar-se a ela para triunfar, mas a separação de tantos dos seus filhos deixava-lhe no flanco uma ferida aberta. Essa obra de bom-senso e de política, se ultrapassava os sentimentos da época, podia revelar-se perigosa e precária; bastava que viesse um rei que encarasse de outro modo o problema religioso. Já no seu próprio preâmbulo, o Edito proclamava a unidade de fé como o benefício supremo, mas, em última análise, as suas prudentes disposições tinham sido inspiradas unicamente pelas circunstâncias; dali por diante, seriam estas que iriam determinar o rumo dos acontecimentos.

Três vitórias protestantes: as Províncias Unidas dos Países-Baixos

Na França, o protestantismo não tinha alcançado a vitória; só chegara a obter um reconhecimento de fato. Mas, na mesma ocasião, podia festejar o seu triunfo em três países: na Inglaterra, na Escócia e na parte setentrional das províncias dos Países-Baixos, que originariamente pertencia à Espanha mas que lhe escapou.

Nesta última região, os acontecimentos ocorreram ao mesmo tempo que os da crise religiosa na França e constantemente misturados com eles. Subvertendo a parte mais rica dos domínios espanhóis, os Países-Baixos ofereciam à monarquia francesa a possibilidade de ferir comodamente a sua rival do Escorial; como já vimos, Coligny sonhara em levar todos os franceses reconciliados a uma guerra nacional contra Filipe II, e Francisco, duque de Alençon, tentara em duas ocasiões talhar para si um principado flamengo; quanto a Henrique IV, viria a pôr a sua diplomacia à disposição das províncias revoltadas para que lhes fosse reconhecida a independência. Em contrapartida, os soldados espanhóis que operavam nos Países-Baixos foram muitas vezes deslocados para a França a fim de ali apoiarem a Liga. Mas, para quem traça o drama da Igreja nuns tempos tão cruéis, a história da revolta das futuras "Províncias Unidas" apresenta em si mesma um interesse enorme, pois mostra como a paixão religiosa, cristalizando um descontentamento político e econômico, deu a um pequeno povo a plena consciência de si mesmo e transformou uns bandos de furiosos revoltados em cidadãos de um Estado duradouro. Sem o calvinismo, a República que nasceu nas embocaduras dos rios Reno e Mosa talvez não tivesse visto a luz do dia e, em todo o caso, não teria podido ser o que foi. É também um exemplo impressionante dessa interferência entre religião e política que caracteriza este estágio da evolução histórica, em fins do século XVI.

Da herança dos grão-duques da Borgonha, os Habsburgos, descendentes de Luís o Temerário, tinham recolhido dezessete províncias escalonadas do Artois à Frísia, terras úmidas, incessantemente disputadas ao mar e aos rios, verdadeiros «Países-Baixos». Ao repartir os seus vastos domínios, Carlos V incluíra-os no quinhão do seu filho Filipe, ligando assim a sua sorte à da Espanha. Era uma das regiões mais fecundas e sem dúvida mais industriosas de toda a cristandade. Uma população surpreendentemente densa, e que já conhecia os métodos de exploração intensiva do solo, sabia selecionar gado de qualidade nos *polders* conquistados às águas e, tanto nas cidades como nas aldeias, trabalhava habilmente a lã e o linho. Se a antiga metrópole de Bruges declinava, os entrepostos de Antuérpia viam afluir as especiarias da Índia, os produtos do México e das Antilhas, e, auxiliados pelos de Middelburg e Amsterdam, redistribuíam-nos por toda a Europa. A crise econômica que atingia o Ocidente era mais bem suportada nos Países-Baixos do que em Augsburgo, Gênova ou Lyon, e a bolsa de Antuérpia dominava o mercado internacional.

O afluxo de riquezas contribuíra para fazer de toda essa pequena região um dos centros de arte mais fecundos da Europa. Cinco gerações de grandes pintores tinham sido pródigos em obras-primas desde havia um século: a geração de Van Eyck, a de Roger van der Weyden e de Thierry Bouts, a do puro e comovente Hans Memling (1433-1494), a de Gérard David e a de Quentin Metsys (1466-1538), cujo patético pincel parecia anunciar Rubens. Nos meados do século XVI, *Pieter Breughel, o Velho* (1545-1569), herdeiro do bizarro e às vezes satânico *Hieronymus Bosch* (1450-1516), empregava todo o seu gênio em divertir os contemporâneos, mas sabia também evocar os dramas da pátria na sua terrível *Margot l'enragée* ("Margarida, a enraivecida"). Em toda a parte, nas cidades fabricantes de tecidos, nobres e burgueses construíam palácios de luxo extravagante, "*gezellig*", como diziam, que cheiravam intensamente a cera, especiarias e cerveja forte. E as paredes dessas moradias eram decoradas com tapeçarias perfeitas, cujos desenhos se deviam a Van Orley (1495-1532) e aos seus alunos.

No entanto, essa fortuna deslumbrante era acompanhada de graves problemas sociais. Ao lado dos grandes proprietários enriquecidos pela venda de bois e cereais, demasiados camponeses trabalhavam duramente para pagar os seus arrendamentos; ao lado de uma burguesia de negócios, abarrotada de ouro, que tinha nas mãos ao mesmo tempo o mercado das matérias-primas e o do trabalho, crescia nas cidades industriais um proletariado miserável.

O governo espanhol teria podido permanecer à margem dessa oposição de classes, o que lhe teria evitado sofrer os contragolpes das suas reações, se tivesse tido a prudência de confirmar aos dirigentes autóctones as liberdades e os privilégios a que estavam ligados por um apego ancestral. Carlos V o fizera, pois conhecia bem a sua querida Flandres. Mas Filipe II, que se considerava exclusivamente espanhol, que desde 1559 nunca saíra dos seus palácios castelhanos, não se interessava pelos Países-Baixos senão na medida em que eram úteis à sua política externa e às suas finanças. Não tolerando nenhum limite ao seu poder, querendo fiscalizar tudo, mesmo o que estava a dois mil quilômetros de distância, pretendeu manter sob a sua tutela as dezessete províncias. A partir de 1558, deixou de convocar os Estados Gerais, que tinham o direito de discutir o montante dos impostos e de defender as isenções locais. Confiou o governo dos Países-Baixos à sua meia-irmã Margarida de Parma e ao cardeal Antoine Perrenot de Granvelle, mas não os autorizou senão a executar as suas ordens, e a arrecadação de pesadas taxas exasperou os burgueses. A nobreza, que desempenhava um papel preponderante nos Estados Gerais e que, engrandecida no serviço das armas, permanecia lealista, não podia admitir essa opressiva sujeição. A situação logo se tornou tensa. Tanto mais que todos — burgueses que temiam pela sua liberdade de iniciativa, aristocratas que reclamavam o respeito às antigas autonomias, operários trabalhados por fermentos de revolta todos estavam amplamente dominados pelo protestantismo e opunham-se forçosamente às violências religiosas que o absolutismo do Escorial trazia consigo.

Por volta de 1560, todas as províncias tinham sido atingidas pela propaganda protestante[19]; depois da gente do povo, tinha havido conversões entre a burguesia, a nobreza e os funcionários públicos. Nem os confiscos, nem as multas, nem os desterros, nem mesmo algumas execuções como as de Tournai tinham esfriado o ardor dos pregadores vindos de Genebra, da Alsácia, da França, da Alemanha ou da Inglaterra, ou ainda formados ali mesmo, como o valão Guy de Bray. Às reuniões que se faziam ao ar livre (fora das cidades, porque as casas se tinham tornado demasiado pequenas), chegavam centenas, às vezes milhares de fiéis, alguns armados. Nenhum deles ignorava que Filipe II, campeão do catolicismo europeu, resolvera empenhar-se numa ofensiva sistemática contra a heresia. Com efeito, a fim de tornar maior a vigilância, o rei obtivera do papa a criação de catorze novas dioceses nos territórios das antigas e demasiado vastas circunscrições de Utrecht, Tournai, Cambrai e Arras, e colocara-as sob a superior coordenação do cardeal Granvelle, promovido a arcebispo de Malines. No mesmo sentido, fundara em Douai uma universidade, onde a Companhia de Jesus formava missionários, e aumentara os poderes e a autoridade da Inquisição.

A nobreza foi a primeira a levantar-se, insurgindo-se contra o desprezo dos privilégios políticos e contra a repressão religiosa. Nas reuniões da ordem borgonhesa do Velo de Ouro, os seus chefes não demoraram a pôr-se de acordo, sob a liderança do conde Antônio de Horn, do conde Lamoral de Egmont e sobretudo de Guilherme de Nassau, príncipe de Orange, no Baixo Reno, que tinha imensas terras no Brabante e no Luxemburgo. Exigiram a retirada dos soldados espanhóis e reclamaram a remoção de Granvelle, que se tornara responsável por métodos detestados. Para conseguir o que queriam, recusaram-se a tomar assento dali em diante no Conselho de Estado. Em janeiro de 1564, Granvelle foi afastado, mas nada mudou. Carlos de Egmont dirigiu-se então a Madri, mas inutilmente; pelos despachos "do Bosque de Segóvia", Filipe II ordenou, a 17 de outubro de 1565, que se continuasse sem restrições a perseguição à heresia.

O mal-estar aumentava. A concorrência inglesa punha em dificuldades a indústria têxtil; os patrões paralisavam o trabalho; a colheita fora má; a Dinamarca já não exportava o seu trigo para remediar a escassez; os preços subiam e a miséria alastrava-se. As praças das cidades estavam cheias de desempregados e os desocupados vagueavam pelos campos. Foi essa pobre gente que aceitou com a maior prontidão a mensagem calvinista; calcula-se que 90% dos empregados da tecelagem de Hondschoote se converteram. Os que tinham fugido aos milhares e tinham encontrado trabalho sob a proteção de um governo moderado, principalmente na Inglaterra, excitavam a ira dos seus irmãos que tinham ficado no país. Na reivindicação das liberdades, pesava irresistivelmente a exigência da liberdade religiosa.

Burgueses e pequenos nobres que tinham aderido ao protestantismo compreenderam que a ocasião era propícia para reunir toda a "pátria" flamenga e borgonhesa sob o lema da revolta contra todas as formas de opressão. Nove deles, entre os quais Jean e Philippe Marnix e o advogado Gilles de Clercq, de Tournai, elaboraram em Breda "um compromisso" que, recordando os direitos do povo e da nobreza dos Países-Baixos, reclamava a convocação dos Estados Gerais, a retirada dos "cartazes" contra a heresia e a hibernação da Inquisição. Posto a circular, o documento contava em dois meses com duas mil assinaturas aristocráticas, apostas por católicos, calvinistas ou erasmianos, entre os quais até prelados. A 2 de abril de 1566, duzentos gentis-homens, de alforje às costas e escudela na mão, para mostrarem que a sua causa era a dos pobres, apresentaram o papel à regente Margarida; esta, impressionada, chorou: "São mendigos, senhora — exclamou um dos conselheiros —; tendes medo desses mendigos?" Os que protestavam apropriaram-se da palavra e fizeram dela um título de glória: "mendigos da religião" ou "mendigos do Estado", como os huguenotes da França... E, unidos, desencadearam a insurreição. A escudela e o alforje foram os sómbolos da união. Principiava o *het wonderjaar*, o "ano maravilhoso"... e terrível.

Por volta de 10 de agosto, a massa popular, miserável e superexcitada, começando por Hondschoote e Armentières, e depois através de todo o país, precipitou-se sobre as igrejas, quebrou as imagens, destruiu os retábulos, pilhou os tesouros, profanou as hóstias. As autoridades comunais viram-se imediatamente ultrapassadas; os nobres agiram com moleza; Guilherme de Orange deixou os iconoclastas saquearem durante quatro dias os santuários de Antuérpia e depois cedeu aos reformados o uso de três igrejas na cidade. A febre revolucionária durou uns quinze dias; transtornada, a regente aceitou a 23 de agosto que se voltassem a ter as pregações nos locais onde se tinham realizado até então; introduziu-se a liberdade de culto em Tournai, Antuérpia, Gand, Audenarde, Ypres; surgiram apressadamente do solo os primeiros templos; reuniram-se sínodos em vários lugares.

Os calvinistas erraram abusando do seu triunfo; aqui ou ali, caíram na intolerância. O furor dos iconoclastas causava medo. Margarida reuniu a alta nobreza para manter a ordem; o católico Carlos de Egmont pacificou a Flandres; de dezembro de 1566 a maio de 1567, o governo, que tinha recrutado alguns soldados, retomou o domínio da situação; Antuérpia e Valenciennes foram castigadas. Guilherme de Orange, que se conduzira com moderação, incorrendo assim simultaneamente no rancor dos espanhóis e na desconfiança dos pastores fanáticos, passou para a Alemanha. A regente pensou que chegara a hora de convocar os Estados Gerais e de abolir a Inquisição, que, no dizer de um italiano, não tinha vinte partidários em dez milhões de habitantes!

Essa política de moderação teria podido impedir a explosão? Seja como for, não houve tempo para aplicá-la. Porque foi então que Filipe II enviou a Bruxelas o antigo vencedor dos protestantes em Mühlberg, um dos melhores cabos-de-guerra com que contava o seu reino, um homem de aço, por vezes capaz de uma crueldade fria e sempre implacável: Fernando Álvarez de Toledo, *duque de Alba* (1508-1582), cujo nome iria identificar-se com a tragédia sangrenta que assolou os Países-Baixos.

Em julho de 1567, vindos de Milão e deslizando ao longo das fronteiras francesas pela Savoia, o Franche-Comté, a Lorena e o Luxemburgo, vinte mil soldados levaram o terror a Flandres. Margarida demitiu-se, desesperada. O duque de Alba instalou um "conselho das rebeliões", que em breve, após 1.800 condenações à morte, foi batizado como "conselho de sangue". No dia 5 de junho de 1568, fez subir ao cadafalso, em plena praça de Bruxelas, os condes Lamoral de Egmont e Antônio de Horn, chefes da resistência católica e lealista. A seguir, proibiu a emigração, os estudos no estrangeiro, as comunicações com os rebeldes, e a sua polícia passou a vigiar os tipógrafos e as livrarias. E, como precisava de dinheiro, esmagou com impostos as dezessete ricas províncias, sem consultar os respectivos Estados Gerais. Os bispos e os pregadores protestaram inutilmente. Pio V qualificou o duque de "novo Gedeão", e o próprio Alba mandou fazer uma estátua que o representava esmagando aos pés os inimigos da religião!

Entretanto, *Guilherme de Orange* (1533-1584), retirado para as suas terras alemãs de Nassau, preparava a retomada da luta. Era um homem de ação e uma grande inteligência. Tenaz e frio — daí o seu famoso apelido de *Taciturno* —, sabia ser generoso e fazer-se amar pelo povo. Formado nos grandes problemas a serviço de Carlos V, de uma energia e uma coragem perfeitas, tinha a estatura de um verdadeiro líder. Procurou primeiro interessar o imperador Maximiliano II por uma região que passara recentemente a fazer parte do "círculo imperial da Borgonha", e sugeriu-lhe negociações em Madri. Filipe II chorou de pena e despeito. Guilherme sabia que os príncipes alemães estavam prontos a correr a aventura, a vender os seus lansquenetes e os seus cavaleiros. Em 1569, tentou pela primeira vez uma invasão da Frísia: foi prematura. Ligado pela amizade a Coligny, esperava sobretudo a intervenção da França, que não veio.

Nos próprios Países-Baixos, a entrada em cena de outros elementos deu novo impulso ao movimento. A primeira oposição tinha sido principalmente brabantina e flamenga; a segunda foi sobretudo inspirada pela gente do Norte, rudes marinheiros da Zelândia, da Holanda e da Frísia, ousados e indomáveis, realistas e entusiastas. Esses "mendigos do mar" começaram por surgir entre os pescadores de arenques e de baleias, depois entre os pequenos armadores que animavam Amsterdam, Rotterdam, Dordrecht — e que chegaram a inquietar os de Antuérpia —, entre os infatigáveis marinheiros do Báltico e do Mar do Norte, e finalmente entre os argutos exploradores dos *polders* e das turfeiras. O calvinismo, com as suas notas dominantes de impulso austero e exaltado, de moral prática, de simplicidade cultual, estava feito para os atrair: adotaram-no. Se observarmos que foi a metade setentrional das dezessete províncias que por fim se separou da Espanha e constituiu um Estado protestante, como não reconhecer o papel decisivo que coube a esses marinheiros, a esses tratadores de gado e comerciantes holandeses, zelandeses e frisões?

Fazendo-se ao mar nos seus barcos pesados para fugir ao recrutamento oficial, esses homens levavam vida de piratas, desde o estuário da Gironde até aos estreitos dinamarqueses. Com a cumplicidade de Elisabeth I, instalaram uma base em Dover, de onde caíam de surpresa sobre os litorais dos adversários, saqueavam as igrejas, expulsavam os monges e os sacerdotes, levavam à força o povo às suas prédicas. Eram inacessíveis às represálias do duque de Alba.

Na noite de 31 de março para primeiro de abril de 1572, ocuparam na foz do Mosa a praça de Brielle. Foi o sinal de um levante geral do Norte: na Zelândia, Luís de Nassau, que tinha armado os seus batéis em La Rochelle, tomou Flessing; as cidades da Holanda, de Gueldre, de Utrecht e da Frísia expulsaram as guarnições espanholas. Guilherme de Orange assumiu a chefia da rebelião e os soldados da Holanda proclamaram-no *Stathouder*, quer dizer, "lugartenente de Estado". Philippe Marnix lançou o hino dos "Mendigos", celebrando o chefe "que permaneceu fiel à pátria..., enfrentando o orgulho e o combate do tirano". O Sul, mais controlado pelas forças espanholas, permanecia na expectativa; mas, com o auxílio dos huguenotes franceses, os sublevados tomaram Mons e Valenciennes.

De repente, a ofensiva foi detida brutalmente. A matança de São Bartolomeu deixou os protestantes dos Países-Baixos entregues à sua própria sorte. O duque de Alba retomou as cidades perdidas e massacrou os defensores de Haarlem, que lhe tinham resistido durante seis meses. Mas Guilherme de Orange, retirando-se para a Holanda e para a Zelândia, asfixiava Antuérpia, fortificava-se cortando os diques, impedia o acesso da frota espanhola às suas ilhas e ao seu litoral. Filipe II compreendeu finalmente que a solução da força malograva; decidiu retirar o terrível governador, que deixou uma recordação de pavor e que, sem dúvida, segundo comentou o bispo de Namur, "fez mais mal à religião em sete ou oito anos do que Lutero e Calvino e todos os seus seguidores". Luís de Requeséns, que o substituiu, ofereceu a todos o perdão do rei.

Era demasiado tarde. Guilherme já não estava disposto a aceitá-lo. Divorciado de uma princesa saxônia, casou-se de novo com a abadessa apóstata de Jouarre, Carlota de Bourbon-Montpensier, e aceitou abertamente o calvinismo. Sabia que podia contar com os seus correligionários da Holanda e da Zelândia, na altura uma pequena minoria que, agindo, porém, com violência, denunciando os católicos como traidores e sequazes do imperialismo espanhol, atemorizava as populações e, ao mesmo tempo, as fanatizava. Rejeitou a oferta de negociações que o papa tinha sugerido ao governo do Escorial. Já não queria apenas províncias que resolvessem os assuntos de governo por meio das suas assembleias e tivessem um regime autônomo no quadro de uma grande monarquia moderada; sonhava com um Estado independente.

Requeséns retomou a ofensiva e cercou Leide. Guilherme mandou destruir os diques e fez os barcos passarem pela planície inundada e abastecerem a cidade. Entusiasmado com o êxito, dotou essa cidade industrial de uma universidade que se tornou o primeiro centro intelectual da Reforma nos Países-Baixos do Norte. Em abril de 1576, a Holanda e a Zelândia uniram-se sob a autoridade do príncipe, baniram "todas as formas de culto contrárias ao Evangelho" e lançaram um apelo a todas as outras províncias para que defendessem as liberdades políticas e religiosas.

A *Pacificação de Gand* constituiu a resposta a esse apelo. Requeséns acabava de morrer. O governo estava nas mãos do Conselho de Estado, cujos membros, exceto um, eram originários dos Países-Baixos. Como não lhes pagavam, as guarnições espanholas amotinaram-se: em Antuérpia, num dia de "fúria", saquearam os armazéns e perseguiram os notáveis da cidade. Nesse clima, os representantes de todas as assembleias dos Estados, reunidos em Gand a 8 de novembro de 1576, concluíram um acordo baseado na expulsão dos espanhóis, na supressão das medidas contra a heresia e na liberdade de cada província de escolher a sua religião. Guilherme, o Taciturno, chegava à vitória? As dezessete províncias iam repudiar toda a união com o Escorial e aceitar o regime de igualdade de cultos que tinha as preferências do duque? Bastaram alguns anos para consumar a ruptura entre o Norte e o Sul, para votar um à independência e ao protestantismo, o outro a um destino espanhol e católico.

Os Países-Baixos meridionais, onde a Contrarreforma católica estava vigorosamente organizada, permaneciam fiéis no seu conjunto à confissão tradicional e não podiam considerar sem temor os êxitos que a pacificação permitia aos calvinistas mais ousados: em Gueldre, onde o número de reformados era pequeno, João de Nassau, irmão de Guilherme, introduzia pregadores juntamente com as tropas e mudava os magistrados, de tal forma que em certas aldeias se deixou de celebrar o culto católico; em Antuérpia, Philippe Marnix, burgomestre e comandante-em-chefe, expulsava os jesuítas e os franciscanos; em Gand, Guilherme de la Khétulle prendia os bispos de Ypres e de Bruges, e João de Hembyze, seu sucessor, fechava os olhos ao saque dos mosteiros, ao confisco dos bens abaciais e à execução de alguns monges.

Guilherme de Orange esforçou-se por substituir as violências por um regime religioso legal e propôs que se permitisse a celebração de qualquer culto, desde que numa cidade assim o desejassem expressamente cem famílias. Não foi bem acolhido, e a sua moderação chegou a ser denunciada pelos seus cegos correligionários; em 1577, a assembleia dos Estados, sob a influência dos católicos do Sul, tinha prometido "segundo a sua consciência, diante de Deus e diante dos homens, conservar e manter em todas as coisas e em toda a parte" a religião romana; mesmo assim, no ano seguinte deu-se uma verdadeira hecatombe de sacerdotes nas províncias do Sul! O fanatismo calvinista agravava a situação de dia para dia.

No dia 6 de janeiro de 1579, em Arras, as regiões de língua francesa — Artois, Hainaut, Lille, Douai, Orchies — uniram-se para manter o catolicismo. *Alexandre Farnese*, filho de Margarida de Parma, fascinante estrategista e diplomata sutil, compreendeu que podia comprar a reconciliação dos confederados com a Espanha mediante concessões indispensáveis: a 17 de maio, assinou a paz com eles, anunciando uma anistia, confirmando os privilégios das cidades e das províncias, excluindo do Conselho de Estado todos os estrangeiros, atribuindo aos Estados Gerais a competência para autorizar impostos e o recrutamento de tropas, mas não reconhecendo oficialmente senão a religião católica.

A resposta não se fez esperar. A 23 de janeiro, em Utrecht, as províncias da Holanda, Zelândia, Utrecht, Gueldre, Groningen, Overissel e Frísia replicaram à União de Arras confederando-se contra qualquer soberano estrangeiro. Com a morte na alma, Guilherme de Orange aceitou a cisão. Mas, já que não a pôde evitar, ao menos dedicou toda a sua energia a libertar os confederados de Utrecht da ameaça espanhola. O Escorial denunciou-o como malfeitor público e a sua cabeça foi posta a prêmio, mas ele assinou — com a fórmula altiva "Manterei" — a *Apologia* redigida pelo pastor francês Loyseleur de Villiers para justificar a sua conduta; a 24 de julho de 1581, os Estados setentrionais proclamaram em Haia a deposição de Filipe II: nascia um novo Estado.

A sua existência era precária. Farnese empreendeu uma reconquista metódica. Tomou as cidades rebeldes uma após outra; teve a prudência de garantir as autonomias administrativas, mas tirou toda a liberdade ao culto reformado, ordenando embora que os seus adeptos não fossem inquietados, contanto que se abstivessem de todo o proselitismo. Em 1584, retomou Ypres, Cambrai e Gand; em 1585, Bruxelas e Antuérpia. A 10 de julho de 1584, Guilherme de Orange era assassinado por Baltasar Gérard do Franche-Comté. "Que Deus tenha piedade deste povo infeliz", disse ele ao morrer.

A jovem república foi salva por uma série de fatores: a barragem dos seus rios, a aliança inglesa, a derrota da Invencível Armada, a ordem dada a Farnese para apoiar os membros da Liga da França, desguarnecendo os Países-Baixos dos seus soldados, a morte deste grande capitão, a vitória de Henrique IV, os ataques dos marinheiros frisões e holandeses contra as colônias espanholas, a prosperidade de Amsterdam, o talento de *Maurício de Nassau*, filho do Taciturno...

Em 1598, a situação permanecia como doze anos antes: as províncias do Sul, que correspondiam pouco mais ou menos à futura Bélgica, tinham sido recuperadas pela Espanha e por uma Igreja Católica rejuvenescida e conquistadora; as Províncias Unidas do Norte, irredutíveis no seu calvinismo e na sua hostilidade aos Habsburgos, aliando a intransigência e a coragem dos combatentes ao sentido prático dos comerciantes, demonstraram que a sua pequena confederação tinha uma alma.

Filipe II manteve até o fim da vida a esperança de reconduzir à união os Países-Baixos. A 6 de maio de 1598, decidiu confiá-los a um governo autônomo dirigido pelo arquiduque Alberto, último filho do imperador Maximiliano II, e pela sua filha, a infanta Isabel Clara Eugênia, aquela mesma que ele sonhara em fazer rainha da França. Enganava-se estranhamente se julgava que as províncias do Norte concordariam em retomar a existência comum. Elas sentiam-se estrangeiras em relação às regiões que tinham mantido a sua lealdade à monarquia e que, inteiramente submetidas à influência dos jesuítas, espiritualmente dominadas pelas universidades de Lovaina e de Douai, vigiadas por uma nunciatura da Santa Sé, não deixavam aos irredutíveis reformados outra saída senão o exílio; não prestaram nenhuma atenção às medidas tomadas pelo rei da Espanha. As operações militares, que definhavam na margem esquerda do Mosa, reativaram-se em 1600, mas já não se tratava senão de um conflito político. Os arquiduques, em nome da monarquia do Escorial, procuravam reconduzir às suas obrigações os súditos rebeldes; estes lutavam pelo reconhecimento da sua independência. Já não se podia pensar a sério em extirpar das regiões setentrionais a heresia que lá tinha triunfado: o ato de maio de 1598 não incluiu nenhuma cláusula religiosa.

Utilizando Ostende como base, Maurício de Nassau procurou ocupar o litoral flamengo até Dunquerque: os camponeses católicos sublevaram-se contra ele; aventurou-se até Yser, mas teve de bater em retirada. Os espanhóis empreenderam então o cerco a Ostende; o genovês Ambrósio Spínola atacou com mestria a praça e obrigou-a a capitular a 3 de setembro de 1604. Mas este grande êxito não teve sequência. A infantaria dos *tercios* espanhóis era a melhor da Europa, mas, irregularmente paga, não era um instrumento dócil. Os calvinistas do Norte aumentavam as suas vantagens marítimas: instalavam-se no arquipélago malaio e nas Molucas, destruíam frotas espanholas diante de Malaca e interceptavam na altura dos Açores as frotas provenientes da América.

Foi uma conferência internacional que pôs termo à guerra. As negociações começaram em Haia a partir de fins de 1606. Ao lado dos delegados das Províncias da União de Utrecht, do rei Filipe III e dos arquiduques, sentaram-se franceses, ingleses e enviados dos príncipes alemães. O papado recusou-se a fazer-se representar. A trégua de doze anos que foi assinada a 9 de abril de 1609, graças aos bons ofícios dos embaixadores de Henrique IV, reconheceu as sete Províncias Unidas como um Estado soberano e aceitou que comerciassem livremente onde quer que pudessem, isto é, mesmo nas colônias espanholas. Mas sobre a questão confessional, que tinha sido o fator mais apaixonado da longa luta, não se disse nada. Os plenipotenciários do rei católico reconheciam implicitamente o calvinismo oficial da nova república e resignavam-se a que o tratado nem sequer definisse o exercício do culto católico nos Países-Baixos setentrionais que acabavam de perder. Como em 1555 em Augsburgo, os Habsburgos abandonavam à Reforma protestante territórios que eles não tinham conseguido guardar para a Igreja.

Três vitórias protestantes: a Escócia de John Knox

No momento em que, nos Países-Baixos, a revolta dirigida por Guilherme o Taciturno preparava a vitória do calvinismo, num outro país, também fanatizado, outra revolta acabava de instalar, de uma maneira que parecia definitiva, o mais rigoroso protestantismo. Era a Escócia, onde, sob o cetro encantador e débil de *Maria Stuart* (1542-1568), uma Igreja Católica decadente, que duas tentativas de reforma estavam longe de ter corrigido de graves vícios, se revelara incapaz de lutar contra uma propaganda energicamente conduzida. Reações brutais, como a que tinha levado à fogueira George Wishart em 1546, só tinham conseguido exasperar os espíritos. A resposta não tardara; três meses depois, o cardeal Beaton era assassinado. Dez anos mais tarde, Walter Myln, ex-sacerdote, casado, ancião com mais de oitenta anos, durante o ruidoso processo que lhe moveram, pronunciava um requisitório de uma violência inaudita contra o catolicismo, sem que os católicos presentes o pudessem fazer calar. Foi queimado, o que causou uma impressão deplorável, mas a propaganda herética não diminuiu, muito pelo contrário. Bastava que surgisse um homem enérgico decidido a agrupar os descontentes e a levá-los ao assalto para que as posições católicas ruíssem em dois tempos. Esse homem foi *John Knox* (1505-1572)[20].

Personagem ousada, violenta, de uma eloquência arrebatadora e demagógica, tipo acabado do fanático e do tribuno, tal era esse profeta barbudo, de maçãs do rosto salientes, de olhar duro e frio; ao ver os seus retratos, pensa-se no famoso *Moisés* de Michelangelo. Sacerdote, afastara-se da fé tradicional, um pouco à maneira de Lutero, talvez sob a influência dos seus livros, sobretudo estudando Santo Agostinho; Wishart, de quem gostava muito, tinha acabado por ganhá-lo para a heresia. Membro importante do conluio que levara ao assassinato do arcebispo, refugiara-se com os outros conjurados na cidadela de Saint Andrews, onde a guarda francesa ao serviço da rainha o apanhara. Durante algum tempo, remara nas galés de Henrique II, até que o duque de Somerset obtivera a sua libertação. Cranmer recebera-o na Inglaterra com júbilo, oferecera-lhe um bispado e, depois, como não o quisesse, nomeara-o capelão de Eduardo VI; a influência do escocês contribuíra para levar o rei para a heresia.

Obrigado a fugir de Londres quando Maria Tudor subira ao trono, refugiara-se em Genebra. Ali vivera durante cinco anos, de 1554 a 1559, à sombra de Calvino, traduzindo a Bíblia para o escocês e escrevendo o famoso panfleto *Contra o monstruoso governo das mulheres*, que visava Maria Stuart e a sua mãe, a regente Maria de Guise-Lorena, mas que também Elisabeth lhe levaria muito a mal. Das margens do lago Léman, escrevia inúmeras cartas aos nobres do seu país a fim de explicar-lhes que era do maior interesse deles apoderarem-se dos bens do clero; ao mesmo tempo, dizia aos bravos burgueses católicos que um clero tão indigno como o deles não tinha o direito de pastoreá-los. Por instigação sua, um grupo de lordes protestantes constituiu a "Congregação de Cristo", destinada a destruir "a Congregação de Satã e da idolatria". O conde Murray, meio-irmão ilegítimo da rainha, pôs-se à frente dessa organização. Um emissário enviado a Genebra persuadiu Knox a retornar ao país para assumir a direção espiritual do partido. Aceitou e desembarcou na Escócia a 2 de maio de 1559.

A coisa não se arrastou. Ante a indiferença e a inércia das autoridades católicas, Knox, em discursos incendiários, sublevou as multidões. A partir de 11 de maio, em Perth, atacaram-se e saquearam-se conventos, destruíram-se imagens, profanaram-se vasos sagrados. Um mês mais tarde, foi a vez de Scone, a abadia onde os reis da Escócia eram coroados, e, a seguir, a dos conventos de Sterling.

A temperatura subiu. Nas sessões do Parlamento de 1560, lordes e burgueses acusaram publicamente os sacerdotes católicos de serem "ladrões, assassinos, corruptores de meninas e esposas, adúlteros e, para resumir tudo numa só palavra, gente abominável". Votou-se então a *Confissão Escocesa*, redigida por Knox.

Decalcado sobre a doutrina de Calvino, esse texto exprimia uma visão desolada do homem pecador, fadado pelas suas faltas à "masmorra da escuridão absoluta, onde o verme não morrerá, onde o fogo não se extinguirá", pregava uma moral sombria, orgulhosa, e um culto austero, suprimia a Missa e toda a liturgia, e, naturalmente, recusava-se a reconhecer a autoridade do "Bispo de Roma". E, com uma rapidez que nos deixa estupefatos, essa reforma instalou-se no reino de uma rainha que se dizia católica integral e cujo marido era um rei francês!

Com um talento de legislador e de organizador que ultrapassava o do seu próprio mestre Calvino, Knox estabeleceu imediatamente a sua igreja. O implacável *Livro da disciplina* foi a carta-magna dessa igreja. Levando até ao extremo as ideias genebrinas, a igreja escocesa, conhecida na história com o nome de igreja *presbiteriana*, aboliu toda a hierarquia, entregou a direção das comunidades a ministros, anciãos e diáconos, muito democraticamente eleitos, e impôs ao seu povo um regime moralizante tão rígido como o que triunfara nas margens do Léman: controle da vida privada, educação dos filhos pelo Estado, penitências públicas. Uma característica a assinalar: o caráter social desse sistema, que queria ignorar toda a distinção entre as classes, que ameaçava com "terríveis e espantosos juízos de Deus" os ricos, os satisfeitos, os que comprassem bens eclesiásticos, e recomendava "ter grande consideração pelos pobres irmãos que trabalham e estrumam a terra". Assim nasceu essa teocracia igualitária que influenciaria tão profundamente o povo escocês e prepararia, para o século seguinte, o tipo do *covenanter* ou puritano, que combateria tão rudemente o rei Jaime Stuart.

E as autoridades católicas, que fizeram? Pouca coisa; e, de qualquer forma, sem resultado. Viúva do jovem Francisco II, Maria Stuart deixou com grande desgosto a doce França e entrou na sua fria e rude Escócia em 1561. O presbiterianismo acabava de ser estabelecido e Knox propôs-lhe que aderisse à heresia. Era uma cabeça um pouco leviana essa encantadora menina, impulsiva e sensual; e, mulher até à ponta dos cabelos, usava sem a menor circunspecção do direito de contradizer-se que se costuma reconhecer ao sexo frágil. Mas, diante da escolha decisiva, essa moça de dezenove anos teve o mérito de não tergiversar. O papa tinha-lhe dado a Rosa de Ouro reservada aos servidores leais da Igreja; nascera católica, católica pretendia permanecer. Recusou-se a ratificar os atos do Parlamento e continuou a assistir à Missa.

Talvez tivesse podido ganhar a partida se não tivesse deixado prevalecer em si a mulher sobre a soberana. Perante a tempestade que os pastores desencadearam, sentiu-se terrivelmente só e procurou um apoio. Recusando judiciosamente Leicester, já abandonado antes pela prima Elisabeth, julgou encontrar um guia seguro e um apoio no seu primo Henri Darnley, um belo rapaz que não deixava de ter o seu encanto. Foi um desastre. Enquanto Knox berrava do púlpito contra "Acab e Jezabel", a pobre jovem rainha achou-se apanhada num inexorável mecanismo de intrigas e traições que a levaram diretamente à perdição. Darnley era ao mesmo tempo um homem cruel e um joão-ninguém, mas ambicioso. Cheio de fúria por não ter sido associado à coroa, tornou-se odioso para Maria, que cometeu a loucura de tomar como conselheiro demasiado íntimo um tal Rizzio, insignificante músico italiano chegado nas bagagens do duque da Savoia. Os nobres escoceses, com Darnley à testa, decidiram desembaraçar-se do arrivista e assassinaram-no mesmo diante da rainha.

Uns meses mais tarde, Maria deu à luz um filho, o futuro Jaime VI (Jaime I da Inglaterra) que os maledicentes consideraram filho de Rizzio. Que sucedeu em seguida? Nunca se soube exatamente, e o "segredo de Maria Stuart", muito explorado por vários dramaturgos, nunca foi desvendado. Julgando a sua posição insustentável, odiando dali em diante Darnley, a pobre rainha cometeu uma terceira e pior loucura: deixou-se seduzir, meio por querer, meio à força, por um macho terrível, o conde de Bothwell, desprezado por toda a Escócia. Umas semanas mais tarde, a casa de campo de verão onde Darnley descansava voou pelos ares em plena noite, e o marido da rainha foi encontrado morto no jardim. Parecia evidente a culpabilidade de Bothwell. Três meses depois, Maria desposou o assassino.

Mesmo em pleno século XVI, semelhante conduta causava um merecido escândalo. Organizou-se a revolta contra o suposto adultério e o crime. Abandonada por todos os seus amigos, o papa, a Espanha, a França, Maria viu-se perseguida como caça por matilhas fanatizadas. Foi presa em Carberry Hill e de lá levada para Edimburgo. À sua passagem, o povo berrava palavras obscenas. Forçada a abdicar em favor do filho de treze meses de idade, em nome do qual Murray exerceria a regência, conseguiu evadir-se, mas não para reconquistar o trono. Fugindo apressadamente, dirigiu-se para o Sul do reino. Já não tinha senão uma esperança: pedir asilo à sua vizinha e prima, a rainha da Inglaterra... Mas essa prima chamava-se Elisabeth[21]...

Três vitórias protestantes: Elisabeth I e o anglicanismo

Elisabeth: a "mulher sem homens", o cruel carrasco de Maria Stuart, a "grande dama do protestantismo"... Uma história simplificadora pensa caracterizar nestas três fórmulas essa rainha tão misteriosa, cuja própria glória se rodeia de um halo de incerteza e de contradições. Mas que fórmulas bastariam para resumir esse longo reinado (1558--1605), poderoso, apaixonado, prodigiosamente cheio de acontecimentos, de obras, de personalidades, de dramas, que foi tão decisivo para a Inglaterra como o de Filipe II para a Espanha, como seria para a França o de Luís XIV? Os ingleses têm razão em ver na "era elisabetana" a época fecunda e decisiva durante a qual, em todas as ordens em que devia triunfar, o espírito nacional tomou consciência de si mesmo.

Nos improvisados cenários dos palácios e das praças, o mais genial autor de teatro que jamais houve, *William Shakespeare* (1564-1616), acrescentava ao patrimônio da humanidade essas obras-primas imortais que se chamam *Hamlet*, *Macbeth*, *Otelo*, *Rei Lear*, e tinha, se não como iguais, pelo menos como êmulos, Marlowe, Thomas Dekker, Ben Johnson, Webster e outros. Nos mares, a bandeira britânica começava a impor-se ao respeito do mundo, estralejando nos mastros dos corsários da espécie dos Drakes e dos Cavendish, levada às terras longínquas por um Chancellor, um Hawkins, um Walter Raleigh, o fundador da Virgínia, "terra da rainha virgem". Em Londres, no centro da *City*, Thomas Gresham fundava o *Royal Exchange*, e aos entrepostos do Tâmisa afluíam de toda a parte os produtos que a Companhia do Levante (1581) e a das Índias (1600) iam buscar às longínquas Hespérides. A lã inglesa, então em concorrência com a de Flandres, firmava a sua reputação em todos os mercados da Europa. E as pequenas corvetas levadas pelo vento derrotavam os ambiciosos comboios da hispânica Armada. Imagens esplendorosas!... É legítima a homenagem que o poeta Purchas prestaria a Elisabeth, "o maior dos homens ingleses", vinte anos após a sua morte: "Tu tiraste à Inglaterra as suas muletas e ensinaste-a não só a manter-se de pé e a andar sem auxílio, mas a tornar-se um apoio para os seus amigos..."

Quem segue de perto os acontecimentos deste reinado não pode deixar de concluir que, mais do que a um plano bem estabelecido, a um desígnio claramente premeditado, Elisabeth obedeceu à lição das circunstâncias e a um sentido agudo dos interesses ingleses. Para compreendê-lo, basta ver com que prudência a rainha interveio nos assuntos da França e dos Países-Baixos, não se comprometendo a fundo, defendendo um partido e negociando por baixo do pano com o outro. Mas a prudência, a lucidez, a sabedoria política são qualidades eminentes e muito raras nas mulheres, sobretudo quando são novas, bonitas, coquetes. E Elisabeth era tudo isso.

Tinha vinte e cinco anos quando, a 17 de novembro de 1558, a sua meia-irmã mais velha, a excessivamente católica Maria Tudor, expirou, deixando-lhe a coroa. Já o seu irmão mais novo, Eduardo VI, tinha reinado antes dela. Era uma coroa que lhe caía em sorte depois de tê-la aguardado entre alternâncias de esperança e de temor, de humilhação e de calma. Recebeu a notícia da sua elevação com uma fleuma toda britânica, recitando este versículo do salmista: "Isto é obra do Senhor; ela é admirável aos meus olhos". Era bem inglesa, essa filha da encantadora Ana Bolena, com os seus cabelos ruivos, a sua fina pele cor de leite, os seus olhos esverdeados e um pouco salientes, os seus lábios muito vermelhos. Franzina, flexível apesar das golas e das anquinhas que lhe impunha a moda do tempo, talvez tivesse menos beleza propriamente dita do que graça e prestígio, um prestígio em que se reconhecia a majestade dos Tudor, mas nada da sobranceria e da rigidez que tanto tinham prejudicado Maria. Agradou logo ao seu povo: as provações da sua juventude não teriam recordado a esse povo as dolorosas agruras do destino nacional?

Favorecida por uma inteligência sem par, a sua experiência precoce dos homens e das coisas, o impressionante domínio de si mesma — que chegava à velhacaria —, o seu egoísmo absoluto, associado a uma paixão fria de poder, compunham uma personalidade excepcional. A sua formação tinha sido bem orientada: humanista, sabia grego e latim, falava francês e italiano maravilhosamente, interessava-se por tudo, quer no domínio do espírito, quer no da economia e da política. Tudo isto são qualidades viris. Mas ela não teria sido mulher se a sua aplicação ao trabalho e a sua minúcia não se tivessem feito acompanhar de dilações, de contradições e de variações de humor. Não teria sido uma princesa da Renascença, essa filha de Henrique VIII, se não tivesse tido a paixão dos bailes, dos espetáculos, das joias e dos vestidos deslumbrantes. Enfim, uma personalidade muito ambígua, à qual uma enfermidade física que a tornou incapaz de procriar (sem falar de certos jogos em que Thomas Seymour, segundo marido de Catarina Parr, a viúva de seu pai Henrique VIII, a tinha iniciado aos quinze anos) acrescentou diversos complexos. Nunca se veria Elisabeth dar a um marido, com o seu amor, uma parte das suas zelosas prerrogativas reais, mas viram-na muitas vezes fazer do coquetismo um instrumento político, e escolher com uma aparente extravagância — que era, sem dúvida, um cálculo sutil — favoritos muito provisórios.

Para essa mulher, ser rainha importava mais do que tudo. Fazia a ideia mais exigente da sua realeza. Como os Tudor lhe tinham legado um governo que tendia para a centralização, dominava o Parlamento, reunia-o o menos possível e vigiava de perto a justiça e a administração. O seu temperamento ambicioso combinava bem demais com a tendência absolutista para que não tentasse apressar a sua evolução. Mas era demasiado hábil para correr o risco de estragar tudo dando a impressão de ir contra o apego que a nação manifestava pelas instituições e pelos costumes antigos. O seu gênio sentia as reações do povo e sabia manter-se em comunicação com ele. Por isso, embora tivesse declarado em 1569 que, depois de ter reunido três vezes o Parlamento em onze anos, não voltaria a convocá-lo no resto do seu reinado, não hesitou em reuni-lo outras seis vezes quando a sua política estrangeira exigiu pesados subsídios. E embora proclamasse em privado que os príncipes não tinham que prestar contas senão a Deus, sabia como ninguém lisonjear o povo com palavras hábeis. "Deus salve Vossa Graça", gritava-lhe a multidão para o meio da qual a rainha impelia o seu carro. "Deus salve o meu povo", respondia ela com o seu mais encantador sorriso. Servida admiravelmente por um grande ministro, William Cecil, mais tarde barão de Burghley, a quem teve o mérito de permanecer sempre fiel, soube dar à sua coroa uma autoridade e um poder até então desconhecidos. Palavras amáveis, concessões e muita astúcia conseguiram fazê-la ser aceita sem sobressaltos.

Para um caráter desse perfil, a religião não era senão um meio de governar. O casamento da mãe levara o seu pai a romper com Roma, e ela tinha sido educada fora da tradição católica, no ódio ao papado, mas no gosto pelas pompas litúrgicas. A sua formação intelectual, a necessidade de passar sucessivamente da "ortodoxia" henriquina para o calvinismo de Eduardo VI e depois de volta para a Missa "papista", a fim de preservar a própria vida, tornaram-na muito cética relativamente às doutrinas. Aliás, não experimentava nenhuma angústia mística. Pensava que era bom invocar a Deus para reclamar obediência aos monarcas da terra, e achava que a Igreja exercia sobre o povo uma influência propícia ao Estado; o brilho das cerimônias satisfazia o seu amor pelo espetáculo e pelo fausto. A fidelidade dos católicos a um papa estrangeiro parecia-lhe uma traição, mas não admitia a supressão calvinista da hierarquia e da pompa cultual. Quanto às controvérsias sobre a justificação, a predestinação e o significado da Eucaristia, ultrapassavam um pouco a sua capacidade de compreensão.

Tudo isso levava-a, pois, a restabelecer a fórmula híbrida a que chegara o seu pai, e na qual a autoridade do soberano sobre a igreja inglesa lhe parecia o artigo mais importante. Contudo, via-se obrigada a ter em conta o que se tinha passado desde 1547: o catolicismo, restabelecido no reinado de Maria Tudor, continuava a ser praticado pela maioria e a ser proibido pela Câmara dos Lordes, onde tinham assento os pares eclesiásticos. Por outro lado, o calvinismo, adotado no reinado de Eduardo VI, tinha feito grandes progressos entre os burgueses e os camponeses remediados do Sudeste, e a Câmara dos Comuns pendia para ele. Elisabeth seguiu, pois, um meio-termo e, com infinita habilidade, procedendo por etapas, estabilizou o anglicanismo oficial.

Essa habilidade manifestou-se nos primeiros atos do seu reinado. Prometeu proibir "toda a tentativa de violar, alterar ou mudar a ordem e os costumes presentemente estabelecidos no reino", e fez-se coroar segundo o rito antigo, mas não aceitou que, durante a Missa de coroação, se elevasse diante dela a hóstia consagrada, como no catolicismo, e autorizou a leitura em inglês da Epístola, do Evangelho e dos dez mandamentos[22]. Evitou acrescentar ao seu título de rainha o de "chefe supremo da igreja da Inglaterra", mas substituiu-o por um "etc..." que se podia interpretar como bem se quisesse. Na realidade, aceitara secretamente o "projeto para a mudança de religião" que Cecil lhe tinha apresentado e que se ajustava muito bem aos seus desejos mais profundos; aos íntimos, não escondia que seria necessário um pouco de pressão para fazer calar tanto os católicos como os calvinistas.

Em março de 1559, a despeito de uma declaração da *Convocation* do clero em favor da Missa romana, da supremacia do Papa e da autoridade da Igreja em matéria de fé, o Parlamento restabeleceu a lei da supremacia real. Elisabeth aproveitou-se disso para permitir a comunhão sob as duas espécies, mas, compreendendo o que havia de chocante no título de Chefe da Igreja atribuído a uma mulher, pediu para ser chamada "supremo governante da igreja da Inglaterra"[23]. Em abril, apesar de um discurso do bispo de Chester que justificou ponto por ponto a concepção ortodoxa da Eucaristia, foi aprovada por três votos de maioria o *Ato de uniformidade*, que retomou o *Prayer Book* ("Livro de Orações") de 1552, omitindo, contudo, "a rubrica negra" que obrigava os fiéis a receber a Ceia de pé, não se pronunciando sobre a Presença Real e suprimindo a prece: "Da tirania do bispo de Roma e de todas as suas atrocidades abomináveis, livrai-nos Senhor!"

O jogo equívoco vinha sendo bem conduzido, mas tornava-se necessário conseguir a submissão do clero. Aqui, Elisabeth deparou com uma dificuldade inesperada. Todos os bispos, exceto o de Llandaff, se recusaram a jurar obediência ao Ato de Supremacia. Foram depostos. Mas, entre o clero inferior, que contava quase dez mil sacerdotes, não houve um em dez que rejeitasse o juramento: temor dos visitadores reais que iam de paróquia em paróquia, desconhecimento da gravidade do gesto reclamado, frouxidão, todas essas razões contribuíram, sem dúvida, para dar imediatamente à igreja de Elisabeth um pessoal subalterno cuja força de caráter não constituía talvez a principal virtude. Restavam os chefes. A rainha propôs ao cabido da Cantuária, que procurava um arcebispo, a candidatura de Matthew Parker, que, despojado dos seus benefícios no reinado de Maria Tudor, vivia no campo com a esposa e filhos. O costume requeria quatro bispos para a sagração de um arcebispo; ora, excetuada uma só, as sés episcopais já não tinham titulares; a rainha escolheu então quatro prelados já sagrados e concedeu-lhes bispados.

A 17 de dezembro de 1559, no palácio de Lambeth, os quatro novos bispos impuseram as mãos a Parker, ordenaram-no sacerdote e sagraram-no segundo o rito de ordenação de Eduardo VI, que um decreto especial da rainha tinha incluído no *Ato de uniformidade*. Nos meses seguintes, treze bispos foram por sua vez sagrados por Parker. Muitos desses novos dirigentes da Igreja vieram do mundo universitário; Elisabeth e Cecil procuraram-nos entre os estudantes mais destacados e ambiciosos e abriram-lhes belas carreiras. Foi o caso de Tobias Mathew, que lhes chamou a atenção em Cambridge, em 1564: aos vinte e dois anos, fizeram-no cônego, depois presidente de Saint John, deão de Christ Church, vice-chanceler da universidade, bispo de Durham e, finalmente, arcebispo de York. Mathew casou-se com uma viúva que era filha de bispo, sobrinha de arcebispo, irmã de quatro bispos; pronunciou cerca de dois mil sermões e teve êxitos sem conta. Mas nem todos esses brilhantes universitários proporcionariam à sua rainha alegrias assim tão puras; na mesma visita que fez a Cambridge, também lhe chamou a atenção um outro homem jovem cheio de promessas, que se chamava Edmund Campion[24]...

Os lugares vagos no baixo clero foram rapidamente preenchidos. Fizeram-se clérigos em massa: Parker chegou a ordenar cento e cinquenta num só dia! Teria muitas ilusões sobre o valor desses homens? A maior parte deles era muito ignorante, metade tinha-se casado. Mas preencheram-se todos os postos e assegurou-se a fidelidade dos seus titulares à Reforma oficial. Era o essencial[25]. Podia-se dali em diante começar uma nova fase.

Em 1563, a *Convocation* composta pelos novos bispos deu à igreja elisabetana o seu credo, retocando os *42 Artigos* de 1552 e reduzindo-os a 39. O *Bill* — lei parlamentar — dos *39 Artigos,* base do anglicanismo, afirmou que a Escritura era a única fonte da fé, que a Igreja tinha errado ao sustentar teses contrárias à palavra de Deus sobre o purgatório, as indulgências, as relíquias, o culto e a adoração das imagens, que Jesus não tinha instituído senão dois sacramentos — o Batismo e a Ceia —, que as Missas, não acrescentando nada à oblação do Redentor, eram fábulas e embustes, que os sacerdotes podiam casar-se. O 28° artigo expunha que, para aqueles que comungassem com fé, o pão era uma participação no corpo de Cristo e o vinho uma participação no seu sangue, mas que "a transubstanciação não pode ser provada pela Sagrada Escritura, antes repugna ao seu sentido, destrói a natureza do sacramento e dá lugar a muita superstição"; contudo, evitou encarar de frente e entrar a fundo nessa questão vital.

A grande maioria do povo aceitou passivamente a nova palinódia religiosa. E compreende-se. Um inglês que tivesse cinquenta anos vira oferecerem-lhe sucessivamente o catolicismo, o henriquismo, o calvinismo e de novo o catolicismo; um inglês de vinte e cinco anos aprendera na sua infância a detestar o Bispo de Roma como um estrangeiro cobiçoso; chegado aos dezoito, tivera de reverenciá-lo como a um pai, e agora tornava-se suspeito de traição se lhe prestasse ouvidos. Era demasiado para o comum dos mortais. Não bastava, no fim das contas, que permanecessem duas verdades: por um lado, o Evangelho, a Boa-nova do homem resgatado do pecado; por outro, a obediência ao senhor do reino? A este cabia escolher uma confissão de preferência a outra e a sua ordem seria seguida. O embaixador veneziano escrevia, talvez com excessiva severidade: "Em todas as coisas, os ingleses seguem o exemplo e a autoridade do príncipe; estimam a religião apenas na medida em que ela permite cumprir os deveres que incumbem ao súdito para com o seu príncipe, vivendo como ele vive, crendo como ele crê, e finalmente fazendo tudo o que ele lhes manda fazer. Este povo acomodar-se-ia a qualquer religião". O cardeal Bentivoglio pensava[26] que quatro quintos da nação se tornariam católicos se o catolicismo fosse legalmente restabelecido, mas que, ao mesmo tempo, seriam igualmente incapazes de revoltar-se contra um governo herege. Na Inglaterra, tal como na Alemanha, triunfava o princípio *cujus regio, ejus religio*.

Para melhor dizer, esse princípio pôde triunfar facilmente por força de diversas questões que abalaram o trono britânico e em que se imbricaram a questão religiosa e a questão política. Aproveitando com um extraordinário senso de oportunidade a ocasião que lhe foi oferecida duas vezes, Elisabeth virou a seu favor os acontecimentos que, em dado momento, pareceram ameaçá-la, e serviu-se deles para afastar o seu povo definitivamente de Roma e do catolicismo[27] e para inculcar nos seus súditos a convicção — que se enraizaria na consciência inglesa quase até aos nossos dias — de que a adesão à igreja oficial, ao anglicanismo de Estado, era um sinal de lealdade e o mais patriótico dos diplomas.

O primeiro abalo produziu-se na *Irlanda*. A ilha estava ligada à coroa por um laço pessoal e feudal: os colonos ingleses tinham-se instalado apenas num enclave a leste, o *Pale*. Todo o resto do país, toda a massa do antigo povo celta olhava com desconfiança esse cantão de intrusos. Henrique VIII, como já vimos[28], conseguira impor ao Parlamento irlandês o Ato de Supremacia, mas, fora do enclave, nem o henriquismo nem o protestantismo tiveram a menor influência. Os conventos continuavam a levar a sua existência própria; o povo amava os seus sacerdotes, venerava os seus santos e, fora disso, só se interessava pelas querelas dos clãs. Precisamente, um deles, o dos O'Neil, dirigido por um homem muito enérgico, Shane O'Neil, depois de ter habilidosamente captado a confiança de Elisabeth para firmar a sua preponderância, reuniu à sua volta todos os inimigos irlandeses da rainha, talvez com a intenção de romper com a Inglaterra. Era o ano de 1565. Pio IV estava em plena euforia do Concílio de Trento, felizmente terminado. Pensou que seria útil fazer da Irlanda uma praça-forte da ortodoxia católica no flanco da Inglaterra infiel. O jesuíta irlandês David Wolfe desembarcou em Cork, atraiu missionários ao sul da ilha e recuperou para o catolicismo algumas famílias senhoriais que, na intenção de se apossarem dos bens eclesiásticos, tinham passado para o cisma. Mas a resposta de Elisabeth não se fez esperar, e foi dura. Exércitos implacáveis lançaram-se através da ilha. À medida que avançavam, massacrando bispos e sacerdotes, saqueando os conventos, um clero anglicano substituía o anterior e recebia os bens da Igreja.

Terminado o período de terror, a rainha impôs à infeliz Irlanda um sistema legal de vassalagem tão perfeito que jamais se veria outro semelhante na história. Privada dos seus direitos mais elementares, a nação irlandesa ficou literalmente escrava. E as suas tentativas de rebelião, auxiliadas pela Espanha, não conseguiram senão provocar represálias que aumentaram ainda mais os seus sofrimentos. Páginas de sangue e de luto, mas também de glória, porque, nas piores perseguições, a antiga nação de São Patrício manteria intacta a sua fé, que foi dali em diante o seu orgulho, a sua esperança e a sua consolação na desgraça.

A mesma mistura de religião e política se manifestou, como acabamos de ver, nos problemas da *Escócia*, e Elisabeth não podia desinteressar-se deles. Com o caráter que tinha, não estava certamente inclinada a reconhecer a rebelião de um povo contra a sua soberana, e o calvinismo à Knox causava horror a essa humanista gozadora e desiludida. Mas acontecimentos políticos desagradáveis influíram nos seus sentimentos, que, aliás, não eram puramente os da ternura e da misericórdia para com a sedutora Maria Stuart. Nessa bonita prima, nove anos mais nova, Elisabeth odiava muitas coisas, talvez sem o perceber: a graça delicada do seu belo rosto oval de olhos melancólicos e meigos, o porte elegante — Maria era mais alta do que ela —, a finura desenvolta e graciosa. Uma inveja visceral tinha-lhe arrancado esta confissão sincera: "Ela deu à luz um belo rapaz e eu não passo de um tronco estéril". Além disso, a Stuart, descendente de Henrique VII, não seria a sua herdeira? E era uma papista, uma amiga do papa de Roma! Quando a pobre ave batida pela tempestade procurou refúgio na Inglaterra, Cecil não teve dificuldade em persuadir a rainha de que a sua simples presença constituía um perigo, e de que era preciso engaiolá-la. Maria viera pedir asilo; não demoraram a dar-lhe uma prisão.

As incidências desastrosas da política forneceram a Elisabeth a ocasião de que precisava para desembaraçar-se da sua rival. Em breve juntou-se em torno da bela prisioneira a oposição à política autoritária e herética da rainha. Os condados do Norte conservavam ferrenhamente o seu particularismo feudal e o seu fervor católico, e acolhiam os sacerdotes trânsfugas da Escócia. Os seus senhores puseram-se em pé de guerra e marcharam contra York, com uma cruz vermelha costurada nas vestimentas e as cinco chagas bordadas nas bandeiras; em Durham, rasgaram a Bíblia inglesa e o livro de orações anglicano; diziam — demasiado alto — que, uma vez alcançada a vitória, conduziriam ao trono Maria Stuart e a fariam casar-se com um deles: Norfolk. Não conseguiram o apoio de Filipe II e foram esmagados[29].

Era o tempo em que, em Douai, nos Países-Baixos espanhóis, William Allen abria um colégio para formar missionários ingleses destinados ao seu país, em que Pio V fulminava Elisabeth com a excomunhão, em que John Felton, que ousara afixar a bula dessa excomunhão em Londres, clamava no patíbulo que a deposição da rainha asseguraria a salvação do reino. Revolta, desobediência, subversão..., essas palavras não eram sinônimos de catolicismo? A repressão tinha, pois, toda a legitimidade em seu favor; fez oitocentas vítimas. Pela *Pacificação de Perth*, Elisabeth apressou-se a assegurar na Escócia a vitória de um protestantismo democrático que, no seu íntimo, lhe repugnava, e mandou reforços ao novo regente Morton. Depois, tomou medidas para ampliar no seu próprio reino o seu domínio sobre as consciências.

Antes de 1570, as leis inglesas tinham sido moderadas: o sacerdote que fosse condenado pela primeira vez por ter celebrado a Missa em público ou em particular era passível de um ano de suspensão dos seus benefícios e de seis meses de prisão; da segunda vez, de privação definitiva dos benefícios e de um ano de prisão; da terceira, de prisão perpétua. O fiel que tivesse organizado a reunião devia pagar uma multa. Para incorrer na pena capital, era preciso negar-se duas vezes a prestar juramento de sujeição à supremacia espiritual da rainha. Depois de 1570, qualquer ato ou mesmo suspeita de prática do catolicismo passou a ser julgado como crime de alta traição e sujeito à pena de morte; ai de quem introduzisse um documento vindo de Roma, ai do sacerdote que absolvesse um súdito da rainha, ai do fiel que recebesse essa absolvição! Quem se recusasse a assistir às pregações do culto anglicano era multado em vinte libras por mês, em vez do único xelim de outrora; para uma família, era a ruína a breve prazo. A partir de 1580, a profissão de catolicismo foi multada em duzentas e quarenta libras por ano! Ser fiel à antiga fé era ser eliminado da comunidade nacional.

Contudo, depois de 1574, chegaram sacerdotes do continente; perseguidos por delatores profissionais, visitavam o indomável pequeno rebanho, fortaleciam-no na sua recusa de pactuar com a heresia, mas exortavam-no a conservar a lealdade para com o chefe temporal do reino. Um deles, o jesuíta Campion, desafiou "os mui honoráveis Lordes do Conselho privado" a "dar o alarme espiritual contra os vícios vergonhosos e a orgulhosa ignorância" que dominavam tantos dos seus compatriotas; confiou à imprensa clandestina as suas "dez razões para explicar a segurança com que se punha à disposição dos seus adversários para defender a fé em discussão". Mas a quem ele se dirigia era a Elisabeth, convidando-a a seguir o exemplo dos seus antepassados e dos heróis da cristandade; e, diante do patíbulo, foi por ela que rezou: "A vossa rainha é a minha rainha, a quem desejo um longo e pacífico reinado, com toda a sorte de prosperidades".

Mas a opinião pública não se comoveu nem mesmo quando cento e quarenta e sete sacerdotes foram executados. Após a prisão de um cúmplice e a descoberta de uma correspondência, indignou-se porém com as imprudentes intrigas dos jesuítas Robert Parsons e Jacob Crichton, que envolviam o núncio do papa, o embaixador da Espanha, o arcebispo católico destituído da Cantuária, diversos nobres ingleses e os Guise, num conluio que, se tivesse triunfado, teria eliminado Elisabeth, afastado Jaime VI e feito de Maria Stuart rainha da Inglaterra e da Escócia! Bramiu quando os seus corsários contaram que, se alguns deles caíam nas mãos dos espanhóis, eram levados à Inquisição e incorriam no castigo reservado aos hereges. Indignou-se ao saber que criminosos tinham querido atentar contra a vida da rainha. O prestígio dinástico, as liberdades da Inglaterra, a confissão anglicana, tudo se misturava, como no outro campo se misturavam os rancores dos últimos senhores feudais ingleses, o esforço dos missionários enviados de Douai pela Companhia de Jesus, a causa da Igreja romana. É em semelhante atmosfera que devemos situar-nos para julgar com equidade o fim trágico de Maria Stuart, que significou a ruptura irreparável e se transformou num símbolo.

Encarcerada quase durante vinte anos, Maria não pudera abafar o seu pendor bastante infantil para a conspiração. Todos os fios das complexas e às vezes irrisórias intrigas que se tramavam contra Elisabeth passavam mais ou menos pela câmara solitária onde a bela amazona amadurecida bordava pequenos trabalhos para a sua carcereira. Contra ela, Elisabeth tinha uma arma sempre pronta: a sua responsabilidade na morte de Darnley; com essa arma, podia mandá-la para o cadafalso como adúltera, mesmo que fosse julgada por juízes íntegros. As "cartas do porta-joias" que se apresentaram contra Maria Stuart eram verdadeiras ou falsas? Quem poderá dizê-lo? E qual foi exatamente o papel da prisioneira no conluio de jovens loucos em que certo agente provocador a implicou?

Walsingham, secretário de Estado, persuadiu então Elisabeth de que era preciso castigar. Julgada em Fotheringay, condenada por unanimidade (1587), Maria não foi contudo executada imediatamente, como o reclamavam os Comuns. Por motivos muito obscuros, Elisabeth hesitou durante três meses. No momento em que lhe levaram a notícia da execução — horrível: foram necessários três golpes para que a cabeça caísse —, simulou dor e grande cólera. Mas ela mesma tinha determinado certos pormenores do suplício. A execução de Maria tornara-se necessária; fazia parte de todo o plano político de repressão e de protestantização.

O Parlamento determinou que todo o súdito ordenado sacerdote no estrangeiro por autoridade do papa, e que permanecesse mais de quarenta dias no solo do reino, seria culpado de traição. Toda a Inglaterra se sentia em perigo extremo, atacada por inimigos terríveis. Considerando a fragilidade da sua situação perante os tentáculos que se aproximavam para sufocá-la, Elisabeth abandonou a prudência, as meias-medidas, e, prestando ouvidos ao ardente secretário de Estado Walsingham, enviou o seu favorito Leicester com seis mil homens em ajuda de Guilherme de Orange, recebeu os delegados de Henrique de Navarra, negociou com os príncipes calvinistas da Alemanha, aliou-se à Escócia para proteger a reforma insular. Quando Drake incendiou diante de Cádiz os barcos espanhóis, quando a Invencível Armada, que fizera tremer Londres, foi dispersada pelos canhões, pelos brulotes e furacões, quando, finalmente, o projeto de invasão se desfez, não foi só Elisabeth e o seu reino que celebraram a sua salvação, mas o protestantismo europeu, de que ela se tornara uma espécie de símbolo.

A igreja anglicana ganhou dali em diante um lugar entre os elementos sagrados da Inglaterra. Respeitá-la era prova da lealdade de um súdito. Mas coisa bem diferente era considerar-se satisfeito com a sua reputação e a sua praxe, ou contentar-se com as suas fórmulas ambíguas para preparar a vida eterna, e Elisabeth, no momento em que parecia vitoriosa em toda a linha, deparou com novas dificuldades: o ódio a Roma, não podia, só por si, alimentar uma espiritualidade.

Nas bibliotecas, as coletâneas de sermões anglicanos, os manuais de piedade, as bíblias, alinhavam-se ao lado das edições do *Livro dos Mártires* de John Foxe. Após a morte de Maria Tudor, tinham regressado ao país alguns militantes que traziam a doutrina purificada, o espírito igualitário de Genebra, e estavam prontos a seguir o exemplo de Hooper, que considerara idólatra o ritual da consagração no momento em que lhe fora oferecida a sé de Gloucester, em 1551. Esses homens podiam observar ali ao lado, na Escócia, comunidades autônomas, governadas pelos seus anciãos, que elegiam os seus ministros. Como eles, rejeitavam os paramentos sacerdotais — "librés do Anticristo" —, os órgãos, os vitrais, toda a liturgia imponente e complicada, e criticavam com amargo furor um alto clero que acumulava benefícios, dava festas e frequentava a corte.

Em 1564, o arcebispo Parker dera caça a todos os pastores que se singularizavam por adotar os ritos simplificados dos escoceses, mas, na diocese de Londres, mais de um terço do pessoal se recusara a obedecer-lhe. A partir de então, alguns intransigentes que se julgavam os únicos a praticar o Evangelho "puro" passaram a viver à margem da Igreja estabelecida: eram os *puritanos* ou não-conformistas, homens abrasados em austeridade religiosa, desprezadores dos "bispos do demônio", dos párocos "ignorantes como burros e sujos como porcos". O humanista *Cartiwright* reuniu à sua volta os partidários dessa igreja igualitária, os *presbiterianos*. Esses anabatistas ambicionavam purificar a própria sociedade, e a Câmara dos Comuns, pró-calvinista, não perdia a esperança de infundir esse espírito na confissão e no culto oficiais. Também o novo primaz anglicano, Grindal, recusava-se a dispersar as reuniões onde pastores e fiéis, segundo o modelo calvinista, estudavam juntos a Sagrada Escritura.

Elisabeth não estava disposta a ceder ao movimento. Achou que uma reforma elaborada pela Câmara Baixa do seu Parlamento, que abolia a hierarquia, colocava a religião ao nível do povo e a despojava das suas pompas, era contrária à sua prerrogativa real e ao fausto que ela julgava indispensável. Consequente com a atitude que traduziu sempre os seus sentimentos íntimos, respondeu à paixão evangélica com argumentos políticos. Não demorou a encontrar o seu defensor na pessoa do terceiro arcebispo da Cantuária, Whitgift, seu "marido negro", e criou para ele, em 1585, uma alta comissão de quarenta e oito membros, verdadeira Inquisição que pôde impor o juramento da supremacia real e vigiar os tipógrafos. Entre o princípio da uniformidade e a supremacia da rainha, diques do anglicanismo, não havia lugar para nenhuma dissidência; fora deles, incorria-se no crime religioso de heresia ou no crime político de republicanismo.

Em 1588, pouco depois da derrota espanhola, espalhou-se o primeiro panfleto assinado "Martin Marprelate". Sob um pseudônimo sugestivo (o verbo *to mar* significa "destruir"; *prelate*, prelado), dois jovens intelectuais, John Penry e Job Throgmorton, aproveitaram-se da complacente audácia de um tipógrafo para lançar aos quatro ventos truculentas invectivas contra o clero oficial. Era o modo de interessar o homem do povo, de ultrapassar de um pulo o círculo estreito dos teólogos. Avidez, luxo, glutonaria, sandices dos "representantes de Belzebu", tudo desfilava por esse escrito; em contraste, o quadro de uma igreja exigente, igualitária e pura, sonho dos puritanos. Martin Marprelate zombava dos policiais, publicava epístola sobre epístola, calava-se um momento, depois cedia a pena aos seus "filhos". A cortês resposta ao bispo anglicano de Winchester só excitou a sua inspiração. O governo mobilizou o grande moralista John Lyly: no seu *Euphues*, empregou as armas de Marprelate — a injúria, a calúnia, a caricatura, a ira —, e os trocistas dividiram-se. Por fim, a comédia cessou. Penry fugiu para a Escócia e de lá voltou para ser enforcado, Throgmorton desapareceu, Cartwright foi lançado na prisão. Estava escrito que a seiva calvinista não irrigaria a igreja oficial e que a Inglaterra religiosa se esquartejaria entre um conformismo governamental medíocre e um puritanismo ardente, mas suspeito.

Sem dúvida, não estava na índole de Elisabeth ressentir-se dessa contradição e afligir-se com esse novo drama do protestantismo. Estava envelhecendo no meio de uma glória orgulhosa. Tal como a vemos no retrato da National Gallery, pintado no último ano da sua vida por Nicholas Hilliard, aplicava cremes no rosto para disfarçar as rugas, dissimulava com uma cabeleira postiça, "de uma cor desconhecida da natureza", o seu crânio quase calvo, e cobria-se de pérolas, diamantes, palhetas de ouro e de prata, de todos os adornos de um ícone, bem no estilo do cesaropapismo quase bizantino em que desembocara o seu regime. Aos setenta anos, ainda dançava a *courante* e depois deixava-se cair exausta sobre as almofadas. E o belo Essex, menino mimado, que ela mandaria decapitar como prêmio à sua felonia, não seria o último dos seus favoritos.

Ídolo simultaneamente grotesco, terrível e magnífico, Elisabeth representava, no entanto, segundo as suas próprias palavras, "o instrumento escolhido por Deus para manter a Sua verdade e a Sua glória, e para defender o reino contra o povo, a desonra, a tirania e a servidão". Sim, tudo isso era verdade. Elisabeth fizera do seu país, sob a armadura do anglicanismo, uma das cidadelas da heresia e do cisma; mas também fizera dele — encarnando-o maravilhosamente — uma nova grande potência da Europa[30].

Situação do protestantismo no limiar do século XVII

No momento em que findava esse século de ferro e fogo que tinha sido o século XVI, desaparecia do cenário da história a terceira geração dos protagonistas deste longo drama. Após a época dos revolucionários, dos continuadores, dos professores, dos construtores de igrejas, vira-se surgir a dos políticos, para quem o fanatismo religioso fora um instrumento ao serviço de interesses muito temporais. Um após outro, esses homens de governo entravam numa paz mais definitiva que a dos seus acordos precários. Filipe II havia morrido em 1598; Elisabeth seguiu-o no túmulo cinco anos depois; havia já dezesseis anos que Guilherme, o Taciturno, em 1584, sucumbira aos golpes de um assassino, e o cutelo de Ravaillac não esperaria mais de dez anos para se erguer contra o bom rei Henrique IV. No limiar do "grande século" francês, o mundo estava em transformação; apareciam novas elites, modificava-se a relação das forças. Em que situação esse tempo cruel e apaixonado deixava os cristãos que, ao apelo de Lutero, se tinham levantado contra a velha Igreja e concordado em separar-se dela?

Uma realidade se impõe ao espírito, visível no mapa. A Europa cristã está dividida em dois blocos inimigos. Com duas únicas exceções — o enclave da Westfália e a Polônia reconquistada pouco antes —, o luteranismo triunfou para além do antigo "limes", outrora estabelecido por Roma para conter o avanço bárbaro. Dentro dele, o catolicismo e o calvinismo dividem entre si as almas, pretendendo ambos o universalismo. Situação infinitamente dolorosa, e que consagra essa ruptura da cristandade ocidental que, a partir do século XIV, vimos ganhar corpo pouco a pouco. Os batizados já não se sentem irmãos, apesar dos generosos esforços de alguns raríssimos homens de elite que, como São Pedro Canísio, não querem ver nos inimigos senão "irmãos separados". Atingiu-se ao menos um ponto de equilíbrio em que as forças antagônicas se anulassem uma à outra, inspirando aos espíritos desejos de paz? Nem sequer isso. No limiar do século XVII, é evidente que o mais grave de todos os problemas não recebeu ainda uma solução definitiva em muitas regiões da Europa. É o caso precisamente da parte central do continente: a Alemanha, os Países-Baixos e a França são futuros campos de batalha. E o que agrava a situação é que, em outras partes, se operam cristalizações, quer católicas, quer protestantes, que parecem preparar campeões para as lutas futuras. Em termos globais, o Norte é protestante, as penínsulas do Sul são católicas. Nos novos dramas que se anunciam, a religião desempenhará o seu papel, por mais envolvida que se encontre — e assim será cada vez mais — na política e nos seus jogos.

No Norte, portanto, quatro Estados viram a Reforma triunfar: sob uma forma ou outra, fora imposta aos espíritos como religião oficial. Será, pois, obrigatoriamente sobre esses blocos sólidos que deverá apoiar-se toda a política protestante.

A *Dinamarca* — que ocupava uma forte posição estratégica, pois era senhora da Noruega e do Sul da Suécia, bem como do Holstein, de que o seu rei era duque, e que além disso assumira o papel de guardiã vigilante dos Estreitos, sobrecarregando habilmente com pesados tributos o comércio entre o Mar do Norte e o Báltico — tinha-se tornado luterana desde a conversão, por sinal interesseira, do seu rei Cristiano III; com Cristiano IV, mostrava-se fervorosa e pronta a intervir na terra germânica em favor dos interesses da Reforma.

Na *Suécia*, a adoção do luteranismo por Gustavo Vasa correspondera à formação de uma monarquia independente e forte. Em vão essa opção fora posta em causa quando a Santa Sé e a Companhia de Jesus se haviam esforçado sem êxito por converter João III, e depois quando Sigismundo Vasa obtivera, ao mesmo tempo que a sua coroa hereditária, a coroa eletiva da Polônia. Em 1613, liquidaram-se as velhas querelas com a Dinamarca e o país passou a ser governado por um homem de valor excepcional, gênio militar e grande organizador, *Gustavo Adolfo* (1611-1632): aproveitando as receitas das minas de ferro e cobre para dotar o seu país de um exército moderno, e as florestas para construir uma frota, enérgico, empreendedor, ele ia tornar-se, nos conflitos da religião e da política, a espada flamejante dessa fé protestante a que tinha aderido apaixonadamente.

Quanto à *Escócia*, o triunfo de Knox e a queda de Maria Stuart tinham-na convertido num baluarte puritano. O calvinismo mais estreito e mais austero revelara a esse povo duro, laborioso e sem humor a sua identidade nacional, para fazer dele, sob a direção das suas assembleias de anciãos, dos seus pastores e diáconos eleitos, uma piedosa caserna de onde o campo protestante extrairia as suas melhores tropas. E o fato era tanto mais grave quanto, outrora amigo tradicional da França, o pequeno reino nórdico já não desempenharia, do lado de lá da Inglaterra, o seu velho papel de contrapeso.

Na própria *Inglaterra*, a situação do protestantismo "anglicano", tal como fora imposto por Elisabeth, encontrouse definitivamente assentada no reinado do seu sucessor. Bem é verdade que, quando este cingiu a coroa deixada pela última dos Tudor, a Santa Sé teve grandes esperanças. Afinal, esse *Jaime I* da Inglaterra (1603-1625) não era o mesmo Jaime VI da Escócia, filho da infeliz católica decapitada? Não fazia ele correr o rumor de que, sendo Stuart, seria fiel à fé dos seus pais? Foi necessário perder as esperanças em breve tempo. Essa personagem curiosa, de pernas tortas, língua demasiado comprida (a extremidade saía-lhe da boca), mãos sujas e roupas manchadas, esse tagarela impenitente cujos confusos discursos teológicos enfastiavam os visitantes, tinha uma concepção tão exigente e imperiosa do poder real como a sua antecessora. Não expôs ele, em dois tratados, que os reis, escolhidos por Deus, têm todos os direitos, ao passo que os súditos apenas têm o de obedecer? Uma igreja na dependência exclusiva do soberano, trinta e nove artigos para definir a fé, um livro oficial de orações, comissões eclesiásticas para vigiar tudo o que se dizia e imprimia, era uma bela herança que ele estava inteiramente disposto a receber de Elisabeth e a manter. Antidemocrático na Escócia, onde o sistema presbiteriano o desgostava, mas incapaz de fazer prevalecer os seus pontos de vista sobre as opiniões de uns súditos rudes, desforrou-se na Inglaterra, onde foi mais anglicano do que qualquer outro. É verdade que ofereceu aos católicos a supressão das condenações que estavam suspensas sobre as suas cabeças, mas com a condição de que cessassem todo o proselitismo e reconhecessem a sua autoridade em vez da do papa.

Era inaceitável. Alguns católicos não viram outra saída a não ser a conspiração e o regicídio. Agrupados em torno de Guy Fawkes — um soldado que combatera com bravura nos Países-Baixos e aprendera a técnica das sapas e das minas —, projetaram fazer saltar a Câmara dos Lordes numa ocasião em que o rei e os parlamentares ali se encontrassem; depois do que desencadeariam uma revolta facilitada pela passividade da multidão. Mas um cúmplice deixou filtrar o segredo. Fawkes e os seus acólitos foram presos e executados. Os jesuítas, suspeitos de terem encorajado a conspiração — o que era falso —, foram perseguidos, e o seu superior, o padre Henri Garnet, supliciado.

A *Conspiração da Pólvora* (5 de novembro de 1605) provocou tal horror e exasperou tanto a opinião contra os "papistas", que marcou verdadeiramente o fim das esperanças católicas na Inglaterra. Todas as represálias pareceram legítimas, bem como todas as medidas de exceção! Passou-se a exigir de todos os católicos o juramento de fidelidade, que implicava o reconhecimento da independência absoluta do rei em relação à Santa Sé. Quando o papa Paulo V proibiu que se prestasse esse juramento, recomeçou a perseguição, embora menos sangrenta que nos dias de Elisabeth, porque Jaime I preferia infligir multas que enchessem os seus cofres; somente vinte católicos pereceram no seu reinado. Mas todos os que eram fiéis a Roma foram despojados de dois terços dos seus rendimentos, proibidos de administrar os bens dos filhos menores e de exercer as profissões de advogado e de médico. Impelido pelas circunstâncias, o filho de Maria Stuart tornou-se um dos campeões do protestantismo; aliou-se às Províncias Unidas, interveio na Alemanha e casou a filha com o príncipe palatino, protestante.

Entre esses quatro Estados, onde igrejas nacionais professavam a Reforma protestante, e os bastiões católicos, as Penínsulas mediterrâneas, toda a Europa central permanecia numa situação ambígua e muito inquietante. Tinha sido palco de guerras tão complicadas e intermináveis, em que se haviam agitado tantos rancores e interesses, que era impossível não terem restado ainda muitas cinzas incandescentes. As lutas confessionais tinham encontrado mais ou menos o seu termo nas "pazes de religião", que não eram senão compromissos; cada um dos antagonistas continuava a aspirar a uma vitória total, e esses acordos eram, afinal de contas, obras políticas. A Igreja não consentia numa divisão dos fiéis, num reconhecimento da heresia; provisoriamente, tinha deixado correr as coisas, mas estava decidida a retomar a luta logo que possível. Do outro lado, os partidários do Evangelho puro, à vista da sua incapacidade de ir mais longe, tinham-se resignado a obter a adesão de setores limitados, mas procuravam em toda a parte ganhar terreno, converter, colocar homens seus nos postos-chave. A era do fanatismo estava longe de se ter encerrado.

Tinham-se encontrado duas "soluções": a da partilha e a do compromisso. Na Alemanha, a Paz de Augsburgo de 1555 decidira que cada principado escolheria a sua religião entre Roma e Wittenberg, cabendo ao príncipe fazer com que os súditos a praticassem como ele; acordo que, aliás, deixara em suspenso o caso do calvinismo, ainda não reconhecido pela trégua de doze anos, assinada em 1609. Nos Países-Baixos, enquanto o Sul, reconquistado pela Espanha, conservava a sua fé católica, as Províncias Unidas do Norte tinham visto reconhecidos ao mesmo tempo o seu calvinismo e a sua independência. Na Suíça, sem que tivesse havido negociações propriamente ditas, instituíra-se a mesma partilha entre os cantões: uns tinham passado para

Calvino, outros tinham permanecido fiéis ao papa. Num nível geográfico e político inferior, tais arranjos reproduziam a cisão da Europa cristã, entre igrejas igualmente oficiais e igualmente intolerantes.

Na França, na Polônia e na Boêmia, os conflitos violentos tinham-se apaziguado de outra maneira. Três atos oficiais haviam estabelecido um *modus vivendi* de entendimento e de respeito mútuo. O mais célebre fora o *Edito de Nantes*, mas dois outros tinham proclamado de igual modo a liberdade de consciência, acomodando ao lado da religião católica a prática do culto protestante e conferindo direitos iguais a todos os súditos de uma e outra crença. A *Convenção de Varsóvia* fora a primeira, estabelecida em 1573, logo após a matança de São Bartolomeu; aprovada pela Dieta, proclamara a paz perpétua entre os seguidores das diversas confissões. Quanto à *Carta de Majestade*, foi arrancada em 1609 ao imperador Rodolfo II (1576-1611) pelos seus súditos tchecos. Este Habsburgo extravagante, sempre ocupado com coleções de arte e astrologia, depois de ter passado por campeão da Contrarreforma, acabou por ser destronado do governo do Império por seu irmão Matias (1612-1619), e, despojado dos seus domínios hereditários da Áustria, da Hungria e da Morávia, arruinado e desanimado, viu-se confinado a Praga e à Boêmia e forçado a aceitar o compromisso que a revolta dirigida pela igreja utraquista lhe impôs.

Mas de que valiam todos esses acordos? Quem os tinha por definitivos e estava disposto a respeitá-los sem restrição? Na Boêmia, os protestantes queriam obter mais, e lutavam pela expansão religiosa com o mesmo vigor com que aspiravam à independência nacional. Na Polônia, os senhores leigos tinham assinado a Convenção de Varsóvia, mas todos os bispos, exceto um, a tinham recusado.

Em breve, houve que fazer concessões aos protestantes. Na Boêmia, Rodolfo concedera-lhes o direito de eleger uma Dieta especial e de ter "defensores" para negociar em caso de conflitos com os católicos. Na França, estamos lembrados das "praças de segurança" e das assembleias da Reforma concedidas por Henrique IV. Na Polônia, onde a população permanecera profundamente católica, bastava uma mudança de soberano para se reabrir a questão[31]. Circunscritas pelos egoísmos dos príncipes, das províncias ou dos cantões, ou antes testemunhando uma desacostumada abertura à ideia de tolerância, essas soluções eram apenas obra de circunstância, equilíbrio de forças precárias. A realidade irrecusável era o grande despedaçamento da Europa cristã: a própria convicção — tão santa e legítima — de que a túnica de Cristo não devia continuar rasgada em pedaços trabalhava contra a reconciliação, o esquecimento do passado recente e a pacificação das almas. Dilema terrível.

Devemos anotar aqui que alguns espíritos, tão generosos como utópicos, conceberam então projetos de união internacional para reconstruir, sob uma forma adaptada às condições do mundo moderno, a antiga união dos batizados. A espécie nunca chegara a desaparecer, desde que Pierre Dubois, no marco de um gigantesco projeto de cruzada, sonhara no séc. XIV[32] com uma "federação dos Estados cristãos". Por volta de 1460, o rei da Boêmia, Jorge Podiebrad, acariciara a ideia de uma verdadeira "Sociedade das Nações", em que cada uma teria um representante num Conselho encarregado de governar o mundo. Foi a esta linha que se ligou, no começo do século XVII, o famoso "grande plano", que Sully atribuiu *a posteriori* a Henrique IV, e que parece não ter sido senão um sonho de um velho solitário que se aborrecia no seu retiro.

Essa "República cristianíssima" seria constituída por quinze "potências: a Santa Sé, o Império Alemão, a França, a Espanha, a Inglaterra, a Hungria, a Boêmia, a Polônia, a Dinamarca, a Suécia, a Savoia, um reino lombardo, a *Signoria* de Veneza, a República itálica, os Países-Baixos e a Suíça". O simples fato de pressupor que esses quinze Estados detinham um poder equivalente pertencia ao domínio da mais cândida imaginação, a menos que se tratasse de um *furor rationalis* deveras inquietante. Dizia-se no projeto que a República cristianíssima deveria perfilhar uma única profissão de fé ou, em caso de impossibilidade de se chegar a acordo, fazer com que os príncipes e povos viessem a escolher uma das três admitidas: o catolicismo, o calvinismo ou o luteranismo. Um "Conselho cristianíssimo" dirigiria a Confederação e disporia de um exército cujos efetivos Sully enumerava minuciosamente[33]. Belos sonhos quiméricos, cuja eficácia seria absolutamente nula, mas que até hoje continuarão a acudir com frequência aos espíritos, como sinal claro da nostalgia pela unidade perdida.

Estava totalmente perdida, essa unidade! E a paz provisória tornava-se cada dia mais problemática, no momento em que se iniciava o século no qual o mundo moderno ia acabar de adquirir o seu verdadeiro rosto. O protestantismo, que o honesto Sully julgava tão ingenuamente dominar dois quintos dos Estados europeus, sentia-se cada vez mais na defensiva. Desenvolvia-se a contraofensiva pacífica dos missionários da Igreja Católica[34]. Dissipava-se a esperança de conquistar a Polônia. Na Estíria, onde o Colégio de Sabedoria e Piedade de Graz tinha trabalhado tanto pela causa, e onde chegavam a duzentos os templos construídos, a ação contínua dos jesuítas e dos príncipes fazia os protestantes perderem quase todo o terreno. Na Itália, os germes reformados estavam praticamente eliminados. Na própria Alemanha, pequenas escaramuças punham à prova a Paz de Augsburgo. Em 1583, quando o arcebispo e príncipe-eleitor de Colônia se convertera ao luteranismo — o que elevara de quatro para sete o número de vozes protestantes no colégio eleitoral do Império —, os príncipes tinham-se posto de acordo para dar sustentação ao prelado concorrente, nomeado por Gregório XIII, e uma expedição espanhola, saída dos Países-Baixos, ajudara-o a triunfar. Em Estrasburgo, o duque de Lorena entregara de mão beijada a sé episcopal a um Brandenburgo católico. Depois, em 1606, desencadeou-se a questão de *Donauwörth*, que esquentou o ambiente: essa pequena cidade livre do Danúbio era de maioria protestante, embora estivesse rodeada pelos territórios católicos de Maximiliano da Baviera. Ocorreram choques à passagem de uma procissão, e os "papistas" foram perseguidos à pedrada até às portas da igreja. Para castigar os culpados, o poderoso duque fez entrar as suas tropas na cidade..., e não voltou a retirá-las! Os templos foram fechados, os pastores obrigados ao silêncio, e os jesuítas instalaram-se na cidade. Foi intensa a comoção no campo protestante.

Esse incidente trouxe inesperadamente uma solução para o problema que vinha complicando tudo: o do calvinismo alemão. Nas terras do Palatinado, no ducado das Duas Pontes, em Kassel (Fíesse) e mesmo em Bremen, a confissão genebrina inspirava o mais vigoroso pensamento protestante da Alemanha, muito mais vigoroso que a fé das igrejas luteranas, de particularismo estreito e vitalidade medíocre. Mas o edito de 1555 ignorava o calvinismo, e a rivalidade da casa Palatina com a da Saxônia tinha acabado por erigir em antagonismo essa divergência doutrinal. O incidente de Donauwörth abriu os olhos a todos os protestantes para o perigo em que estavam. A 16 de maio de

1608, assinou-se o ato constitutivo da *União Evangélica*, que congregava por seis anos a maior parte dos principados e das cidades protestantes, calvinistas e luteranas, sob a direção do príncipe-eleitor do Palatinado Frederico IV; os coligados prometiam ajuda mútua em caso de alarme. Mais tarde, na Dieta do Império, entender-se-iam para ajustar os seus votos. Somente o príncipe-eleitor da Saxônia, luterano intransigente, se recusou a entrar na União.

Os católicos ripostaram. Por instigação do duque Maximiliano da Baviera, constituiu-se a *Santa Liga*, que reunia por trás dos três príncipes — eleitores eclesiásticos — isto é, dos arcebispos de Tréveris, Mogúncia e Colônia — todos os pequenos Estados católicos da Alemanha do Sul. O seu fim declarado era impedir todo o progresso dos protestantes e retirar-lhes os territórios que eles tinham indevidamente ocupado depois da Paz de Augsburgo. A primeira intervenção produziu-se por ocasião da sucessão de Clèves e de Jülich: como esse pequeno mosaico de pequenos territórios renanos, próximo da fronteira com as Províncias Unidas, parecia a ponto de cair nas mãos de príncipes protestantes — o príncipe-eleitor de Brandenburgo e o príncipe de Neuburg —, a Santa Liga interveio e o imperador Rodolfo II declarou esses domínios sob sequestro.

Era claro que a Paz de Augsburgo estava condenada. Os campos compunham-se, delimitavam as suas posições, buscavam alianças, recrutavam tropas. Henrique IV sustentava às escondidas a *União*, o imperador estava com a *Liga*. Um dos melhores chefes militares do tempo, profissional de todos os campos de batalha, o conde de Tilly, comandava os exércitos católicos. A nova guerra de religião talvez se tivesse desencadeado já em 1610 se o gesto regicida de Ravaillac não tivesse paralisado temporariamente a monarquia francesa. Mas, à primeira oportunidade, o governo de Paris voltaria a trabalhar na derrocada dos Habsburgos. O acerto de contas religiosas e políticas entrava apenas num compasso de espera.

A faísca que atearia fogo à pólvora saltou na Boêmia. Tal como os tratados que tinham partilhado os territórios, também ruíam as pazes de compromisso que procuravam fazer cristãos transformados em inimigos viverem lado a lado, no interior de um mesmo reino. Matias, que se fizera eleger rei da Boêmia em 1611 em lugar do débil imperador Rodolfo, deixou que os católicos das suas proximidades contestassem aos tchecos os direitos que lhes tinham sido reconhecidos pela Carta de Majestade.

Mas o pior foi quando, em 1617, Fernando da Estíria, estreitamente devotado à causa romana, recebeu a coroa imperial e criou para os tchecos uma regência confiada a dez lugares-tenentes muito hostis às concessões de 1609. Tinham-se construído dois templos protestantes em terrenos eclesiásticos situados nas montanhas, e como o caso não estava previsto na Carta de Majestade, o arcebispo de Praga, um dos regentes, fez demolir um e mandou fechar o outro. Para impedir a execução da ordem, formou-se uma conjura composta por dez "defensores da fé", chefiados por um nobre ambicioso, o conde Henrique Mathias de Thurn. A primeira decisão que tomaram foi enviar ao imperador uma "súplica" que lhe recordasse de maneira duradoura o respeito devido à Carta de Majestade: a 23 de maio de 1618, os conjurados entraram no *Hradschin*, o palácio real de Praga, onde se encontravam reunidos os altos funcionários imperiais, animados pelo firme desígnio de — "seguindo a tradição dos antepassados"[35] — lançar o governo pela janela... Queriam fazê-lo sobretudo com duas personagens que passavam por inspiradoras das medidas antiprotestantes, o presidente Slavata e o barão de Martinitz. Após uma hora de tumulto, essas duas personagens e um secretário chamado Fabricius foram, com efeito, lançados de uma altura de trinta metros, sem que nenhum deles viesse a morrer, pois o lixo e os papéis velhos que atapetavam o fosso amorteceram a queda... Mas nem por isso a *defenestração de Praga* — 23 de maio de 1618 — deixou de ser o sinal para o início da luta armada. Os protestantes constituíram o governo insurrecional dos "trinta diretores", cujo primeiro ato foi proclamar a deposição de Fernando II e a sua substituição pelo príncipe-eleitor do Palatinado, Frederico V.

Ao mesmo tempo, a revolta atingiu a Alemanha, dando lugar a uma oposição inexorável entre Fernando II, imperador enérgico, resolvido a não se deixar destronar sem luta, e o príncipe-eleitor Frederico V, cabo de guerra audacioso e inteiramente convencido de ter encontrado a ocasião de realizar um grande destino. A rebelião contra os Habsburgos alcançou imediatamente a Hungria, onde uma igreja de inspiração calvinista agrupava uma grande parte da população: um nobre transilvano, Bethlen Gábor, semibárbaro mas inflamado de ardor religioso, tornou-se senhor em 1619 da maior parte do reino que não tinha sido submersa pelos turcos, fez-se eleger "príncipe da Hungria", aliou-se ao "rei da Boêmia" Frederico e marchou contra Viena. Assim se ateava o novo incêndio que ia devastar muitos pontos da Europa central durante um longo período: a *Guerra dos Trinta Anos*. Em 1620, na batalha da *Montanha Branca*, os protestantes de Mansfeld deixaram-se esmagar pelos católicos de Tilly e uma repressão terrível abateu-se sobre a Boêmia. Uma vez mais, o drama religioso, enredado em incidências políticas, ia ensanguentar a cristandade do Ocidente[36].

No mesmo momento, rebentava mais um conflito, num ponto onde a partilha dos territórios entre as confissões rivais parecia ter regulado tudo: entre as sete Províncias Unidas calvinistas dos Países-Baixos e as províncias meridionais católicas. A trégua fora estabelecida pelo prazo de doze anos. O arquiduque Alberto, que governava então em Bruxelas, pensava que devia partir das terras belgas, tornadas ardentemente católicas, uma ofensiva que vibrasse um golpe decisivo na heresia do Norte, e o duque de Olivares, ministro plenipotenciário do jovem Filipe IV da Espanha (coroado rei em 1621) partilhava dessas disposições belicosas. Entre os calvinistas, por sua vez, *Maurício de Nassau*, *stathouder* (lugar-tenente) de seis das sete províncias, apoiado pela nobreza, pelas classes populares e pelos pastores mais exaltados, pensava em recomeçar a luta, na esperança de fundar um reino em proveito da sua casa. Quanto aos grandes burgueses da Holanda e da Zelândia, que não participavam do poder, não viam com desagrado a eventualidade de um conflito armado que lhes permitiria expandir o domínio colonial em detrimento da Espanha e de Portugal. Quando a trégua expirou, em agosto de 1621, os dois clãs estavam perfeitamente de acordo num ponto: confiar a decisão às armas...

Por fim, a própria França, à qual o rei Henrique IV tinha esperado dar a paz, não se encontrava num estado mais calmo. Não obstante o Edito de Nantes e as garantias suplementares que tinham alcançado, os protestantes não se sentiam mais seguros do que os seus irmãos tchecos. Desvanecera-se a esperança de conseguir a adesão do reino, que tinham alimentado nos meados do século XVI: se o Edito de Nantes recompensara a tenacidade de quarenta anos de luta armada, condenara por outro lado os huguenotes a não ser senão uma minoria, civil e militarmente protegida, mas vigiada nas suas atividades religiosas. Nesse momento, em lugar das 2.151 comunidades de 1561, um recenseamento real apurara 951 igrejas — das quais 257 eram oratórios senhoriais —, servidas por 800 ministros e 400 "postulantes" à espera de serem ordenados, e frequentadas por "274 mil famílias, que perfaziam 1.250.000 almas, havendo entre elas 2.468 famílias nobres". Se é verdade que o regime do Edito permitiu que esses números crescessem um terço durante os primeiros vinte anos do século XVII, a população reformada já não representava mais do que um décimo da do reino. A carta das praças de segurança indicava que a reforma tomara um acentuado caráter regional. Subsistia em grupos dispersos no Norte e no centro, e concentrava-se mais na região do Loire, nas vertentes meridional e oriental do Maciço Central, em Poitou, em Saintonge, em Aunis, na Guyenne, no Béarn, no Languedoc e no vale do Ródano, parecendo evitar a influência centralizadora da capital onde, no entanto, os pastores do templo de Charenton dirigiam uns vinte a trinta mil fiéis.

Embora o Edito de 1598 tivesse sido carimbado com o selo verde dos atos irrevogáveis, os protestantes não se enganavam nem sobre o caráter insólito desse documento numa monarquia levada ao absolutismo, nem sobre a condição precária em que se encontravam. Desaparecido Henrique IV, e a despeito das confirmações dadas pela regente Maria de Médicis, inquietaram-se com a mudança da política exterior, e temeram que o governo, entregue a pessoas totalmente incapazes, caísse sob a tutela dos meios eclesiásticos devotados às ideias ultramontanas. A pretexto de renovar o mandato de dois deputados que os representavam junto da coroa, obtiveram autorização para ter a sua assembleia geral em Saumur, na primavera de 1611. Os "prudentes", liderados pelo velho Duplessis-Mornay, considerando que os melhores elementos do partido eram altos funcionários, magistrados, advogados, engenheiros, comerciantes, donos de manufaturas, em quem Henrique IV confiara e que ocupavam ainda postos elevados, pregavam um estrito lealismo.

Mas os "firmes" ou "ambiciosos", cujo chefe era *Henrique de Rohan*, genro de Sully, reclamavam um aumento de garantias e a preparação imediata para a guerra.

Ainda que o papel da nobreza na vida das comunidades estivesse em declínio, prevaleceu este segundo parecer. A assembleia de Saumur pediu ao rei que restaurasse as muralhas das praças de segurança e pagasse por inteiro o soldo às guarnições; e quando o governo não acedeu à solicitação, o partido foi severamente reorganizado. Manteve-se a estrutura religiosa, agrupando as igrejas dirigidas pelos seus consistórios em distritos administrados por assembleias, os distritos em dezesseis províncias confiadas a sínodos provinciais, e, no topo, o sínodo nacional e o conselho geral das igrejas; o território foi dividido em oito círculos, cada um com a sua assembleia e todos dominados por uma assembleia geral. Ficava assim reconstituído, de maneira inquietante, o "Estado dentro do Estado": a sua capital era *La Rochelle*, e tinha como tropas as guarnições das cidades fortificadas, como marinha a frota rochelesa e como embaixadores os dois deputados junto do rei; a sua política interior era a defesa intransigente da letra do Edito, e, quanto ao exterior, podia procurar o apoio dos príncipes germânicos, das Províncias Unidas e da Inglaterra.

No decurso de 1619, as tropas reais ocuparam o Béarn a fim de restabelecer integralmente o culto católico na região e de fazer com que a nobreza huguenote restituísse aos bispos de Lescar e de Oloron os bens eclesiásticos que Henrique IV julgara prudente deixar-lhes. No Natal de 1620, a assembleia geral de La Rochelle ripostou pegando novamente em armas e empreendendo operações militares de pequena envergadura na costa do Charenton e perto de Montauban. Essa política, que na prática significava uma insurreição, podia triunfar na medida em que o governo fosse fraco e contestado. Era viável fazer frente sem grande perigo à regente Maria de Médicis, italiana pesada, indolente e egoísta, bem como ao seu favorito, o aventureiro Concini, por ela feito marechal de Ancre; era possível aproveitar a agitação estéril dos Estados Gerais de 1614, e mesmo, depois que o "senhor Conchine" foi assassinado, escarnecer da autoridade do falcoeiro Luynes, que já tinha tanto que fazer com os nobres sublevados. Mas, quando se desenhou sobre a França a silhueta rubra de um homem de ferro, completamente imbuído da ideia de que o rei devia ser o único senhor nos seus domínios, o caso mudou de figura. O endurecimento da política real teve início mesmo antes de Richelieu ter entrado oficialmente no Conselho. Em outubro de 1622, a *Paz de Montpellier* reduziu autoritariamente o número dos lugares protestantes. Uma hábil distribuição de pensões e comendas instilou bons sentimentos em alguns grandes nobres huguenotes, os Rohan, os Soubise, os La Force. Ia soar a hora em que, dominada pelo terrível homem de vermelho, a monarquia francesa, retomando a luta pela vida contra o domínio dos Habsburgos, já não toleraria a existência de uma república protestante dentro das suas fronteiras. No ano de 1622, a guerra estava em marcha também na França, tal como na Boêmia, na Alemanha, na Hungria e nos Países-Baixos. O lugar que a Reforma talhara para si no mundo ia ser posto novamente em cheque. Da ferida aberta pela grande cisão dos cristãos, ainda ia correr muito sangue...

Seitas e dissidências no protestantismo

Não era somente entre católicos e protestantes que a cisão provocava as suas desastrosas consequências. No próprio seio da Reforma observava-se um processo que ganhava corpo desde os primeiros dias da revolução religiosa e que se ia agravando com os anos. "A característica do herege, isto é, daquele que tem uma opinião particular — explicaria Bossuet, ao começar a sua minuciosa *Histoire des variations des Eglises protestantes* — é agarrar-se aos seus próprios pensamentos; e a do católico, quer dizer, do universal, é preferir aos seus sentimentos o sentir comum de toda a Igreja". Ao contrário do catolicismo, que se sabe o único verdadeiro, o único imutável, os protestantismos seguiam cada um a inspiração do seu próprio pensamento, ao interpretarem a mensagem de Cristo e a sua revelação. A libertação da tutela eclesiástica tinha desencadeado o *individualismo religioso*. "Tudo muda nas heresias" — diria ainda Bossuet e a história confirma a sua fórmula. O fenômeno sectário, tão característico do protestantismo no nosso tempo[37], manifestou-se desde o século XVI com singular abundância. A história interna da Reforma é a de um estranho fervilhar de crenças.

Já em vida de Lutero se tinham feito sentir tendências que divergiam fortemente das suas teses. Assustado com os excessos que vira desencadear-se na Alemanha, o profeta de Wittenberg havia entregue aos príncipes o cuidado de impor uma disciplina externa, que as pequenas igrejas regionais tinham transformado num conformismo intelectual. Bucer concebera e Calvino organizara uma armadura eclesiástica, mais ou menos alicerçada numa nova ortodoxia dogmática, mas era um jogo de azar tentar estabilizar a Reforma por esses meios, tão evidentemente contrários à sua idiossincrasia. A sua lei só podia ser a diversidade, como resultado lógico do *princípio do livre exame*. Apoiados no seu prestígio, os grandes fundadores ainda tinham podido manter uma aparência de unidade, mas, quando morreram e foram substituídos por continuadores muitas vezes medíocres, até essa aparência se esfumou. Wittenberg não foi nunca — apesar do certos historiadores católicos o terem repetido até à saciedade — "a Roma luterana". Genebra chegou a ser um modelo, um viveiro de pastores, mas nunca uma mestra de pensamento incontestável: agora era apenas a capital de um cantão suíço...

Basta relembrar aqui todos esses desvios, todas essas variações às quais Lutero, dolorosamente, tivera de opor-se para manter intacto o que ele considerava a pureza da sua fé[38]. Tivera que defender as suas teses eucarísticas, primeiro contra Karlstadt, depois contra Zwinglio, Bucer, Ecolampádio, e até contra o seu amigo mais querido, Melanchthon, e essa querela "sacramentária" não o fizera sofrer pouco. Contra João Agrícola, seu colega de Wittenberg, tivera de entabular uma áspera controvérsia, em que o tratara de *antinomista* — adversário da Lei — e o acusara de querer destruir toda a moral, acabando por arrasá-lo de tal modo que o obrigara a exilar-se. Depois, vira digladiarem-se a ala direita e a ala esquerda dos seus fiéis, os partidários de uma política moderada com Melanchthon e os violentos com Matthias *Flacius*, estes últimos acusando os primeiros de indiferença culposa[39], de laxismo e até de papismo!

Tivera ainda de combater contra Osiander, quando este professor de Könisberg, assustado com as consequências morais da doutrina luterana sobre a justificação, lhe opusera a sua própria doutrina, bastante próxima do catolicismo, em que afirmava não ser só a fé que salva, mas também o esforço do homem por merecer a graça de Deus. Esta última querela tomara aspectos de uma sombria violência: Alberto da Prússia protegera Osiander e expulsara os luteranos, mas, depois dele, operara-se uma viva reação, que se arrastaria por muitos anos e provocaria a morte de um osiandrista; em 1567, o próprio *osiandrismo* seria condenado pelo conjunto das igrejas luteranas. Compreende-se bastante bem a angústia que experimentara o iniciador da Reforma diante do espetáculo dessas discussões penosas, angústia que não pôde deixar de confiar nestes termos ao seu querido *Meister* Melanchthon: "Quantos mestres diferentes irá seguir o próximo século? A confusão atingirá o cúmulo"[40]...

Com efeito, morto Lutero, a confusão só se acentuou! A justificação pela fé, a doutrina da Eucaristia eram pedras de tropeço contra as quais o luteranismo embatia frequentemente. Que papel exato tem a vontade na obra da salvação? Nenhum, asseguravam uns: "o homem é uma acha inerte" nas mãos de Deus. Mas havia outros que não compartilhavam essa maneira de ver, pretendendo associar o querer humano ao divino — doutrina da *sinergia* e durante vinte anos, de 1555 a 1575, assistiu-se a um duelo de teólogos e de moralistas, em que Melanchthon se defrontava com Pfeffinger e *Flacius Illyricus*, tratando-se mutuamente de "renegados" e "mamelucos"! Foi necessário que o duque da Saxônia impusesse pela força uma solução ao debate, encerrando os *sinergistas* numa fortaleza.

Mas logo a seguir se reacendia a querela, desta vez a propósito do pecado original. Uns, os *substancialistas*, afirmavam que o pecado tinha marcado tanto a natureza humana que se tornara a sua substância; outros, os *acidentalistas*, admitiam que essa ferida deixava intacta a natureza profunda do ser. As disputas não acabavam aí, pois nesse mesmo momento se desconfiava que o próprio Melanchthon — o *alter ego* de Lutero, um *alter ego* na realidade um pouco suspeito, como já vimos — estava secretamente aliado às doutrinas de Genebra; o certo é que o seu "criptocalvinismo" se desenvolveu após a sua morte (1560) sob a influência do seu genro, Gaspard Peucer, e provocou violentos abalos durante trinta anos; os príncipes tomaram partido contra os discípulos de *Meister* Philipp, que eles tinham por perigosos democratas. Que caos! Em vão se procurou impor a todos os luteranos da Alemanha a *Fórmula de Concórdia* estabelecida em Torgau em 1576, retocada e refundida em Bergen no ano seguinte. Jamais se pôde obter um consentimento unânime.

Todos esses embates ainda se produziam dentro do âmbito geral do luteranismo wittenberguês. Mas já se manifestavam múltiplas tendências que impeliam os espíritos a afastar-se mais ou menos completamente das igrejas estabelecidas e a constituir a sua pequena Igreja particular, a sua religião própria. Tais foram os *schwenkfeldistas,* assim chamados devido ao nome do seu fundador Schwenkfeld, da Silésia, que o seu suserano, o duque de Liegnitz encorajou, mas que até os reformadores de Estrasburgo expulsaram: para ele, tudo no universo era visão mística, até mesmo a Encarnação; o corpo de Cristo não era de carne, mas uma "substância preciosa"; estes herdeiros longínquos dos docetas de outrora sobrevivem ainda na Silésia e nos Estados Unidos da América. Tais foram também os discípulos do saxão Weigel, um apaixonado de Tauler, de Suso, do Mestre Eckhart, partidário de uma espécie de panteísmo teosófico segundo o qual o homem, criatura de Deus, encontra toda a revelação e os princípios do seu comportamento na luz interior que o amor puro derrama dentro de si...

Tais foram ainda os *familistas* ou *filhos do amor,* fundados por Henrique Niklaes, de Münster, espécie de quietistas *avant la lettre*, cuja seita fraternal se propagou nos Países-Baixos e na Inglaterra. No limiar do século XVII, este não-conformismo violentamente místico, oposto ao cesaropapismo dos príncipes luteranos e ao farisaísmo das igrejas, encarnou-se num ser esquisito, cheio de candura popular, um "bárbaro genial" por quem passava visivelmente o sopro do Espírito e da poesia, *Jacob Böhme* (1575-1624), humilde sapateiro de profissão, mas cuja verdadeira vida se passava em êxtases. Lançado à busca do *mysterium magnum*, mas impregnado de uma fé evangélica que exprimiu no seu *Caminho para Cristo*, foi perseguido por heresia pelos luteranos, expulso de cidade em cidade, continuando no entanto a escrever sempre páginas estranhas, fulgurantes e obscuras, que influenciaram profundamente o romantismo alemão e têm admiradores até hoje[41].

Mais perigoso que esses dois sonhadores místicos eram os doutrinários que negavam a existência da Santíssima Trindade. No começo, estes *antitrinitários* ou *unitários* não passavam de pequenos grupos isolados, em relação uns com os outros, mas de forma alguma organizados. *Miguel Servet*, cujo suplício em 1553 marcara o triunfo de Calvino em Genebra, era desses homens, como também *Valentin Gentilis*, decapitado em Berna em 1566, e *Sylvanus*, executado em Heidelberg em 1572; as heresias estabelecidas não brincavam com esses hereges mais radicais! O movimento ganhou projeção com a entrada em cena dos Sozzini, tio e sobrinho.

Lélio Sozzini, sienês de família nobre e jurista de profissão (1525-1562), estudara a Bíblia por conta própria, como exegeta, e comunicara aos especialistas do Livro Sagrado as dificuldades que experimentava em encontrar base escriturística para a doutrina da trindade de pessoas distintas em Deus e para a da predestinação. Bullinger e Melanchthon haviam-no repelido com aspereza e Calvino achara prudente publicar contra ele uma advertência severa. O italiano conservara essas ideias para si, não instruindo sobre elas senão alguns círculos cultos. Mas o seu sobrinho

Fausto (1539-1604), tão apaixonado como ele pelas teses atrevidas, apoderou-se dos seus escritos inéditos, mandou-os imprimir e comentou-os. A Trindade — afirmava ele — é contrária à unidade de Deus, tão fortemente sublinhada nos dois Testamentos; Cristo não é senão uma criatura, infinitamente perfeita, é certo, e com virtudes altíssimas que o fizeram subir ao Céu, mas um homem como todos os outros, pois a coexistência num só ser da natureza divina e da natureza humana violenta a razão e atribui a Deus um puro absurdo; finalmente — acrescentava —, a imputação do pecado de Adão a toda a sua descendência ofende a justiça e a bondade divinas. Tinha nascido o *socianismo*.

Fausto Sozzini partiu para a Transilvânia, aonde o chamava João Blandrata, que pretendia esgotar os seus esforços por encontrar um caminho reto entre todas as correntes reformadas. Depois passou para a Polônia (1579), que era então, sob o regime da "Convenção de Varsóvia", o refúgio de todas as heresias; contava lá com pequenos grupos de partidários, que os luteranos e os calvinistas estavam de acordo em vomitar. À volta do fogoso sienês, aglutinou-se muito depressa uma igreja "sociniana", cuja doutrina se opunha à essência das teses reformadas. Estes "Irmãos Poloneses", apoiados, sobretudo por nobres da Pequena Polônia, organizaram-se, tiveram pastores, assembleias, e até o seu catecismo, chamado de *Rakov*, o qual, publicado em polonês durante o ano de 1605, foi traduzido imediatamente para o inglês, o holandês, o alemão e o latim. Coisa curiosa: as autoridades católicas não incomodaram muito esses hereges dos hereges, talvez porque estorvavam as igrejas luteranas e calvinistas, e só houve manifestações populares sem importância. A seita ganhou adeptos, e ainda hoje os conta, na Holanda, na Inglaterra, na Suíça, no Palatinado renano e na Transilvânia.

Outro que se ergueu contra a predestinação, também de textos na mão, como Sozzini, foi *Teodoro Coornhert.* com Sébastien Castellion, achava que Deus, infinitamente bom, não pode querer senão a felicidade final das suas criaturas e denunciava as "falsidades" de Calvino. A controvérsia sobre essas questões tomou uma violência imprevista nos Países-Baixos, onde o calvinismo acabava de suplantar o luteranismo. — Deus, exclamavam uns, predestinou desde toda a eternidade os eleitos para o céu e os condenados para o inferno! — De forma alguma, respondiam outros, a predestinação está ligada à caridade, isto é, ao bom ou mau uso que a livre vontade do homem faz da graça! *Supralapsários* e *infralapsários*, uns contra os outros![42]

A discussão degenerou em batalha em regra quando dois professores da Universidade de Leide, *Harmensen Arminius* e *Francisco Gomar*, entraram em liça, cada qual num campo. O primeiro era um antigo aluno de Teodoro de Beza, em Genebra, que, encarregado de refutar os "infralapsários", se tinha convertido às suas teses e as tinha dotado de bases teológicas sólidas; os grandes burgueses da Holanda receberam prontamente essa doutrina, infinitamente mais humana do que a do calvinismo intransigente. Mas, contra esses "evangélicos" ou "libertinos", Gomar defendeu a rígida ortodoxia genebrina. Enquanto durou a guerra da independência, os adversários foram obrigados a permanecer praticamente calados; quando se assinou a trégua de doze anos, tornaram a engalfinhar-se.

Imediatamente se encontraram implicados nessa disputa de escola os mais concretos interesses políticos e econômicos. Os comerciantes ricos, apoiados pelo Grande Pensionário da Holanda Oldenbbarneveldt, apreciavam essa religião que separava nitidamente o domínio espiritual do dos negócios, permitindo ganhar muito dinheiro de consciência tranquila, e o grande jurista Hugo van der Groote (*Grotius*) defendia-a com sólidos argumentos. Mas os intransigentes, sonhando com uma Igreja à moda genebrina ou escocesa, queriam que a religião se impusesse a toda a sociedade civil e impedisse o espírito de lucro de invadir a alma dos honestos neerlandeses: os pobres, os artífices, os pequenos negociantes eram deste parecer. Dentro em breve, todo o país se dividiu entre os dois clãs. Num primeiro debate público, em 1608, Arminius triunfou de Gomar. Mas essa vitória não pôs fim ao conflito, como não o pôs a morte do professor, sobrevinda um ano depois: os discípulos que deixou continuaram a propagar as suas ideias ainda com mais ardor. Resultou daí uma tal agitação que Maurício de Nassau interveio e, como se apoiava no povo, mandou julgar e condenar Oldenbbarneveldt: a igreja de Estado e o absolutismo dos príncipes tinham suficientes razões para se entenderem bem!

Em 1619, realizou-se em *Dordrecht* um sínodo com visos de um tímido Concílio de Trento protestante, do qual participaram delegados franceses, ingleses, escoceses, suíços, palatinos e brandenburgueses, mas ao qual os luteranos da Alemanha e os escandinavos se recusaram a comparecer. Nele rejeitou-se toda a interpretação liberal das teses fundamentais do protestantismo, e, em nome da rigorosa "confissão neerlandesa", os arminianos foram declarados hereges, os seus pregadores destituídos, oitenta deles exilados. Nada disso os impediria de reaparecer um pouco mais tarde, em 1625, após a morte de Maurício de Nassau, e de obter a liberdade e multiplicar as suas igrejas, que ainda hoje sobrevivem.

Assim a política, que tivera um papel tão considerável na formação dos diversos protestantismos, continuava a intervir nos seus desdobramentos. Em parte alguma se pôde comprová-lo com mais nitidez do que na Inglaterra. Se a armadura eclesiástica cujo modelo fora confeccionado por Genebra provocava as críticas de todos os que esperavam unicamente da sua consciência iluminada a revelação da verdade, com mais forte razão a igreja anglicana, que tinha conservado tanto da organização e da pompa do "papismo", devia suscitar os ataques indignados dos partidários da religião do puro espírito. O movimento desenhara-se no reinado de Elisabeth e passara a ser seguido por inúmeros pastores. Com o advento de Jaime I, foi apresentada uma petição em que se reclamava *para cada ministro* o direito de decidir se usaria ou não sobrepeliz, e que se suprimissem vestígios supersticiosos como a genuflexão, a inclinação de cabeça ao nome de Jesus ou o anel de casamento. Mas havia alguns que desejavam a abolição da hierarquia episcopal e a adoção de uma igreja presbiteriana. Outros, os Independentes, mais radicais, repudiavam a ideia de uma igreja oficial. Havia, enfim — como os havia nas Províncias Unidas sob o nome de menonitas, em memória do holandês Menno Simons, morto em 1561 —, anabatistas que, tendo abandonado toda a veleidade de subversão revolucionária, esperavam que a luz interior guiasse o seu comportamento[43].

Todos obedeciam à mesma tendência de purificação religiosa. Por isso, esses *puritanos* distinguiam-se pela veemência com que repeliam o asseio pessoal, o teatro, o pecado da carne, e pela familiaridade com que citavam os patriarcas, profetas e salmistas da Bíblia. Jaime I não era homem para aprovar tais ideias. Se tinha sobreposto uma hierarquia às comunidades presbiterianas da Escócia, não era agora que suprimiria o episcopado inglês! Na conferência de Hampton Court, afirmou: "Se quereis uma igreja presbiteriana, e conciliá-la com a monarquia, isso equivale a pôr de acordo

Deus e o diabo... Qualquer Jack, Will ou Tom poderão vir a criticar os meus atos... Concluo, portanto: se não há bispos, não há rei. Se é tudo o que o vosso partido tem a dizer, forçar-vos-ei a conformar-vos ou expulsar-vos-ei do país". A *Convocation* do clero verificou se os pastores em funções aderiam a cada um dos *39 Artigos*, bem como à íntegra do *Prayer Book*, à liturgia e à constituição hierárquica; decretou excomunhões, mandou que se prestasse nas universidades o juramento episcopaliano (de reconhecimento da jurisdição dos bispos anglicanos) e obrigou trezentos ministros do culto a demitir-se.

Esses rigores, reduzidos às dimensões de uma igreja particular, pareciam irrisórios, tanto mais que eram aplicados em nome de uma dinastia que, à diferença dos Tudor, não soubera entrar em comunhão com o povo. Por mais que Ben Johnson ridicularizasse os "batistas" na sua comédia *O alquimista*, não era no clero anglicano oficial que circulava a seiva do protestantismo inglês, mas nas seitas de tendências puritanas, que não iam cessar de se multiplicar e que misturariam, todas elas, credos políticos às suas doutrinas religiosas. Assim se desenvolveram os *congregacionalistas*, organizados em pequenas "congregações" de fiéis, que reclamavam a independência total da Igreja em relação ao Estado, a supressão de toda a hierarquia e, para melhor realizarem o Reino de Deus, a diminuição do poder dos pastores, devendo cada fiel ser uma espécie de sacerdote, investido de uma parte do sacerdócio. Desses meios puritanos, independentes, congregacionistas, batistas, surgirão mais tarde as teses de Henry Robinson sobre a *Liberdade de consciência*, e as dos *Lilburne Levellers* ("niveladores de Lilburne"), que desembocarão num evangelismo revolucionário. Esta fermentação sectária desempenhará um grande papel na história política da Inglaterra no século XVII.

E não somente da Inglaterra, nem do Ocidente! Pois as perseguições de Jaime I contra os não-conformistas tiveram uma consequência que traria consigo imensos resultados. Sem esperarem por uma reviravolta no reino, que na altura não se desenhava, alguns dissidentes expatriaram-se. Muitos estabeleceram-se nas Províncias Unidas. Outros tentaram uma aventura mais longínqua. Eram uns trinta e cinco que, depois de terem vivido dez anos em Amsterdam e a seguir em Leide, se puseram de acordo com outros emigrantes compatriotas e pediram à Companhia da Virgínia autorização para se estabelecerem no território americano. A tempestade lançou o seu navio, o *Mayflower*, com os seus duzentos passageiros, muito para o norte da Virgínia, perto do Cabo Cod, no litoral de uma região úmida a que pouco depois deram o nome de *New England*, "Nova Inglaterra". A 2 de dezembro de 1620, esses trinta e cinco *Pilgrim Fathers* ("pais peregrinos") fundaram a colônia de Plymouth, seguindo o modelo da sociedade bíblica cujo plano tinham traçado num "pacto" ou *Covenant*. Nela acolheram todos aqueles que, por razões muitas vezes totalmente alheias à religião, iam arribando às mesmas paragens; em poucos anos, Plymouth contava mais trezentos habitantes. Estabeleceram-se ainda outras comunidades; John Endicott criava Boston em 1630, e assim nascia a colônia de Massachussets, germe dos futuros Estados Unidos da nossa época. Foi desse modo que, com mais de um século de atraso em relação aos católicos — que, à sombra das viagens, das descobertas e das bases instaladas pelos espanhóis e pelos portugueses, tinham estendido o reinado da sua fé aos novos mundos —, o protestantismo abriu um campo imenso ao entusiasmo e às conquistas dos seus. Mas tudo isso se deveu aos dissidentes, aos *dissenters*, que uma vez mais testemunhavam de maneira patente como essas "variações", paradoxalmente denunciadas por igrejas que tinham rompido a grande unidade do catolicismo medieval, perpetuavam a essência e o dinamismo da Reforma.

Tal foi o destino — singular e, em resumo, bastante dramático — dessas igrejas derivadas da revolução religiosa cuja índole mais autêntica as levava a cindir-se até ao infinito, a opor-se, a combater-se, por força do próprio princípio de liberdade que, apesar dos pesares, representava também a sua melhor oportunidade de expansão. É pensando no espetáculo dado pelas "variações" da Reforma que cobra todo o seu sentido a palavra profunda com que uma huguenote de grande fé, Charlotte de Laval, escrevendo ao seu marido, o almirante Coligny, designou um dia os seus correligionários: "esses membros de Cristo despedaçado".

Uma Europa protestante

No limiar do século XVII, o protestantismo podia ainda ver contestado em muitos pontos o lugar que conquistara; podia parecer dividido, sem unidade, sem coesão. Mas nem por isso deixara de obter um resultado impressionante: tanto no universo das forças espirituais como no da civilização, a Reforma protestante assegurara uma situação cuja importância podia ser modificada, mas que já não seria possível suprimir. Tinha marcado com o seu selo as consciências; e, pelo seu influxo, os espíritos, as instituições, as artes, as letras e até os trajes e as maneiras de viver tinham-se tornado mais austeros. Em face da Europa católica, justaposta a ela e por vezes misturada com ela, nascera uma Europa protestante, profundamente diferente. Ela ainda subsiste entre nós.

Em todos os países onde existia, o protestantismo já não era o que havia sido três quartos de século antes: um movimento episódico, sem raízes profundas nas consciências, isolado das velhas tradições. Criara-se uma tradição. Às confissões que definiam as fórmulas da fé, aliava-se a memória dos heróis que tinham perecido por ela. Em 1554, *Jean Crespin* fizera a primeira edição da sua *História dos Mártires* — essa "segunda Bíblia, e tão santa", segundo diz Michelet —, cuja leitura Mathieu Lelièvre assegurava ser suficiente para pôr "um pouco de fogo no sangue"; em 1570, consideravelmente aumentado, esse livro alcançava já a sua quinta edição. Nas comunidades reformadas, os ânimos exaltavam-se ao lerem as proezas das mulheres do partido que, disputando aos homens a palma da bravura, se batiam como leoas: Mme. de Miraumont, que durante tantos anos levara posta a couraça e manejara a espada; Juillette Couillard, de Saint-Lô, que resistira às tropas de Matignon; Marguerite d'Ailly, que, na ausência do marido, defendera tão bem o seu castelo de Châtillon; a "Cota Vermelha", uma jovem desconhecida que, nos planaltos de La Mure no Delfinado, fizera prodígios para deter os soldados de Mayenne; e tantas outras... A dolente canção popular exaltava essas nobres figuras, muito antes de que a eloquência visionária e o realismo surpreendente de Agrippa d'Aubigné tivessem elevado à dignidade épica os sete cantos dos *Tragiques*, alucinante afresco das grandezas e dos sofrimentos dos huguenotes.

Por toda a parte e em toda a terra reformada se tinham visto erguer-se esses esteios de uma nova fidelidade. John Foxe tinha enumerado em 1563, nos seus *Atos e monumentos destes últimos e perigosos dias*, os títulos de nobreza da igreja anglicana e as melhores razões para odiar o papismo. Buchanan e Knox tinham narrado a conversão da

Escócia à observância do puro Evangelho. Para os holandeses das sete províncias, como para os cristãos reformados da Escandinávia, da Hungria ou da Boêmia, os combates pela nova fé tinham sido inseparáveis dos combates pela liberdade, e assim os exaltavam, indissoluvelmente unidos, inúmeros textos e canções. Em toda a Alemanha, o luteranismo tinha dado aos povos uma consciência nacional a que eles aspiravam havia muito tempo, e as teses de Wittenberg serviam de alicerce à organização política. E na França, ao mesmo tempo que se expulsara a erudição de Hotman, Doneau, Scaliger, a matança de São Bartolomeu dera-lhe um alcance europeu.

Durante quase um século, três gerações sucessivas tinham sido formadas numa atitude religiosa que influía profundamente na alma e na mente: constituíra-se um novo tipo de homens e de mulheres. Fidelidade à autoridade exclusiva da Bíblia e recusa altiva em submeter-se à autoridade dos sacerdotes; convicção de que, em cada consciência, o Espírito Santo revela a verdade "com um sentimento tão notório e infalível como aquele com que as coisas negras e brancas mostram a sua cor", tal como o tinha proclamado a *Instituição crista;* certeza, enfim, de que o homem pecador, só e miserável, se opõe à inconcebível Onipotência... Esses elementos fundamentais de todos os protestantismos moldavam caracteres simultaneamente arrogantes diante dos homens e humildes diante de Deus, rígidos na moral, empertigados nos seus princípios, cujos defeitos eram a estreiteza de espírito e o sectarismo, mas que não careciam de grandeza. Florimond de Rémond, primeiro historiador católico das heresias protestantes, traçou este retrato dos fiéis dos novos cultos: "Declaravam-se inimigos do luxo, das libertinagens públicas e dos folguedos mundanos, demasiado em voga entre os católicos. Nas suas assembleias e festas, em vez das danças e oboés, entretinham-se com leituras das bíblias que punham sobre a mesa e com cânticos espirituais, sobretudo dos salmos, depois que estes se publicaram num volume à parte. As mulheres, com o seu porte e vestuário modestos, apareciam em público como Evas dolentes ou Madalenas arrependidas, tal como falava Tertuliano das do seu tempo. Os homens, todos transformados, pareciam tocados pelo Espírito Santo". Mesmo se descontarmos um certo espírito de corpo não desprovido de malícia, a imagem fixada por essas linhas corresponde bastante bem à verdade, pelo menos a uma verdade ideal a que, como é evidente, cada um podia ser mais ou menos fiel. Basta observar no Museu de Haia o tríplice retrato dos irmãos Châtillon-Coligny, obra de um pintor desconhecido, para sentir o que a nova fé podia dar aos que a recebiam plenamente.

O protestantismo não se limitou a modelar individualmente os fiéis; integrou-se em formas de sociedade, em aspectos importantes da civilização. Integrou-se, mais talvez do que os determinou. Um certo número de historiadores viu no movimento da Reforma, quer para louvá-lo, quer para criticá-lo, a origem do catolicismo moderno, da democracia e até do socialismo e do comunismo! Num terreno destes, impõe-se ser prudente e convém lembrar-se das palavras de Pascal: "Todas as coisas são causantes e causadas, encadeiam e encadeiam-se". Talvez não seja exato dizer que houve uma relação de causa e efeito entre a Reforma e as novas formas da economia e da política; mas é certo que houve entre elas um encontro, como se os protestantes, sentindo profundamente certas correntes do seu tempo, tivessem entrado nelas em cheio, por instinto.

"A Reforma — escreveu Karl Marx — é filha dessa economia nova que surgiu então e se impôs rapidamente ao mundo que conquistou: a economia capitalista". Para Weber ou Troeltsch, a Reforma não é de forma alguma a filha, mas a mãe do capitalismo. A verdade é, sem dúvida, que foi ambas as coisas; o protestantismo nasceu num certo clima intelectual, moral, social e político em que se desenvolvia ao mesmo tempo a economia capitalista; houve entre eles uma espécie de parentesco. Enquanto o ideal católico, mesmo quando era traído na prática, proclamava o desprezo dos bens deste mundo e a recusa das riquezas, que se lia em Calvino? "As riquezas não vêm ao homem pela sua virtude, nem pela sua sabedoria, nem pelo seu trabalho, mas somente pela bênção de Deus... As riquezas não são algo para ser condenado em si mesmo, como há mentes fantasiosas que o imaginam... É até uma grande blasfêmia contra Deus reprovar dessa maneira as riquezas. Os anjos transportaram Lázaro para o seio de Abraão. E quem era Abraão? Um homem rico, em gado e em dinheiro, em família e em todas as coisas". É evidente que estamos num clima muito diferente do do franciscanismo... O lucro comercial considerado como bênção divina e marca do dever cumprido: essa é a mentalidade burguesa, que assim se encontra definida. Nasceu no século XVI; o protestantismo encontrou-a e deu-lhe a sua justificação.

Encontrou também outra corrente, esta política, que levaria à democracia moderna. A própria organização da Igreja e da sociedade, tal como a concebia Calvino, caminhava nesse sentido: "A liberdade civil é um sinal singular de Deus", diz ele, e "a eleição é um ato sagrado". Às forças que começavam a opor-se ao autoritarismo real, o protestantismo oferecia-lhes o seu apoio. Serão os protestantes que representarão o espírito de liberdade e as suas possibilidades contra o centralizador Richelieu. O que já é menos seguro é que a verdadeira liberdade esteja no campo do protestantismo e que a verdadeira democracia derive dele: "Rousseau sairá de Calvino, Robespierre também", observa Merejkovski, e sabemos que conceito singular terá da liberdade dos outros o déspota do Terror. No termo do seu grande estudo sobre o *Pensamento político de Calvino*, M.E. Chenevière conclui que "não há nenhum parentesco espiritual entre a Reforma e a democracia moderna". E, sem dúvida, um exagero: o protestantismo manifestou alguns dos elementos que viriam a desenvolver-se mais tarde na democracia moderna; numa certa medida, coloriu e marcou com o seu selo essa democracia; mas não a suscitou.

Quanto aos elementos sociais, os que encontramos na doutrina reformada são também complexos e discutíveis. Não se pode deixar de sorrir quando se lê que "todas as grandes obras que têm por fim a luta contra os flagelos morais e sociais que devastam a sociedade tiveram protestantes por fundadores; o catolicismo não fez mais do que copiar, plagiando-as, as realizações cuja iniciativa foi do protestantismo"[44]. A verdade é mais matizada... O espírito da Reforma manifestou-se no plano social de duas maneiras bastante contraditórias: por um lado, houve incontestavelmente na Genebra de Calvino, como em muitas comunidades reformadas, um espírito social real, um esforço de caridade e de auxílio mútuo, mas houve também, em diversos lugares onde o protestantismo triunfou — particularmente na Inglaterra puritana e mais ainda na Escócia —, uma espécie de desprezo pelo pobre, já que a miséria era considerada como evidente punição dos pecados; desprezo que iria chegar ao extremo de condenar os vagabundos e os mendigos como se fossem réus de um crime. Essa dupla atitude era própria de uma época em que ainda se tinha um sentido mais profundo da pessoa humana, mas em que também o dinheiro ia conquistando o seu lugar, o seu verdadeiro lugar no mundo. É uma atitude que não parece ter desaparecido até hoje.

O homem protestante e a sociedade protestante exprimiram-se numa literatura e numa arte de características muito pronunciadas. É profundamente injusta a frase de Chateaubriand no seu *Ensaios sobre a literatura inglesa*, cegamente repetida com demasiada frequência por alguns católicos: "A Reforma cortou as asas ao gênio e assim o deixou a pé". Foi no tronco da árvore protestante que surgiram esses ramos carregados de frutos que se chamavam Dürer, Marot, d'Aubigné, Goujon, Richier, Palissy, Goudimel, sem mencionar, por antecipado, Bach e Rembrandt. A equidade obriga a prestar à Reforma esta homenagem: ela marcou com o seu selo as produções do espírito, mas não as suprimiu.

À medida que o pensamento protestante penetrava nos espíritos, formava-se também um patrimônio literário junto às obras dos teólogos, professores e controversistas. A tradução da Bíblia por Lutero em alto alemão fora uma grande obra literária, tão grande que, impondo-se ao mundo germânico acima das suas deploráveis divisões políticas, lhe conferiu a sua alma e a sua linguagem. Hans Sachs, o sapateiro de Nuremberg, cantou e elevou aos píncaros da lua o "rouxinol de Wittenberg". Na França, a literatura protestante desenvolveu-se com extraordinário vigor nos meios eruditos, onde a Reforma seduzira em breve tempo os espíritos: tinham passado para o novo campo o impressor Robert Estienne, seu filho Henri, o helenista, Pierre Ramus, que reinstituiu o culto de Platão contra o de Aristóteles, e o erudito Isaac Casaubon[45]. Constituiu-se um humanismo huguenote, que já não se limitava a reverenciar os autores antigos, à moda italiana, mas associava essa atitude à veneração da Bíblia; era um humanismo atento às ideias novas, às descobertas científicas, e que se traduzia, com Maurice Scève e outros, numa poesia científica, um pouco hermética, mas nunca indiferente, a não ser nas saborosas prosas do genial cirurgião Ambroise Paré (1517-1590).

O que dava com frequência a essa literatura protestante os seus temas — e sempre o seu tom — era o recurso assíduo às Escrituras, como nos dramas sagrados do cônego du Bartas (1544-1590), de Teodoro de Beza, de Louis Desmasures, de Antoine Tiron; mas também se fazia sentir notoriamente a influência da *Instituição cristã* e da sua firme linguagem. A história ganhava espaço nas obras protestantes com Jean Puget de la Serre e d'Aubigné, e com os memorialistas: Pierre de la Place, Régnier de la Planche, Antoine de la Roche-Chandieu e, evidentemente, Jean Crespin e Beza. A pedagogia tinha um mestre no genebrino Pierre Viret (1511-1571).

Literatura de combate, disse-se, apologética militante. Talvez. Mas não esqueçamos que ela nos deu poetas de cadências perfeitas, de verbo saboroso, de ressonâncias que ainda hoje nos comovem. Um Clément Marot (1496-1544) e uma Margarida de Navarra (1492-1549) beberam na fonte da Reforma protestante, como nos relembram os seus poemas. Jean Tagaut, Simon Goulart, Samuel du Lis, Bernard Montméja, Philippe de Pas, são outros tantos nomes que merecem bem mais que a homenagem esquecediça das antologias. Mas Agrippa d'Aubigné (1552-1630) vence-os a todos pela diversidade dos seus dons, pelo seu espírito verdadeiramente universal, pela sua imaginação de místico, pelo seu poder de criação e de síntese; e seria injusto não ver nele senão o áspero poeta das grandezas da Reforma. E dele este verso nimbado de graça: *Une rose d'automne est plus qu'une autre exquise,* "Uma rosa de outono é sobre todas delicada". Riqueza das letras protestantes na França.

Por toda a parte onde o protestantismo se instalara, nasceu sempre uma literatura de inspiração bíblica e de tom militante. Na Inglaterra, antes de Milton (que tinha catorze anos em 1622 e já sonhava com a poesia) ter vertido toda a sua fé no *Paraíso Perdido*, John Lyly havia cantado esse "Deus de vida que é o Deus inglês", e Philip Sidney rubricara com a sua morte num campo de batalha o compromisso que exprimira na sua literatura: o de trabalhar pela vitória das forças da luz contra as tenebrosas potências católicas de Roma e da Espanha. Em muitos lugares e de muitas maneiras a literatura soube expressar bem a fé nascida de Lutero e de Calvino.

Exprimiu-se também nas artes plásticas, o que era mais paradoxal. Não tinham os reformadores condenado as artes como manifestações da sensualidade humana ou expressão de graves erros dogmáticos? Não sonhavam eles com templos nus, vazios de estátuas e de quadros, onde nenhuma imagem distraísse os fiéis de meditar as duras verdades da fé? Mas essa atitude já dava pé para uma forma de arte austera, despojada, que se pôde comparar, forçando um pouco as coisas, àquela que a estética de São Bernardo fizera surgir na tradição cisterciense. E assim a Reforma levaria a cabo uma ruptura radical com a Renascença, especialmente com a Renascença italiana, tão sensual, cuja influência se exercera apenas moderada e discretamente nas regiões protestantes. Nos começos do século XVII, os reformados opunham à exuberância do barroco italiano e da escola flamenga — amiga de decorar com profusão as igrejas num estilo teatral e pomposo — a exatidão severa, a visão concentrada, os meios-tons suaves dos retratos e das paisagens em que se destacavam os mestres dessa terra eleita do calvinismo que era a Holanda.

O protestantismo não deu origem, propriamente, a uma arte religiosa, mas, agindo no interior mais profundo das almas, exerceu uma influência que se nota perfeitamente. Calvino não foi apenas um iconoclasta, como disseram sumariamente alguns; declarou as artes "vãs e supérfluas se não fossem ordenadas para o Verbo e para o Espírito". Mas um artista que ordenasse toda a sua vida para o Verbo e para o Espírito não poderia criar obras em que transparecesse a sua fé? Mais do que propor temas aos criadores, a Reforma transformou-os por dentro e de tal forma que passou a haver uma semelhança real entre todos eles, a despeito das diferenças de técnica e das oposições entre os modos de ser nacionais. É neste sentido que se pode falar de uma arte protestante, expressão da nova alma cristã que o protestantismo modelou[46].

O drama dos primeiros tempos, dos grandes debates de alma, tal como os tinha atravessado Martinho Lutero, fora expresso por *Albrecht Dürer* (1471-1528), num simbolismo de riquezas obscuras que, através dos aspectos misteriosos do mundo, tentara apreender o homem confrontado com o seu angustioso destino. O segredo de seres como Lutero e Melanchthon, envolvidos a fundo na terrível aventura do rompimento com o passado, mas que conservavam ainda um saboroso entusiasmo de batalha, fora plasmado por *Lucas Cranach* (1472-1553) nos seus retratos vivos, generosos. Mais rude, mas também penetrante, tinha sido a arte de um Nicolau Neufchâtel, retratista titular de Zwinglio. E nas efígies de Calvino (é impressionante que as mais expressivas sejam anônimas), era flagrante tudo o que a sua doutrina tinha de austero até ao excesso, até ao desumano.

Arte protestante em que se exprimia uma estética duramente disciplinada, contida. Dentre os que tinham aderido à fé da Reforma, eram bem poucos os que lhe escapavam: talvez um Jean Goujon, que dá a impressão de ter separado a sua arte da sua fé e de se ter afeiçoado tanto ao programa antigo que não pôde vazar nas suas formas requintadas a doutrina a que tinha aderido; ou um Hans Holbein, o Moço, herdeiro direto das suntuosidades italianas mais do que filho espiritual da Reforma. Será sobretudo na Holanda que a influência do pensamento protestante, aliando-se a uma técnica notável — haurida em parte dos italianos, mas transposta para o ambiente nacional —, irá dar lugar às suas mais perfeitas obras-primas. No limiar do século XVII, *Franz Hals* (1594-1666?), pintando as assembleias de oficiais, de diretores e diretoras do hospital de Haarlem, penetrava na alma desse povo burguês que batalhava pela sua liberdade e pela sua fé, enquanto num moinho, nas margens do velho Reno, nascia em 1607 Harmens van Rijn: *Rembrandt*.

Finalmente, bem mais do que pelas artes plásticas, a alma protestante exprimiu-se pela música. Para dizê-lo melhor, a música tinha feito corpo com a Reforma desde o começo da sua história, participando no desenvolvimento das suas doutrinas e na difusão das suas igrejas. Uma das ideias geniais de Martinho Lutero fora precisamente servir-se da música como meio de ação, apoderando-se dela como linguagem mais apropriada para revelar ao "querido povo alemão" as potências obscuras que havia na alma. Todos os reformados o seguiram neste caminho. Desejosos de dar aos cristãos o sentido da comunidade e da fraternidade, as igrejas protestantes tinham visto no canto coral o meio mais indicado para consegui-lo, pois reúne numa unanimidade anônima os impulsos de todos e de cada um. Rejeitando o órgão e os instrumentos, tinham apelado para a voz humana, a única que lhes parecia capaz de exprimir bem o arrependimento e a fé, a vergonha do pecador e a alegria do crente, sem que o atrativo suspeito das cordas e das madeiras viesse atentar contra a sua sinceridade. E assim essa música coral participou, ao longo de todo o século XVI, da história da Reforma, dos seus dramas, das suas esperanças.

Os mártires do calvinismo francês tinham ido para a fogueira cantando salmos traduzidos ou compostos por Teodoro de Beza e Clément Marot, harmonizados para quatro vozes por Philippe Jambe-de-Fer e sobretudo por Claude Goudimel. À luta das Províncias Unidas pela sua independência, tinha-se associado sem cessar o *Wilhelmuslied.* Na obra de propaganda — utilizando a língua dos sons, internacional por excelência —, o cântico, o salmo e o coral haviam desempenhado exatamente o papel que outrora Santo Ambrósio de Milão confiara aos hinos: haviam evangelizado familiarmente o povo — aliás, sem se coibirem de servir-se para os seus fins de modulações melódicas e acordes tirados da música profana. Depois, pouco a pouco, por sobre essas manifestações de piedade popular e coletiva, formou-se uma arte mais culta. O coral beneficiou-se cada vez mais de execuções polifônicas cuidadas, e músicos de categoria trouxeram às novas igrejas o concurso de talentos extraordinários; os principais foram Hans von Hassler, Johann Eccard, Melchor Vulpius, Luys Bourgeois, que aderiram cedo à fé reformada; mas *Claude Goudimel* (1510-1572), vítima ilustre da carnificina de São Bartolomeu, ultrapassou-os a todos.

Assim se constituiu sobre a terra da velha Europa, justaposta à sociedade católica, a sua mortal inimiga, uma sociedade cristã nova, separada das antigas raízes, com as suas tradições, os seus costumes, os seus meios de expressão.

Tal foi o resultado de tantos erros — de que nenhum dos campos teve o monopólio de tanta incompreensão recíproca, de tantas violências e iniquidades. No limiar do século XVII, o grande escândalo da divisão das igrejas parecia haver-se tornado irreversível. Aos seus fiéis, à sua Igreja, Cristo tinha deixado como sinal próprio a unidade: "Que sejam um como nós somos Um". Reflexo visível da Unidade trinitária, a unidade dos cristãos devia ser o selo dos que tinham por tarefa transmitir essa mensagem ao mundo e aos tempos. Considerados em conjunto, todos os batizados carregavam a responsabilidade dessa traição, dessa imperdoável infidelidade à ordem do Mestre. E hoje, passados quase quatro séculos, ainda não puseram fim a essa brecha, antes a tornaram mais profunda e mais cruel. Um homem que tenha fé não pode terminar esta página trágica da história da Igreja de Cristo sem se ver obrigado a confessar a sua angústia e o seu arrependimento.

A outra cristandade: a "Terceira Roma"

A penosa cisão que dilacerava o Ocidente cristão não era a única coisa que atentava contra a unidade dos "filhos da luz". Fora dessa metade da Europa onde se enfrentavam católicos e protestantes, irmãos transformados em inimigos, existia também uma outra Europa, que o cisma de 1054, por um lado, e a invasão turca, por outro, tinham separado da cristandade ocidental, e que não podemos esquecer. Mergulhada na orgulhosa convicção de ser a única a encarnar o cristianismo verdadeiro, a *ortodoxia* acabava de dar, precisamente no decurso do século XVI, uma nova expressão às suas velhas certezas; e sentia-se chamada a grandes destinos.

Essa oportunidade não surgiu, evidentemente, entre as igrejas submetidas ao jugo dos turcos. A história dos patriarcas dessa região prosseguia sem grandes acontecimentos, sem glórias brilhantes, uma vez que, ao contrário do que poderíamos pensar, a conquista de Constantinopla não modificara a situação de que gozavam. Continuavam sem dúvida a ser ameaçados por intrigas, sempre expostos a perecer assassinados, mas isso não era novo. Tinham sido hábeis em entender-se com os sultões, que lhes reconheceram a jurisdição sobre todos os cristãos ortodoxos, dando-lhes assim mais autoridade do que nunca. Estavam perfeitamente de acordo com os seus senhores muçulmanos em votar um ódio feroz aos cristãos latinos e em frustrar as tentativas missionárias feitas por alguns jesuítas no fim do século XVI. Instalados agora no bairro do Fanar, estendiam a sua autoridade do Danúbio à ilha de Creta, e da Dalmácia às proximidades da Pérsia. Os outros patriarcados, outrora independentes, recebiam cada vez com mais frequência os seus titulares dos de Constantinopla, como aconteceu principalmente em Antioquia, para deter o movimento de regresso à unidade da Igreja que ali se desenhava. Já em Jerusalém, os patriarcas titulares, todos gregos, residiram pouco, preferindo permanecer em Bizâncio; e o mesmo se passou em Alexandria, por ordem do sultão, que não permitiu à frente desse patriarcado em plena decadência senão um simples arquimandrita.

O mesmo domínio de Constantinopla se estendeu ainda a diversas outras regiões: à república monástica do Monte Athos, onde a proporção dos conventos gregos não cessava de aumentar; aos infelizes habitantes de Chipre, que, depois de em 1571 terem acolhido com alegria os turcos por ódio aos latinos, se revoltaram contra a tutela demasiado pesada de Constantinopla e foram duramente castigados;

à Bulgária, onde se criou o patriarcado de Ócrida para os gregos; à Romênia, onde o grego se tornou a língua litúrgica; e ainda à Geórgia, que se mostrou totalmente dócil. Não houve resistência a essa centralização helénica a não ser na Sérvia, onde os montanheses de Tcherna Gora se uniram contra o patriarcado de Ipek, restaurado em 1557 pelo grão-vizir Maomé Sokolovich, sérvio renegado, em favor de seu irmão Macário. E também na longínqua e quase inacessível diocese do Sinai, cuja independência foi reconhecida em 1575 e que, de fato, soube preservá-la, cerrando fileiras em torno do seu prestigioso convento de Santa Catarina.

Quanto aos pequenos grupos heréticos que sobreviviam em diversas regiões, arrastavam todos uma existência precária, entre as suspeitas dos turcos, as denúncias dos ortodoxos gregos e as frequentíssimas divisões internas que os consumiam. Contavam-se entre eles os armênios *monofisitas*, que durante um certo tempo se aproximaram de Roma, para depois voltarem a cair nas suas doutrinas e nas suas invejas; os *jacobitas* de Esmirna, que chegaram a ter três jurisdições; os *nestorianos*, que, varridos da Ásia Central pela tormenta de Tamerlão, se tinham refugiado na Mesopotâmia e estavam igualmente divididos entre três séries rivais de patriarcas[47]; os *coptas* monofisitas do Egito, submetidos a mil vexames e em plena decadência. O espetáculo dessa cristandade oriental desunida, submetida a vassalagem, seria aflitivo se, em todas essas igrejas não tivessem aparecido, mais ou menos periodicamente, algumas personalidades, a maior parte das vezes desconhecidas, que mantiveram, apesar de tudo, a fé e a esperança nesses tempos de servidão. Mas esses cristãos ainda fiéis já não olhavam para Constantinopla a fim de receber a luz, mas para a longínqua, jovem e ridente capital religiosa que acabava de se firmar: Moscou.

Moscou... Este nome, antigamente obscuro, brilhava desde o início do século XV com um fulgor singular, na imensidade das terras russas a que daria uma alma. Ia já longe o tempo em que Alexandre Nevsky, santo da igreja russa e herói da pátria, detendo os suecos e os cavaleiros teutônicos (1240), tinha permitido ao seu minúsculo principado tentar a sua sorte[48]. Os seus descendentes, verdadeiros "amontoadores de terras" à moda dos Capetos, tinham sabido continuar e desenvolver a sua obra, explorando ao máximo as fraquezas manifestadas pelos seus senhores mongóis, os *khans* do Kiptchak, para intrigar, rastejar, trair, golpear e, no fim das contas, crescer em prestígio e força. As *razzias* de Tamerlão tinham-lhes permitido — na batalha de Kulikovo (1380) — levar a melhor sobre os seus ocupantes. Moscou já não era o burgo minúsculo à volta do Kremlin de que se riam Kiev e Novgorod, mas uma espécie de capital, cercada por muralhas de tijolos e cheia de igrejas veneráveis, para onde os grão-príncipes tinham sabido atrair e fixar com mão de mestre o patriarca de todas as Rússias (1326). Centro político, centro religioso, tomara durante o século XV plena consciência do destino que a esperava e fizera da "Moscóvia" um novo Estado de peso na Europa e também uma cabeça da cristandade.

O primeiro dos seus grão-duques que soube estar ao nível da história chamou-se *Ivã III* (1462-1505). "Ivã, o Grande", dizem os historiadores russos: têm razão. Esse homem de ferro, esse diplomata de agilidade felina, que faz pensar em Luís XI da França, esse combatente destemido, esse déspota, foi verdadeiramente o homem que colocou Moscou no plano da grande história. "Toda a terra russa dos nossos antepassados, desde os tempos mais antigos, é nosso patrimônio!", exclamara ele ao cingir a coroa. Yaroslav e Rostov, uma parte do Ryazan, Tver e, finalmente, a república anárquica de Novgorod passaram todas a estar sob o seu domínio. Teve mesmo a audácia de arrebatar algumas terras ao poderoso reino da Lituânia e da Polônia. Depois, quando o *khan* da Grande Horda, para reatar uma tradição já prescrita, tentou reclamar-lhe o tributo, ele se recusou, e as suas tropas, concentradas atrás do Ugra, desafiaram durante vários dias o "amarelo", que não ousou atacá-lo. No plano interno, obrigou os turbulentos *boiarines* (senhores) a limitar-se a ser agentes de serviço, confiscou as terras dos descontentes e, graças aos venezianos e aos gregos, instituiu uma diplomacia, um pequeno exército permanente e uma artilharia. Eriçou a cidade de catedrais e palácios, resplandecentes de ouro e de cores vivas; numa palavra, elevou o principado de Moscou à condição de cabeça da Rússia. E soube fazer venerar o seu nome em todo o Oriente.

Um gesto de uma habilidade extrema acabou por colocar à volta da sua cabeça a auréola mais refulgente. Depois de Constantinopla ter ruído e o último dos Paleólogos, Constantino XI, ter sido morto com as armas na mão, os seus sobrinhos haviam sido recolhidos pelo papa Pio II; depois Paulo II e Sisto IV tinham continuado a assegurar-lhes proteção. Entre eles, havia uma moça de espírito fino e rápido, gorda a não mais poder, que esperava por um marido. Ivã III pediu-lhe a mão e o papa concordou, talvez na esperança de que essa excelente católica ajudasse a aproximar as igrejas (1472). Logo se desenganaria. A partir do momento em que chegou à Rússia, no meio das aclamações do seu povo, Zoé, tornada *Sofia*, sentiu-se mais ortodoxa que todas as Rússias juntas, ao passo que o pobre cardeal-legado Bonomi fazia triste figura. Alcançando uma influência política considerável, Sofia contribuiu para excitar no marido o ódio por esses muçulmanos que tinham destronado os seus antepassados. Herdeiro dali por diante dos imperadores de Bizâncio — Veneza foi a primeira potência a reconhecê-lo como tal —, o grão-príncipe de Moscou surgiu como chefe da cristandade ortodoxa, espada flamejante que recomeçaria a cruzada contra o infiel e protetor da Igreja, como acontecera com os basileus bizantinos.

Essa necessária união entre o seu poder e a Igreja, que Ivã III vira plasmada na tradição dos Paleólogos, era já a da própria Rússia havia muito tempo. Na época em que lutava pela independência contra a Ásia muçulmana e o Ocidente latino, a sua igreja fora a encarnação da alma nacional. Os seus mártires tinham dado testemunho disso. Santo Alexis de Tchudov fora companheiro e conselheiro dos príncipes moscovitas e, no campo de batalha de Kulikovo, São Sérgio de Radonesc enviara os seus monges-soldados a combater os tártaros. A herança de Bizâncio, já recolhida mais ou menos pela Rússia, trazida dali em diante oficialmente como dote por Sofia, tinha transposto para Moscou os dados essenciais do cesaropapismo dos basileus, acomodado ao estilo russo.

Por conseguinte, enquanto Ivã III revestia as insígnias imperiais e, tomando por emblema a águia de duas cabeças — uma contemplando o Oriente e a outra o Ocidente —, adotava o cerimonial faustoso e complicado outrora em uso no palácio imperial de Blachernas, enquanto os turiferários assalariados arquitetavam um belo ciclo de lendas para narrar como já o imperador Comneno enviara ao grão-príncipe Vladimir a coroa e as dragonas de ouro de Constantino IX Monômaco, alguns teólogos haviam dado os últimos retoques na doutrina da *Terceira Roma*. "Duas Romas caíram; Moscou é a terceira Roma, e não haverá nunca uma quarta". Tal era a teoria, grandiosa sem dúvida, e bem concebida para exaltar a alma do povo russo, que foi exposta pelo metropolita *Zózimo* no *Novo cânon pascal*, redigido em 1492, pelo piedoso monge *Filoteu*, do convento de Eleasar de Pskov, e pelo grande asceta *José Volotskoi*, cujos escritos se tinham difundido muito.

A desaparição de Bizâncio não significava de forma alguma o aniquilamento definitivo do Império ortodoxo; o fato de a ânfora se ter quebrado não significava que o seu conteúdo se tivesse volatilizado. "O Senhor permitiu o triunfo dos infiéis sobre os gregos, mas opor-se-á sempre a que a verdadeira fé seja aniquilada ou dominada pelos latinos e pelos ismaelitas. A verdadeira fé é eterna. Não desaparecerá senão no dia em que tudo for consumado. Mas, uma vez que no momento presente o mundo continua a existir, é necessário substituir a ânfora quebrada por uma ânfora nova, a fim de que a água viva da fé que ela continha esteja doravante ao abrigo de toda a contaminação. Esta nova ânfora será Moscou, a terceira Roma".

Essa doutrina não pôde deixar de agradar a um Ivã III e a todos os grão-príncipes que, depois dele, trabalhariam apaixonadamente pelo esplendor de Moscou. Fazendo sua a tradição bizantina, não tinham os teólogos da "terceira Roma" justificado mui religiosamente a onipotência do "autocrata"? Volotskoi escrevera: "Pela sua natureza, o czar parece-se com os outros homens, mas, pelo seu poder, parece-se com Deus. É o Vigário de Deus neste mundo, o chefe supremo do Estado e da Igreja". Eis o que se passava no plano da política interna. Quanto à política externa, essa mesma doutrina não favorecia todas as ambições dos moscovitas, arautos da "terceira Roma"? Herdeira do Império universal através de Bizâncio, herdeira de Constantino e de todos esses basileus que tinham lutado tanto pela fé, Moscou podia legitimamente reclamar o primeiro lugar em todo o Oriente ortodoxo contra os dois inimigos seculares: o turco infiel e o latino herege. *Fiat Russiae orbis!* A lição foi bem compreendida pelos descendentes de Ivã III.

Sobretudo pelo seu neto *Ivã IV*, cognominado, muito congruentemente, *o Terrível* (1533-1584). Personalidade estranha, de inumeráveis contradições, a desse tirano feroz e torturador sádico, que tinha lido a fundo a Bíblia, os Padres da Igreja, os autores antigos e até os modernos, que se interessava pelas artes e compunha música, a desse devasso indolentemente entregue ao prazer e à bebida, mas que de repente se arrancava a si mesmo e tomava com uma lucidez genial as decisões exatas exigidas pelo destino do seu trono. Havia nele uma mistura de mongol, de príncipe renascentista, de esteta pervertido e de autocrata bizantino. Quando se casou, mandou vir mil "noivas" escolhidas dentre as mais belas da Rússia, para, à moda dos haréns turcos, lançar a uma delas o seu lencinho; mas, com os chefes da sua igreja, discorria sabiamente sobre teologia moral e mística.

Exatamente contemporâneo de Michelangelo, de Calvino, de Inácio de Loyola, de Cortêz, de Pizarro e de tantas outras figuras de grandeza excepcional, esse homem desconcertante foi igual a eles, e o seu reinado representou uma etapa decisiva para o Estado moscovita. Continuou a obra do seu avô em todos os planos. Lançando os seus efetivos, continuamente aumentados, para fora desse campo entrincheirado que era então o principado de Moscou, arremeteu em todas as direções, absorvendo os últimos Estados independentes da planície russa — Ryazan, Kazan, Astrakhan —, semeando a mãos cheias novas cidades — Ufa, Samara, Saratov, Bryansk, Voronezh, Orei e até a nórdica Arkhangelsk —, impelindo as suas guardas-avançadas para além do Ural, na Sibéria, e terminando por dominar um império que ia do Mar Branco ao Cáspio, da Lituânia ao Ienissei. No interior, deu um passo enorme no sentido da centralização despótica, do estatismo e da organização policial. Os primeiros ministérios e o primeiro núcleo de exército permanente datam da sua época. Criou uma classe especial, a *opritchnina* — simultaneamente corpo de guarda-costas, polícia, administração superior e pessoal da corte —, cujos seis mil membros, lançados através da Rússia ao galope veloz dos seus cavalos, da sela dos quais pendiam uma cabeça de cão e uma vassoura, revelaram-se um instrumento de governo medonho, mas eficaz. O reinado de Ivã foi tão grande como terrível.

Para manifestar esse crescimento de poder, adotou oficialmente, em 1547, o título com que o imperador Maximiliano II e o doge de Veneza tinham outrora saudado seu pai; um título já gravado em moedas e já utilizado na diplomacia moscovita, mas que não era de uso corrente: o de *tsar* ou *czar*, isto é, de César. E nas oficinas monásticas montou-se uma genealogia fantasiosa que ligava Ivã e os seus antepassados... nada menos que ao imperador Augusto! Em 1561, o patriarca José de Constantinopla, feliz de poder dar à igreja ortodoxa esse ponto de apoio político e sentimental, reconheceu e confirmou o título: "Czar e grão-príncipe, autocrata da Grande Rússia". E Ivã IV, pelo fausto de que se rodearam as cerimônias da sagração, manifestou a sua glória e o jovem poder dessa coroa que a própria Santa Igreja consagrava.

Pode-se concluir daqui que as relações entre a igreja ortodoxa e o déspota tenham sido sempre sem nuvens? É necessário reconhecer, para honra do clero russo, que alguns dos seus membros ousaram protestar contra as crueldades abomináveis do príncipe. O santo prior de Solovetsk, Filipe, que, depois de ter provocado durante trinta anos a admiração da Rússia pelas suas austeridades e pelo seu fervor, fora elevado à sé metropolitana de Moscou, fustigou o tirano com uma linguagem tão firme que este o depôs e encerrou no convento de Tver, acabando por mandar asfixiá-lo. Mais feliz, um dos *juródivi* ("mendigos ou loucos de Deus"), Vassili o bem-aventurado, cuja vida ascética forçava a admiração de todos, pôde tratar o czar de "canibal", oferecendo-lhe simbolicamente carne crua para comer, sem que este o tivesse mandado matar imediatamente. Mas não eram senão exceções, consoladoras e admiráveis: no conjunto, a vassalização da Igreja, a tutela absoluta a que foi submetida pelo poder leigo, não cessou de progredir durante o reinado de Ivã o Terrível. Não era ele, aliás, a encarnação viva da autoridade divina delegada na terra?

A bizantinização da Rússia acentuou-se com o passar do tempo. Ritos, liturgia, vestuário, arquitetura, tudo na "terceira Roma" vinha da "segunda", com um não sei quê de asiático e de tártaro. O czar, cujos trajes de cerimônia eram exatamente sacerdotais, tornou-se o verdadeiro chefe da Igreja, minimizando o metropolita, pondo homens seus a presidir aos sínodos, intervindo a seu bel-prazer em todos os assuntos religiosos. A expansão territorial de Moscou teve todos os aspectos exteriores de uma cruzada que a igreja russa não podia deixar de aplaudir. Houve um período de uns meses em que os fiéis ortodoxos puderam inquietar-se com uma atitude tomada pelo seu czar-papa: quando este deixou propalar o rumor de que se aproximaria de Roma, de que negociaria com o papa e aceitaria a união das igrejas; mas tratava-se de uma manobra segundo o melhor estilo asiático, destinada somente a conseguir que o legado Possevino, jesuíta, negociasse uma paz indispensável entre a Rússia e a Polônia; assinada a paz, Ivã IV não voltou a interessar-se pela união das igrejas e retomou a sua política tradicional. A aliança do trono e do altar, ou, melhor, a confusão dos dois poderes, era demasiado vital para o senhor de Moscou para que renunciasse a ela.

Durante o reinado que se seguiu ao do Terrível, deu--se um novo passo nessa linha. Morto o tirano — de uma maneira horrível, com a carne do seu corpo decompondo-se ainda em vida —, o poder de fato e a seguir o trono passaram para as mãos de um boiardo (nobre) ambicioso, membro da *opritchnina*, homem de inteligência brilhante, de violências felinas, o mesmo que a ópera de Mussorgsky viria a celebrizar: *Bóris Godunov.* Inicialmente em nome do seu cunhado, o inocente czar Fédor, depois como senhor único (1578-1605), aplicou-se a continuar a obra de Ivã IV, tanto internamente como nos planos de expansão territorial, fortificando as linhas do Don e do Terek e preparando a longo prazo a anexação da Geórgia.

Em 1588, o patriarca Jeremias de Constantinopla foi a Moscou em busca de apoio e de esmolas: Bóris Godunov aproveitou a ocasião. Pressionado por todas as personagens da corte, enganado com promessas, o pobre pedinte consentiu numa decisão exorbitante, que ultrapassava de longe os seus poderes: *erigiu Moscou em patriarcado independente* e nomeou para essa sé um certo Jó, criatura de Godunov. Depois, o ouro russo, habilmente distribuído, acalmou os escrúpulos de consciência do Conselho reunido pelos gregos em Constantinopla. Acontecimento capital, que fazia da igreja russa uma igreja autocéfala, igual à de Bizâncio e de outras sés patriarcais cobertas de glória, a verdadeira cabeça da ortodoxia face a Roma. Cumulados de favores temporais, na posse de bens imensos — a Igreja chegou a possuir nessa época cerca de um terço do país! —, governando milhares de servos, nem por isso os patriarcas deixaram de ser simples criaturas do czar, submetidos às suas vontades, ajudando a sua política e fechando os olhos aos vícios que se alastravam cada vez mais, tanto nos meios eclesiásticos como no povo: embriaguez, preguiça, cupidez.

No seu conjunto, essa cristandade russa apresentava, pois, em grau muito mais grave, as taras que a igreja do Ocidente conhecera antes da reforma empreendida pelo Concílio de Trento. O clero era de uma grande mediocridade moral e o *pope* russo, recrutado entre os camponeses, tratado pelo senhor praticamente como um deles, era quase tão ignorante e tão ébrio como a massa dos *mujiques*. Os mosteiros em geral estavam em completa decadência, mesmo os que outrora se tinham revitalizado com a reforma de Sérgio de Radonesc e onde sobrevivia a lembrança de um passado de fervor. A ignorância era profunda; fora do Novo Testamento, não se conheciam bem senão trechos muito citados do Antigo e extratos dos Padres, reunidos em antologias intituladas a *Pérola*, a *Esmeralda*, a *Onda de Ouro*. Não existia nenhum sistema de teologia dogmática sólido, apesar das tentativas de José de Volokolamsk, nem quase nenhuma literatura religiosa, a não ser vidas de santos recheadas de lendas. Quando os monges de Solovetsk quiseram encomendar a biografia dos seus santos fundadores, Zózimo e Sabentius, não conseguiram encontrar senão um monge sérvio que pudesse fazer-lhes corretamente o trabalho!

Não quer isto dizer que não houvesse pinceladas luminosas nesse quadro sombrio. Da mesma forma que no Ocidente, nos piores momentos de degradação, destacaram-se na Santa Rússia algumas personalidades que salvavam a honra da Igreja. *Máximo o Grego*, antigo monge do Monte Athos, que tomou parte ativa na luta contra os "judaizantes" e os *strigolniki*[49], *José de Volokolamsk*, cujo livro *A iluminação* foi o primeiro ensaio de teologia em russo, e o metropolita *Macário*, cuja imensa compilação hagiográfica — as célebres *Grandes leituras* — se tornaria popular até hoje, deram provas de uma renovação não desprezível. O *Concílio dos Cem Capítulos* cuidou de assentar os princípios de uma reforma sacerdotal profunda, que aliás foi pouco aplicada.

Também nos meios monásticos surgiram almas de grande elevação espiritual. No fundo das florestas para lá do Volga, ascetas santos, e sobretudo o piedoso *Nil Sorsky*, insurgiram-se contra o esquecimento da pobreza e a excessiva intromissão em questões temporais por parte dos homens de Deus. Em muitos pontos, os *starzi* (anciãos) praticavam um ascetismo contemplativo que impressionava o povo. *São Filipe de Solovetsk*, o heroico metropolita de Moscou, vítima de Ivã o Terrível, deixou uma imagem de caridade e de misericórdia. E encontravam-se um pouco por toda a parte esses *juródivi*, esses "loucos de Cristo", espécie de profetas bíblicos que, desprezando o dinheiro, o conforto e até o asseio pessoal, ousavam gritar a todos, grandes e pequenos, ricos e pobres, a verdade de Deus e censuras fustigantes. Em Moscou, a magnífica igreja de São Basílio, levantada por Ivã IV, guarda ainda hoje a memória do mais ilustre deles: *Vassili, o bem-aventurado* (Vassili = Basílio).

Nobres exceções, mas exceções apesar de tudo, e que confirmavam a lei, a lei da mediocridade geral dos quadros eclesiásticos. Quanto ao povo, desde que assistisse aos ofícios, ninguém se importava de que chafurdasse na lama a cair de bêbado, e tivesse o punhal sempre pronto nas rixas; não são os homens uns pobres pecadores a quem Deus perdoa sempre, se têm o coração humilde? A Igreja, que garantia a ortodoxia em troca da submissão, prometia a todos os seus fiéis a salvação. Traço característico da mentalidade russa, que persistirá até os nossos dias.

A "terceira Roma", Moscou, capital da verdadeira fé, que substituía de fato Constantinopla como cabeça da igreja oriental, assegurava dali em diante a unidade. À semelhança do catolicismo, e como ele herdeira do Império romano, a ortodoxia russa opunha a sua unidade compacta, monárquica, ao esfacelamento das igrejas protestantes. Mas a grande diferença entre a igreja russa e a de Roma era que esta era universal e aquela imperial. O catolicismo estava aberto a todos os homens, sem distinção de nacionalidades nem de raças. Já a "ortodoxia", cada vez mais identificada com Moscou, tinha por marco o Império, era universalista como o próprio Império, isto é, como as suas ambições políticas. Estava imbuída de uma espécie de messianismo cuja tese fundamental era que a "Santa Rússia", terceira Roma, era a testemunha e o arauto do único cristianismo autêntico e que, ao ambicionar o Império universal, servia os interesses de Deus. Entre a Igreja Católica e uma igreja que concebia assim a sua missão, o fosso era mais intransponível ainda do que o fora entre Roma e Bizâncio.

Os acontecimentos que assinalaram o começo do século XVII acabaram por traduzir em termos categóricos essa separação. Bóris Godunov, nos últimos tempos do seu reinado, viu surgir contra ele um enigmático aventureiro, que pretendia ser o *czarevitch* (filho do czar) Dimitri, assassinado por sua ordem. A seguir, após a morte de Bóris, quando esse primeiro "falso Dimitri" foi morto num motim, apareceu um segundo, certamente um impostor, que a mulher do primeiro assegurou reconhecer e que teve o apoio das massas de revoltados. Foi uma época terrível, que só findaria em março de 1613, quando uma coalizão nacional elevasse ao trono *Miguel Fiodorovitch Romanof*, jovem nobre de quinze anos, aparentado com a família dos antigos soberanos, cujo pai era uma personalidade da Igreja. Foram os "tempos agitados", de que os historiadores russos falam com vergonha e dor.

No decorrer de todos esses acontecimentos deploráveis, os assuntos religiosos estiveram imbricados nos assuntos políticos. O primeiro "falso Dimitri", para obter subsídios e tropas da Polônia, fez-se católico, desposou uma católica e garantiu ao núncio que, logo que fosse feito czar, reconduziria a sua igreja à união com Roma. Essa traição do ideal nacional não influiu pouco na cólera que se desencadeou contra ele e que levou à cena de carnificina em que o seu corpo, enfiado aos pedaços na goela de um canhão, foi literalmente volatilizado. Pouco depois, aproveitando-se do estado de anarquia total em que se encontrava a região de Moscou, os poloneses avançaram até à capital e lá fizeram eleger um jovem príncipe da sua raça e da sua religião, Ladislau. Foi em última análise contra esta intromissão dos poloneses católicos que a consciência nacional e religiosa da Rússia se levantou de um salto.

A Igreja ortodoxa contribuiu para isso com todas as suas forças; a imagem heroica do patriarca *Hermógenes*, que lançava apelos inflamados à luta e urrava enquanto era espancado pelos invasores, o episódio do convento de São Sérgio, que resistiu aos inimigos como uma fortaleza, exaltaram os espíritos e os corações. Partindo de Nijni-Novgorod — onde fora desencadeado pelo açougueiro Mínimo, apoiado a seguir pelas tropas do príncipe Pojarski —, o movimento de libertação nacional passou a ter assim também o sentido de um impulso de fidelidade à religião do país, à Santa Rússia.

Dali em diante, o ódio ao latino, agressor, usurpador, herege, seria um dos artigos fundamentais do credo russo. Seria através dessas imagens desastrosas que o povo formado pela igreja ortodoxa imaginaria Roma, os seus dogmas, os seus costumes, e que muitas lendas — de que encontramos vestígios até em Dostoievski — descreveriam a Cidade Eterna como a primeira das potências das trevas, como a encarnação de Satanás. No Leste como no Oeste, o século XVI terminava com o espetáculo de uma cristandade atrozmente despedaçada, desfeita por uma ruptura irreparável. A Túnica inconsútil encontraria alguma vez a sua unidade?

Notas

[1] Sobre Münzer, cf. vol. IV, cap. V, par. *Possibilidades e riscos de uma revolução;* sobre João de Leyde e o "reino de Sião", cf. *ibid.*, par. *Novas dificuldades, novos dramas.*

[2] Cf. vol. IV, cap.VI, par. *A fogueira de Miguel Servet.*

[3] Trata-se de um fanatismo que não é exclusivo do Ocidente. Na Rússia, o teólogo José de Volokolamsk, opondo-se às teses do bom Nil Sorsky, exclama: "Matar um herege com as próprias mãos ou matá-lo pela oração, convertendo-o, é exatamente a mesma coisa. Aliás, a morte redime os próprios hereges, porque diminui a sua responsabilidade diante de Deus".

[4] Cf. vol. IV, cap.VI, par. "*Os maravilhosos combates*".

[5] Sabe-se que Filipe II mandou construir o Escorial em memória da vitória de Saint-Quentin sobre os franceses e que, como essa vitória se deu a 10 de agosto de 1557, dia da festa de São Lourenço, quis que a planta reproduzisse a grelha sobre a qual esse mártir dos primeiros tempos morreu pela fé.

[6] A etimologia da palavra *infantaria é* precisamente *infantes*, isto é, "crianças", que na Espanha designava os filhos primogênitos das famílias da nobreza.

[7] As minas de prata do Potosí tinham sido descobertas em 1543 e o processo para tratar a prata em bruto pelo mercúrio fora conseguido em 1554; daí o enorme afluxo desse metal.

[8] Cf. cap. II, par. *No espelho da arte.*

[9] Cf. cap. II, par. *A tentativa pessoal do terrível papa Paulo IV.*

[10] Nenhum pretexto religioso foi invocado para a anexação de Portugal, levada a cabo por Filipe II em 1580, em nome de direitos dinásticos, depois que o heroico rei Dom Sebastião, sobrinho de Filipe por parte de mãe, foi ao encontro da morte na batalha de Alcácer-Quibir, no Marrocos, numa louca e gloriosa cruzada. Portugal permaneceria sob o domínio dos Filipes até 1640.

[11] Para sermos completamente justos a respeito de Filipe II, teremos de comparar a sua política à do "Rei cristianíssimo" Luís XIV: cf. vol. VI, *A Igreja dos Tempos Clássicos. 1. O grande século das almas*, cap. IV, *Luís XIV, rei cristianíssimo.* A semelhança é impressionante.

[12] Cf. vol. IV, cap. VII., par. *Os anos conturbados: o protestantismo francês toma-se um partido político.*

[13] Não sem hesitações e angústias. Lê-se na *Histoire Universelle* de Agrippa d'Aubigné que, numa cena patética, a mulher do almirante Coligny o intimou a pegar em armas para defender os seus correligionários, e que só conseguiu decidi-lo quando lhe disse que, no dia do Juízo, testemunharia contra ele se não cumprisse o seu dever. Há quem se pergunte (especialmente Lucien Romier) se não houve nessa decisão um grave erro e se não teria sido do interesse dos protestantes contemporizar ao máximo, continuando a sua propaganda sem fornecer às forças superiores dos católicos a ocasião de os esmagar.

[14] Montaigne conta que o próprio Montluc, "tendo perdido o filho que morreu na ilha da Madeira, fidalgo verdadeiramente corajoso e que oferecia grandes esperanças, considerava como seu maior desgosto o de nunca ter convivido com esse filho e ter perdido o prazer de conhecê-lo bem ou de lhe declarar a extrema amizade que lhe devotava e o digno apreço em que tinha a sua virtude". Até um homem tão feroz como esse tinha, pois, um coração acessível ao sentimento...

[15] Não era o mesmo que tinha fundado o seminário de Reims, de que falamos atrás, mas o seu irmão, aliás também arcebispo dessa cidade.

[16] Veja-se um bom esclarecimento sobre este penoso assunto em Vacandard, *Études de critique et d'histoire religieuse*, vol. I, *Les Papes et La Saint-Barthélemy*, e Lucien Romier, *Les événements de Rome et la préméditation du massacre*, em *Rome au XVe siècle*, 1913.

[17] E.G. Léonard, *Le Protestant français*, Paris, 1953.

[18] Extraem-se estas linhas tão justas do retrato vivo que dele traçou o duque de Levis Mirepoix nas suas *Guerres de religion.*

[19] Cf. vol. IV, cap. VII, pars. *A vaga quebra-se no Oeste e no Sul*, *Uma exceção feliz: o anabatismo pacífico* e *A vaga calvinista ao assalto.*

[20] Cf. vol. IV, cap. VII, par. *A vaga luterana avança para o Leste e para o Norte.*

[21] A queda de Maria Stuart marcou a consolidação definitiva da igreja presbiteriana na Escócia, cujas características rígidas e democráticas se acentuaram ainda mais durante os anos seguintes. Em vão Jaime VI procurou estabelecer ali o anglicanismo. A Escócia permaneceria "presbiteriana" até os nossos dias.

[22] A Missa foi celebrada pelo deão dos capelães da rainha, já que nenhum bispo se dispôs a suprimir a Elevação. A rainha teria podido exigir a comunhão sob as duas espécies, segundo um costume antigo, mas ela simplesmente não comungou. Pouco depois (fevereiro de 1559), rompeu as relações diplomáticas com a Santa Sé.

[23] Chefe da igreja da Inglaterra, Elisabeth tratou o seu clero com um autoritarismo bastante divertido. Quando um bispo quis impedi-la de doar certos bens da Igreja a um dos seus conselheiros, escreveu-lhe: "Orgulhoso prelado, pensai no que éreis antes de eu vos ter feito o que sois. Se não obedecerdes imediatamente à minha ordem, juro por Deus que vos reduzirei ao estado laical". Um dia, na catedral de São Paulo, o pregador expunha ideias que lhe desagradaram; ela gritou-lhe do seu lugar: "Basta! Já sabemos bastante sobre esse assunto. Voltai ao texto, senhor deão". Desconcertado, o orador desceu do púlpito sem se atrever a concluir o sermão.

[24] Sobre Edmund Campion e o seu martírio, cf. cap. V, par. *À procura das ovelhas perdidas.*

[25] Foi de Matthew Parker, portanto, que derivou todo o clero anglicano. A validade da sua ordenação levanta um problema capital, pois dela dependem todas as ordenações que foram conferidas até aos nossos dias. A controvérsia durou três séculos: a tese católica sempre sustentou que a ordenação feita segundo o rito de Eduardo VI não podia ser legítima "por falta de intenção e por insuficiência das palavras empregadas pelos hereges anglicanos", segundo os termos empregados em 1704 para responder a um bispo anglicano, John Clement Gordon, que pôs a questão à Cúria romana. Daí resulta que, desde 1559, nenhuma Ordem sacra foi validamente conferida no seio da igreja da Inglaterra. Foi o que Leão XIII repetiu na bula *Apostolicae Curae* de 15 de setembro de 1896: "Conformando-nos com todos os decretos dos nossos predecessores relativos à mesma causa, confirmando-os plenamente e renovando-os por nossa autoridade, por nossa própria iniciativa e de ciência certa, pronunciamos e declaramos que as ordenações conferidas segundo o rito anglicano foram e são absolutamente vãs e nulas".

[26] E o historiador anglicano Burnett dá-lhe razão.

[27] A "protestantização" do país foi, aliás, muito lenta. Calcula-se que a proporção dos convertidos não passou de 1%. Um grande número de sacerdotes admitiu durante muito tempo como lícita a acumulação da Missa e do culto anglicano.

[28] Cf. vol. IV, cap. VII, par. *A vaga calvinista ao assalto.*

[29] A atitude de Filipe II para com o cisma anglicano foi curiosa. Fingiu não compreender o sentido dos acontecimentos de 1559 e tornou-se o defensor de Elisabeth junto da corte romana! Em 1560, intrigou para impedir que o papa mandasse um núncio à Inglaterra para informar-se sobre a situação.

[30] Elisabeth morreu em janeiro de 1603, recusando-se a chamar o médico, com o rosto virado para a parede, solitária e feroz, desesperada por ter de reconhecer *in extremis*, como herdeiro, o próprio filho da sua inimiga, o Stuart Jaime VI.

[31] Cf. cap. V, par. *À procura das ovelhas perdidas.*

[32] Cf. vol. IV, cap. II, par. *A nostalgia da cristandade.*

[33] Pouco depois, Cruce propôs um outro sistema baseado na liberdade de consciência (a sede da Assembleia das Nações seria Veneza), e Pannonius de Belgrado retomava a ideia da cruzada. Veja-se sobre estes assuntos a *Petite Histoire de l'idée européenne* de Bernard Voyenne. É preciso sublinhar que, nesta mesma época, diversos juristas, sobretudo o jesuíta espanhol *Suárez* e o professor holandês *Hugo van der* Groote chamado *Grotius*, empreendiam um esforço muito mais realista por fundar o "direito das gentes": tratava-se de introduzir princípios cristãos nas instituições internacionais.

[34] Cf. cap. V, par. *À procura das ovelhas perdidas.*

[35] Sobre a primeira defenestração de Praga, cf. vol. IV, cap. II, par. *As primeiras heresias "protestantes": João Huss.*

[36] Sobre *A Guerra dos Trinta Anos*, cf. vol. VI, cap. III.

[37] Em 1980, existiam nos Estados Unidos mais de trezentas "denominações religiosas" catalogadas, além de uma infinidade de grupos que se intitulam "não-denominacionais" e pretendem ser chamados apenas "cristãos". Se acrescentarmos a este número os chamados "Novos Movimentos Religiosos" que perderam a fé na divindade de Cristo, como os Adventistas do Sétimo Dia, as Testemunhas de Jeová e os Mórmons, dos quais por sua vez

procedem mais algumas centenas de dissidências, chegaremos facilmente a mais de um milhar de facções procedentes de maneira mais ou menos direta da Reforma protestante. Cf. a este respeito Manuel Guerra Gómez, *Los nuevos movimientos religiosos*, EUNSA, Pamplona, 1993 (N. do T.).

[38] Cf. vol. IV, cap. V, par. *Reformas fora de Lutero: Zwinglio, Bucer, Ecolampádio.*

[39] Em grego *adiaphoristes,* de onde veio o nome dado a esta controvérsia.

[40] Cf. vol. IV, cap. V, par. *Novas dificuldades, novos dramas.* Lutero não conheceu em vida as teses do médico suíço Thomas Lieber que, na obra intitulada *Eraste*, justificava o papel dos poderes temporais nas igrejas e viria a ter uma influência desastrosa.

[41] É curioso notar que Émile Boutroux consagrou em 1888 um estudo muito documentado à filosofia de Böhme.

[42] *Supra* = antes, *lapsus* = queda, *infra* = depois.

[43] Cf. vol. IV, cap. VII, par. *Uma exceção feliz*: o *anabatismo pacífico.*

[44] *Journal de Genêve*, jun.1930, citado pelo pastor Jean de Saussure em *À letude de Calvin* e pelo pastor Caldesaigues em *Calvin et la Réforme en France.*

[45] Guillaume Budé não foi formalmente protestante, mas foram-no a sua viúva e filhos, que se mudaram para Genebra.

[46] H. Strohl, no seu *Luther*, formulou a hipótese de que se poderia perceber uma certa influência luterana no Michelangelo da Sistina, talvez por intermédio dos pequenos círculos protestantizantes que rodeavam Vitória Colonna. Na sua opinião, a imagem do Deus-juiz e o símbolo do dedo de Deus para representar o poder do Criador estão muito próximos de certos temas da Reforma; mas reconhece também que, na sua origem, são agostinianos.

[47] No dia 11 de outubro de 1994, os nestorianos da Mesopotâmia, separados desde o Concílio de Éfeso em 431, retornaram à comunhão católica mediante uma declaração assinada pelo patriarca Dinkha IV, da Igreja Assíria do Oriente, e pelo papa João Paulo II, em que professavam haver em Cristo uma só Pessoa e duas naturezas, a divina e a humana, e reconheciam Maria como Mãe de Deus feito homem (N. do T.).

[48] Cf. vol. IV, cap. II, par. *A Rússia, herdeira de Bizâncio.*

[49] Cf. vol. IV, cap. VII, par. *No Oriente, as igrejas gregas e russas recusam totalmente o protestantismo.*

IV. De propaganda fide

Catolicismo à medida do mundo

A 3 de dezembro de 1552, numa ilhota da costa chinesa, extinguia-se um homem, com o corpo esgotado, a alma transida de dor, na solidão e no abandono. Chamava-se *Francisco Xavier* e pertencia a essa primeira leva de soldados de Cristo da qual saíra a Companhia de Jesus, então na vanguarda do combate pela Cruz. Se tivéssemos perguntado a esse homem, a esse sacerdote católico, por que fora morrer tão longe, na outra ponta do mundo, e o que significava o seu sacrifício obscuro, teria sem dúvida respondido com o versículo evangélico: *Ide e evangelizai todos os povos!* (Mt 28, 19)

Todos os povos... Não é somente aos homens do Ocidente, ou mesmo aos que têm a pele branca, que se dirige a mensagem de Cristo, mas a todos sem exceção, pois todos os seres humanos sobre a face da terra possuem uma alma feita à semelhança de Deus e resgatada pelo sangue derramado no Calvário. Tal era a razão da entrega de São Francisco Xavier e tal era também a razão que nesse mesmo momento, entre povos desconhecidos, em terras longínquas, impelia tantos outros homens, aventureiros de Cristo, a correr os mesmos riscos e a levar ao mundo a mesma mensagem, uma mensagem que muitas vezes rubricavam com o seu próprio sangue.

Este foi um dos aspectos mais extraordinários da história da Igreja nos dias da Renascença e da Reforma, um dos que suscitam mais admiração. Obrigada a verificar o desabamento de pelo menos um terço do seu edifício, a velha *Ecclesia Mater* não se deixa absorver por uma preocupação exclusiva de reparar os estragos nem de se defender. Não se limita a purificar-se das suas manchas pela força dos decretos de Trento, nem mesmo a fazer surgir no seu seio exemplos de santidade. Ainda abalada pela revolução religiosa, levanta-se e encara o mundo: mais que nunca consciente da sua doutrina de expansão, envia os melhores dos seus filhos a preparar-lhe novas fundações. O que perdeu na Europa, no presente, encontrá-lo-á em outras partes, em toda a terra, num futuro para o qual trabalha. Magnífico testemunho de força e vitalidade!

A ideia da missão, no sentido em que entendemos hoje esta palavra, nascera, no limiar do século XIII, na alma de São Francisco de Assis visitada pelo Espírito Santo[1]: substituir a cruzada, que tinha falhado, pela verdadeira tradição dos conquistadores de Cristo, testemunhas de mãos vazias, mas de coração transbordante de amor. Ele próprio dera o exemplo, nessa viagem ao Egito em que tanto impressionara o sultão. Os seus filhos espirituais haviam retomado a sua ideia, quer para dar-lhe bases doutrinais, quer para executá-la em vasta escala. A Ordem dos Menores tinha ainda poucos anos de existência quando já passara a contar nas suas fileiras mártires que haviam batizado com o seu sangue a terra da África. Todo o século XIII havia presenciado aventuras missionárias espantosas, que tinham levado os Menores até ao coração da Ásia, às terras do Grande Khan e do imperador da China. Em 1307, João de Montecorvino fora nomeado arcebispo de Pequim: um pouco mais tarde, Odorico de Pordenone trabalharia com êxito na Pérsia, no Ceilão, em Java e por fim na China.

Fora também da família franciscana o misterioso, o fascinante Raimundo Lúlio, o "doutor iluminado", fanático pesquisador dos segredos da "grande arte" — a lógica —, mas também profundo teórico da ideia missionária, pedagogo judicioso do primeiro colégio de missão, e que recebera a coroa do martírio após uma existência cheia de perigos e de proezas. Por sua vez, os dominicanos, fiéis às advertências de São Tomás de Aquino, tinham também metido ombros à grande tarefa evangélica: a Pérsia e a Armênia, tinham visto instalar-se à cabeça das suas jovens dioceses os hábitos brancos dos filhos de São Domingos; na Índia, o padre Jourdain de Sévérac fora feito bispo de Guiam.

De meados do século XIV em diante, e ao longo do século XV, esse impulso magnífico tinha-se quebrado. Por uma coincidência singular, numerosos acontecimentos, tanto na Europa como na Ásia, se tinham conjugado para pôr termo à expansão cristã. O Oriente despertara repentinamente e assumira um ar hostil. Os turcos haviam recomeçado as suas grandes investidas guerreiras, sem que a cristandade reagisse muito: a vitória de Bajazet sobre os húngaros em Nicópolis, em 1396, e a própria queda de Constantinopla, em 1453, não tinham provocado o mesmo sobressalto que a derrota de Mantzikert, em 1471, nem o ardor missionário que se lhe seguira. O domínio do Mediterrâneo passara para as mãos dos otomanos, sem que o Ocidente contra-atacasse. No outro extremo da Ásia, a dinastia mongol dos Yan, que acolhera com tanta cordialidade os cristãos na China, desfizera-se, em 1368, sob os golpes da revolução nacionalista dos Ming; uma vaga de xenofobia lançara-se ao assalto das cristandades amarelas; não se sabia sequer se o último arcebispo de Pequim, Guilherme de Prato, nomeado em 1370 por

Urbano V, conseguira tomar posse do seu cargo. Refugiados nas montanhas, privados de sacerdotes, os cristãos da China haviam deixado pouco a pouco enlanguescer a sua religião, e quando o padre Ricci, no século XVI, encontrar pequenos grupos sobreviventes, estes não terão conservado da sua antiga fé senão a prática de abençoar os alimentos com o sinal da cruz.

Mas, enquanto se cortavam duplamente as rotas seguidas pelos missionários, a Europa ocidental soçobrava no caos que conhecemos: a Guerra dos Cem Anos, a anarquia italiana, o exílio de Avinhão, o Grande Cisma, a crise conciliar, tudo se juntara para estancar a fonte da missão. Como teriam os papas podido assumir em tais tempos a grande tarefa de evangelização ordenada por Cristo? Tinham tido demasiado que fazer para defender os seus direitos, os seus interesses imediatos, a sua existência; e mais tarde, depois de terem regressado a Roma, tinham abandonado essa tarefa — como dizia maliciosamente Erasmo — "a São Pedro e São Paulo, que têm vagar para essas coisas, guardando para si mesmos a ostentação e as diversões". Em tais condições, que admira que se tivessem perdido por toda a parte os ganhos outrora adquiridos? De toda a sementeira da época precedente, restavam, na Índia, na Pérsia e na Armênia, alguns pobres núcleos de católicos que definhavam; nos Lugares Santos, os corajosos franciscanos da Custódia da Terra Santa, lá instalados desde 1342; e, no mundo muçulmano da África, vivendo entre os escravos e os cativos, os heroicos trinitários e os frades mercedários, ou ainda outros mais obscuros, eles próprios cativos, que testemunhavam a sua fé nas prisões do islã, como o bem-aventurado Antônio Neyrot, um dominicano feito escravo em Túnis, que renegara a sua fé, mas depois se arrependera e morrera mártir em 1460...

A situação mudou completamente em fins do século XV e no decorrer de todo o século XVI. À inércia e à carência sucedeu-se um entusiasmo admirável, de realizações impressionantes. Foi como se tivesse surgido no seio do catolicismo uma nova tomada de consciência, para obrigá-lo a considerar de frente o seu dever de apostolado. A que atribuir essa reviravolta? Intervieram sem dúvida alguns fatores puramente temporais. Os "grandes descobrimentos" alargaram o mundo, abriram aos missionários caminhos novos, desta vez por mar, e novos campos de apostolado. Os povos a quem os seus marinheiros e aventureiros davam impérios do outro lado dos oceanos — espanhóis e portugueses — tinham uma fé demasiado viva para que interesses muito materiais pudessem sufocar as verdadeiras intenções evangelizadoras. Mais tarde, a missão seria prejudicada pelas rivalidades políticas entre as nações da Europa e particularmente entre os povos da Península Ibérica, pelos atos de pirataria dos ingleses e dos holandeses protestantes; mas é fora de dúvida que, nos seus começos, o impulso evangelizador se beneficiou das relações com a política, e que as meras intenções políticas não explicam a sua ressurreição.

Observa-se aqui um aspecto deveras singular, e que fornece um novo testemunho sobre o sentido da grande crise espiritual que marcou todo o século XVI. A alma católica, durante esse período decisivo, aprofunda as suas bases, torna a encontrar fidelidades esquecidas ou traídas, e, nesse esforço admirável, redescobre a experiência apostólica, substancialmente ligada à sua fé. O mesmo impulso que leva a Igreja a operar em Trento a indispensável reforma dos costumes e das instituições, o mesmo impulso que lança para as alturas da experiência espiritual um São Filipe Neri, um Santo Inácio de Loyola, uma Santa Teresa de

Ávila, lança os corajosos pelos caminhos do mundo, para transmitir à humanidade inteira a mensagem de salvação. A Igreja inteira será impelida a enveredar por essa trilha, com o papado à frente. A história missionária é inseparável da reforma católica, da reorganização eclesiástica, da expansão mística: é a sua consequência lógica — num certo sentido até, a sua consagração.

Fenômeno chocante: esse impulso missionário não se manifestou no protestantismo. Poderíamos pensar que as jovens igrejas nascidas da revolução religiosa teriam o desejo de levar ao mundo os seus princípios: não foi assim. Os chefes reformadores mostraram-se até hostis a toda a evangelização. Lutero declarou formalmente que "as outras ovelhas" de que fala a parábola do Bom Pastor estavam já há muito tempo no redil e que era inútil querer ir procurá-las longe; a verdadeira missão deveria desenvolver-se na própria Igreja, paganizada, que era necessário recristianizar. Além disso, segundo a predestinação, os pagãos, os judeus e os turcos não estavam nesse estado por vontade de Deus? Por que opor-se a isso? Calvino não pensava de modo diferente; para ele, não se devia interferir nos planos da Providência mostrando um zelo exagerado: o que se devia fazer era, "para empregar-se no serviço de Deus, esperar que a porta fosse aberta pelas Suas mãos". Não é de admirar que, de acordo com tais perspectivas, os diversos protestantismos não tivessem, por assim dizer, nenhum missionário nem teórico da missão[2].

Totalmente diferente foi a posição dos católicos. Todos os que permaneciam fiéis à Igreja romana — mesmo quando a criticavam abertamente — compreenderam de outra maneira a atitude que deviam ter em face dos pagãos. Entre os humanistas cristãos, em quem o sentido do universalismo tinha raízes duplamente vivas, fez-se ouvir um apelo muitas vezes enérgico em favor da missão. "Como é ainda imenso — escrevia Erasmo — o terreno onde a semente do Evangelho nunca foi lançada! Os viajantes trazem das terras longínquas ouro e pedras preciosas, mas seria um triunfo muito maior se levassem para lá a sabedoria de Cristo, mais preciosa que o ouro, e a pérola do Evangelho, que vale mais que todas as riquezas da terra". E num tom caloroso, bastante insólito no seu estilo, o mestre irônico do *Elogio da loucura* exclamava: "De pé, pois, vós, heroicos condutores do exército de Jesus Cristo! Envergai o capacete da salvação e a couraça da piedade, tomai o escudo da fé e a espada do Espírito, que é o Verbo de Deus! E assim revestidos da armadura mística, ide pregar o Evangelho da paz!"

Nobres exortações, a que muitos homens iriam mostrar-se dóceis. Elaborou-se uma verdadeira doutrina das missões, numa série de livros de valor desigual, mas inspirados no mesmo espírito apostólico. Em 1516, o tratado do dominicano *Isidoro de Isolanis* reivindicava jubilosamente para "o Império da Igreja militante" o mundo inteiro, até às ilhas mais longínquas; em 1532, o *Epítome* do franciscano *Nicolau Herborn* discorria sobre os métodos a utilizar na conversão dos pagãos; um pouco mais tarde e durante longos anos, as lições do célebre mestre de Salamanca, *Francisco de Vitória*, opunham a evangelização pacífica às violências da conquista; em 1574, aparecia o *Itinerarium* do franciscano Focher, verdadeiro guia para uso dos missionários, e, dez anos depois, o admirável tratado de *Luís de Granada* sobre *As razoes da catequese entre os índios*. No fim do século XVI, a Igreja possuía verdadeiras "sumas missionárias", devidas sobretudo aos jesuítas, que não demoraram a entrar nessa grande aventura: o *Como suscitar a fé nos índios* do padre *Acosta*, publicado em 1584, difundiu-se por toda a parte. Mas o carmelita *Tomás de Jesus*, prior de Bruxelas, escrevia também o seu *Stimulus missionum* (1610) e o volumoso tratado *Para promover a salvação em todas as nações*.

Enorme e admirável esforço intelectual, que estabeleceu a obra missionária em bases sólidas e sobretudo a impediu de cair, como se poderia temer, sob a alçada dos poderes civis. Pouco a pouco, desenvolveu-se a ideia de que a difusão da mensagem divina, como tudo o mais na Igreja, devia estar submetida à direção de Roma. Uma vez restaurado o papado na sua dignidade e autoridade pelos esforços conjugados do Concílio de Trento e de vários pontífices, a ideia ganhou corpo muito naturalmente e em breve nascia a famosa Congregação *de Propaganda Fide*, para a "Propagação da Fé"[3].

Mas todo o trabalho dos estudiosos teria sido inútil se não tivessem surgido na mesma época homens de ação e de coragem, decididos a traduzir a doutrina em realidades. Houve muitos. E assim se escreveu, durante esse espantoso século XVI, tão fecundo em contrastes, um dos mais importantes capítulos da história da Igreja: aquele em que se iniciou a missão moderna, sob a forma que persiste até hoje. Entre inúmeras aventuras pitorescas, heroicas, muitas vezes sangrentas, firmou-se um catolicismo talhado à medida do mundo.

O *mundo dilatado e os novos impérios*

Um mundo doravante dilatado... Já o sabemos: o fim do século XV sobressaíra pela prodigiosa expansão dos conhecimentos conjuntamente teóricos e práticos que designamos com um termo célebre: *os grandes descobrimentos marítimos*. Bem é verdade que a curiosidade pelas coisas da geografia não estivera ausente da Idade Média: prova disso fora o sucesso do *Livro das Maravilhas* de Marco Polo. Mas também nesse caso a influência de uma escolástica mal compreendida tinha sido nociva: desdenhando conhecer os fatos, os geógrafos de gabinete, bem apoiados na Escritura e nos Padres, em Plínio o Velho e em Solino, tinham povoado os continentes ignorados de monstros de orelhas compridas e de ciclopes, e imaginado a Terra como um disco redondo, margeado pelo "rio Oceano" e com o centro ocupado pelo Santo Sepulcro.

Contudo, desde o início do século XV, espíritos mais esclarecidos, estudando melhor os escritores antigos, refletindo sobre as primeiras crônicas dos grandes viajantes, haviam começado a abalar as noções recebidas: no seu *Quadro do mundo*, aparecido em 1410, e que seria o livro de cabeceira de Cristóvão Colombo, o cardeal Pierre d'Ailly admitira a esfericidade da Terra, e concluíra, segundo Aristóteles, Sêneca e Plínio, que se poderia atingir a costa oriental da Índia partindo da Espanha para o oeste, sobre o vasto oceano. Muito adiantados em relação aos europeus, os árabes, por seu lado, tinham já adquirido conhecimentos geográficos extensos: os seus "portulanos" ou mapas traçavam o desenho das costas com uma exatidão que surpreende, e o Ocidente começara a estudá-los desde o fim do século XIV.

No mesmo período, o desejo de abrir novos campos ao comércio marítimo, repelido do Próximo Oriente pelo avanço turco, levara os franceses, os catalães e os genoveses a buscar compensações em outras partes, sobretudo nas costas atlânticas da África, de onde traziam marfim e ouro. Crescera então o interesse pelas expedições longínquas. Em 1402, o normando *João de Béthencourt* instalara-se nas Canárias e proclamara-se rei. Os dramas e as misérias da Guerra dos Cem Anos não tinham permitido que esse embrião de império colonial vingasse. Mas eis que um príncipe português, meditando nos resultados dessas primeiras iniciativas, concebia o sonho de empreendê-las e — como outrora o faraó Necao — de enviar uma frota com a missão de contornar a África: era aquele cujo nome a história haveria de reter como *Henrique, o Navegador.*

O progresso científico veio no momento certo para tornar as navegações mais cômodas, ou, para melhor dizer, um pouco menos penosas. Às pouco seguras *calamitas* importadas ou imitadas da China, cuja agulha magnetizada colocada sobre uma palha a flutuar em azeite indicava aproximadamente a direção do Norte, o italiano Flávio Gioia substituiu a *bússola*, cuja agulha montada num eixo girava sobre uma "rosa dos ventos" no interior de uma pequena caixa — *bossola* —, instrumento infinitamente mais preciso. Recebido dos árabes, o *astrolábio* permitiu determinar a altura da estrela polar acima do horizonte, enquanto as tábuas (tabelas) astronômicas chamadas "afonsinas", elaboradas por ordem do sábio Afonso X de Castela, simplificaram os cálculos da longitude. As galeras e as naus, velhas embarcações da Idade Média, umas de calado demasiado baixo para enfrentar o Oceano, outras de "alto bordo", mas pesadas e infelizmente lentas, foram substituídas por navios simultaneamente maiores, mais seguros e mais sofisticados: eram as *caravelas* de três mastros e cinco velas, com um comprimento de uns trinta metros, e mais tarde as *carracas*, cada vez maiores e mais bem equipadas, e que chegariam a ter uma capacidade de 1.500 a duas mil toneladas. E, por fim, a pólvora de canhão, dali por diante de uso corrente, deu aos marinheiros mais audácia para se aventurarem em regiões tão cheias de monstros, animais e homens temíveis.

Melhoraram, pois, os meios de partir à conquista do mundo. Também não faltavam os motivos para lançar-se a essa aventura. Neles se misturavam estranhamente os cálculos dos interesses mais imediatos e os sonhos mais bizarros: atingir os fabulosos países onde brotavam as plantas de especiarias — a pimenta, a noz-moscada, o cravo-da-Índia, a canela, o gengibre —, e trazê-las de lá com lucros imensos; alcançar esse "*Cipango*" onde os telhados — e até os assoalhos — eram de ouro, segundo dissera Marco Polo. Sim, mas também estabelecer relações fraternais com o misterioso príncipe cristão de quem todos falavam, mas cujo território ninguém sabia localizar, o "Preste João"; ou mesmo levar a cabo uma estratégia planetária que permitisse atacar o islã pelas costas, passando pela Índia, e arrebatar-lhe os Lugares Santos... Todas essas intenções se embaralhavam nos espíritos, que cedo se iam habituar, pelo novo clima intelectual da Renascença, a um amor mais desinteressado pelo conhecimento e a métodos menos empíricos.

Curiosidade científica, intenção de fazer grandes negócios, vagos planos de cruzada e de evangelização, muitos sonhos: havia tudo isso na alma desse príncipe que o famoso quadro de Nuno Gonçalves, no Museu das Janelas Verdes de Lisboa, nos mostra de olhar meditativo e grave, expressão de poeta e de místico num rosto de *condottiere*, de rudes feições. *Henrique o Navegador* (1394-1460) foi verdadeiramente o homem que lançou o seu país — e atrás dele todo o Ocidente — à descoberta do mundo. No seu palácio-laboratório de Sagres, onde se instalou aos vinte anos e passou o resto da vida, a dois passos desse extremo da Europa que é o abrupto Cabo de São Vicente, reuniu uma biblioteca de mapas, livros de viagens, sábios tratados, e, agrupando à sua volta uma verdadeira escola de navegação, de astronomia e de geografia, organizou cada ano, durante décadas, expedições simultaneamente de comércio e de descobrimentos, cuja tradição Portugal manteria por muito tempo.

Etapas portuguesas: 1415, tomada de Ceuta, para garantir a segurança das rotas; 1419, a ilha da Madeira, onde se plantaram as primeiras videiras; 1434, chegada ao Cabo Bojador. Foram vinte e cinco anos de esforços, de tentativas, de receios. Depois, em 1445, Cabo Verde. A Ordem de Cristo, herdeira dos Templários, emprega-se a fundo nesses grandes empreendimentos, sem poupar ouro e homens. Um quarto de século mais, e alcança-se a linha do Equador em 1471. O príncipe Henrique morreu, mas o seu espírito sobrevive, e o rei Dom João II vai continuar na sua esteira. Enquanto um dos seus oficiais, Pero da Covilhã, se lança pelo Egito à descoberta do reino do Preste João, *Bartolomeu Dias* arrisca tudo num ato de audácia e atinge em 1487 a ponta extrema da África, esse "Cabo das Tormentas" que o seu soberano batiza com o nome mais venturoso de "Boa Esperança". Aventuras admiráveis! No continente hostil, os portugueses penetram até Tombuctu e o vale do Congo, com Diogo Cão. A grande dificuldade técnica que supõe navegar ao sul do Equador sem ver a estrela polar foi superada pelo geógrafo alemão Martin Behaim, que o rei Dom João II chamou a Lisboa. E é no momento em que o século XV vai findar, entre 1497 e 1499, que se verifica a prodigiosa expedição que parece confirmar os sonhos mais belos: a epopeia de *Vasco da Gama*, que dobra a África, atinge a Índia por uma nova rota e regressa triunfalmente, carregado de especiarias, ouro e pedras preciosas.

Enquanto Portugal, um país minúsculo então no auge do seu destino, realizava essas empresas grandiosas, um concorrente se levantava mesmo ao lado — a Espanha. Faltou pouco para que o outro campo de descobertas entrasse também no império português, pois foi a Dom João II que se dirigiu primeiro o aventureiro genovês, filho de um tecelão, mas bem casado em Lisboa, para lhe fazer a proposta de navegar direto rumo ao Oeste, na direção dessa misteriosa "Antilha" que certos mapas situavam nas proximidades da Ásia, e de abrir assim um caminho novo para a Índia. Mas o italiano pedia, além de três caravelas, um título nobiliárquico, o almirantado a título hereditário, a vice-realeza das terras conquistadas e uma participação de dez por cento no lucro de todo o comércio futuro com as terras descobertas: o rei de Portugal recusou. E foi assim que *Cristóvão Colombo* (1451-1506) passou para o serviço da Espanha, concretamente de Fernando e Isabel, que, não sem hesitações e regateios, após seis anos de negociações, lhe concederam pouco mais ou menos tudo o que ele reclamava. O ouro dos armadores Pinzón, em reforço ao dos Reis Católicos, permitiu empreender a grande expedição. Conhecemos o desfecho: a primeira viagem das três caravelas, os longos meses erráticos sobre o Atlântico desconhecido, a indomável firmeza, a invencível esperança do conquistador, e depois, a *12 de outubro de 1492*, o grito vencedor que tombava do alto da gávea: "Terra à vista! Terra à vista!" E, confundido ainda por uns quinze anos com a Ásia, um continente novo que aparecia no universo humano.

A instalação dos espanhóis nessas terras ignoradas, que três outras viagens de Colombo completaram (1493-1498-1502), levantou um problema jurídico. Os portugueses asseguravam ter obtido em 1430, do papa Martinho V, uma bula que lhes concedia a soberania sobre todas as terras por descobrir; seja como for, em 1452, pela bula *Deum diversas*, Nicolau V confirmara-lhes esse privilégio. Calisto III e depois Paulo III imitaram-no. A Espanha, agora com um pé no novo mundo, protestou contra esse monopólio e apelou para Alexandre VI contra as decisões dos seus antecessores. O papa Borja estudou com cuidado a questão e, muito sabiamente, optou pela partilha. A *bula* de 1493 decidiu dividir o mundo em dois, segundo um meridiano a cem milhas dos Açores: a Espanha teria todo o Oeste, Portugal todo o Leste. Um ano depois, retomavam-se as negociações, que terminaram finalmente por levar a 270 milhas a oeste a famosa "linha do papa Alexandre". O *Tratado de Tordesilhas* (1494) evitou a primeira rivalidade colonial. Antes de descobrirem todo o mundo, já portugueses e espanhóis o repartiam entre si.

Estava dado o impulso. Dali em diante, qualquer país banhado pelo oceano deixava-se tomar pela febre dos grandes espaços e pelo apetite por lucros fabulosos. Ao serviço da nascente marinha inglesa, os *Cabotto*, italianos, chegavam ao Labrador (1497), sempre na crença de estarem alcançando a Ásia. Mas na mesma ocasião — 1497-1504 —, um outro italiano, observador mais arguto, que participara de três expedições a essas "Índias" estranhas, concluía que se estava em presença de um novo mundo, e, quatro anos mais tarde, em 1508, o cônego Waldseemüller, ao publicar a sua *Cosmografia universal*, prestava homenagem a esse viajante atilado dando o seu nome ao novo continente: filha de *Américo Vespúcio*, América...

A Terra revelava-se muito diferente do que tinham suposto os antigos. Em 1500, Pedro Álvares Cabral descobria o Brasil. Corte Real comandava explorações decepcionantes no território que um dia seria o Canadá: onde estava o ouro, onde as especiarias dessas terras geladas? Balboa atravessava o istmo do Panamá (1513) e era o primeiro a ver o Oceano Pacífico. Quem haveria de dar a volta a essa esfera desde então pressentida e calculada? *Fernão de Magalhães*, outro português de gênio, na altura a serviço da Espanha. De 1519 a 1522, teve lugar o audacioso *raid* que tinha o propósito de arrancar à Terra os seus últimos segredos, e a volta ao mundo, e as inumeráveis aventuras ao sabor dos ventos e das calmarias, e a morte do chefe numa ilha perdida, e o regresso dos dezoito sobreviventes — dezoito de cerca de trezentos... —, comandados por Sebastián del Cano, a quem Carlos V entregou um globo de ouro com estas palavras gravadas: *Primus circumdedisti me,* "Foste o primeiro a abraçar-me".

A era dos descobrimentos estava longe de encerrar-se, já que — na esteira dos marinheiros e dos aventureiros — um enxame de soldados, mercadores e exploradores punha o pé nos novos países. Os *Descobridores* tinham aberto um caminho demasiado fácil aos *Conquistadores.* De um momento para o outro, desencadearam-se a violência e a fome feroz de lucro. Livrando-se pelas vitórias de *Afonso de Albuquerque* da ameaça coligada dos árabes e dos venezianos, o pequeno Portugal — como os fenícios dos tempos antigos — encontrou-se em breve à cabeça de um império marítimo gigantesco, herdeiro inegável, no Oceano Índico, das talassocracias drávida e javanesa, de onde lhe afluiu uma corrente de riqueza prodigiosa. Mascate, Ormuz, no Golfo Pérsico, Goa, Damão e Diu na Índia, a seguir Ceilão, Málaga, Sumatra, as Molucas: todos esses postos-chave que mais tarde a perspicaz Inglaterra saberia reconhecer e ocupar na sua maioria, eram, em meados do século XVI, bases lusitanas; os navios de Lisboa e do Porto atingiam Cantão, Formosa, o Japão. Do lado do Ocidente, Madeira, Açores, Conceição, Santa Helena, guardavam a rota por onde velejavam as naus com a bandeira das cinco quinas e, lentamente, o Brasil tornava-se português.

Página admirável de história e de aventura, a que Luís Vaz de Camões dava expressão literária, glorificando em

Os Lusíadas o gênio marítimo do seu povo, e à qual o estilo "manuelino" iria buscar os seus cordames ornamentais, os seus animais e as suas plantas! Página que, aliás, seria relativamente breve; as feitorias portuguesas, estabelecidas nas costas, não demorariam a tornar-se presas fáceis para a rapacidade dos holandeses e dos ingleses, enquanto a Metrópole, arruinada pelo luxo fácil, deslizaria para a decadência. Do enorme império não subsistiriam senão alguns belos fragmentos — entre os quais o Brasil —, que a sujeição temporária à Espanha (1580-1640) não conseguiria arrebatar aos herdeiros de Henrique o Navegador.

Já o império espanhol se estabeleceu em bases muito mais sólidas. Desde as primeiras viagens de Colombo, Fernando de Aragão tinha criado em Sevilha a Casa do Tráfico para explorar as riquezas das terras descobertas. Um organismo de Estado, o Conselho das Índias, não tardou a incorporar a alta direção de todos esses países longínquos. São Domingos, Cuba e Jamaica foram as primeiras terras exploradas. Carlos V deu à obra da conquista todo o apoio oficial desejável, e os resultados não se fizeram esperar. De ano para ano, durante todo o seu reinado, o grande Habsburgo viu alargarem-se os seus domínios graças à têmpera de homens de ferro. Partindo de Havana com onze embarcações e setecentos homens, Fernão Cortês ocupou o México em três anos, de 1519 a 1522. Dez anos mais tarde — 1532-1535 alguns vagamundos lançados na aventura arribavam ao Peru, com Francisco Pizarro e Diego de Almagro. Com suor e sangue — mesmo com sangue dos brancos, pois essas personagens também ajustavam contas entre si —, constituiu-se um império gigantesco sobre o qual flutuava a bandeira da Espanha. A Venezuela (1520-1540), o Yucatán (1527-1547), a Colômbia (1538), o Chile (1540), mais tarde o Paraguai e a Argentina: são outras tantas fases de uma história surpreendente, que infelizmente não podemos admirar sem reserva por causa das condições em que se escreveu. Porque, esmagando sem piedade os indígenas, desfazendo no México a cruel dominação dos astecas, e no Peru a tutela paternalista e comunitária dos imperadores incas, os conquistadores estabeleceram o seu reino pelo morticínio e pela violência — quando não pelo embuste —, sobre povos que temiam as suas armas de fogo e os seus cavalos.

Em meados do século XVI, do México ao Estreito de Magalhães, com exceção do Brasil, o continente inteiro estava, pelo menos nominalmente, nas mãos dos espanhóis. Uma ocupação muito mais sólida que a dos portugueses garantia aos seus domínios uma segurança infinitamente maior. Um quadro bem montado de vice-reis e capitães-gerais exercia o poder em nome do soberano, e, apoiadas em bases firmemente mantidas — Canárias, Bermudas, Antilhas —, as frotas de galeões podiam atravessar com segurança o oceano para vir desembarcar nos portos hispânicos os seus carregamentos de ouro, pedras preciosas e especiarias. Riquezas perigosas, pois muito em breve, acostumando o povo espanhol à facilidade, elas iam minar-lhe as energias e preparar o seu declínio. Mas, de momento, isto é, durante todo o século XVI, faziam da coroa de Madri a mais rica do mundo, e, do seu rei, o mais poderoso da Europa. Politicamente, humanamente, o nascimento do império espanhol surgia como um dos acontecimentos mais relevantes da história desse tempo.

A Cruz nas novas terras

Nessas terras novas abertas à colonização branca, qual seria o futuro da fé cristã? Na aparência, uma e outra eram indissociáveis. Quando Diogo Cão atingiu em 1482 a foz do Congo, levantou imediatamente ali um "padrão", isto é, uma coluna com as armas portuguesas encimada por uma cruz, e a primeira preocupação de Cristóvão Colombo, ao atracar em Guanaani — que ele batizou com o nome de São Salvador, em honra de Cristo Salvador —, foi também a de erguer uma cruz. Ver os conquistadores ajoelhados em torno do altar, para a primeira Missa celebrada na "Hispaniola", impressionou vivamente os indígenas... "Os reis de Castela — disse-lhes Colombo — enviaram-nos não para vos subjugar, mas para vos ensinar a verdadeira religião".

Era verdade: basta lermos o admirável texto do *Testamento de Isabel* para nos convencermos das intenções cristianíssimas dos *descobridores*: "O nosso desejo absoluto — escrevia a Rainha Católica —, ao suplicarmos ao papa Alexandre VI que nos concedesse a propriedade de metade das ilhas e das terras firmes do oceano, era fazer todos os esforços para levar os povos desses países novos a converter-se à nossa santa religião, enviar-lhes sacerdotes, religiosos, prelados e outras pessoas instruídas e tementes a Deus para os educar nas verdades da fé, dar-lhes o gosto e os costumes da vida cristã". Suplicava até aos seus herdeiros que "não consentissem jamais que os índios sofressem algum dano nas suas pessoas ou nos seus bens, mas providenciassem para que fossem bem e convenientemente tratados..." Princípios excelentes, que por desgraça só foram incompletamente seguidos.

O verdadeiro problema que ia pôr-se aos colonizadores seria este: qual a atitude a tomar diante dos indígenas? Entre esses povos de fé ardente, de velha cristandade, que eram os portugueses e os espanhóis, não havia ninguém que não estivesse de acordo sobre a obrigação imperiosa de implantar a Cruz em todos os países conquistados. Mas a ideia medieval de que o pagão era semelhante a um animal, privado de alma, bom para ser reduzido à escravidão, contava ainda numerosos partidários e, além do mais, agradava aos que não viam na conquista senão um negócio rendoso. Nem todos estavam abertos às sãs doutrinas, expostas por São Tomás no *De veritate*, sobre a "revelação que Deus concede, por uma inspiração interior, aos pagãos que seguem a razão natural na busca do bem e na fuga ao mal", e sobre a "necessidade de enviar-lhes pregadores da fé, como Pedro foi enviado ao centurião Cornélio". A primeira concepção ditou em 1452 o terrível breve do papa Nicolau V — felizmente anulado no ano seguinte — pelo qual se autorizavam os portugueses a reduzir à escravidão os indígenas das terras descobertas: um dos documentos mais aflitivos de toda a história da Igreja[4].

Mas a outra inspirou o heroísmo, o espírito de sacrifício dos missionários e a sua inesgotável caridade em levar o Evangelho às almas ignorantes. A história das missões, desde o começo e por longos anos, viria a ser a da luta entre essas duas atitudes; não se pode garantir que o embate entre elas não continue ainda nos nossos dias.

Desde o começo das grandes viagens, ou quase, os missionários embarcaram com destino aos países desconhecidos. Um dos méritos de Alexandre VI foi precisamente ter aconselhado com toda a firmeza os soberanos de Portugal e da Espanha a cuidar de que se incluíssem testemunhas de Deus em todas as expedições; é algo que, no dia do Juízo, será levado a crédito do papa Bórgia. Muito em breve, nenhuma caravela se lançará ao mar sem o seu carregamento de missionários. Alguns, principalmente no começo, pertenceram ao clero secular, mas as equipes mais ativas foram fornecidas sobretudo pelas ordens religiosas, em primeiro lugar pelos franciscanos e pelos dominicanos, que encontravam nas suas tradições o dever de evangelização e exemplos admiráveis, e mais tarde pelos jesuítas, cuja entrada em cena neste terreno, como veremos, ia ser decisiva. Evidentemente, nem todos seriam santos nessas centenas de homens[5]; houve até quem sucumbisse às tentações do clima colonial ou fraquejasse em consequência das torturas; mas, no total, foram poucos os que falharam, e, na sua imensa maioria, esses aventureiros de Deus conservaram-se admiravelmente fiéis à sua vocação de heroísmo e de caridade.

Eram muitas as dificuldades que embaraçavam o trabalho dos missionários. Antes de mais nada, dificuldades materiais: numerosas e muitas vezes insuperáveis. A navegação, nessa época, estava longe de oferecer a segurança e o conforto de que dispomos nos nossos dias, e os mais "modernos" dos navios impunham aos passageiros provas cruéis e muitas vezes estranhas aventuras. Era certamente um belo espetáculo presenciar em Lisboa a partida anual da frota da Índia, a 25 de março, dia da Anunciação, precedida por uma procissão grandiosa que, entre cânticos, vivas e repicar de sinos, desfilava ao longo das margens do Tejo até à Torre de Belém, diante da qual estavam fundeadas as caravelas. Levantadas as âncoras, enfunadas as velas, as belas embarcações da aventura deslizavam pelo estuário em direção ao mar, enquanto os canhões da Torre e os dos batéis da enseada disparavam salvas... Mas, para os que embarcavam, o quadro tinha menos sabor.

Nesses navios diminutos — a caravela que transportou São Francisco Xavier não ultrapassava cem toneladas, menos do que um veleiro pequeno atual —, ou mesmo nos que alcançavam mil toneladas, o espaço era tão avaramente medido que não sabiam onde meter-se. Até os menores recantos estavam cheios de reservas de víveres, necessários para a longa viagem; os soldados, os marinheiros, os viajantes sem fortuna amontoavam-se sobre a ponte, gelando ou assando, conforme a hora e o lugar; os mais ricos dispunham de minúsculas cabines de dois metros de comprimento e um e meio de largura, onde se apinhavam quatro, seis, às vezes oito! Por pouco que a isso se juntasse o enjoo — e juntava-se sempre —, pode-se imaginar o que devia ser a existência prolongada nesses redutos, em que era frequente centenas de homens terem de abandonar-se aos furores de Netuno! Os missionários tinham ordinariamente o privilégio de viajar nas cabines, mas deviam fazer pessoalmente a comida com os seus próprios víveres, pois o navio não alimentava senão a tripulação[6], e lavar a própria roupa, coisa que deixou um fidalgo muito admirado certa vez em que viu o próprio São Francisco Xavier ocupado nessa tarefa.

E isso durava meses, semestres, anos! Acontecia muitas vezes que a calmaria ou os ventos hostis tornavam impossível a viagem e que, tendo partido para o Brasil, se encontravam na África. Na existência desses missionários, deve-se, pois, ter em conta a enorme perda de tempo e de esforços que representavam as viagens: para chegar ao Japão, eram geralmente necessários três anos. Se ao menos se chegasse lá! Porque, às incomodidades mais diversas, juntavam-se perigos muito sérios. Pesados e maciços, os navios aguentavam-se mal no mar, e as fortes vagas que se abatiam sobre os flancos de madeira depressa os desconjuntavam. Por vezes, as tempestades quebravam os mastros, arrancavam o leme e arremessavam os navios contra a costa, como se fossem uma palha. Em breve o Cabo da Boa Esperança se celebrizou pelos naufrágios que ali ocorriam com grande frequência. Outro perigo não desprezível era o das doenças, que faziam grandes estragos nessas pilhas de homens: eram comuns a febre amarela e o cólera — sem falar do escorbuto —, e conhecia-se por "região da morte" a zona das calmarias equatoriais onde, numa atmosfera úmida de estufa, passageiros e marinheiros tiritavam de febre. Quando finalmente chegavam ao termo da viagem — a Goa, por exemplo, centro de reagrupamento das expedições orientais —, os missionários estavam ordinariamente tão esgotados que era necessário mantê-los durante meses num hospital, para onde os tinham de levar muitas vezes em padiola... Como eram justificadas as palavras com que Camões enaltece nos *Lusíadas* os apóstolos de Cristo, por terem "desprezado os perigos mais temíveis para levar o facho da verdade"!

Se ao menos, uma vez desembarcados, os missionários encontrassem uma situação fácil e um mínimo de comodidades para cumprirem a sua tarefa! Mas as comunicações nessas regiões imensas — como por exemplo o México, sete vezes maior que a Espanha —, muitas vezes cortadas por relevos abruptos, onde não existiam senão carreiros sofrivelmente conservados, eram singularmente incômodas: só em raríssimas ocasiões os evangelizadores do século XVI puderam beneficiar-se de caminhos tão favoráveis como os que as vias romanas propiciaram aos primeiros apóstolos. Em muitas regiões, além disso, a população estava tudo menos disposta a acolher os cristãos, sobretudo nos países islâmicos, onde era fácil desencadear o ódio ao cristão; e o mesmo aconteceu na China, onde a xenofobia dos Mings duraria muito tempo. Na América, a desproporção dos armamentos deu aos conquistadores uma superioridade tão esmagadora sobre os indígenas que não foi difícil fazê-los adotar a fé cristã; mas as antigas religiões dos astecas, dos toltecas, dos quíchuas estavam demasiado enraizadas nos corações desses povos para não sobreviverem ainda por muito tempo à evangelização e ainda hoje alimentarem estranhos resquícios.

Mas as piores dificuldades que, em última análise, o cristianismo encontrou no seu caminho vieram-lhe precisamente dos que franqueavam o campo aos missionários e lhes permitiam empreender a sua obra: conquistadores, marinheiros, soldados, aventureiros e celerados de toda a espécie. Não que esses audazes fossem hostis à religião; muito pelo contrário. "Amigos — dizia uma ordem do dia de Fernão Cortés às suas tropas —, amigos, sigamos a Cruz, e, se tivermos fé, com esse sinal venceremos". A Igreja, como sabemos, nem sempre teve motivos para gloriar-se desses rudes soldados que pretendiam vencer com o sinal da Cruz! Quantos desses vice-reis, desses capitães-gerais, desses grandes funcionários não consideraram os missionários como uma espécie de empregados superiores, destinados simplesmente a assegurar, pela difusão da Boa-nova, a ordem e a boa vontade dos povos conquistados! Felizes os que não eram vistos pelas autoridades como meros agentes de comércio. "A pimenta e as almas": a expressão era corrente nas Índias. Além disso, esses homens rudes que partiam para o outro extremo do mundo, dispostos a enfrentar perigos tão terríveis, evidentemente não tinham nada de sacristães ou de meninos de coro. Havia em todos ou quase todos uma sede de ouro, um orgulho e uma ambição imensos, quando não o gosto sádico pela violência e pela carnificina.

Era natural que — como dizia Cortés ao imperador asteca Montezuma — andassem muito sinceramente "angustiados com o pensamento de tantas almas pagãs que, por não conhecerem Cristo, cedo cairiam no inferno", mas isso não os impedia de forma nenhuma de queimar vivos os corpos desses mesmos pagãos, para lhes arrancar as riquezas. "Os tormentos que nos infligem — dizia um pobre índio torturado — são bem piores do que os que poderiam inventar todos os diabos do inferno!" E mesmo que Bartolomeu de las Casas tenha exagerado nas suas narrativas sobre as atrocidades espanholas, alguns episódios que conta parecem muito exatos: crianças degoladas ou empaladas sobre espadas por divertimento, cativos dados em pasto a cães. Mesmo sem chegar a tais horrores, o sistema das *encomiendas* e *repartimientos*, isto é, das aldeias indígenas forçadas a trabalhar em benefício de alguns ocupantes, redundava de fato numa escravidão abominável[7]. Foi diante dessa situação que se encontraram os missionários em muitos lugares, sobretudo na América. Aceitar essas crueldades ou mesmo simplesmente esse regime significava trair o Evangelho; opor-se a tudo isso supunha levantar contra si conquistadores, administradores, colonos, talvez os próprios governos. Não era uma dificuldade pequena.

É nesse ambiente incômodo, perigoso, que se deve situar a obra dos missionários que se lançaram à conquista do mundo para Deus e semearam com o sacrifício da vida a mensagem do amor. Quaisquer que tenham podido ser os erros, as violências cometidas pelos católicos no decurso dessas páginas de glória e de sangue, a mera presença entre eles dos missionários basta para dar à sua empresa um sentido autenticamente cristão. Porventura não se deve recordar aos que criticam a rápida fusão entre os católicos da Europa e os novos batizados, que foi tão característica da América Latina, o desaparecimento praticamente total dos peles-vermelhas na América do Norte, anglo-saxônica e protestante? Em diversos pontos do mundo, muitos nomes de países e lugares guardam até os nossos dias a lembrança das missões que neles se instalaram e dos grandes propósitos católicos de que procederam: São Tomé, Trindade, São Salvador, Vera Cruz, Santa Fé, São Domingos,

São Francisco... Nada disso é um testemunho vão, mas sinal de uma realidade viva e duradoura[8].

No padroado lusitano

Em nenhuma parte foi mais evidente a confusão entre a intenção colonizadora e a intenção apostólica do que nas regiões onde se instalaram os portugueses. O sistema conhecido na história com o nome de "padroado" foi fundado pelos próprios papas. Se não possuímos a bula que Henrique o Navegador sempre asseverou ter obtido desde 1430, os dois documentos assinados por Nicolau V em 1452 e 1454 não deixam nenhuma dúvida a esse respeito. As terras descobertas ou por descobrir deviam "ser tidas claramente como pertencendo perpetuamente ao rei Afonso V e aos seus sucessores". Mas os soberanos católicos de Portugal assumiam o compromisso de, "em todos os lugares, ilhas e terras, já adquiridas ou por adquirir, construir todas as igrejas, mosteiros e outras fundações piedosas, e enviar a elas igualmente todos os padres seculares voluntários e também os das ordens mendicantes que tenham recebido missão dos seus superiores".

Às autoridades religiosas assim constituídas no novo império, a Santa Sé concedia também os poderes mais extensos para a administração dos sacramentos, mas especificava que os direitos e deveres dessa Igreja colonial estavam estreitamente ligados à autoridade dos reis de Portugal. Estes encontraram-se, pois, canonicamente constituídos em "padroeiros" dessas igrejas, e nenhum encarou esse papel de ânimo leve. Todos eles — e especialmente Dom Manuel o Venturoso, e depois Dom João III — controlaram pessoalmente o envio de missionários às novas terras, cuidando, não sem zelo, de que o seu privilégio fosse bem preservado. Durante perto de dois séculos, praticamente a quase totalidade dos missionários que partiram para as Índias do Oriente ou do Ocidente embarcaram no estuário do Tejo. Mesmo com a anexação de Portugal à coroa da Espanha, Lisboa continuou a ser o porto de onde saíam todos os missionários para as regiões do padroado português: Filipe II de Espanha comprometera-se a respeitar todos os direitos dos portugueses.

Os primeiros resultados das missões portuguesas não foram muito brilhantes. Só com a entrada em cena dos jesuítas, chamados em 1542 por Dom João III, é que o apostolado tomou uma forma sistemática e conseguiu organizar-se e implantar-se solidamente nos diversos países.

Na África, porém, a obra de evangelização começou desde cedo com muito brio. Na esteira de Diogo Cão, em 1484 desembarcou no Congo uma missão franciscana, e os resultados foram muito animadores; com efeito, cinco anos mais tarde, os missionários obtiveram a conversão de um príncipe negro do lugar, e, pouco depois, o próprio rei foi tocado pela graça e recebeu no Batismo o nome de João: o rei de Portugal foi o padrinho. Oito dos seus sucessores viriam a ser cristãos. O filho, chamado Afonso, revelou-se até uma espécie de Clóvis africano, incitando o seu povo à conversão, solicitando sacerdotes — que nem sempre estiveram à altura da sua missão —, protestando com uma generosidade verdadeiramente cristã contra o tráfico de escravos negros com destino à América.

Esse cristão da África teve uma ideia extraordinária, muito avançada para o seu tempo. Verificando que muitos missionários sucumbiam rapidamente por causa do clima, pensou em criar um clero indígena. Enviou, pois, um dos seus filhos a Lisboa, Henrique, a fim de que fosse instruído e ordenado sacerdote. O rei Dom Manuel simpatizou com o jovem, que aliás, era muito inteligente e de maneiras nobres; quando enviou uma embaixada a Leão X para prestar-lhe solene homenagem em nome do seu império de além-mar, colocou à frente da delegação esse negro que falava tão bem o latim, ao mesmo tempo que pedia para ele a sagração episcopal. Curioso e divertido, o pontífice humanista deixou passar cinco anos até que o jovem Henrique concluísse os estudos, e em seguida nomeou-o bispo, o que o tornou *o primeiro bispo* negro, colocado a partir de 1518, sob o belo título episcopal de Útica *in partibus infidelium,* à cabeça dos imensos territórios congoleses. O excelente rei Afonso continuou durante toda a sua vida a lutar pela fé contra o paganismo e contra a bruxaria, o que lhe valeu uma carta de felicitações do papa Paulo III.

Essas belas primícias, infelizmente, não foram seguidas de colheitas duradouras. O príncipe-bispo negro Henrique não teve sucessor da sua raça. O bispado de São Tomé, constituído na ilha desse nome, e com jurisdição sobre a Guiné e o Congo, foi efêmero. O clero indígena não passava de um punhado de homens. Quanto aos missionários brancos, os que não morreram das febres não demoraram a degradar-se e a dar exemplos pouco edificantes. A Índia e a América passaram a drenar dali em diante as forças vivas de Portugal, e os brancos que se estabeleciam na África negra só se interessavam pelo tráfico de escravos. O prestígio do catolicismo ficou tão profundamente abalado que, depois de o pobre rei Afonso ter morrido desesperado com essa decadência, o rei negro Diogo expulsou todos os missionários. Mesmo os jesuítas não conseguiram tornar a pôr em andamento a missão congolesa: não foi completamente abandonada, mas vegetou, e só viria a recuperar-se verdadeiramente no século XIX.

No Brasil, empreendeu-se a evangelização desde que Cabral descobriu o país. Foram os franciscanos que se consagraram a ela, com toda a dedicação, mas de um modo bastante errático, quase ao acaso, o que é compreensível diante da imensidade do país. Criaram pequenas cristandades em diversos pontos da costa, onde muito em breve se manifestou a tendência para a mestiçagem entre brancos e indígenas que devia ser característica da colonização portuguesa. As uniões entre cristãos e índias tiveram em geral resultados felizes, como se vê pela encantadora história de *Catarina Paraguaçu*, cuja figura está associada ao nascimento da cidade de São Salvador da Bahia. Filha de um chefe indígena local, foi desposada à moda dos índios por um português naufragado, Diogo Álvares, o *Caramuru*, que a levou à Europa. Em Saint-Malo, recebeu o Batismo. Quando chegou a Paris, caiu doente e em 1528 teve uma visão da Santíssima Virgem que a mandava regressar ao seu país natal para ali propagar o Evangelho. Foi o que ela fez, empenhando-se efetivamente, ao longo de toda uma vida virtuosa, que se prolongaria até aos oitenta anos, em chamar sacerdotes, mandar construir igrejas e multiplicar as obras de caridade, implantando solidamente a Cruz nas proximidades da Baía de Todos os Santos. Foram pequenas fundações, que só viriam a desenvolver-se com o envio oficial do governador Tomé de Souza, e sobretudo com a chegada das primeiras equipes de jesuítas mandadas pelo geral Diego Laínez em 1549.

Quanto às Índias "Orientais", os franciscanos, como vimos anteriormente[9], havia muito tempo que vinham trabalhando com afinco nessas paragens, chegando até a ter mártires. A chegada dos portugueses às costas da vasta península deu um novo impulso ao que restava das suas missões. Desde o início do século XVI, Cochim, Calicut,

Cranganor, Goa, passaram a ser cristandades indianas bastante prósperas. Destacava-se sobretudo *Goa*, como centro de todas as bases do padroado lusitano no Oceano Índico, que se estendia até à China, de Zanzibar a Macau; foi lá que o franciscano *João de Albuquerque* criou em 1533 uma diocese indiana, a primeira e por muito tempo a única do Extremo Oriente.

No começo, porém, a evangelização dos nativos desenvolveu-se muito mediocremente. A principal causa dessa lentidão foi o mau exemplo dado pelos colonos; eram na maior parte pessoas da pior espécie, aventureiros sem fé nem lei, cujo comportamento escandalizava; os mais ricos tinham harém e escravos aos quais prodigalizavam mais maus-tratos do que palavras evangélicas. Desanimados, desgostosos, os missionários franciscanos sentiam-se incapazes de reverter essa situação difícil: aliás, eles mesmos estavam mais ou menos contaminados. Batizavam-se na verdade alguns hindus, mas por que métodos! Não se perguntava a um catecúmeno: "Queres ser batizado?" mas: "Queres entrar na casta dos *prangui*, isto é, dos portugueses?" Semelhante desprezo pela tradição local não podia deixar de ultrajar os brâmanes, da mesma forma que a violência repelia o povo. Iriam as cristandades da Índia conhecer a mesma sorte das do Congo? Era de temer.

Foi então que se levantou uma grande voz, para se indignar com esses abusos e estigmatizar os católicos que castigavam os seus escravos "contando as chicotadas pelas contas do seu rosário"; foi a voz do maior dos apóstolos da época. E quaisquer que tenham podido ser as faltas cometidas pelo padroado português em matéria de missão, se não lhe restassem tantos méritos, ficou-lhe pelo menos um, verdadeiramente brilhante: o de ter chamado em sua ajuda e trazido para o Oriente, nas suas caravelas, São Francisco Xavier.

Na América dos conquistadores: Bartolomeu de las Casas

Quando a Espanha entrou na grande competição colonial, tinha as mesmas intenções que Portugal: evangelizar ao mesmo tempo que ocupava e explorava. Aliás, as bulas de partilha, assinadas por Alexandre VI, concediam-lhe os mesmos privilégios, mas impunham-lhe também as mesmas obrigações apostólicas. O próprio tratado de Lérida, negociado diretamente em 1529 entre as duas novas potências colonizadoras para evitar todo o conflito, e sem que a Santa Sé fosse consultada, aludiu também a esse dever. Ficção jurídica? Não. Intenção sagrada: a soberania temporal assumia o compromisso de justificar a colonização pela sua obra ao serviço da fé.

Por isso, já as primeiríssimas viagens dos descobrimentos contaram com missionários nas caravelas. Na segunda expedição, em 1493, Cristóvão Colombo levou consigo um grupo de monges e clérigos, chefiados por Bernardo Buil, beneditino de Monserrat; e na terceira, em 1498, fez-se acompanhar de um batalhão de franciscanos. Em 1494, construiu-se em Hispaniola (hoje República Dominicana e Haiti) a primeira igreja do novo mundo. O impulso inicial não cessou. Desde então, todas as ordens existentes destacaram alguns dos seus membros para o trabalho missionário: houve beneditinos, cistercienses, carmelitas, agostinianos, mercedários, jerônimos; despendeu-se muita coragem nesses começos. Mas desordenadamente, sem que fosse possível estabelecer um plano de conjunto, uma ação concertada. Um primeiro progresso verificou-se por volta de 1510: franciscanos e dominicanos, com efeito, dividiram entre si os setores e as tarefas. Nascia assim um rudimento de organização.

Como se manifestou? De uma maneira muito caracteristicamente espanhola: a instituição de hierarquias locais. Mal concluíram o reconhecimento das regiões onde se exerceria a sua evangelização, os espanhóis pediram e obtiveram da Santa Sé a criação de dioceses. Nas Antilhas, foi instituída em 1511 a de São Domingos, logo seguida pela de Conceição de la Vega, depois pela de São João de Porto Rico; em terra firme, em 1513, a de Darien, no Panamá. Em breve surgiram as do México, Santa Fé, Lima, Bogotá, Caracas, sedes de dioceses que abrangiam regiões imensas. Canonicamente, as novas criações dependiam do papa, mas em 1520 foi concedido ao capelão-mor do exército espanhol um título que, embora honorífico, apontava para mais: o de Patriarca das Índias Ocidentais. Ainda hoje é usado pelo arcebispo de Toledo.

A despeito desses belos quadros teóricos, os primeiros esforços de evangelização foram dispersos e às vezes bastante insólitos. Viam-se conquistadores batizar a esmo todas as tribos que encontravam no caminho, sem a mínima preparação, com tal pressa que os assistentes eclesiásticos tiveram muitas vezes de refrear-lhes o zelo. Lemos nas memórias de Bernal Díaz, lugar-tenente do conquistador do México Fernão Cortés, os conselhos que frei Bartolomeu de Olmedo lhe deu a este respeito: "Não é bom — dizia esse homem criterioso — fazê-los cristãos à força; vale mais que estes povos tenham algum conhecimento da nossa santa religião". O próprio acaso fez com que certos povoados indígenas conhecessem o cristianismo e mesmo aderissem a ele antes que qualquer missionário lá chegasse, o que deu às vezes resultados deveras singulares. Assim aconteceu em Cuba, onde um bravo marinheiro iletrado, mas cheio de fé, falou com tanto ardor da Santíssima Virgem ao cacique de uma tribo, enquanto lhe tratavam as feridas, que esses excelentes selvagens ergueram à Mãe de Cristo uma igreja e um altar; mas como os conhecimentos teológicos do marinheiro eram bastante escassos, só sabiam colocar-se diante da imagem da boa Mãe e repetir incansavelmente: "Ave-Maria, Ave-Maria", e nada mais... Foi a partir de 1521, ano em que o papado se interessou mais de perto por essa ação missionária, que os franciscanos e os dominicanos encetaram um esforço combinado: a pedido de Carlos V, Leão X e, no ano seguinte, Adriano VI deram às duas grandes ordens mendicantes "autorizações" que se pareciam com privilégios e com *encomiendas*. A evangelização intensificou-se.

Todas as regiões que os conquistadores e as suas tropas alcançaram viram, portanto, aparecer ao seu lado os mensageiros de Cristo, e, entre essas equipes de missionários, houve muitos homens de grande mérito e de virtudes insignes, e até santos. Nas Antilhas, foram dominicanos como *Pedro de Córdova* e *Antônio de Montesinos* que fundaram em São Domingos o primeiro mosteiro da sua ordem; Hispaniola, "a ilha de São Domingos", tornou-se o ponto de partida para as missões em terra firme. No México, onde hábitos pardos e hábitos brancos trabalharam lado a lado, a penetração foi extremamente rápida: o mérito coube ao franciscano *Martin de Valência* que, na sua qualidade de legado apostólico, presidiu em 1524 ao primeiro sínodo mexicano; ao seu confrade frei *Juan de Zumárraga*, generoso bispo do México; ao delicioso frei *Toríbio de Benavente*, denominado pelos índios *Motolinía*, "o pobre", e também a Bartolomeu de las Casas, dominicano cujo raio de ação ultrapassaria os limites do império asteca.

Na Nova Granada — a atual Colômbia —, todas as obras de apostolado se beneficiaram do influxo do dominicano *São Luís Beltrão*, figura admirável, favorecida com o dom de línguas, de cujas mãos saíam milagres e cujas profecias se cumpriam, alma de uma generosidade sublime que, por si só, levou para Cristo mais de 150 mil indígenas. No Peru, foram ainda os dominicanos que construíram em 1532 a primeira igreja e depois, em Cuzco, antiga capital do império inca, transformaram em catedral o templo do Sol. Em Lima, seria à sombra deles, na Ordem Terceira de São Domingos, que se desenvolveria, para depressa ser colhida, essa flor maravilhosa de doçura, de humildade, de caridade, tão boa para com os indígenas, tão caritativa para com os corpos e as almas, que foi *Santa Rosa de Lima* (1587-1607). O Peru tornou-se mesmo um centro de evangelização, com a sua célebre Universidade de Lima, uma organização modelo devida ao "Carlos Borromeu das Américas", *São Turíbio de Lima*, que a regeu por muito tempo.

Do Norte ao Sul do imenso continente, os missionários lançaram-se, pois, de corpo e alma ao trabalho, sem obter frutos em todos os casos, mas tentando consegui-los por toda a parte. No Equador, onde os rudes jivaros opuseram uma resistência feroz, o cristianismo lançou raízes graças ao dominicano *Afonso de Montenegro*, e em breve essa jovem igreja veria desabrochar outra flor delicada, a "açucena de Quito", hoje beatificada, *Mariana de Paredes*. No Chile, onde também foi difícil implantar a semente cristã, e onde inúmeros missionários pereceram mártires às mãos dos terríveis araucanos, a fé acabou por triunfar. No Paraguai e no Uruguai, as primeiras tentativas foram desastrosas, até que desembarcaram os jesuítas. A última região ganha para o cristianismo seria a Argentina, onde veríamos passar no limiar do século XVII, "carregado com o seu altar portátil, um pequeno violino e alguns livros, de pés descalços, sem víveres e com um grande crucifixo na mão", um santo delicado, uma espécie de réplica do *Poverello*, *São Francisco Solano*, que ia de aldeia em aldeia, tocava primeiro umas pequenas árias e depois falava aos índios na sua língua, cativando assim "as aves e até as populações".

Muito inteligentemente, os missionários aplicaram-se a uma dupla tarefa: desenvolver a instrução, criar obras de assistência, fundar mosteiros — quatrocentos! —, igrejas sem número — construídas nesse estilo tão curioso e tão sedutor, onde as tradições da velha Espanha depressa se misturaram com as influências do país, associando gostos para a decoração ricamente ornada —, abrir universidades, seminários, escolas, hospitais, asilos..., num testemunho eloquente da importância dos esforços realizados por essas centenas de franciscanos e dominicanos graças aos quais a América Latina ocupa até hoje um lugar tão considerável no universo católico.

Mas foi também nessa América dos conquistadores que se pôs da maneira mais grave o problema das relações entre os missionários e os colonizadores, entre os princípios do Evangelho e os da colonização. Ao contrário dos portugueses, que se limitavam a estabelecer feitorias no litoral, os espanhóis propuseram-se desde o começo constituir impérios e instalar-se solidamente nas terras descobertas. Já em 1499, Cristóvão Colombo, fundando o sistema das *encomiendas* — comendadorias ou benefícios —, quisera fixar os colonos pondo à sua disposição o trabalho dos índios. Estabelecia-se assim, para estes últimos, uma espécie de servidão, que aliás o direito espanhol reconhecia e que era uma sobrevivência do direito romano.

A Igreja viu-se incapaz de proibir essa prática de trabalho retribuído, mas forçado; desde o começo do regime, porém, esforçou-se em toda a parte por "amenizar a condição dos escravos e protegê-los: deu numerosas alforrias e evitou a muitos homens a servidão"[10]. Por sua vez, e sob a influência da Igreja, os reis de Castela sempre se recusaram a reconhecer *de jure* essa escravidão camuflada e não se cansaram de afirmar que os índios deviam ser tratados como homens livres.

Infelizmente, a realidade foi muito diferente. Por razões fáceis de compreender, os colonos não cessaram de estender a escravidão e de torná-la mais pesada. Eram necessários homens para trabalhar as terras, para explorar as minas, para transportar fardos pesados ao longo de carreiros intermináveis, ao sol ou à chuva. Resultado? O mais claro foi provocar nos indígenas uma mortalidade terrível que, acrescentando-se às carnificinas inúteis e às crueldades por vezes sanguinárias, contribuiu para dizimar as populações num curto espaço de tempo. Em meio século, as populações indígenas diminuíram em proporções incríveis: em Cuba, em vinte anos, a cifra caiu de 50 mil para 14 mil; em São Domingos, de cem mil para 15 mil; em certos distritos do México, pode-se falar de aniquilamento[11].

É motivo de honra para a Igreja que hajam surgido no seu seio homens que não se conformaram com essa situação. Ao lado de demasiados padres e clérigos — e mesmo bispos — que, ligados por amizade ou por interesses aos exploradores, se recusavam a denunciar os seus crimes, alguns tiveram a coragem de se insurgir. Quereríamos citar todos eles, todas essas vozes heroicas. Citemos apenas frei *Antônio de Montesinos*, que pronunciou um sermão que havia de estar na origem de um grande destino, a vocação de Bartolomeu de las Casas; *Pedro de Gante*, em quem corria o sangue dos Habsburgos e que, indo para as Índias, renunciou ao futuro brilhante que essa filiação — embora apenas "pela mão esquerda" — lhe teria podido garantir, para se dedicar, como simples irmão leigo franciscano, à defesa e à instrução dos índios; frei *Juan de Zumárraga*, o futuro bispo do México, também de família nobre e seduzido por uma causa mais nobre ainda; frei *Bernardino de Sahagún*, que, tendo chegado ao México aos trinta anos, lá permaneceu até à morte, aos noventa e um, e que publicou a primeira enciclopédia de valia sobre a civilização mexicana, entregando-se, além disso, à tarefa de explicar o catecismo aos queridos filhos da sua diocese; frei *Toríbio de Benavente*, *Motolinía*, o primeiro historiador "dos índios da Nova Espanha", alma inteiramente franciscana, transbordante de amor fraterno pelas vítimas da colonização. Mas nenhuma dessas vozes teve a ressonância e o significado da de *Bartolomeu de las Casas* (1474-1566).

Era um rapaz alto e magro, um pouco encurvado, quando um certo domingo do ano 1510, na igreja de São Domingos, viu subir ao púlpito frei Antônio de Montesinos. Ter-lhe-ia alguma vez passado pela cabeça que a palavra desse dominicano seria para ele a própria palavra de Cristo e que, saindo desse sermão, se tornaria um homem inteiramente diferente? Mas foi o que aconteceu. Esse filho de um companheiro do descobridor Cristóvão Colombo, esse jovem aventureiro de grandes ambições, nunca pensara naquelas palavras do pregador, e contudo, num instante, compreendeu até o fundo da alma que ele e os seus iguais atraiçoavam Cristo, a sua vocação batismal e a missão de evangelizar o novo mundo que os seus soberanos tinham assumido em nome do papa. Transtornado, convertido subitamente, mudou de destino.

Em menos de dois anos — havia uma terrível necessidade de sacerdotes na América —, recebia o sacramento da Ordem. E entrou imediatamente em ação. Repisando os temas de frei Montesinos, denunciou os senhores cruéis e as sevícias inúteis. Pároco de Zanguarama, em Cuba, a paróquia mais miserável da ilha, entregou-se de alma e coração à obra apostólica e caritativa com que tinha sonhado; mas, ao mesmo tempo, de quando em quando, acompanhava os rudes conquistadores Pánfilo de Nárvaez e Diego de Velázquez para refrear-lhes o ardor cruel. A fim de poder agir melhor, fez-se dominicano, e em breve corria a voz, pelo vasto universo que as colônias espanholas da América começavam a constituir, de que esse frade desprovido de tudo, que comia com o escravo mais humilde, que dormia sobre a terra dura, era uma autêntica testemunha de Deus.

Mas essa atitude não agradava a todos. As críticas do frade, os seus requisitórios indispunham os poderosos, que aproveitariam a primeira ocasião para tentar silenciá-lo: por exemplo, quando, na comunidade de Vera Paz, que ele tinha fundado, as tribos ferozes da vizinhança atacaram e chacinaram sacerdotes, o que "justificou" uma repressão atroz. Mas não, o missionário não se deu por vencido. Pelo contrário! Falou mais alto ainda. E visto que a sua voz na colônia se arriscava a ser abafada por outras, poderosas e interessadas — nelas compreendidas as de alguns bispos —, resolveu ir à Espanha e falar com o próprio rei.

Viagem após viagem, manobras difíceis para tentar chegar à presença do soberano, obstáculos de toda a espécie que lhe interpunham no caminho... Tal governador das colônias tinha um irmão ministro, tal general era primo de um bispo, e quantos prelados ricos haviam aplicado dinheiro nos negócios da América e desejavam, é claro, que rendesse! Mas nada conseguiria deter o homem intrépido que era esse conquistador convertido em advogado da caridade de Cristo. Finalmente, Carlos V foi informado, compreendeu o drama e promulgou as ordens que Bartolomeu de las

Casas lhe propunha: não mais escravidão, não mais requisições abusivas, não mais *encomiendas*... Infelizmente, Madri estava longe, e os poderosos torturadores ali mesmo, bem ao lado!

A luta heroica duraria tanto como a própria vida de Bartolomeu. Nada pôde fazê-lo desistir: nem os ataques dos teólogos a soldo que se açularam contra ele, nem mesmo as ameaças da Inquisição. Parecia viver unicamente para os seus índios, obsessionado pelos sofrimentos daqueles queridos nativos, e chegou até — o que já era pura cegueira — a aprovar o abominável meio de que os colonizadores se serviam para suprir a insuficiência de mão-de-obra indígena: o comércio de negros da África, que os piores traficantes lançavam a mãos-cheias nas costas da América e vendiam como escravos aos colonizadores...

Tinha setenta anos quando, fazendo-se novamente ao mar, regressou uma vez mais aos seus amigos índios, devidamente munido pelo rei dessas *Leyes Nuevas* que, em princípio, deviam pôr fim ao escândalo. Em sinal de admiração, Carlos V tinha querido dar-lhe o arcebispado de Cuzco, no Peru: demasiado belo e demasiado rico para o "Pai dos índios", o dominicano dos deserdados. Aceitou somente o de Chiapas, perdido nas montanhas da Guatemala. Mas não ficou lá de braços cruzados. Chegava-lhe de toda a parte a mesma notícia: os decretos reais permaneciam letra morta. Continuavam a cometer-se todos os crimes denunciados nesse livro terrível que acabava de publicar e que, a favor ou contra, dividia as consciências da Espanha: a *Brevíssima relação da destruição das Índias*. Até quando duraria essa situação? Quinze milhões de cadáveres — pelo menos, assim acreditava ele — não eram suficientes? Com a aprovação do arcebispo de Sevilha, bem podia Sepúlveda denunciá-lo como uma espécie de louco, de revolucionário, de insultador profissional: ele só haveria de escutar a sua consciência. E para obrigar de uma vez por todas os conquistadores e colonos a respeitar os princípios do Evangelho, ordenou aos confessores da sua diocese que recusassem a absolvição a todos os que tivessem agido cruelmente com os indígenas e que tivessem adquirido as suas riquezas por roubo e violência. Esse homem de Deus não recuava diante de nenhum meio.

Logo que morreu, aos noventa e dois anos, e a notícia da sua morte chegou às longínquas aldeias dos índios, todos organizaram cerimônias fúnebres e choraram durante muito tempo o seu "Pai". Os historiadores modernos de Espanha e da sua colonização passaram pelo crivo de uma severa crítica o testemunho de Bartolomeu de las Casas. Alguns acusaram-no de ter acrescentado dois zeros ao número de vítimas da conquista fornecido por ele; denunciaram-no como um mau espanhol, um denegridor da sua pátria e do esforço empreendido pelos seus compatriotas — magnífico sob tantos aspectos — para abrir novas terras à civilização e ao cristianismo. Mas mesmo que Bartolomeu de las Casas tenha exagerado, mesmo que — como tudo leva a crer — tenha sido mais amigo da justiça social do que da verdade histórica, a sua figura permanece como uma das personalidades mais nobres e exemplares que a Espanha produziu. Não poderíamos, sem cometer uma injustiça flagrante, reduzir a evangelização da América espanhola unicamente ao seu nome, e é fora de dúvida que os seus escritos foram abusivamente explorados pelos inimigos do seu país e do cristianismo. Mas ele ousou levantar-se e enfrentar a iniquidade e o escândalo: homens desse quilate, mesmo que se enganem nos pormenores, serão sempre os campeões de uma causa pela qual Cristo morreu.

Quais foram os resultados do imenso esforço realizado pelos missionários desde a primeira metade do século que se seguiu à conquista? É difícil apreciá-los exatamente em termos quantitativos, já que as cifras variam muito de testemunho para testemunho. Alguns julgaram poder afirmar que, já por volta de 1540, a América dos conquistadores contava dez milhões de batizados. Seja como for, não há dúvida de que se realizou um trabalho enorme para implantar solidamente a Igreja nessas novas terras, com os seus quadros, as suas instituições, os seus princípios. Era verdadeiramente uma Igreja adaptada às necessidades dos povos conquistados? Ou não era antes uma espécie de apêndice da própria igreja da Espanha, transportada em bloco para o outro lado do oceano, com a sua hierarquia, os seus métodos, a sua psicologia e até a sua imaginação?

É difícil responder a essa pergunta. O catolicismo sul-americano conservaria sempre um caráter hispânico bem acentuado, mas — segundo as palavras de um dos seus historiadores[12] — "tropicalizado", vivido com a violência e a exuberância que caracterizam essas terras e esses povos das *ganas*. Nem os dominicanos nem os franciscanos — mesmo os melhores, como os Las Casas — chegaram a conceber claramente uma igreja propriamente indígena, adaptada aos elementos profundos dos povos e fazendo corpo com eles; no México, a tentativa franciscana do seminário indígena de Tlatelolco durou pouco. A concepção de um catolicismo missionário "inculturado", variado nos seus aspectos e nos seus elementos sociológicos, tanto como ecumênico nos seus princípios e na sua organização, é uma ideia moderna, cuja prática data de tempos recentes.

Contudo, a fé cristã não demorou a revelar-se profunda e eficaz no seio dessas massas indígenas convertidas. Manifestaram-se entre elas admiráveis figuras de cristãos.

Eram filhos de índios os pequenos mártires da cidade de Tlaxcala, Cristóbal, Antônio e Juan que, com apenas treze anos de idade, morreram às mãos do seu próprio povo por terem pedido o Batismo. Mais tarde, será mestiço de Índia e de espanhol esse admirável frei *Martinho de Porres* (1579-1639), converso dominicano, perito em medicina e farmácia, que se recusou durante toda a vida a ser sacerdote, para ficar mais perto dos deserdados de uma raça a que se sentia pertencer. E foi também a um humilde camponês indígena, *Juan Diego*, que a Santíssima Virgem apareceu várias vezes em 1531, como que para marcar bem a ternura divina por esses povos vencidos que a fé chamava a uma vida nova: Nossa Senhora de Guadalupe, padroeira da América dos conquistadores transformada na América dos batizados[13].

A grande "rendição da guarda": os jesuítas

A entrada em cena dos jesuítas deu ao esforço apostólico um impulso novo e tão considerável que, em muitas regiões, parecia que a própria missão se identificava com a Companhia de Jesus. Não colocara Santo Inácio a ideia missionária na origem do seu instituto? Não tinha ele feito os seus primeiros companheiros de Montmartre partilharem do seu grande sonho de partir para os Lugares Santos, de trabalhar na reconquista espiritual do Oriente? Mais tarde, perante as dificuldades encontradas e a pedido formal do papa, tinham tomado outras direções. Mas a bula de Paulo III, *Regimini,* que os tinha aprovado, estabelecia-lhes a obrigação de se dirigirem sem escusas nem demoras a qualquer parte aonde o soberano pontífice os enviasse, "quer para o meio dos turcos, quer para o meio de outros infiéis, quem quer que sejam, mesmo para essa região que chamam Índia". E as suas Constituições diziam: "É próprio da nossa vocação percorrer o mundo, viver em qualquer país onde se espere maior glória de Deus e a salvação das almas". Contava a nova instituição apenas com um punhado de homens quando, respondendo ao apelo dirigido por Dom João III de Portugal, destacava dois dos seus membros para o trabalho missionário, que ia tornar-se um dos meios mais notáveis da sua ação.

Muito depressa viram-nos aparecer nos quatro cantos do mundo: já tivemos ocasião de observar essa espécie de dom de ubiquidade que permitiu à recém-fundada Companhia assumir simultaneamente todos os trabalhos que se lhe apresentavam, como se os seus quadros estivessem em condições de fornecer um manancial inesgotável de homens qualificados. Graças aos jesuítas, escreveu-se então uma obra admirável e imensa, da qual nem todas as páginas são conhecidas como mereceriam, mas a nenhuma das quais falta pitoresco nem alcance espiritual.

É impossível referir todos os pontos onde se exerceu essa atividade multiforme. Foi de jesuítas a missão enviada por Portugal, em 1548, no rasto do santo e heroico padre *Contreras* a Ceuta e Tetuán, para assegurar uma verdadeira assistência espiritual aos cativos cristãos da África e tratar de resgatá-los: fizeram parte dessa missão homens que viriam a ser ilustres na Companhia, como *Nunes Barreto*, que voltaremos a encontrar na Etiópia, e *Luís Gonçalves*, que desempenharia um grande papel junto de Santo Inácio e, depois, na corte de Portugal. Foram de jesuítas as equipes que, em diversas circunstâncias, os papas enviaram a Constantinopla e que, a despeito da volubilidade da política dos sultões — tão depressa benevolentes como perseguidores —, conseguiram abrir escolas e mesmo pregar, o que lhes valeu inúmeros conflitos com os cismáticos gregos. E o seu exemplo foi seguido por outros, como o padre de origem belga, *Nicolau Cleynaerts*, chamado *Clenardo*, que sonhou com converter os muçulmanos e, para isso, desejando conhecer a fundo os seus livros de religião e de ciência, foi viver em Fez, no Marrocos, e cujo corpo repousa ainda hoje no Alhambra, mesquita transformada em igreja.

São episódios pouco conhecidos, mas significativos da variedade dos empreendimentos levados a cabo pela Companhia. Em muitos pontos, ela pareceu assumir a tarefa de revezar os primeiros evangelizadores, fatigados ou apenas vencedores a meias. Assim aconteceu na Índia com São Francisco Xavier, cuja ação, como teremos ocasião de ver, foi muito além da mera tarefa de render a guarda. Neste ponto, aliás, também os esforços dos novos evangelizadores nem sempre foram coroados de êxito: no Congo, por exemplo, aonde chegaram com os padres *Cristóvão Ribeiro*, *Jaime Díaz* e *Diogo de Sandoval*, não obtiveram senão resultados insignificantes; mas pelo menos prepararam a implantação de novas dioceses no mundo negro, em São Salvador e Angola. Na costa oriental, em Moçambique, o revés foi pior: a tentativa de instalar-se em Quelimane, Chinde e Sena levou ao martírio os seus pequenos esquadrões, que foram vítimas do fanatismo muçulmano.

Na América, porém, a ação dos jesuítas foi em muitos casos decisiva. Não procuraram — pelo menos no princípio — rivalizar com as antigas ordens missionárias, dominicana e franciscana, onde as suas iniciativas haviam triunfado. Mas nos países onde as missões pareciam muito pouco ativas, muito pouco coordenadas, puseram ao serviço do apostolado as suas eminentes qualidades de energia e de organização. Assim se verificou no Brasil, onde os franciscanos só tinham obtido resultados desiguais e disseminados. Seis padres chegaram lá em 1549, sob a direção do padre *Manuel da Nóbrega*, e instalaram-se não longe do lugar onde Catarina Paraguaçu tinha começado a evangelização. Aprenderam a língua do país, interessaram-se ativamente pelas condições da vida material dos indígenas e em pouco tempo tinham convertido várias centenas: cinco anos mais tarde, contavam cinco novas estações jesuíticas, uma das quais viria a fazer grande carreira: São Paulo.

Pouco depois, o bem-aventurado *José de Anchieta*, verdadeiro "apóstolo do Brasil", comporia em língua indígena cânticos litúrgicos. O martírio do padre Azevedo e dos seus companheiros, assassinados no mar por um corsário protestante, não esfriou em nada o zelo dos corajosos jesuítas. Mesmo as faltas de tato do primeiro bispo chegado à Bahia, em 1552 — que viria a ser devorado pelos canibais —, se comprometeram por algum tempo os resultados obtidos, não os aniquilaram[14].

No Paraguai e no Uruguai as missões jesuíticas revelaram um aspecto especialmente original e eficaz. Nesses países, os franciscanos haviam tido pouco êxito, pois os guaranis permaneciam fiéis aos seus costumes e às suas ideias ancestrais. O bispo de Tucumán, *Francisco Vitória*, resolveu pois apelar para a Companhia. Em 1588, chegavam ao Paraguai três jesuítas, aos quais em breve se juntaram mais companheiros. Também eles, no começo, não obtiveram senão resultados medíocres e decepcionantes. Interrogaram-se sobre a causa do fato e caíram na conta de que dois grandes obstáculos se opunham à evangelização: os indígenas eram nômades, indolentes, inabordáveis, e por outro lado odiavam os colonos espanhóis que os pilhavam e lhes roubavam as mulheres. Por conseguinte, era necessário, se possível, separá-los dos espanhóis e fixá-los em territórios onde aprendessem a trabalhar. Para cristianizar, civilizar primeiro: era a velha ideia, retomada e adaptada, dos missionários dos tempos bárbaros. No México, os franciscanos tinham criado "aldeias cristãs" onde os espanhóis não penetravam. Sistematicamente, os jesuítas puseram mãos à obra de acordo com essas perspectivas, persuadindo um certo número de guaranis a deixarem-se "reduzir" à civilização.

Assim se estruturou e se experimentou no fim do século XVI esse sistema de "república cristã" conhecido na história com o nome de *Reduções*. Filipe III, rei da Espanha, mostrou-se convencido da excelência do processo. Uma trintena de territórios, de "reduções", contando cerca de 120 mil indígenas, foram assim constituídos em verdadeiros feudos dos jesuítas, que lhes asseguravam simultaneamente a direção, a administração, a vigilância, o comando militar, o controle da produção e das trocas, sem falar evidentemente da educação religiosa.

A vida dos guaranis transformou-se: aprenderam a construir casas, a cultivar a terra, a manejar as armas. Instituiu-se um verdadeiro regime comunitário, onde cada qual dispunha apenas de moradia e de umas parcelas de terra, mas estava garantido pela coletividade contra todos os riscos de fome ou de falta de trabalho. Fazia-se uma distribuição diária de mantimentos por cada família, a fim de evitar desperdícios, porque os índios eram muito imprevidentes. A "fazenda de Deus", destinada ao sustento dos padres e às despesas do culto e da assistência, era trabalhada por todos, em grupos que se revezavam. Pormenor divertido: como notaram o gosto dos indígenas pela música, os jesuítas davam um grande lugar aos concertos e aos cânticos nas suas missões evangélicas. Esta experiência curiosa, que contribuiu para criar a famosa "lenda do bom selvagem", muito da simpatia dos românticos, só terminaria em 1768, com a supressão da Companhia de Jesus: foi uma das provas mais surpreendentes da imensa capacidade de adaptação dos filhos de Santo Inácio, "para a maior glória de Deus".

Mas não foi só aos índios que os jesuítas levaram com tanta inteligência como coragem a palavra de Deus. Um dos seus méritos mais notáveis foi o de não esquecerem esse mísero gado humano que, arrancado da África por traficantes sem piedade, transportado através do Atlântico em condições terríveis, morria em quantidades alarmantes ou entrava numa vida pior do que a morte. Um padre fez-se seu apóstolo: *São Pedro Claver* (1580-1654), filho de camponeses da Catalunha, que entrou na Companhia e foi enviado por ela para a Colômbia. Fixando-se em Cartagena, o missionário fez-se verdadeiramente protetor e amigo dos negros; recebia-os quando desembarcavam, cuidava dos feridos e dos doentes, acompanhava-os às plantações e às sórdidas cabanas onde os colonos os empilhavam, e não cessou, ao longo de trinta e nove anos, de batizar, converter, amar... Nada conseguia desanimar o seu apostolado, nem as cóleras e contra-ataques dos brancos, nem mesmo, por vezes, a incompreensão dos seus pobres assistidos, que tendiam a odiá-lo só pela diferença da cor da pele. Nenhum missionário revelou alma mais fraternal, mais luminosa e mais terna do que este filho de Santo Inácio de Loyola.

Jesuítas no reino do Preste João

De rodas as aventuras que a Companhia de Jesus correu no primeiro meio século da sua existência, uma das mais curiosas e movimentadas teve lugar no país mais misterioso do tempo, o famoso "reino do Preste João". Toda a Idade Média falara desse personagem fabuloso, que se dizia descender de Salomão e da rainha de Sabá, que levava na sua capital, "Hulna", uma existência de um fausto inimaginável, servido numa mesa de ouro e ametista por sete reis, que reinava num império de setenta monarcas e cujos títulos oficiais eram, como se afirmava: "Rei dos reis das três Índias, dos pigmeus, das amazonas, dos cinocéfalos e dos cocles cornudos". A única dificuldade era que ninguém sabia exatamente onde é que ficava esse império, que Marco Polo, João de Piano-Carpini e Guilherme de Rubrueck se tinham empenhado em encontrar no coração da Ásia. Por volta de 1230, um abade etíope e os seus religiosos, instalados na Palestina, no Monte das Oliveiras, haviam declarado serem súditos do "Preste João", e desde então começara a espalhar-se a ideia de que o misterioso reino não era outro senão a Abissínia, a maciça Etiópia cujas montanhas abrigavam há muitos séculos cristãos heréticos, "monofisitas"[15] e separados de Roma.

A partir de fins do século XV, estabeleceram-se contatos entre o *negus* — tal era o título laico do mítico "Preste João" — e o Ocidente. Terrivelmente ameaçada pela invasão muçulmana, a Etiópia voltou-se para os cristãos latinos, já que os do Oriente estavam desde então fora de jogo. Em 1481, encarregada de pedir ajuda aos franciscanos da Terra Santa, chegou a Jerusalém uma embaixada que depois, por conselho daqueles, se dirigiu a Roma; o pontífice constituiu uma legação, chefiada por frei João Batista de Imola, com a incumbência de assegurar ao negus a simpatia do papado. Pouco depois, um punhado de portugueses chegava à Abissínia e ajudava os cristãos locais na sua resistência ao islã. A ameaça muçulmana tornou-se mais temível no reinado do negus Davi Lebna Denghel (1507-1540), e a ajuda portuguesa, por mais amistosa e generosa que fosse, pareceu insuficiente. O negus dirigiu-se de novo a Roma e conseguiu que se trocassem várias missões semidiplomáticas, semirreligiosas, entre a Etiópia e a Itália, pois o herdeiro de Salomão dava a entender que estava pronto a reintegrar-se no seio da Igreja Católica.

Produziu-se então um incidente divertido. O sucessor do negus Davi, Cláudios Asnaf Sagad (1540-1559), escreveu ao rei de Portugal Dom João III pedindo-lhe que o ajudasse a desvendar o caso de um homem que pretendia passar por patriarca católico e romano da Etiópia, e de quem tinha razões para desconfiar. Era um certo João Bermudes, português instalado na Etiópia, um aventureiro de alto coturno, segundo uns, diplomata hábil e médico, segundo outros. O personagem tinha jogado uma cartada bastante clássica e de fácil triunfo num tempo em que as distâncias eram grandes: no Ocidente, havia-se apresentado como patriarca da Etiópia; de regresso para junto do negus, mas sem apresentar a menor prova, tinha assegurado que o papa Paulo III, na audiência que lhe concedera, lhe conferira esse título.

A aventura desse impostor teve um resultado inesperado. O rei de Portugal pediu aos jesuítas que pusessem a claro a questão. Santo Inácio chamou a si o assunto e mandou fazer um inquérito minucioso, chegando a pedir informações a diversos membros do Concílio de Trento; num relatório amplamente fundamentado, o padre Salmerón concluiu tratar-se de um embuste. Mas, com isso, a Companhia passou a interessar-se pela Etiópia e pelas possibilidades de apostolado que lhe oferecia. Como a posição do negus estava mais ameaçada do que nunca, tanto pelos muçulmanos como pelos seus senhores feudais, pequenos comandos de portugueses foram prestar-lhe auxílio. Santo Inácio resolveu aproveitar a oportunidade para lançar uma verdadeira missão.

O primeiro jesuíta a embarcar, na condição de explorador, foi o padre *Gonçalo Silveira*. Depois, em 1555, o papa Júlio III nomeou oficialmente outros três, para assim criar uma hierarquia católica na Etiópia: o padre *João Nunes Barreto*, antigo capelão da prisão de Tetuán, que recebeu o título de patriarca, e como coadjutores, os padres *Melquior Carneiro* e *André de Oviedo*, grande místico, o mesmo que recebera os votos secretos do duque Francisco de Borja. Lançando os seus filhos nessa empresa delicada, Santo Inácio deu-lhes instruções precisas, notavelmente oportunas, que viriam a servir futuramente de regra a muitos outros missionários. Aconselhava-os a adaptar-se o mais possível aos usos do povo que deviam trazer para a sua fé, a levar com eles livros e instrumentos científicos, a esforçar-se por prestar aos etíopes todos os serviços que o seu estado de civilização mais adiantada lhes permitia. Era exatamente o método que, cinquenta anos mais tarde, proporcionaria tão bons resultados ao padre Ricci na China.

Na realidade, essa primeira missão de jesuítas não teve muito sucesso. O padre André de Oviedo, que foi desde o início o verdadeiro chefe, pois o padre Nunes Barreto não pôde viajar com ele, deparou com a desconfiança da corte real, do clero monofisita e mesmo de certos comerciantes europeus. Desde o seu primeiro encontro com o negus, a desilusão foi completa; o título patriarcal, que herdou com a morte do seu superior, parecia muito bonito, mas na prática não o impediu de ser senão um pobre padre esfarrapado, perdido numa miserável aldeia da região de Tigré, tendo de cultivar com as próprias mãos um pedaço de terra para atender às suas modestas necessidades, mas apesar disso irradiando felicidade. E o outro jesuíta, o padre Carneiro, não teve mais êxito.

Uma equipe de socorro enviada de Goa foi capturada pelos piratas árabes. Pior ainda: ao negus reticente sucedeu outro francamente hostil, Adamas Sagad, antigo muçulmano. E veio a perseguição, a prisão do padre Oviedo e o seu encarceramento até à morte do tirano (1563). Mas, heroico, o velho padre, a quem se tinham juntado dois jovens, recusou-se nobremente a seguir a recomendação do papa Pio V, que o aconselhava a deixar essa terra ingrata. Morreu em 1577, sempre fiel à missão que Santo Inácio lhe confiara.

Semelhante tenacidade daria os seus frutos? Em qualquer caso, a Companhia de Jesus estava resolvida a perseverar. A situação era grave. Os turcos dominavam o "golfo de Meca", o Mar Vermelho, cortando a passagem. A Etiópia passava por uma crise dinástica, que durou seis anos. Mas, apesar de todos esses obstáculos, um novo grupo de jesuítas tentou a aventura em 1589. Formavam-no dois homens diversamente notáveis: o padre *Antônio de Monserrat*, que conhecia bem os costumes muçulmanos devido ao longo tempo que permanecera na corte do Grão-Mogol; e o padre *Pero Pais*, que dominava admiravelmente bem os idiomas da Etiópia — o geês, língua litúrgica, e o amárico, língua falada —, pois tinha permanecido dez anos preso no interior do país. O novo negus, Susneios Seltan Sagad (1607-1632), extremamente preocupado com os progressos otomanos, deu-se conta de que só o apoio do Ocidente o podia salvar. Prestando ouvidos ao padre Pais, escreveu ao papa que desejava ser instruído na fé romana e, algum tempo depois, em 1613, declarou oficialmente ao novo patriarca, o padre *Afonso Mendes*, que aceitava o catolicismo.

Iniciou-se então um período extraordinário de apostolado intenso e bem-sucedido. Percorrendo sem pausa montes e vales, impressionando os ouvintes pelo seu perfeito conhecimento da língua nativa, e ao mesmo tempo descobrindo a Etiópia — foi o primeiro europeu a ver as nascentes do Nilo Azul — e escrevendo a sua história, o padre Pais obteve conversões em número impressionante. Evidentemente, nem tudo foi tão simples nessa ação missionária: o padre *Abraão de Giorgiis*, um libanês maronita enviado em reforço, foi descoberto pela polícia turca da costa — apesar do seu disfarce de comerciante armênio e da sua cor acobreada de levantino — e decapitado sem mais delongas. Mesmo assim, parecia verdadeiramente que a Etiópia inteira estava prestes a entrar no redil católico e o papa Urbano VIII entoava já um hosana.

Mas a partida, tão bem iniciada, foi perdida por culpa do novo patriarca, o padre Afonso Mendes, um dos raros jesuítas de toda esta época — e talvez de todos os tempos... — que se revelou pouco hábil. Enquanto o padre Pais, precocemente gasto — morreria aos quarenta anos, em 1622 —, via com desolação a sua obra ameaçar ruína, o novo chefe exigiu fórmulas escritas de abjuração de todos os parentes do negus e de todos os grandes vassalos, e teve o rompante de suprimir a liturgia tradicional e reorganizar o clero jacobita... Isto é, fez exatamente o contrário do que aconselhavam os prudentes métodos inacianos. Quando decidiu proibir a circuncisão e o sábado — dois costumes conservados pelos etíopes desde tempos imemoriais —, rebentou o drama. O negus procurou apoiá-lo, mas com isso apenas conseguiu provocar uma revolução contra si mesmo. Uns anos depois, o seu sucessor expulsou os jesuítas e fechou o seu império a todos os missionários do Ocidente. A causa católica tinha fracassado no reino do Preste João...

Um desbravador sublime: São Francisco Xavier

Houve um homem que assumiu por inteiro, com plenitude de intenção e de sacrifício, essa vocação missionária que os jesuítas empreenderam em todos os cantos do mundo, como uma epopeia, desde o próprio instante em que se fundou a sua Companhia. Entre os homens dos quatro votos, não houve nenhum que não repetisse, nas mesmas condições e com a mesma alegria, as quatro pequenas palavras que ele deu como resposta quando recebeu a ordem de partir para os confins da terra: "*Pues sus! Heme aqui!* Então, para a frente; eis-me aqui!" E haveria entre eles alguém que, lutando e sofrendo em regiões longínquas "para a maior glória de Deus", não levasse no seu coração, daí por diante, a lembrança desse prodigioso irmão mais velho que, em dez anos, percorrera dezenas de milhares de quilômetros, que fizera correr a água batismal sobre a fronte de milhares e milhares de pessoas, que plantara a Cruz onde nunca ninguém a tinha visto, e a quem o Senhor concedera a graça suprema de morrer ao seu serviço, na oblação de si mesmo? Serão lenda os seus milagres, as suas profecias, os seus dons prodigiosos? Alguns talvez, e, vinte e cinco anos após a sua morte, a Companhia faria um inquérito severo para distinguir bem a verdade do erro. Mas o que, em qualquer caso, não é lendário é a sua imensa atividade, a sua caridade sem limites, essa espécie de febre que o abrasava no serviço das almas, a sua genial intuição das exigências apostólicas. Na verdade, não houve desde o seu tempo, nem haveria até ao nosso, missionário algum que não se sentisse, de um modo ou de outro, discípulo e devedor de *São Francisco Xavier* (1506-1552).

Encontrava-se ele em Roma nos princípios do ano de 1540, quando Dom João III de Portugal, sempre à procura de bons operários apostólicos para o seu império ultramarino, tendo ouvido falar dos méritos de uma recente fundação religiosa, pediu a Paulo III que lhe cedesse alguns dos seus membros. O fundador, o grande Inácio, aceitara imediatamente, sem se perguntar se a partida de dois ou três não abriria um deplorável vazio nas pequenas fileiras do seu grupo: um jesuíta não se furta a uma ordem do papa. Como o primeiro designado adoeceu, o chefe escolheu outro... e que outro!: o seu amigo talvez mais querido, um dos companheiros dos primeiros anos, o seu irmão de alma. Era a separação para sempre, e ambos o sabiam. "Voltar a ver-nos cara a cara, com um forte abraço, será para a outra vida!", escreveria Francisco Xavier ao seu irmão mais velho. Mas que importava, se assim o queria o Mestre? E a 7 de abril de 1541, a bordo da *Santiago* — a nau-capitânia, cujas velas compridas e quadradas, marcadas com uma cruz escarlate, conduziriam até às Índias Orientais a flotilha anual dos sonhos portugueses —, o novo missionário, acompanhado de dois irmãos em religião, tomou o caminho da aventura que só abandonaria com a morte. Tinha então trinta e cinco anos.

Devia a sua vocação e, melhor ainda, a sua salvação àquele que acabava de lhe indicar a Ásia como campo do seu trabalho de apóstolo. Se o estudante Íñgo, o mendigo da colina de Santa Genoveva, não tivesse vindo compartilhar o quarto que ele já dividia com o bom savoiano Pedro Fabro, no Colégio de Santa Bárbara, teria Francisco Xavier ultrapassado as ambições mundanas que o preocupavam então? Os seus sonhos ter-se-iam tornado sonhos de Deus? Tal como ao seu companheiro e a tantos outros, o basco tinha-lhe revelado, pela leitura dos *Exercícios espirituais*, o caminho reto que levava a Cristo. Quando, na luminosa manhã do dia 15 de agosto de 1534, subscrevera na colina de Montmartre o voto de Santo Inácio, juntamente com os seus cinco companheiros, a sua vida tinha mudado de sentido, ou antes encontrara a linha reta do seu destino. O apelo do rei de Portugal e a ordem de partir para mundos desconhecidos não tinham feito mais do que oferecer-lhe a oportunidade de cumprir de uma vez para sempre o que decidira fazer: servir a Deus sem discussão, sem hesitação, sem voltar atrás, até ao fim[16].

Quando embarcou para a Índia, vestido de sotaina e com o barrete quadrado, era um jovem elegante, distinto, de uma nobreza evidente. Corria-lhe pelas veias o sangue inflamado dos Jassu, senhores de Xavier, que tanto haviam lutado pelos seus suseranos de Navarra contra os castelhanos. De estatura média, mas muito bem proporcionado, os olhos perfeitos num rosto ameno, agradava à primeira vista, e o calor da sua palavra confirmava essa impressão. Mas, sob essas aparências luminosas, havia também muitos mistérios e até contradições. Um orgulhoso vencido, um ambicioso que desviara os seus desejos para uma causa sublime? Talvez sim, e em toda a sua vida se espelharia, no seu gosto pela aventura, o ardor da sua juventude, e, na sua autoridade natural, a sua antiga vontade de dominar. De resto, exprimir-se-ia pouco, escreveria pouco — só se conhecem dele cento e trinta e sete cartas —, nunca falaria de si nem das suas lutas interiores: um homem secreto e que assim permaneceu aos olhos da história. É fácil recordar as etapas da sua existência, mas não tão fácil acompanhar, nessa conquista do mundo pelo apóstolo, a conquista do apóstolo por Deus[17]. É somente considerando a sua ação, medindo a extensão da sua caridade e do seu heroísmo, que se pode adivinhar o grau inefável de união com Cristo que devia estar na base de toda a sua vida aventurosa. Francisco Xavier encontra-se na primeira fila dessa categoria de santos em que se situam um Bernardo de Claraval, uma Joana d'Arc, mas também uma Teresa de Ávila: a dos místicos de ação, para os quais a ação temporal era a expressão visível e como que a projeção da experiência interior.

Teve ocasião de iniciar o seu trabalho apostólico já na própria nau que o conduzia ao Oriente. A viagem foi medonha; em geral, eram precisos seis meses para ir de Lisboa a Goa: a *Santiago* gastou treze. No meio da pequena massa humana encerrada a bordo, exasperada pelo convívio diário, entre os pobres emigrantes e os escravos etíopes como entre a tripulação, o apóstolo aplicou-se infatigavelmente à sua tarefa de mansidão e de misericórdia; graças a ele, houve durante a viagem menos rixas, menos pancadarias, menos blasfêmias do que de costume. Pregava da ponte, pregava aos escravos. Ao desembarcar em Goa, em maio de 1542, já tinha a fama de um homem de Deus.

Oficialmente, chegava na qualidade de núncio apostólico, acompanhando o vice-rei e munido de todos os poderes. Um núncio muito singular, na verdade, que desprezava as pompas e o fausto, que se ajoelhava humildemente diante do arcebispo — o franciscano João de Albuquerque — e que se alojou no hospital, cuidando dos doentes e mesmo dos leprosos. Não demorou a atrair a gente mais pobre da cidade. Quando passava pelas ruas, agitando uma pequena campainha, cachos humanos se apinhavam à sua volta, ansiosos por ouvi-lo. Era flagrante o contraste entre esse homem de Deus e muitos elementos do clero instalado na cidade — "instalado" é a palavra adequada —, que se aliara aos colonos e comerciantes e pouco se preocupava de evangelizar as massas. Ele, Francisco Xavier, interessou-se acima de tudo pelos nativos; não é que não procurasse melhorar os conquistadores, mas o seu grande sofrimento era ver católicos mostrarem-se tão cruéis, tão injustos, tão desonestos, saber que os senhores moíam a pancadas os seus escravos, que hábeis trapaceiros davam descaradamente tecidos sem valor e bugigangas de crianças em troca de marfim e pedras preciosas. Quantas vezes não teve de escrever ao rei de Portugal para protestar contra esses métodos! Mas as suas cartas chegaram alguma vez ao rei?

Então, deixando Goa e os seus europeus hedonistas, partiu para a grande caça às almas. A sua nunciatura dava-lhe autoridade sobre quase toda a Ásia, pelo menos de Ormuz na Pérsia até ao Oceano Pacífico. Pôs-se a caminho, e dali em diante nunca mais se deteve. A sua vida desenrolou-se numa espécie de paixão ambulatória, caminhando sem cessar, vogando continuamente, parando o tempo estritamente necessário para semear o Evangelho e ver germinar a boa semente. Foi uma tarefa sobre-humana, debaixo do calor sufocante ou das chuvas torrenciais das monções, por caminhos transformados ora em rios de lama, ora em desertos de pó pegajoso, ou no fundo de barquinhos sacudidos pela tempestade. A sua saúde depressa ficou abalada, mas não a sua fé nem o seu entusiasmo; bastava que uma aldeia de pele morena pedisse o Batismo, depois de tê-lo ouvido explicar melhor ou pior, mediante um intérprete, as noções básicas do cristianismo, para que se sentisse recompensado de todos os seus esforços.

Foi entre os humildes, os desprezados e os párias que lançou miraculosamente as suas redes de pescador de homens. Nas castas altas, a sua pregação quase não teve eco; entre os brâmanes e os senhores, a simples ideia da fraternidade cristã provocava desprezo. Mas os êxitos do apóstolo foram enormes entre os miseráveis agricultores das planícies e os pescadores de pérolas da costa. O mais retumbante deu-se entre os paravás, na região do Cabo Comorim, que tinham recebido outrora uns rudimentos de fé, mas agora estavam reduzidos a viver de vagas recordações e ritos depauperados; Francisco Xavier acendeu a chama entre esses resquícios de cristianismo, e os batismos que conseguiu foram aos milhares. Evidentemente, nem tudo foi tão fácil nessa ação apostólica: na ilha de Manaar, quando enviou para lá um dos seus discípulos — sem dúvida com a ideia de fazer desse ponto conquistado uma base para arribar ao Ceilão —, a súbita cólera de um pequeno déspota muçulmano local provocou um morticínio. Mas o sangue dos mártires não foi sempre semente de cristãos? Dolorido, mas de maneira nenhuma desanimado, o missionário retomou a sua tarefa. Na costa de Travancor, trabalhou muito entre os cristãos de São Tomé[18], que ainda ali subsistiam, e fez maravilhas entre os pagãos. Dez mil batizados em poucas semanas! Não era a melhor resposta do Céu, o verdadeiro sinal? Em trinta dias, Francisco Xavier converteu mais hindus do que todos os seus predecessores em trinta anos.

Apostolado rápido, muito rápido, e cujo alcance foi por vezes contestado; faz pensar na atividade desenvolvida pelos grandes missionários dos tempos bárbaros — São Martinho, São Bonifácio, Santo Amândio, São Columbano, São Galo —, quando povos inteiros aceitavam o Batismo, talvez sem que os seus conhecimentos teológicos estivessem ao nível da sua boa vontade... Que os apologistas de São Francisco Xavier tenham amplificado as suas proezas apostólicas, é algo que parece mais do que provável. O número dos batizados? 400 mil, diz um; mais de um milhão, diz outro, que desce ao detalhe: 329 por dia. Mas o próprio apóstolo referiu que tinha realizado várias conversões em massa, e que tinha administrado o sacramento, de uma só vez, a aldeias inteiras; confessa mesmo ter sentido às vezes o braço cansado! Tais métodos bastam para tê-lo na conta de um aventureiro irrefletido, de um campeão do Batismo em série?

Não temos o direito de julgar um homem e uma obra tão excepcional pelos critérios das nossas prudências e das nossas acanhadas sabedorias humanas. Que sabiam realmente do cristianismo — pode-se perguntar — esses convertidos apenas aspergidos com a água santa do Batismo e a quem o missionário, por ignorar a língua nativa, não podia dizer nada diretamente? Mas ele mesmo responde, numa carta admirável: "As coisas importantes na vida não precisam de intérpretes". Os seus verdadeiros meios de atuação eram a caridade, a compaixão fraterna, a misericórdia de Cristo em ação. O que o impelia a essa espécie de frenesi em propagar o cristianismo era o sentimento lancinante de que todos esses povos da Ásia lhe tinham sido confiados, e de que devia levar-lhes auxílio depressa, depressa, antes que as potências do inferno estabelecessem sobre eles o seu domínio; foi essa angústia das almas que ele exprimiu admiravelmente na "oração para a conversão dos infiéis" que compôs em Goa, por ocasião da sua nova partida para terras ainda mais longínquas, e que é como que o resumo do seu pensamento.

Longe, ainda mais longe, para ganhar almas, ainda mais almas! Seguindo a costa de Coromandel para o Norte, Francisco Xavier dirigiu-se em 1545 a Meliapur, onde pensava encontrar mais alguns restos dos "cristãos de São Tomé". Depois, dali, chegou à Malásia, onde os portugueses ainda tinham feitorias, tocou Malaca, navegou sem cessar, durante dois anos contínuos, entre as ilhas de Sonda e as do arquipélago das Molucas, estendeu a Ambóino (atual Ambon, nas Molucas), a sua escala para lutar contra a "excessiva carnalidade" que reinava nesses lugares voluptuosos, permaneceu entre as tribos mais ferozes do Cerão e depois da ilha do Moro, nas Filipinas, resistindo a todas as fadigas, a todas as decepções e tentações de desânimo. Em dezembro de 1547, voltou a Malaca, o ponto do cruzamento de todas as rotas do Extremo Oriente, e foi ali que a Providência se lhe manifestou uma vez mais.

Foi sob a forma de um pequeno homem franzino, de cor azeitonada, olhos oblíquos, túnica castanha, que trazia à cintura um sabre com bainha de laca desconhecido na Malásia. Vinha acompanhado de um português conhecido do missionário, que lhe contou tratar-se de um estrangeiro que percorrera centenas de léguas, por terra e por mar, expressamente para conhecê-lo; era um japonês, de nome Hashiro, que o capitão Álvares lhe apresentou com o nome ocidentalizado de *Angero*. Estabeleceu-se imediatamente entre eles um clima de total confiança e amizade. Batizado com o nome de Paulo da Santa Fé, o japonês não tinha senão uma ideia: levar consigo o santo, a fim de que convertesse o seu país. Francisco Xavier achou que tudo o que o homem lhe dizia era extremamente promissor, e, regressando a Goa com o novo discípulo, desfazendo os argumentos de prudência que lhe insuflavam de todos os lados, preparou com cuidado a prodigiosa expedição que o levaria a implantar a Cruz no Império do Sol Nascente.

A viagem — durante o verão de 1549 — foi movimentada. O junco chinês fretado pelo missionário não passava de uma barqueta miserável, e todas as orações recitadas, todas as varetas de incenso queimadas diante do ídolo colocado num nicho da proa não impediram o tufão de ameaçar de morte a frágil embarcação, nem as doenças de contaminar a tripulação e os passageiros, nem mesmo a filha do capitão de cair ao mar ao embate de uma vaga contra o casco. Por fim, conseguiram chegar ao Japão, a Kagoshima, a cidade de Hashiro, onde o suserano, um príncipe Satsuma — o "duque", dizia Francisco Xavier —, se mostrou benevolente e o missionário obteve um primeiro feixe de conversões. Esses felizes princípios não deviam durar muito. O Japão estava então em plena anarquia feudal, sob a autoridade puramente nominal de um Micado — imperador — sonolento; os *shoguns*, espécie de chefes do palácio, governavam unicamente em proveito próprio e os grandes vassalos, nas províncias, faziam o que bem queriam. A desordem era tão grande que os mosteiros de bonzos se tinham visto obrigados a transformar-se em fortalezas para se defenderem. Nesse caos, um humilde missionário talvez pudesse passar despercebido, mas era de duvidar que realizasse uma obra muito eficaz.

Mas nem por isso o apóstolo se deixou desanimar. Obstinando-se em aprender o japonês, resolveu discutir publicamente com os bonzos mais instruídos, pensando que, se ganhasse a elite, o resto do povo iria atrás. Os primeiros diálogos duraram pouco tempo: a exposição da teologia cristã fazia rir os budistas, mas, quando repararam que esse estrangeiro tomava certo ascendente sobre o povo, os sacerdotes obtiveram do *daimio* local uma ordem de interdição contra ele. Excelente ocasião para ir mais longe! Tinham falado ao missionário de Miako — a atual Kioto —, a cidade das noventa mil casas, capital e residência do Micado, o centro intelectual do Japão, onde quase mil estudantes frequentavam cinco universidades. Desembarcando, pois, na ilha principal do arquipélago, Honshu, pôs-se a caminho. Era inverno, um inverno cujos rigores não tinha previsto. Foram semanas de sofrimentos através da neve, do gelo e do vento norte, de noites mal passadas em pobres albergues e, muitas vezes, de mofas e pedradas das crianças. Tudo para terminar numa dupla decepção: meio arruinada pela guerra civil, a admirável cidade não era senão miséria, e o

Micado, cheio de desconfiança pelo aspecto encardido dos pregoeiros de Cristo, recusou-se a recebê-los.

Felizmente — o episódio é encantador e digno da lenda dourada —, o missionário tinha incluído na sua bagagem algumas peças de roupa vistosas, trazidas da Europa, e diversos presentes de valor: um relógio de rodas, uma espécie de cravo ou de cítara, um rico arcabuz, vinhos portugueses, garrafas de cristal, óculos, espelhos. Assim transformado em embaixador do rei de Portugal, fazia melhor figura, e, com efeito, foi recebido por um dos grandes senhores feudais, o rei de Yamagushi. Durante alguns meses, pareceu que a sua missão ia ser fecunda; não se tratava já de conversões às fornadas, mas de uma conquista lenta e sólida das almas; houve uns quinhentos ou seiscentos batizados, o que era um resultado notável. A conquista mais sensacional foi a de "Lourenço", o cantor ambulante meio cego que todo o Japão amava apaixonadamente, e que, batizado, se tornou o primeiro jesuíta de raça amarela. Quando, porém, pareciam confirmar-se as melhores esperanças, Francisco Xavier recebeu uma carta de Santo Inácio, em que o nomeava provincial das Índias Orientais, e teve que despedir-se do país e voltar para Goa, deixando nas ilhas uma jovem cristandade incipiente.

Além dessas recordações animadoras, trouxe do Japão uma nova e grande ideia. Tinham-lhe falado continuamente da China como terra-mãe das civilizações, farol que iluminava todo o Extremo Oriente; era, pois, à China que se devia levar o Evangelho, para que dali se expandisse por toda a Ásia. Resolveu rapidamente os problemas da Companhia em Goa, substituindo o incapaz superior do seminário pelo excelente padre Barzeu, que fizera maravilhas em Ormuz, e legou à sua comunidade, como uma espécie de testamento espiritual, instruções decisivas norteadas por uma vontade intransigente de humildade, abnegação e sacrifício. Depois disso, fez-se novamente ao mar.

Humildade, abnegação, sacrifício... Que palavras poderiam qualificar melhor os objetivos da sua derradeira etapa? A entrada da China era Cantão, onde os portugueses tinham uma feitoria. Como dirigir-se para lá? De novo Malaca, de novo o embarque numa frágil nau que tinha o belo nome de "Santa Cruz"..., e de novo a aventura, os perigos do mar, dos piratas, das doenças. Estas últimas seriam as piores. No momento em que o batel chegava à ilha de Sanchão (Szang-tcheou), à vista do litoral da China, uma febre maligna prostrou o apóstolo. Foi necessário levá-lo para terra, agonizante, desolado por não ter recebido resposta ao seu pedido de licença para desembarcar em Cantão, sonhando ainda assim em penetrar na China e lá ganhar almas... Foi ali que morreu, mesmo às portas do país desejado, numa miserável choupana coberta de palha, entre um diácono indiano e um chinês — o futuro padre Antônio de Santa Fé, a quem devemos a narração deste fim exemplar. O discípulo amarelo não pôde compreender as últimas frases pronunciadas pelo apóstolo, porque, no seu delírio, o moribundo se exprimiu na língua da sua infância, o basco de Navarra...; mas entendeu que repetia várias vezes o nome de Jesus. No sábado, dia 3 de dezembro de 1552, entregou a alma a Deus.

Essa morte solitária era a de um vencido? No limiar do continente que jamais atingiria em vida, e onde nunca pregaria a palavra de Cristo, São Francisco Xavier teria motivos para dizer que toda a sua obra fora inútil? Decerto que não. Se é evidentemente exagerado considerá-la como um êxito pleno, se devemos reconhecer que os acontecimentos posteriores revelaram em grande parte a sua fragilidade — menos de trinta anos depois da sua morte, as suas cristandades da Índia estariam muito comprometidas; as das Molucas recairiam no paganismo —, devemos também pensar que um homem só ou quase só, enfrentando a imensa Ásia e as sólidas posições do budismo, não podia em dez anos obter resultados duradouros. O verdadeiro papel de São Francisco Xavier foi o de um pioneiro, um conquistador, um desbravador sublime. Ele próprio sabia muito bem que essa era a sua vocação, quando exclamava: "Peço a Deus que me dê a graça de abrir o caminho para outros, mesmo que eu por mim não consiga nada".

O missionário não é um homem que possa deixar de avançar, como também não o é o semeador. Um apóstolo que não avance sempre não merece ser chamado missionário. "Até ao recanto mais distante e ignorado, até ao homem mais afastado e desconhecido, até esses extremos deve ele estender o reinado do divino Redentor", assim fixou Pio XII o dever do missionário[19]. E as palavras que o papa dedicou ao genial aventureiro de Cristo são a mais justa homenagem que se podia prestar ao seu trabalho: "Nunca uma prudente organização da sua atividade missionária teria tido o efeito dessa grande chama de amor que o devorou em poucos anos e que brilha para sempre nas praias do Extremo Oriente"[20].

Perseguições e martírios no "jardim florescente de Deus"

A história das missões na Ásia, durante os dois séculos que se seguiram à morte de São Francisco Xavier, não foi mais do que a da expansão da sua obra — e, depois, a da sua destruição. Ao retirar-se do Japão, em 1551, o grande desbravador deixara atrás de si um único padre da

Companhia, o padre Cosme de Torres, além de pequenos núcleos de cristandades extremamente sólidas; se lhes fossem enviados reforços, a obra da evangelização teria todas as probabilidades de espalhar-se rapidamente. O primeiro padre foi enviado no ano seguinte, acompanhado de dois irmãos leigos. Puseram imediatamente mãos à obra e quando, em 1556, o padre *Nunes Barreto* — aquele que fora patriarca da Etiópia e o segundo sucessor de São Francisco Xavier como provincial da Índia — visitou as novas comunidades japonesas, rendeu homenagem, num relatório oficial, ao trabalho já realizado pelo grande apóstolo e pelos seus sucessores imediatos. Teria sido só porque a situação política era então muito favorável e, no meio da anarquia geral, os *daimios* do Sul haviam procurado apoiar-se nos portugueses para resistir aos príncipes da ilha de Fiondo? Ou teria havido uma misteriosa correspondência entre a alma desse povo profundamente moral, cheio de dignidade e delicadeza, e o cristianismo?

O certo é que os progressos foram rápidos. Um senhor feudal de Saga, na ilha de Kyushu, escrevendo em 1568, admirava-se de que uma fé "contrária às leis, aos costumes, às concepções do Japão" se impusesse assim a tantos dos seus compatriotas. A despeito dos obstáculos que o oceano e os seus tufões opuseram obstinadamente, durante longos anos, a todos os missionários enviados de Goa em reforço — o visitador, padre Vilhena, afogou-se com quatro outros jesuítas num naufrágio ao largo de Macau —, a semente lançada à terra por São Francisco Xavier não cessou de crescer. Na vanguarda dos bons artífices desse primeiro apostolado, destacou-se o estimado irmão *Lourenço*, o trovador ambulante que o apóstolo admitira na Companhia e que, com as suas canções e a sua simpatia, ganhou para os cristãos, ao menos durante algum tempo, a benevolência do mais poderoso dos senhores, Nobunaga, que todos saudavam com a fronte por terra...

Quinze anos depois da partida de São Francisco Xavier, o número de católicos japoneses atingia — segundo estimativas que parecem muito confiáveis — a assombrosa cifra de 150 mil. Após a sua chegada, em 1563, o padre *Luís Fróis* fez surgir comunidades cristãs em Omura, em Sakai e sobretudo em Nagasaki, que se tornou o centro mais vivo da igreja japonesa; com habilidade, ressaltava os aspectos do cristianismo que podiam recordar aos japoneses os seus costumes ancestrais, como, por exemplo, as cerimônias em honra dos mortos; é da sua autoria o relato de uma "Semana Santa" japonesa muito comovente. Êxitos admiráveis: quatro bonzos se converteram! Nobunaga, que se tornara senhor do Japão depois de uma crise tenebrosa, em que o *shogum* fora assassinado, odiava os monges budistas e incentivava os jesuítas. Mesmo a sua queda — derrotado, fez o *harakiri* — não comprometeu duradouramente o êxito dos missionários brancos.

Ocorreu então o apogeu do catolicismo no Império do Sol Nascente, "a época da grandeza dos bárbaros do Sul", como diz um romance budista do tempo. Desembarcados em 1579, sob a direção do enérgico e organizador padre *Alexandre Valignano*, italiano, catorze jesuítas dividiram entre si as ilhas e, pouco depois, obtinham êxitos retumbantes em toda a parte. Em menos de trinta anos, construíram mais de trezentas igrejas e o número de batizados beirava os 200 mil. O padre visitador, na sua alegria, falava do Japão como "o florescente jardim de Deus". Quando regressou à Índia, levou consigo uma delegação de quatro jovens da alta nobreza, batizados, que se propunha enviar ao rei de Portugal e ao papa como embaixadores da igreja japonesa. Com efeito, os quatro rapazes fizeram uma viagem maravilhosa — muito longa: uns cinco anos! —, foram recebidos com fausto por Filipe II (que acabava de anexar Portugal), receberam um abraço afetuoso de Gregório XIII e assistiram à coroação de Sisto V; comportaram-se em toda a parte com grande delicadeza de maneiras e, no regresso, contaram aos seus compatriotas todas as coisas belas que tinham visto na Europa; três deles fizeram-se jesuítas, e um, Juliano Nakamura, viria a morrer mártir.

Contudo, no meio de tanta felicidade, a igreja japonesa não tardou em encontrar obstáculos no seu caminho. Em primeiro lugar, os progressos do protestantismo na Europa e o aumento do poderio das armadas inglesa e holandesa levaram deploravelmente a que os navios em que os missionários embarcavam fossem presa frequente dos navios piratas dos seus inimigos europeus. Por outro lado, a política interior do Japão continuava caótica, e isso não deixava de repercutir no trabalho dos missionários. Em 1587, o primeiro alerta: o *taikosama* Toyotomi Hideyoshi, o "chefe supremo" (assim se autointitulava, embora não passasse de um vulgar chefe de bando), que tinha destronado o benévolo Nobunaga, promulgou editos anticatólicos; o motivo: duas donzelas cristãs haviam-se recusado a fazer parte do seu harém! Os jesuítas encolheram-se o mais possível, até que chegasse o fim da tormenta, e depois tornaram a aparecer. Eram cento e trinta e quatro, à frente de 300 mil fiéis. A pedido deles, criou-se em 1592 o primeiro bispado japonês, com sede em Funai. Foi então que o drama explodiu.

As causas foram diversas e complexas. Umas de política interna nipônica: teria Hideyoshi começado a atemorizar-se com a crescente importância dos cristãos? É verdade que 50 mil batismos em cinco anos eram para deixar impressionado quem quer que fosse! O padre provincial Coelho não teria cometido um erro ao pedir-lhe que interviesse contra um cristão apóstata que era seu vassalo? Mas sobretudo não há dúvida de que esse homem forte, pondo fim ao regime feudal e procurando criar um Estado unificado e centralizado, se viu arrastado a um nacionalismo mais ou menos xenófobo. Este movimento viria a acentuar-se depois dele, quando Tokugawa Ieyasu fundou a poderosa dinastia dos *shoguns* de Tokugawa.

Mas houve também outras causas para a catástrofe que ia desabar sobre o Japão cristão, e, quanto a essas, a responsabilidade cabe aos católicos e até, parcialmente, aos jesuítas. O extraordinário sucesso da missão japonesa teve como resultado que outras ordens sentiram vontade de lá ir colher os seus louros; em particular, os franciscanos espanhóis instalados nas Filipinas. Muito prudentemente — e não apenas no interesse da Companhia —, os jesuítas objetaram que a aparição de costumes e usos diversos, e até de teologias mais ou menos divergentes, poderia desnortear os neófitos japoneses, e obtiveram em 1585, de Gregório XIII, uma bula que lhes garantia o monopólio das missões no Japão. Mas os frades mendicantes, impelidos — assim queremos crer — por um zelo altamente evangélico, mas em todo o caso intempestivo, não descansaram enquanto não conseguiram que Clemente VIII (1600) anulasse a bula e os autorizasse a pregar no Japão. Em vão o bispo Luís Cerqueira protestou junto do rei Filipe III.

Se ao menos esses recém-vindos tivessem imitado a prudência dos jesuítas e atuado de maneira modesta e discreta! Mas não! Comportaram-se com a arrogância que muitos deles vinham manifestando na América e, demasiado ligados aos comerciantes portugueses, apareciam aos olhos dos japoneses como aquilo que eram — estrangeiros —, o que os jesuítas quase tinham conseguido fazer esquecer. Bastou um incidente para desencadear as iras do senhor. Em 1596, um capitão espanhol, cujo navio tinha dado à costa, quis opor-se ao confisco da carga — o que era de praxe no Japão — e, recorrendo à intimidação, cometeu a estupidez de dizer aos funcionários japoneses que o rei da Espanha viria vingar essa afronta, que conquistaria o Japão como o fizera com a América, e que, aliás, os missionários estavam ali para lhe prepararem o caminho. Teria sido necessário um acaso raríssimo para que o *taikosama* Ieyasu não reagisse imediatamente a tamanha provocação...

Mas a perseguição viria a ter consequênciasmais catastróficas, porque os jesuítas, ao invés de chamarem ao sacerdócio os japoneses católicos, os mantiveram afastados dele durante muito tempo; só em 1601 é que foi ordenado o primeiro nativo! Tinham receio de que esses convertidos de fresca data não possuíssem suficientes conhecimentos teológicos e pensavam também que os católicos japoneses, bastante pobres no seu conjunto, não poderiam sustentar dignamente os seus padres. Por outro lado, as autoridades espanholas e portuguesas consideravam que a criação de um clero indígena se opunha às famosas bulas que confiavam às suas coroas o cuidado e o privilégio da evangelização; a tal ponto que, quando em 1618 o franciscano Luís Sotelo obteve do papa Paulo V a promessa de que se criaria um bispado nacional japonês, o rei Filipe III mandou expulsá-lo dos seus Estados e ainda o manteve encarcerado durante algum tempo em Manila! Obrigada a não ser mais do que uma "igreja de missão", a igreja japonesa iria seguir a sorte dos seus missionários vindos da Europa: quando estes fossem expulsos, já não poderia lutar sozinha.

A primeira perseguição — a de Hideyoshi — começou em 1596, e foi relativamente moderada, no sentido de que, pelo seu caráter esporádico, não pretendeu destruir sistematicamente o cristianismo. Mas nem por isso fez menos vítimas. A 5 de fevereiro de 1597, seis religiosos franciscanos e vinte neófitos, três deles irmãos leigos jesuítas, foram presos, conduzidos a Nagasaki, julgados, condenados, crucificados e mortos a lançadas; entre eles, havia um velho e três rapazinhos de onze a treze anos, que tiveram uma morte sublime, digna da dos mártires da lenda dourada que cantavam nos suplícios[21]. Este primeiro banho de sangue não teve, aliás, nenhuma consequência funesta para o desenvolvimento da igreja japonesa; muito pelo contrário, rodeados imediatamente de imensa veneração — como mostra a comovedora carta coletiva dirigida à Santa Sé para pedir a canonização imediata dos vinte e seis crucificados —, os mártires pregaram com o exemplo por meio da sua morte. Entre 1598 e 1612, contaram-se mais de cem mil novas conversões; a igreja nipônica atingiu meio milhão de almas.

A segunda perseguição — obra de Ieyasu — aniquilou essa nova cristandade tão cheia de seiva e destruiu por vários séculos "o florescente jardim de Deus". Foi desencadeada por um gesto ignóbil: as manobras que protestantes holandeses e ingleses — levados pela mera rivalidade comercial — fizeram junto do *shogum* para convencê-lo de que os portugueses e espanhóis estavam prestes a insurgir-se contra ele e de que os soberanos católicos da Europa iriam desembarcar nas suas ilhas e atacá-lo. Atemorizado, Ieyasu promulgou em 1614 um decreto pelo qual desterrava todos os missionários, condenava a religião dos "bárbaros do Sul" e ordenava a destruição das igrejas. Mais de cem missionários jesuítas foram levados para Manila e Macau, devidamente avisados de que, se voltassem, seriam implacavelmente mortos. E todos os portos passaram a ser rigorosamente vigiados. Quanto aos católicos japoneses, viram-se inicialmente expostos a inúmeras intrigas e, depois, a sevícias. Apesar dos esforços heroicos de alguns jesuítas e franciscanos que ousaram permanecer clandestinamente no Japão, ou mesmo para lá voltaram, as comunidades católicas, decapitadas do seu clero, já não tinham possibilidades de sobreviver.

Por fim, quando se desencadeou, a partir de 1623[22], a terrível perseguição do *taikosama* Iemitsu, digno êmulo de Décio e Diocleciano na história cristã, viria a haver muitas defecções e fugas, ao lado de admiráveis atos de heroísmo de mártires torturados, queimados a fogo lento, afogados nos esgotos. Quarenta anos mais tarde, a Igreja Católica japonesa estava morta e só podiam penetrar no Império do Sol Nascente os comerciantes protestantes da Holanda, que deviam calcar aos pés a cruz antes de serem autorizados a desembarcar...

Talvez a razão mais profunda desta catástrofe tenha residido num erro de método: religião de estrangeiros, religião importada, o cristianismo não pôde lançar raízes profundas no "florescente jardim", nem soube fazer-se suficientemente — oh, São Paulo! — "japonês entre os japoneses". Ao menos este erro não seria cometido na China e na Índia.

Cristo entra no "Catai" com "Li Mateu"

No ano de 1583, desembarcaram em Macau, designados pelos seus superiores para a missão da China, dois jesuítas italianos de boa presença, o padre Miguel Ruggieri, siciliano, que já tinha estado duas vezes nessas paragens, e o padre Mateus Ricci. Macau era então o único ponto de apoio oficial que os cristãos possuíam no Império do Meio, ou antes, às suas portas; por isso lhe chamavam "a cidade do Santo Nome de Deus". E embora muitas vezes se falasse na China dessa feitoria como de um "cancro no flanco do Augusto Império", a avidez dos mandarins de Cantão conservara os portugueses nessa pequena península facilmente isolável, já que os honestos funcionários chineses não desprezavam o proveito que lhes advinha do comércio que se fazia com a Europa nesse porto franco.

Havia mais de trinta anos que São Francisco Xavier morrera na pequena ilha de Sanchão e era saudado por todos os missionários com uma fervorosa oração quando o seu navio passava por ali perto. A China não estava muito mais aberta ao Evangelho do que nos dias em que o santo pioneiro a contemplara —tão próxima e contudo tão inacessível — com os seus últimos olhares. Mas alguns missionários corajosos tinham posto ali a ponta do pé. Em 1555, de caminho para o Japão, o padre visitador *Nunes Barreto* pudera fazer duas pequenas escalas de um mês; no ano seguinte, um dominicano, o padre *Gaspar da Cruz*, também pudera passear livremente pela região de Cantão, sem que fosse incomodado. Quando o padre Valignano foi nomeado visitador geral para a Índia, em 1573, decidiu estabelecer solidamente Macau como centro das operações missionárias na China e enviar para lá o melhor aluno que tivera em Roma, quando era reitor do Colégio da Companhia: Mateus Ricci.

Penetrar no coração da China era considerado então como a pior das aventuras; o mesmo se pensava, aliás, de todo o centro da Ásia, numa época em que mal se suspeitava da existência do Himalaia! Havia até, a propósito da China, um mistério geográfico muito discutido: localizar-se-ia lá o famoso "Catai" de que falara Marco Polo no *Livro das Maravilhas*? O "país dos *seres*" seria realmente a terra da seda que o viajante veneziano tinha visitado? E seria possível atingi-lo pelo continente? São Francisco Xavier assim o julgara, tendo chegado a escrever a Santo Inácio, pouco tempo antes de partir para a sua última viagem, que pensava voltar para a Europa diretamente da China, passando pelo Santo Sepulcro... É evidente que a ignorância dos costumes, da literatura e da religião dos chineses era tão generalizada como a da geografia do seu país. Havia uma grande variedade de livros sobre esses assuntos, muitos deles já então traduzidos para o árabe, mas eram poucos os ocidentais dispostos a estudá-los.

O mérito deveras singular de *Mateus Ricci* (1552-1610) consistiu, desde que foi designado para a missão chinesa, em preparar cientificamente a sua obra apostólica, com todos os recursos de uma inteligência sem igual. Filho de boa família, nascido em Macerata, na Marca de Ancona, fizera-se jesuíta aos dezenove anos e revelara-se um espírito de tipo enciclopédico, um "humanista da Renascença", igualmente brilhante não só em línguas antigas, em filosofia e teologia, como em matemática, cosmografia e astronomia, o que, como vamos ver, lhe serviria de muito. Tendo partido para a Índia em 1578, como professor no colégio jesuíta de Goa e depois no de Cochim, quando soube que o seu antigo mestre Valignano se tornara seu superior e pensava nele para a missão da China, num ano aprendeu a falar razoavelmente o chinês e até a escrever um pouco. Com a sua bela e grave aparência, o seu ar mais que reservado e a longa barba que deixou crescer, já poderia passar por um extremo-oriental; e, para cúmulo de sorte, a sua tez de italiano do Sul já não era de per si nem cor-de-rosa nem de açucena...

Antes, pois, de desembarcar na China, Mateus Ricci já a conhecia. Estudara os seus filósofos, os seus clássicos, as suas religiões. Sabia que os chineses consideravam o seu país como "a cabeça, ou melhor, o próprio corpo do mundo", e que não estaria fora de propósito lisonjear esse orgulho. Não ignorava que a casta dos letrados exercia ali uma influência notável e concluiu que era preciso dirigir-se primeiro a eles, para, se possível, ganhar-lhes a confiança. Nunca estratégia missionária alguma fora tão profundamente pensada como a deste sutil jesuíta.

Instalados primeiro em Tchao-Kiu, os dois missionários Miguel Ruggieri e Mateus Ricci continuaram, antes de mais, a estudar prudentemente o meio e a preparar a sua ação futura, sem procurar empreender um apostolado prematuro. O padre Ricci tinha muito jeito para pintar: em breve os seus quadros lhe conquistaram a estima dos entendidos e dos letrados; e, enquanto o padre Ruggieri voltava à Europa para explicar à Santa Sé e à Companhia a situação na China, continuou os seus trabalhos de aproximação, sucessivamente em Tchao-Kiu, Nanquim e Pequim.

Dali em diante, estava familiarizado com a China e os chineses, especialmente os letrados. Estudando as religiões que se praticavam no Império, chegou a conhecer perfeitamente o *taoísmo*, doutrina metafísica fortemente amalgamada com magia e misticismo politeísta, o *budismo*, agnóstico na sua origem mas popularizado na China como veneração de Buda, e o *confucionismo*, mais voltado para a filosofia moral e social do que para a transcendência, e deu-se conta de que toda a elite intelectual era confuciana. Tomando, pois, posição contra os taoístas e os budistas, aproveitou mais de uma ocasião para demonstrar aos confucianos que a sua doutrina se parecia muito com o cristianismo, sublinhando habilmente os pontos de coincidência. A técnica não era nova: não a tinham usado os Padres da Igreja em relação aos filósofos gregos, e São Tomás de Aquino em relação a Aristóteles? Onde faltavam os pontos de contato, o hábil jesuíta criou-os! Por exemplo, como não existia em chinês a palavra "Deus", admitiu que as expressões "Senhor do Céu" e "Soberano Senhor" exprimiam maravilhosamente a ideia. Quanto aos ritos chineses de prostração e incensação, era do mais elementar bom-senso integrá-los no cristianismo; assim os convertidos não teriam nenhuma necessidade de romper com os seus costumes imemoriais ao receberem o Batismo. E os letrados chineses passaram a relacionar-se de bom grado com esse homem eloquente, culto, que lhes ensinava tantas e tantas coisas maravilhosas sem interferir nos seus costumes. Deram-lhe — honra insigne — um nome de letrado na sua casta: *Li Mateu*, tradução fonética do seu nome cristão.

Mas o que mais maravilhou os curiosos das coisas do espírito foram os instrumentos que os jesuítas tinham levado consigo, e que eram desconhecidos na China: relógios de tique-taque misterioso, o prisma que, ao decompor a luz solar, dava uma gama de cores prodigiosa, o astrolábio, a bússola... Quanto ao exemplar do *Theatrum mundi*, o mapa do flamengo *Ortelius* que Ricci possuía, encheu de espanto todos os que o viram. A tal ponto que o próprio imperador, San-Li, quis conhecer esses estrangeiros tão sábios e os convocou à Cidade Proibida. O padre Ricci e os seus auxiliares apresentaram-se envergando trajes de seda de mandarim — tinham-nos adotado havia anos —, com o seu nome de chineses letrados e a mais chinesa das cortesias. Foi necessária mais de meia dúzia de visitas, de quatro a cinco horas cada uma, para satisfazer a imperial curiosidade e a da sua corte. Extasiado, o Filho do Céu quis que lhe explicassem o uso dos instrumentos e, quando viu o mapa, pediu ao padre Ricci que lhe fizesse uma cópia. De uma habilidade extrema, o jesuíta foi mais longe e não se contentou com executar servilmente a ordem: antigo aluno do padre *Clávius*, sabia bastante geografia para desenhar pessoalmente um novo planisfério, onde o império da China, como convinha, ocupasse o centro, o que o fazia parecer maior. O ato de entrega do mapa teve tal importância que os anais da dinastia Ming o registraram oficialmente. Entusiasmado, o imperador ordenou que se fizessem cópias da obra-prima destinadas a todas as partes dos seus vastos domínios, e autorizou o seu novo Ptolomeu — que não tinha em vista senão esse desfecho — a pregar livremente por toda a parte.

Admirável resultado de um método missionário que, devemos confessar, não estava ao alcance de todos! Subsidiariamente, no decurso dos seus trabalhos, o padre Ricci concluíra de modo formal pela identidade entre o "Catai", o "país dos *seres*" e a China. Fê-lo com tanta segurança que os superiores da Companhia na Índia, querendo tirar absolutamente a limpo o assunto, encarregaram um dos seus irmãos coadjutores, o irmão Bento de Góis — um português dos Açores de passado um pouco tempestuoso — de tentar a aventura: em cerca de quatro anos e meio, disfarçado de comerciante armênio, o irmão leigo conseguiu ir de Goa a Chung-Tcheu, na China, onde morreu, exausto, nos braços de um cristão enviado pelo padre Ricci ao seu encontro. Estava desvendado o mistério do Catai.

Quanto aos resultados estritamente apostólicos da ação do padre Ricci, à primeira vista, podem parecer desproporcionados para a soma de esforços despendidos. Quando morreu, a 14 de maio de 1610 — o mesmo dia em que, em Paris, Henrique IV caía apunhalado por Ravaillac —, o número de convertidos chineses não ultrapassava 2.500. É verdade, porém, que todos eles, ou quase todos, pertenciam à elite chinesa, como o "Doutor Li" — que era o primeiro matemático do seu país e que, além disso, traduzira

Aristóteles —, como também altos funcionários e mesmo um futuro vice-rei. Era evidentemente um grupo pequeno, que o jesuíta matemático e cartógrafo soubera reunir sob a sua tutela, mas dali em diante estava aberta a porta por onde os missionários poderiam entrar no vasto império. O método empregado por *Li Mateu* parecia tão excelente que numerosos jesuítas o utilizaram, e assim, durante quase um século, viram-se na corte de Pequim astrônomos e matemáticos oficiais do imperador que eram nada menos do que padres jesuítas. Por volta de 1650, calculava-se em 150 mil o número de católicos na China, e a Santa Sé pensou em elevar Pequim a patriarcado, com dois ou três arcebispados e uma dúzia de bispados. Bela recompensa póstuma para o genial missionário que, mostrando ao Filho do Céu as estrelas nas suas lunetas de aproximação, tinha conseguido abrir para Cristo o país mais fechado do tempo![23]

"Brâmane entre os brâmanes" o padre Nobili

Se houve um país onde se cometeu o erro de querer impor aos nativos que se convertiam os moldes e os métodos do catolicismo europeu, foi a Índia. São Francisco Xavier desenvolvera ali esforços admiráveis para arrancar as missões às deploráveis práticas que acabavam por identificar missionários e conquistadores europeus aos olhos dos autóctones. Sabemos os resultados que alcançou sobretudo nos meios e nas regiões pobres. Mas teria ele mesmo avaliado realmente a importância do regime de castas e compreendido que era impossível não tê-las em conta? Por outro lado, o sempiterno andarilho não tivera tempo de aprofundar no conhecimento dos idiomas e das civilizações da Índia. Em 1548, mandara compor um dicionário e uma gramática da língua tâmil, falada nas costas meridionais do Decão, mas o trabalho fora muito mal feito e os tradutores tinham cometido erros enormes, às vezes divertidos; assim, para designar a Missa, haviam escrito "misel", que em tâmil quer dizer bigode...

Na segunda metade do século XVI, a evangelização na Índia não tinha, pois, atingido seriamente senão as costas do Cabo Comorim, Travancor, parte de Coromandel e a ilha do Ceilão: uns 300 mil batizados. O arcebispado de Goa, com os seus sufragâneos — os bispados de Meliapur e Cranganor (além do de Macau, na China) —, constituía um belo quadro onde havia pouca realidade espiritual, com as suas dioceses administrativamente decalcadas nas da Europa, muito mais portuguesas do que indianas. Contudo, em 1599, o catolicismo alcançou um êxito gratificante: os 200 mil descendentes dos "cristãos de São Tomé" da região de Cochim, que dependiam do patriarca jacobita — isto é, herege e cismático — da Mesopotâmia, mas continuavam sob a viva impressão da visita que lhes fizera São Francisco Xavier, resolveram submeter-se à Santa Sé. Infelizmente, pouco tempo depois, a estupidez de alguns missionários ocidentais levou-os a arrepender-se dessa decisão; quando viram que se queria latinizar a todo o custo o rito siro-caldaico que haviam seguido desde sempre, e proibi-los de rezar na sua língua popular do Malabar, voltou a criar-se um clima de tensão, que terminou num novo cisma, em 1663[24].

Incidente significativo de um estado de espírito muito difundido, que um missionário julgava assim em 1610: "Uma grande imprudência que os portugueses cometeram foi aceitarem e terem como próprio o nome de *prangui* — como os designavam os hindus —, e terem mesmo chamado ao cristianismo a religião dos *pranguis,* como se vê no catecismo que empregam. Lê-se nele que 'praticar a religião cristã é viver como um *prangui*'. Daí surgiu no país o preconceito de que o cristianismo era exclusivamente a religião dos *pranguis*, e o crucifixo o seu sinal próprio. Tais imprudências tornaram impossível a pregação do Santo Evangelho entre estes povos"[25].

O missionário que apreciava tão agudamente a situação era um jesuíta italiano, o padre *Roberto Nobili* (1577-1656). Sobrinho-neto do papa Júlio III, sobrinho do cardeal Nobili e do cardeal Belarmino, filho do senhor de Montepulciano, na Toscana, era em toda a força do termo um aristocrata e, quando se apresentou como um "rajá" da Europa, não mentia. Logo que entrou na Companhia de Jesus, sentiu um atrativo especial pela Índia, e o exemplo de São Francisco Xavier gravou-se-lhe no espírito. Pediu, pois, com insistência para ser destinado a essa missão e, em 1604, foi atendido. Chegando a Goa, foi nomeado para o colégio de Cochim, depois enviado para a costa da Pescaria e, em 1606, designado para um posto no interior, em Maduré.

Nessa região, a atividade apostólica não produzia quase nenhum fruto; quando muito, chegava-se de vez em quando a batizar um nativo *in articulo mortis*. O superior da missão, o padre Fernandes, era certamente um santo homem, mas o seu zelo não levava a nada. O padre Nobili refletiu sobre a situação e compreendeu a causa. O bom superior vivia como *prangui*, sem ter em conta a organização social e religiosa, muito mais estrita nesse lugar recuado do que na costa. Como não tinha inconveniente em conviver com os párias, os brâmanes desprezavam-no; e quanto ao povo, considerava-o um bárbaro muito ímpio por comer carne de vaca e tomar bebidas alcoólicas.

Isso foi para o padre Nobili um clarão. Para ser bem sucedido onde o seu predecessor não tivera senão desgostos, devia mudar totalmente de método. Como as castas altas eram, evidentemente, as que formavam a opinião, dirigir-se-ia a elas, e o único meio de consegui-lo seria — à semelhança do que fizera o padre Ricci na China — identificar-se com elas, fazer-se "brâmane entre os brâmanes". Passando imediatamente da ideia à ação, começou a apresentar-se com a veste de tecido amarelo dos *saniases*, isto é, dos ascetas, que eram muito respeitados. Como eles, usava o barrete em forma de turbante, o véu vermelho passado por detrás da cabeça e lançado sobre os ombros até ao braço esquerdo. No peito, o cordão de cinco fios, três de ouro e dois de prata, dos brâmanes, em cuja extremidade prendeu uma cruz. Adotou também os tamancos munidos de uma cavilha presa entre os dedos maiores do pé. Quando saía à rua, não deixava de levar o bordão e a vasilha de cobre que servia às pessoas da sua categoria para receber as ofertas. E morava numa cabana, tradicional entre os eremitas, os "saniases", com quem se identificava totalmente.

Não demorou a falar-se em toda a região desse rajá romano que se tinha feito asceta, que nunca comia carne nem bebia vinho, que se alimentava unicamente de legumes, e a quem nunca se via falar com um "intocável" pária. Em breve se viu rodeado de um movimento de curiosidade, de simpatia e de estima. Tinha estudado a fundo a Índia, os seus povos, as suas línguas; falava correntemente o tâmil, língua popular, mas dominava também o sânscrito. A sua ciência dos livros sagrados hindus tornou-se tão extraordinária que os brâmanes mais ilustrados vinham conversar com ele, maravilhados de ouvi-lo citar de cor os seus autores; chegaram mesmo a pedir-lhe — a ele, um europeu — esclarecimentos sobre certos pontos das suas próprias doutrinas!

Ao ler os *Vedas*, o padre Nobili encontrou nas suas páginas uma tradição de que se ia aproveitar. Segundo se conta, em tempos recuados, os homens dispunham de quatro caminhos para chegarem à verdade e à salvação, mas, por causa da sua malícia, a quarta, a mais segura, havia-se perdido... Como outrora São Paulo afirmara aos atenienses que o "Deus desconhecido" não era senão Cristo, o padre Nobili explicou aos brâmanes que o caminho perdido era o cristianismo. E soube mostrar-se tão persuasivo que, em 1609, setenta deles se converteram e o seu exemplo foi seguido por outros, não só em Maduré, mas em Mysore e no Karnataka. Naturalmente, a esses neófitos que, fazendo-se cristãos, estavam convencidos de que não rompiam com a sua fé passada e os seus costumes ancestrais, o jesuíta permitiu-lhes conservar tudo o que, nas tradições deles, não lhe parecesse idolátrico ou supersticioso.

Esse método sagaz não agradou a todos os cristãos, especialmente ao padre Fernandes, que viu nele uma desautorização do seu modo de proceder, e, além disso, um ultraje ao orgulho nacional. Condenando o "pranguismo", como o fazia com franqueza, não pretenderia o padre Nobili expulsar os portugueses desses territórios onde tinham recebido o privilégio da evangelização? Denunciado ao padre visitador, o jesuíta italiano defendeu-se num longo e sólido memorial, que chegou até nós e que é certamente um dos mais lúcidos tratados de missionologia que se podem ler ainda hoje. Nesse documento, mostra que a sua técnica era exatamente a mesma que sempre dera resultado na Igreja, aquela que o papa São Gregório aconselhara aos missionários que tinha enviado à conquista da Inglaterra. Passando em revista as censuras que lhe faziam — vestir-se à maneira hindu, admitir os banhos rituais, o incenso de sândalo, usar o cordão dos brâmanes —, provava que eram absurdas. Quanto ao regulamento que estabelecera na sua igreja para reservar a entrada aos catecúmenos de casta superior, explicava que fora levado a isso pelos seus próprios convertidos, a quem a mera presença dos párias afastaria infalivelmente.

Apesar dessa enérgica defesa, o padre Fernandes conseguiu que a Inquisição de Goa condenasse os métodos do seu confrade. Mas Nobili não desanimou; apelou para o tribunal superior da Inquisição em Lisboa, que lhe fez justiça, numa sentença que Gregório XV confirmou da maneira mais formal. A questão dos "ritos malabares", como se dizia, estava encerrada, mas recomeçaria um dia e, no século XVIII, seria um dos argumentos mais graves utilizados contra a Companhia de Jesus. Foi unicamente Roma que decidiu que dali em diante haveria duas categorias de missionários: uns — brâmanes — para as castas altas, e outros — os *pandarás* — para os párias.

Quando o padre Nobili morreu, em 1656, no Colégio de São Tomé, depois de meio século ou quase de apostolado, deixou missões em plena prosperidade no Maduré, em Trichinópolis (atual Tiruchchirappalli) e em Selão: uma cristandade de cem mil almas. A missão moderna considera-o, legitimamente, um precursor.

Missões não jesuítas: carmelitas no país do Xá

Se os jesuítas ocuparam incontestavelmente o primeiro lugar na grande batalha missionária a partir de cerca de 1550, não foram, porém, os únicos a participar nela. Entre os franciscanos, houve vários ramos que se destacaram pelo seu zelo: sobretudo os observantes, os capuchinhos e os recoletos. Os dominicanos, cujos esforços e coragem tinham estado na origem de muitas das bases estabelecidas na América Latina, continuaram a sua obra e dedicaram-se a novos setores. Entre as ordens novas, a dos carmelitas descalços revelou-se como a mais empreendedora neste domínio: não sem dificuldades internas, aliás, pois o ramo espanhol, chefiado pelo famoso padre Nicolau Doria — o genovês adversário de São João da Cruz[26], se manifestava hostil ao ideal missionário, ao contrário do ramo italiano, que, fiel às lições do ardente padre Jerônimo Gracián, se fazia protagonista desse ideal; por fim, foram os italianos que impuseram as suas opiniões, e os carmelitas partiram por sua vez à conquista das terras pagãs, de crucifixo na mão. Entre 1550 e 1622, houve numerosas missões que se espalharam pelo mundo e obtiveram resultados de êxito variável; é impossível recordá-las todas; bastará escolher três exemplos.

Em primeiro lugar, no centro do oceano Pacífico, o vasto arquipélago descoberto por Magalhães em 1521, que Carlos V mandara ocupar — muito vagamente — em 1542, o que lhe permitira dizer que "nas suas terras, o Sol nunca se punha", e que recebeu o nome de Ilhas Filipinas, em honra do infante Filipe. Quando este último se tornou Filipe II, interessou-se por esse território longínquo e enviou-lhe missionários, "para levar aos naturais desses países o conhecimento da nossa santa fé católica e aumentar o patrimônio da coroa real de Castela". Quando o militar basco Miguel López de Legazpi se instalou nas ilhas, em 1565, recebeu instruções formais para proteger e ajudar os agostinianos que davam início ao desbravamento apostólico. Pouco depois, em 1577, chegavam os franciscanos e metiam ombros ao trabalho com o maior entusiasmo. Na ilha de Luzón, nascia a cidade de Manila, que se tornou imediatamente a capital católica do Pacífico. Os nativos, em geral cordatos e dóceis, aceitaram facilmente o Batismo: uma espécie de recenseamento feito em 1591 assegura que os catecúmenos eram 667 mil.

Nesse ínterim, chegavam os dominicanos e também eles manifestaram um zelo ardente. Foram eles que fundaram a Universidade de São Tomás de Aquino. Quando Manila foi elevada a diocese em 1579, conseguiram que fosse nomeado bispo o dominicano *Domingos de Salazar*, um homem realmente notável. Extremamente corajosos, os frades de branco e negro não hesitaram em aventurar-se pelas ilhas mais impenetráveis, mais hostis, e foi assim que os padres Afonso, Garcia e Onífero morreram mártires em Nova Segóvia (atual parte norte da ilha de Luzón). No limiar do século XVII, as Filipinas constituíam um baluarte do catolicismo no centro do imenso oceano, e de um catolicismo muito ativo. Manila tornou-se arcebispado em 1595 e passou a ter bispados sufragâneos a milhares de léguas; dos seus portos, por sua vez, partiam levas de missionários, como os que tinham ido para o Japão; acabava-se de plantar a Cruz nas ilhas Célebes e Molucas.

Também foi plantada em Java, pelos franciscanos, a partir de 1584. Quando estes souberam — sem dúvida após as visitas de reconhecimento dos jesuítas — que havia nas ilhas de Sonda alguns reinos ainda pagãos, pensaram muito judiciosamente que seria mais fácil obter conversões nessas terras do que naquelas onde o islã tinha imposto a sua marca. Com efeito, conseguiram instalar-se num desses pequenos reinos ao norte da ilha, entre uma população extremamente selvagem, onde ainda se praticava a antropofagia; ali fundaram uma igreja, da qual se pode dizer que estava muito adiantada para o seu tempo. Mas essa audaciosa empresa durou pouco; quinze a vinte anos depois, por volta de 1600, a conquista da pequena região católica pelos muçulmanos fez desaparecer essa minúscula cristandade.

Mas a aventura mais extraordinária foi certamente a que um grupo de padres carmelitas enviados pela Santa Sé para junto do Xá dos Xás correu na Pérsia, justamente no dobrar dos anos de 1600. Esse soberano era então o ilustre xá Abbas (1559-1612), que a história iraniana considera, com toda a razão, um dos seus príncipes mais gloriosos. Era um homem inteligente, enérgico, e que, além disso, não se incomodava com escrúpulos humanitários na sua ação: quando ditava as suas sentenças, aliás equitativas, rodeava-se de doze carrascos, de uma matilha de molossos e de um tigre, animais encarregados de executar os ditames da sua alta justiça. Mas esse potentado odiava os turcos, seus vizinhos, que eram inimigos hereditários da sua raça; a Pérsia, como sabemos, era xiita, isto é, herege e votada ao castigo de Alá, no entender dos muçulmanos ortodoxos; mas considerado como o *Madi*, o último *imame*, pelos seus monges-soldados fanáticos, o xá era então muito mais forte do que o sultão e acabava de vencê-lo: duas províncias cristãs, a Geórgia e a Armênia, tinham caído nas suas mãos. Político hábil, dizia de si para si que, contra um inimigo como o turco, era preciso praticar a política do cerco. Para isso, entrou em conversações com o Ocidente por meio dos religiosos portugueses de Ormuz e de Goa e acolheu dois extraordinários aventureiros ingleses, os irmãos Sherley, autênticos antepassados do coronel Lawrence da Arábia, encarregando-os de modernizar e europeizar o seu império. Em 1600, resolveu enviar ao papa uma embaixada chefiada por um dos Sherley e por um alto personagem da sua corte, para lhe levar uma carta pessoal em que propunha ao pontífice um plano conjunto para abater "esse leão monstruoso, essa fera sanguinária, o turco, e quebrar-lhe para sempre os dentes".

O papa era então Clemente VIII, que se encontrava nas melhores disposições quando recebeu o convite do xá: o jesuíta português Francisco Costa acabava de explicar-lhe que, por ódio ao turco, o soberano persa era extremamente favorável aos cristãos, e a ideia de atacar de flanco o sultão numa cruzada entusiasmou-o tanto como a de implantar o cristianismo no Irã. Respondeu, pois, à carta imperial com uma bela missiva, em que o sultão era designado pelos mesmos qualificativos extraídos do bestiário, e mandou o padre Costa e outro levá-la a Ispahan. Essa era a parte diplomática do programa; faltava considerar a outra, a da evangelização. Ora, nessa época, travava-se uma luta surda entre as cortes da Espanha e de Portugal e a Santa Sé, a propósito das missões; o papa pensava cada vez mais que, para dar pleno impulso à evangelização, tinha de subtraí-la à autoridade política do padroado luso-espanhol e assumi-la diretamente: ideia que desembocaria, um pouco mais tarde, na criação da Congregação *de Propaganda Fide*. Sabendo que o arcebispo de Goa, por ordem do vice-rei, enviara ao xá uma pequena delegação de frades agostinianos, procurou outra ordem que se dispusesse a ir à Pérsia em nome da Santa Sé.

Ora, nessa mesma ocasião, veio falar-lhe um grupo de carmelitas descalços, pertencentes à província de Nápoles — um jovem espanhol e três italianos —, que num extenso e sólido relatório lhe propuseram ir para a Terra Santa, a fim de reconstituir um carmelo nesse país onde a ordem tinha as suas origens imemoriais. Contrariando o relatório, Clemente VIII escreveu do seu próprio punho na primeira página: *In Persidem*, e, recebendo os candidatos missionários, explicou-lhes como lhe parecia importante que, em vez de irem deixar-se matar na Palestina, partissem para a Pérsia; em recordação dos primeiros apóstolos que, segundo a tradição, teriam estado na terra persa, deu aos dois chefes da delegação os nomes de Paulo Simão e João Tadeu, e confiou-lhes uma nova carta para o xá.

Começou então para os carmelitas uma aventura de múltiplos episódios, que daria matéria para o mais apaixonante dos romances. Dir-se-ia que tudo se conjugou para tornar aos bons padres mais penosa a sua tarefa e mais difícil o caminho. A coisa começou na Boêmia, onde os protestantes os sacudiram violentamente para ver se, sob os seus capuzes, não escondiam chifres diabólicos. Depois, continuou na fronteira da Rússia: os religiosos chegaram precisamente nos tempos de crise que se seguiram ao misterioso reaparecimento do pequeno Dimitri e da subida ao poder de Bóris Godunov[27]. Protegidos pelos poloneses, e por isso mesmo suspeitos de serem agentes secretos do "falso Dimitri" — o enigmático personagem que pretendia ser o verdadeiro czar e que, além disso, se fizera católico —, os carmelitas tiveram de ficar mais de um ano bloqueados na fronteira russo-polonesa. Quando, por fim, entraram no império dos czares, outras peripécias, outras provações os aguardavam. A Rússia estava então em plena anarquia; surgira um segundo "falso Dimitri", e já ninguém sabia quem mandava. Imobilizados em Tsaritsin, onde o escorbuto matou dois deles durante um inverno atroz, interrogavam-se se atingiriam essa terra prometida da Pérsia que os breves imperiosos do papa continuavam a designar-lhes. Finalmente, uma mudança na política de Moscou deu-lhes livre trânsito, e eles puderam retomar a marcha, animados pelo jesuíta Francisco Costa que, regressando nessa altura da sua missão diplomática precisamente pelo Volga, lhes asseverou que iriam conhecer em Ispahan êxitos que os recompensariam dos seus trabalhos. Por Astrakhan chegaram ao Cáspio: havia três anos que os padres Paulo Simão, João Tadeu e Vicente de São Francisco tinham deixado a Cidade Eterna.

O fim da viagem foi paradisíaco, em comparação com o que tinha sido o princípio. Acompanhados pelo mais novo dos Sherley, introduzidos pelo aventureiro inglês na corte do xá Abbas, onde foram até bem recebidos — ao contrário do que os emissários agostinianos do arcebispo de Goa lhes tinham feito recear —, conseguiram imediatamente uma audiência com o imperador e puderam entregar-lhe pessoalmente a carta pontifícia. A reação foi excelente. O xá estava novamente de mal com o sultão, cujo embaixador acabava de expulsar, depois de lhe ter mandado cortar a barba e de ter feito com ela um embrulho que enviou de presente ao seu inimigo. Entre os brindes trazidos de Roma, havia uma imagem de São Miguel pisando o dragão; todo satisfeito, o xá declarou ver nela uma profecia da sorte que esperava o turco. Em troca, os carmelitas receberam presentes suntuosos, que distribuíram pelos pobres e pelos serviçais. E foi-lhes posta à disposição uma casa confortável, onde puderam fundar uma comunidade, celebrar Missa e inaugurar um santuário. Corria o mês de fevereiro de 1608: pela primeira vez, celebrava-se publicamente o rito sagrado dos católicos na capital iraniana. Os padres carmelitas estavam bem pagos de tudo o que tinham sofrido.

Depois — não sem algumas dificuldades, pois o xá Abbas se enervou algumas vezes com a indolência do Ocidente em ir "quebrar os dentes" ao leão turco —, reuniram à volta deles uma comunidade de fiéis e chegaram até a converter a bela Sampsônia, sobrinha do xá, e o anglicano Robert Sherley. Enquanto um deles, o padre Paulo Simão, voltava a Roma para informar a Santa Sé dos resultados obtidos, os demais fundadores, com a ajuda de alguns reforços, continuaram a sua obra, cultivando também relações amistosas com os cristãos armênios, quer unidos a Roma, quer separados dela. Pouco depois, abriam uma nova residência carmelita fora de Ispahan, em Ormuz. No momento em que o xá Abbas morreu, em 1612, Antônio de Gouveia, bispo de Cirene, chegou à Pérsia com a incumbência de organizar essas novas igrejas católicas. Tais foram os começos da instalação, no país do jasmim e das rosas, de uma missão que ainda hoje subsiste.

O despertar missionário da França

E a França, a "filha mais velha da Igreja"? Devemos confessá-lo: neste campo das missões, como em tantos outros, não teve ela a iniciativa. Não houve nenhum nome francês entre os de todos os grandes aventureiros de Cristo. Primeiro, as guerras da Itália absorveram as energias do reino; depois, eclodiu a grave crise das guerras de religião, em que os católicos pensavam antes em defender as suas posições contra os irmãos separados do que em ir em massa conquistar almas e terras para Cristo. Além disso, se a França tivesse querido enviar os seus filhos a evangelizar o mundo, teria esbarrado com as cláusulas da famosa partilha de Alexandre VI, com o onipotente padroado português e espanhol, em breve unificado sob um mesmo cetro. "Nas Índias — dizia peremptoriamente Filipe II —, tanto o poder político como o religioso me pertencem". E ele não pretendia renunciar nem a um nem a outro, nem mesmo partilhar com outros países os seus direitos e privilégios de evangelizador-mor das terras pagãs. Madri e Lisboa desconfiavam particularmente dos franceses, seus frequentes inimigos políticos, e sempre suspeitos quanto à doutrina. Conserva-se a lista exata dos jesuítas enviados de Lisboa para a China até 1655: de cem padres, apenas três eram franceses.

O monopólio dos espanhóis e dos portugueses iria subsistir? Oficialmente, durará ainda muito tempo; será preciso esperar pela independência das colônias espanholas, no século XIX, para que o papa se decida a enviar para lá um vigário apostólico, ou mesmo um delegado da *Propaganda Fide*, e mais tarde um núncio. Mas a Santa Sé começou a atacar o famoso monopólio com os fatos: por exemplo, quando, em 1573, nomeou visitador geral para as Índias o padre Valignano, jesuíta italiano, ou quando encorajou que se enviassem ao Japão, à China e à Índia vários padres italianos, como Ricci, Ruggieri e Nobili, ou ainda quando tomou diretamente a iniciativa de missões como a dos carmelitas na Pérsia. A oposição que o papado fez, depois da morte de São Francisco de Borja, à eleição de um preposto jesuíta de nacionalidade espanhola, teve entre outras esta razão: desfazer o excessivo predomínio da Península Ibérica na ação missionária. Em breve, o despertar da França iria assestar um dos golpes mais graves no monopólio.

Quando Francisco I teve nas mãos a bula de Alexandre VI que dividia o planeta, rugiu de furor. "O sol brilha para mim como para os outros — exclamou —, e gostaria de ver a cláusula do testamento de Adão que me exclui da partilha do mundo!" Mas a luta que teve de sustentar contra os Habsburgos deixou-lhe poucos meios. Devemos dizer então que a França esteve totalmente ausente da grande obra de propagação do cristianismo? Presente, ela esteve, mas de uma maneira muito particular..., que já na própria época dividiu as opiniões. Referimo-nos à aliança concluída entre a monarquia cristianíssima e os turcos, que mesmo no plano religioso teve resultados nada desprezíveis.

O prestígio da França no Levante era grande desde tempos muito recuados: São Luís deixara ali uma recordação imperecível; Filipe o Audaz e Carlos VI tinham mantido contatos com os senhores do Próximo Oriente; Jacques

Coeur, por razões evidentemente comerciais, enviara ao sultão do Egito o seu próprio sobrinho, que se aproveitara disso para obter privilégios em favor dos peregrinos da Terra Santa; e tinham sido devidamente assinados documentos diplomáticos que já faziam da França a protetora dos cristãos dos Lugares Santos. Com Francisco I, essa orientação geral tornou-se meio de grande política. Entender-se com os turcos não era apanhar pelas costas o inimigo mais perigoso, o austríaco? O ataque do sultão Solimão II contra Viena talvez tenha salvo a França, apesar dos protestos daqueles que, em toda a cristandade, viam nessa aliança uma traição, um escândalo. As relações entre o Louvre e a Sublime Porta foram, devemos dizê-lo, de uma cortesia e uma delicadeza notáveis; conhece-se a carta dirigida pelo sultão a Francisco I, quando este se encontrava prisioneiro em Madri e abandonado por todos: é admirável pelo calor da amizade. E, como bom cristão, o rei valeu-se dessas relações de confiança para obter dos aliados turcos garantias para todos os cristãos dos seus domínios.

A partir de 1534, data da assinatura da primeira "capitulação" — isto é, apesar do sentido pouco agradável do termo, do primeiro tratado franco-turco, negociado e assinado pelo embaixador Jean de la Forest —, podemos dizer que o rei da França exerceu um verdadeiro padroado sobre os Lugares Santos. Graças a esses acordos, os cristãos puderam restaurar as suas igrejas e possuir santuários "nos quais lhes era permitido, com toda a segurança, realizar as cerimônias da sua religião". O artigo VI do tratado protegia os próprios cristãos estabelecidos no império turco — por exemplo, os gregos —, garantindo-lhes a liberdade religiosa e assegurando formalmente que nunca seriam obrigados à força a converter-se ao islamismo. Uma cláusula do artigo XI, muito hábil, previa que a Santa Sé poderia ser cossignatária do tratado: os diplomatas franceses mostraram-se sutis, adivinhando que, um dia, perante o monopólio luso-espanhol, o papado teria gosto em ver no governo de Paris um amigo...

Isto revela bem que a França não se desinteressava de maneira nenhuma dos problemas religiosos nem da expansão da fé; convertida em protetora das cristandades orientais e dos Lugares Santos, iria exercer em todo o Próximo Oriente, durante séculos, uma influência profunda contra a qual outras potências tentariam em vão lutar. O Levante seria, dali em diante, a terra abençoada dos missionários franceses, tanto mais que a batalha de Lepanto, cristalizando os ódios muçulmanos contra a Espanha, Gênova e Veneza, passara a reservar aos franceses — sobretudo aos marselheses —, durante longos anos, o comércio com a Turquia, a Palestina e o Egito. Extremamente discutível do ponto de vista católico, a aliança da França com os turcos teve, apesar de tudo, resultados benéficos quanto aos interesses da fé.

Mas não devia ser só na direção do Próximo Oriente que a França iria tomar lugar entre os países missionários. É verdade que, no início, pouco participou do movimento que levou à descoberta de terras desconhecidas; só se conserva um nome francês nas primeiras equipes de descobridores: o de João de Béthencourt, esse normando que, como vimos, se instalou nas Canárias. Mas, fundando o Havre como uma "porta oceânica" aberta para o mar alto, não teria Francisco I querido assinalar, pelos fatos, que o seu reino devia participar da partilha do mundo? E não ordenou a Filipe de Chabot, seu almirante-mor, que armasse expedições "para procurar uma passagem da Europa para a China e conquistar um país novo e bom?" Quando, em

1524, os marinheiros de Verazzano chegaram às costas da América do Norte e reconheceram as paragens do Labrador, abriu-se mais um capítulo na história da colonização branca, ao qual dez anos mais tarde, em 1534, Jacques Cartier acrescentaria uma página de certo brilho, partindo de Saint-Malo à procura de um caminho para as Índias (ainda que quarenta anos depois de Cristóvão Colombo...) e desembarcando na Terra Nova. Também nos navios franceses embarcaram missionários, e o primeiro gesto do marinheiro de Saint-Malo, ao pisar terra firme — como aliás de todos os seus predecessores lusos e hispânicos —, foi cravar no solo cruzes e mandar celebrar missas.

Nos meados do século XVII, os espanhóis e os portugueses já não eram os únicos povos cristãos a interessar-se pelas missões. Também na França se iam formando pequenos grupos de pioneiros que se apaixonavam pelas grandes aventuras; liam-se as cartas de São Francisco Xavier, a *História natural e moral das Índias* do padre Costa e a *História das Índias* do padre Maffei, em traduções francesas; as *Cartas da Índia,* que a Companhia de Jesus editava desde 1578, tinham assinantes em Paris. À volta dos reis, havia entusiastas da ideia missionária, como o padre Coton, confessor de Henrique IV. Um ato diplomático de primeira importância acabava, aliás, de abrir aos missionários franceses os campos do mundo: o *Tratado de Vervins,* de 1598, continha com efeito uma cláusula secreta que contradizia formalmente a bula de Alexandre VI, deixando as mãos livres à França para estabelecer bases coloniais "ao norte do trópico de Câncer e a leste do meridiano da ilha do Ferro, doravante chamada linha da Amizade". E, tal como as coroas da Espanha e de Portugal, a coroa da França pretendia ser fiel à sua vocação cristã e associar ao seu esforço de expansão o da evangelização.

Em 1615, o publicista Mont-Chrétien, no seu *Tratado de economia política*, depois de ter falado das vantagens materiais da ação colonizadora, acrescentava que a França "à qual pertence como própria a glória das letras e das armas, das artes e da civilização, e mais do verdadeiro cristianismo, embora os outros o pretendam também, *deve consagrar-se* ao trabalho sublime de ir dar a conhecer o nome de Deus a tantos povos bárbaros privados de toda a civilização que nos chamam e nos estendem os braços, para que, por santos ensinamentos e bons exemplos, os metamos pelo caminho da salvação". Belo programa, que equipes de franceses tinham já começado a realizar nas terras longínquas da América, no meio de grandes dificuldades.

O primeiro evangelizador francês na América do Norte não foi um sacerdote, mas um leigo: o próprio *Jacques Cartier.* Este marinheiro alimentava desígnios apostólicos ao mesmo tempo que comerciais, e, quando desembarcou na nova terra, o seu primeiro cuidado foi reunir os selvagens à volta da cruz de trinta pés que tinha erguido e pregar-lhes a fé cristã. Como? Primeiro, por sinais, é evidente, designando-lhes sucessivamente a cruz e o céu, o que os deixou "muito admirados", segundo afirmou. No ano seguinte, depois de conseguir inculcar em dois indígenas uns rudimentos de francês, empreendeu com esses intérpretes uma campanha de apostolado na região onde hoje se levanta Québec. Tudo isso lhe pareceu tão animador que, por ocasião da sua terceira viagem, resolveu levar seis sacerdotes ou religiosos, com a plena aprovação de Francisco I, que afagava o sonho de um novo império francês.

Na realidade, em breve esse sonho foi seguido de um penoso despertar. Os condenados por delitos comuns, enviados à América para ali fazerem um primeiro povoamento, comportaram-se como miseráveis espécimes da civilização cristã. As riquezas materiais que julgavam encontrar revelaram-se inexistentes; tomaram por pedras preciosas quartzos ou micaxistos brilhantes, e o provérbio "falso como um diamante do Canadá!" correu Paris. Dez anos depois do desembarque de Jacques Cartier, já não havia um só francês, um só católico nas costas do novo mundo. Mas o grande sonho não tinha desaparecido de todos os espíritos, alimentado com pormenores admiráveis descritos nos relatos de viagens. Meio século depois, outras aventuras cheias de fé iam tentar convertê-lo numa realidade, tanto material como espiritualmente.

O primeiro, ainda desta vez, foi um leigo. E que leigo! Um advogado no Parlamento de Paris, estudioso de todos os problemas de teologia, que havia traduzido Barônio e São Carlos Borromeu, estabelecido um plano para a união das igrejas e meditado sobre muitos outros assuntos religiosos. Chamava-se *Marc Lescarbot* e, se a expressão "ensinar o padre-nosso ao vigário" não existisse, seria preciso inventá-la para ele. Entusiasmado com a causa das missões, a cujo serviço pôs uma pena infatigável, dirigia ao clero e aos bispos, em prosa e em verso, pedidos solenes para que se interessassem por ela. Ele mesmo só esperava uma ocasião para pregar com o exemplo. Ora, em princípios do século XVII, depois do Tratado de Vervins, um fidalgo da Picardia, Jean de Poutrincourt, que obtivera o privilégio real do comércio de peles juntamente com o lugar-tenente da América, montou um modesto escritório na península da Acádia, onde fundou Port-Royal. Quis levar sacerdotes com ele; nenhum se arriscou à aventura. "Vou eu!", exclamou Lescarbot. "Não são sacerdotes todos os cristãos?" Não lera ele que, nos tempos antigos, os leigos tinham o direito de levar consigo o pão sagrado da Eucaristia e distribuí-lo? As autoridades religiosas recusaram-se a aceitar essa opinião, mas a Companhia de Jesus mandou-lhe dizer que estava pronta a embarcar alguns dos seus padres. O nosso advogado, porém, não gostava dos jesuítas e respondeu que "o navio estava quase carregado". E partiu, fazendo-se assim capelão da expedição.

Com efeito, mal chegou a Port-Royal, pôs-se a pregar todos os domingos, "às vezes com extraordinário vigor" — no dizer de testemunhas —, ensinando os membros da colônia "a não viver como animais e a dar bom exemplo aos selvagens". Ao mesmo tempo, ia juntando material para a sua grande *História da Nova França* — que apareceria em 1609 —, onde expunha um plano completo de colonização metódica e de apostolado nas regiões descobertas. Mas a verdade obriga a dizer que os esforços do pitoresco apóstolo para converter os indígenas não deram resultado nenhum.

Como o laicato não dava os frutos que ele esperava, foi preciso voltar à ideia de apelar para o clero. Por segunda vez se pensou nos jesuítas, mas por segunda vez Lescarbot os julgou excessivamente pesados para serem embarcados. Acabou-se por encontrar um bom sacerdote da diocese de Langres, Josse Fléché, que se dispôs a partir. E, maravilha!, esse homem digno conseguiu batizar vinte e um indígenas, dos quais um velho chefe, o "*sagamo* Membertu", que já conhecia Jacques Cartier. Era animador. E Lescarbot encarregou-se de proclamar em Paris esse triunfo, imprimindo uma memória sobre a *Conversão dos selvagens*.

Nesse ínterim, o rei Henrique IV tinha-se interessado pela questão. Desde 1607, previra o envio de jesuítas para a Acádia e reservara duas mil libras anuais à missão que fundassem. Após a sua morte, a sua viúva, Maria de Médicis, retomou a ideia e, cabeça fria como era, pouco inclinada a deixar-se entusiasmar pelas estatísticas das conversões de Lescarbot, ordenou que se executasse o plano do seu marido e se enviassem à América dois padres da Companhia. Mas a coisa não foi tão simples; Lescarbot continuava com as suas prevenções contra os filhos de Santo Inácio, e, pondo-se de acordo com os capitalistas de Dieppe e os huguenotes que financiavam as expedições de Poutrincourt, opôs-se ao embarque.

A história chegou aos ouvidos de uma dama de honra da regente, Mme. de Guercheville. Esta senhora tornara-se célebre na corte pela maneira, elegante e firme ao mesmo tempo, com que repelira os assaltos amorosos do *Vert Galant*, "o ardoroso conquistador" — Henrique IV —, que por fim se confessara vencido e acabara por louvar-lhe a virtude. Como estimava os jesuítas, tomou a peito enfrentar todos esses *parpaillots*, todos esses "parlapatões" que impediam a Companhia de Jesus de ir aonde o dever a chamava. E como era também poderosa, conseguiu depressa o que queria, mas tão depressa que se cometeu uma imprudência: os dois jesuítas escolhidos foram pura e simplesmente inscritos como acionistas da empresa financeira que controlava as expedições. Os adversários da Companhia nunca esqueceram isso, e, por ocasião das querelas jansenistas, o próprio Arnauld se serviu do contrato de 1611 como argumento para demonstrar que os jesuítas não procuravam nas missões mais do que lucros monetários. Seja como for, partiram para a Acádia o padre Biard, um erudito, e o padre Ennemond Massé, um verdadeiro asceta.

Logo que desembarcaram, puseram-se a evangelizar os indígenas da "baía francesa", mas os primeiros contatos não os deixaram muito otimistas em relação aos resultados obtidos pelo bom Josse Fléché: os novos cristãos imaginavam que o Batismo os tinha "tornado normandos";

não sabiam nada sobre Cristo e, ainda por cima, apresentavam orgulhosamente aos jesuítas as seis ou sete mulheres que cada um possuía. Os missionários resolveram, pois, não administrar o Batismo a torto e a direito, o que lhes valeu o furor das autoridades civis, ávidas de conversões em série. Mas os dois padres continuaram a trabalhar com afinco, aprenderam os dialetos indígenas, compuseram um catecismo em "língua indígena" e estabeleceram na outra costa da "baía francesa" um novo centro missionário, São Salvador. O padre Biard enviou a Paris uma *Relação* cheia de otimismo, e Mme. de Guercheville, "madrinha da Acádia", aplicou grandes capitais nessa península visivelmente chamada a ser uma Nova França católica...

Infelizmente, não longe dali, na Virgínia, tinham-se instalado os ingleses, que, pior ainda, eram protestantes. Em julho de 1613, um aventureiro galês, chamado Argall, caiu sobre os pequenos estabelecimentos franceses, destruiu-os, levou cativos os jesuítas, prometeu-lhes várias vezes "enforcá-los", se bem que, por fim, os tivesse deixado voltar para a França, contentando-se com ter aniquilado a sua obra. Da experiência acadiana, só sobrou de momento uma grande e trágica recordação, que o padre Biard exaltou na sua *Relação* de 1615 e que o padre Massé, nomeado capelão do Colégio de la Flèche, tornou querida aos alunos que a ouviam entusiasmados. Se uma nova geração viesse um dia a render os primeiros pioneiros, os esforços destes não seriam em vão.

Na mesma ocasião, mais no interior das terras, ao longo das margens desse rio que não demoraria a chamar-se São Lourenço, outros esforços tinham sido feitos e até, segundo parece, coroados de algum êxito. O homem cujo nome ficou ligado gloriosamente às origens cristãs do Canadá propriamente dito foi *Samuel de Champlain* (1567-1635), também leigo, mas que não tinha nada de comum com o fogoso e apaixonado Lescarbot! Esse homem inteligente e audacioso, mas lúcido, começou a explorar em 1603 as margens do grande rio, que subiu até onde pôde, sempre na esperança de descobrir por ali uma passagem para a China. Fazia reinar nos seus navios uma disciplina estrita e costumes tão cristãos quanto possível, não hesitando em dirigir piedosas exortações aos soldados e marinheiros, como verdadeiro homem da Igreja que era; também para ele apostolado e colonização eram inseparáveis. Durante o verão de 1603, reconheceu as regiões de Québec, Trois-Rivières, do grande salto que se chamaria Niágara e a ilha que se chamaria Montreal, enquanto explicava aos indígenas do lugar o mistério da Santíssima Trindade mostrando-lhes os três rios (Trois-Rivières) que se fundiam num só!...

A grande ideia de Champlain — uma ideia que viria a ser rica de consequências no futuro — foi que era preciso povoar as terras descobertas, fixar nelas pessoas vindas da França, que trabalhassem a terra, constituíssem lá os seus lares e pouco a pouco absorvessem os indígenas, convertendo-os; os monges lavradores e civilizadores dos tempos bárbaros teriam certamente aprovado esse programa. Não era uma ideia vantajosa para os mercadores, que preferiam vender álcool e fancaria aos selvagens a ver instalarem-se por lá camponeses franceses, mas Champlain manteve-se firme: indo e voltando, atravessando várias vezes o oceano, foi pouco a pouco despertando o interesse de pessoas importantes pelo seu programa, ao mesmo tempo que começava a pô-lo em execução.

Foi então, em 1614, que entrou em relações com o ramo de franciscanos reformados de estrita observância que se chamavam recoletos[28]. Imediatamente, como fiéis herdeiros do *Poverello* — o pai da missão moderna —, esses homens declararam-se prontos a enviar alguns deles para o Canadá. A Câmara do Clero, reunida nesse ano para os Estados Gerais, votou a verba de 1.500 libras para financiar o envio de quatro frades. E Champlain, a fim de assentar os seus projetos em bases sólidas, formou "a Companhia dos Associados", composta por comerciantes de Rennes e de Saint-Malo.

Na primavera de 1615, partiram, pois, quatro recoletos, os padres Jamet, Dolleau, Le Caron e Duplessis. O primeiro contato com o Canadá foi — é o menos que se pode dizer — pouco animador: ao fazerem escala em Tadoussac, tiveram de assistir, impotentes, a um banquete canibalesco em que os peles-vermelhas esfolaram e assaram à vista deles dois prisioneiros de uma tribo vizinha. Os bons padres concluíram que era urgente pregar a caridade de Cristo nessas terras. E, pondo-se ao trabalho imediatamente, levantaram uma capela, dedicada à Imaculada Conceição, ao lado das pobres choupanas que constituíam então todo o Québec. Depois, avançando até ao local da futura cidade de Montreal, onde celebraram Missa, e, por fim, sempre continuando a subir o rio, sempre descobrindo e batizando, chegaram aos Grandes Lagos. Os resultados estiveram longe de ser iguais nas numerosas e diversas tribos índias: revelaram-se medíocres entre os eternos nômades, como eram os iroqueses e os algonquins, e bastante felizes entre os estáveis e pacíficos hurões; ao fim de um ano, o padre Le Caron conseguiu redigir um dicionário da língua hurônica. Foram anos de esforços heroicos, admiráveis, em que os missionários se aventuravam por regiões desconhecidas, carregando a canoa às costas de lago em lago, alimentando-se das repelentes papas de milho, rasgando os pés nas pedras agudas e expondo-se noites inteiras ao martírio dos mosquitos e dos maruins.

Cada vez mais se convenciam de que era preciso conseguir da França imigrantes, muitos imigrantes, o maior número possível. A Companhia dos Associados não se entusiasmou com a ideia: o povoamento ficava caro e não oferecia perspectivas de rendimento imediato. Mas nem Champlain nem os excelentes recoletos desanimaram. Viam já nascer no futuro uma nova raça, pelo casamento entre franceses e selvagens. Estudavam até a possibilidade — muito adiantada para o tempo, como se vê — de fundar um seminário para os indígenas, onde se formaria um clero pele-vermelha, destinado a evangelizar os seus irmãos de raça. Pelo que diziam alguns dos seus chefes, os hurões não pareciam ver com maus olhos esse povoamento francês das suas terras. Em 1619, a construção do seminário de São Carlos em Québec — uma casa sólida de trinta e quatro pés de comprimento — veio manifestar o êxito dessa missão católica e francesa. O futuro parecia luminoso.

Mas nesse momento começaram as dificuldades. Em primeiro lugar, na França. Quando a Companhia dos Associados quis desembaraçar-se de Champlain, o governo suprimiu-a; mas a que lhe sucedeu foi pior, porque caiu nas mãos de protestantes fanáticos, pouco inclinados a mandar para o Canadá reforços de sacerdotes e, além disso, contrários à ideia do povoamento. A pequena colônia das margens do São Lourenço indignou-se e mandou o padre Baillif levar ao rei "*Cadernos*" de queixas. Muito curiosos de ler, esses cadernos! Não estava lá escrito, preto sobre branco, que os hereges não hesitavam em fornecer aos selvagens armas e munições, "animando-os a cortar as goelas aos franceses"? E também se reclamava nas suas páginas o envio de uma guarnição de cinquenta homens, de fundos necessários para a construção de uma fortaleza e, sempre, de imigrantes para se fixarem na terra canadense. Corajosos e firmes recoletos! Graças a eles — eram apenas seis! —, surgiram pequenos centros de missão em Tadoussac e Trois-Rivières. Pouco tempo depois, no posto de Trois-Rivières, numa bela manhã de 1624, podiam-se ver, à volta de Champlain e dos missionários, mais de duzentos indígenas — hurões, iroqueses, nipissingues —, reunidos para festejar, juntamente com os caras-pálidas, a comunhão dos batizados, em torno de um amontoado de produtos de caça que seriam servidos num grande banquete muito amigável. Parecia então que, vencidas as dificuldades do princípio, a evangelização e a colonização podiam prosseguir sem choques.

Mas a comunidade católica do Canadá viria a sofrer — como a da Acádia, um pouco mais tarde — uma terrível provação. Num triste dia do verão de 1628, uma esquadra inglesa, às ordens dos irmãos Kirke, escoceses, mas guiada — o que é mais triste — por um huguenote francês, subiu o São Lourenço e atacou e destruiu um após outro os postos mal defendidos da Nova França e mesmo de Québec. Estavam expulsos os missionários e dispersados os catecúmenos! Este drama pareceu pôr fim aos difíceis e heroicos primórdios do apostolado francês em terras da América. Mas a provação seria passageira. Quatro anos depois, terminadas as hostilidades franco-inglesas, foi possível continuar a obra apostólica e colonizadora, e, com as missões jesuítas, abriu-se uma página decisiva da história do Canadá, que tivera por prelúdio tantos esforços heroicos[29].

A Santa Sé toma as rédeas das missões: a Congregação "de Propaganda Fide"

No Canadá como na América Latina, na Índia como na África, o primeiro capítulo da missão moderna caracterizou-se pela ligação entre a colonização e o apostolado, e o resultado dessa confusão não parecia muito feliz. Nos primeiros anos do século XVII, espíritos cada vez mais numerosos entendiam que se devia mudar de método. O padroado hispano-luso, se a princípio prestou serviços incontestáveis, demonstrou com o correr do tempo muitos inconvenientes; no Japão, os católicos foram perseguidos por terem sido acusados de agentes do estrangeiro; na China e na Índia, em contrapartida, puderam comprovar-se os resultados obtidos por uma ação missionária separada da tutela dos Estados. Todas essas experiências eram concludentes: não era tempo de que o próprio papa — fortalecido pelo acréscimo de autoridade que lhe assegurara o admirável movimento do renascimento católico — tomasse as rédeas das missões, lhes imprimisse a orientação suprema e pusesse em evidência a integridade do seu caráter espiritual, desligando ao mesmo tempo os missionários de toda a dependência a respeito dos Estados?

A ideia andava no ar havia vários anos. Por volta de 1560, um homem lançara-a com muita inteligência e coragem: *Jean de Vendeville*, um belga; os belgas mostrar-se-iam tão apaixonados pelas missões e tão dedicados a elas que já São Francisco Xavier escrevia a Santo Inácio: "*Da mihi belgas!*, envia-me belgas". Vendeville, professor de direito em Lovaina, como muitos dos melhores homens do seu tempo, tinha-se entusiasmado pela causa da conversão dos infiéis, como, aliás, por todas aquelas em que estavam em jogo a honra de Deus e o futuro da fé: não interviera ele na fundação do famoso Colégio de Douai, onde se iriam formar, até ao século XVIII, os sacerdotes destinados à reconquista católica da Inglaterra? Esse leigo, tão preocupado com os interesses da Igreja, e que, além disso, vivia como um santo, passava o tempo a elaborar um vasto plano de apostolado mundial, cuja direção caberia exclusivamente ao papado e para o qual previa uma organização extremamente minuciosa.

A sua grande ideia — tomada talvez de Raimundo Lúlio ou do seu compatriota brabantino, o padre Clenardo, apóstolo do islã — era a criação de seminários especializados onde se formassem bons operários para a ação apostólica. Ao longo de toda a sua vida, foi expondo os seus planos a todos os sucessivos papas, sem se cansar, acumulando inesgotáveis argumentos escriturísticos, teológicos e históricos. Viúvo em 1580, pedira para receber as ordens sacras e, sete anos mais tarde, as suas brilhantes virtudes valeram-lhe a sede episcopal de Tournai. Com a autoridade que lhe dava a sagração, continuou mais facilmente a defender as suas ideias, interessando nelas São Carlos Borromeu, São Roberto Belarmino e o futuro cardeal Allen. Depois de Pio V, Gregório XIII e Sisto V ouviram com interesse os seus fervorosos arrazoados, e o mesmo aconteceu com Gregório XIV, que, já na carta de felicitações que recebeu de Vendeville pela eleição, tomou conhecimento do seu grande desígnio. A prudente lentidão que é de regra na conduta da Sé Apostólica não lhe permitiu assistir ao triunfo do seu plano: morreu em 1592 sem ter tido essa alegria. Ao menos, lançou a ideia e chegou até a verificar que ela começava a abrir caminho.

Porque, desde 1568, impressionado com as calorosas teses do professor de Lovaina e convencido depois por São Francisco de Borja, geral da Companhia de Jesus, São Pio V tinha constituído uma comissão de cardeais encarregada de criar um centro pontifício que preparasse e enviasse os missionários. A comissão ficara em relatórios e discursos teóricos, mas Gregório XIII manteve-a, encarregando-a especialmente de fomentar o apostolado no Norte e no Levante; mostrava com isso que, no seu entender — e essa seria a ideia que se imporia —, não se devia separar a obra missionária em territórios pagãos do trabalho de reconquista das zonas protestantes. A comissão interessou-se particularmente pela reintegração dos cristãos orientais na hierarquia romana, estudou a fundação de seminários orientais e a impressão de catecismos em diversas línguas. Clemente VIII manteve em exercício a comissão do Norte e do Levante, mas duplicou-a em 1599, acrescentando-lhe um organismo mais amplo, primeiro esboço da futura Congregação *de Propaganda Fide;* sob a direção do cardeal Santório, o organismo reuniu eminentes personalidades — entre as quais César Barônio, Roberto Belarmino, Sílvio Antoniano —, para animar e fiscalizar a obra apostólica no mundo inteiro. Esse secretariado-geral das missões trabalhou durante dois anos, ocupou-se da Índia, das Filipinas, do México, resolveu certas dificuldades entre franciscanos e jesuítas, emitiu votos muito judiciosos quanto ao futuro das missões; depois, por uma razão desconhecida, caiu na letargia. Mas tinha mostrado o caminho.

A causa passou a ter a partir desse momento um novo advogado, de uma eloquência muito persuasiva: o carmelita *Tomás de Jesus.* Era verdadeiramente filho espiritual do padre Jerônimo Gracián, o homem que, contra as ideias do padre Doria, empenhara o instituto reformado na grande obra missionária e promovera a partida de membros da sua ordem, herdeiros de Santa Teresa de Ávila, para o Congo, a América e a Pérsia. Andaluz de origem, mas instalado na Bélgica como sua segunda pátria, Tomás de Jesus estudara desde jovem as idèias de Vendeville. Aprofundou-as, desenvolveu-as e, em 1613, publicou um grosso e sólido tratado latino: *Para levar a salvação a todas as nações.* A obra era profética: registrava admiravelmente e expunha em pormenor tudo o que iria determinar, durante dois séculos e até aos nossos dias, os métodos da Igreja em matéria de missões.

Um dos capítulos intitulava-se até: "Da criação de uma Congregação *de Propaganda Fide*". O carmelita descalço preconizava, pois, a criação de uma comissão cardinalícia que se reunisse em datas fixas para estudar todos os problemas relativos ao apostolado. Dividir-se-ia em cinco subcomissões, cada uma ajudada por um secretariado permanente, uma para cada parte do mundo. Dependeriam dessa congregação diversos seminários especializados — um por nação, desejava ele, ou ao menos um para cada região católica —, além de outro para formar os grupos de sacerdotes destinados a ir combater nos vários campos. O genial carmelita defendia também a existência de um seminário destinado a promover o retorno dos orientais a Roma, de outro para enviar missionários à Rússia, de outro para estudar o islã, e de outros ainda para trabalhar entre os protestantes. As suas ideias difundiram-se imediatamente em todos os meios que se interessavam por esse conjunto de problemas. Tiveram, para as defender, dois advogados ardorosos: o padre Domingos de Jesus Maria, também carmelita e futuro geral da ordem, que fora secretário da comissão Santório, e um capuchinho, o padre Jerônimo de Narni, que era então o pregador mais ouvido da corte pontifícia. Dali em diante, a causa estava ganha.

Quando, em 1621, o cardeal Ludovisi se tornou papa com o nome de *Gregório XV*, sabia-se que simpatizava com essas ideias. A centralização romana, que surgira do Concílio de Trento e da reforma católica, devia logicamente conduzir o papa a assumir a direção das missões. A *6 de janeiro de 1622*, nascia a Congregação *de Propaganda Fide*, para a Propagação da Fé; no dia 14 de janeiro, tinha a sua primeira reunião oficial, sob a presidência do próprio papa, com treze cardeais, dois bispos e um secretário, aos quais foi logo acrescentado — e merecia-o amplamente! — o padre Domingos de Jesus Maria. Depois, em junho, a bula *Inscrutabili divinae* deu à nova instituição as suas bases canônicas, ao mesmo tempo que regulamentava o seu funcionamento.

A tarefa dos membros da congregação era bem definida: "Que conheçam e discutam — dizia o papa — o conjunto dos problemas e de cada questão em particular, relativos à propagação da fé em todo o mundo, e que nos deem conta de tudo, que exerçam a sua vigilância sobre todas as missões destinadas a pregar o Evangelho e a doutrina católica". Utilizar todos os elementos de apostolado já postos em prática, suscitar outros novos, nomear bispos ou vigários apostólicos, distribuir as várias ordens religiosas pelo mundo para evitar fricções e empregá-las o melhor possível, determinar os princípios da obra missionária, promover a formação de um clero indígena: vasto programa, que ainda hoje define os objetivos da Congregação para a Propagação da Fé. Cinco anos mais tarde, com o auxílio de Luís Vives, ministro em Roma da arquiduquesa Isabel, regente da Espanha na Bélgica, nasceria o "Colégio da *Propaganda*", que realizaria o outro desejo do padre Tomás de Jesus.

Abria-se uma nova página, não só na história das missões, mas da Igreja. Assumindo oficialmente a responsabilidade da expansão apostólica pelo mundo, o papado mostrava-se admiravelmente fiel à sua vocação apostólica, à ordem dada outrora pelo divino Mestre aos seus discípulos. *1622* marcava a data de uma nova tomada de consciência de um dever eterno. O rosto que a Igreja apresenta ao mundo na nossa época deve muito a essa decisão, preparada com tantos esforços e sacrifícios.

Notas

[1] Sobre as origens da ideia de missão, cf. vol. III, *A Igreja das catedrais e das cruzadas*, cap. XII, pars. *O pai da missão: São Francisco de Assis* e seguintes.

[2] Houve algumas raras exceções. Foi o caso dos calvinistas que Villegagnon levou ao Brasil em 1556, entre soldados e canhões, mas que em breve desanimaram; de Adriano Saravia, professor em Leide, que expôs o dever do apostolado num tratado contra o qual Teodoro de Beza tomou posição; mais tarde, também em Leide, de Justus *Heumius*, que declarou que "as colônias não foram dadas aos holandeses para serem exploradas, mas para nelas implantarem a palavra de Deus". Em 1622, em Middelburg, aparecerá a brochura de Guilherme Teelink, *Ecce Homo*, a favor da ideia missionária, e Antônio Walaens preparará os planos de um seminário protestante das missões. Correntes muito furtivas...

[3] Sabemos que, na organização pontifícia, a palavra "Congregação" designa, pouco mais ou menos, o que entendemos por "Ministério" nas administrações civis. É de sublinhar que, desde as suas origens, a Congregação para a Propagação da Fé se propôs simultaneamente dois fins: a evangelização dos pagãos e a reconquista dos cristãos passados para o cisma e para a heresia. O esforço por levar a verdade podia variar nas suas aplicações: substancialmente, era o mesmo; obedecia ao mesmo princípio, ao mesmo espírito de fidelidade à doutrina evangélica.

[4] Já no ano seguinte, em 1453, o mesmo papa, pelo breve *Romanus Pontifex*, verificando que muitos desses infiéis se tinham convertido ao catolicismo, precisava que não se podia manter *em escravidão os batizados*; e Calisto III e depois Sisto IV chegarão mesmo a excomungar os que os reduzissem à escravidão... Por fim, em 1537, Paulo III confiava ao arcebispo de Toledo e patriarca das Índias a missão de proteger os indígenas americanos, tanto cristãos como pagãos, e na bula *Sublimis Deus* excomungava quem quer que os escravizasse ou se apossasse dos seus bens: "Nós, [...] não obstante o que se tenha dito ou se possa dizer em contrário, [definimos e declaramos que] os tais índios e todos os que mais tarde sejam descobertos pelos cristãos, não podem ser privados da sua liberdade por nenhum meio, nem das suas propriedades, mesmo que não estejam na fé de Jesus Cristo; e poderão livre e legitimamente gozar da sua liberdade e das suas propriedades, e não serão escravos, e tudo quanto se fizer em contrário, será nulo e de nenhum efeito".

[5] Aconteceu também que se enviaram para a Índia clérigos e monges como castigo por alguns delitos: seriam certamente apóstolos bem fracos. Um jesuíta alemão, o padre Tillisch, conta ter visto chegar a bordo da caravela em que embarcava um lote de frades amarrados dois a dois!

[6] Nesses navios da Índia, tinha-se perdido o uso medieval do encarregado da comida — o *cargator* —, que outrora assegurava o abastecimento dos passageiros.

[7] O sistema de *encomiendas* consistia num dispositivo legal que confiava ("encomendava") a determinado leigo, geralmente alguém que se tinha destacado por algum mérito militar na conquista, um certo número de índios a quem devia *civilizar*, *catequizar* e *alimentar* em troca dos serviços que lhe prestavam. A terra não passava à posse do *encomendero*, mas continuava legalmente nas mãos dos índios. O bom ou mau funcionamento do sistema dependia, como é evidente, apenas do caráter e da honestidade da pessoa investida nessa função; como era de esperar, houve quem cumprisse escrupulosamente estes deveres, e houve quem abusasse cruelmente daqueles que lhe tinham sido confiados (N. do E.).

[8] A versão mais em voga da história da conquista e colonização da América foi descrita e popularizada sobretudo por historiadores e jornalistas anglo-americanos e franceses dos séculos XVIII e XIX — precisamente os povos que assumiram a hegemonia cultural do

Ocidente no momento em que a influência espanhola declinava imbuídos em geral de um vigoroso preconceito anticatólico e anti-ibérico. A *leyenda negra* que criaram deve-se em parte ao seu viés protestante ou iluminista, em parte à rixa que, durante os séculos XVI a XIX, opôs a Inglaterra e a França, por um lado, à Espanha e a Portugal pelo outro. Por intermédio dos enciclopedistas e dos historiadores agnósticos do século XIX (Michelet, Taine), essa versão reducionista e negativa impregnou as ciências humanas atuais, continuando a ser difundida sobretudo por servir de apoio a determinadas análises de tendência marxista. A sua fonte principal e quase única são os relatos de Bartolomeu de las Casas, exagerados e passionais, embora inspirados por uma excelente intenção.

Como reconhece o autor, do ponto de vista jurídico o *primeiro motivo da conquista da América foi a evangelização*. É o que distingue nitidamente o empreendimento português e espanhol de todos os colonialismos anteriores e posteriores, desde os egípcios até os impérios coloniais europeus do século XIX e, na verdade, de todas as guerras de conquista que houve ao longo da História. A *Recopilación de las Leyes de Índias* (Liv. I, Tít. I, Lei II) confirma-o claramente: "Os senhores reis, nossos progenitores, desde o descobrimento das nossas Índias Ocidentais, Ilhas e Terra Firme do Mar Oceano, ordenaram e mandaram aos nossos oficiais, descobridores, colonizadores e quaisquer outras pessoas, que, uma vez que chegassem àquelas províncias, procurassem logo dar a entender aos índios e aos moradores, através dos intérpretes, como tinham sido enviados para ensinar-lhes bons costumes, afastá-los dos vícios e de comer carne humana, instruí-los na nossa Santa fé católica para sua salvação". Por outro lado, num só fôlego, a mesma lei acrescenta: "e atraí-los [os índios] ao nosso senhorio, para que sejam tratados, favorecidos, defendidos como nossos outros súditos e vassalos".

Os fins secundários e temporais — a grandeza da pátria, a glória pessoal e a riqueza — pareciam a todos indissoluvelmente vinculados ao fim principal. Os próprios soldados, em geral homens rudes e mais versados nas artes militares do que no catecismo, tinham consciência da prioridade do fim evangelizador sobre os outros; como diz ingenuamente Bernal Díaz del Castillo, soldado de Cortés e cronista da conquista do México, os motivos que os impeliam eram "servir a Deus, a sua Majestade, e dar luz àqueles que estavam nas trevas... e também ganhar riquezas, que é o que todos os homens geralmente procuramos" (cit. por Francisco Morales Padrón, *Fisionomia de la conquista indiana*, Escuela de Estúdios Hispano-Americanos, Sevilha, 1955). E o mesmo Cortés escreve num dos seus relatórios ao imperador: "Estávamos na disposição de ganhar para Vossa Majestade os maiores reinos e domínios que havia no mundo. Além disso, ao fazer aquilo que, pelo fato de sermos cristãos, devíamos fazer, ganharíamos a glória no outro mundo, e, neste, conseguiríamos mais honra e renome que jamais uma nação conquistou até hoje" (*ibid)*. Como ocorrera ao longo de toda a Idade Média, o temporal e o eterno estavam tão inextricavelmente entrelaçados na consciência de praticamente todos os protagonistas da conquista — soldados e sacerdotes, funcionários da coroa e simples *desperados* fora-da-lei —, que não lhes era possível perceber a contradição que havia entre os meios empregados (a guerra de conquista, com todas as suas cruéis consequências) e o desejo de difundir a verdade de Cristo. Uma vez enfronhados em guerras e intrigas, e expostos a enormes tentações de cobiça, sob a forma dos fabulosos tesouros asteca e inca, não admira nada que perdessem de vista facilmente a devida ordem dos fins.

A conquista e colonização do Novo Mundo, na verdade, suscitou dois problemas que estão na própria raiz da modernidade: a questão da guerra justa e a questão da natureza humana e dos direitos e deveres dela decorrentes.

O Direito Romano, reintroduzido na Europa no século XIII e difundido pelos juristas que desejavam fortalecer o poder dos reis absolutistas em detrimento da autoridade do papado, legitimava a guerra de conquista como o único meio definitivo de resolver as divergências entre os povos. Na prática, isso significava apenas reconhecer a realidade bruta dos fatos — todos os povos e civilizações que se conhecem, incluídos os índios americanos do Norte e do Sul, sempre a haviam praticado —, mas no âmbito da mentalidade cristã era um autêntico retrocesso, se considerarmos os esforços desenvolvidos pela Igreja para fazer cessar a violência entre as nações (cf. a este respeito o vol. II, cap. X, par. *A paz de Cristo*, e vol. III, cap. I, par. *Havia uma Europa*). A iniciativa de formular a questão sobre o que era ou não *guerra justa* e se se podia falar de um *direito de conquista* coube aos teólogos Francisco de

Vitória, Luís Molina e Francisco Suárez (cf. cap. V, par. *A defesa da fé: o esforço positivo dos teólogos*), catedráticos das universidades de Salamanca e Coimbra. Tanto na universidade como na Corte e entre o povo, o debate que suscitaram ganhou proporções de uma "questão de consciência nacional", e a opinião pública espanhola não poupou as críticas aos homens que tinham feito a conquista e aos meios que empregaram: Lope de Vega, na peça *El Nuevo Mundo* (At. I, c. III), diz sem rebuços que "so color de religión / van a buscar plata y oro", e Cervantes não se peja de dizer, nas *Novelas ejemplares*, que a empresa das Índias é "engano comum de muitos e remédio particular de poucos", "refúgio de todos os desesperados da Espanha". "Em parte alguma se ventilaram os problemas éticos relativos às colônias com o ardor, a seriedade e a profundeza que os clássicos espanhóis consagraram ao estudo do direito natural e do direito das gentes no Século de Ouro", diz o historiador alemão Höffner (Joseph Höffner, *A ética colonial espanhola do Século de Ouro*, Ed. Presença, Rio de Janeiro, 1977, p. 16).

Em menos de cinquenta anos — um recorde de velocidade para aqueles tempos — chegou-se a formular as medidas jurídicas possíveis na altura *para defender os direitos dos povos conquistados* (as *Leyes Nuevas*, que se estudarão adiante), fenômeno sem precedentes na história da humanidade. Era, em certo sentido, uma revolução no mundo jurídico, pois exigia nada menos que uma redefinição dos próprios conceitos de liberdade, de direitos humanos e até do próprio ser humano. "Encontramo-nos diante da questão capital empreendida pelo Renascimento: a valorização definitiva da dignidade humana e a declaração formal do conceito de liberdade" (Francisco Javier de Ayala Delgado, *El descubrimiento de América y la evolución de las ideas políticas*, em *Arbor*, n. 8, Madri, 1945, p. 311).

Com efeito, para a ordem política e jurídica medieval, baseada na teoria das duas espadas (cf. vol. III, cap. V. par. *Para quem o primado?*), apenas o cristão era sujeito de direitos, na medida em que se encontrava inserido em duas ordens distintas mas harmonicamente complementares: a ordem natural, cujo chefe era o imperador, e a ordem sobrenatural, cujo chefe era o Papa. Apesar das muitas lutas e conflitos práticos havidos entre os dois poderes (cf. vol. III, cap. V, par. *A Igreja perante os poderes*), o modelo teórico era perfeito e indiscutido: a noção de soberania estava inseparavelmente unida à religião católica, de maneira que só o monarca católico era legítimo; e da mesma forma só se podia falar em direitos e deveres da pessoa humana enquanto esta se encontrasse submetida ao imperador e à verdade católica (cf. F.J. de Ayala Delgado, *op. cit.*, p. 314). Observemos que esse conceito continua em vigor hoje por exemplo nos Estados muçulmanos, e que essa mentalidade representava já um avanço nada desprezível com relação à *civitas* ou *pólis* antiga, em que era "cidadão" apenas quem pertencesse por nascimento a determinada casta ou estamento superior, como continua hoje a ocorrer na Índia.

Graças aos esforços dos teólogos e juristas espanhóis do século XVI, reformulou-se desde a base toda essa concepção da ordem política: reconheceu-se que a ordem social está baseada na *natureza humana* e não na religião. Conclusão fecunda em consequências: passavam a ser titulares de direito *todos os seres humanos pelo simples fato de sê-lo*; suprimia-se, ao menos em tese, a escravidão (com efeito, essa instituição inexistiu na América espanhola dos séculos XVII e XVIII, ao contrário dos Estados Unidos ou do Brasil); a legitimidade do poder temporal deixava de depender do credo religioso; e, por fim, abria-se a possibilidade de procurar a concórdia e a paz entre as nações, concebidas como agrupamentos humanos dotados de igual soberania, independentemente da sua religião.

Como é evidente, essas ideias levaram mais de quatro séculos para traduzir-se nos sistemas legais dos diversos Estados e sobretudo para impregnar a mentalidade das populações. A *Declaração dos direitos do homem e do cidadão* (1790) demoraria ainda mais de dois séculos, e seriam necessárias duas guerras mundiais para que começasse a impor-se a ideia de uma Sociedade das Nações, de um tribunal internacional de crimes de guerra, etc. Na verdade, esse processo de "fermentação" humanitária do direito e das mentalidades está ainda longe de completar-se, mas também não é pequeno o caminho que já se percorreu.

Por outro lado, a coroa espanhola e, em menor grau, a portuguesa delegaram a conquista, por assim dizer, à "iniciativa privada": eram o descobridor, o guerreiro e mesmo o missionário que tinham de providenciar o financiamento, as embarcações, os homens, os armamentos e as provisões. E o risco corria igualmente a cargo desses particulares: se fracassavam, tornavam-se nulas todas as autorizações e concessões anteriormente recebidas do imperador; em contrapartida, quando triunfavam, tinham apenas de pagar o *quinto* de todos os bens móveis apreendidos e eram geralmente recompensados com terras, funções de governo, títulos nobiliárquicos e, possivelmente, isenções tributárias. A coroa, por sua vez, fiscalizava como podia as expedições, fazendo-as acompanhar de notários, legistas e sacerdotes que se dedicassem à evangelização. Mas, a distâncias de cinco mil, dez mil ou 20 mil km por mar e terra, e na dependência de relatórios que chegavam com três, seis ou mais meses de atraso, se é que chegavam, essa fiscalização não era tarefa fácil... É natural que, nessas circunstâncias, a fase de conquista se desenrolasse em clima de "faroeste", e que a ordem e a justiça dependessem na prática da qualidade moral dos particulares envolvidos na conquista: do conquistador, dos seus soldados, e dos colonos que os seguiam.

Por isso mesmo, no entanto, é caricaturesco e injusto traçar retratos genéricos do "conquistador sádico e cruel". Não houve um protótipo geral, mas apenas indivíduos, homens de carne e osso, com virtudes e defeitos em proporções diversas. Cortés, de temperamento violento, foi ao mesmo tempo um administrador escrupulosamente honesto, clemente e justo, ao passo que Pizarro não hesitava em lançar mão da traição e da mentira. Da mesma forma, não eram iguais os soldados que os acompanhavam. A título de exemplo, basta lembrar que um dos infantes de Cortés quis estabelecer-se como eremita num antigo templo indígena destinado aos sacrifícios humanos, a fim de consagrar a sua vida à penitência pelos horrores que ali se tinham cometido.

Não há dúvida de que a conquista da América foi acompanhada de um sem-número de desmandos e crimes, embora não tenha sido mais sangrenta que o monótono desfile de violências que acompanhou e continua a acompanhar todas as guerras que houve e há sobre a face da terra. Em nenhum momento, porém, esses crimes foram legitimados pelo poder público como "necessidade histórica", nem se revestiram do caráter de genocídio programado que caracterizou, por exemplo, a conquista do faroeste americano — para usar as palavras do general Custer (1876): "índio bom é índio morto" — ou a colonização da Austrália. Ao contrário do que se deu em qualquer outra conquista de que temos notícia, a partir de 1542 as violências contra os indígenas foram sempre denunciadas e, na medida do possível, castigadas pela coroa. A voz da justiça nem sempre conseguiu fazer-se ouvir, mas ao menos não cessou de clamar desde então.

Curiosamente, os ressentimentos entre colonizados e colonizadores na América são geralmente coisa recente, e apoiam-se menos em desmandos históricos do que em motivações políticas atuais. No primeiro momento e na maioria dos casos, uns e outros aceitaram a nova dominação com naturalidade, como parte da "ordem das coisas". Garcilaso de la Vega, filho de uma princesa inca e de um conquistador espanhol, e autor da primeira *Relación* da conquista do Peru, narra sem ressentimentos e até com orgulho a tomada do império quíchua por Pizarro, precisamente um dos protagonistas mais dúbios da conquista. Não só não deplora a queda do Império inca, mas afirma explicitamente que se tratou de um fato providencial e agradece a Deus a possibilidade de que o seu povo tenha podido ter assim contato com o cristianismo. É sem dúvida uma aplicação impressionante do velho provérbio que diz que "Deus escreve direito por linhas tortas".

Convém distinguir, ao apreciar o conjunto da atuação espanhola na América, entre o período da *conquista* e o da *colonização*. Na fase inicial dos descobrimentos e da conquista, até o falecimento da Rainha Isabel (1504), autêntica defensora da liberdade e da conversão dos índios, preponderaram as razões missionárias e políticas. Já durante a primeira parte do reinado de Carlos V, enquanto o imperador se encontrava absorvido principalmente pelas questões europeias — Alemanha, Flandres, França —, o fator econômico passou a ocupar o primeiro plano, atiçado pela descoberta das minas de ouro e prata do México, da Bolívia e do Peru; esses anos, entre 1510 e 1540, foram os dos piores desmandos dos conquistadores. Mais tarde, porém, quando o imperador voltou a sua atenção para os domínios de além-mar, e sobretudo depois que promulgou as *Leyes Nuevas* de 1542, entrou-se na fase de pacificação, em que os abusos iniciais foram reprimidos, a administração colonial ganhou corpo e começou realmente a obra de construção da América espanhola.

Com efeito, a América espanhola nunca chegou a ser considerada mera "colônia" no sentido moderno, isto é, como uma região que gozasse de um status jurídico inferior e dependente da metrópole. Desde muito cedo, o "Novo Mundo" foi organizado em "Vice-reinos" e províncias, como o próprio território espanhol. O sistema social indígena foi integrado quase que imediatamente nas formas de governo colonial, que reconheciam, por exemplo, os *cacicados* das tribos indígenas. As famílias nobres indígenas tiveram os seus títulos e privilégios reconhecidos e "adaptados" — os condes de Montezuma, por exemplo, descendentes diretos do imperador asteca vencido, pertenceram até este século à alta nobreza espanhola. E mesmo o sistema de *encomiendas*, apesar dos abusos a que deu ocasião, não passou de uma medida de caráter provisório: no momento em que os índios estivessem em condições de igualdade cultural e econômica com os europeus, deviam receber de volta a liberdade e as terras.

As mesmas *Leyes Nuevas* introduziram avanços literalmente revolucionários, nunca dantes vistos na história das conquistas e dos impérios, que antecipariam em duzentos e cinquenta anos a *Declaração dos direitos do cidadão* e em trezentos anos o direito trabalhista nascido na esteira dos abusos da Revolução industrial europeia. Todos os índios eram declarados vassalos livres da coroa de Castela (hoje diríamos "cidadãos"), aptos para trabalhar como e quando quisessem. Concedia-se-lhes expressamente o direito a umas condições mínimas de segurança no trabalho; para os que trabalhavam nas minas, estabeleciam-se quarenta dias de férias a cada cinco meses, e para as mulheres uma licença-maternidade que começava a partir do quarto mês de gravidez e durava até a criança cumprir três anos de idade. O próprio rei passava a ser a instância jurídica competente para dirimir as causas litigiosas entre índios e espanhóis. Por fim, para garantir que essas leis fossem cumpridas, estabelecia-se que deviam ser enviadas a todos os religiosos que se ocupavam da instrução dos nativos e traduzidas para as línguas indígenas, a fim de que todos pudessem tomar conhecimento do seu conteúdo.

Também o esforço educativo foi ingente: em menos de um século, a Espanha transferiu para o Novo Mundo toda uma elite cultural e pedagógica, constituída sobretudo pelos professores universitários franciscanos, dominicanos e jesuítas, que representavam o melhor da cultura europeia de então. Em 1539, as ordens estabelecidas na Nova Espanha (México) informavam Filipe II de que "os franciscanos têm 380 religiosos e 80 conventos; os dominicanos 210 e 40 conventos, e os agostinianos 213 religiosos e 40 conventos" (Venancio D. Carro, *op. cit.*, p. 84). Esses números não deixarão de crescer ao longo dos séculos XVI e XVII, e logo se chegará a cinco e depois a dez mil religiosos que trabalham diretamente com os índios. Os franciscanos inauguraram já em janeiro de 1536 o Colégio de Santa Cruz de Santiago de Tlatelolco, onde se estudava "gramática latina, retórica, lógica, aritmética, geometria, astronomia, música, elementos de Sagrada Escritura, cursos avançados de religião, pintura e até medicina" (Pedro Borges, *Análisis del Conquistador espiritual de América,* Escuela de Estúdios Hispano-Americanos, Sevilha, 1961). Em 1551, menos de trinta anos depois da conquista, já havia universidades no México e Lima (São Marcos), plenamente equiparadas à de Salamanca; antes de terminar o século XVI, havia-as igualmente em São Domingos, Quito e Cuzco; e, cem anos mais tarde, eram já catorze. Para efeitos de comparação: os primeiros cursos superiores de Direito no Brasil datam do século XIX. Igualmente introduziram-se desde o começo as imprensas reais, num momento em que muitas cidades europeias ainda careciam delas (N. do E.).

[9] Cf. vol. III, *A Igreja das catedrais e das cruzadas*, cap. XII, par. *Viagens e aventuras dos missionários na Ásia.*

[10] Esta homenagem foi prestada pelo grande jurista G. Scelle na *Histoire de la traite négrière.*

[11] Na realidade, a principal causa dos altíssimos índices de mortalidade entre os índios não foi a exploração, mas antes as doenças que os brancos transmitiram, na maioria das vezes, sem intenção, e para as quais os organismos dos indígenas não dispunham de defesas. Os deficientes conhecimentos médicos da época não permitiam que se tomassem medidas profiláticas eficazes (N. do E.).

[12] Juan B. Teran, *La naissance de l'Amérique espagnole*, Paris, 1930.

[13] O índio Juan Diego, juntamente com os três meninos mártires de Tlaxcala, foi beatificado em 1990 pelo papa João Paulo II (cf. *Osservatore Romano,* 13.5.1990). A influência que as aparições de Guadalupe tiveram sobre a conversão dos astecas e dos povos vizinhos, da América Central até os Andes, foi enorme. Nos primeiros anos depois da conquista (1521), por efeito do trabalho dos "doze apóstolos" franciscanos chefiados por frei Juán de Zumárraga, converteu-se cerca de um milhão de indígenas, mas as conversões começaram a escassear por causa dos desmandos do vice-rei Nuno de Guzmán, que sucedera a Cortés, "cuja cobiça só era superada pelo orgulho". Só em 1531, no mesmo ano em que se deram as aparições, conseguiu o bispo D. Juan de Zumárraga burlar-lhe a censura e enviar a Madri um relatório da situação, que resultou na destituição de Guzmán e do seu Conselho. Seguiu-se uma impressionante onda de conversões entre os índios: nos seis anos seguintes, batizaram-se mais de oito milhões de nativos, que passaram a difundir espontaneamente a nova fé entre os seus vizinhos.

No que diz respeito ao México e ao Peru, onde se podia falar de "civilizações indígenas", é preciso matizar o que diz o autor sobre a ausência de um cristianismo "inculturado". A verdade é que, tanto num caso como no outro, criou-se uma cultura cristã miscigenada que permanece viva até hoje. Os índios adaptaram ao cristianismo os seus cantos e cerimônias ancestrais; uma canção náuatle — língua dos astecas —, do século XVI, diz por exemplo: "A tua alma, ó Santa Maria, está como viva no Retrato [de Guadalupe]"; e o próprio relato das aparições, o *Nicán Mopohúa,* foi redigido entre 1545 e 1548 em língua popular antes de ser traduzido para o espanhol. Também o estilo denominado "cuzqueno", que durante séculos floresceu e continua hoje a florescer no Peru, dá testemunho suficiente dessa fusão de elementos indígenas e europeus que caracterizou a conquista espanhola, ao contrário da anglo-saxônica ou holandesa (N. do E.).

[14] Os começos da evangelização no Brasil foram esporádicos e incertos. Em diversos pontos da costa, estabeleceram-se alguns franciscanos, mas as dificuldades enfrentadas e as más condições em que viviam em breve os levaram a desanimar. Por fim, a pedido do rei de Portugal, o geral dos jesuítas Simão Rodrigues designou os sacerdotes *Manoel da Nóbrega* (1517-1570), *Leonardo Nunes, Antônio Pires* e *João de Aspicuelta Navarro* e os noviços *Vicente Rodrigues* e *Diogo Jacome* para acompanharem a armada que trazia o primeiro governador-geral do Brasil, Tomé de Souza. Desembarcaram na Baía de Todos os Santos a 29 de março de 1549, onde foram recebidos pelos quarenta ou cinquenta moradores da Vila Velha, entre eles o *Caramuru* e a sua esposa Catarina. Sobre o morro do Calvário, ergueram uma pesada cruz de madeira e celebraram uma Missa ao Espírito Santo, e puseram imediatamente mãos à obra em duas frentes: a dos colonos portugueses, frequentemente mergulhados num estupor moral lamentável, entre os quais combateram vigorosamente as "duas grandes chagas da mancebia e da escravidão"; e a da catequese e civilização dos índios, entre os quais era preciso erradicar os vícios da guerra, da antropofagia, da embriaguez e da poligamia. O zelo que puseram nessa empresa mais de uma vez quase lhes custou a vida, como na ocasião em que, nas vizinhanças de Monte Calvário, arrancaram o cadáver de um índio sacrificado às velhas que se preparavam para assá-lo, e acabaram por provocar um motim que o governador teve de sufocar pelas armas. Mais prudentes, passaram a consolar e batizar os índios destinados ao sacrifício com a anuência dos seus captores, embora estes reclamassem que a carne dos batizados se tornava menos saborosa... Como é evidente, a firme posição que assumiram contra a escravização e a antropofagia valeu-lhes uma infinidade de críticas e perseguições tanto da parte dos índios como dos colonos, fonte de constantes atritos durante os séculos seguintes; em contrapartida, puderam sempre contar com o firme apoio dos governadores-gerais, que em geral foram homens de têmpera notável.

Em 1550, chegaram mais quatro padres: *Salvador Rodriguez, Manuel de Paiva, Afonso Braz* e *Francisco Pires.* Uma vez construídas as igrejas de Nossa Senhora da Ajuda — que depois seria matriz de São Salvador da Bahia (chamada a "Sé de Palha" por estar ainda, como todos os edifícios da vila, coberta de sapé) e residência do bispo — e de Nossa Senhora da Penha, que seria a primeira sede da ordem, e estabelecida sobre bases firmes a catequese, Nóbrega enviou Leonardo Nunes e Diogo Jacome para São Vicente, Vicente Rodrigues e Francisco Pires para Porto Seguro, e Afonso Braz e Simão Gonçalvez para o Espírito Santo, enquanto ele mesmo visitava Pernambuco com Antônio Pires, que lá ficaria encarregado dessa missão.

Em 1553, juntamente com o segundo governador, Duarte da Costa, desembarcavam mais dois sacerdotes — um dos quais, Luiz da Grãa, vinha assumir o posto de provincial na Bahia, deixando Manoel da Nóbrega livre para cuidar das novas fundações no Sul — e quatro noviços, entre os quais José de Anchieta, que em breve seguiu viagem para São Vicente. Leonardo Nunes, já apelidado pelos índios *Abarebebê,* "o padre que voa", pela rapidez e intensidade dos seus deslocamentos até o planalto de Piratininga e o litoral Norte e Sul (chegou até a ilha dos Patos, em Santa Catarina), havia fundado ali pouco antes o primeiro colégio brasileiro, com alguns meninos indígenas ou mestiços trazidos de Salvador, outros de São Vicente e alguns filhos de colonos portugueses. Sob o seu impulso, e depois sob o de Anchieta, a fundação prosperou extraordinariamente. Os jesuítas receberam até diversas vocações de adultos, tanto índios conversos como portugueses: Pedro Correia, Manuel de Chaves, Leonardo do Vale, Gaspar Lourenço. Nesse mesmo ano, chegava também ali o padre Nóbrega, depois de sofrer um naufrágio na mesma barra de São Vicente, e voltou imediatamente o olhar para a aldeia de Piratininga, situada no planalto, em parte por estar longe dos constantes atritos entre índios e portugueses, mas sobretudo por ser "a porta e o caminho mais certo e seguro para entrar nas gerações do sertão".

A morte de Leonardo Nunes, naufragado em fins de 1553 quando se dirigia à Europa para comunicar esse plano ao superior-geral, atrasou um pouco a fundação; mas, já pouco depois da Epifania de 1554, o padre Manoel de Paiva, Anchieta e vários outros atravessaram a Serra do Mar e se estabeleceram, junto com os caciques Tibiriçá e Caiubi, muito afeiçoados aos missionários, numa ampla colina às margens do Tietê. Em 25 de janeiro de 1554, celebraram a primeira missa no colégio e vilarejo nascentes, dali por diante dedicados ao Apóstolo São Paulo. Sofreram durante algum tempo a oposição de João Ramalho, náufrago português instalado em Santo André da Borda do Campo, que via ameaçado o seu comércio de escravos pelo refúgio que os missionários prestavam aos índios. Foi somente a presença do novo governador-geral, Mem de Sá, na capitania de São Vicente em 1560, que fez cessar as hostilidades, privando Santo André da categoria de vila e esmagando assim o prestígio de Ramalho e dos seus mamelucos.

Nóbrega e Anchieta tinham-se empenhado desde o princípio em suavizar os atritos das tribos entre si e com os brancos; Leonardo Nunes e Pedro Correia, por exemplo, tinham conseguido — pelas vias diplomáticas — que os tamoios de Ubatuba devolvessem a São Vicente algumas mulheres que tinham raptado e que "já estavam postas em ceva". Agora, durante vários anos, Nóbrega e Anchieta teriam de intervir no longo e delicado processo de pacificação da nação tamoia, que se aliara aos franceses na Baía da Guanabara e, com a expulsão destes por Mem de Sá, estava em pé de guerra contra os portugueses. Ao mesmo tempo, Nóbrega atendia à fundação da cidade e do colégio do Rio de Janeiro, visitava os estabelecimentos já criados ao longo do litoral até Pernambuco, e continuava a organizar expedições para o sertão, a fim de chegar às tribos mais afastadas antes que o contato com os portugueses suscitasse hostilidades e de encontrar o caminho para o Paraguai, onde havia índios mais civilizados, os guaranis. Foi numa dessas missões que Pedro Correia e João de Souza foram flechados pelos carijós, no Natal de 1554, no sertão do Paraná, e em outra João Navarro chegou mesmo a penetrar até as margens do São Francisco.

Quando Manoel da Nóbrega morreu, em 1570, na cidade do Rio de Janeiro, cerca de cem sacerdotes trabalhavam nas fundações estabelecidas ao longo da costa, desde Pernambuco até São Vicente; o colégio de São Vicente contava com cerca de 300 alunos, e os de São Paulo e do Rio encontravam-se também em plena atividade.

O Bem-aventurado *José de Anchieta* nasceu em São Cristóvão da Laguna, na ilha de Tenerife, a 19 de março de 1534. Estudou em Coimbra e, aos dezoito anos, pediu para ingressar na Companhia de Jesus, empolgado com as cartas que os missionários jesuítas enviavam das Índias e da América. Em 1553, ainda como noviço, chegou ao Brasil com o segundo governador-geral, Duarte da Costa, no dia 13 de julho. Mas o padre Manoel da Nóbrega, que por essas alturas estava em São Vicente, enviou o padre Leonardo Nunes a Salvador, com ordem de trazer praticamente todos os missionários recém-chegados para o Sul. Anchieta e os seus companheiros partiram em outubro e, depois de sofrerem um "semi-naufrágio" nas imediações do arquipélago dos Abrolhos, chegaram a São Vicente na véspera do Natal. Primeiro ali e depois em São Paulo, onde foi durante muito tempo praticamente o único professor, Anchieta entregou-se ao seu trabalho incansável de catequista, pregador itinerante, médico e enfermeiro, escritor de *autos* (peças de teatro) sobre temas de religião e moral que faziam muito sucesso entre os índios, e professor de português, latim, castelhano e doutrina católica, além de se dedicar ao estudo da língua tupi, cujas regras gramaticais foi o primeiro a descobrir. Dormia apenas três ou quatro horas por noite, e era comum o sol surpreendê-lo ainda a trabalhar.

A grande influência pessoal e a eloquência persuasiva de Anchieta granjearam-lhe tanta popularidade que, na prática, é a ele que se deve o surgimento da cidade de São Paulo. Manoel da Nóbrega fez dele o seu principal assessor e companheiro inseparável durante as negociações de paz com os tamoios, período em que Anchieta permaneceu voluntariamente como refém na aldeia de Iperuí ou Iperoig, em Ubatuba, de maio a setembro de 1363, onde compôs e guardou de memória os quase 5.800 versos do seu poema *De Beata Virgine Dei Matre Maria*. Em 1565, Anchieta mudou-se para Salvador a fim de terminar os estudos de teologia e ordenar-se sacerdote; recebeu o sacramento da Ordem em agosto de 1566, das mãos de D. Pedro Leitão, segundo bispo do Brasil. A seguir, dirigiu-se para o Rio de Janeiro onde, mais uma vez ao lado do padre Nóbrega, ajudou a instalar o colégio jesuíta. Em 1569, foi nomeado reitor do colégio de São Vicente, e em 1578 provincial dos jesuítas no Brasil. No pequeno navio *Santa Úrsula*, que o seu predecessor Inácio de Tolosa havia mandado construir, e acompanhado pelo irmão leigo Francisco Dias, visitou todas as casas jesuíticas do Brasil, em São Paulo, em São Vicente, no Rio de Janeiro, Ilhéus e Salvador, e fundou escolas de missionários em Pernambuco, na Bahia e no Espírito Santo. Os índios apelidaram-no de *pajé-guaçu* ("padre grande") e os portugueses, simplesmente, "o santo". Continuava também a procurar pessoalmente as tribos menos civilizadas e mais inimigas dos portugueses, apresentando-se desarmado diante delas e, por isso mesmo, colhendo frutos magníficos.

Em 1588, bastante adoentado — nunca tinha gozado de boa saúde — deixou o cargo de provincial e fixou-se em Vitória, no Espírito Santo. Ainda uma vez, a pedido do seu sucessor, já no final da vida, partiu em viagens apostólicas por São Vicente, Rio e Espírito Santo. Em começos de 1597, a instâncias dos amigos e principalmente do seu superior no colégio de Vitória, passou alguns dias descansando na fazenda do capitão-mor Miguel de Azeredo; percebendo, porém, a proximidade da morte, pediu para ser levado de volta a Reritiba a fim de passar os seus últimos momentos entre os seus irmãos jesuítas e índios. Acamado quase todo o tempo, escreveu ainda alguns versos e autos sagrados para animar as festas populares da aldeia, onde morreu no dia 9 de junho. O processo de canonização foi iniciado pouco depois, mas foi várias vezes interrompido por diversas circunstâncias, entre elas a perseguição e expulsão dos jesuítas do Brasil pelo marquês de Pombal. Depois da aprovação de um milagre atribuído à sua intercessão, o papa João Paulo II beatificou-o em 1980, durante a sua primeira viagem apostólica ao Brasil. Em 3 de abril de 2014 foi canonizado pelo papa Francisco.

Inácio de Azevedo, visitador apostólico, estivera já no Brasil e retornou a Roma para informar o superior-geral, então Francisco de Borja, sobre a situação das missões brasileiras. Na volta, nomeado provincial, trouxe consigo trinta e nove missionários novos. A expedição partiu de Lisboa a 5 de junho de 1570. No dia 15 de julho, entre as ilhas de Terça-Corte e Las Palmas (Canárias), o navio foi atacado por piratas franceses calvinistas chefiados por um espanhol, Jáquez Soria, e todos os jesuítas massacrados e lançados ao mar. Em outubro do ano seguinte, aconteceu o mesmo com outros doze jesuítas chefiados pelo padre Pero Dias; o barco, que trazia também o novo governador-geral Luís de Vasconcelos, caiu nas mãos de outro corsário francês, Jean Capdeville, que matou o governador e martirizou os religiosos.

A diocese de São Salvador da Bahia foi erigida pela bula *Super speculum*, de 25 de fevereiro de 1550, a instâncias de Manoel da Nóbrega e do governador Tomé de Souza. D. Pero Fernandes Sardinha, que segundo se diz teria tido contato com o Caramuru nos seus anos de estudante de teologia em Paris, tinha já certa idade quando recebeu a consagração episcopal em Évora, sua terra natal. Desembarcou na Bahia a 22 de junho de 1552, onde foi muito bem recebido pelos jesuítas e pela população. Organizou escrupulosamente a diocese e o cabido, e fez uma demorada visita pastoral a Olinda. Infelizmente, desentendeu-se desde o princípio com Duarte da Costa, o segundo governador chegado em 1553, porque este teria uma atitude de "intolerável descuido" ante os "desconcertos, desarranjos e dissoluções de D. Álvaro [da Costa, filho do governador] e outros mancebo", cada vez mais atrevidos em "ofender a Deus e afrontar os moradores da cidade". Inicialmente particular, a querela logo passou para o púlpito; e o governador não tardou a revidar, permitindo que o seu filho formasse um partido contra o bispo e tachando-o de "intolerante, violento, destemperado, cruel, espírito faccioso, avarento e simoníaco". Em resumo, o assunto não parece ter passado de um choque violento entre dois temperamentos irritáveis e teimosos. Embora os dois viessem a reconciliar-se em 1555, a querela tinha chegado a Lisboa sob a forma de denúncias recíprocas, e D. Pero Sardinha foi chamado à corte no ano seguinte. Embarcado em junho de 1556, sofreu naufrágio em Coruripe, Alagoas, onde foi massacrado e devorado pelos caetés com toda a tripulação. Sucedeu-lhe D. Pedro Leitão em 1559 (N. do E.).

[15] Sobre o monofisismo, cf. o índice analítico dos vols. I, *A Igreja dos apóstolos e dos mártires*, e II, *A Igreja dos tempos bárbaros*.

[16] Cf. cap. I, par. *O voto de Montmartre e a bula de Paulo III*.

[17] Embora Xavier Léon-Dufour procure traçar o itinerário espiritual do Apóstolo do Oriente em seu *Saint François Xavier, itinéraire mystique de l'apôtre*, La Colombe, Paris, 1953.

[18] Sobre os cristãos de São Tomé, cf. vol. I, cap. II, par. *A sementeira cristã*, e vol. II, cap. VI, par. *A irradiação cristã do Oriente*.

[19] *Evangelii praecones*, 1951.

[20] Pio XII, *Discurso ao Conselho Superior das Obras Pontifícias Missionárias*, 28.08.1952.

[21] Os três jesuítas japoneses chamavam-se Paulo Miki, Diego Kisai e João de Goto; os franciscanos, Pedro Blázquez, Felipe de las Casas, Gonzalo Garcia, Francisco Blanco, Francisco de Parilla e Martin de Aguirre. Estes vinte e seis mártires foram canonizados por Pio IX em 1862, e a sua festividade celebra-se a 6 de agosto (N. do T.).

[22] Sobre esta perseguição, cf. vol. VII, cap. II, par. *A deplorável querela dos ritos chineses*.

[23] Infelizmente, cerca de vinte e cinco anos mais tarde, a Querela dos Ritos, desencadeada pelos dominicanos, provocou resultados deploráveis. A ideia do padre Ricci, de "batizar" os usos e os costumes dos chineses, foi considerada inaceitável. Sobre este assunto, cf. vol. VII, cap. II, par. *A deplorável querela dos ritos chineses*.

[24] Uma parte dessa igreja siro-malabar voltou a tornar-se católica em 1930.

[25] A palavra "prangui" é uma corruptela de "franqui", nome com que os árabes designavam os ocidentais em geral desde os tempos da primeira cruzada, composta na sua maioria por "francos", isto é, franceses (N. do T.).

[26] Cf. cap. II, par. *A reforma das ordens antigas: Santa Teresa de Jesus e São João da Cruz*.

[27] Cf. cap. III, par. *A outra cristandade: a "Terceira Roma"*.

[28] Cf. cap. I, par. *A reforma das antigas ordens: os capuchinhos*.

[29] Houve também uma tentativa de povoamento e de missão católica no Brasil, em 1612, sob a direção dos padres capuchinhos Claude d'Abbevile e Yves d'Evreux. Desembarcaram na costa do Nordeste, entre as tribos a que chamaram "tupinambás". A princípio, tiveram êxitos animadores, mas o governador português de Pernambuco estava resolvido a destruir esse enclave francês. Como Portugal estava desde 1580 sob o domínio da Espanha, a política de aliança com Madri, selada pelo casamento de Luís XIII com Ana de Áustria, levou a França a abandonar essa minúscula colônia longínqua. Os frades e os colonizadores embarcaram de

volta para a França, trazendo com eles seis excelentes tupinambás, que foram solenemente recebidos pelo rei nos seus aposentos; em honra deles, cantou-se um *Te Deum* em Notre Dame. Da pequena aventura não restaria no Brasil senão o nome de São Luís, que os capuchinhos deram à sua casa e que a cidade constituída nesse local ainda hoje conserva: São Luís do Maranhão.

V. A Igreja de rosto novo

Basílica de São Pedro

Durante o ano de 1612, os inúmeros ociosos que iam ver como andava a construção de São Pedro espalhavam em Roma uma grande notícia: a basílica estava quase pronta. Sabia-se que se dera um novo impulso às obras havia uns seis anos, desde que Maderno se tinha encarregado delas, e que ele resolvera prolongar um dos braços da cruz grega primitiva para que o edifício fosse latino e romano até no seu traçado, mas não se imaginava que o arquiteto pudesse acabar os trabalhos tão depressa. Imediatamente, milhares de curiosos começaram a cruzar o Tibre para ir admirar a obra-prima, que, aliás, alguns logo discutiram. Todos concordavam em achar genial a cúpula de Michelangelo, tão pura e bem perfilada no alto do tambor. Mas será que a fachada corresponderia à disposição geral do edifício, com as suas colunas coríntias demasiado altas, com o seu ático cuja linha horizontal cortava o ímpeto ascendente do conjunto, e essa fileira de treze estátuas gigantescas que se projetavam tão estranhamente contra o céu? Pouco importava! Era prodigioso que a imensa obra tivesse chegado ao seu termo, que a maior igreja do mundo tivesse sido construída ali, no lugar onde repousava o Apóstolo Pedro, e que a cruz sagrada que encimava a cúpula se elevasse tão alto no céu de Roma. E achava-se muito natural que o papa Borghese, a quem cabia o mérito da conclusão da obra, o altivo Paulo V, quisesse imortalizar o seu nome e o da sua família numa inscrição que se podia soletrar debaixo do frontão.

Para dizer a verdade, propriamente terminada, a Basílica de São Pedro não estava ainda; não era tal como a conhecemos hoje. Seria preciso esperar até 1626 para que viesse a ser aberta ao culto. O interior continuava ocupado pelos inúmeros decoradores que se podiam ver a trabalhar por todos os cantos, sobretudo na cúpula, onde fixavam em mosaico as letras gigantescas de uma citação evangélica. Lá fora, a Praça de São Pedro não passava ainda de uma vasta área em vias de urbanização, onde no entanto já se levantava o obelisco trazido do Egito por Calígula: recuperado dos escombros por Sisto V e levantado para servir de pedestal a uma cruz-relicário, não tinha ainda os dois frisos de pedra com que Bernini o cingiria quarenta anos mais tarde. Se havia ainda muito por fazer, não era nada comparado com o que já estava feito. No brilho novo dos seus mármores e dos seus ouros, lá estava a basílica do apóstolo, enorme, irrecusável, como sinal tangível da vitória da Igreja, como a sua visível afirmação.

Assim terminava, pois, essa grandiosa página da história da arte, que era também uma página da história cristã[1]: não fora esse canteiro de obras, durante cento e cinquenta anos, o cadinho brilhante das artes e, ao mesmo tempo, o mais impressionante sintoma da vitalidade da Igreja? Cinco gerações, pelo menos, se tinham sucedido à frente dessa construção, e a ela permaneciam associados os nomes mais célebres da glória italiana: Bramante, Rafael, Michelangelo... Sobretudo Michelangelo, cujas mãos demiúrgicas haviam modelado no espaço essa cúpula que causava inveja à de Brunelleschi em Florença. O velho mestre não vira realizada a sua obra; outros a tinham continuado, se não igualado: Vignola e Ligorrio, della Porta e Fontana, e por último Maderno, que, à falta de gênio, tivera tenacidade. Que esforços, que inteligência, quanto dinheiro haviam sido gastos nesse monumento em que a Igreja quisera marcar a sua verdade, a sua força e a solidez das suas bases! Aí estava, já de pé, pronto a atravessar os séculos, para oferecer às gerações futuras uma imagem de incomparável majestade.

Incomparável majestade: tal é a expressão que se impõe ao espírito quando se pensa em São Pedro, quando se atravessa a praça suavemente inclinada, quando se sobem os degraus, quando se passa sob o pórtico de dimensões colossais, quando por fim se entra na nave suavemente reluzente, ao fundo da qual cai do céu uma toalha de luz, direta, sobre o próprio local onde jaz o primeiro dos papas, o apóstolo mártir. Será somente porque se trata da maior igreja da cristandade: quinze mil metros quadrados, cento e noventa metros de comprimento? Porque poderia conter as maiores catedrais de toda a terra, como recordam as inscrições do pavimento? Porque todos os seus pormenores, estátuas, quadros, inscrições, mosaicos, foram concebidos para além da escala humana? Os dados materiais não bastam para exprimir a profunda impressão que causa e que as palavras "grandeza", "força" e "poder" não traduzem senão de maneira incompleta. Há nesse recinto algo que se faz presente, algo que todos os sucessivos artistas experimentaram e exprimiram: a grandeza, a força, o poder — a majestade, para dizê-lo numa palavra — da Igreja Católica, Apostólica e Romana, fundada sobre uma promessa divina, fiadora de uma Palavra que não passará.

Sustentou-se muitas vezes que a Basílica de São Pedro era fria. Houve quem criticasse o prolongamento do braço, que teria feito da nave uma espécie de longo túnel sem encanto; ou quem achasse as colunas excessivamente maciças, e deselegantes os monumentos que se alinham na sua base; ou até quem considerasse feias ou sem graça a maioria das "obras de arte" colocadas lá ao longo de três séculos. Mas o que conta é a impressão de conjunto que se colhe do prodigioso edifício, e que o impõe como centro evidente do mundo cristão e o proclama inabalável, indestrutível — porquanto a Igreja está construída sobre a rocha e a rocha está lá: o velho apóstolo que o próprio Cristo designou com esse nome.

Tal como é, São Pedro exprime à perfeição a Igreja dos dias posteriores ao Concílio de Trento, sólida nos seus princípios, tendo por contrafortes decretos e dogmas, essa Igreja que acabava de travar batalhas tão rudes e se sentia orgulhosa do seu triunfo. Com as suas colunas e as suas paredes com aparência de bastiões, é realmente a imagem da fortaleza espiritual que os católicos souberam defender e salvaguardar. O que ela proclama, com as suas sólidas bases e as suas massas, é a fé reafirmada em toda a sua amplidão pelo concílio, perscrutada nos seus menores elementos pelos teólogos; é a vontade de não transigir no essencial; é a resolução da sociedade católica de não mais se deixar desagregar pela heresia, mas de formar, numa disciplina restaurada, uma só alma, um só corpo.

É por isso que se explicam essas vastidões vazias de que se admira o visitante solitário, que caminha, interminavelmente, ao longo da nave onde se sente tão insignificante e perdido. São Pedro é por essência a basílica da Igreja visível, dessa sociedade humana tal como saiu dos decretos tridentinos. Ela só toma o seu verdadeiro sentido nos dias das grandes cerimônias, quando a imensa nave está cheia de uma maré humana até às paredes, quando milhares de luzes refletem o seu brilho na superfície dos mármores, quando um povo inteiro é verdadeiramente uma só alma, um só entusiasmo, um só amor.

Tarde da Quinta-feira Santa: seguido por uma corte de clérigos com dalmáticas e por dignitários rutilantes, o cardeal-arcipreste avança para o altar pontifício, que rega com vinho raro e enxuga em seguida com a carícia de compridos penachos brancos; depois, uma multidão recebe de joelhos, silenciosa, a bênção que, do alto da *loggia* da Verônica, lhe é dada com as relíquias autênticas da Paixão. Dias deslumbrantes, os das grandes canonizações, quando o Vigário de Cristo, falando em nome do Espírito Santo, proclama bem-aventurada e digna de culto uma alma humana, e em que se vê descer, no meio dos cortejos celestes, a imagem do novo santo. Foi para essas ocasiões que se construiu São Pedro — e para essas outras em que, navegando sobre as ondas, aparecia, levado sobre a *sedia gestatoria*, o homem de branco em quem residem as certezas católicas, o próprio Pontífice, com a cabeça um pouco inclinada sob o peso da tiara, e as mãos abençoando sem cessar, à direita e à esquerda.

Porque, se a Basílica de São Pedro é o lugar da Igreja visível, só a podemos compreender em função daquele que assume a responsabilidade dessa Igreja, *hic et nunc*, que a dirige e a conduz para Deus. Tudo se faz aqui para recordar o laço que liga o seu poder às suas origens sagradas. Na fachada, um único baixo-relevo, mas que representa Jesus entregando as chaves a Pedro. No imenso vestíbulo, também um só: Cristo que diz aí ao seu apóstolo: "Apascenta o meu rebanho!"

No frontão da porta central, que foi colocado? A *Navicella*, o mosaico de Giotto, por desgraça indiscretamente retocado: Jesus que, no meio da tempestade, ajuda Pedro a andar sobre as águas. Pedro está presente em toda a parte. É ele, a velha estátua de bronze cujo pé está gasto pelos beijos dos peregrinos, que nos dias de grande cerimônia recebe uma tiara e veste uma capa vermelha: ícone negro... É ele o herói de várias cenas, evangélicas ou apócrifas, pintadas ou esculpidas, em que cura os doentes com a sua sombra, derrota o mago, o outro Simão, levanta o coxo da *Porta Formosa* de Jerusalém, batiza os seus carcereiros da prisão mamertina ou, enfim, morre crucificado, como o seu Mestre, mas, humildemente, com a cabeça para baixo. Por quê essa insistência? Porque a Basílica é dedicada, sem dúvida, à memória do grande apóstolo. Mas também porque a glória de Pedro, o primado de Pedro, é também a glória do homem que é seu herdeiro direto, seu sucessor, o Vigário de Cristo. Muito antes que Bernini a encimasse nesse alto relicário com cortinados em tempestade onde já não a vemos, a "cátedra — a cadeira — de São Pedro" era rodeada de veneração, sobretudo a partir de 1518, ano em que se voltou a dar relevo à sua festa. E o significado de toda essa insistência é a gigantesca inscrição que se lê na cúpula: "*Tu és Pedro e sobre esta pedra edificarei a minha Igreja...*" Resposta legível às teses protestantes, afirmação em pedra de um poder indiscutido.

Tal é o aspecto mais impressionante da basílica do centro do mundo; por isso, ela corresponde bem a um conjunto de características que o novo rosto da Igreja passou a ter[2]: uma Igreja que acabou de vencer uma terrível prova e se apresenta mais sólida do que nunca. É evidente que, dos dois elementos imediatos e inseparáveis do cristianismo — a Glória de Deus e a Cruz de Jesus —, São Pedro, como toda a Igreja do Concílio de Trento, põe mais em evidência o primeiro do que o segundo. E é lícito preferir às suas suntuosas superfícies outras casas de oração que outras mãos fiéis elevaram em tantos lugares e que impressionam mais a sensibilidade. Na nave de Chartres, na igreja inferior de Assis, uma voz mais interior fala mais facilmente à alma, e a religião que nelas se exprime não é a dos teólogos e dos organizadores, mas a dos místicos e dos santos.

Quererá isto dizer que essa outra realidade do cristianismo — a mais essencial, em última análise — está ausente da basílica do apóstolo? Que o peso das suas colunas e o amontoamento das suas riquezas não deixam apreendê-la? Basta recuar e contemplar São Pedro de um ponto um pouco mais distante, dos terraços do Pincio, por exemplo, ou do alto do Monte Mário, para que essa outra realidade se torne sensível e se imponha ao espírito. Sobretudo ao cair da tarde, quando explode sobre os telhados da cidade o esplendor líquido de um sol já baixo, feito de ouro e fogo, o enorme edifício reveste-se de um estranho encanto todo interior; dir-se-ia que volta a descobrir o seu próprio mistério, e que o que nele há de demasiado peremptório se esvai para ser apenas entusiasmo místico e canção de amor. Tudo o mais se esquece: só existe a cúpula de curvas aéreas, cuja elevação para o céu é tão claramente espiritual. Sentimo-la profundamente enraizada na terra, nessa cidade cujas planícies ruivas e aloiradas a cingem de todos os lados, nesses longos séculos de fé de que ela é o fecho; mas, ao mesmo tempo, irresistivelmente, ela obriga o olhar a subir, a ultrapassá-la: laço sensível entre o homem e as potências do espírito, às quais esse homem confiou a sua salvação.

Neste sentido, a Basílica de São Pedro exprime mais profundamente do que parece à primeira vista a obra da Igreja na época do Concílio de Trento, que não foi só de reorganização, de reforma das instituições e das disciplinas formais, mas igualmente e em primeiro lugar, e mais essencialmente ainda, de revivificação interior, de regeneração pela santidade. O que ela recorda ao cristão fiel é que a Igreja, a sua Igreja, não é apenas uma sociedade humana que um esforço paciente soube estabelecer em bases firmes, mas obra de amor, criação permanente da alma iluminada pelo Espírito Santo e da inteligência fecundada pelo Verbo. A genial harmonia da cúpula de Michelangelo é a da sabedoria católica, que soube eliminar os excessos da Renascença e do humanismo, e ao mesmo tempo integrar nela o que era fecundo e ricamente promissor, ontem com Santo Inácio, amanhã com São Francisco de Sales. O seu impulso é o dos grandes místicos, de São Caetano de Tiene a Santa Teresa, de São Filipe Neri a São João da Cruz. A sua irradiação é a dos missionários que, lançados até aos confins do mundo, levaram e levam a toda a parte a verdade que é luz. "Todo o visível assenta sobre o invisível...", dirá o poeta Keats: não são precisos grandes esforços para compreender o sentido desta afirmação, quando se medita diante de São Pedro.

Aliás, esse invisível está lá presente, ao alcance da vista, deixando-se tocar. Sobretudo agora que as escavações feitas em tempos de Paulo VI permitiram verificar que a basílica se ergue sobre o local de um cemitério muito antigo dos primeiros tempos, onde foram encontrados túmulos de mártires e, com toda a probabilidade, o sepulcro do apóstolo, o sinal expresso pela basílica é deslumbrante: essa igreja da terra, cuja nave as multidões enchem nos dias das grandes festas, não é senão a imagem neste mundo e a promessa da sociedade sobrenatural das almas unidas através do tempo pelo mesmo amor. A basílica recorda esta verdade de fé, que é talvez a mais bela do cristianismo: ajoelhados nessa balaustrada que circunda a abertura por onde se vê "a Confissão de São Pedro"[3], conforme diziam os peregrinos de outrora, como é fácil experimentar a realidade consoladora de sermos, mais do que simples membros de uma organização humana, irmãos de mártires e de bem-aventurados, partícipes da mensagem de Cristo pela comunhão dos santos!

Quando Clemente VIII mandou construir em 1594 o altar monumental que ainda hoje se vê[4] — o altar ao qual só sobe o Papa —, exatamente sobre o local onde repousa o apóstolo, não mandou destruir o antigo altar medieval, construído por Calisto II em princípios do século XII, mas ordenou que fosse revestido com alvenaria nova. Ora, um processo-verbal datado de 1123, em que se narra a construção desse altar, afirma que foi por sua vez construído revestindo um terceiro, mais antigo ainda, que tinha "na face voltada para a ábside o selo de São Silvestre"[5]. Símbolo profundo! A Igreja saída do Concílio de Trento afirmava com isso que, ao apresentar ao mundo um novo rosto, adaptado às condições do tempo e dos destinos, era sempre essencialmente a mesma, a Igreja que fora a dos apóstolos e dos mártires, depois, a dos tempos bárbaros, depois a das catedrais e das cruzadas: a Igreja sempre nova, sempre fiel, eterna. E, ao mesmo tempo, proclamava que, nos alicerces do suntuoso edifício em que manifestava a sua glória, havia a invisível mas inesquecível presença de todos esses cristãos cujos esforços, orações e sacrifícios obscuros, onze vezes seculares, lhe tinham permitido viver e expandir-se.

Os papas da restauração católica

No momento em que a conclusão da Basílica de São Pedro marca de maneira tão prodigiosa o fim de um grande período da história da Igreja — o da Renascença e da Reforma —, começa um novo século, o XVII, em que o catolicismo vai conhecer, com características muito diferentes das do passado, uma nova e admirável expansão. Como é que se apresenta esta Igreja, filha do Concílio de Trento, e na qual se prepara a dos tempos clássicos?

Cinquenta anos se passaram desde que morreu, em 1572, o enérgico São Pio V, o grande papa que chamou a si a obra tridentina e resolveu fazer dela a carne e o sangue do catolicismo[6]. Aos olhos da história, este meio século não se configura como um desses "tempos fortes", dessas épocas significativas em que se impõe aos espíritos uma grande ideia que, ordenando os acontecimentos à sua volta, parece conferir-lhes uma unidade, uma simplicidade, aliás susceptíveis de prestar-se a muitas ilusões. Embora continuem a desenrolar-se os atrozes episódios que são a consequência do grande despedaçamento do mundo cristão, noutros campos, que lhe são próprios, a Igreja prossegue com tenacidade a tarefa empreendida por aqueles cuja coragem, inteligência e santidade lhe permitiram escapar às forças da desagregação e da morte. Tem diante de si uma dupla missão, que os mais velhos lhe designaram: tem de rematar o trabalho de defesa e de afirmação do catolicismo, reforçar a cidadela cristã, contra-atacar o adversário onde quer que seja possível, estabelecer instituições tão sólidas que nada as possa abalar; mas, paralelamente, tem de prolongar e desenvolver esse admirável ímpeto espiritual que ainda recentemente despertou as almas, que impulsionou a Igreja oficial e quase a coagiu a realizar a reforma há tanto tempo reclamada; tem de manter ativo o fermento na massa e dar todo o seu sabor ao sal da terra. Foi segundo estas duas linhas de força que a Igreja trabalhou durante cinquenta anos: período de longa paciência, de esforços ininterruptos, que se pode caracterizar numa palavra: período de *restauração*. Foi um período aparentemente cinzento, em comparação com os dois que o precederam, mas de uma importância capital. Opera-se lentamente uma síntese que alimentará o futuro.

São, pois, as decisões do Concílio de Trento que dominam este meio século, é o seu espírito que o marca, com tudo o que tem de admirável, mas também com os perigos sutis que traz consigo[7]. Antes de mais nada, nota-se a mudança de clima na Igreja considerando os seus chefes, os Vigários de Cristo. São nove os papas que se sucedem na cátedra do apóstolo desde 1572 até ao breve pontificado de Gregório XV (1621-1623); não são santos, como o glorioso Pio V que os precedeu; alguns mesmo tiveram certa dificuldade em escapar às tentações da política e em darse integralmente à tarefa da restauração; mas todos têm um sentido profundo e exigente dos seus deveres; e não há nenhum — ao menos entre aqueles a quem a Providência concedeu tempo para serem eficazes — que não se aplique a continuar a obra indispensável, segundo as duas linhas de força a que nos referimos.

Quando, após a morte do papa dominicano, foi eleito o cardeal Buoncompagni, perguntou-se se esse décimo terceiro Gregório lembraria mais do que pelo nome o grande reformador que fora o sétimo. Um pacífico septuagenário, um jurista sério, um bom sacerdote de quem não havia nada a dizer, ao menos desde que recebera as Ordens sagradas. Sabia-se que fora amigo de Pio IV; mas seria digno de Pio V? Sim, certamente, e para surpresa de muitos. *Gregório XIII* (1572-1585) revelou-se um animador, um líder, um verdadeiro restaurador. O seu nome ficou ligado à *reforma do Calendário*. Por que a mandou realizar? Para levar a cabo a do missal e a do breviário, e para estabelecer a concordância entre o ano litúrgico e o ano civil: era algo estritamente lógico[8]. Encarregou também o sábio cardeal Guilherme Sirletti de rever o martirológio, e publicou a grande coletânea de direito canônico preparada por Pio V.

Mas não foi só neste plano intelectual que trabalhou bem; deve-se-lhe também uma obra considerável na criação e no desenvolvimento dos seminários: pode-se dizer que tornou a criar o "Colégio Romano" e o "Colégio Germânico", fundados por Santo Inácio. Do segundo, fez um viveiro de jovens sacerdotes, bem preparados para irem trabalhar na Alemanha, onde São Pedro Canísio acabava de abrir caminho; e do primeiro, fez o "Colégio de todas as nações", a célebre *Universidade Gregoriana*, para onde chamou os mestres mais eminentes e de onde saíram centenas de bispos, dezenas de cardeais, milhares de pregadores e missionários. Acrescentou-lhes até um Colégio Húngaro e um Colégio Maronita, e deu um vigoroso impulso ao Colégio Inglês.

A restauração católica teve, pois, um operário qualificado nesse papa de aparência bonacheirona, mas que soube mostrar-se firme no momento oportuno. Os bispos que escolheu revelaram-se todos excelentes; recordou energicamente o dever de residência a todos os titulares de dioceses e chegou a tirar alguns cardeais de cargos que realmente não desempenhavam. Entrou em cheio na grande política das nunciaturas permanentes, que tendia a tornar presente o soberano pontífice junto de todos os soberanos importantes da Europa. Que se tenha enganado muitas vezes no plano propriamente político, que tenha considerado a chacina de São Bartolomeu como uma vitória pia, que não tenha conseguido levar a catolicidade a combater os turcos nem Elisabeth de Inglaterra, que tenha provocado perturbações graves em Roma e à volta dela, com as suas tentativas um pouco brutais de recuperação dos bens da Igreja, e, no fim de contas, tenha morrido muito triste — nada disso obscurece os seus méritos. E a homenagem que os romanos lhe prestaram, levantando-lhe uma estátua em Aracoeli, foi considerada unanimemente bem merecida.

Não se pensava o mesmo daquela que o seu sucessor fez prestar a si mesmo, ainda em vida: quando morreu, a sua bela estátua colocada no Capitólio foi deitada abaixo por uma multidão desenfreada. Ato de ira, ato injusto, porque *Sisto V* (1585-1590) foi um grande papa, um papa enérgico e empreendedor, mas, meu Deus, como estava longe dele o espírito de mansidão! Quando o elegeram — por unanimidade —, dava motivos para as maiores esperanças. Esse franciscano eloquente e sábio, que Inácio de Loyola e Filipe Neri gostavam de ouvir, tinha a sua lenda: era filho de uns pobres camponeses da Marca de Ancona, e, segundo se dizia, aos doze anos guardara porcos; depois, fora subindo, degrau a degrau, todas as honras da carreira eclesiástica. Não havia ninguém que não o admirasse pelos seus dons brilhantes. Mas bem cedo o seu humor lhe atraiu menos simpatia; batalhador e de um caráter indomável, era agastadiço, e o seu horror pelas soluções de compromisso, muito louvável, desembocou no desdém pelas prudências mais necessárias: um homem de excessos, talvez mesmo um furioso.

A sua energia, contudo, serviu-lhe e serviu à Igreja. Desde a sua eleição, resolveu acabar com os senhores entregues ao banditismo, cujas sinistras proezas inquietavam a Itália Central; os Piccolomini, os Orsini e outros foram chamados à ordem, e o cardeal Colonna limpou a campina romana com tanto pulso que, no dizer do povo, se viram expostas na ponte de Sant'Angelo mais cabeças cortadas do que melões no mercado! As finanças da Igreja foram equilibradas com métodos igualmente firmes dentro do seu gênero. Mas não se terá ido longe demais? Quando a polícia pontifícia aplicou o mesmo rigor às faltas morais, ao adultério, à prostituição, ao roubo, a delitos bem menores, estalou a ira em Roma e os pasquins vingaram-se do papa demasiado severo. Para calar o filho que chorava, as mães diziam: "Cala-te, senão vem aí o Sisto". E uma das piadas que circulavam era que o próprio São Pedro tinha fugido da cidade, com medo de ser enforcado por ter cortado a orelha de Malco! Para cúmulo, essa violência não trouxe benefícios no campo internacional, onde o terrível papa obteve poucos êxitos: a excomunhão que lançou sobre Henrique III foi uma medida inócua; perante Henrique IV, mostrou-se hesitante e circunspecto; a "Invencível Armada", que ele tanto animou Filipe II a lançar contra Elisabeth da Inglaterra, desapareceu num desastre sem precedentes; a cruzada com que sonhara não se realizou.

E, contudo, esse pontífice, sob tantos aspectos discutível, realizou em cinco anos uma obra duradoura, tão duradoura que ainda hoje permanece... Não foi só a cúpula de São Pedro — esse remate não terá o valor de um símbolo? —, na qual concentrou mais de seiscentos operários e que exigiu ver terminada em vinte e dois meses. Foi também a edição da Bíblia — a *Vulgata Sistina* — que mandou fazer pela versão grega dos Setenta, e que, depois de corrigida pelos seus sucessores de um ou outro erro resultante de uma pressa excessiva, seria a base de todas as edições ulteriores do Livro Sagrado. Foi ainda a resolução — que todos os papas posteriores manteriam — de fixar o número de membros do Sacro Colégio e os títulos de cada um. E sobretudo a sistematização da administração pontifícia, dali em diante dividida em grandes departamentos com o nome, que se tornaria clássico, de *Congregações romanas.* Mesmo que fosse apenas por estas três realizações, o nome de Sisto V mereceria sobreviver... Na lista dos papas restauradores, herdeiros do Concílio de Trento, a sua temível figura causa grande impressão.

Depois dele, deu-se um fortuito eclipse no papado, com a morte sucessiva de três papas que não tiveram tempo de agir: *Urbano VII* reinou apenas treze dias, *Gregário XIV* dez meses, *Inocêncio IX* dois; o segundo pôde intervir nos assuntos da França, para defender a Liga contra Henrique IV, que ele excomungou.

Mas a grande série dos papas restauradores continuou com a eleição do cardeal Aldobrandini, que escolheu o nome de *Clemente VIII* (1592-1605). Era homem de uma fé e uma piedade admiráveis, que se confessava todos os dias, que jejuava e se mortificava como um monge, que convidava os pobres para a sua mesa, mas também um homem de ação, enérgico e organizador — digno herdeiro de São Pio V. Com ele, a reforma progrediu em todos os campos. Foram magníficas as promoções de cardeais que realizou: Barônio, Belarmino, Ossat, Perron, Toledo. E com que método rigoroso mandou proceder a novas edições do *Missal*, do *Breviário*, do *índice*, do *Pontifical*, e concluir a revisão da Bíblia católica que, empreendida por Sisto V, passou a ser, após essa revisão e até aos nossos dias, o texto oficial do Livro Sagrado! Tudo o que pode tornar a vida profunda da Igreja mais ativa, mais santa, recebeu proteção e alento deste papa autenticamente espiritual; foi no seu pontificado que São Filipe Neri realizou em Roma o seu apostolado tão fecundo, que São Francisco de Sales reconduziu ao seio da Igreja o Chablais, invadido pelo protestantismo (o que lhe valeu ser nomeado bispo), que São José de Calasanz fundou a Congregação das Escolas Pias. E ainda interveio como árbitro e atalhou a crise que se desenhava entre jesuítas e dominicanos, a propósito da questão do *molinismo*[9].

Esse homem de Deus não cedeu aos impulsos da violência que tanto prejudicaram a obra de Sisto V. No seu pontificado, a Igreja deixou de mostrar o rosto amargo e o aspecto intratável que alguns lhe censuravam[10], antes pelo contrário. Foi ele que estendeu a mão a Henrique IV, com o fim de reconduzi-lo ao seio da Igreja: a pedido dos cardeais d'Ossat e Perron, enviou-lhe o hábil cardeal Alexandre de Médicis como legado e acedeu a levantar as censuras que recaíam sobre o rei. (Existe junto de Santa Maria Maior uma coluna que comemora o acontecimento). Tentou até reintegrar no catolicismo a Inglaterra de Jaime I, e foi ele ainda que, com a sua prudência, impediu que a rivalidade dos clãs espanhóis e franceses em Roma se convertesse em antagonismo. Um grande papa, típico desta época de trabalho lento, de restauração sólida: os três milhões de peregrinos que foram a Roma para o jubileu de 1600 aclamaram-no longamente, e com toda a razão.

A esse papa tão moderado e prudente — e depois dos vinte e sete dias de pontificado de *Leão XI,* o antigo "cardeal de Florença" Alexandre de Médicis, que negociara com tanto êxito a abjuração de Hemrique IV e que, se vivesse, teria sido seu digno continuador[11] —, sucedeu *Paulo* V (1605-1621), um Borghese que se revelou de um caráter inteiramente diferente, de acordo com a célebre lei da alternância, de aplicação bastante constante na sucessão dos papas. Foi um homem forte, jurista consumado e chefe nato ao mesmo tempo, mas também um homem duro, violento e categórico, de gênio muito semelhante ao de Sisto V. De uma piedade notória e costumes irrepreensíveis, teria sido desejável ver nele mais caridade, mais mansidão, mais moderação, e talvez menos amor pelo fausto e menos prodigalidade para com os sobrinhos. Esses defeitos, contudo, serviram de alguma maneira a Igreja, pois foi ele que confiou a Maderno as obras de São Pedro e conseguiu que a acabasse em seis anos. Mas a sua severidade nem sempre deu resultados tão benéficos: se a execução do panfletário Piccinardari, acusado de lesa-majestade para com a memória de Clemente VIII, pôde firmar a sua autoridade, já o processo contra Galileu inquietou muita gente boa e associou à sua figura um renome de obscurantismo que não contribuiu para a glória da Igreja. Quanto à sua política estrangeira, não foi mais feliz: a *questão de Veneza* mostrou que a autoridade pontifícia podia ser posta em xeque; na Inglaterra, as condenações proferidas contra o juramento de obediência ao monarca nada mais fizeram do que desencadear novos rigores contra os fiéis de Roma; e nem todos os católicos viram com bons olhos o modo como o papa encorajou o imperador germânico a esmagar os seus súditos da Boêmia, nem a procissão solene com que celebrou a vitória da Montanha Branca[12].

Pelo menos no plano da grande obra da restauração, Paulo V foi digno dos seus predecessores e não se desviou da linha traçada por eles. Convidou todos os clérigos sem exceção a cumprir o dever de residência, particularmente os bispos — mesmo que fossem cardeais —, intimando-os a escolher entre a sua diocese (com os respectivos rendimentos) e a permanência em Roma. Enviou instruções severas aos párocos de toda a cristandade para que trabalhassem as suas homilias e se esforçassem por educar os fiéis. Incentivou o zelo dos missionários em toda a parte, e, para os formar melhor, fez com que se abrisse, em princípio, uma cadeira de árabe em todas as universidades. Foi ele, enfim, que canonizou São Carlos Borromeu e Santa Francisca Romana, que beatificou Inácio de Loyola, Tomás de Vilanova, Francisco Xavier, Filipe Neri e Teresa de Ávila, que tanto ajudou os oratorianos, que aprovou os irmãos das Escolas Pias e as visitandinas. Numa palavra, foi um pontífice fiel ao grande impulso dado pelo Concílio de Trento, pelos seus santos e pelos seus papas. Um pouco mais de moderação teria feito do seu reinado de dezesseis anos um grande pontificado.

A seguir, veio fechar nobremente o período, no exato momento em que o novo século tomava a sua feição definitiva, um pontificado de riqueza e nobreza insignes, embora infelizmente muito curto, de apenas dois anos e meio: o de *Gregório XV*(1621-1623). Nesse velho encanecido, alquebrado, sempre doente e de aparência frágil, o que fazia palpitar e vibrar a sua alma ardente era, sem dúvida, o espírito da reforma católica, da grande restauração da Igreja. Às suas eminentes qualidades espirituais juntavam-se as da cultura e da inteligência política, que um corpo de auxiliares notavelmente selecionados, dirigidos pelo jovem sobrinho, o cardeal Ludovisi, sabia tornar eficazes. Em vinte e nove meses, levou-se a cabo um trabalho surpreendente.

Em todos os campos: porque a diplomacia de Gregório XV não foi menos feliz do que as suas decisões administrativas e os seus decretos dogmáticos. Conseguiu manter o equilíbrio entre o Império e a França; com habilidade, obteve para os católicos um lugar no colégio eleitoral germânico, onde os protestantes passaram a ser apenas dois em sete; a regente da França, Maria de Médicis, feliz com o chapéu cardinalício concedido ao seu jovem capelão, Armand de Richelieu, e com a elevação da sede episcopal de Paris, até então sufragânea de Sens, a sede metropolitana, alinhou inteiramente com ele, e a coroa da flor-de-lis protegeu os cristãos no Oriente. Foi ele que fixou as normas para a eleição pontifícia, vigentes até à nossa época. Foi ele, o papa das missões, que sentiu a necessidade de a Sé Apostólica assumir a direção da imensa e generosa aventura dos mensageiros de Cristo através do mundo, e que para isso fundou a congregação chamada *de Propaganda Fide*[13]. Foi a ele também que os jesuítas, seus antigos mestres, deveram uma proteção eficaz contra os ataques dos inimigos e um novo impulso que se traduziu numa nova floração dos seus colégios e das suas missões; e foi ele quem promoveu a expansão dos beneditinos de São Mauro. E a quádrupla canonização a que procedeu em 1622 — Teresa de Ávila, Filipe Neri, Inácio de Loyola, Francisco Xavier — proclamou perante o mundo não só a santidade da Igreja, mas a sua alegria luminosa, o seu poder de irradiação e a eficácia sobrenatural do seu contato místico com Deus. Foi ele, por fim, que ajudou a piedade dos católicos a tomar consciência de certas devoções que lhes seriam das mais queridas, como a da Imaculada Conceição, que o pontífice, sem fixá-la num dogma, proibiu que se negasse.

Com um papa como Gregório XV termina em verdadeira apoteose um período: o de meio século de trabalhos e de paciência, graças aos quais o espírito do concílio acabou por impregnar a Igreja e prepará-la para as novas tarefas e dificuldades que o futuro próximo lhe reservava.

Grandezas e perigos do Vigário de Cristo

E assim, o primeiro traço a sublinhar no novo rosto da Igreja é a dignidade do papado, a sua grandeza. Está-se visivelmente muito longe da atmosfera degradante que muitas vezes se respirava à volta do trono de São Pedro no século precedente. Os papas deste período podem ter tido defeitos humanos, e alguns muito pronunciados; mas não comprometeram o respeito que deve rodear a sua pessoa no seu caráter sagrado, e mesmo um Savonarola não teria nada a censurar-lhes. Dos nove papas que sucederam a São Pio V — que tinha pregado eloquentemente com o exemplo —, nenhum ofereceu o flanco a críticas, nem mesmo Gregório XIII, pois nunca se provou que o filho que teve não nasceu, muito legitimamente, de um matrimônio realizado antes de ter recebido as Ordens sagradas.

É possível que nem tudo fosse perfeito na corte vaticana: o nepotismo, que tanto mal fizera, não desapareceu, mas ao menos deixou de ter o caráter escandaloso que se vira nos tempos de Inocêncio VIII ou de Alexandre VI. Gregório XIII fez do seu filho Giacomo governador do castelo de Sant'Angelo, mas o jovem não teve mau comportamento; o cardeal Aldobrandini, sobrinho de Clemente VIII, revestido da púrpura aos vinte e dois anos, foi muito discretamente deixado na sombra; deploraram-se mais as excessivas e loucas liberalidades de Paulo V em favor dos sobrinhos, mas nenhum deles deu que falar; e quanto ao jovem Ludovisi, que Gregório XV fez cardeal aos vinte e cinco anos, revelou-se o colaborador mais precioso do tio, tão inteligente como ativo: aliás, o exemplo de São Carlos Borromeu não demonstrara que o sobrinho de um papa podia receber dignidades insignes, e contudo ser plenamente um servo de Deus e da Igreja?

Portanto, papas respeitados[14]: alguns deles, rodeados de gratidão e até de afeto. E todos, mesmo aqueles cujos métodos se mostraram às vezes um pouco rudes, foram aplaudidos — ao menos entre os romanos e os italianos — por terem trabalhado obstinadamente na resolução dos assuntos dos Estados pontifícios, por terem dado caça aos desordeiros, impedido as querelas entre os clãs e restabelecido as finanças. Muitos reataram a grande tradição dos papas caritativos, dedicados ao seu povo, desejosos de aliviar os sofrimentos dos humildes. Não se pode esquecer um Gregório XIII, que em treze anos distribuiu mais de dois milhões de escudos pelos estudantes pobres e mandou dar aos camponeses mais humildes as terras que os grandes senhores lhes haviam tirado contra todo o direito; um Urbano VII, que, durante os treze dias do seu breve pontificado, teve tempo de tomar duas medidas: mandar fazer a lista dos indigentes da cidade para socorrê-los, e reembolsar o Montepio das importâncias emprestadas às pessoas mais pobres, a fim de lhes devolver os objetos deixados em penhor; um Paulo V, que mandou construir celeiros públicos para distribuir víveres aos miseráveis nos dias de escassez, e que também ajudou vigorosamente os pequenos camponeses.

É um período em que o papado, assim restaurado e renovado, amplia a sua influência, e a instituição das congregações romanas contribui para isso, libertando-o da indiscreta tutela que as famílias reinantes podiam exercer mais à vontade sobre este ou aquele cardeal isolado. A criação das nunciaturas também contribuiu para aumentar essa influência; é significativa a maneira como — nem sempre de boa vontade — os Estados acabaram por aceitar os decretos de Trento. Fato menor, mas também revelador: o modo como todo o mundo católico adotou o calendário gregoriano, apesar de se ver obrigado a quebrar muitas rotinas. A partir de 1622, a Congregação para a Propagação da Fé tornar-se-á um dos grandes meios pelos quais a Igreja se expandirá, pois a obra apostólica passará a depender diretamente do papa em todos os países da terra; mas, como já vimos, o seu nascimento foi preparado por toda uma evolução e por um lento trabalho de maturação.

Quer isto dizer que esse incontestável aumento de autoridade e de prestígio não teve contrapartida? A centralização da Igreja, não só no seu princípio doutrinal, mas nos seus serviços, que foi uma das consequências da obra tridentina, não podia impor-se por toda a parte sem enfrentar resistências. Cabia à habilidade dos papas fazer com que fosse aceita pela doçura e pela diplomacia, mas essa linguagem não combinava com o caráter de todos os sucessores do apóstolo e, aos meios irênicos, um Sisto V e um Paulo V preferiram os da autoridade e do rigor. É a imagem abrupta, violentamente dogmática, que a Igreja saída do concílio apresentou ao mundo, arrastada por papas demasiado autoritários: uma Igreja eriçada de proibições e pronta a condenar. É duvidoso que não houvesse nisso uma ameaça para o catolicismo; o tempo das pretensões teocráticas ia longe, e o Ocidente já não estava disposto a vê-lo voltar. As forças do mundo moderno tinham tomado consciência de si mesmas e os seus mentores punham nisso a paixão da juventude. Não se escondia aí o germe de futuros conflitos?

Futuros, sim..., mas já com episódios que revestiam o caráter de sintomas inquietantes. Muito naturalmente, o papado, que se tornara forte e respeitado, desejava apresentar-se como árbitro do mundo católico. Foi esse, em particular, o sonho de Sisto V, que quis fazer de Roma uma espécie de capital do mundo, para a qual convergiriam sem cessar peregrinações que trariam de toda a terra, mesmo da América, milhões de fiéis desejosos de venerar o Vigário de Cristo e de ouvir as suas advertências. Num plano mais modesto, o papado assumiu efetivamente esse papel de árbitro em várias ocasiões: foi Clemente VIII quem preparou em 1598 a paz de Vervins entre a França e a Espanha; foi ainda ele quem negociou pacientemente, em 1601, o tratado de Lyon entre a França e a Savoia; e, em 1621, uma das grandes ideias do infatigável Gregório XV será conseguir que a França e a Áustria, esses dois grandes países católicos, não cheguem às vias de fato por causa do alto vale alpino de Valtelina e assinem um acordo.

A Europa que nascia, a nova Europa das monarquias absolutas, e em breve dos nacionalismos e dos Estados centralizados, estaria ela sempre disposta a reconhecer ao Vigário de Cristo esse papel de árbitro? Era pouco provável. Desde que a cristandade se desmembrara para sempre, havia demasiados povos que cerravam fileiras em torno das suas famílias dinásticas e que tomavam consciência daquilo que os tornava únicos e insubstituíveis, numa palavra: nações. A autoridade pontifícia que, em nome dos princípios espirituais do cristianismo, deveria controlar tanto o interior das coletividades humanas como as relações entre elas, não iria deparar com grandes resistências? Já pudemos verificar que sim.

Mesmo nos países mais católicos... Por exemplo, na Espanha, onde os herdeiros de Fernando e Isabel, muito propensos a confundir os seus interesses com os da Igreja, não se sujeitavam à autoridade pontifícia senão nos casos em que as decisões papais lhes serviam. Quando, em 1580, o jovem rei de Portugal, Dom Sebastião, desapareceu durante uma louca e heroica cruzada ao Marrocos, Gregório XIII não conseguiu impedir o senhor do Escorial de fazer valer os seus direitos sobre o reino vizinho. No pontificado de Sisto V, não cessou, por assim dizer, o estado de tensão entre Madri e Roma, entre dois autoritarismos tão firmes um como o outro. Quando se tratou de absolver Henrique IV, a ira espanhola explodiu terrivelmente, a ponto de o embaixador do rei católico ter falado em desafiar em duelo o cardeal Aldobrandini! A situação não mudou no reinado de Filipe III: os governadores de Milão e de Nápoles multiplicaram as pressões sobre os representantes do papa e os bispos. Uma das razões pelas quais Gregório XV decretou em 1621 que, dali por diante, as eleições pontifícias se fariam em escrutínio secreto e com maioria de dois terços, foi incontestavelmente o desejo de as libertar das indiscretas influências que a monarquia espanhola julgava ter o direito de exercer no seio do Conclave.

Outro incidente revelador de um estado de espírito indócil à Santa Sé: a curiosa história do cisma de Veneza em 1605-1607. Havia muito tempo que a Sereníssima tratava com a maior sem-cerimônia os direitos da Igreja. Sisto IV e Júlio II tinham tido contas a ajustar com a altiva República: as bulas de São Pio V, os decretos de aplicação do concílio, a excomunhão de Henrique IV..., não tinham passado de pedaços de papel para os doges. Com Paulo V, as coisas complicaram-se: quando dois eclesiásticos, acusados de crime, foram encarcerados com evidente desprezo do privilégio canônico de foro, o rígido papa ficou furioso, exigiu a libertação dos presos e depois excomungou o doge Leonardo e todos os senadores. Estes ripostaram exigindo da totalidade dos sacerdotes um juramento de obediência à sua autoridade e expulsaram os religiosos recalcitrantes.

Foi então que um monge, mais ou menos desviado, mas de espírito fértil e vasta cultura, *Paolo Sarpi*, constituído pela Sereníssima como seu teólogo oficial, publicou contra o papado o *Tratado do Interdito*, verdadeiro panfleto que pretendia pôr em causa a própria autoridade dos papas, e começou a escrever a sua famosa *História do Concílio de Trento*, que apareceria em Londres em 1619, habilmente parcial, expressamente escrita para mostrar que os padres nunca tinham reconhecido ao papa a autoridade que ele reivindicava. Incidente sem importância? Não, porque, quando Paulo V procurou esmagar Veneza, os duques da Savoia, de Módena e de Urbino, os protestantes da Inglaterra, dos Países-Baixos, da Alemanha, e os galicanos da França tomaram violentamente partido por ela, e só a astuciosa diplomacia de Henrique IV e do seu embaixador, o cardeal de Joyeuse, conseguiu pôr fim à questão.

Mas estaria a própria França tão boamente inclinada a aceitar sem reservas a autoridade do papa fora do âmbito das questões religiosas entendidas em sentido estrito? Quando Sisto V defendeu a Liga, o clero francês esteve muito longe de aprová-lo no seu conjunto, e o Parlamento lavrou um vigoroso protesto. O *galicanismo*, esse fermento de independência nacional, feito de um conjunto de tradições, práticas e doutrinas que remontavam longe no tempo, minava o reino com Pierre Pithou e Edmond Richer: galicanismo político, que não reconhecia ao papa senão direitos espirituais; galicanismo eclesiástico, muito ligado aos costumes e prerrogativas da igreja da França. Não é de excluir que através de tudo isso corresse um espírito mais ou menos laicista... A doutrina da monarquia de direito divino, que Guy Coquille, André Duchesne e sobretudo Charles Loyseau vinham expondo com fervor, deixava ao papa um papel totalmente secundário na transmissão do poder. Se o rei "só recebe a sua coroa de Deus, não há poder na terra, seja ele qual for, *espiritual* (sublinhemos a palavra) ou temporal, que tenha qualquer direito sobre o reino", como diz a lei fundamental apresentada aos Estados Gerais de 1614.

A pequena guerra que fora declarada à Companhia de Jesus em 1594 — e que duraria até 1625 — encontrou no atentado do ex-aluno dos jesuítas Jean Chatel contra Henrique IV, em 1596, um bom pretexto para expulsá-los do reino; a seguir, após a revogação dessa medida (1603), pretendeu-se ver a mão dos jesuítas no regicídio cometido por Ravaillac. Mas a verdade é que eram detestados por razões inteiramente diferentes: esses religiosos tão hábeis, que se insinuavam por toda a parte — um deles, o padre Coton, não conseguira ser o confessor do rei? —, que eram eles senão agentes do ultramontanismo, da ingerência pontifícia, do domínio romano sobre a França? Essa era a razão por que se combatiam os jesuítas. Os memoriais e as declarações de grandes juristas como Louis Servin, Etienne Pasquier, Antoine Arnauld[15] não deixam dúvidas sobre este ponto.

São sinais de que a história deverá tomar nota. O Papa continuará amanhã a ser respeitado no terreno espiritual, mas será cada vez mais flagrante que, desde o sucessor de Gregório XV, Urbano VIII, deverá renunciar a toda a pretensão de dirigir o mundo. Está em curso uma evolução, cujo termo, como sabemos, estará muito longe de ser deplorável para a Igreja, uma vez que, no final das contas, um papado totalmente afastado da política, como é o do nosso tempo, terá uma maior irradiação e um prestígio mais sólido: mas serão precisos três séculos, e ainda muitas crises graves, para que este resultado seja atingido.

Novas instituições, decisões capitais

A Igreja guarda nas suas instituições a recordação concreta destes cinquenta anos de pacientes esforços. Vimo-la criar organismos que desempenharão até aos nossos dias um papel de primeira importância: foram tomadas decisões capitais sobre as quais não se voltará atrás.

A inovação de maior peso foi a fundação das *Congregações romanas*, obra de Sisto V. A bula *Immensa aeterni Dei* de 1587 reorganizou, sistematizou e ordenou toda a Cúria, tendo em vista uma maior eficácia. A ideia não era nova: Pio IV e depois Pio V tinham já compreendido o interesse que havia em confiar a uma comissão de cardeais a alta direção de cada um dos setores da administração.

Desenvolvidas, multiplicadas, as Congregações — que se designavam também por Dicastérios — foram concebidas, em termos gerais, como o equivalente aos ministérios num Estado moderno, mas, como a Igreja exercia a sua autoridade tanto no plano temporal como no espiritual, dividiram-se em "ministérios temporais" e "ministérios espirituais". A todos se fixaram as respectivas atribuições. À primeira categoria pertenciam a Congregação da Abundância — encarregada do abastecimento de Roma —, a da Frota, a das Estradas e Aquedutos, a da "Assinatura das Graças", que examinava todas as derrogações da estrita justiça, e a da Tipografia Vaticana; esta última devia também velar pela pureza doutrinal e pela correção dos textos, bem como fiscalizar o bom andamento da tipografia pontifícia. A segunda categoria era mais ampla e mais importante: à célebre Congregação da Inquisição ou Santo Ofício, guardiã vigilante da ortodoxia, e à do Concílio, encarregada de tornar eficazes os decretos de Trento, acrescentaram-se várias outras: a dos Bispos e Religiosos, a dos Ritos, a Consistorial, num total de quinze Congregações, sobre as quais passou a assentar o funcionamento da Igreja, e que tratavam praticamente de todas as questões outrora estudadas em Consistório. Mais seriedade, mais reflexão, mais sigilo, esses foram os benefícios mais essenciais trazidos pela genial reforma de Sisto V, verdadeiramente admirável se pensarmos que, na mesma época, os ministérios dos Estados nacionais estavam muito longe de atingir uma organização tão precisa e tão lógica.

Já um ano antes, em 1586, pela bula *Postquam verus ille*, o mesmo pontífice tinha estabelecido as bases sobre as quais assentaria o *Sacro Colégio* até os nossos dias. O número de cardeais foi fixado em *setenta*, número místico, que era o dos anciãos que rodeavam Moisés, o dos discípulos escolhidos por Cristo, o dos tradutores da Bíblia em grego. Essas altas figuras, verdadeiras colunas da Igreja, foram divididas em três classes, não segundo o poder de ordem, mas segundo o título eclesiástico conferido a cada um no momento da promoção: seis cardeais-bispos, cinquenta cardeais-presbíteros, catorze cardeais-diáconos. Ao mesmo tempo, foram fixadas regras precisas para a sua escolha: deveriam ser escolhidos entre os homens de mais méritos em todos os países do mundo cristão, e ter recebido as Ordens menores, trazer a tonsura e o hábito eclesiástico pelo menos há um ano[16]. Regras muito sábias, que os papas não seguirão imediatamente nem sem exceções — o próprio Sisto V as abriu —, mas que estabeleceram um princípio e prepararam o futuro.

A primeira função dos cardeais era e é designar o sucessor de São Pedro. Este ato capital já fora objeto de regulamentos. Para subtrair a eleição às ingerências dos príncipes, o famoso decreto de Nicolau II, de 1059, tinha-a confiado aos sete cardeais-bispos, acrescentando que devia ser aprovada pelo clero e pelo povo de Roma e confirmada pelo imperador. Em 1189, o terceiro Concílio de Latrão havia suprimido essa tríplice intervenção e decidido que, se os cardeais não se pusessem de acordo sobre o nome a escolher, a eleição só seria válida com a maioria de dois terços. Gregório XV, que tinha uma formação jurídica muito sólida e estava empenhado em cortar com toda a indiscreta influência das potências leigas na escolha dos futuros papas, resolveu precisar as regras da eleição e veio a fixá-las pela Constituição *Aeterni Patris*, de 1621, completada pela Constituição *Decet Romanum Pontificem*, de 1622: à exceção de alguns pormenores, são as que vigoraram até há pouco tempo. Previam-se três modos de designação. Por vezes, forma-se uma corrente irresistível que aponta para um homem; a inspiração do Espírito Santo guia a escolha, que neste caso deve ser unânime: é a eleição por *aclamação* ou *adoração*. Outras vezes, os cardeais não parecem chegar a acordo e designam árbitros (e esta designação deve ser unânime): é a eleição por *compromisso*. Finalmente — e é a maneira mais habitual —, a eleição pode fazer-se por *escrutínio*; para evitar as intrigas e combinações a que um voto secreto se presta facilmente, cada eleitor deve escrever o seu nome num boletim, junto com o do seu candidato: é exigida a maioria de dois terços[17].

Designado, pois, com mais garantias, auxiliado na sua ação por organismos administrativos mais perfeitos, o papa dispunha, além disso, de um novo meio de ação: as *nunciaturas*. As primeiras apareceram, em pequeno número, nos princípios do século XVI. Antes, os representantes do soberano pontífice eram os legados: quer "legados-natos", que, instalados num país, numa sede episcopal, eram por um privilégio especial os delegados permanentes do Pai comum — os arcebispos de Bourges, de Toledo, da Cantuária, de Mogúncia, por exemplo, tinham esse título honroso —; quer "legados-enviados", que desempenhavam exatamente a missão de embaixadores junto de certos soberanos, mas em geral de modo temporário; quer, enfim, "legados *a latere*", isto é, escolhidos entre os que rodeavam o papa, e que eram designados para uma missão particular, uma negociação delicada — como a do cardeal de Florença em Paris, quando se tratou da abjuração de Henrique IV — ou uma grande cerimônia.

A partir de fins do século XVI, ao passo que o título de legado-nato se torna puramente honorífico e as missões confiadas aos legados *a latere* diminuem em número e são reservadas para determinados casos, desenvolve-se o papel dos legados-enviados. À imitação do que tendem a fazer todos os grandes Estados civis — a República de Veneza vinha mostrando esse caminho há muito tempo, com o seu corpo de embaixadores de méritos excepcionais —, o papado terá dali em diante os seus representantes fixos onde quer que a sua presença seja útil: são os *núncios apostólicos*. Abrem-se nunciaturas ao longo de toda a fronteira religiosa que, infelizmente, separa o catolicismo da heresia: em Graz em 1573, em Lucerna em 1579, em Colônia em 1580, em Bruxelas em 1606. O mesmo se faz, como é evidente, em todas as grandes capitais católicas, mas também onde quer que a religião esteja em jogo: assim, em 1605 abre-se em Varsóvia a nunciatura da Polônia, e até em Moscou, onde os papas querem ser representados! Deve acrescentar-se que a escolha destes núncios foi, em geral, extremamente feliz: um Giovanni Commendone em Colônia, um Giovanni Bonomi em Lucerna, um Antônio Possevino na Rússia e na Suécia...; todos eles trabalharam — em condições muitas vezes dificílimas — com tanta dedicação como inteligência.

No fim do longo período que, de 1350 aos começos do século XVII, viu a Sé Apostólica atravessar tantas crises e tão graves, o papado aparece, pois, sem a menor dúvida, como infinitamente mais sólido, mais luminoso. No entanto, não deixa de conter uma sombra negra: está ainda longe de ter mão sobre o episcopado, isto é, a sua ação só chega aos fiéis por meio de homens que nem sempre lhe inspiram toda a confiança. A Congregação Consistorial, fundada para levar a cabo o inquérito preliminar sobre os futuros bispos e sobre a transferência dos antigos, é na realidade, em muitos casos, mais virtual do que eficaz. As Pragmáticas e as Concordatas proporcionam aos soberanos demasiados meios de imporem à Igreja homens que ela nem sempre desejaria ver à frente das dioceses. Ainda que seja o Papa quem consagra o novo bispo, a política e a diplomacia têm inúmeros recursos para levá-lo a ceder por vezes às suas razões. Enquanto o papado não conseguir ser o único a designar os pastores do rebanho, continuará a existir um grave problema.

À procura das ovelhas perdidas

Por mais forte e poderosa que pareça na pessoa dos seus chefes, não há dúvida de que a Igreja Católica sofreu perdas, perdas que nos levam a perguntar se alguma vez poderão ser reparadas. Basta considerar o mapa religioso da Europa para medir num relance a amplidão do desastre. Toda a Alemanha do Norte, uma parte da Suíça, os Países-Baixos, os Estados Escandinavos, a Inglaterra e a Escócia separaram-se. São milhões de batizados que se afastaram do rebanho. Que sofrimento! A Igreja vê-se obrigada a reconhecer que a extensão do seu domínio e o número dos seus fiéis diminuíram, e sabe perfeitamente que não encontrou ainda o equivalente nas novas cristandades que, do México à Argentina, os seus missionários se esforçam por estabelecer.

E ainda outra observação se impõe, talvez mais desoladora para quem se não limita a uma apreciação quantitativa dos resultados: esses povos cristãos que dela se afastaram tinham-lhe proporcionado, em outros tempos, elementos de vida insubstituíveis. Não é verdade que, à preocupação moral e ao espírito jurídico dos latinos, os católicos anglo-saxões e germânicos tinham acrescentado os seus impulsos menos racionalistas? Será preciso considerar perdidas para sempre as pátrias de Suso, de Ruysbroeck, de Tauler, de Eckhart, de Richard Rolle e de Juliana de Norwich, e com elas perdidas também essas maravilhosas colheitas místicas que tinham sido capazes de produzir?

Não. A Igreja não se resigna a essa amputação, nem por um momento se resignou, e consome-a a angústia do pastor pela ovelha perdida. "Roma não se esgotou na velhice" — exclamará Bossuet no seu sermão sobre a unidade —, "e a sua voz não se extinguiu. Noite e dia, não cessa de clamar aos povos mais afastados, a fim de os chamar para o banquete onde tudo se faz um". Ninguém considera imutável a linha que divide no mapa as zonas de fidelidade católica e as da heresia. Além disso, no limiar do século XVII, notam-se sinais evidentes de que a partida não terminou; prova-o o ressurgimento católico da França, da Hungria, da Polônia, e essa espécie de fermentação que se observa na Alemanha e que provoca justamente a nova crise sangrenta, a da guerra dos Trinta Anos. Esse esforço por reconquistar almas e terras constitui uma página admirável da história católica. Centenas de homens não têm outro desígnio senão ir a terras da heresia, manifestar nelas a presença da Igreja, levar-lhes a sua palavra, mesmo com perigo de vida. O catolicismo regenerado põe-se naturalmente em estado de missão, como nos seus primeiros tempos.

Desde os começos dessa tarefa, vemos colocar-se à sua frente a Companhia de Jesus. Como já observamos, a luta contra o protestantismo não foi o maior objetivo de Santo Inácio; mas, pelo voto de ir a toda a parte aonde o Papa os enviasse, "quer entre os turcos, quer entre outros infiéis", não se comprometiam os jesuítas a ir também aos infiéis da Europa? A ideia adquiriu importância com o segundo geral, Laínez. Como são educadores, bem cedo os filhos de Loyola tomam a peito formar homens que possam ir combater o protestantismo no seu próprio terreno, pela palavra e pelo exemplo.

Tendo em vista a Inglaterra, William Allen, futuro cardeal, funda o célebre *Colégio de Douai*, de onde partem missionários cujo fim último será acabarem mártires. Tendo em vista a Alemanha, cria-se em Roma o *Colégio Germânico*, ao qual Chemnitz prestou esta homenagem sincera: "Se os jesuítas se tivessem limitado a fundar o Colégio de Roma, já só por isso mereceriam ser considerados como os mais perigosos inimigos do luteranismo". E não se limitaram a isso! Das suas três cidadelas de Colônia, Viena e Ingolstadt, lançaram ofensivas incessantes por toda a Europa Central e até na Polônia e na Escandinávia. Se esta ação da Companhia foi mais discutível nalguns países — sobretudo na França —, por ter tomado características políticas muito acentuadas, em quantos outros setores não abundou em episódios sublimes e em resultados felizes!

Foi na Inglaterra que se escreveu talvez a página mais gloriosa desta história. Em pleno reinado de Elisabeth, no momento em que se desencadeou o terror, partiram padres voluntários para procurar reconduzir ao catolicismo os seus irmãos ou, se não o conseguissem, semear com o próprio sangue o solo da sua pátria. Proclamando-se súditos leais do seu soberano, recusando-se a pactuar com os políticos, que fomentavam conspirações ridículas, não procuraram senão rezar, testemunhar, falar. Escrevia um deles, o bem-aventurado Edmund Campion, numa carta à rainha: "Todos os jesuítas do mundo concluímos um pacto, que sobreviverá a todas as maquinações da Inglaterra, de carregar a Cruz — esta Cruz que vós nos impusestes — e de nunca desesperar da vossa conversão. E haverá sempre um de nós para saborear a alegria do vosso Tyburn [o patíbulo], para suportar as angústias das vossas torturas ou para sucumbir nas vossas masmorras: pois foi assim que se implantou a fé e é assim que será restabelecida".

Prodigiosa aventura de episódios dramáticos, a desses "guerrilheiros de Deus". Um desses missionários, John Gerard, contou-a numa autobiografia que é um dos documentos mais impressionantes da época, estranhamente semelhante aos que lemos nos nossos dias. Desembarcados clandestinamente, errando sem cessar de um lado para o outro, perseguidos pela polícia, obrigados a disfarçar-se para passar despercebidos, morando em casa de algum velho pároco fiel de quem os poderes públicos se tinham esquecido, esses aventureiros de Cristo deram provas de uma audácia que os aparentava diretamente com os evangelizadores dos primeiros séculos. Quando presos, conheciam ordinariamente uma sorte atroz: torturados durante dias e dias, esgotados e alquebrados, eram primeiro suspensos de uma forca, e depois, meio estonteados mas ainda vivos, entregues a um carrasco que lhes abria o ventre e lhes arrancava as entranhas. Assim morreu, em 1581, em Tyburn, o mais célebre deles, o bem-aventurado *Edmund Campion* (1540-1581), cujas nobres declarações acabamos de ler acima. Fora um brilhante aluno de Cambridge, distinguido pelo favor real, mas que não quisera fazer no anglicanismo a lisonjeira carreira que lhe propunham, para permanecer fiel à fé dos seus antepassados.

Que se conseguiu depois de tantos esforços e sacrifícios? Aparentemente, quase nada. A Inglaterra não retornou do cisma, e a criminosa loucura da Conspiração da Pólvora (1605), desnorteando a opinião pública, teve como resultado amordaçar durante muito tempo o catolicismo na terra de São Thomas Becket e de São Thomas More. Mas quem pode dizer se, subterraneamente, a Igreja não continuou a desenvolver-se nesse clima de perseguição, e se, segundo a palavra eterna de Tertuliano, o sangue dos mártires ingleses não será, mais cedo ou mais tarde, sementeira de fidelidades?

Na Alemanha, na Polônia, na Europa Central, as circunstâncias foram menos dramáticas, mas o esforço de reconquista foi ainda mais enérgico. O papado preocupou-se com isso logo após o concílio: Pio V enviou a essa região o legado Commendone, para ali fazer reconhecer os decretos de Trento; mais tarde, os núncios Portia e Ninguarda trabalharam pacientemente, em Salzburgo e em Ratisbona, para estabelecer as bases a partir das quais o catolicismo se empenharia em reconquistar as terras heréticas. Príncipes fiéis entraram no plano e apoiaram essas tentativas: Alberto V da Baviera, seu filho Guilherme V, marido da piedosa Renée de Lorena, o arquiduque Fernando no Tirol e mesmo, apesar das suas hesitações de neurastênico, o imperador Rodolfo II. E sobretudo, aqui como em toda a parte, a Companhia de Jesus esteve na linha de frente do combate, preparando em Roma, nos seus colégios, os futuros pregadores da Alemanha, abrindo — depois dos de Viena e de Ingolstadt, já fundados em vida de Santo Inácio — muitos colégios e seminários, mesmo nos países protestantes.

Esta imensa empresa teve um chefe insigne que foi também um santo: *São Pedro Canísio* (1521-1597)[18]. Era holandês, filho de ricos burgueses de Nijmegen, uma natureza enérgica e ao mesmo tempo pacífica, de uma maravilhosa caridade. Muito jovem, quando hesitava quanto ao caminho a seguir, ouvira no seu íntimo uma voz inefável: "Vai, ensina o Evangelho a toda a criatura!" Estudante em Lovaina, resolvera servir a Deus dando-se aos outros. O encontro, em Mogúncia, com Pedro Fabro, um dos primeiros companheiros de Santo Inácio, fixara-o na sua escolha. E o grande fundador, bom conhecedor de homens, logo o apreciara e estimara.

Mensageiro do Evangelho, testemunha da palavra, isso foi Pedro Canísio durante trinta anos, infatigavelmente.

A Alemanha, que conhecia bem, enchia-o de angústia e de esperança ao mesmo tempo. Nunca desesperou. *Não quebrará a cana rachada nem apagará a chama que ainda fumega*, diz a Escritura (Is 42, 3; Mt 12, 20). Canísio tomou por lema essas palavras divinas e, com todas as suas forças, procurou reerguer a cana antes de se quebrar e reavivar a chama. Não escondeu a sua violenta indignação contra os que aceitavam a terrível situação, contra os que "ressonam no meio da tempestade", mas nunca quis empregar a violência contra aqueles que, enganados por maus pastores, se tinham afastado do rebanho do Senhor. "Limitemo-nos — dizia ele — a expor simplesmente a doutrina católica, e obteremos muito maiores resultados, e melhores, do que pela força e pela polêmica". A esses hereges, que tantos católicos condenavam ao inferno, chamava-os "meus irmãos separados".

Trinta anos, pois, de ação apostólica. Primeiro, professor em Ingolstadt, depois provincial da Alta Alemanha, não cessou durante trinta anos de percorrer a Alemanha e regiões limítrofes. Praga, Friburgo no Breisgau, Munique, Dillingen, são lugares, além de muitos outros, que tiveram colégios fundados por ele. Em toda a parte fala, estabelece contatos, persuade. E ele quem acompanha e aconselha os núncios enviados pela Santa Sé à difícil região da Renânia. É ele quem redige o resumo da doutrina católica de que o povo precisa para responder aos libelos dos luteranos, e redige-o com tal perfeição que, até hoje, em vez de: "Sabes o teu catecismo?", se dirá familiarmente: "Sabes o teu Canísio?" Num outro plano, mais elevado, em conjunto com Belarmino, refuta as teses caluniadoras dos hereges sobre o papado e a Igreja. Algumas conversões que operou provocaram um enorme alarido: por exemplo, a de duas mulheres da célebre família dos banqueiros Fugger. E se quisermos medir a amplidão dos resultados que obteve, basta considerar o ódio que os protestantes lhe votaram: "Um cínico, esse Canísio!", exclamou o doce Melanchthon; e Wigand: "Esse cão despedaça as nossas sagradas escrituras". Não é difícil entender o jogo de palavras nas duas referências (etimologicamente, "cínico" vem de "cão"); o certo é que essa cólera era toda uma confissão.

Efetivamente, o impulso dado por Canísio e pelos jesuítas fez-se sentir em vastos setores do mundo germânico. Regiões que tinham parecido hesitar entre a heresia e o catolicismo firmaram-se na fidelidade a Roma. Príncipes que tinham feito os seus estudos nos colégios da Companhia, uma vez chegados ao poder, trabalharam energicamente na restauração católica: foi assim com Fernando da Áustria, que pôs fim aos avanços do protestantismo na região de Graz e obrigou a nobreza da Estíria, Caríntia e Carníola a submeter-se, aplicando, segundo o seu direito, o famoso princípio *cujus regio, ejus religio*; foi assim no reino da Baviera, que Guilherme V e seu filho Maximiliano, calorosamente incentivados por Clemente VIII, transformaram nesse baluarte da fé católica que é até hoje. Reanimados, os príncipes eclesiásticos impuseram estrita fidelidade à Igreja nos seus territórios: assim o fizeram o abade de Fulda, os príncipes-bispos eleitores de Tréveris e de Mogúncia, o arcebispo de Würtzburg. Ao mesmo tempo, na Renânia, onde a situação permaneceu mais confusa durante muito tempo, a eleição de Ernesto da Baviera para a sede episcopal de Colônia, a do cardeal Carlos de Lorena para a de Estrasburgo[19] e o retorno de Aix-la-Chapelle para a jurisdição do arcebispo de Liège restituíram ou guardaram para o catolicismo essas três praças tão importantes. No momento em que vai começar a guerra dos Trinta Anos (1618), que porá em discussão muitas coisas, a situação no mundo germânico não se compara nem um pouco com a que existia por volta de 1530, quando parecia que todo o Império se ia tornar luterano.

Na Europa Central, os resultados talvez não tenham sido tão felizes em toda a parte. Na Boêmia, por exemplo — onde Fernando I empreendeu com sucesso um esforço análogo e os jesuítas se puseram ao trabalho, sustentados pela presença de Pedro Canísio —, a fraqueza de Maximiliano II não permitiu consolidar os resultados obtidos e a violência desastrada de Rodolfo II comprometeu tudo: sacudido por forças antagônicas, o quadrilátero tcheco seria precisamente o ponto de partida da última das grandes guerras religiosas, a guerra dos Trinta Anos[20].

Na Hungria — nessa terra infeliz que o desastre de Móhacs e as perturbações posteriores tinham dividido em três partes —, a situação era ainda mais complicada. Na zona ocupada pelos turcos, sujeita a uma terrível opressão, a fé nacional era católica, e era o clero católico que mantinha o sentido nacional e misturava aos hinos religiosos os cânticos que choravam a vergonha da escravidão e a dor de ver Buda — a cidade que hoje forma uma das metades de Budapest — transformada numa fortaleza do islã. Na Transilvânia, onde tinham reinado primeiro a viúva de Zapolya e depois o seu filho Sigismundo, a confusão era extrema; defrontavam-se ali quatro cultos — o católico, o luterano, o calvinista e o ortodoxo —, e os chefes que se sucederam à frente desse pequeno Estado — católicos zelosos como os Bathory, protestantes liberais como Bethlen Gábor — não deslindaram essa confusa meada. Já na Hungria imperial a situação se transformou depressa a favor do catolicismo. Os jesuítas, instalados em Tirgu desde 1565, opuseram-se fortemente a Mélio, "o papa de Debrecen", e à sua confissão inspirada em Lutero; mas, atacada por outro adversário, o calvinismo, a "igreja húngara" perdeu terreno. A ação do grande homem de fé que foi Fernando II permitiu o contra-ataque romano. Dois grandes senhores, Nicolau Esterhazy e Pedro Pazmany, desempenharam um papel capital nessa batalha; o primeiro permaneceu leigo, o segundo fez-se jesuíta; um e outro lutaram contra os protestantes com uma prudência e uma energia que se podem comparar às de São Francisco de Sales. Quando vinte e cinco anos mais tarde, em 1648, se abrirem novos destinos para ela, a coroa de Santo Estevão estará pronta a assumir de novo as responsabilidades que séculos de fidelidade católica lhe impunham.

Mas foi na Polônia, sem dúvida, que se operou o mais impressionante ressurgimento. Sob a direção do fraco Jagelão, Sigismundo II (1548-1572), filho da demasiado italiana Bona Sforza, parecera que a reforma protestante, dirigida por Jan Lasky e a poderosa família dos Radziwill, ia levar a melhor. Não foi assim. A coragem de alguns bispos — entre os quais se deve citar em primeiro lugar o futuro cardeal *Estanislau Hosius*, de Chelm —, uma árdua mas brilhante missão de São Pedro Canísio e o habilíssimo trabalho diplomático do núncio Commendone restabeleceram a situação: a indestrutível fidelidade dos homens do campo poloneses à sua antiga fé fez o resto. A heresia perdeu terreno aos poucos. Após a rápida passagem pelo trono de Henrique de Valois — futuro Henrique III da França um príncipe da Transilvânia, *Estêvão Bathory* (1576-1586), apaixonadamente católico, dedicou-se com ardor à obra da restauração. Chamou logo os jesuítas, que fundaram vários colégios, sobretudo os de Riga e de Polotsk. Pedro Skarga, o "Bossuet da Polônia", multiplicou as suas viagens evangélicas e as conferências sobre pontos controvertidos e publicou uma *Vida dos Santos* que o bom povo leu unanimemente com enlevo. Depois dele, Sigismundo III

(1587-1632), antigo aluno dos jesuítas, filho espiritual do célebre jesuíta Warszewicki, esteve prestes a rematar essa obra no momento em que findava o século XVI. A Polônia reentrou definitivamente na fidelidade católica, que sempre fizera parte do seu ser e da sua vida.

Mais ainda: convertida em baluarte católico, a Polônia fez-se imediatamente missionária. A Suécia, país com o qual mantinha numerosas relações, dinásticas e outras, enviou o padre Warszewicki para tentar reconduzir ao catolicismo o rei João III, marido de Catarina Jagelão, católica polonesa. Depois de muitas tentativas, pareceu que se tinha atingido o resultado: o núncio Possevino, jesuíta, tão ardoroso apostolicamente como sutil na diplomacia, conseguiu que o soberano abjurasse o protestantismo; triunfo efêmero, porque, com a morte de João III (1592), seu irmão Carlos IX, partidário fanático da Confissão de Augsburgo, tomou o poder, afastando o seu sobrinho Sigismundo II, que há cinco anos reinava na Polônia. Mas os jesuítas nem por isso desesperaram; mantiveram em Estocolmo uma das suas casas e fundaram em Brannsberg um instituto especial para formar missionários destinados à Suécia, Finlândia e Rússia.

Porque se pensava também na Rússia! Nessa busca das ovelhas perdidas, os irmãos separados ortodoxos não foram esquecidos. Durante o interregno que se seguiu à extinção da dinastia de Ivã o Terrível[21], Sigismundo III chegou a acariciar, em 1605, o sonho de instalar não só uma guarnição no Kremlin, mas também a fé romana em todo o império dos czares; foi mal-sucedido, e o advento dos Romanov, em 1613, pôs fim definitivamente a esse sonho.

Mas obteve-se ao menos um resultado mais duradouro: em 1595, após um paciente trabalho em que tornamos a encontrar Possevino e Skarga, os jesuítas levaram a cabo uma operação extraordinária: reconduziram à fé católica os *rutenos*, isto é, as populações de obediência, doutrina e liturgia bizantinas que viviam nos territórios da Polônia e da Lituânia, então unidas, e que não era bom deixar que tivessem os olhos voltados para Moscou. Graças à hábil moderação de Clemente VIII, que não tocou nos ritos tradicionais dos rutenos e não lhes impôs o calendário gregoriano, pôde realizar-se a União. Não sem contragolpes violentos; a partir desse momento, os ortodoxos não cessaram de provocar perturbações: em plena catedral de Kiev, um fanático cortou de uma machadada dois dedos ao metropolita uniata Hipácio Pociej, e a grande figura da conversão da Rutênia, *São Josafá Kuncewicz*, cairia mártir em 1623. Mas, dirigido por um homem de energia incansável, Ruski, antigo monge basiliano feito arcebispo de Polotsk, o episcopado uniata resistiu a todos os assaltos. A Rutênia permanece até hoje fiel a Roma e à sua obediência: o próprio comunismo não conseguiu dobrá-la.

Sinais admiráveis de vitalidade, admiráveis e múltiplas provas de uma indestrutível esperança: as ovelhas perdidas não o estão para sempre; a Igreja não renuncia a elas. E eis que em 1594-1595, muito longe da Rutênia e da Flungria, num pequeno cantão savoiano, um jovem sacerdote se põe a trabalhar: é o preboste do cabido de Annecy, que resolveu arrancar ao calvinismo o Chablais — vinte e cinco mil habitantes e pouco mais de uma centena de católicos —, e que o consegue à força de lúcida coragem e de grande mansidão. Chama-se Francisco de Sales, e vamos encontrá-lo em todas as encruzilhadas dos caminhos por onde a Igreja se aventura.

A defesa da fé: Belarmino e Barônio

Perante os impressionantes êxitos do protestantismo, a Igreja Católica não permanece, pois, indiferente e resignada; não se encerra no baluarte dos dogmas e dos cânones disciplinares levantado pelo Concílio de Trento. Contudo, deve-se convir em que, a partir desse momento, se mostra preocupada com a sua defesa. Até então, se prescindirmos da crise ariana, nunca tivera de resistir a um assalto que ameaçasse com tanta gravidade a sua própria existência e a fé de que vivia. Continua a ser uma praça-forte, que envia corajosamente os seus melhores soldados ao terreno inimigo para reconquistá-lo, mas é ao mesmo tempo uma fortaleza sitiada, que tem de pensar também em repelir os assaltos do adversário. Devemos ter presente este aspecto se queremos compreender certas decisões que vai tomar, certas condenações que pronunciará no plano das ideias.

Enquanto vivos, Lutero, Calvino e outros reformadores[22] tinham visto erguer-se, contra eles e as suas teses, adversários nada desprezíveis, mas nenhum chegara ao nível deles. Agora a situação modificou-se. Surgiram teólogos e exegetas à altura de responder aos ataques protestantes. No plano das ideias como no das armas, a contra-ofensiva da ortodoxia católica é conduzida com todo o vigor.

Os protestantes tinham tido a habilidade de utilizar a imprensa, e as suas múltiplas publicações tinham contribuído muito para a rápida difusão das suas teses. Os seus panfletos e tratados circulavam por toda a parte — às vezes assinados por católicos que se prestavam a isso — e faziam grandes estragos. No momento em que o Concílio de Trento terminava os seus trabalhos, dispunham de uma espécie de suma anticatólica monumental, *As Centúrias de Magdeburgo*, em que o autor, *Flacius Illyricus*, expondo o conjunto das doutrinas luteranas, pretendia explicar a história do mundo pelo jogo infernal do Anticristo, isto é, do Papa! Entre vários insultos inqualificáveis — as mais suaves gentilezas eram "pança impudica", "saco de vergonhas" —, esse panfletário juntava num feixe todos os argumentos contra Roma e os seus pontífices. Acontecimentos históricos, habilmente trazidos à baila, como o episódio da humilhação do imperador Henrique IV diante do papa Gregório VII em Canossa[23], permitiam apresentar o papa como o pior dos tiranos. Histórias absurdas ganhavam consistência ao encontrarem-se impressas, como a célebre e ridícula lenda da *papisa Joana*[24]. Ainda segundo as *Centúrias*, o crime era, evidentemente, o meio de ação preferido dos pontífices romanos, e este ou aquele, designado pelo nome, era acusado de ter envenenado — quer com o famoso "molho italiano", quer com a "sopa veneziana" — nada menos que seis dos seus predecessores! Semelhante literatura deu tão bom resultado que encontrou imitadores. Por exemplo, o *Catálogo das testemunhas da verdade* dizia que, em tal convento de religiosas, se tinham descoberto seis mil cabeças de crianças imoladas! E os *Stupenda jesuítica* retratavam todos os membros da Companhia como assassinos profissionais e devassos entregues às piores proezas animais! Não era possível deixar sem resposta essas obras, por mais lamentáveis que fossem. Dois nomes católicos se celebrizaram na réplica pronta: Belarmino e Barônio.

São Roberto Belarmino (1542-1621) encontrava-se, ainda jovem jesuíta, em Lovaina, quando apareceram as *Centúrias*. Com o beneplácito dos seus superiores, teve a ideia de preparar uma refutação geral das teses heréticas para, dizia ele, "prover de munições aqueles que a Igreja envie para combater as potências infernais". Assim nasceram as

Controvérsias, enorme tratado latino, rapidamente traduzido em várias línguas, que, ponto por ponto, e além disso com uma objetividade excepcional, apresentava as doutrinas de Lutero, de Calvino e de outros, e em seguida expunha a verdadeira fé católica. Ideia genial, que iria pôr nas mãos dos pregadores e dos professores os melhores argumentos elaborados para refutar as asserções e teses dos adversários, sem contudo enveredar pelo campo da polêmica grosseira em que muitas vezes se situavam as *Centúrias*. Nada escapou a Beiarmino do que a heterodoxia tinha dito sobre Cristo, a Igreja, a graça, a liturgia, os sacramentos, etc. Nomeado "professor de controvérsia" na Universidade Gregoriana de Roma, e depois, apesar da resistência da sua humildade, arcebispo de Cápua e cardeal, o grande jesuíta passou todo o resto da sua vida a instruir centenas de discípulos para a luta das ideias e a dar ânimo às Congregações romanas, mesmo à da Propagação da Fé, da qual foi um dos criadores. Não deixou de responder sequer às fábulas absurdas das *Centúrias*, como a da papisa Joana. Com toda a razão, Pio XI canonizou-o em 1923 e proclamou-o Doutor da Igreja em 1931: poucos homens como ele forneceram aos católicos as armas de luz de que precisavam[25].

Quanto a *César Barônio* (1538-1607), também cardeal[26], era oratoriano, filho espiritual de São Filipe Neri, que lhe propôs que refutasse as ideias protestantes no plano histórico. Os seus *Anais Eclesiásticos*, em que tratou do desenrolar do passado cristão, empenhando-se em fixar com exatidão a data de todos os fatos essenciais, estabelecendo os acontecimentos com base em documentos incontestáveis, constituíram uma obra monumental que demorou cerca de trinta anos a ser escrita e à qual a história deve gratidão. Profundamente honesto, este antepassado da crítica histórica pensava que se presta "mais serviço à Igreja sepultando no silêncio fatos supostamente gloriosos para ela, mas não comprovados, do que sustentando fatos inexatos ou falsos"; as suas pesquisas nos arquivos pontifícios mostraram-se muito adiantadas em relação aos métodos da época. Barônio pode ter-se enganado em muitos pontos, mas a sua honestidade tem valor de exemplo, e a sua obra fornece também aos católicos um completo e pacífico arsenal de argumentos e de refutações.

A defesa da fé: o esforço positivo dos teólogos

Essas obras de controvérsia tiveram um aspecto positivo, porque, concebidas inicialmente para aparar os ataques protestantes, acabaram por dotar a Igreja de monumentos impressionantes. Este aspecto revelou-se em muitos outros domínios; em cinquenta anos, desde que se deu o impulso em Trento, que esforço não se realizou para assentar as bases doutrinais do catolicismo sobre fundamentos novos, mais sólidos, e para não deixar aos adversários o privilégio de conhecerem perfeitamente a Bíblia e de pretenderem possuir uma teologia iluminante!

Aí está a enorme massa doutrinal dos cânones de Trento, de uma riqueza prodigiosa, verdadeira mina onde as gerações cristãs poderão beber até aos nossos dias. Os *catecismos* — o oficial, do concílio e de Pio V, e os outros, de Canísio e dos seus êmulos — difundiram em trocados entre o povo cristão toda essa riqueza. Missal, breviário, martirológio, todos os livros fundamentais da piedade e do pensamento cristãos foram renovados. E o esforço prosseguiu. Foi nessa perspectiva que se situou a obra escriturística — talvez demasiado apressada e aventurosa, mas útil afinal de contas — empreendida por Sisto V.

Apaixonado pela história sagrada e pela exegese, desde que subiu ao trono pontifício anunciou — entre muitos outros grandes projetos — a sua resolução de dotar a Igreja Católica de uma Bíblia que se opusesse vitoriosamente às dos protestantes. Aliás, a ideia andava já no ar: Sirletti, eminente linguista, trabalhava há muito tempo numa edição crítica do Evangelho, e o dominicano João Henten preparava em Lovaina uma Bíblia latina. O autoritário pontífice agiu imediatamente: encarregou os beneditinos de Montecassino de rever a tradução dos Setenta, de verificar o texto do Evangelho segundo o melhor manuscrito conhecido, de empreender uma *Vulgata Sistina* destinada a substituir nada menos do que a de São Jerônimo. Para os pontos delicados, os exegetas receberam ordem de consultá-lo diretamente, pois estava convencido de que, mesmo em matéria de crítica textual, era o Espírito Santo quem o guiava.

O resultado? Discutível e imediatamente discutido. Os entendidos não se coibiram de criticar os cortes, os acréscimos, as notas ao texto: o próprio Belarmino se indignou. Mas, muito honestamente, a Igreja não tardou a reconhecer que essa pressa excessiva fora prejudicial. Mal o terrível Sisto morreu, Clemente VIII decidiu retomar o trabalho de revisão. Uma comissão prudente estabeleceu um novo texto, e, em 1592, apareceu a *Bíblia Sisto-Clementina*, precedida de um prefácio delicioso em que, sob os eufemismos pontifícios, se adivinha uma suave ironia para as desditas da primeira versão; mas em que também se presta uma homenagem legítima ao papa que, com a sua energia, determinou essa iniciativa e a levou a bom termo. Não é uma Bíblia perfeita, mas ao menos proporciona um texto seguro, de que a Igreja não tem que se envergonhar e no qual os seus teólogos poderão apoiar-se[27].

Teólogos, há-os muitos daqui por diante, em abundância; talvez demasiados, pensam alguns. Já lá vai o tempo em que, diante dos argumentos de Lutero e Melanchthon, de Calvino e de Zwinglio, os católicos não tinham paladinos à altura. Deste ponto de vista, os protestantes prestaram um serviço à Igreja: obrigaram os seus defensores a aprofundar as verdades postas em discussão, a estabelecer-lhes defesas mais sólidas. O admirável impulso, propriamente espiritual, que se experimentou durante o século XVI — e do qual foram testemunhas a múltipla presença dos santos, a renovação das ordens antigas, a fundação de novas ordens —, arrastou também a teologia, cujos problemas apaixonaram os espíritos. Mesmo as rivalidades entre as ordens religiosas e os teólogos das diversas tendências contribuíram para enriquecer os conhecimentos neste domínio: como a Igreja, prudentemente, deixou um vasto campo à livre discussão, excetuados apenas os princípios definidos e proclamados, o choque das ideias foi fecundo; a batalha do molinismo, por exemplo, permitiu precisar muitos pontos sobre os assuntos mais essenciais.

A teologia floresceu em muitos centros. Paris já não é a sua capital, mas ainda conta entre os seus mestres um homem de grande reputação, Maldonado. A Espanha, que já desde a primeira metade do século estava na vanguarda da renovação litúrgica — com Francisco de Vitória (1480-1546), comentador inesgotável da *Suma* de São Tomás de Aquino, com Melchor Cano, Domingos de Soto, Bartolomeu de Medina, toda a prestigiosa *Escola de Salamanca* —, ampliou em seguida o seu campo com *Domingos Bánez* (1528-1604), outro dominicano também, que manteve erguida a bandeira da sua ordem perante a dos jesuítas. Coimbra, o centro universitário de Portugal, cheio de vitalidade, foi o baluarte dos teólogos da Companhia: foi ali que ensinou Pedro da Fonseca e também, por algum tempo, o seu aluno *Luís Molina* (1536-1600), antes de ir ajudar a desenvolver com a sua autoridade a nova Universidade de Évora; foi ali que, por mais de vinte anos, ensinou o mais ilustre professor do tempo, *Francisco Suárez* (1548-1617), em quem, diz-se correntemente, "se escuta toda a Escola". Lovaina, cuja universidade atrai milhares de alunos, é também um dos altos centros de estudos teológicos; à geração dos Clichtove e dos *Latomus*, sucedeu a de Ruard Tapper, que trabalhou nas sessões do concílio, do inquietante Baio e do seu adversário, o sólido jesuíta *Justus Lipsius*. Roma, enfim, assume um papel importante quando o Colégio Romano se transforma na Universidade Gregoriana; passam pelas suas cátedras os mestres mais brilhantes da Companhia: Toledo e Ledesma, Suárez e Belarmino.

Esta teologia revivificada tomou características novas. A da Idade Média era essencialmente *especulativa*, isto é, procurava expor e penetrar as verdades religiosas apoiando-se nas ideias, nos argumentos abstratos da filosofia; sabemos a que decadência, a que verbalismo isso levara muitas vezes, e como os ataques do ockhamismo tinham acabado por abalar o velho edifício da escolástica. Daqui em diante, os melhores espíritos orientam-se para a teologia *positiva*, que Santo Inácio recomenda aos seus filhos, e, antes dele, Melchor Cano aos seus alunos. Os protestantes sustentavam que a Escritura é a única base da fé, e que a Igreja Católica tinha deformado a autêntica doutrina; responder-lhes-ão apoiando-se na Bíblia e nos Padres, bem como na Tradição, e este método novo, mais bem fundamentado em dados concretos e sólidos, servirá de introdução à teologia especulativa e permitirá renová-la.

Com isto, os métodos aperfeiçoam-se; as diversas ciências sagradas — exegese, patrologia, história da Igreja, história dos dogmas — passam a distinguir-se melhor umas das outras. Ao mesmo tempo, a teologia *moral*, que aplica os princípios de Deus à conduta da vida, desenvolve-se, tende a tornar-se prática — demasiado prática e até demasiado fácil, dizem os adversários do método agora preferido, a casuística —, e esta corrente reformadora traz plenamente à luz os problemas suscitados pela sua época. Deve-se acrescentar também que, sob a influência do humanismo, a teologia logo se empenhou em despir as vestes bárbaras e os ouropéis da escolástica, de que Erasmo e Rabelais se riam. Francisco de Vitória deu o exemplo e o latim de Melchor Cano pretendeu ser tão puro e elegante como o de Cícero. Não se pode, porém, assegurar que os teólogos permaneceriam todos neste feliz caminho e que, impelidos pelas controvérsias a multiplicar precisões, distinções, subdivisões, não viriam a cair em outro jargão, em nada melhor que o dos escolásticos. Não importa: realizou-se um esforço de clareza que acabou por dar à nova teologia as características do mundo moderno. Poderíamos resumi-lo numa palavra: a teologia tornou-se aliada da apologética; também ela participa na defesa da Igreja e na tarefa de reconquista e de apostolado.

Na base de todo o novo edifício teológico em plena construção, a *Suma* de São Tomás de Aquino desempenha sempre o papel de pedra angular. As *Sentenças* de Pedro Lombardo, que tinham feito a felicidade dos escolásticos, são definitivamente destronadas. É a *Suma* que se torna o manual clássico e se usa em todas as universidades, mesmo em Lovaina, onde o agostinismo era tão admirado e onde São Tomás só triunfará em 1596. Será porque os padres de Trento se apoiaram muitas vezes na *Suma* para resolver os problemas mais intrincados? Será porque São Pio V tratou pessoalmente da edição monumental das obras do seu glorioso confrade da ordem branca e negra? Não o proclamou ele Doutor da Igreja, igual a Santo Ambrósio, Santo Agostinho, São Jerônimo e São Gregório? O próprio Inácio de Loyola não recomendou aos seus filhos que seguissem as diretrizes tomistas em toda a teologia especulativa, "como a doutrina mais segura e mais comumente aceita"? E quando, em alguns casos, esse conselho só foi acatado com muita hesitação, não promulgou o geral Acquaviva — em 1598, por desejo formal de Clemente VIII — a *Ratio studiorum* que sujeitava oficialmente a Companhia ao tomismo?

É possível que tudo isso fosse excessivo. Demasiadas correntes tinham atravessado o curso dos tempos para que a arca do Aquinate, por sólida que fosse, não tivesse sido sacudida. O protestantismo levantou problemas que São Tomás, sem duvida, não previra. O humanismo exercera a sua influência e o nominalismo ockhamiano também. O teólogo mais célebre da cristandade, no momento em que começa o século XVII — Paulo V qualificou-o de *Doutor exímio e piedoso* —, é Francisco Suárez, o mestre de Coimbra: oficialmente, é tomista; na realidade, a sua filosofia segue uma via média entre a de São Tomás e a de Duns Escoto e de Ockham, e, em teologia, tende a simplificar o tomismo, tornando-o mais acessível e mais evidente, numa palavra, mais moderno e humano, mais em consonância com o seu tempo.

Porque é esta, sem dúvida, a característica mais nova de toda a teologia: preocupa-se cada vez mais com o homem. Dir-se-ia que o centro de interesse passou do divino para o humano — e será preciso reconhecer que não foi sem perigo. Influência visível do humanismo e do protestantismo, ou, mais genericamente, do clima da época: o que apaixona nas questões religiosas é o homem, o seu esforço para Deus, para o seu destino, o drama da sua salvação. Aliás, se não fosse assim, como é que se responderia aos hereges em pontos tão capitais? O *problema da graça*, em particular, é daqueles que os teólogos católicos tratam com a maior atenção — e também com maior paixão.

Lutero, frade agostiniano, fora condenado, mas o agostinismo continua a irrigar vastas zonas da alma católica. Lovaina, apesar do tomismo oficial, permanece fiel a ele durante muito tempo: *Michel de Bay*, chamado *Baio* (1513--1589), mestre e depois chanceler, ensinou ali uma doutrina em que tentou conciliar com os preceitos da Igreja teses muito próximas das dos luteranos, o que lhe valeu ser condenado por São Pio V: submeteu-se humildemente, mas as suas ideias sobreviveram. Porventura a justificação pela fé e uma certa predestinação não se encontram numa corrente cuja origem está em Hipona? Em Ypres, um bispo jovem, que leu Baio e meditou nessas coisas, escreve um livro que aparecerá depois da sua morte, em 1640: é *Jansênio*.

Mas a controvérsia mais estrondosa sobre a questão da graça, antes que o *jansenismo* a levantasse em sentido inverso, trava-se em torno do *molinismo*. Oficialmente, o papa pôs-lhe termo em 1607, impondo silêncio aos adversários. No entanto, as cinzas ainda fumegam. A batalha teve dois campos, a Espanha e os Países-Baixos, mas intervieram na questão teólogos de toda a parte e mesmo as Congregações romanas.

Dois grandes partidos se opuseram; de um lado, os jesuítas, com Molina à cabeça, cuja obra sobre *O livre arbítrio e os dons da graça*, publicada em Lisboa em 1588, fez sensação; do outro, os dominicanos, chefiados por Domingos Bánez, Tomás de Lemos e Diogo Álvares. A ideia essencial dos teólogos jesuítas — aliás, tomada por eles da décima--sétima "regra da ortodoxia" de Santo Inácio — era que "não se deve insistir demasiado na onipotente eficácia da graça, para não derramar nos corações o veneno do erro que nega a liberdade" e assim desencorajar o homem de fazer esforços sobre si mesmo. Deve-se admitir em Deus uma "ciência média" — como disse Pedro da Fonseca —, que permitirá reconhecer à ação da graça divina a sua tarefa principal, mas ao mesmo tempo deixará ao homem liberdade de ação e de boas obras. É a atitude de uma Companhia orientada para o apostolado, para o aperfeiçoamento individual: teologia apologética.

A isso replicaram os tomistas que há duas espécies de graças: a graça *suficiente*, que todos os homens possuem, mas que só confere potência, possibilidade de agir, e não leva forçosamente a boas ações; e a graça *eficaz*, que é a única que se impõe à vontade fraca do homem, e que é dom livre e gratuito de Deus. Vinte anos de discussões não serão demasiados para esgotar os argumentos dos dois campos nem para terminar num acordo. Talvez não fosse possível a síntese entre o molinismo, que parecia atribuir mais importância ao esforço do homem, e o tomismo, que centrava tudo em Deus: teria bastado, sem dúvida, como dirá Bossuet, "segurar bem as duas pontas da corrente", o que aliás também aconselhava São Francisco de Sales por outras palavras. Mas esses rudes combates, cujos pormenores excedem a paciência do mais bem-intencionado leigo de hoje, tiveram ao menos o mérito de mostrar com que ardor a teologia, revivificada, se dedicou aos problemas suscitados pela Reforma protestante e procurou dar-lhes soluções muito católicas.

Perigos mais insidiosos

Mas a um quadro tão otimista, não convirá pôr-lhe sombras? O protestantismo não era o único perigo que ameaçava a Igreja Católica na sua fé: existiam outros, mais insidiosos, menos evidentes, mas em certo sentido talvez mais graves, que se podiam discernir até no molinismo e nas suas melhores intenções. Não é verdade que a mentalidade geral da época saída da Renascença pressupunha um desvio — de Deus para o homem — de toda a explicação do mundo? Não tendia o homem a tornar-se a medida de tudo? Uma apologética antropocêntrica não correspondia, sem mesmo se dar conta disso, a uma corrente do tempo que modificava radicalmente as relações do homem com Deus, que tendia a imaginar um fim natural do homem diferente da salvação, e que, no seu termo, tornaria o homem independente de Deus? Existem sinais inequívocos desta nova corrente em começos do século XVII, e eles irão acentuar-se dali em diante.

A irreligião propriamente dita tinha sido, como vimos[28], um fenômeno raro, de alguns indivíduos isolados que não exerciam real influência e que, além disso, na maioria dos casos, eram pouco conscientes da sua própria ousadia, em geral convencidos de que permaneciam cristãos. Um Lourenço Valia, um Leonardo Bruni, um Filelfo, nos princípios da Renascença italiana, haviam sido muito mais anticlericais do que verdadeiros agnósticos; e tinham sido muito poucos os "espíritos fortes", os ateus, da Academia romana, à Pietro Pomponazzi, que haviam ousado negar até ao fim a imortalidade da alma. No humanismo francês, um Etienne Dolet, ateu e grande bravateador contra os dogmas católicos, fora uma exceção; o grande Rabelais, cujas zombarias trocistas haviam irritado muito os devotos, nada tinha de um incrédulo impenitente. Mas, no último quartel do século XVI, e no primeiro do século XVII, notam-se sintomas inquietantes: aparecem tendências que, mais de cem anos antes do "século das luzes", preparam os elementos da civilização moderna, o ateísmo radical, a "morte de Deus" como dirá Nietzsche, a substituição catastrófica do divino pelo humano.

Primeiro desses sinais de advertência: a aparição do *cientismo*, isto é, de uma doutrina — a princípio confusa e pouco explícita, mas que se irá afirmando — segundo a qual a ciência, que abriu aos homens um campo imenso de conhecimentos e de meios de ação, se apresentará como sistema explicativo do mundo. Não há dúvida de que ela aperfeiçoou muito os seus métodos: seguindo as pisadas de Leonardo da Vinci, o genial antepassado do século precedente (morreu em 1519), apoia-se daqui em diante no real, no concreto; só quer conhecer os fenômenos e as suas causas pela experimentação, e não já segundo os argumentos verbais da escolástica, do averroísmo, do aristotelismo. Em 1618, um obscuro professor de Caen exclama: "Como se a autoridade de um só homem, que baseia a sua doutrina em algumas observações e demonstrações matemáticas, pudesse servir de artigo de fé!" Ver claro, não se deixar enganar por nenhum argumento de autoridade: com olhar perscrutador "como o dos linces", a *Academia dei Lincei*, fundada em Florença em 1609, não tem outro fim. Em Londres, o Lorde Chanceler Francis Bacon (1559-1626) é demitido por peculato e expulso de todos os seus cargos em 1621, mas o método que esse aventureiro de gênio formulou no seu tratado sobre *A dignidade e os progressos das ciências* (1605) e no *Novum Organum* (1620), a "Nova Lógica", vai impor-se ao mundo que pensa. É um fato: o progresso científico e técnico tende daqui em diante a eclipsar a especulação. Evolução que levará a desligar todo o conhecimento dos dados revelados e a abrir um fosso entre a ciência e a teologia. "Uma coisa é o que diz a Bíblia, outra o que os nossos olhos viram; que se glose a Bíblia como se quiser, mas os dados da experiência são intangíveis". Quem pensou assim? Um homem do século XX? Não, Galileu.

Aliás, não são impressionantes os resultados desses métodos? Que progressos não fez a ciência em todos os domínios? Em geografia, sabem-no os mais ignorantes: novos mundos se abriram ao homem, aos seus conhecimentos e aos seus apetites. E em outras disciplinas, os resultados parecem talvez menos evidentes, mais discutíveis, mas existem, e muito sólidos. William Harvey (1587-1658) acaba de retomar as ideias do pobre Miguel Servet e de formular a teoria revolucionária da circulação do sangue. Em astronomia, o dinamarquês Tycho Brahe (1546-1601) multiplicou as observações, Kepler, de Würtenberg (1571-1631), formulou as leis do céu, e Galileu (1564-1642), herdeiro espiritual de Copérnico, desenvolvendo as teses do seu mestre, apresentou-as como um sistema do mundo, revolucionário, mas segundo ele indiscutível, no seu *Sidereus nuntius* ("Mensageiro das estrelas", 1610) e na sua *História e demonstração dos fenômenos solares* (1613). As tábuas de logaritmos, que o barão escocês John Neper (1550-1617) acaba de completar, vão revolucionar os cálculos matemáticos. Nunca acabaríamos de enumerar tudo o que este meio século trouxe à inteligência humana e às suas forças de conquista do mundo.

Embriaguez de conhecer! Vemo-la subir à cabeça dos menos sensatos. Tira o juízo ao dominicano giróvago *Giordano Bruno* (1548-1600), cujos livros *O banquete das cinzas* e *Leilão da besta triunfal* são, em nome da ciência, verdadeiros panfletos contra toda a religião. E exalta não muito menos um outro dominicano descarrilado, *Tomaso Campanella* (1568-1639), que só a prisão — a do Santo Ofício em Roma e a dos espanhóis em Nápoles — impede de se entregar durante mais de vinte e cinco anos a análogas e perigosas loucuras; é dele esta apologia do pensamento emancipado, esta confissão da vertigem da inteligência: "Cristãos descobriram a imprensa, Colombo um novo mundo, Galileu novas estrelas... Acrescentai a isso o uso dos canhões, da bússola, dos moinhos, das armas de fogo e todas essas invenções maravilhosas. Os pensadores de ontem foram crianças ao pé de nós! Somos livres!" Não é isto o essencial do cientismo? Está próxima a revolta luciferina, a revolta da inteligência contra a fé.

Mas nem todos os grandes espíritos do tempo são "cientistas" em potencial: muitos até desconfiam dessas afirmações aventurosas sobre o sistema solar ou a circulação do sangue nas nossas veias. Preferem a fofa almofada da dúvida e o lânguido *que sçais-je?* — "que sei eu?" —, que permite todas as pesquisas e poupa todas as tomadas de posição, que saboreia as alegrias de conhecer evitando o constrangimento das certezas. Serão esses amáveis pirrônicos mais fiéis ao cristianismo? A sua influência vai no mesmo sentido e ameaça as próprias bases da fé cristã. Um nome resume por si só todas essas tendências: o de *Michel Eyquem, senhor de Montaigne* (1533-1592).

Desde que se retirara aos vinte e seis anos para a sua tranquila propriedade nas encostas da Dordogne, para a sua querida torre, guardiã da sua tranquilidade, já desprendido das pompas e das ambições do mundo, o senhor de Montaigne não cessara de meditar sobre os homens, as instituições, os costumes e, em primeiro lugar, sobre o que mais lhe interessava: ele mesmo. Mais curioso ainda: quando os jurados de Bordeaux o chamaram para ser prefeito da sua cidade, nem mesmo o acurado desvelo com que cuidou dos assuntos administrativos foi capaz de desviá-lo do que, no fundo, considerava a sua verdadeira tarefa, a investigação e a análise dos seus próprios pensamentos. Esta história interior, contou-a ele num livro que reviu infinitas vezes, que retrabalhou de reedição em reedição, desde que a primeira versão saíra a público em 1580: os *Ensaios*.

Livro único, para dizer a verdade, de que os seus contemporâneos imediatamente se sentiram orgulhosos, e que será a obra francesa mais lida do século XVII. Não só por ser de um grande escritor, mas porque nela se sente e se vê viver um homem. O seu estilo natural é talvez, considerado de perto, excessivamente estudado, mas que facilidade e que gentileza nesse "discorrer breve e lacônico", nessa frase ao mesmo tempo atrevida e graciosa, nessa composição propositadamente desordenada e, contudo, tão hábil, nessa harmonia entre as especulações mais elevadas e as observações mais precisas, mesmo nessas inconveniências galhofeiras a que não se recusa esse trocista! "Esse homem amável — dirá Mme. de Sévigné, muitos anos depois de morto o autor —, que boa companhia faz!" Mas atenção: esse fidalgo, que nada teme tanto como o pedantismo e que riria a bom rir se o classificassem entre os filósofos, não tem quem o iguale em infundir preceitos de moral nos espíritos que se deleitam em lê-lo; e não só de moral, mas até, sem o saber talvez, de metafísica. Quantos franceses cultos vão, dali em diante, pensar segundo os *Ensaios*!

Ora, quais são as doutrinas a que ele se prende? Doutrinas: a palavra é demasiado grave para definir os seus cintilantes jogos verbais. Só à força de leitura e de releitura, de confrontações e de deduções, é que se podem descobrir os fios desse pensamento emaranhado e movediço. Mais lições de coisas do que teorias: mas elas deixam-se descobrir facilmente. Que é Montaigne? Em primeiro lugar, talvez, e no mais íntimo do seu ser, um estoico, como o seu querido amigo La Boétie (1530-1563), que morreu aos trinta e três anos e cujo pensamento lhe ensinou a serenidade, o "contentamento da alma", e o "vendar os olhos" para atingir o ideal. O primeiro livro dos *Ensaios* está inteiramente dominado por essa intenção: "Pois bem, mesmo quando chegar a morte..." Diante da morte, da dor e da vida, fazer-lhes frente e saber ser totalmente um homem: não será um preceito inútil, num tempo de caos trágico, quando toda a existência se sente em perigo? Encontraremos este mesmo neoestoicismo no professor de Lovaina *Justus Lipsius* (1547-1606), em Guillaume du Vair, autor da *Santa Filosofia*, ou no bom vigário-geral Charron, que procurará, melhor ou pior, fazer concordar Sêneca com o Evangelho. É um recurso veemente ao livre arbítrio do homem, indubitavelmente oposto ao "servo arbítrio" luterano-calvinista, mas será por isso mais católico? Sob certas condições...

Segundo traço marcante de Montaigne: uma desconfiança extrema a respeito da razão humana, que ele considera soberba e estúpida. Perante todos os verdadeiros mistérios que a rodeiam, como a razão é impotente! Quando muito, pode, de argumento em argumento, ir "recuando até ao infinito". É possível que a intenção de Montaigne (abrindo caminho a Pascal) tenha sido, ao espezinhar a razão, destruir o *cuider*, as "cavilações", que era como chamava ao livre-exame protestante que tanto horror lhe causava. Mas não haverá aqui o perigo do fideísmo? De um lado, a razão; do outro, a fé; entre as duas, a ignorância. Matizado e sutil, Montaigne completará o seu pensamento dizendo que "é preciso acompanhar a nossa fé com toda a razão que existe em nós", mas isto não impedirá o seu *que sçais-je?* de vir a representar, aos olhos de muitos, a justificação da ignorância que nos defende de toda a angústia, e de tornar-se o santo-e-senha do agnosticismo e mais tarde da dúvida ateia.

Ao epicurismo da inteligência, acresce, em Montaigne, um outro epicurismo de que ele não faz nenhum mistério: o prático e imediato. "O meu propósito é passar suavemente, e não trabalhosamente, o que me resta de vida". Belo princípio! E este outro: "Empunho vigorosamente as menores ocasiões de prazer que possa encontrar!" É verdade: o catolicismo, ao contrário dos desvios jansenistas, nunca negou ao homem o direito de fruir legitimamente dos bens deste mundo que Deus lhe concede; mas também rejeitou sempre o *carpe diem,* o "aproveitar a vida". Sempre considerou superior a moral do "nega-te a ti mesmo", e esta não se encontra incluída nas perspectivas dos *Ensaios*. É, pois, um suave hedonismo que coroa esse neoestoicismo e essa dúvida metódica. E tudo isso, em fins do século XVI, é surpreendentemente novo.

No entanto, Montaigne nunca se julgou afastado do cristianismo. Excelente peregrino, ia a Roma beijar o pé do papa e deslocava-se até Loreto para rezar com toda a família e oferecer à Santíssima Virgem um quadro que os representava a todos. Até a sua obra está repleta de afirmações de fé. Entrega-se cegamente ao magistério da Igreja, vendo nela "a autoridade da sacrossanta vontade divina"; muito judiciosamente, faz remontar as suas críticas contra a razão humana ao espírito evangélico de infância, e sublinha que o homem sozinho não é nada sem a ajuda de Deus, sem a graça. O seu espírito é sutil, complexo, e não se deixa resumir facilmente! Mas, graças a essa mesma complexidade, não será o Montaigne que tanto se lerá, ouvirá e comentará nos séculos seguintes precisamente um Montaigne simplificado, cuidadosamente falsificado, o da dúvida e da moral epicúrea?

Por outro lado, não será que essa pena tão encantadora e de uma ironia tão doce ataca os próprios fundamentos do cristianismo? Para os seus discípulos, o senhor de Montaigne encarnará uma doutrina em que, como diz Sainte-Beuve, "a natureza está completa sem precisar da graça". E o padre Garasse, jesuíta, neste caso fino e penetrante, terá razão ao escrever: "Ele estrangula, suavemente, com um fio de seda, o próprio sentimento religioso". Esse "ceticismo cristão", de que falará o seu aluno La Mothe le Vayer, ao separar a razão da fé, deixa esta última perigosamente abandonada aos sentimentos, aos apriorismos que não se apoiam em nada, ao laxismo, ao quietismo. É o mesmo La Mothe quem dirá ainda: "Querer encontrar a filosofia na teologia é como buscar os vivos entre os mortos". E quanto ao seu epicurismo, basta considerar os resultados que produziu nestes nossos tempos para sabermos como julgá-lo. Sim, quer o tivesse querido, quer não, Montaigne preparou de todas as formas possíveis os argumentos que mais tarde empregarão todos os que pretenderem esvaziar o divino.

O pior é que a sua influência foi imensa. Por volta de 1640, os maiores escritores da França estarão todos, de diversos modos, imbuídos do seu espírito: Corneille, Descartes, Guez de Balzac. Nas palavras do seu comentador Villey, Montaigne "aclimatou a moral pagã na França", uma moral dissociada da fé. E não apenas a moral, mas o pensamento, a psicologia, a metafísica.

Uma vez amoedada e posta em circulação, a sua "doutrina" — se assim pudermos dizer — será um dos mais terríveis veículos da irreligião, e essa cunhagem não tardará a realizar-se. Eis que a corrente do agnosticismo ateu, que a princípio Dolet fora quase o único a representar, começa a subir: logo se lhe juntam um Pontus de Tyard, um Guy de Bruès. Jacques Tahureau, nos seus *Diálogos não menos proveitosos do que divertidos*, desencadeia um ceticismo à Luciano, e a influência dos "pensadores paduanos", vindos a Paris com o humanista *Vicomercato*, exerce-se no mesmo sentido. A esses "libertinos", como os chamam, Montaigne empresta os argumentos, as justificativas e os atestados de nobreza, por mais que ele mesmo, pessoalmente, sinta horror desses fanfarrões da impiedade e dos vícios.

Por volta de 1620, o movimento chega mesmo a expandir-se. A "libertinagem" ganha os seus sumos-sacerdotes: *Lucílio Vanini*, um carmelita egresso que se atreve a escrever que Jesus é um impostor e que os seus milagres não passam de uma espécie de prestidigitação, e *Théophile de Viau*, cínico perfeito que oscila do protestantismo para o catolicismo conforme os interesses do momento, e que, com uma franqueza ainda maior que a de Montaigne, proclama a lei do prazer soberano e diz que

> *Não se pode dominar a paixão humana:*
> *contra o amor, a razão é importuna e vã.*

O mais grave é que esses libertinos não estão isolados; têm amigos poderosos na corte e na cidade: Bellegarde, Bassompierre, a duquesa de Chevreuse, Saint-Amant, Boisrobert. Podemos muito bem perguntar-nos se não foi nessa geração que se forjou, cento e cinquenta anos antes do seu tempo, a revolução intelectual que se produzirá no século XVIII.

Perante ameaças tão graves, que faz a Igreja? Nos casos mais flagrantes de impiedade e de ateísmo, ela ainda é suficientemente forte para reagir pela violência e pelo argumento de autoridade. É agora que se encrespa, ameaçadora, e, diante dos terríveis perigos que a rondam, se vê forçada a ser a Igreja da Inquisição. E castiga. *Giordano Bruno*, que se deixou estupidamente prender em Veneza, é condenado pelas suas ideias heréticas sobre a transubstanciação e sobre a Trindade (e também pela sua teoria sobre a pluralidade dos mundos), e acaba por ser queimado em 1600 no Campo dei Fiori. *Campanella*, de prisão em prisão, salva a vida por um triz e termina tranquilamente os seus dias no convento da rua Saint-Honoré, em Paris. *Galileu*, acusado perante o Santo Ofício, é condenado em 1616, menos por causa das suas ideias propriamente científicas do que pela sua obstinação em ligá-las aos dados bíblicos, segundo uma exegese em que os inquisidores pressentiam a cem léguas o livre-exame das Escrituras; a sua submissão salva-o do pior, mas não o livra de um segundo processo, que lhe será movido em 1633[29]. Quanto a *Vanini*, acabará com a língua arrancada pelo carrasco e queimado vivo, e *Théophile de Viau* será lançado na prisão em 1617, no momento em que o governo de Luís XIII, a pedido da Igreja, aplicar penas severas aos ateus e blasfemadores.

Mas são casos tão flagrantes que seria preciso que a Igreja estivesse cega para não os ver. Só quando se trata da corrente mais insidiosa, mais bem escondida, é que ela parece não se aperceber exatamente do perigo. Assim, no caso de Montaigne — que, com todos os sinais exteriores do maior respeito, submete as suas obras à censura eclesiástica —, mostra-se de uma indulgência extrema, confiando unicamente à consciência do autor o cuidado de "dar um vestido novo" ao que achasse que devia modificar... Alguns veem mais claro. Guy de la Borderie, por volta de 1570, denunciava vigorosamente os "libertinos" e os seus perigos[30]. E, por volta de 1620, Mersenne afia as armas que usará num enorme tratado (aparecido entre 1623-1625) "contra os ateus, os deístas, os libertinos e os céticos"; afirmará nessa obra que Paris conta nada menos de 50 mil pessoas "dessa má qualidade" — o que parece demasiado. Não são as piedosas tiradas, nem as diatribes, muitas vezes tão grosseiras, do padre Garasse — pouco no estilo da Companhia, esse jesuíta! — que levarão de vencida os ateus. Encontra-se a apologética católica à altura da situação? Mas estão próximos os tempos em que a Igreja irá tomar consciência do novo perigo, em que Pascal, seguindo Montaigne, irá dizer: "Sim, a razão é louca, mas então fiai-vos em Deus", e, à "soberba diabólica" dos "libertinos", oporá os argumentos de uma fé escorada no gênio. E já um homem de Deus estruturou bem um método para incluir as novas tendências, filhas do antigo humanismo, no âmbito das certezas cristãs; é o mesmo que acaba de escrever uma frase que condena toda a corrente neoestoica, epicurista e cética: "É uma grande loucura pretender ser sábio com uma sabedoria impossível": São Francisco de Sales. Eis que voltamos a encontrá-lo.

Nas profundezas da alma cristã

Mas não exageremos. O perigo de irreligião ainda é mínimo. A vida cristã, cujo nível tinha baixado quando começara a revolução protestante, não cessou de se elevar na segunda metade do século XVI: sobretudo depois do Concílio de Trento, conhece um período de vitalidade admirável, que se prolongará durante toda a grande era clássica. Vitalidade que se manifesta tanto na prática e nas devoções do povo como na vida secreta dos místicos, nessas experiências completamente interiores que os mais belos tratados mal conseguem exprimir: aqui como ali continua, mais fervoroso do que nunca, o eterno diálogo da alma com Deus.

Um sinal deslumbrante dessa vitalidade: a abundância, dir-se-ia até a profusão de santos. A sua reaparição no grande cenário da história cristã — essa história foi alguma vez outra coisa que não a história desses homens e mulheres, a história da santidade? — marcou o princípio da restauração. Foram os Caetano de Tiene, os Inácio de Loyola, os Antônio Maria Zacarias e outros que obrigaram por fim a Igreja oficial a refazer-se, foram eles que criaram o clima em que o Concílio de Trento pôde realizar-se. Mais tarde, findo o concílio e publicados os decretos, serão ainda os santos que tornarão eficazes as suas decisões, com um Pio V ou um Carlos Borromeu, e que também as associarão à vida das almas, com um Filipe Neri.

A raça das grandes personalidades cintilantes não se extinguiu! Muito pelo contrário. Provém de todos os meios sociais, de todas as idades, de todas as espécies, porque há várias maneiras de praticar a santidade. Bispos: e o mais célebre, o mais representativo de todos é, naturalmente, *São Francisco de Sales*. Sacerdotes — e que sacerdotes!; bastariam para dar a esse ministério toda a sua grandeza e prestígio —: vemos trabalharem um *São Pedro Fourier* e, a seguir, um *São Vicente de Paulo*, que vai começar a sua grande caçada às almas e às misérias humanas. Fundadores de ordens, porque continuam a aparecer, para se consagrarem à caridade inesgotável — como *São Camilo de Lélis* — e à instrução — como *São César de Bus*, *São José de Calasanz*, *Santa Joana de Lestonnac*. Será preciso recordar os grandes santos missionários, os êmulos de São Francisco Xavier: *São Luís Beltrão*, *São Pedro Claver*, *São Francisco Solano*? É verdadeiramente a catolicidade inteira que fornece essas personalidades, e há-as em toda a escala social, ricos e pobres, patrícios e plebeus dos mais humildes.

Um *São Francisco de Borja*, geral da Companhia de Jesus, era uma das personagens mais categorizadas da Espanha oficial, e um *São Luís Gonzaga* pertencia à alta nobreza. Mas não passava de uma camponesa essa deliciosa "violeta de Pibrac", *Santa Germana*, rodeada desde a sua morte por uma aura de glória e de milagre. E um *São Fidélis de Sigmaringen* procede da boa burguesia, como aliás *São Lourenço de Brindisi*, humilde capuchinho também. Santos de ação e santos de contemplação. Quem conheceu, em vida, *Santa Catarina Ricci*, a mística dominicana de Florença, ou *Santa Maria Madalena de Pazzi*, cujas cartas quase não transpuseram a clausura do seu mosteiro? Quem leu os escritos espirituais de *Santo Afonso Rodrigues*, o grande contemplativo de Maiorca?[31] Mas também eles deram testemunho, até no seu silêncio. E talvez, se fosse preciso destacar deste ilustre escol algumas figuras mais tocantes, nos detivéssemos de preferência nessa delicada tríade de santos adolescentes em quem a fé e a graça da juventude se uniram para realizar maravilhas, nesses "pajens" de Deus que morreram cedo ao seu serviço: *Santo Estanislau Kostka*, aos dezoito anos, *São João Berchmans*, aos vinte e dois, e *São Luís Gonzaga*, aos vinte e três, vítima da sua dedicação aos doentes em tempo de peste. Que testemunhas de uma Igreja rejuvenescida!

A presença dos santos é a mais evidente demonstração da vitalidade cristã de uma sociedade, de uma época. Um tempo que os produziu tantos pode ser incrédulo? Abundam os testemunhos em prova da intensidade da fé em todos os países. Será preciso tomar um entre muitos? Enviado à França como legado *a latere* em 1596, para tratar da questão da reconciliação de Henrique IV com a Santa Sé, o cardeal de Florença — futuro papa Leão XI — comove-se ao verificar que os franceses "têm grande amor às suas igrejas, porque, entre tantas incursões e mudanças de religião, conservaram muitos objetos como cruzes de prata, relicários e paramentos de culto"; admira-se de ver as crianças saberem perfeitamente o Pai-Nosso, a Ave-Maria, o Credo, e chega à conclusão de que nas cidades e nas aldeias há muitas pessoas "de vida tão boa e com tanto zelo pela fé católica que envergonham os monges e os sacerdotes". E acrescenta: "Celebrei a Missa [em Grenoble] e, a pedido do bispo e do povo, levei o Santíssimo Sacramento na procissão do *Corpus Christi,* rodeado de tanta devoção dos fiéis que era coisa maravilhosa de se ver"[32]. Em Paris, em plenas guerras de religião, as igrejas ficam tão cheias que são obrigadas a deixar as portas abertas durante todo o dia para acolher os fiéis desejosos de nelas entrar para implorar a misericórdia divina.

O mesmo sucede nos países germânicos; basta ver as magníficas catedrais, abadias, palácios episcopais da época barroca que ainda hoje dão uma nota tão alegre ao catolicismo alemão, bem como as inumeráveis e pitorescas igrejas rurais, para pensar imediatamente que o povo que construiu tudo isso tinha uma fé grande e viva. Quanto à Itália, é suficiente abrir a monumental *Storia di Roma*[33] para encontrar nela mil detalhes sintomáticos de uma piedade que se exterioriza com gosto, que ri e canta, geme e chora, e se exalta numa confiada familiaridade com Nossa Senhora e com os santos preferidos: a mesma piedade do povo italiano de hoje.

Para alimentar essa piedade, aí estão os sacramentos, que os decretos conciliares definiram em termos solenes. Acabaram as dúvidas sobre a Presença Real de Cristo na Eucaristia! A Missa, com a sua liturgia fixada pelo missal de São Pio V, é envolvida num respeito e numa veneração que estava muito longe de conhecer nos tempos anteriores.

Embora não se tenha estabelecido ainda como costume geral, a maior parte das dioceses adota a celebração cotidiana, por influência dos novos institutos, o Oratório e a Companhia de Jesus. A comunhão assídua, que tendera a generalizar-se em fins do século XV por influência dos místicos e da *Imitação*, agora, estimulada pelas decisões tridentinas e pelo *Catecismo*, torna-se prática frequente: não é raro ver os fiéis comungarem sempre que assistem à Missa; nas comunidades religiosas, o concílio só prescreveu a comunhão mensal, mas todas aquelas que se deixaram penetrar pelo espírito de reforma são fiéis à comunhão semanal; certos diretores espirituais aconselham até a comunhão diária, prática que outros teólogos austeros desaprovam. E é nesta época que se difunde na Itália o costume da "primeira comunhão solene" das crianças, que São Vicente de Paulo e os seus lazaristas introduzirão na França.

Todas as antigas práticas de devoção se renovam com grande brilho. As peregrinações estão mais na moda do que nunca; apesar das inúmeras dificuldades, mais de vinte mil cristãos vão anualmente à Terra Santa, entre 1593 e 1612. A Virgem das Três Espigas, na Alsácia, a Santa Casa da Mãe de Deus — transportada para Loreto pelos anjos, como se crê — atraem milhares de visitantes. A Madeleine de Vézelay e o Mont Saint-Michel conhecem uma primavera de glória. Os anos de Jubileu veem acorrer a Roma massas humanas gigantescas: três milhões, pelo menos, em 1600! E surgem também práticas novas, que chegarão até nós. Em 1527, um certo Antoine de Grenoble tinha fundado uma pequena confraria com o fim de reunir-se quatro vezes ao ano para rezar quarenta horas seguidas; dez anos mais tarde, como a cidade de Milão estivesse ameaçada pela peste, o capuchinho José de Fermo persuadiu os seus vereadores a adotar esse santo costume; grandes santos como Inácio de Loyola, Filipe Neri e Carlos Borromeu encantaram-se com essa devoção, que São Pio V e depois Clemente VIII introduziram em Roma, estabelecendo a prática da *Adoração das Quarenta Horas* nos dias anteriores à Terça-feira Gorda, a fim de reparar os desmandos do Carnaval; a diocese de Paris adotou-a em 1615, e o mesmo fizeram logo a seguir todas as da França... Quanto à *Adoração Perpétua* ou *Lausperene*, o primeiro a ter essa ideia foi Santo Antônio Maria Zacarias: tratava-se de constituir por rodízio, em todas as igrejas de uma cidade, uma guarda de honra e de oração junto do Santíssimo Sacramento exposto, de modo que Cristo na Eucaristia nunca fosse esquecido pelos homens; Paulo V entusiasmou-se com essa prática e o jesuíta Auger introduziu-a em Paris por volta de 1575, enquanto a Espanha a complementava com um mês de procissões solenes em honra do Santíssimo.

Sacramento do altar, mas também presença viva de Cristo Redentor, cujo sacrifício resgata os pecados dos homens. O culto do Sagrado Coração ainda não está formalmente proclamado; sê-lo-á pouco depois, com as carmelitas de Liège e também com o estimado São João Eudes, mas já entra nos costumes e na devoção, com Pedro Canísio, Pedro de Alcântara, João de Ávila, Luís de Granada, a grande Teresa, Catarina Ricci, Madalena de Pazzi, Afonso Rodrigues, Francisco de Sales, Bérulle: refugiar-se nesse sagrado Lado que a lança abriu, nesse Coração que não pulsou senão pelos homens, que paz e que felicidade! O culto da Virgem Maria, já em pleno desenvolvimento na época precedente, e que os ataques insultuosos dos protestantes contribuíram para tornar ainda mais amado, vai desenvolver-se de um modo incomparável: todos os grandes mestres espirituais do tempo, desde Filipe Neri a Francisco de Sales e Bérulle, são todos entusiastas de Nossa Senhora. Os teólogos estão cada vez mais de acordo acerca da sua *Imaculada Conceição*: três papas, sucessivamente — São Pio V em 1570, Paulo V em 1616 e Gregório XV em 1622 —, proíbem formalmente que se sustente a tese do pecado original em Maria. Em 1616-1617, Sevilha, antecipando-se em quase cem anos à Igreja oficial, estabelece com brilho a festa da *Puríssima*[34]. Ao mesmo tempo, associando o tocante São José ao Deus encarnado cujos primeiros anos ele protegeu na terra, e à Esposa casta que ele amou, Gregório XV, na esteira distante de Gerson e do Concílio de Constança, resolve em 1621 dedicar-lhe uma festa especial, obrigatória para toda a cristandade, a 19 de março: São José, o glorioso Patriarca, a quem os primeiros missionários em terra americana acabavam de consagrar o Canadá...

Fermentação religiosa, ardor renovado: são sintomas de uma lenta e significativa evolução que, iniciada em fins do século XVI, a terrível crise atravessada pelo mundo cristão não fez senão acelerar. Com o desmembramento da cristandade medieval, a Igreja talvez tenha perdido muito do seu poder sobre a sociedade e sobre o mundo temporal, mas aparece cada vez mais como o que é na verdade, como o que no fundo nunca deixou de ser desde as suas origens: uma escola de santidade. É no horto cerrado das almas que o cristianismo vai tender a agir cada vez mais. O perigo está, sem dúvida, em que se cave um fosso entre o comportamento cotidiano e a vida interior, em que os católicos se limitem a sê-lo na sua vida privada, sem se preocuparem muito de aplicar à conduta da vida os preceitos do Evangelho: perigo que, infelizmente, se irá acentuando. Mas também não há dúvida de que é a esta evolução que se deve um incontestável fortalecimento do espírito religioso, um fervor mais puro em inúmeras almas, uma espécie de purificação e de aprofundamento simultâneos da fé.

Para esta evolução contribuíram num grau imenso os mestres espirituais da Renascença. As precisões admiráveis que eles deram, quer no método dos exercícios de piedade, quer na exposição dos conhecimentos mais elevados, desempenharam um papel determinante na transformação interior das almas. O primeiro desses mestres que é de justiça mencionar é o anônimo — ou talvez múltiplo — autor que, havia já muito tempo, explicara o que a experiência cristã tem de mais puro e vital no livro mais impressionante e mais simples que se conhece: a *Imitação de Cristo*. A sua profunda influência continua a fazer-se sentir; é reeditado constantemente (mais de doze vezes em francês, entre 1550 e 1600) e traduzido em todas as línguas: gerações de católicos se formaram na doutrina da *consolação interior*[35].

O século XVI é, pois, percorrido por uma intensa animação. A vida espiritual revela-se de uma variedade e uma fecundidade nunca conhecidas, expressa por gênios cuja linguagem revolucionou as almas. Deve-se pôr em primeiro lugar a obra inaciana? Talvez, porque é ela, são os seus princípios, a sua técnica, que a Companhia de Jesus procura — com êxito! — infundir em toda a parte. São inúmeros os católicos fervorosos que, mais ou menos à letra, passam a fazer os *Exercícios espirituais*[36], e não só entre os religiosos! A espiritualidade de Santo Inácio adapta-se admiravelmente aos homens de uma época que pôs vivamente em evidência o dom da liberdade, mas que, na luta contra a heresia, também aprendeu a conhecer melhor as fraquezas da natureza decaída. É uma doutrina essencialmente ascética, que ultrapassa em precisão, e de longe, tudo o que se havia feito até então: os cristãos que a seguirem serão homens sólidos. Mas é também uma doutrina mística — embora não inicie expressamente nas vias e nas graças da mística —, que tende irresistivelmente a levar o homem a um estado de perfeição tal que só é concebível, segundo uma inefável semelhança, na soberana submissão à "maior glória de Deus".

Da Espanha jorra sobre o mundo uma poderosa corrente de mística; uma mística tão exigente, tão elevada, que, à primeira vista, parece reservar-se aos puros contemplativos, aos amigos da oração e da ascese, mas que, no entanto, penetra em muitos meios laicais. Filipe II não é o único a alimentar-se das obras da carmelita de Ávila, e quando, mais de vinte anos após a morte do seu autor, o *Cântico espiritual* conhecer por fim uma edição não confidencial, as ardentes fórmulas do maravilhoso poema estarão em inúmeros corações. É todo um rio de fogo: tem as suas nascentes nas obras em que três almas excepcionais derramaram a sua experiência — o *Audi, filia*, de São João de Ávila, os dois livros, complementares entre si, de Luís de Granada, o *Livro de oração e meditação* e o *Guia de pecadores*, e o monumental *Tratado da oração e da meditação*, de São Pedro de Alcântara —, mas muitos outros riachos vieram engrossá-lo — com o pitoresco arcebispo de Braga, Bartolomeu dos Mártires, e o comovente São Tomás de Vilanova, de inesgotáveis acentos de caridade. Quando apareceram em toda a sua glória duas chamas ainda mais incandescentes, porém, esse rio de fogo se impôs ao mundo cristão e o incendiou em fogueiras de amor.

Santa Teresa de Ávila![37] Foi enquanto percorria o ciclo aventuroso de uma existência fecunda como poucas e os carmelos nasciam entre as suas mãos infatigáveis, que a grande carmelita achou tempo para escrever a sua experiência íntima, em tais termos que até hoje, decorridos quatro séculos, não foram ultrapassados nem em força nem em precisão. O livro da sua *Vida* (por volta de 1569), o

Caminho de perfeição (1570) e sobretudo o *Castelo interior* ou *As moradas* (1577) fundam um método de oração completo, de uma lógica rigorosa, que, se for bem seguido, levará a alma a ser verdadeiramente habitada por Deus, substancialmente associada ao inefável esplendor.

Primeiro orar e abnegar-se: a fundadora sabe demasiado bem guiar as suas filhas para não lhes ensinar que, na base de todo o esforço espiritual, há sempre uma ascese necessária: praticar as três virtudes da caridade, da humildade e do desapego, e, sobretudo, orar. Então a alma poderá começar a sua caminhada rumo ao amor de Deus, que é também uma caminhada rumo à luz de Deus. Conhecerá em primeiro lugar os estados da oração ativa: o "recolhimento", em que fica suspensa, na expectativa; a "quietude", paz suave e profunda em que se restauram as forças espirituais; e o "sono das potências". Depois, assim desapegada de si e aberta à inspiração divina, elevar-se-á, de degrau em degrau, até à oração passiva e unitiva, primeiro na "união simples", em que a vontade é dominada e o entendimento se orienta por inteiro para a busca apaixonada de Deus; depois, na "união íntima", em que o Senhor começa a tratá-la com familiaridade, fazendo-a pressentir e desejar o que lhe reserva ainda; e por fim na "união transformante", que é a amizade divina perfeita, em que "a alma ou, melhor, o espírito da alma, se torna, pelo que se pode julgar, uma mesma coisa com Deus".

Análise lúcida, lógica, inatacável, mas de maneira nenhuma didática ou abstrata. Porque toda esta aventura mística é apresentada em termos de deliciosa poesia, que quase se diria "oriental". O mito do castelo interior com sete moradas é ilustrado por mil e uma comparações que impressionam, seduzem, encantam; e a realização última, a união inefável, apresenta-se em termos tão puros, tão adequados e tão belos, que se crê verdadeiramente sentir a Deus, vê-lo, tocá-lo, tanto quanto nos é possível com os nossos pobres meios da terra. Uma aspiração irresistível impele para esse estado em que tudo será finalmente conhecido, em que o próprio Deus será apreendido pela alma libertada, uma aspiração tão forte que tornará pesada a própria vida. E é então que brota dos lábios da mística o grito célebre e inolvidável: "Morro porque não morro!"

No aluno e amigo muito querido de Teresa, *João da Cruz*, menos lógica, menos precisão na análise dos estados de oração, mas que voo de águia! O de um gênio poético, de um dos maiores líricos que a humanidade conheceu desde que sabe um pouco o que ela é. A *Subida do Monte Carmelo* e a *Noite escura* (1579-1583), a *Chama de amor viva* e o *Cântico espiritual* (por volta de 1584-1585) são quatro joias do tesouro do Ocidente cristão cujos fulgores nos iluminam até hoje: basta pronunciar esses títulos para que logo se eleve do recôndito da alma o canto mais puro, e se imponham ao espírito maravilhado as grandes imagens da noite e da chama que entretecem de uma ponta a outra cada um desses tratados preciosos. O propósito de João não é o de Teresa; ela dirigia-se às freiras, muitas das quais principiavam o caminho da santidade; ele fala às almas já avançadas em virtude, a quem quer oferecer um meio de atingir os mais altos cumes místicos.

Logo de começo, deixando de lado a "via purgativa", que é a dos principiantes, falando muito pouco da "via iluminativa", em que as almas, mesmo elevadas, ainda não chegaram à união, coloca-se resolutamente no ponto mais alto, nessa "via unitiva" cujo outro nome é "contemplação", em que se possui ao mesmo tempo "uma atenção geral e afetuosa para com Deus" e "um conhecimento geral e afetuoso de Deus". Nesta etapa suprema, que aventura espera ainda a alma! Deve primeiro mergulhar na "noite ativa", onde acaba de se despojar de tudo o que a prende à terra, dos apetites dos sentidos e dos apetites do espírito: entra assim verdadeiramente na contemplação. Mas então sente-se lançada numa outra morte, numa "noite escura", mais opaca, a "noite passiva", onde, na solidão e na angústia, temendo ter sido abandonada, espera a vinda... A alma julgou ter atingido o cume da montanha, mas "sobre a montanha, nada!" Que não desanime: Deus está lá, presente nessa ausência.

> *Que bem conheço a fonte que mana e corre,*
> *embora seja noite!*

(Cantar da alma que se alegra de conhecer a Deus pela fé)

Nessa noite vai brilhar a luz absoluta, a chama:

> *Oh!, chama de amor viva, que ternamente feres*
> *da minha alma o mais profundo centro!*
> *Se já não fores áspera,*
> *consuma já, se queres,*
> *e rompe o véu deste doce encontro!*

(Chama de amor viva)

Aí está o cume, o cimo mais elevado. O corpo está inerte, esquecido: o espírito arde na chama divina. Momento de união total, de desposórios espirituais. Em termos escolásticos, diríamos "união transformante", mas trata-se, na verdade, de um estado tão exaltante, tão inconcebível, que escapa a toda a categoria e as palavras desfalecem. "Vejo claramente que não o poderia dizer e que a coisa pareceria menor se a dissesse". Não confessou São Paulo que o que foi visto por ele no mais alto Céu não poderia ser dito com palavras da terra? Um silêncio, uma seta de fogo..., é lá em cima que termina a experiência do franzino carmelita; mas quem o seguiu talvez tenha experimentado, de um modo inconcebível para si mesmo, um pouco da alegria que será a alegria dos santos no Paraíso.

O século XVI conheceu um bom número dessas experiências, embora não haja nenhuma igual à de Santa Teresa e à de São João da Cruz. Mas é de notar que, em vários lugares da cristandade, outras almas místicas seguiram caminhos muito análogos, de São Caetano e São Filipe Neri a Santa Catarina Ricci ou à admirável Santa Maria Madalena de Pazzi (1566-1607), irmã italiana da grande espanhola, que confessava: "Já não sei se estou viva ou morta, fora do meu corpo ou nele..." Nomes italianos, porque a Itália também tem a sua escola mística, talvez mais orientada para a ação do que a espanhola, mais associada aos problemas do tempo: Catarina Ricci, Maria Madalena, escreveram aos papas e aos cardeais para lhes suplicar que continuassem sem fraqueza a obra da reforma e da purificação empreendida. E, de uma experiência muito elevada, o padre *Lourenço Scupoli* (1530-1610), teatino, tirou, não uma obra de especulação, mas um tratado prático, dir-se-ia quase um manual, onde pôs ao alcance de todos os católicos os métodos de oração: é o famoso *Combate espiritual* de que São Francisco de Sales fará o seu livro de cabeceira.

É mais um traço característico do tempo. Como nos lembramos[38], existira, dois séculos antes, uma corrente mística intensa de que tinham sido principais representantes os Irmãos da Vida Comum, discípulos de Ruysbroeck, e entre eles o autor ou os autores da *Imitação de*

Cristo. Mas essa *devotio moderna* dera muitas vezes a impressão de se isolar do mundo dos homens, demasiado brutal e corrompido. Deviam os místicos retirar-se para os claustros e lá seguir sozinhos o caminho árduo que sobe para o Céu? O êxito prodigioso da *Imitação* — esse livro escrito num mosteiro, sem dúvida nenhuma — tinha mostrado até que ponto as almas estavam ávidas de tais ensinamentos. E imediatamente os anseios de santidade que o Concílio de Trento havia coroado tendera a tornar a vida espiritual mais intensa, mais próxima da existência cotidiana: Oratórios do Amor Divino, retiros de franciscanos recoletos e de jesuítas.

Mas caberá a uma escola espiritual dar plena satisfação a esses anseios, uma escola de características tão simples e acessíveis que qualquer um, por pouco adiantado que se encontre no caminho da luz, poderá alimentar a esperança de pôr em prática os seus preceitos. Ao mesmo tempo, essa nova escola assimilará tudo o que um esforço duas vezes secular pôde adquirir no conhecimento do homem, a fim de associá-lo plenamente à fé. "Humanismo devoto", sabedoria mística: quem primeiro realiza essa síntese decisiva — ei-lo de novo — é São Francisco de Sales. E, perto dele, avançam os soldados dessa "invasão mística", as poderosas coortes dessa "Escola francesa" que será a glória dos tempos clássicos. O mais elevado ideal religioso associado à vida humilde e cotidiana, todos os conhecimentos iluminados pela fé e absorvidos por ela: eis que parece prestes a realizar-se a esperança que se tinha apoderado da humanidade desde a Renascença, e que provocara tantos dramas porque não se tinha sabido reconhecê-la a tempo. A palavra-chave de dois séculos de esforços, que constitui também a resposta a muitos erros, é formulada por um grande mestre espiritual da França, o cardeal Bérulle: "Que é o homem? — Um nada capaz de Deus"[39].

A reforma sempre por refazer

O espetáculo que dão os místicos, e mesmo o povo seriamente cristão no seu conjunto, não devem, no entanto, levar a um otimismo excessivo. Não devemos imaginar toda a Igreja, nos fins do século XVI, como uma sociedade de santos e pessoas devotas unanimemente resolvidas a obedecer aos preceitos do Concílio de Trento e a viver segundo o *Catecismo*. Seria maravilhoso que tivessem bastado alguns decretos para pôr termo de uma só cajadada a erros que duravam há dois séculos! Já fora admirável que uma minoria resoluta tivesse podido impor à Igreja oficial a reforma tão desejada, e que o papado, seguindo totalmente esse ponto de vista, a tivesse tomado entre mãos para implantá-la em toda a parte. Não era possível esperar que quarenta ou cinquenta anos fossem suficientes para transformar excelentes princípios numa realidade tão geral que não conhecesse exceções.

Em vários países, aí por volta de 1600, a situação não parece muito diferente daquela que se apresentava em 1500, e abundam fatos que, tomados isoladamente, quase permitiriam dizer que não se obteve ainda nenhum resultado sério e que a antiga lei do mal, com o seu incessante poder de atração sobre as almas dos batizados — e sobre a sua Igreja —, exerce então tanta força como nos tempos anteriores. Não se pode negar — seria um erro! — que, em geral, o povo católico fez sérios progressos, que o clero melhorou e a maior parte das ordens religiosas revela ótimas disposições. Mas ainda se veem muitas exceções tristes, e tão numerosas, em certos setores, que parecem constituir a regra. Quadro monótono, sobre o qual se pode passar rapidamente, pois não há nada de novo neste terreno, e os sintomas de outrora reaparecem exatamente nos mesmos termos.

Há ainda muitos bispos que, postos à frente das suas dioceses por razões muito diferentes das canônicas, não residem nelas nem se interessam por elas, a não ser na medida dos rendimentos que delas tiram, e que são mais políticos e cortesãos do que sacerdotes. (Deve-se notar-se, porém, que a sua conduta moral se presta muito menos à crítica do que outrora). Nos relatórios que fez como legado pontifício em 1596, o cardeal de Florença, se por um lado elogia a fé dos franceses — que "enchem as igrejas durante os ofícios divinos, dão muita importância às indulgências, às medalhas bentas e aos *Agnus Dei*" —, por outro, é muitas vezes severo com o episcopado da França, em geral "pouco diligente e negligente". Tal bispo — diz ele — nunca está na sua diocese, tal outro tem a reputação "de vida licenciosa", tal outro explora odiosamente os seus fiéis. "Não quero — acrescenta — alongar-me acerca dos abusos relativos aos benefícios eclesiásticos; teria muito que dizer". São observações feitas trinta anos depois do encerramento do concílio, mas tem-se a impressão de que, outros trinta anos mais tarde, a situação não melhorou muito. Por mais comedido que seja nos seus juízos, Bérulle pensa claramente o mesmo e nota "o pouco poder que têm os nossos bispos da França sobre os eclesiásticos seculares..."

Será melhor em outros lugares? Em todo o caso, não na Alemanha: "O grande perigo — escreve o cardeal Otto Truchsess a Gregório XIII — é a frequente apostasia de muitos bispos que, rebeldes à Santa Sé e arvorando-se em soberanos, confundem a seu bel-prazer o temporal com o espiritual, e não respeitam nem a Deus nem aos homens".

O tipo do bispo alemão brutal, quase militar, está longe de ter desaparecido. E enquanto as nomeações episcopais não estiverem submetidas a controles sérios por parte da Santa Sé, os males que acabamos de evocar hão de continuar.

O clero secular apresenta ainda, em escala demasiado ampla, as taras que tinha nas vésperas da revolução protestante. O alto clero, aquele que se move no círculo dos bispos, só deseja imitar os maus exemplos destes. Há muitas queixas — sobretudo na Alemanha — em relação aos jovens fidalgos promovidos a cônegos, que não se preocupam nem com estudos nem com ofícios, e a propósito dos quais corre um provérbio malicioso: "Os coadjutores vão à igreja em vez dos cônegos, mas os cônegos irão para o inferno em vez dos coadjutores". O mesmo cardeal Truchsess fala dos inúmeros párocos "culpados de ações criminosas, concubinários, bêbados, notoriamente simoníacos, apóstatas". O cardeal de Florença não é muito mais indulgente com a situação do clero que encontra na França; insiste sobretudo na penúria dos sacerdotes e na sua má preparação. Continuam, pois, a existir os antigos defeitos que tanto mal fizeram à Igreja: seleção medíocre dos candidatos ao sacerdócio, ignorância, conduta duvidosa, ou pior ainda. Avancemos trinta anos e, aí por volta de 1620, veremos São Vicente de Paulo fazer este terrível juízo, assustado com o que viu na região de Châtillon-en-Dombes e nas terras picardas dos Gondi: "Os clérigos, que vivem hoje como faz a maioria da gente, são os maiores inimigos que tem a Igreja de Deus".

Serão melhores os religiosos? Bom número deles, com certeza. Mas a maioria? É de duvidar. Folheemos de novo os relatórios do cardeal de Florença: "As ordens religiosas quase abandonaram o bom caminho. Os seus membros são dissolutos, ignorantes, de maus costumes, sórdidos, obscenos, preguiçosos. A Regra não é observada em parte nenhuma, exceto entre os cartuxos..." As religiosas seguem também por mau caminho. Não guardam a clausura, passam meses em casa dos parentes, usam vestidos lascivos. Como as abadessas são titulares das abadias e, além disso, nomeadas vitaliciamente, segue-se daí uma infinidade de males: simonia, violência, favoritismo; passa-se de um mosteiro para outro, nomeiam-se crianças como abadessas, toma-se posse do cargo pela força. Na Alemanha, os legados Ninguarda e Portia batem na mesma tecla: as abadias convertidas em refúgios de indesejáveis, nenhum noviciado, indisciplina, relaxamento. "Não há religiosos" — diz educadamente dom Poulet —, "mas telemitas"[40].

São observações feitas em 1590, mas quando, em 1602, a futura reformadora Angélique Arnauld — com apenas doze anos! — chega a Port-Royal, encontra lá uma comunidade tão adormecida que, em quarenta anos, não tinha escutado mais do que sete ou oito sermões, e o confessor das religiosas, um bernardo, não sabe sequer traduzir o *Pater noster,* a biblioteca só tem um livro, um breviário, e a vida passa-se em mascaradas e em festas alegres! Isso, porém, é ainda um espetáculo deveras edificante em comparação com o que oferece a abadia de Maubuisson, junto de Pontoise, cuja abadessa Angélique d'Estrées — desejosa talvez de bater os recordes galantes da sua irmã Gabrielle, amante principal do rei Henrique IV — trouxe ao mundo nada menos do que doze filhos, que aliás, por um louvável escrúpulo, mandou educar de modo diferenciado, segundo a categoria de cada pai... E a reforma, dir-se-á? Foi bem implantada em vários mosteiros, mas ainda está longe de ser efetiva em toda a parte. Sucede até que chega a provocar o enfraquecimento das ordens, porque, ordinariamente, as relações entre "reformados" e "relaxados" vão muito mal.

É evidente que o próprio povo cristão, ao lado dos felizes sintomas que salientamos, mostra bastantes outros, muito menos agradáveis. Se, baseando-nos na lúcida distinção de Gustave Thibon, os fiéis não têm no seu conjunto um nível de *moralidade* superior ao nosso, conservam os *costumes*, um espírito público são e sólido, uma submissão de princípio a um ideal de fé e de moral cristãs. Mas essas mesmas bases estão abaladas. Certas regiões encontram-se ameaçadas de verdadeira descristianização: regressam a uma espécie de selvajaria; ouve-se correntemente dizer na Itália que "os Abruzzi, a Apúlia, a Calábria são as Índias italianas". Nos países que, na aparência, permaneceram mais solidamente católicos, o comportamento contradiz, via de regra, os preceitos evangélicos e os mandamentos do Decálogo. Basta folhear as crônicas dos reinados de Henrique IV e de Luís XIII para ver com que cinismo as pretensas classes dirigentes zombam das leis da religião e da moral: rixas, duelos, devassidão e raptos são moeda corrente na corte, entre a nobreza e também na juventude escolar. As coisas correrão melhor nas camadas mais humildes? A desordem existe em toda a parte, como fruto de muitos anos de violência e de anarquia. A Itália e a Alemanha oferecem o mesmo espetáculo.

Uma característica a sublinhar, sintomática da desordem: o peso da superstição, que se mantém sob todas as formas e até parece ter feito progressos. A bruxaria e todas as variedades de magia espalharam-se de um modo impressionante. Em pleno bairro de Saint-Sulpice, Olier encontrará um altar de Belzebu, destinado à celebração de missas negras. Os processos por bruxaria são numerosos, apesar dos protestos de teólogos como Pedro de Valença, Jan Weyer, Cornélio Loos e esse "Leão de Alexis" que não era outro senão o jovem padre Bérulle.

É, pois, de mil maneiras, um espetáculo aflitivo. Mas não há razão para nos admirarmos. A reconquista de uma sociedade para os princípios não se pode fazer num abrir e fechar de olhos; é uma tarefa que exige longos esforços, minuciosas paciências. Já nos cinquenta anos que se seguiram ao termo do Concílio de Trento, puderam realizar-se progressos, notou-se uma feliz evolução que, se é singularmente difícil discernir em toda a parte e em todos os seus pormenores, poderá apreciar-se nos seus resultados.

Aqui e acolá, por caminhos que variam conforme os lugares e os momentos, a ideia da reforma ganhou terreno. E sobretudo os meios de ação que ela possui começam a impor-se aos espíritos. Ao lado de sintomas inquietantes, existem muitos sinais positivos. No limiar do século XVII, não é descabido esperar que a partida jogada pela Igreja possa ser ganha.

Um ideal para o clero: Pierre de Bérulle

Se, entre os sinais de augúrio favoráveis, devêssemos escolher um como o mais decisivo, seria sem dúvida nenhuma a configuração cada vez mais vigorosa de um ideal para o clero. Não é sobre ele, no fim das contas, que assenta toda a Igreja? Que os sacerdotes se tornem dignos da sua vocação, que sejam admitidos com critério, que sejam mais bem formados e instruídos, que se tornem exemplos vivos pela sua conduta, e toda a massa cristã será por eles revivificada. O dito de Blanc de Saint-Bonnet é mais verdadeiro do que nunca: "Um clero santo torna o povo virtuoso..."

Ora, é precisamente a esta renovação do clero que se assiste. Lembremo-nos: mesmo nos tempos das piores taras, houve sempre exceções muito felizes. Agora as exceções tendem a tornar-se regra e, de qualquer modo, são tidas como regra pela consciência cristã. O esforço empreendido pelos santos e a regulamentação dos cânones tridentinos produziram os seus frutos. De alto a baixo da escala das funções e dos títulos, o progresso é evidente e impressiona os espíritos da época.

Já vimos como se elevou o nível do Sacro Colégio: cardeais como Belarmino, Barônio, Perron, Ossat são plenamente dignos da altíssima responsabilidade que lhes confere a púrpura; ou também esse Médicis de Florença cujos relatórios citamos atrás e que, desejado por Clemente VIII como seu sucessor, tornou-se efetivamente o papa Leão XI, se bem que por brevíssimo tempo; ou ainda Pierre de Bérulle, que vamos ver como promotor do mais puro ideal do sacerdócio, e que, no dia em que lhe é anunciado o chapéu cardinalício, não deixa de lavar a louça da sua refeição, como de costume...

No corpo episcopal, a evolução é muito parecida. Não tinha deixado de haver bispos reformadores e exemplares: na Itália, estava viva a lembrança de um Giberti, de um São Carlos Borromeu, e o seu número cresce. É o que se observa — e isto é um fato de importância capital — mesmo nos países onde as nomeações para as dioceses dependem estritamente da vontade do soberano. Na França, por exemplo, o caso de Henrique IV é particularmente significativo. Na assembleia do clero de 1605, o rei pôde dizer com orgulho: "Quanto às eleições, bem sabeis como as faço. Sinto-me orgulhoso de ver que aqueles que escolhi são diferentes dos do passado". E é quase totalmente verdade! Nomeou, sem dúvida, alguns indesejáveis: em Rouen, seu irmão bastardo Carlos de Bourbon, ou, em Reims, o jovem cardeal de Lorena, seu sucessor nos favores de Charlotte des Essarts. Mas, no conjunto, as suas escolhas foram felizes; foi ele quem designou Camus para Belley, Fenouillet para Montpellier, Honoré de Laurens para Embrun — que recuperou uma situação muito comprometida por um antecessor deplorável —, François de la Guesle para Tours, e, para Vence, Pierre du Vair, que se recusará até ao fim a deixar a sua paupérrima diocese. Henrique IV quis até designar bispos o padre Coton e Bérulle, que recusaram, e bispo de Paris São Francisco de Sales. Levou a sua boa vontade ao ponto de aceitar que o papa riscasse nomes que ele lhe tinha proposto. Depois dele, o governo continuou no mesmo sentido: não foi má escolha a desse jovem sacerdote com temperamento de fogo que, durante o seu breve episcopado, à frente da "mais enlameada diocese da França", se revelou um excelente bispo: Armand du Plessis de Richelieu.

O fenômeno é geral. Na Alemanha, a renovação episcopal deveu-se aos príncipes — como Alberto V e Guilherme V da Baviera, o arquiduque Fernando e mesmo o imperador Rodolfo II — e à influência dos nobres formados no Colégio Germânico que, pouco a pouco, substituíram nos cabidos os cônegos ignorantes e de má vida, e depois os bispos medíocres. As dioceses de Augsburgo, Würtzburg, Mogúncia, Spira, Paderborn, Breslau, Olmütz, Tréveris, tiveram assim à sua frente homens devotados às ideias sãs, embora por vezes um tanto rudes — um certo Mespelebrunn, arcebispo de Würtzburg, condenava ao exílio os súditos que não iam à Missa, que manifestavam tendências protestantizantes ou ideias pouco seguras! —, mas de extrema firmeza.

A influência do Colégio Germânico mostra-nos por si só a importância das novas instituições que a Igreja viu surgir no seu seio e que em breve vai multiplicar, com vistas à formação dos seus sacerdotes. O princípio foi estabelecido pelo Concílio de Trento, quando ordenou aos bispos que fundassem *seminários*. A ideia revelou-se de uma fecundidade prodigiosa. Antes, a Igreja tinha-se preocupado pouco de preparar os futuros sacerdotes para as tarefas que os esperavam, mas o exemplo dos jesuítas fez-lhe ver os resultados felizes que podia esperar de uma formação minuciosa e rigorosa, tal como se praticava na Companhia. Contudo, passam muitos anos antes que o princípio estabelecido no cânon de 1563 se torne realidade. Onde encontrar os professores indispensáveis? Os bispos relutam em dirigir-se aos religiosos, que talvez não estejam muito ao par das tarefas precisas que aguardam os párocos e coadjutores, e que, além disso, escapariam ao seu controle. Durante meio século, o problema não será resolvido, ou sê-lo-á apenas parcialmente.

Gregório XIII, que tanto fez pelos colégios, trabalhou muito para a Companhia. É preciso agora que, em todas as dioceses, uma casa abrigue os futuros sacerdotes, os eduque e forme; por volta de 1620, este resultado está ainda longe de ser atingido. Mas o impulso foi dado. Os institutos de leigos e as sociedades de clérigos prepararam o terreno: o Oratório de São Filipe Neri e o que Bérulle acaba de fundar na França, bem como a pequena comunidade que o ardoroso Adrien Bourdoise reuniu em Saint-Nicolas du Chardonnet, constituem verdadeiros viveiros e modelos. Já São Vicente de Paulo, acudindo ao mais premente, meteu ombros à tarefa de formar o clero das cidades e do campo, o que será um dos mais úteis trabalhos da sua vida tão fecunda: reunindo à sua volta párocos e coadjutores (Retiros de ordenandos, Conferências das terças-feiras), ministra-lhes instruções tão pertinentes que a vida sacerdotal é como que sobrenaturalizada. O clero começa a compreender a beleza da liturgia, a necessidade de cuidar do porte, mesmo no modo de vestir-se, e a aprofundar a sua vida espiritual nos retiros. A hora da grande expansão está próxima: o padre Condren entrou para o Oratório; Jean-Jacques Olier — que aos catorze anos, em 1622, já era titular de um pequeno benefício —, vai em breve sonhar com essa Companhia de Saint-Sulpice onde se forjará a elite do clero da França. Quarenta anos mais tarde, por volta de 1660, veremos seminários estabelecidos em quase toda a parte, e novas gerações de sacerdotes dignos, instruídos, capazes. O trigo lançado à terra cem anos antes terá dado uma colheita preciosa.

Este ideal de sacerdócio, exigente e puro, humilde e profundamente consciente da sua grandeza, que desde o primeiro quartel do novo século vai fornecer exemplos tão admiráveis, foi encarnado na sua plenitude por um homem que suscitou a instituição destinada a fazê-lo entrar nos costumes: *Pierre de Bérulle* (1575-1629). Era neto do chanceler Séguier, homem de toga, portanto, mas educado à maneira dos nobres. Na sua infância, mostrara um temperamento frio, reservado, extremamente religioso. Quando lhe tinham comunicado a morte do pai, respondera, sem derramar uma lágrima: "Deus assim o quis; devemos querê-lo também!", o que parecera surpreendente nos lábios de um menino de sete anos. Dez anos mais tarde, deixava admirados os seus mestres pelos seus talentos de controversista. Um dos mais renomados salões parisienses abriu-se com prazer ao jovem apóstolo de ar austero, de presença amena e digna.

Esse salão era o de *Mme. Acarie*, a "bela Acarie", jovem esposa de um conselheiro no Parlamento, e mãe de três filhas, que educava à sua semelhança. À volta dessa mulher, "forte segundo o Evangelho" e "na qual o *esprit* igualava a Graça", tinha-se formado, atraído por uma qualidade de alma e uma fé excepcionais, um grupo numeroso de pessoas religiosas vivamente interessadas em manter diálogos espirituais e profundas meditações. No palácio Acarie, situado no *faubourg* Saint-Antoine, reuniam-se a princesa de Longueville, a marquesa de Meignelay, a marquesa de Bréauté, o ilustre orador da Sorbonne du Val, o venerável Gallemant, pároco de Aumale, e às vezes o padre Coton, o santo capuchinho Bento de Canfeld ou, enquanto residiu em Paris, Francisco de Sales. Era, em suma, um "palácio de Rambouillet" das questões religiosas, uma "câmara azul" onde não havia a preocupação de corrigir a língua francesa, mas de emendar a vida espiritual dos católicos. O jovem Pierre de Bérulle, que, ainda hesitava sobre o gênero de vida a seguir e se perguntava se seria jesuíta, capuchinho ou cartuxo, acabou por tomar lá consciência da sua verdadeira vocação. Dom Beaucousin, abade da Cartuxa, discerniu-a nele e aconselhou-o: ser simplesmente sacerdote, mas na plenitude do termo. E foi isso que ele decidiu ser[41].

Entrou então em contato com alguns discípulos franceses do encantador e comovente Filipe Neri[42]. Na Provença, haviam-se constituído pequenos grupos "filipinos", um em Nossa Senhora das Graças, perto de Cotignac, outro em Cavaillon, pequena cidade então muito ativa. Tarugi, o arcebispo de Avinhão, interessava-se pelos piedosos esforços desses grupos. Entre 1605 e 1609, dera-se uma cisão na comunidade de Cavaillon; com César de Bus à frente, uma parte dos membros aspirava a constituir uma verdadeira congregação regular, com votos[43]; os outros, com Romillion, queriam permanecer "no estado puramente eclesiástico", isto é, fiéis ao ideal do Oratório romano. Instalado dali em diante em Aix, o pequeno grupo dirigido por Romillion foi erigido como instituto *ad instar Oratorii romani*, "à semelhança do Oratório romano". Dois ou três membros desse cenáculo vão então a Paris para tentar convertê-lo numa fundação. Alojam-se no bairro de Saint-Jacques e lá encontram o padre Pierre de Bérulle, que residia no Carmelo. E das trocas de impressões que mantiveram brota uma grande ideia: fundar uma sociedade de sacerdotes inspirada no Oratório de São Filipe, mas adaptada às exigências do apostolado na França.

Assim nasce em curto espaço de tempo — a bula *Sacrosanctae* reconhece-o oficialmente a 10 de maio de 1613 — o *Oratório de Jesus Cristo*, designado com esse nome "em honra das orações feitas pelo Salvador durante a sua vida mortal". Os seus membros não são religiosos, mas "clérigos piedosos, especialmente dedicados a cumprir com toda a perfeição possível os deveres da vida sacerdotal". Como dirá um dos seus sócios mais ilustres, o padre Condren, "os sacerdotes que o compõem não se obrigam por votos a observar a pobreza, a caridade, a obediência e os conselhos evangélicos. Mas abraçam todas essas virtudes por compromisso com o sublime estado do sacerdócio, o qual deve santificar e aperfeiçoar todos os outros estados da Igreja e supõe, por conseguinte, a perfeição de todos". É ainda Condren quem define de maneira perfeita a tarefa exata que o Oratório assumirá: "As casas do Oratório devem ser, para os demais clérigos, o que os conventos são para os leigos: porque, assim como na decadência do fervor do cristianismo Deus inspirou a vários leigos o espírito de retiro, o que levou à formação dos conventos, da mesma maneira, por ter a ordem sacerdotal decaído em vários pontos da sua perfeição inicial, Deus incitou o cardeal Bérulle a formar uma congregação de sacerdotes que não somente fizessem profissão de tender para a perfeição sacerdotal, como se afastassem de tudo o que podia desviá-los dela". Ao contrário dos jesuítas, que de certo modo trabalhavam vindos de fora, como uma vanguarda, os oratorianos queriam estar no próprio seio da vida sacerdotal, para reanimá-la e restituir-lhe as suas antigas virtudes.

Assente nessas bases, o Oratório trabalhará, pois, em tudo o que puder ajudar a renovar o clero. Auxiliar os sacerdotes nas paróquias, organizar retiros onde os homens consagrados a Deus possam refazer as suas energias espirituais, fundar seminários para formar os jovens: tal é a tríplice tarefa que Bérulle atribui aos seus filhos. Depois de ter procurado, um superior que governasse o seu instituto — pediu-o em vão a São Francisco de Sales —, teve de resolver-se, apesar da sua humildade, a assumir a direção do empreendimento. Era uma tarefa pesada. Em primeiro lugar, porque o êxito do Oratório foi rápido e o seu crescimento suscitou problemas. Depois, porque esse mesmo êxito lhe trouxe resistências obstinadas e ataques; cabalas e intrigas: era preciso resistir a tudo. Mas nada desanimou esse homem calmo, firme, cujos traços simples e fortes, olhos salientes, lábios grossos, deixavam ver o essencial do seu caráter: a paciência sobrenatural — feita de abandono e confiança — de quem se entregou por inteiro a Cristo e não espera dEle senão consolo e frutos.

Em 1631, o Oratório contará setenta e uma casas, entre as quais vinte e um colégios e seis seminários. A proporção surpreende, porque o ensino não figurava nas intenções do fundador e, ao contrário, a tarefa de formar os sacerdotes primava entre as outras. Com efeito, era para essa obra que Bérulle se tinha orientado: não tinha ele aberto em 1620, em Saint-Magloire, rua Saint-Jacques em Paris, o primeiro seminário oficial? Mas, dois anos mais tarde, por ordem do papa — uma ordem que ele não havia solicitado —, teve de interessar-se também pela educação e abrir colégios, campo em que o Oratório certamente iria triunfar, mas que também o desviaria da sua primeira vocação. Isso valeu-lhe, devemos acrescentar, uma série de conflitos com os jesuítas, em que nenhum dos adversários deu provas de especiais qualidades de prudência e caridade... Ao menos restou a Bérulle — que, nomeado cardeal em 1627, viria a morrer da maneira mais sublime em 1629 — a satisfação de ter sido o instrumento de que Deus se serviu, se não para concluir, ao menos para moldar seriamente a obra necessária: recordar ao clero a sua vocação, prepará-lo para o serviço da Igreja. É este o mérito que a história lhe reconhece.

Foi então ele o único a empreender uma obra tão vasta? Não. Afastado dele no espaço, mas seu irmão segundo o espírito, *Francisco de Sales* acaba de fundar em Thonon a sua "Santa Casa", eventual centro de uma congregação-modelo, parecida com o Oratório. Outro sacerdote, *Adrien Bourdoise* (1584-1665), pároco rude, franco no falar, cheio de zelo apostólico, vai ao Oratório fazer um retiro com os seus coadjutores e sai de lá decidido a fundar uma comunidade análoga, que será a dos *Padres de Saint-Nicolas du Chardonnety* com um seminário anexo. Outro filho espiritual de Bérulle é Vicente de Paulo, esse *Monsieur Vincent* cujos filhos, os lazaristas, multiplicarão os seminários. E é um aluno de Condren, glória do Oratório e seu segundo superior geral — Olier —, o fundador de Saint-Sulpice.

Bérulle, Bourdoise, Vicente de Paulo, Olier — e acrescentemos ainda, entre muitos outros, Pedro Fourier — são nomes de uma ressonância demasiado grande para que não se tenha nenhuma dúvida de que, dali por diante, há qualquer coisa que mudou.

A renovação do clero regular continua

E não só entre os sacerdotes seculares. Entre os religiosos também se notam múltiplos sintomas extremamente favoráveis. O grande impulso que se verificou entre os religiosos e os monges desde antes do Concílio de Trento — com a fundação da Companhia de Jesus e dos capuchinhos e a reforma do Carmelo — não diminuiu: muito pelo contrário. Não é que não depare com inúmeras dificuldades: muitos mosteiros continuam apegados a deploráveis rotinas, quando não a costumes escandalosos; por outro lado, as relações entre seculares e regulares são frequentemente tensas, pois os primeiros censuram os segundos por beneficiarem de isenções que os deixam praticamente independentes da autoridade diocesana e lhes permitem abusar dessas liberdades. Se numerosos bispos procuram reformar as ordens e congregações no seu território[44], é para melhor os submeter, e isso custa. Mas nem por isso é menos certo que, no próprio interior das antigas ordens, se observam incontestáveis progressos na vontade de regressar a observâncias mais estritas.

Entre os beneditinos negros, o movimento é dirigido por duas grandes congregações, a de *Saint-Vannes* e a de *São Mauro*: como a história das duas está "estreitamente ligada, a sua ação será recíproca: Saint-Vannes comunicará a São Mauro a sua têmpera sobrenatural; São Mauro precisará e reforçará o movimento literário de Saint-Vannes"[45]. O ponto de partida foi Saint-Vannes na Lorena, onde, por volta de 1600, Didier de la Cour suscita a reforma: logo depois, seguem-lhe os passos Saint-Hydulphe de Moyenmoutier e, um após outro, mais quarenta mosteiros; o mesmo fazem vários conventos da França, como Saint-Pierre de Jumièges em 1617. Mas surgiu uma questão muito delicada.

Os mosteiros da Lorena e os da França não têm o mesmo suserano leigo nem vivem sob o mesmo regime.

O prior do Colégio de Cluny em Paris, dom Bènard, toma então a iniciativa de fundar uma nova congregação nacional beneditina, à qual dá o nome de um dos primeiros companheiros de São Bento: Mauro. Exito esmagador. Gregório XV reconhece em 1621 a nova congregação, e a ela se unem imediatamente duzentos mosteiros, embora o velho Cluny se mostre descontente e permaneça à margem. Renova-se a verdadeira tradição de Montecassino: os "mauristas" — entre os quais não demorará a aparecer Mâbillon — devolvem ao trabalho intelectual o seu lugar de honra. Na Bélgica, a abadia de Saint-Hubert avança por caminhos análogos, e o mesmo faz na Alemanha a ilustre abadia de Fulda, que infelizmente correrá perigo com a invasão sueca durante a guerra dos Trinta Anos. Mas as raízes do movimento estão lançadas, e bem lançadas.

E lançadas também entre os beneditinos brancos, os filhos de São Bernardo. A partir de 1575, progride a reforma dos cistercienses empreendida por Jean de la Barrière em Toulouse — não sem duras resistências, que chegaram até à luta à mão armada. Esta ordem, reconhecida por Sisto V, torna-se por volta de 1600 uma verdadeira potência, tanto na França como na Itália, mas vê-se minada por forças antagônicas que acabarão por levar à cisão entre bernardos franceses e bernardos italianos. A reforma passa à Bélgica, onde a abadia de Orval acabava de adotá-la. Cister, porém, recusa-se a seguir os bons exemplos: será preciso nada menos do que o pulso de Richelieu para obrigá-la a dar esse passo; à volta de Claraval, fiel à estrita obediência, reunir-se-ão apenas sete ou oito casas. Rancé terá ainda muito que fazer entre os monges brancos.

Entre os cônegos regulares, eis que surge um santo, um verdadeiro santo, e que mereceria ser célebre como o Cura d'Ars, com quem, aliás, se parece sob vários aspectos: *São Pedro Fourier* (1575-1640), um jovem loreno, sobrinho do cardeal de Lorena, alma ardente e verdadeiramente apostólica. Os cônegos de Chaumoussy, entre os quais fora noviço, tinham-no enchido de insultos, na tentativa frustrada de desviá-lo do seu zelo, que achavam excessivo. Pároco de Mattaincourt, torna-se modelo de sacerdote, inteiramente devotado às almas; preocupa-se com a instrução cristã da juventude e funda com Alix le Clerc a *Congregação educadora das Filhas de Nossa Senhora*. Por ordem de Gregório XV e do bispo de Toul, entrega-se em cheio, por volta de 1620, à tarefa de reorganizar os cônegos da Regra agostiniana, e reúne os melhores elementos em Lunéville, onde constitui o seu centro; aqui nascerá mais tarde a *Congregação do Nosso Salvador*, que se espalhará por toda a Lorena e fora dela.

Na França, obra idêntica começa em Saint-Vincent de Senlis, com o padre Faure, e depois é continuada por um príncipe da Igreja, homem de piedade insigne, digno filho espiritual de São Carlos Borromeu, o *cardeal de la Rochefoucauld*: em 1622, recebe oficialmente de Gregório XV a missão de reformar os cônegos regulares franceses, e, pouco depois, fazendo do convento de Sainte-Geneviève de Paris o seu centro, dá aos "genovevinos" um esplendor de que Paris conserva a memória, materializada no Panteão e na célebre biblioteca de Sainte-Geneviève. Os premonstratenses, finalmente, seguem o movimento e retornam à fidelidade à Regra de São Norberto: na Espanha, a reforma iniciada por Diego de Mendieto ganha corpo e é aprovada por Roma; na Lorena, a reforma chamada "do antigo rigor", de Daniel Picard e de Servais de Laruelle, outro amigo de Didier de la Cour, faz progressos e alcança a França, sobretudo a Normandia; Paulo V aprova-a.

O mesmo se nota entre os mendicantes. Sob o hábito castanho dos franciscanos, são os capuchinhos que se põem à frente do movimento. O papa reconhece-os como "verdadeiros filhos de São Francisco" em 1608, e, em 1619, deixam de estar na dependência dos conventuais; têm um superior geral próprio. A partir desse momento, desenvolvem-se prodigiosamente: passam de 18 mil e estão em toda a parte. Forma-se entre eles o padre José, futura "eminência parda", e é dentre eles que saem as nobres figuras de São Félix de Cantalice, São Lourenço de Brindisi e São Fidélis de Sigmaringen, que os calvinistas matarão na primavera de 1622, quando pregava nos Grisões. Os dominicanos expandem-se menos, mas também dão mostras claras de renovação: reforma da Espanha, reforma da França, que o mestre-geral Serafim Secchi (1612-1628) anima e que o seu sucessor, Nicolau Ridolfi, desenvolverá ainda mais, fundando em cada província um convento modelo de onde irradiará o exemplo. E os "agostinianos descalços", que Tomé de Jesus[46] fundou na Espanha, instalam-se na França, chamados pelo bispo Henri de Gondi: a igreja de Nossa Senhora das Vitórias conservará a memória destes religiosos.

É um espetáculo impressionante, que, como se vê, compensa o das congregações relaxadas e comunidades indisciplinadas contra as quais se indignava o cardeal de Florença. Entre as freiras, a situação é a mesma, embora o movimento seja talvez um pouco mais lento. Muitas comunidades, isoladas em vastas zonas rurais, pouco visitadas pelos seus diretores espirituais, jaziam talvez menos no desregramento do que na sonolência; a vaidade feminina fazia o resto. Mas, muitas vezes também, bastava uma abadessa fervorosa e enérgica — com frequência uma jovem da alta nobreza, que recebera o convento em dote e imediatamente tomara a sua tarefa a sério — para que a situação mudasse. Algumas professas cerram fileiras à volta da superiora: restabelece-se a clausura, afastam-se os maus visitantes, impõe-se o silêncio ou a saída a religiosas "relaxadas" que se irritam com as mudanças, e eis um novo centro de irradiação e de fervor, que servirá de exemplo. É a aventura de Port-Royal, com Angélique Arnauld, que, convertida em Madre Angélica, reconduz as suas filhas à obediência cisterciense em 1609; as "solitárias" estabelecem-se não longe delas. É a aventura das bernardas de Toulouse e de Marguerite de Beauvilliers em Montmartre, de Antoinette de Orléans em Fontevrault e depois nos priorados de Lencloître e Poitiers, de onde sairão as *Filhas do Calvário*. Aqui também é grande a renovação.

Mas coisa mais espantosa, uma aventura cheia de paixão e de episódios romanescos, foi a *instalação do Carmelo na França*. Foi no salão de Mme. Acarie que nasceu a ideia. Não aparecera Santa Teresa duas vezes à virtuosa senhora? É um grande projeto instalar as carmelitas reformadas em Paris! Mas não agrada a todos; as outras congregações, mesmo muito santas, opõem-se violentamente. Mme. Acarie persiste com firmeza, ajudada pelo jovem pároco Pierre de Bérulle, que se mostra animado de grande zelo. Consegue-se uma bula de ereção em 1603, e Bérulle parte para a Espanha em busca de reforços, de reforços espirituais. A questão não é simples, e, na pena brilhante do historiador Henri Brémond, ganha visos do mais quixotesco romance. Não falta nada nesse quadro, nem mesmo o sequestro noturno, porque, para fazer sair de Salamanca as religiosas escolhidas para iniciar a fundação na França, o jovem mensageiro é obrigado a tirá-las do convento antes do nascer do sol, evitando assim as resistências. "A nossa Santa Madre teria gostado muito — dizia uma das virtuosas raptadas — deste pequeno Dom Pedro!" Seis carmelitas da Espanha chegam, pois, à França, chefiadas pela Madre Ana de Jesus, uma das filhas preferidas de Santa Teresa, e encarregam-se de formar as pequenas noviças de Mme. Acarie. Assim se funda o primeiro Carmelo em Paris, aonde em breve afluem as vocações, vindas em grande número da mais alta nobreza. Mais tarde, Mme. Acarie ingressará nesse convento, com as suas três filhas, e se tornará a Bem-aventurada Maria da Encarnação; e, mais tarde ainda, Louise de la Vallière irá lá expiar os seus pecados. Pontoise, Dijon, Tours, Rouen..., os carmelos nascem por toda a parte. O trigo semeado pela Santa de Ávila dá admiráveis colheitas.

Assistimos, pois, à reforma das ordens antigas, em muitos dos seus elementos, e à expansão das obras já realizadas na época precedente. Os institutos fundados na época do Concílio de Trento estão em pleno desenvolvimento. No primeiro plano encontram-se os jesuítas, que ocupam agora um lugar considerável, e por vezes decisivo, em todos os setores onde se combate por Deus. São vistos em toda a parte, como propagandistas em países protestantes, educadores da juventude, confessores dos príncipes, missionários... Mas o clero secular, que aceita de bom grado as associações de clérigos, mostra-se frequentemente hostil aos padres da Companhia de Jesus. Os inimigos dos jesuítas trabalham a todo o vapor e já conseguiram êxitos passageiros. Por outro lado, desaparecem nesta época os gigantes da Companhia: Suárez em 1617, Belarmino em 1621, Léssio em 1623. Mas a influência já alcançada é tão grande que, sem manterem o ritmo triunfal dos começos, os filhos de Santo Inácio continuam a penetrar, a expandir-se, a multiplicar os seus colégios; em 1626, serão 16 mil membros e mais de 450 casas de ensino. Podem enfrentar com serenidade as provações que os esperam no dia de amanhã.

Mais uma manifestação do impulso que agita tantas ordens, antigas ou mais recentes: continuam a nascer, ainda e sempre, novas ordens. É esta talvez uma das características mais impressionantes, se não das mais felizes, da Igreja do Concílio de Trento e da renovação católica: a multiplicação dos institutos e fundações. Está-se longe da grande unidade medieval em que todos os religiosos se agrupavam sob meia dúzia de denominações. São poucas as fundações contemplativas: as beneditinas, as clarissas e as carmelitas absorvem as melhores forças. Mas as *Anunciadas celestes*, fundadas em Gênova em 1602 por Vittoria Fornari, experimentam um pequeno desenvolvimento, atingindo Nancy e Paris em 1616-1621; e as *Visitandinas* terão uma expansão rápida, embora a oração enclausurada não tenha sido a sua vocação primeira, como vamos ver.

Em compensação, crescem muito as ordens ativas. Ordens de caridade: por volta de 1620, os *Irmãos de São João de Deus* estão em plena expansão; o Hospital da Caridade em Paris, na rua dos Saints-Pères, era o mais importante da capital. Em Roma, um santo admirável, que levou uma vida dissoluta durante a juventude, mas que São Filipe Neri converteu, *São Camilo de Lélis* (1550-1614), dedica-se aos incuráveis e reúne à sua volta clérigos e leigos igualmente desejosos de trabalhar pela caridade de Cristo. E assim nascem os *camilianos* ou "clérigos regulares ministros dos enfermos" — também chamados "Irmãos da boa morte" —, cuja cruz vermelha sobre a batina preta em breve se torna popular: numa geração, fundam vinte hospitais e dão ao Senhor duzentos e vinte dos seus irmãos, mortos por contágio no serviço aos enfermos. Em Paris, procedem com igual heroísmo as *Hospitaleiras da Caridade Nossa Senhora*, que acabam de abrir um hospital junto da Praça dos Vosges.

O ensino é também uma das vocações mais importantes do tempo. As ursulinas — que tinham sido fundadas por Angela de Mérici e recebido de São Carlos Borromeu as suas características definitivas —, depois de introduzidas na França, em Isle-sur-Sorgue, por François de Bermond e César de Bus — com o nome de *Irmãs da doutrina cristã* —, chegam a Paris e, graças a Mme. Acarie, instalam-se em 1604 na rua Saint-Jacques; não demora que muitas cidades da França tenham conventos de ursulinas — perto de trezentos —, onde se forma a elite da juventude feminina. As *Filhas de Nossa Senhora de Bordeaux*, instituídas em 1606 em Bordeaux por *Santa Joana de Lestonnac*, sobrinha de Montaigne, espalham-se pelo Oeste da França, enquanto as freiras de São Pedro Fourier se expandem pelo Leste. Para os rapazes, começam a acrescentar-se aos dos jesuítas os colégios do Oratório: é uma concorrência benéfica, ainda que não tão pacífica como seria de desejar, e certos bispos imitam-nos no plano local. Os *Catequistas* do *Beato César de Bus* (1544-1607), conhecidos como "Padres da doutrina cristã", têm um começo brilhante, que infelizmente durará muito pouco; e os clérigos das Escolas Pias ou escolápios — fundados em Roma por São José de Calasanz (1556-1648) e aprovados em 1617 — desenvolvem-se rapidamente, sobretudo na Itália.

De todas as ordens nascidas depois do Concílio de Trento, a mais original, a mais adaptada às exigências apostólicas do tempo, foi certamente a que fundou São Francisco de Sales, o homem genial cujo nome reaparece mais uma vez aqui: a *Congregação da Visitação* (1610). É uma congregação a cavalo entre o estado religioso e o estado laical, que reunirá as duas vocações de Marta e de Maria, e cujos membros, praticando intensamente o recolhimento interior, se dedicarão à caridade ativa: uma ideia de maravilhoso equilíbrio, que o bispo de Annecy, com a sua irmã espiritual *Santa Joana de Chantal* tenta tornar uma realidade viva. E se a infeliz intervenção do arcebispo de Lyon, o cardeal Margumont, que obrigou as visitandinas a tornar-se uma ordem de clausura contemplativa, abriu um vazio, este será rapidamente preenchido — e com que impetuoso ardor! — pelas filhas de São Vicente de Paulo, as Irmãs da Caridade.

Na massa cristã

Renovação do clero, eis o fato que caracteriza a Igreja do limiar do século XVII, onde nem tudo é digno de admiração nem de elogios, mas onde se revela tanta boa vontade que não se pode duvidar do futuro. Subsiste um problema: como introduzir o novo fermento na massa dos batizados? E a essa tarefa que a Igreja se vai aplicar daqui em diante, e a sua história, no decurso do grande século clássico, será a de um esforço perseverante, mantido por equipes admiráveis, no sentido de realizar esse trabalho de reanimação na própria alma do povo cristão. Mas já os instrumentos de ação estão a postos ou em vias de estar.

O primeiro desses meios de ação é o *ensino*. Nunca se insistirá demais no considerável lugar que as preocupações pedagógicas passam a ocupar na Igreja. Por quê? Santo Inácio dissera-o em termos de grande lucidez: "A nossa tarefa é reanimar a religião, mas, para isso e em primeiro lugar, devemos preparar alunos. Esta preparação consiste na cultura da inteligência pelas ciências inferiores, a saber:

as humanidades, a filosofia, as ciências". Ideia profunda. Não fora a propósito da pedagogia que se tinham levantado os grandes debates sobre a natureza do homem, muito antes de Lutero ter suscitado o problema da salvação e da graça? Não tinham os humanistas tomado posição contra os métodos antiquados da Sorbonne, dos Colégios de Montaigu e de Navarra? Não tinha Pierre Toussaint escrito, já em 1537, esta pequena frase que tem valor de programa: "O colégio fará mais pelo Evangelho que todos os nossos sermões"? Na mesma data, em Milão, o bom sacerdote Castellino acabava de fundar a *Companhia dos Servos das criancinhas na caridade;* barnabitas e somascos haviam colocado o ensino no primeiro plano da sua vocação, e as filhas de Angela de Mérici tinham trabalhado no mesmo sentido.

Um decreto do Concílio de Trento, logo numa das suas primeiras sessões, a quinta, fez do ensino uma obrigação para a Igreja: em cada paróquia, ao menos uma escola que instrua gratuitamente as crianças. E assim nasce o grande movimento que leva as novas ordens a consagrar-se a essa tarefa tão necessária: são os jesuítas em primeiro lugar, depois os oratorianos, os catequistas, os escolápios, as filhas de São Pedro Fourier, as ursulinas e tantos outros. Podemos dizer: é neste momento que o ensino católico toma o seu impulso e a sua forma moderna, e a essa tarefa passará a Igreja a dedicar apaixonadamente as suas melhores forças.

Os métodos são definidos sobretudo pelos jesuítas, em colégios "mistos", isto é, onde inicialmente se admitem alguns leigos privilegiados para beneficiarem da formação que a ordem proporciona aos seus escolásticos: Gandia e Messina são os primeiros. Os padres Jaio e Francisco Xavier veem imediatamente o interesse da iniciativa e a necessidade de generalizá-la. Separados dos escolasticados, onde se formam os seus próprios noviços, os colégios tornam-se, nas mãos dos padres, excelentes lares onde se forjam caracteres e inteligências, e o prodigioso êxito que obtêm mostra como correspondiam a uma expectativa.

A *Ratio studiorum* de 1599 estabeleceu um programa de estudos tão sólido como lógico, tendo por base as humanidades; mas previu também novas técnicas, que tinham em conta as necessidades de saúde dos pequenos alunos — em Montaigu, no tempo de Erasmo e de Rabelais, não se cuidava disso! — e quase fizeram desaparecer os açoites como instrumento pedagógico[47]. Dos colégios dos jesuítas sairão gerações de homens notáveis: Corneille, Molière, Descartes e Lope de Vega e Bossuet...; basta citar estes nomes para compreender a excelência dos métodos e da educação ministrada nesses estabelecimentos. E quando, depois de 1621, o Oratório se orientar também para a ação pedagógica, procurará melhorar ainda mais os métodos jesuítas, introduzindo por exemplo nos programas o estudo das matemáticas e das ciências físicas e naturais: os colégios oratorianos terão também pessoas ilustres entre os seus alunos: Colbert, Tourville, Villars...

Não se descuidou o ensino das crianças do povo, aquele que nós chamaríamos primário. Mesmo que desagrade a Michel Bréal, que considerava esse ensino "filho do protestantismo", foi especialmente nele que pensaram os padres do concílio. Os bispos receberam ordem de velar pelo bom funcionamento das escolas paroquiais e de eles mesmos pagarem aos professores, quer assegurando-lhes um emolumento, quer concedendo-lhes um benefício.

Na Itália, São Carlos Borromeu dá exemplo disso, abrindo em 1564, em Milão, a primeira escola primária, logo seguida por muitas outras. Ursulinas e escolápios põem-se a trabalhar de acordo com o mesmo espírito. Na França, o concílio nacional de Cambrai de 1565 inscreve no seu programa uma organização completa do ensino primário e quando, trinta anos mais tarde, o cardeal de Florença percorrer o país como legado, ficará agradavelmente surpreendido ao ver em muitas aldeias professores pagos pela paróquia. Na Alemanha, essa tarefa, começada já no século XIV pelos excelentes *Irmãos de vida comum* de Gerardo de Groote[48], é continuada por diversas congregações docentes e por escolas diocesanas.

Em toda a parte, pois, a Igreja assume a educação de milhões de crianças: não evidentemente pelo prazer de lhes ensinar aritmética católica ou gramática católica, mas para as formar de modo a poderem receber o ensino propriamente religioso, que é a sua preocupação última (e primeira).

O essencial, com efeito, é difundir as verdades da fé, dá-las a conhecer aos católicos, que as esqueceram durante muito tempo. A partir de 1546, os padres do Concílio de Trento põem no primeiro plano das suas preocupações a *catequese*. É preciso remediar a ignorância religiosa, que é assombrosa e desoladora: devemos acreditar que haja certas regiões da Europa onde os católicos nunca assistiram à Missa, nunca foram capazes de rezar uma oração, nem sequer de fazer o sinal-da-cruz? É verdade, tais casos existem, e têm que desaparecer. Mas é preciso também ir ao encontro da ânsia de conhecimento e de certeza que a revolução protestante pretendeu satisfazer. A necessidade é tão profunda que se viram em muitos lugares, antes de o concílio ter decidido ocupar-se dessa tarefa, homens improvisarem-se em catequistas e irem às praças públicas levar a Palavra, sob formas que talvez nem sempre fossem dogmaticamente seguras. Houve, por exemplo, um João de Ávila, houve o jovem Inácio, mas também houve iluminados e beatas! Impunha-se satisfazer essa fome de Deus.

O concílio compreendeu isso. Os padres que trabalharam nas sessões tiveram mais ou menos entre as mãos a *Summa de doctrina christiana* de Ponce de la Fuente, aparecida em Sevilha em 1543, e as *Expositioni vulgari sopra il simbolo apostolico* que o bispo Lippomani publicara, em 1545, em Veneza. Entre essas datas e o termo dos trabalhos do concílio, tanto na Itália e Espanha como na França, aparecem nada menos de vinte e cinco tratados que pretendem ser uma exposição completa da doutrina católica. O *Catecismo do Concílio de Trento*, decidido pela assembleia, realizado e publicado por São Pio V, corresponde, pois, a uma necessidade.

O catecismo tridentino e esses nobres tratados dirigem-se a espíritos já formados e sobretudo aos membros do clero. É preciso agora tornar acessível à massa dos fiéis esse grande depósito das verdades da fé, para que cada qual possa beneficiar-se dele. Daí a publicação, em enorme quantidade, de catecismos de feição mais popular. O texto que conheceu mais êxito foi o de São Pedro Canísio, o *Resumo da doutrina cristã*. O grande jesuíta fez dele três edições, destinadas a públicos diferentes: o *maior*, o *menor* e o *mínimo*; desde as crianças até aos cristãos mais cultos, todos passam a ter à sua disposição o instrumento de formação necessária. Muito habilmente, cada uma das grandes afirmações doutrinais contidas nesses textos baseia-se em citações da Escritura e dos Padres. Os protestantes pretenderam apropriar-se da História Sagrada? Canísio recupera-a, desenvolvendo o seu ensino de acordo com ela. E o "Canísio", logo traduzido em todas as línguas, não é a única obra do gênero que penetra na massa católica: Belarmino e Barônio também escreveram catecismos, e os doutrinários e os escolápios têm os seus. A doutrina, tão descuidada, possui daqui em diante os seus instrumentos de penetração nas almas e nos espíritos.

Mas não basta ter livros de doutrina, ainda que bem adaptados a todas as idades e a todas as condições; não basta educar as crianças. É preciso mais: é preciso restabelecer o contato verdadeiro entre o povo cristão — esse povo de batizados que é necessário evangelizar e reconquistar permanentemente — e as verdades do Evangelho. Trata-se particularmente de uma obra de grande fôlego: no limiar do século XVII, pode-se dizer dela que mal começou; não se arrancam da noite para o dia erros que datam de há pelo menos um século; não bastariam para isso algumas "conversões" apressadas e retumbantes. Para voltar a ensinar os batizados a serem cristãos, será preciso, pois, que se persevere no esforço durante longos decênios, e é essa a tarefa que vemos iniciar-se no momento em que termina o período que consideramos.

A ideia que começa a impor-se — e que, pouco depois, será tão admiravelmente fecunda § não é outra senão a que a nossa época julga ter descoberto: a de que não existem para os católicos instituições apostólicas diferentes das que comandam a ação em terras infiéis ou em países dominados pelo protestantismo; que se trata, na verdade, do mesmo esforço, da mesma exigência. Quando nascer, em 1622, a Congregação para a Propagação da Fé, interessar-se-á por igual pelos três ramos da obra apostólica. Começa, pois, a forjar-se a ideia da "*missão*" — o termo é ainda pouco empregado —, da missão lançada não entre os pagãos, mas na massa dos batizados e tendo em vista não "conversões" no sentido corrente da palavra, isto é, batismos ou abjurações, mas essa outra forma de "conversão" que todo o católico pode experimentar, se decidir renunciar à sua vida pecadora para se entregar verdadeiramente a Deus.

A missão será o grande meio de ação da Igreja do século XVII, quando *São Francisco de Régis* — que tem vinte e cinco anos em 1622 — entrar em ação no Vivarais, quando *São Vicente de Paulo* tiver fundado os seus lazaristas, quando *São João Eudes* tiver tomado nas suas rudes mãos o Oeste da França, e, como eles, muitos outros. Mas aí estão já os arautos do gigantesco movimento. É o padre *Auger*, jesuíta (1591), que despertou Bordeaux e o Sudoeste; o padre *Veron* (1649), que deixou a Companhia para estar mais livre na sua ação e abalou a região de Caen. É, na Córsega, um santo autêntico, *Santo Alexandre Sauli*, um barnabita que trabalhou tão bem, durante vinte anos, que a Santa Sé o nomeou para a sede episcopal de Aléria. É, na Bretanha, *Michel le Nobletz*, um simples sacerdote, de palavra ardente e dedicação inesgotável, que durante quarenta anos seguidos agitará a região, e que exercerá lá uma influência tão profunda que ainda hoje se faz sentir, pois se cantam sempre os cânticos que ele compôs e ainda se recordam os quadros gráficos que ele preparou para a instrução religiosa e que comentava aos seus ouvintes. E não eram já missionários um Filipe Neri, que falava ao povo de Roma na linguagem mais apropriada para tocá-lo, ou um Carlos Borromeu, que tornou a fazer de Milão uma cidade verdadeiramente cristã, ou um Pedro Canísio, que não se limitava a batalhar contra a heresia e fascinava também os seus ouvintes católicos?

Esclarecer os batizados, persuadi-los com energia e delicadeza a elevar-se acima de si mesmos: é a esta obra que se consagra, durante vinte anos, no limiar do novo século, um santo que é também o mais humano de todos os homens de gênio: já o conhecemos — é o bispo de Annecy.

Uma figura que encarna uma época: São Francisco de Sales

Houve um homem que parece ter sido especialmente escolhido pela Providência para resumir no seu ser e na sua vida fecunda o mais essencial — e decisivo para o futuro — do imenso esforço realizado pela Igreja, desde que verdadeiramente tomou consciência dos seus problemas e dos seus perigos, para renovar-se no seu interior, regressar às suas verdadeiras fidelidades e opor aos seus inimigos armas de luz. Esse homem foi *São Francisco de Sales* (1567-1622). Basta recordar os vários pontos do grande plano de renovação posto em marcha pelo catolicismo, durante os sessenta anos que se seguiram à conclusão do Concílio de Trento, para medir a importância histórica deste homem: quanto à defesa da fé, encontra-se na primeira fila; quanto à reconquista das terras ocupadas pela heresia, é a tarefa a que dedica a sua juventude; quanto à reforma do clero, a ela se consagra obstinadamente ao longo de vinte anos; das suas mãos sai uma nova ordem, e, para reintroduzir na pesada massa cristã o verdadeiro fermento do Evangelho, quem mais eficaz do que esse pregador infatigável, do que o autor das grandes tiragens da *Introdução à vida devota*?

Mais ainda: dir-se-ia que cento e cinquenta anos de história cristã, e tantos debates dramáticos, prepararam a sua vinda e permitiram a sua ação. Eis que o humanismo cristão com que tantos dos melhores espíritos tinham sonhado, desde que Marsílio Ficino e Pico della Mirandola haviam modulado as suas árias sobre o tema, essa doutrina cujos alicerces tinham sido lançados de várias maneiras por Lefèvre d'Étaples, Thomas More e o grande Erasmo..., eis que, por meio de Francisco de Sales, essa doutrina atinge a sua plena maturidade, a sua formulação mais judiciosa e mais resplandecente. Os excessos da Renascença e, por reação e em sentido contrário, os da Reforma protestante, recebem uma solução perfeitamente equilibrada no seio da sua calma sabedoria. E eis que toda a vasta corrente mística que banhara a alma cristã durante mais de duzentos anos, que a salvara das securas mortais, eis que essa corrente desemboca nesta fonte ampla e inesgotável: da *Imitação de Cristo* ao *Combate espiritual* de Lourenço Scupoli — seu livro de cabeceira —, de Santa Teresa de Ávila ao mestre dos *Exercícios* espirituais, de quem se aproxima através de Molina, todos esses rios de vida confluem nele, para que deles possa haurir o que há de mais puro, de mais ativo, de mais adaptado ao comum dos homens. Francisco de Sales! Expressão viva de uma época e, ao mesmo tempo, coroamento dos ardentes anseios de três gerações.

Nascera em Thorens, na Savoia, nessa província que uma sobrevivência feudal fazia ainda depender de Turim, mas que participa já plenamente do desenvolvimento espiritual da França, com a qual mantém múltiplas relações. A língua que lá se fala é o francês mais puro, aquele que então caminha para a sua forma definitiva; aliás, o grupo de intelectuais que se autodenominava *La Pléiade* conta com amigos em Annecy, em Chambéry e até na abadia real de Hautecombe. Foi em Paris que Francisco acabou os seus estudos, no Colégio de Clermont — futuro Liceu Louis le Grand —, onde os jesuítas se dedicavam a formar autênticos humanistas, apaixonados pelo grego e pelo latim. E católicos fervorosos! Mas haveria necessidade de animar nesse sentido a criança ajuizada que pedira a tonsura aos onze anos e que sorria em silêncio quando seu pai lhe acenava com um ambicioso futuro de senador ou de jurisconsulto? Em Clermont, mostra-se tão recolhido, tão amável, tão diligente em comungar todas as semanas, que os seus companheiros o apelidam de "o Anjo". O seu caminho parece fixado.

Contudo, aos dezoito anos, uma provação, um *maelstroem*, um vórtice feito de angústia e de dúvida. Crise de alma e de espírito ao mesmo tempo. É a hora obscura, a hora dolorosa em que cada qual, perante problemas decisivos, deve escolher o seu destino. Para a maioria, esses dramas desenrolam-se no nível dos instintos, e patina-se em lodo muito sujo. Para Francisco de Sales, não; mas sim um conflito de ideias, esse mesmo em que se dilaceram até à carne viva tantos homens da sua época: graça, predestinação, salvação eterna, condenação fatal. Debate-se durante meses entre as teses e as hipóteses, sabendo que disso depende tudo. Finalmente, triunfa. Desses conflitos extenuantes da alma, não é a inteligência que o tirará, nem o raciocínio, mas o impulso do amor. Também ele tem a sua noite de fogo, sessenta e oito anos antes de Pascal. "Ó Senhor — grita —, se não vos devo ver, permiti ao menos que nunca vos amaldiçoe nem blasfeme de Vós! E se não vos posso amar na outra vida, pois ninguém vos louva no inferno, que ao menos aproveite todos os momentos da minha curta existência neste mundo para vos amar!" Oração que merece ser atendida e que o será de maneira incomparável. Está feito: Francisco vai-se ajoelhar diante da imagem de Nossa Senhora de Grès, e a Santíssima Virgem recebe o seu coração.

Depois, Pádua, por quatro anos: tempo suficiente para travar um conhecimento reverente com São Tomás de Aquino e para descobrir com enlevo Santo Agostinho e os Padres da Igreja. Tempo também para confirmar-se na sua vocação, no meio de uma juventude louca a quem o seu porte digno irrita e que o arrelia cruelmente. E chega a ordenação, em tempo brevíssimo: todas as ordens menores numa semana, o diaconato três meses depois, e o sacerdócio passados outros três; sentimo-nos tentados a pensar se, a propósito deste rapaz visivelmente eleito, não seria o caso de repetir a célebre máxima de São Gregório Nazianzeno: "Era sacerdote antes de ser sacerdote". Era por demais evidente que Deus o tinha reservado para Si.

Imediatamente, à ação! Recém-ordenado, vemo-lo plenamente absorvido no seu ministério. Deão do cabido: um belo título, mas que não significa senão o que o titular quiser. O jovem cônego põe nele todo o seu ardor, toda a sua caridade. Visitar os doentes, socorrer os pobres, passar longas horas no confessionário, e pregar, pregar muito, tanto que *Monsieur* de Sales, seu pai, quase se indigna e o censura por não preparar desses belos sermões "em que se cite o grego e o latim", e que, proporcionando um agradável lazer aos ouvintes, os deixam, no fim das contas, na sua tranquila rotina... Não, esse jovem pregador de menos de trinta anos sabe muito bem como mover o coração das multidões, e a sua reputação já vai crescendo. E há de valer-lhe uma distinção bem perigosa.

O Chablais, essa encantadora região de montes e colinas que, de Hermance a Saint-Gingolph, acompanha a margem sul do lago Léman, e cuja capital é Thonon, tinha-se tornado protestante. Em 1550, o duque da Savoia Carlos Manuel tomara essa região ao cantão de Berna e desejava que fosse retomada também ao calvinismo. Uma primeira tentativa falhou. O bispo de Annecy — que é também o desolado titular de Genebra — pede voluntários para tentar de novo. Na primeira fila, apresenta-se o jovem preboste do cabido, Francisco. E parte. Quatro anos de esforços sobre-humanos e, literalmente, heroicos. Quantas vezes não entra o missionário no castelo de Allinges, através do gelo e da neve espessa, com os pés gretados a ponto de o sangue lhe tingir as meias! Quantas noites não passa ao ar livre, sem ter, como o divino Mestre, onde repousar a cabeça! Quantas vezes não arrisca a vida ao atravessar o ribeirão de Dranse sobre uma prancha escorregadia de gelo, ou ao aventurar-se entre os adversários, que — como veremos nos Grisões com Fidélis de Sigmaringen — são às vezes demasiado lépidos no uso do punhal! Não importa! A Palavra deve ser levada, e sê-lo-á. Não quererão ouvir as suas pregações? O antepassado dos publicistas, o padroeiro dos jornalistas, inventará os folhetos e fará distribuir ou afixar em toda a parte os seus impressos de controvérsia. O resultado está à vista. E quando, em 1598, o bispo vem examinar a tarefa realizada, verifica que a quase totalidade dos habitantes do Chablais regressou ao redil católico.

Francisco tem então trinta e dois anos. A sua missão no Chablais tornou-o célebre. Em Roma, Clemente VIII quer ouvi-lo pessoalmente, e, quando o jovem apóstolo termina a sua exposição perante oito cardeais e vinte bispos, o papa levanta-se e dá-lhe um abraço. O bispo de Annecy está velho, doente: Francisco é nomeado seu coadjutor com direito a sucessão. Em Paris, onde reside em 1602, a mesma notoriedade de bom quilate. O salão de Mme. Acarie recebe-o de braços abertos e Pierre de Bérulle declara-se seu amigo. Povo e nobres damas acotovelam-se ao pé do seu púlpito. E o próprio Henrique IV deseja agregá-lo ao clero do reino e oferece-lhe a coadjutoria de Paris, que ele rejeita. "Já estou casado, Majestade, com uma mulher pobre; não a posso deixar por uma mais rica". Tem perfeita consciência de que é o próprio Deus quem o chama a esse dever, deliberadamente escolhido. A morte do seu bispo encontra-o a meio do caminho de regresso. Não será nada mais nada menos que um modesto bispo savoiano.

Mas que bispo! Sê-lo-á durante vinte anos, como São Carlos Borromeu. Lenta e pacientemente, abrirá o sulco e semeará com cuidado a boa semente. Na pequena cidade que é então Annecy — pois Genebra, de que é bispo pelo título, está nas mãos de Teodoro de Beza —, vive modestamente, mais como monge do que como dignitário. Todos os que precisam dele encontram-no disponível: "os bispos, esses grandes bebedouros públicos...", diz ele, amavelmente. Promove aulas de catequese em toda a parte, e ele mesmo vai ensinar as crianças. Ordena aos sacerdotes que não têm paróquia que se ponham à disposição dos párocos para os ajudarem na sua tarefa. Como lhe faltam fundos para criar um seminário, supre esse lamentável vazio com semanas de colóquios espirituais destinados ao clero e com conversas particulares em que sonda minuciosamente a vocação de cada um dos candidatos ao sacerdócio. Quer levar a verdade e a vida a todo esse povo que Deus lhe confiou. Fala todos os domingos, e a catedral transborda. Acaso serão sermões essas palestras familiares, em tom delicioso, em que se misturam as anedotas, as comparações, as perguntas lançadas ao auditório, tudo com bonomia e finura infinitas? Que maravilhoso pregador esse que adotou como princípio: "Não desejaria que se dissesse: Oh, que grande pregador! Oh, como fala bem!, mas simplesmente: Meu Deus, como sois bom, justo, e coisas semelhantes..."

Não é necessário dizer que não permanece confinado na sua amável cidadezinha; deixa-a muitas vezes, para ir, "apesar do mau tempo e da muita neve", a cavalo, munido de pesadas botas, "bater a região durante semanas" e visitar sucessivamente os vinte setores em que dividiu a sua diocese. Um bispo de ação, o que há de mais contrário a um homem de gabinete! O que não o impede de escrever inúmeras cartas — conhecem-se mais de duas mil — aos seus amigos, ilustres ou obscuros, aos seus dirigidos ou dirigidas. E encontra ainda tempo para ir pregar em Grenoble, Dijon, Paris, onde se exige a sua presença em 1618. Morrerá aos cinquenta e cinco anos, mas os seus vinte anos de episcopado podem contar-se pelo dobro numa vida de tal calibre. Poucos como ele possuíram a misteriosa ubiquidade que permite ao gênio desempenhar simultaneamente tarefas cuja transcendência desconcerta o vulgo.

Ao serviço dessa atividade incansável, que qualidades de inteligência e de coração! E além disso, sem dúvida, um homem de feições belas, de uma beleza de prata dourada, fascinante, que Joana de Chantal ressaltou e que — acrescenta ela — causou ao santo alguns desgostos com o sexo frágil. Os seus retratos não exprimem talvez com muita precisão essa beleza: a maioria deles — mesmo o do hospital de Annecy, feito em vida — são insípidos e convencionais. "Esse rosto cheio de doçura, mas também de majestade, pacífico, mas carregado de poder, e tão suave e luminoso que insensivelmente espalha a serenidade nos espíritos mais perturbados" — como diz Henri Bordeaux — é realmente aquele que os seus contemporâneos captaram e que os seus íntimos amaram. O seu traço de caráter mais evidente é a mansidão, a caridade incessantemente presente, nas grandes e nas pequenas vicissitudes da vida, uma caridade que o leva a dar os sapatos a um pobre, mas também a não ferir com uma palavra severa uma pobre moça que não se portou dignamente... "Sou o mais afetivo do mundo — confessa ele — e parece-me que não amo nada tanto como a Deus e a todas as almas por amor de Deus".

Mas atenção! Por escrever que se apanham mais moscas com uma gota de mel do que com um barril de vinagre, não se deve considerá-lo um caçador de piedosas tontinhas. "Gosto das almas independentes — diz ele, à semelhança de Santa Teresa —, vigorosas e másculas". A sua alma é precisamente dessa têmpera. Força de caráter, mas também bom-senso lúcido, grande prudência em não se deixar enganar pelas aparências nem se deixar levar por sentimentos. Qualidades modestas, virtudes burguesas? "Somos tentados — diz ainda o seu compatriota da Savoia, Henri Bordeaux — a tomá-lo por um homem vulgar, bom, calmo, doce e honesto, mas cuja virtude é também vulgar; ora, se lhe seguimos os passos, eis que de repente nos sentimos inundados de claridade: a sua santidade envolve-nos bruscamente, sem que nos tenhamos dado conta da sua vinda e das suas provas". Sainte-Beuve, o crítico literário, que não pode ser acusado de excessiva credulidade, já o tinha assinalado no penetrante *Lundi* que consagrou a esta grande figura: "Em São Francisco de Sales, há mais do que o justo, mais do que o útil, mais do que o humano, há o *santo*, coisa real e que, desde que seja sincera, será sempre adorada entre os homens". Adorado..., talvez não seja o termo exato. Mas muito venerado e querido, sem dúvida. Tantas virtudes humanas, iluminadas pelo amor de Cristo nesse sacerdote perfeito, que poder de irradiação não contêm!

Eis, pois, que as almas vêm ter com ele: em breve, serão multidões. Grandes damas e moças humildes, seres excepcionais e outros simplezinhos. A todos se oferece com inesgotável delicadeza. Diretor de almas, Francisco de Sales consagra-se a cada uma das que se lhe entregaram como se fosse a única e a dona do seu tempo. A mais estimada é *Joana de Chantal* (1572-1641), que será uma santa autêntica na sua esteira, e a quem o une um "afeto mais branco que a neve, mais puro que o sol". Dessa jovem viúva, que a princípio o fez rir um pouco, quando lhe falou da sua possível vocação, mas cuja profundidade de alma mediu rapidamente, fez ele uma associada da sua obra apostólica, a fundadora, consigo, e a primeira superiora da ordem que prolongaria a sua obra — a Visitação. Uma outra dirigida, "a jovem dama toda de ouro", Mme. de Charmoisy, dar-lhe-á ocasião de redigir esse "memorial dirigido a uma bela alma" que levará o seu nome às gerações futuras: a *Introdução à vida devota.* E se a morte não tivesse vindo interromper tão cedo o diálogo espiritual que manteve com Angélique Arnauld, quem sabe se não teria evitado que a impetuosa Madre se deixasse tragar pelo sombrio turbilhão para o qual o fascinante senhor de Saint-Cyran ia arrastá-la!

Foi dessa capacidade de irradiação — e também do seu trabalho de direção das consciências — que nasceu a sua obra, uma obra, em suma, de ocasião. Mas que dotes de escritor e, mais ainda, de especialista do coração humano, de descobridor de almas! A *Introdução à vida devota*, aparecida em 1608, dirige-se, para além da amável mulher que é a *Filoteia* do livro, a todo esse vasto público de verdadeiros fiéis — desses com quem a Igreja imediatamente posterior ao Concílio de Trento conta em bom número — que querem viver mais perto de Deus, "no meio das ondas amargas deste século, e voar entre as chamas das cobiças terrenas, sem queimar as asas dos sagrados desejos". Livro para principiantes? Num certo sentido, sim, mas que é completado pelo *Tratado do amor de Deus* (1616), escrito certamente com o mesmo desígnio, mas que transporta aos mais altos cumes da experiência mística. *Práticas espirituais*, correspondência, outros tantos complementos de uma obra cuja verdadeira finalidade nunca foi expor na sua secura dogmática uma doutrina, mas torná-la tão próxima quanto possível da vida, para assim servir ao bem das almas.

Contudo, essa doutrina existe, e mais comovedora e mais cativante por nunca se guindar nem se dar ares de importância. Como se está longe, apesar da proximidade geográfica, da *Instituição cristã* de Mestre Calvino! Na verdade, Francisco de Sales, sem quase pensar nisso, toma o sentido oposto da *Instituição*. "Humanismo devoto", diz o historiador Brémond para definir a sua filosofia. O elemento essencial é que toma como ponto de partida o homem, o homem real, o homem completo, com os seus grandes defeitos, mas também com a sua divina semelhança. Como o conhece bem, o psicólogo!, porque é mais como psicólogo do que como metafísico que ele procura na alma os fundamentos do amor divino. Francisco é, no sentido pleno do termo, um humanista. "Sou tão homem... que nada mais sou". E esta sua fórmula, célebre, exprime bem o que quer exprimir. "O humanismo cristão — comenta ainda Brémond — submete facilmente aos dogmas e ao espírito da Igreja as duas divisas: com Terêncio, e melhor do que ele, compreende bem que 'nada de humano lhe é estranho', e isso porque, em tudo o que é humano, reconhece a imagem de Deus, e, em cada homem, um irmão; e com Shakespeare, e mais alto do que ele, também o santo exclama: 'Como é bela a humanidade!', e isso porque a humanidade foi resgatada por um Deus feito homem e a graça divina o eleva acima da sua natural perfeição..."

Aqui estão, pois, nitidamente expressas, a realização e a glorificação em Deus do homem, com que os humanistas mais cristãos sonhavam havia cento e cinquenta anos. "Humanismo devoto": a palavra devoto — hoje tão insossa — deve ser tomada na acepção mais exigente, a que tinha no século XVII; significa que esse humanismo está *votado*, *devotado* a Deus, e que encontra no homem sobrenatural o seu sentido e a sua justificação. Eis, pois, afastada também essa espécie de desespero do homem que obstrui todo o protestantismo. Não é que Francisco de Sales desconheça a realidade do pecado, mas sabe também que existe a graça, e que ela é muito mais poderosa. O problema da predestinação, que tanto o angustiou aos dezoito anos, já não o preocupa, agora que descobriu na confiança plena em Deus o segredo da sabedoria; voluntariamente, confessa até "que odeia todas as contendas e disputas que surgem entre católicos", e entrega-se ao Todo-Poderoso para resolver os problemas que ultrapassam a razão humana. "Deus, sem dúvida — escreve ele —, não preparou o Paraíso senão para aqueles que previu que seriam seus... Ora, está em nossas mãos sermos seus". Portanto, confiança em Deus e esforços sérios do homem, eis a regra de vida que propõe. "Fiar o fio das pequenas virtudes", mas também sobrenaturalizar essas virtudes. Querer oferecer-se a Deus, querer fazer o bem, querer rezar e, acima de tudo, querer amar: basta. Depois disso, a ansiedade acabou: a misericórdia divina corresponderá a esses esforços, a essa expectativa, e o mistério da Redenção exercerá a sua eficácia. *In pace in idipsum*, "apaziguados em Deus", como se canta nas Completas: o resto é resposta do céu.

Este humanismo será simplesmente um método de boa conduta ou levará a uma mística? Tem-se discutido muito: uns só veem nele uma técnica de ascese prática; Brémond, pelo contrário, defende que, em última análise, Francisco de Sales não é nem quer ser senão um místico, tendo em vista o "cume da alma", o estado inexprimível. Talvez se trate apenas de discussões acerca de palavras. É evidente que não se encontram na sua obra as análises precisas que fazem dos livros de Santa Teresa de Ávila, de São João da Cruz e mais ainda de Santo Inácio muitos tratados minuciosamente especificados de oração. Em certo sentido, São

Francisco de Sales é menos original e menos espartilhado, mas se o verdadeiro fim de toda a mística é entregar o homem todo ao amor infinito, quem poderia ser mais autenticamente um místico do que aquele para quem o amor é a única lei da vida religiosa? Só que a sua medida é mais prudente do que a dos grandes espanhóis e o seu ritmo menos arrebatado: será esse o estilo de toda a escola francesa do *Grand Siecle*, um pouco desconfiada das exaltações e dos voos amplos: o do seu amigo Bérulle, o de Olier e o da admirável ursulina Maria da Encarnação.

Mas o seu mérito insigne foi o de ter introduzido essa mística na vida: torna-a direta e assimilável para cada um de nós. "Relegava-se para os claustros a vida interior e espiritual, que se considerava — diz Bossuet — demasiado selvagem para aparecer na corte e na alta sociedade. Francisco de Sales foi escolhido para ir procurá-la no seu retiro". Homenagem exata, e que é preciso reter, na boca do grande orador! "É um erro, e, por isso uma heresia — escreve o santo — querer banir a vida devota do batalhão dos soldados, da oficina dos artesãos, da corte dos príncipes, do lar das pessoas casadas". Toda a mulher que o queira será uma Filoteia em potência, e sabemos que, neste ponto, muitos homens gostariam de seguir o exemplo das mulheres. Toda a corrente que, por volta de 1600, tende a introduzir a santidade na vida — ao contrário daquela que, cento e cinquenta ou duzentos anos antes, tendera a afastá-la da vida — tem em São Francisco de Sales a sua expressão mais perfeita[49]. Antepassado da Ação Católica, do laicato missionário? Talvez. Em todo o caso, como diz Brémond, "mestre dos mestres" da forma moderna da vida espiritual.

A doutrina de São Francisco de Sales vai marcar profundamente o catolicismo do seu tempo e daqueles que o seguirem. Não foi certamente o primeiro a dizer: "Os cristãos fazem mal em ser tão pouco cristãos como são...", mas di-lo tão bem, de maneira tão persuasiva, que se ouve e se sente vontade de seguir os seus conselhos. O seu livro tem um sucesso prodigioso: multiplicam-se as edições, algumas até sem que ele as autorize ou mesmo conheça. Espalham-se as devoções que preconiza, como a devoção aos anjos, sobretudo ao Anjo da Guarda. Mais do que ninguém, é ele quem trabalha por introduzir nos costumes católicos a comunhão frequente, semanal. Com toda a simplicidade, armado de um belo sorriso e com a mão continuamente disposta a abençoar e a absolver, o que ele oferece é o próprio cristianismo que a sociedade do seu tempo — e sem dúvida também a nossa — mais pode desejar: um cristianismo todo de paz, de equilíbrio e de amor.

Não haverá, porém, alguns perigos nessa doutrina? A confiança que o humanismo devoto deposita na razão humana não levará ao resultado exatamente oposto àquele que pretendia São Francisco de Sales, a uma certa ruptura entre a religião e a vida? É-se "devoto" — num sentido que se vai tornar bastante deplorável — quanto às práticas e aos dogmas, mas quanto ao resto... Não será excessiva a parte que ele concede à vontade do homem na obra da salvação? Não invadirá as atribuições de Deus? Apelar totalmente para a graça não será correr o risco de cair no quietismo? Bossuet, depois de ter elogiado o bispo de Annecy, desconfiará mais ou menos da sua influência, quando vir Fénelon e os seus discípulos apoiarem-se tanto nele. E depois, a sublime intimidade de São Francisco de Sales, quando tiver perdido o seu complemento indispensável, a sua firme simplicidade, não correrá o risco de cair na banalidade? Escrever-se-ão os mandamentos da lei de Deus em quadras, o Pai-Nosso em canções, e as "pequenas virtudes" não serão mais do que pequenas observâncias... Mas esses perigos, que uma crítica *a posteriori* pode discernir, não existem quando essa doutrina, esse humanismo devoto se exprime pela voz de um homem de bases tão sábias e tão firmes como é o autor da *Introdução à vida devota*. Ele sabe muito bem que carga representa levantar uma alma pecadora, para não cair na rotina, na facilidade, no quietismo! Sabe muito bem, como lhe ensinou o seu mestre Lourenço Scupoli, que a experiência cristã é um combate.

E, no que lhe diz respeito, ele próprio trava esse combate até ao último suspiro. No fim do outono de 1622, chamado a Lyon para tratar de um assunto, Francisco de Sales põe-se a caminho. Está doente; para dizer a verdade, está precocemente gasto por todos os trabalhos excessivos a que se entregou. Os seus íntimos, que já no verão anterior, durante uma viagem a Maurienne, julgavam tê-lo perdido, procuram fazê-lo desistir. Apesar de tudo, parte. Faz um alto em Belley, na casa do seu amigo, o bispo Camus, que será o seu primeiro biógrafo. Põe-se de novo a caminho e, fustigado pelo vento glacial das margens do Ródano, continua a sua rota para a metrópole das Gálias. Num dia de dezembro, uma autoridade importuna retém-no de pé, com a cabeça descoberta, a tremer de frio, no átrio da catedral. No dia seguinte, 28, sofre um derrame que o derruba. E, perante a morte, permanece o homem ponderado, calmo e firme que sempre foi. Enquanto tem forças, continua a dar conselhos, instruções para a Visitação, para a direção da sua diocese. A vida devota tem o seu remate na mais exemplar das mortes.

E, assim, nesse ano de 1622, que de tantos modos parece marcado por um sinal, desaparece o homem que, mais do que todos os outros, contribuiu para preparar a síntese do passado e do futuro. Uma época inteira termina nele, mas dele vai brotar também muito da época seguinte. Está verdadeiramente na charneira do tempo. Não passará meio século sem que a Igreja, pela voz de Alexandre VII, em 1665, o eleve aos altares; e em 1877 Pio IX proclamá-lo-á Doutor da Igreja. E haverá algum católico que, voltando a abrir o seu livro inesgotável, não se sinta amigo de quem nos ensinou não haver melhor templo da glória de Deus do que o coração do homem, e cuja firme sabedoria parece tão simples que quase nos decidimos a imitá-la?

A chamada arte barroca

A glorificação do homem em Deus, e de Deus pelo homem, que o autor da *Introdução à vida devota* explica em termos tão modestos e contidos, encontra, em fins do século XVI e no momento em que se anuncia a era clássica, uma outra expressão, muito diferente quanto ao tom, e contudo semelhante quanto ao princípio, nas novas formas que a arte passa a tomar. Porque a arte religiosa não diminuiu de importância, antes pelo contrário: do Concílio de Trento, recebeu um impulso novo. São os papas que mandam terminar São Pedro — como Sisto V, Clemente VIII, Paulo V —, que ajudam os artistas como os seus antecessores da Renascença — Stefano Maderno é um protegido de Clemente VIII, e Guido Reni e o jovem Bernini devem muito a Paulo V —, que mandam edificar e decorar novas igrejas. São os bispos que aspiram, quase por toda a parte no mundo cristão, a edificar casas de culto mais espaçosas e mais claras do que até então, a ornar as antigas com esplendores mais deslumbrantes. São as ordens que rivalizam no mesmo esforço, aliás com o desígnio, evidentemente secreto, de exaltar, juntamente com Deus, os santos do seu hábito. São os mecenas que não faltam, tanto mais que são imitados pelos príncipes, sobretudo nos países onde o catolicismo é aliado oficial do poder. Construíram-se certamente mais igrejas, pintaram-se mais quadros, esculpiram-se mais personagens edificantes nos sessenta anos que se seguiram à conclusão do concílio do que durante os sessenta anos precedentes, apesar de serem gênios os que trabalhavam naquela altura... Os severos cânones tridentinos não esterilizaram a arte da Igreja; pelo contrário, a grande renovação católica impulsionou-a.

Não é já a arte da Alta Renascença, nem muito menos, mas é uma arte também, de uma originalidade singular e fascinante sob muitos aspectos. Começou na Itália, em Roma, à volta do papado restaurado e renovado; penetrou primeiro nos países católicos do sul da Europa; depois difundiu-se na Áustria e na Alemanha que continuara católica. É designada frequentemente com uma palavra que não deixa de ser equívoca: o *barroco*. O termo teve durante muito tempo um sentido pejorativo. "Barroco, bizarro, em sentido físico como em sentido moral", dirá o dicionário da Academia francesa. A origem etimológica parece ser o português *barroco*, que designava pérolas irregulares e de qualidade inferior. Durante muito tempo, foi considerado como uma espécie de degenerescência da arte da Renascença, antes de se reparar que diferia dela e até se lhe opunha. Será preciso esperar por Emile Mâle e pela sua excelente obra (aparecida em 1932) sobre a *Arte religiosa depois do Concílio de Trento*[50], para começar a compreender que dar à palavra barroco um matiz de desprezo era tão absurdo como podia sê-lo, no século XVIII, desdenhar o estilo "gótico". Hoje, a corrente parece inverter-se e há quem exalte no barroco uma forma característica da civilização ocidental, quando não uma verdadeira constante do espírito humano.

Como forma de arte, o barroco define-se pela sua exuberância, por um certo maneirismo, pela busca do efeito, pela preferência por materiais ricos, pelas decorações marcadamente pomposas, e também por uma insistência às vezes pouco moderada em exprimir, em toda a sua violência, sentimentos com visos de paixão. Segundo os estritos cânones da Alta Renascença, configura-se como uma arte menos perfeita; como vimos antes[51], já ao observar as obras-primas renascentistas se podia adivinhar como a beleza escultural das formas de Michelangelo corria o perigo de levar à ênfase gesticulante, e a pureza rafaélica de algumas Madonnas o de desembocar no fácil e no melífluo. Mas as características da arte "barroca" dos fins do século XVI não lhe são peculiares; outras artes, em outros tempos e em outros lugares, as continham também, como, por exemplo, a do período helenístico ou a do Baixo Império de Roma, e até a da Índia... Parece que se pode considerar o barroco como um certo estado pelo qual a arte passa no decurso da sua evolução, e já se chegou a sustentar, com certa propriedade[52], que as "constantes do espírito exigem a evolução de ciclos estéticos", onde é possível distinguir cinco épocas: a dos mitos criadores, a da fé intuitiva, a da razão experimental, a da comunhão patética e a do conhecimento prático — poder-se-ia dizer também da fabricação —, épocas que, no Ocidente cristão, poderiam ser designadas *grosso modo* pelas cinco palavras: Românico, Gótico, Renascimento, Barroco e Rococó.

Seria, pois, em virtude de uma lei interna que a arte tomou, pelos anos de 1575-1600, as características que a definem e que, nesta perspectiva, não se apresentam como afetadas por um sinal negativo, mas dotadas de valor positivo. O que tende a confirmar essa tese é que, simultaneamente com a arte barroca, surge também um barroco literário, de que são exemplos, na Itália, o "marinismo" de Giambattista Marino (1569-1629), na Espanha o "gongorismo" de Luís de Gongora (1561-1627), e, na França, os romances à moda da *Astrée* (1607-1628). Surge igualmente um barroco da música, e mesmo um barroco da vida cotidiana, grande promotor de jardins feéricos, de grutas e conchas, de espelhos de Veneza e brocados preciosos, e até de emoções fortes e paixões desenfreadas.

A que atribuir semelhante evolução? À parte as eventuais leis internas das civilizações a que aludimos, talvez a causas facilmente discerníveis. Estamos diante de uma sociedade que, saindo de uma crise extremamente grave, revela a ânsia de viver que se segue a todos os grandes dramas históricos, e cuja sensibilidade ainda não se refez dos violentos choques que sofreu. É uma civilização que se abre subitamente às dimensões do mundo e que se inebria — como diz Claudel — com essa "aventura do mar" que acaba de correr: o primeiro "barroco" não terá sido, mais de um século antes, o "manuelino" dos navegadores portugueses? É ainda um sistema político com tendências para um Estado monárquico e aristocrático, e que, num plano diferente, encontra o seu homólogo numa Igreja mais centralizada, mais forte, mais pontifícia que a antiga. É, enfim, uma inteligência perturbada pelas lutas em torno da razão e que por vezes cede ao irracional. Tais são talvez os elementos fundamentais do barroco, que a arte vai exprimir.

É esta nova corrente que a Igreja, com a intuição de que sempre deu mostras ao sentir para onde sopram os ventos da época, toma entre mãos e vai utilizar para os seus fins. Porventura a arte barroca não combina perfeitamente com a alegria e a magnificência que brilham nas cerimônias litúrgicas? Na sua suntuosidade, não corresponde ela, maravilhosamente, ao esplendor dessa fé agora recuperada e restabelecida em toda a sua plenitude? Os protestantes detestam as imagens, as ornamentações nas igrejas, o fausto? Mais uma razão para, opondo-se a eles, povoar de estátuas de santos as fachadas, as colunas, as capelas, para cobrir de ouro, mármores e pórfiros as paredes da casa de Deus, porque, para o Altíssimo, nada é demasiado precioso. O entusiasmo generoso que leva os missionários aos quatro cantos da terra tem a sua correspondência no entusiasmo criador dos artistas, e a prova disso está em que a Companhia de Jesus, que ocupa o primeiro lugar nas missões, é também a propagandista zelosa da arte barroca, a tal ponto que às vezes se lhe dá o seu nome.

Simultaneamente, utilizam-se com ardor os temas apologéticos aos quais, como já vimos, o concílio resolveu sujeitar a arte e os artistas. A "Virgem triunfando sobre Lutero e Calvino" é um belo tema para o dominicano! As coortes de santos e santas que o grande movimento da renovação católica pôs em evidência, e que a Igreja coloca sobre os altares, fornecem novos temas comoventes, de Santa Teresa a São Francisco Xavier, e mesmo aos menos conhecidos, que não são os menos enternecedores, como São Luís Gonzaga. Maria, a Imaculada, passa a ter na pintura e na escultura um relevo ainda maior do que dantes: há mesmo superabundância de Madonnas! Os anjos, motivo "barroco" por excelência, ocupam na pedra ou na tela o mesmo posto que lhes concede a teologia, como por exemplo a de São Francisco de Sales. Acima de tudo, estão a glória de Deus e a glória da Igreja, uma e outra proclamadas por essa apologética das formas. Do seu lugar, enquanto assiste aos magníficos ofícios de uma liturgia renovada, o cristão vê a abóbada da igreja sulcada por anjos no azul do céu ou no ouro das constelações; contempla uma decoração inesgotável que desfila ao longo das paredes e das colunas para se lhe impor em toda a sua beleza: a Santíssima Virgem e os Santos, em vez de permanecerem imóveis como sentinelas petrificadas nos pórticos góticos, têm o ar de virem até ele, para o convencerem da sua existência e da sua eficácia. E os órgãos — cujo uso se generaliza —, enchendo as naves com as suas múltiplas vozes, tão suaves ou tão fortes, fazendo vibrar a sensibilidade, provocam uma exaltação inconsciente e sagrada.

Todas as artes se associam, pois, na glorificação simultânea de Deus e da sua Igreja. Na arquitetura, Vignola, o construtor do "Gesù"[53], deixou dois alunos: Giacomo della Porta, o autor de São Luís dos Franceses, e Domenico Fontana; Carlos Maderno esfalfa-se um pouco por segui-lo, mas o *cavaliere* Bernini, ainda muito jovem em 1622 (nasceu em 1598), sonha com a prodigiosa colunata com que envolverá a Praça de São Pedro. Mais do que a arquitetura, são as artes plásticas que dão ao barroco formas exemplares: Bernini estará também à frente dos escultores, e a riqueza da sua imaginação, aliada à sua prodigiosa habilidade, fará com que seja considerado pelos seus contemporâneos como um gênio, juízo que a posteridade não ratificou inteiramente; frei Montorsolo e Rafael Montelupo, alunos de Michelangelo, não são totalmente indignos de um mestre tão ilustre, e *Stefano Maderno*[54] realiza o que a estatuária da época terá talvez de mais perfeito, de mais delicado, sem roupagens de pedra nem efeitos excessivos: a sua célebre Santa Cecília do Trastévere.

Mas a grande arte barroca, aquela em que o estilo se exprime verdadeiramente em obras-primas, é a pintura, tanto na decoração dos vastos espaços murais que a nova arquitetura oferece aos artistas, como também nos quadros de ateliê, imensos, de cores rutilantes, que se colocam agora por cima dos altares. Em todos os países católicos — ou quase, pois há uma exceção —, vai-se afirmando, pois, uma arte pictórica que, se nem sempre se manifesta em obras-primas, pelo menos revela um vigor singular, e cujo estilo exerce tanta influência que se pôde falar do "barroco dos antibarrocos". Esta pintura em estilo novo coloca-se em toda a parte ao serviço da Igreja, segue as suas inspirações e recebe dela os seus temas.

Na Itália, tem o seu centro em Bolonha, onde os três *Caracci* — Luigi (1555-1609), Agostinho (1577-1602) e Aníbal (1560-1609) —, decoradores de prestígio, realizam muito bem uma espécie de síntese entre o desenho de Michelangelo, o colorido de Ticiano e a vaporosa graça de Corregio; é sobretudo com Aníbal — o mais bem dotado dos três — e as suas Madonnas em glória, rodeadas de um fremente enxame de anjos, que a nova arte chega de golpe à perfeição. Há quase tanto de barroco no seu rival bolonhês, *Caravaggio* (1560-1609), cujo realismo, no *Enterro* ou na *Morte da Virgem*, já está muito longe dos cânones renascentistas. E *Guido Reni*, *il dolce Guido* (1575-1642), inesgotável autor de quadros religiosos e afrescos de igrejas, cede a tal ponto à sensibilidade barroca que nos deixa inquietos.

Na Espanha, com características mais trágicas que se prendem com a idiossincrasia da raça, o barroco manifesta-se em obras de um patético violento, em que se exprime uma fé ardente e sombria: é o *Ribera* (1588-1656) da *Descida da Cruz* ou do *Martírio de São Bartolomeu*, onde os instrumentos do suplício são representados com uma precisão quase sádica; e será amanhã a arte de *Zurbarán* e mesmo a de *Velázquez* (1599-1660), igualmente barroca sob muitos dos seus aspectos.

Mas quem encarna o verdadeiro gênio da pintura barroca é *Pier Paul Rubens* (1577-1640), esse filho de um fiscal de Antuérpia, que estudou sucessivamente em Veneza, Mântua, Roma e Espanha, antes de voltar para Flandres, a sua terra natal, e que, como pintor oficial do arquiduque Alberto, exprimiu plenamente nas suas obras a alma dos Países-Baixos do Sul, que permaneceram fiéis ao catolicismo e se tornaram modelo da reforma católica. Está nele toda a exuberância deste tempo de renovação, toda a prodigiosa força de vida. As suas figuras são tão naturalmente cósmicas como realistas e verdadeiras. Há nele uma espécie de concupiscência que nenhum decreto do Concílio de Trento ou artigo do catecismo poderia refrear, mas que ele coíbe muitas vezes para servir a causa católica, à qual está profundamente aferrado. Trabalha enormemente para a Igreja: cenas da vida de Cristo, santos e santas em grande quantidade. Sente-se impelido a evocar a glória de Deus e da Igreja: a *Disputa do Santíssimo Sacramento*, o *Encontro de Santo Ambrósio com Teodósio*, o *Milagre de Santo Inácio de Loyola*, a *Assunção de Nossa Senhora*. Quando, em 1620, pinta *A lançada*, o Supliciado que ele apresenta não é um vencido, um torturado, mas já Aquele que vai vencer a morte. Apaixonado pelas soluções estranhas, por harmonias inesperadas de tons, por composições complexas e ousadas, por cintilações de luz, só pela sua genialidade é que escapa aos perigos que ameaçam o barroco. Mas ninguém melhor do que ele faz sentir a urdidura secreta das forças da sua época, essa lei do perpétuo devir em que a Igreja soube reconhecer a inefável ação de Deus.

Há, no entanto, um país que escapa, ou quase, à vaga triunfante do barroco: a França. Não é que o país se coloque, bem o sabemos, à margem do grande movimento que anima o cristianismo. Mas encontrou em si uma tradição de equilíbrio e moderação, de sabedoria e solidez moral que o impede de ceder demasiado à paixão e ao desfraldar dos sentimentos. A arquitetura propriamente barroca terá muito poucos representantes: em Douai, talvez... Do gótico misturado com o estilo renascentista, como se vê ainda em Saint-Étienne-du-Mont (terminado em 1626) ou em Saint-Eustache (terminado em 1642), passar-se-á sem transição ao clássico. Entre os seus pintores, quais são os barrocos? *Simon Vouet* (1590-1649), quando muito. O catolicismo dos artistas franceses está já sintonizado com a doutrina espiritual da "Escola francesa"; mais do que dos barrocos da Itália, Espanha ou Flandres, esses artistas são contemporâneos de São Francisco de Sales e de São Vicente de Paulo.

Talvez se deva ver nessa resistência francesa uma espécie de aviso. Sem dúvida, o modo de ser francês, mais ponderado, logo suspeitou dos perigos insidiosos que a arte barroca trazia em si, e a sua fé, mais comedida, desconfiou. Porque esse estilo tão sedutor escondia ameaças secretas. A da sensualidade é muito evidente. A expressão dos sentimentos atinge uma tal violência que roça a morbidez. Conhece-se a palavra impertinente do presidente Brosses diante da *Transverberação de Santa Teresa* de Bernini: "Se isto é amor divino — murmurava esse incrédulo —, parece que ele o conhecia muito bem..." Sensualismo que confinará com um misticismo histérico, como se verá por muitos exemplos. Mas, mesmo entre os artistas infinitamente menos entregues a um expressionismo fácil, observa-se um certo paganismo irresistivelmente misturado com as inspirações cristãs mais autênticas, e não se sabe muito bem se o que os inebria é a alegria católica ou a alegria dionisíaca; sucede até que, em Rubens, por exemplo, os temas pagãos fazem concorrência aos da Escritura e da hagiografia. A arte saída da reforma tridentina regressará então à Renascença, não às suas formas, mas ao que a sua inspiração tinha de mais suspeito?

O outro perigo é de ordem estética, e não é menos grave. Essa arte da exuberância não correrá o risco de se tornar uma arte sobrecarregada? Esse luxo de que ela gosta não cairá no estilo pomposo, na mera aparência enganosa? O barroco, na sua melhor época, continua preso a raízes vivas; mas, sem se dar demasiado conta disso, não resvalará para o que não passa de mera decoração? A pendente que vai do barroco ao preciosismo é insensível, e o seu último remate será, no século XVIII, essa arte de toucador chamada *rococó,* em que a fé cristã já não terá lugar algum.

Mas, por volta de 1620, essa evolução ainda não tinha começado. O barroco, na sua juventude, é a arte do fervor e do entusiasmo que corresponde muito bem a uma Igreja em plena e ardente renovação. Que traga em si o que haverá de destruí-lo, é fatalidade humana. A própria Igreja não nos revelou, no quadro que acabamos de ver, muitos pontos onde se acumulam as sombras? Poderá isso impedi-la de estar segura do seu destino e de olhar com coragem para o futuro?

Glória da Igreja em 1622

O ano de 1622 não marca uma dessas "datas históricas" que a memória dos povos guarda com facilidade. Aparentemente, não tem a importância de 1610 — assassinato de Henrique IV — ou de 1618 — início da guerra dos Trinta Anos. Quando muito, podemos dizer que corresponde, em termos gerais, a esse momento em que o novo século toma a sua feição, com esse atraso de duas décadas com relação aos anos centenários que parece ser uma constante da história[55].

Em terras germânicas, começou a guerra dos Trinta Anos, e há quem pergunte se isso não será apenas uma crise interna do Império e se, ao esmagar os tchecos na Montanha Branca (1620), os bávaros de Tilly não terão simplesmente restabelecido a ordem — uma ordem que se considerava muito católica... — nos Estados de Fernando II; mas, por vários sinais, vê-se que o imperador, querendo explorar a fundo a vitória, vai transformar o drama boêmio em conflito europeu. A França, que permanece ainda numa penosa desordem, pressente já que será tirada dessa desordem pelo jovem bispo para quem a rainha-mãe pediu o chapéu cardinalício: Richelieu. Na Inglaterra, surge também a opção: exasperado pela Conspiração da Pólvora, Jaime I escolheu decididamente o campo protestante, o que, aliás, não lhe bastou para evitar todas as dificuldades, sobretudo com o seu Parlamento. E ao trono mais poderoso do tempo, o de Madri, acaba de subir (1621) o adoentado, o irresoluto Filipe IV, e nem toda a energia do duque de Olivares conseguirá salvar o país do declínio de forças e de poder.

Mas, para a Igreja, essa data pouco conhecida está cheia de importância e de significado. Corresponde a um pontificado muito breve — trinta meses —, e contudo de prodigiosa fecundidade, como foi o de Gregório XV (1621-1623). Entre muitas outras realizações que marcam em todos os campos — no da diplomacia como no da teologia mariana ou no das missões — a ação deste grande papa de aparência modesta, duas são de uma importância capital para o futuro: a constituição definitiva do Sacro Colégio e do sistema de eleição no Conclave, em primeiro lugar, e mais ainda, a fundação da "Congregação para a

Propagação da Fé" que, dali em diante, vai tomar conta diretamente de todo o trabalho apostólico e promover esse catolicismo cuja ampliação constante é reclamada pelo mundo que vai nascer.

1622: São Francisco de Sales acaba de desaparecer e, pouco tempo antes, os grandes jesuítas; mas o render da guarda está prestes a realizar-se, com Bérulle, Vicente de Paulo e Olier. Nota-se por esses sintomas que uma época terminou e outra se anuncia. E a Igreja, cuja infalível intuição — que é de inspiração divina — sabe sempre marcar tais etapas com símbolos impressionantes, propõe à história precisamente um deles, de um brilho incomparável.

A 12 de março de 1622, em São Pedro de Roma, desenrola-se uma cerimônia grandiosa, tal como nunca se vira antes nem se voltaria a ver desde então. O soberano pontífice, esse homem fraco, curvado, mas em quem se encarna a incomparável glória da Igreja, procede a cinco canonizações. Durante muito tempo, desde Adriano VI a Sisto V, isto é, durante sessenta e cinco anos, nenhum santo fora elevado aos altares, como se a Igreja, inteiramente absorvida nas suas lutas e no seu esforço de reforma, não ousasse glorificar-se nos melhores dos seus filhos. A tradição foi reatada a partir de 1588, e cada um dos sucessivos papas quis que se gravassem no seu túmulo as canonizações a que procedeu. Mas pôde alguma delas atingir o brilho, verdadeiramente incomparável, dessas cinco? Foi um acontecimento que abalou a cristandade inteira e que, por ordem do papa, seria representado numa maravilhosa gravura hoje guardada nos arquivos e nas bibliotecas[56].

A Basílica de São Pedro está recém-terminada, mas ainda não foi consagrada; para o fazer, espera-se a data de 1626, que marcará os 1300 anos da consagração da sua augusta antepassada. Foi especialmente arranjada para o evento.

O arquiteto Guidotti construiu nela um conjunto de tribunas, motivos ornamentais e escadarias que aumentam o seu esplendor e permitem à multidão de dignitários ver melhor: "um teatro", diz singelamente o autor anônimo da gravura. No cimo da espécie de púlpito que naquela altura separava o coro do transepto, brilham à luz dos lustres as couraças e as armas dos guardas pontifícios. Da abóbada caem enormes pendões pintados que representam os novos santos, e, ao longo das naves laterais, panos vermelhos e tapeçarias. Um povo imenso se comprime, enche a nave até transbordar, reflui como uma maré contra as paredes e as colunas. As trombetas de prata rasgam o ar pesado. Reboam as aclamações. Depois, a liturgia solene desenrola os seus esplendores, sustentada pelas vozes angélicas dos cantores da Sistina. Já se ofereceram ao papa os presentes simbólicos: o barril de vinho puro, os pães dourados com as armas pontifícias gravadas. A voz que Deus inspira vai-se fazer ouvir no silêncio para dizer à Igreja universal que cinco dos seus filhos, quatro homens e uma mulher, estão entre as suas testemunhas no céu.

Quem são eles? Quatro pertencem a uma época ainda recente: alguns morreram há menos de meio século. Todos são dessa geração de cristãos admiráveis que deram à Igreja vigor e força, restituindo-a ao sentido das suas fidelidades. Já seis anos antes, um outro dos seus contemporâneos, Carlos Borromeu, fora elevado aos altares. Eis os quatro; eis os seus retratos em pesados pendões: Teresa de Ávila, Filipe Neri, Inácio de Loyola, Francisco Xavier. Cada um é representado, em imagem oficial, segundo as próprias indicações da bula que os canoniza, num episódio da sua vida ou numa atitude que resume o essencial da sua mensagem. A Teresa, o anjo do seu êxtase espeta o famoso dardo inflamado em pleno coração. A Filipe Neri, aparece Nossa Senhora com o Menino, que lhe sorri. Santo Inácio apresenta o livro das Constituições da sua ordem. E São Francisco Xavier, abrindo a batina, parece querer refrescar o fogo interior que o abrasa e, ao mesmo tempo, dar à humanidade o seu amor inesgotável.

Quatro santos, e de que estatura, e de que significado! Porque cada um deles foi portador de uma mensagem particular, e cada um a confiou ao mundo com toda a alma. A mística de Ávila proclamou que a Igreja de Cristo só terá vida se estiver unida a Ele, e que todo o esforço neste mundo só pode ter sentido se a pessoa atingir o seu fim último: tornar Deus presente em si. Filipe, o querido e divertido Filipe, pelo seu riso e ar de garoto, criou a alegria perfeita da Igreja, essa alegria sobrenatural feita de esperança e de fé. O grande basco é a testemunha desse ardor combativo que o catolicismo encontra dali em diante para enfrentar os adversários, desse esforço de si mesmo sobre si mesmo, dessa disciplina que o exército de Cristo considerará tão necessária à sua força como a consideram os exércitos do mundo. E o que Francisco Xavier, o conquistador da Ásia, manifesta é mais do que o poder de expansão da Igreja: é o seu amor sem limites, são os seus braços abertos a todos os homens da terra, de todas as raças, de todas as condições. Nesses quatro santos se resume e se encarna a totalidade da obra realizada já lá vai um século. Que sentido do símbolo e da história teve de possuir o papa que os reuniu nessa mesma glorificação!

Passado quase um século... Pois basta recordar os últimos cem anos para que a imensidade dos resultados obtidos encha o espírito de admiração.

1527: os cavaleiros de Frundsberg e de Bourbon são os senhores de Roma[57]; o terror, a violência, a ferocidade reinam na Cidade Eterna e, o papa, refugiado no Castelo de Sant'Angelo, não é senão um pobre homem acuado até ao desespero, que o imperador alemão julga ter sob tutela. Em toda a parte, o edifício da velha *Ecclesia Mater* estala e se enche de fendas: já começam a desmoronar lanços inteiros da muralha. Lutero está em plena ação na Alemanha e a revolução religiosa que ele desencadeou começa a infiltrar-se em várias terras fiéis, como uma epidemia com ares de flagelo. Perante tais perigos, como parece fraca e desarmada a Esposa mística de Cristo! Perdeu o seu aspecto belo e puro; demasiadas manchas lhe maculam o rosto. Está quase prestes a esquecer que existem, no seu seio, homens e mulheres cuja fidelidade permanece intacta, e que amanhã poderão ajudá-la a voltar a subir para a luz. 1527... E, cem anos mais tarde, o triunfo quatro vezes simbólico da canonização em São Pedro. Bem pode sentir-se orgulhosa de si mesma, e dos bons operários do seu renascimento, a Igreja que nesse dia de março de 1622 se debruça sobre o passado próximo.

Quer dizer que tudo está perfeito e que o futuro não reserva ameaças? A vitória da Igreja na terra nunca deixa de ser aproximativa e pode sempre ser posta em causa. A época que se encerra viu desencadearem-se forças tão essencialmente hostis ao cristianismo que podemos perguntar-nos se, no dia de amanhã, o combate não irá recomeçar e se as potências da morte não triunfarão. Esses santos, cuja presença significa que a fé foi mais forte e cujos carismas permitiram a reconstrução, tornar-se-ão nesse amanhã os guias da sociedade, ou aparecerão antes como vítimas expiatórias pelos graves pecados que o mundo moderno vai conhecer?

Um São Thomas More e um São John Fisher deram o seu testemunho contra o autoritarismo despótico dos reis, mas as suas lições conseguirão impedir a evolução que impele a história da Europa para a centralização absolutista? Um São Pedro Canísio e um São Belarmino opuseram-se aos hereges destruidores da unidade, mas são eles os mais fortes? A soberana mansidão de um São Francisco Xavier, de um São Francisco Solano, de um São Pedro Claver deram combate aos exploradores colonialistas, mas as suas palavras de amor levarão a palma aos cálculos interesseiros e à paixão de domínio? E sobretudo — aí está o essencial — uma Santa Teresa e um São João da Cruz de um modo, um São Carlos Borromeu e um São Filipe Neri de outro, um Santo Inácio ainda de outro, um São Francisco de Sales ainda de mais outro, ergueram — perante um humanismo fundado na razão e que levava à exaltação do homem contra Deus — a ideia do homem "restaurado em Cristo", que encontra no sobrenatural o verdadeiro fim não só da sua razão, como também da sua vida; mas qual das duas concepções será a mais forte? O debate está longe de se poder dar por encerrado.

No limiar do século XVII, a Igreja sabe tudo isso, sabe que a sua longa e paciente tarefa não terminou, porque não terminará senão no fim dos tempos. Mas reencontrou todo o seu fervor, toda a sua esperança; já não duvida do futuro, como às vezes pôde parecer tentada a fazê-lo. Podem sobrevir-lhe ainda dias difíceis, mas a Palavra de que é depositária vencerá, pois foi-lhe dito que as portas do inferno não prevalecerão contra ela. E talvez tenha sido essa esperança sobrenatural o que o grande papa Gregório XV quis dar a entender ao designar para a canonização de 1622 mais outro santo.

Porque houve um quinto santo cujo pendão estava suspenso da abóbada de São Pedro no dia 12 de março. Não pertencia à gloriosa coorte daqueles que tinham empreendido a grande renovação da Igreja. Vivera no século XII —

de 1050 a 1130, talvez —, e chamava-se *Isidro, o Lavrador.* Por que essa figura semidesconhecida foi associada à gloriosa equipe dos quatro? Unicamente para comprazer os madrilenos, de quem é padroeiro? Sem dúvida que não. Um profundo e admirável símbolo se esconde na sua vida, mais precisamente na cena representada no pendão oficial. Lê-se, com efeito, na sua "lenda dourada" que esse homem de Deus tinha uma fé tão grande que, certa vez em que lavrava a rude terra de Espanha, uma nascente de água viva brotara do sulco aberto e um anjo viera rematar o seu trabalho. Não se passava o mesmo na Igreja, precisamente nesse momento? O sulco fora aberto; a nascente de água viva brotara do fundo do antigo terreno cristão. Mas continuar a obra e levá-la a termo era a parte que cabia a Deus...

Notas

[1] Cf. vol. IV, cap. IV, par. *Roma, capital das artes*, e neste volume, cap. II, o par. *No espelho da arte.*

[2] Cf. cap. II, par. *Uma nova Igreja ou um novo perfil?*

[3] "Confissão" por ser o lugar onde São Pedro "confessou a fé", sofrendo o martírio.

[4] O famoso baldaquino de Bernini que hoje, mal se entra, atrai o olhar para o altar papal todo coberto por ele, só foi erguido depois de 1625, por ordem do papa Urbano VIII, que mandou utilizar para esse fim o bronze que cobria o Panteão antigo.

[5] As escavações mostraram como os altares se encaixavam uns sobre os outros. O primeiro altar, que remonta ao século II, foi incluído dentro de um cubo de mármore por ocasião da construção da basílica constantina. Sobre esse monumento construiu-se um novo altar, provavelmente em tempos de São Gregório Magno. Este, por sua vez, foi recoberto pelo que foi consagrado por Calisto II em 1123, e é este último que serve de embasamento ao de Clemente VIII.

[6] Cf. cap. II, par. *São Pio V põe em prática o concílio.*

[7] Cf. cap. III, par. *Uma nova Igreja ou um novo perfil?*

[8] A ideia determinante foi a de fazer coincidir a data da Páscoa com a lua-cheia de março, segundo a decisão do Concílio de Niceia (325). Essa concordância já não existia: o calendário

Juliano (de Júlio César), em uso desde o ano 46 antes da nossa era, tinha fixado o ano em 365 dias e um quarto, o que dava um ano bissexto todos os quatro anos. O ano astronômico é, como sabemos, de 365 dias, 5 horas e 45 minutos. Disso resultou um desvio crescente que, em fins do século XVI, perfazia dez dias. Várias vezes os concílios (e uma sessão de Trento em particular) tinham exprimido o voto de que se pusesse termo a essa anomalia. A solução foi encontrada pelo astrônomo calabrês Luís Lúlio: tirar dez dias ao ano em curso e, no futuro, evitar a repetição do erro decidindo que, em quatro anos seculares (por exemplo 1700, 1800, 1900, 2000), um só seria bissexto, aquele cujos três primeiros algarismos fossem divisíveis por 4 (sê-lo-iam, pois, 1600 e 2000).

O *Calendário gregoriano* foi estabelecido em 1582 por uma constituição apostólica: o dia seguinte ao de 4 de outubro de 1582 foi, pois, o dia 15 de outubro. Os protestantes rejeitaram a reforma como "emanada do Anticristo" e não a adotaram senão no século XVIII. Os gregos ortodoxos adotaram-na em 1923, ao menos em parte, e a Rússia em 1948, embora algumas igrejas russas no exílio tenham permanecido fiéis ao calendário juliano.

[9] Cf., neste capítulo, o par. *A defesa da fé: o esforço positivo dos teólogos.*

[10] Ocorreram no seu pontificado duas questões que deram que falar: a de Giordano Bruno, cuja condenação, como veremos mais adiante, foi muito justificada; e a dos Cenci, filho, mulher e filha de um patrício romano de temperamento difícil, a quem tinham assassinado num acesso de cólera. O povo romano achou demasiado severa a condenação à morte dos culpados, sobretudo da filha, Beatriz Cenci, sobre cuja culpabilidade pairavam dúvidas.

[11] Foi Leão XI, quando era cardeal de Florença, que adquiriu e tornou mais esplêndida ainda a célebre *villa* do Pincio, que desde então foi chamada Villa Médicis.

[12] Cf. cap. III, par. *Situação do protestantismo no limiar do século XVII.*

[13] Cf. cap. IV. par. *A Santa Sé toma as rédeas das missões: a Congregação "de Propaganda Fide".*

[14] Mesmo em Roma a sua autoridade não foi contestada; os clãs foram chamados à ordem.

[15] Antepassado da célebre família jansenista que voltaremos a encontrar na história de Port-Royal.

[16] Na nossa época, quase todos os cardeais são *de facto* bispos (e todos são, pelo menos, sacerdotes). Mas um bispo criado cardeal não é necessariamente cardeal-bispo, pois pode também ser feito cardeal-presbítero ou cardeal-diácono.

[17] Pela Constituição *Universi dominici gregis*, de 22.02.1996, o papa João Paulo II promulgou as regras atualmente vigentes para o Conclave. As principais modificações dizem respeito ao número de eleitores, fixado em cento e vinte no máximo, e o estabelecimento do escrutínio secreto como única forma de eleição do Papa (N. do E.).

[18] O seu sobrenome era Hond, "cão", que ele latinizou; o nome não era invulgar nessa época, como se vê pelo caso do navegador português Diogo Cão.

[19] Com residência em Mülheim. Só com Luís XIV é que a catedral de Estrasburgo voltaria ao culto católico.

[20] Cf. cap. III, par. *Situação do protestantismo no limiar do século XVII.*

[21] Cf. cap. III, par. *A outra cristandade: a "Terceira Roma".*

[22] Cf. vol. IV, caps. V e VI.

[23] Cf. vol. III, cap. V, par. *A Questão das Investiduras.*

[24] A fábula da papisa Joana foi contada pelos inimigos do catolicismo com diversas variantes. *Grosso modo*, resume-se assim. Uma jovem (alemã, inglesa ou grega da Tessália, segundo uns ou outros) chamada Gilberta, ou Inês ou Gláucia, teria o costume de se vestir de homem. Tendo chegado a Roma, teria chamado a atenção pela sua ciência e cultura e conseguido cargos eclesiásticos. Feita cardeal, teria sido eleita papa, numa data que, segundo os autores, variaria entre 855 e 1100!... Um dia, após dois anos de reinado, teria sentido dores de parto durante um passeio... Detalhava-se até que fora muito perto do Coliseu! Segundo uns, teria morrido ao dar à luz o filho; segundo outros, teria sido atada à cauda de um cavalo branco e o seu corpo despedaçado de encontro às pedras — um suplício muito merovíngio, como sabemos. Esta fábula absurda aparecera durante o século XIII, talvez provocada por certos críticos veementes do papado que exclamavam que os papas não eram senão uns "maricas".

Talvez se possa ver nisto uma reminiscência longínqua de um período do século X em que as mulheres das grandes famílias feudais romanas dispuseram várias vezes do trono pontifício em favor dos seus candidatos. A "papisa Joana" seria, neste caso, a princesa Marósia (cf. vol. II, cap. X, par. *São Pedro e os tiranos de Roma).* Uma outra explicação é verdadeiramente curiosa: existia em Roma uma estátua pagã com a inscrição *P. Pat. Pat. P.P.P.,* o que significava *Publius* (ou outro nome próprio), *pater patrum* (título dos sacerdotes de Mitra), *propria pecunia posuit*, "Públio, 'pai dos pais', ergueu [esta estátua] com o seu próprio dinheiro"; mas os romanos, sempre maliciosos, liam-na assim: *Petre, pater patrum, papessa prodito partum*, "ó Pedro, pai dos pais [padres, papas], a papisa traiu-se pelo seu parto"...

Finalmente, ligou-se a toda essa história ridícula um episódio pouco decente: propalou-se que, para evitar uma segunda "papisa Joana", todo o papa eleito devia deixar que se verificasse se era verdadeiramente homem. Na realidade, esta outra fábula teve por origem um rito curioso — abolido somente depois de Leão X —, que consistia em que o recém-eleito, depois da proclamação, era levado aos ombros por dois cardeais sobre uma cadeira de pórfiro, enquanto se cantava o salmo: *Suscitans a terra inopem et de stercore erigens pauperem*, "O Senhor levanta do pó o desvalido e ergue o pobre do esterco" (Sl 112, 7). A imaginação desavergonhada do povo fez da cadeira de pórfiro um vaso sanitário... Cf. Vacandard, *Études de critique et d'histoire religieuse*, vol. IV.

[25] É engraçado que este futuro Doutor da Igreja tenha estado a ponto de ser condenado pelo Santo Ofício e de ter a sua obra posta no *Índice.* Com efeito, o violento Sisto V indignou-se por ele ter ousado escrever que "o Papa não é soberano do mundo nos assuntos temporais". Os cardeais encarregados do assunto tiveram o bom-senso de ir arrastando a questão... até à morte do irascível pontífice!

[26] E também com as suas dificuldades, se não com o *Índice,* ao menos com alguns contraditores, 374 teólogos encarniçados.

[27] A Vulgata sisto-clementina permaneceu como edição típica da Igreja até 1979, ano em que João Paulo II promulgou a Nova Vulgata, cujo texto foi inteiramente retraduzido ou revisto a partir dos originais hebraicos, aramaicos e gregos à luz dos estudos históricos, linguísticos e exegéticos modernos, conforme havia ensejado o Concílio Vaticano II (N. do E.).

[28] Cf. vol. IV, caps. IV e VI.

[29] Sobre o caso Galileu, cf. vol. VII, cap. I, par. *O caso Galileu.*

[30] Por sinal, o protestante Henri Estienne fez o mesmo.

[31] Não se deve confundir Santo Afonso Rodrigues, irmão coadjutor em Maiorca, com o padre Afonso Rodrigues, autor dos *Exercícios de perfeição*, a grande obra de espiritualidade que todos os noviços da Companhia leem e releem.

[32] *Lettres du Cardinal de Florence sur Henri IV et la France*, Paris, 1955.

[33] Ou ainda o interessante trabalho de M. Romani, *Pellegrini e viaggiatori nell'economia di Roma dal XIV al XV secolo,* Milão, 1948.

[34] Veja-se J.F. Bonnefoy, *Quand Séville fétait la Puríssima*, Nicolet, Canadá, 1954.

[35] Sobre a *Imitação,* cf. vol. IV, capítulo III, par. *A mística desenvolve-se, mas isola-se.*

[36] Sobre os *Exercícios espirituais,* cf. cap. I, par. *Um método de oração converte-se em código de ação.*

[37] Sobre a vida e a obra reformadora de Santa Teresa e de São João da Cruz, cf. cap. II, par. *A reforma das ordens antigas: Santa Teresa de Jesus e São João da Cruz.*

[38] Cf. vol. IV, cap. III, par. *A mística desenvolve-se, mas isola-se.*

[39] Sobre a escola francesa de espiritualidade, cf. vol. VI, cap. II, par. *Essa alta fonte espiritual.*

[40] Homens cujo lema, segundo uma fantasia de Rabelais, era "faz o que quiseres".

[41] A pedido de Mme. Acarie, Bérulle fez nessa ocasião uma movimentada viagem à Espanha, como veremos no próximo parágrafo, a propósito da fundação do Carmelo na França.

[42] Cf. cap. II, par. *São Filipe Neri e a fundação do Oratório.*

[43] Serão os "doutrinários", de quem falaremos adiante.

[44] Cf. cap. II, par. *A reforma das ordens antigas.*

[45] D. de Hemptime, *L'Ordre de Saint Benoit.*

[46] Tomé de Jesus, eremita de Santo Agostinho (1529-1582), português, não deve ser confundido com Tomás de Jesus, carmelita espanhol, de quem falamos acima. cap. II. par. *A reforma das ordens antigas.*

[47] A *Ratio* diz expressamente que, para corrigir o aluno, se deve empregar de preferência a persuasão. Só se recorrerá aos açoites como último recurso, e não será um padre quem os aplicará, mas um leigo ligado ao colégio.

[48] Cf. vol. IV, cap. III, par. *A mística desenvolve-se, mas isola-se.*

[49] É segundo esta perspectiva que se deve encarar a finalidade com que o santo fundou uma nova ordem, com a sua amiga Joana de Chantal. As religiosas com quem ele sonhava pertenceriam, no seu espírito, a um novo tipo. Originalmente, deviam chamar-se "Filhas de Santa Maria", nome que revelava bem a sua vocação. São Francisco queria-as dotadas de zelo apostólico, levando a presença de Cristo ao mundo, visitando os pobres e os doentes, como a Virgem Maria visitou a sua prima Isabel: daí o nome de *Visitação* que a congregação tomará definitivamente. Elas dariam testemunho concreto da santidade que adquiririam na sua vida de renúncia e de oração. Temerosas de que as freiras saíssem dos seus conventos e se misturassem com a vida dos homens, as autoridades religiosas acharam a ideia excessivamente avançada. O arcebispo de Lyon persuadiu o santo (e mais dificilmente Santa Joana de Chantal) a fazer das suas visitandinas mulheres de oração e a aceitar que fossem úteis ao mundo unicamente pela oração e mortificação.

[50] Aliás, Mâle nunca emprega o termo "barroco".

[51] Cf. cap. II, par. *No espelho da arte.*

[52] Marcel Brion e Eugênio d'Ors.

[53] É interessante observar que o próprio Vignola não preconizava a exuberante decoração interior, bastante teatral, que hoje se vê no "Gesù"; o seu estilo era sóbrio e nu. Foram os seus continuadores que o tornaram "barroco".

[54] Não se deve confundi-lo com Carlos Maderno, o arquiteto da fachada de São Pedro.

[55] O século XVII terminará em 1715 com a morte de Luís XIV, o século XVIII com a crise revolucionária de 1815, e o século XIX em 1914-1918.

[56] Essa gravura foi reproduzida por Émile Mâle no seu livro, bem como por Charles Clair na sua *Vie de Saint Ignace.*

[57] Cf. cap. II, par. "*Um cadáver dilacerado*".

Quadro cronológico

Datas	História da Igreja	Acontecimentos Políticos e Sociais	Artes, Letras e Ciências
1490	*Nascimento de Santo Inácio*, 1491-1552 Alexandre VI Bórgia, papa, 1492-1503 Execução de Savonarola (*1452) em Florença, 1498	Carlos VIII, rei da França, 1491-1498 Tomada de Granada pelos "reis católicos", 1492 *Tratado de Tordesilhas*, 1491 Luís XII, rei da França, 1498-1515	*Cristóvão Colombo descobre a América*, 1492 Luís Vives, 1492-1540 Philip Melanchthon, 1497-1560 Vasco da Gama chega à Índia, 1498 *Bramante é chamado a Roma para reconstruir São Pedro*, 1499
1500	Pio III, papa, set.-out. 1503 Júlio II, papa, 1503-1513 Bartolomeu de Las Casas (1474-1566) começa o seu apostolado, 1504 *Nascimento de São Francisco Xavier*, 1506-1552 Nascimento de Calvino, 1509-1564	*Nascimento de Carlos V*, 1500 Liga de Cambrai, 1508 Henrique VIII, rei da Inglaterra, 1509-1547	Américo Vespúcio na "América", 1504

1510	*Criação da diocese de São Domingos nas Antilhas*, 1511 Abertura do *V Concílio ecumênico do Latrão*, 1512-1517 Leão X, papa, 1513-1521 *Criação da primeira diocese americana* (Darien, no Panamá), 1513		*Elogio da Loucura*, de Erasmo, 1511
1515	*Nascimento de Santa Teresa de Ávila*, 1515-1582 *Nascimento de São Filipe Neri*, 1515-1595 Concordata de Francisco I, 1516 O caso das Indulgências, 31 de outubro de 1517 Zwinglio reforma Zurique, 1518 *Leão X sagra o primeiro bispo negro do Congo*, Henrique, 1518	Francisco I, rei da França, 1515-1547 Fernão Cortés conquista o México, 1519 *Carlos V, imperador*, 1519-1556	Fernão de Magalhães circumnavega o mundo, 1519-1522
1520	Lutero rompe com Roma, 1520 *Nascimento de São Pedro Canísio*, 1521-1597 Adriano VI, papa, 1522-1523 Clemente VII, papa, 1523-1534 *Criação dos teatinos*, 1524 *Fundação dos capuchinhos*, 1526	Solimão o Magnífico, sultão otomano, 1520-1566 A Hungria cai em poder dos turcos, 1526 *Saque de Roma* pelos soldados de Carlos V, 1527 Dieta de Espira, 1529	*O Livre Arbítrio*, de Erasmo, 1524 Ronsard, 1524-1585 *O Servo Arbítrio*, de Lutero, 1525 Breughel o Velho, 1525-1569 Palestrina, 1526-1594 Veronese, 1528-1588

1530	Confissão de Augsburgo, 1530 Henrique VIII da Inglaterra rompe com Roma, 1533 *Criação do bispado de Goa*, 1533 Paulo III, papa, 1534-1549	Liga de Smalkalde, 1531 Pizarro e Almagro no Peru, 1532 Paz de Nuremberg entre o imperador e os príncipes alemães, 1532	Montaigne, 1533-1592
1535	*Martírio de São Thomas More*, 1535 Calvino em Genebra, 1536 *Santo Inácio de Loyola funda a Companhia de Jesus*, 1537 *Nascimento de São Carlos Borromeu*, 1538-1584	Ivan IV o Terrível, czar da Rússia, 1537-1584 Trégua de Nice entre Carlos V e Francisco I, 1538	*Os lugares comuns*, de Melanchthon, 1535 Nascimento do futuro cardeal Barônio (1538-1607), autor da primeira História da Igreja
1540	*Fundação dos somascos* e dos *Irmãos de São João de Deus*, 1540 *São Francisco Xavier* (1506-1552) parte para as missões no Oriente, 1540 Nascimento de *São Roberto Belarmino*, 1542-1621 Nascimento de *São João da Cruz*, 1542-1591 Criação da Inquisição romana, 1542	*Ínterim* de Ratisbona entre Carlos V e os príncipes, 1541 Paz de Crépy entre Carlos V e Francisco I, 1544	*A instituição cristã* de Calvino, 1541

1545	*Início do Concílio de Trento*; primeira sessão a 13 de dezembro, 1545 Morte de Lutero (*1483) a 18 de fev. de 1546 Massacre dos valdenses na Provença, 1546 *São Francisco Xavier* chega ao Japão, 1549 Princípio das missões jesuítas no Paraguai e no Brasil, 1549	Guerra entre Carlos V e os príncipes luteranos alemães, 1546 Henrique II, rei da França, 1547-1559 Eduardo VI, rei da Inglaterra, 1547-1553	Cervantes, 1547--1616 El Greco, 1547--1614 Francisco Suárez, teólogo jesuíta, 1548-1617 Primeiro *Prayer Book* inglês, 1549
1550	*Nascimento de São Camilo de Lelis*, 1550--1614 *Júlio III, papa*, 1550--1555 Suspensão do Concílio de Trento, 1552 Morte de Santo Inácio e São Francisco Xavier, 1552 "Conversão" de Santa Teresa de Ávila, 1553	Edito de Chateaubriant, 1551 Maria Tudor, rainha de Inglaterra, 1553-1558	Agrippa d'Aubigné, 1552--1630
1555	Marcelo II, papa, abril 1555 *Paulo IV, papa*, 1555--1559 Malogro da restauração católica de Maria Tudor, 1555 Nascimento de São José de Calazans, 1556-1648	*Paz de Augsburgo* na Alemanha, 1555 Carlos V retira-se para Yuste, 1556 *Filipe II, rei da Espanha*, 1556-1589 Fernando da Áustria, imperador, 1556-1564	Os *Carracci* (Luís, 1555-1619; Agostinho 1557--1602; Aníbal, 1560-1609)

1558	Pio IV, papa, 1559-1565 Perseguição aos protestantes na França, 1559 *John Knox* (1505-1572) implanta a Reforma na Escócia, 1559	Morte de Carlos V, 1558 *Elisabeth I, rainha da Inglaterra*, 1558-1603 Francisco II, rei da França, 1559-1560	O *Index*, 1558 Paulo IV manda velar os nus dos afrescos de Michelangelo, 1558
1560	Em torno de *São Filipe Neri* (1515-1595) forma-se o primeiro *Oratório*, ca. 1560 Guy de Bray introduz o calvinismo nos Países Baixos, 1562 *Reabre-se o Concílio de Trento*, 1562 *Santa Teresa de Ávila* (1515-1582) funda o primeiro convento de *carmelitas descalças*, 1562 Morte de Calvino (*1509) a 27 de maio de 1564 *Encerramento do Concílio de Trento* a 4 de dezembro de 1564	Conjuração protestante de Amboise, 1560 Carlos IX, rei da França, 1560-1574; regência de Catarina de Médicis (1519-1589) O motim de Vassy desencadeia as guerras de religião na França, 1562 Na Inglaterra, *lei dos 39 artigos*, 1563	Caravaggio, 1560-1609 Luís de Góngora, 1561-1627 Francis Bacon, 1561-1626 Morte de *Michelangelo* (*1475), 1564 Shakespeare, 1564-1616 Galileu, 1564-1642 Vignola (1507-1573) constrói a igreja de Gesù, em Roma
1565	*São Pio V*, papa, 1566-1572 Nascimento de *São Francisco de Sales*, 1567-1622 *São João da Cruz* (1542-1591) funda os *carmelitas descalços*, 1568	*Revolta dos Países Baixos*, 1566	Marina, 1569-1629 Publicação do *Catecismo Romano* recomendado pelo Concílio de Trento, 1566

1570	*Gregório XIII*, papa, 1572-1585 A partir de 1573, começam a abrir-se as *nunciaturas apostólicas* Nascimento de São Pedro Fourier, 1575--1640	Vitória cristã de Lepanto, 1571 *Chacina de São Bartolomeu*, 1572 Marina, 1569-1629 Rodolfo II, imperador, 1576-1611 Estêvão Bathory, 1576-1586, restaura o catolicismo na Polônia.	Tratado de Molanus sobre a Arte sacra, 1570 Morte de Ticiano (*1477), 1576
1580	Nascimento de São Pedro Claver, 1580--1614 *Mateus Ricci* (1552--1610) na China *Martírio do Bem-aventurado Edmund Campion* (*1540) na Inglaterra, 1581	Portugal é anexado pela Espanha, 1580-1640 Morte de *Guilherme de Nassau* (1537-1584) e independência das Províncias Unidas	Os *Ensaios* de Montaigne, 1580 Promulgação do calendário gregoriano, 1582 *Subida do Monte Carmelo*, de São João da Cruz, 1583 Franz Hals, 1584--1666
1585	Sisto V, papa, 1585--1590 Reorganização do Sacro Colégio (70 cardeais) Começa a reorganização da Cúria papal e a criação das *Congregações romanas* Moscou é erigida em patriarcado, 1588	Morte de Maria Stuart, 1587 Desastre da Invencível Armada, 1587 Assassinato do duque de Guise, 1550-1588 Assassinato de Henrique III, 1588 *Henrique IV, rei da França*, 1589-1610	Ribera, 1588-1656

1590	Urbano VII, papa, set. 1590 Gregório XIV, papa, 1590-1591 Inocêncio IX, papa, out-dez 1591 *Clemente VIII*, papa, 1591-1605. Publicação da *Bíblia Sisto--Clementina* Missão de São Francisco de Sales no Chablais, 1594	Abjuração de Henrique IV, 1593	Simon Vouet, 1590-1649 Morte de Tintoreto (*1512), 1594
1595	Os rutenos voltam à comunhão católica Começo das perseguições no Japão, 1596 Edito de Nantes, 1598. Missão dos carmelitas na Pérsia	Filipe III, rei da Espanha, 1598-1621	Velázquez, 1599--1660
1600	*Roberto Nobili* (1577--1656) na Índia	Execução de Giordano Bruno, 1600 Jaime I, rei da Inglaterra e da Escócia, 1603-1625	

1605	Leão XI, papa, abr. 1605 Paulo V, papa, 1605-1621 O "cisma" de Veneza Morte de Santa Rosa de Lima (*1587), 1607 São Francisco Solano na Argentina São Francisco de Sales é nomeado coadjutor de Genebra e Annecy, 1609 São Martinho de Porres (1569-1639) na América		
1610	Fundação da Visitação por Santa Joana de Chantal (1572-1641), 1610 Fundação do oratório francês por Pierre de Bérulle, 1613 O catolicismo é banido do Japão, 1614	Gustavo Adolfo, rei da Suécia, 1611-1632 Matias, imperador da Alemanha, 1612-1619 Ascensão do czar Miguel Romanov, 1613	Fim das obras da Basílica de São Pedro, 1612 *História dos Fenômenos Solares*, de Galileu, 1613
1615	Sevilha inaugura a festa da Imaculada Conceição, 1617 Os beneditinos de São Mauro	Começos da guerra dos Trinta Anos. Sublevação dos checos contra o imperador Matias, 1618 Fernando II, imperador, 1619-1635	Primeiro processo de Galileu, 1615 William Harvey (1578-1658) descreve a circulação do sangue, 1619

1620	Gregório XV, papa, 1621-1623 Criação da *Congregação de Propaganda Fide*, 1622 Canonização simultânea de Santo Inácio de Loyola, São Filipe Neri, Santa Teresa de Ávila, São Francisco Xavier e Santo Isidro, lavrador, 1622	Os puritanos do *Mayflower* desembarcam na América, 1620 Batalha da Montanha Branca na Boêmia, 1620 Filipe IV, rei da Espanha, 1621-1665	

ÍNDICE BIBLIOGRÁFICO

I. O despertar da alma católica: Santo Inácio de Loyola

O grande surto espiritual que permitiu e provocou a reforma católica nunca foi estudado no seu conjunto. Os manuais da história da Igreja ou as histórias da espiritualidade cristã, como a de Pourrat, III, Paris, 1925, apresentam apenas aspectos fragmentários. Mesmo o curioso movimento do Oratório do Amor Divino ainda não foi objeto de um trabalho exaustivo; há indicações nas obras sobre São Caetano, citadas mais adiante.

Quanto à Espanha, além das histórias gerais, o quadro mais completo deste período encontra-se em M. Bataillon, *Erasme et l'Espagne,* especialmente sobre o movimento dos "alumbrados". Muitos bispos reformadores foram estudados em artigos ou monografias: Giberti foi assunto de um trabalho sólido, em italiano de G. P. Pighi, Verona, 1900. Sobre as origens dos capuchinhos, M. Santoni, 1899; *The Capuchins* de Cuthbert of Brighton, traduzido em italiano mas não em francês, foi vivamente criticado por Ubald d'Alençon; é nos trabalhos sobre Bernardino Ochino que se encontram muitos pormenores sobre este assunto, sobretudo no livro que Berthand-Barraud consagrou, em 1924, às suas ideias filosóficas. Os fundadores das ordens desta época beneficiam todos de biografias sérias: R. de Maulde de la Clavière, *São Caetano,* Paris, 1902; sobre Santo Antônio Maria Zacarias, as obras de Guy Chastel, Paris, 1930; Dubois, Tournai, 1896; A. M. Teppa, Milão, 1897; e sobre São Jerônimo Emiliano, as de Rossi, Prato, 1894, em italiano, e Hubert, Mogúncia, 1895; sobre São João de Ávila, J. Cherprenet, no prefácio à tradução que fez do *Audi, filia,* Paris, 1954.

Santo Inácio e a Companhia de Jesus beneficiam de uma literatura enorme, de que se fará uma ideia recorrendo às bibliografias compiladas por Iparraguirre, Madri, 1952, ou Chastenay, Paris, 1941. Os *Monumenta Ignatiana* são 20 grossos volumes. A autobiografia de Santo Inácio, os *Exercícios Espirituais* e as *Cartas espirituais* existem em diversas edições; há também muitas biografias do santo, bem como obras de conjunto sobre os jesuítas; a própria Companhia empreendeu a partir de 1906 uma história monumental. A obra do protestante H. Böhmer, *Les jésuites,* Paris, 1909, tem alguns méritos; a de René Fulöpp-Muller, *Les Jésuites et le secret de leur puissance,* Paris, 1933, cede muitas vezes ao gosto do pitoresco e do romanceado; *La politique des jésuites de Pierre Dominique,* Paris, 1955 é mais hábil. Sobre a história geral da Companhia pode-se recorrer aos livros de Brucker, Paris, 1919, de Burnichon e sobretudo à *Synopsis historiae Societatis Jesu,* Bruxelas, 1950. Brou esclarece bem diversas calúnias em *Les Jésuites de la légende,* Paris, 1906-1907. Inumeráveis trabalhos estudaram a espiritualidade inaciana, como Brou em *Saint Ignace, maître d'orasion,* ou Pinard de la Bollaye, *Saint Ignace directeur d'âmes.* Hugo Rahner estuda bem *La genèse des éxercises,* Toulouse, 1948. E não deixemos de recordar a obra curiosa e viva de A. Favre-Dorsaz, *Calvin et Loyola,* já apontada a propósito do reformador genebrino. Quanto a São Francisco de Borja, Suau tem uma boa biografia, Paris, 1910.

II. O Concílio de Trento e a ação dos santos

O essencial das informações e da bibliografia sobre as questões tratadas neste capítulo encontra-se em Fliche e Martin, vol. XVII, L. Cristiani, *L'Église à l'époque du Concile de Trente,* Paris, 1948. Muitos aspectos deste período, como por exemplo o saque de Roma, são resumidos de forma original, embora às vezes um pouco parcial, na tese de Bataillon, *Erasme et l'Espagne.* Os papas deste período, à exceção de São Pio V, não foram muito estudados. Sobre Paulo III, há apenas a obra de W. Friedensburg sobre as suas relações com Carlos V; Paulo IV foi biografado em 1892 por Duruy e Ancel dedicou várias obras e artigos aos diversos aspectos da sua atividade reformadora e sobre *La disgrâce et le procès des Carafa,* Maredsous, 1909. Curiosamente, não há ainda um sólido trabalho de conjunto sobre a Inquisição romana: G. Buschbeel, *Reformation und Inquisition in Italien*, Paderborn, 1910, é correta, mas enfadonha. O mesmo deve dizer-se do Concílio de Trento; há muitas fontes, desde o panfleto de Paolo Sari, Londres, 1619 e a apologia do cardeal Pallavicini, Roma, 1656-1657, e além disso começaram a publicar-se as *Actas,* mas há poucos ensaios de síntese moderna, além do de Richard, *Le Concile de Trente*, Paris, 1930, e de Michel, *Les décrets du Concile de Trente*, Paris, 1938, e Hubert Jedin, Freiburg im Breisgau, 1949.

São Pio V recebeu mais atenção que os seus predecessores: a obra de Falloux, 1884, célebre no seu tempo, ou a do cardeal Grente, Paris, 1914, cheia de fervor e de erudição; Hirschauer, Paris, 1922, e R. Deslandres, *Saint Pie V et l'Islamisme,* Paris, 1911, estudaram a sua política. Lepanto é, naturalmente, muito estudada nas biografias de Filipe II. Sobre São Carlos Borromeu, as obras sólidas são as de Sylvain, Paris, 1884, e de Celier, Paris, 1911. Sobre Santa Teresa e S. João da Cruz, a bibliografia é monumental; sem citar as histórias gerais da Espanha ou as obras de espiritualidade, como por exemplo as obras de Wasmer e de S. Chuzeville sobre *Les Mystiques espagnols*, só a lista das monografias e estudos que lhes são consagrados encheria páginas e páginas. Sobre Santa Teresa, vale a pena citar a expressiva biografia de Marcelle Auclair (publicada em português pela Quadrante, São Paulo, 1995), embora as de R.

Hoornaert, M. Lépée, M. Legendre, Lafue, J. Galzy ou Louis Bertrand também tenham grandes méritos. Quanto à sua mística, veja-se o excelente estudo de J. Berrueta e Jacques Chevalier, Paris, 1934. Para São João da Cruz, vejam-se as obras de Bruno de Jésus Marie. São Filipe Neri foi estudado a fundo por L. Ponnelle e L. Bordet, Paris, 1928, infelizmente um texto pouco empolgante; por Baudrillart, Paris, 1939, e por L. Bouyer, Paris, 1946. No primeiro capítulo do seu *Oratoire*, Paris, 1928, reeditado em 1954, André George pintou um retrato vivo do pitoresco santo.

Sobre a arte, ver as obras indicadas na bibliografia do capítulo IV, e sobretudo o esplêndido e inesgotável livro de Émile Mâle, *L'Art religieux après le concile de Trente,* Paris, 1932; sobre a música, histórias gerais como a de Vuillermoz, e a obra interessante de Raugel sobre o Oratório, Lausanne, 1948.

III. A Grande dilaceração da Europa cristã

Um estudo geral da psicologia dos fanatismos do século XVI é N. Paulus, *Protestantismus und Toleranz im l6ten. Jahrhundert*, Freiburg im Breisgau, 1911. Há alguns elementos em F. Buisson, *Sébastien Castellion,* Paris, 1892; E. Giran, *Sébastien Castellion et la réforme calviniste*, Paris, 1916, e S. Zweig, *Castellion gegen Calvin*, Leipzig, 1936, bem como o monumental Joseph Lecler, *Histoire de la tolérance au siècle de la Réforme,* Paris, 1955. Quanto à França, o ensaio sociológico de Léonard, *Le Protestant français,* continua útil, e todas as grandes histórias de França, como as de Lavisse, Gaxotte ou Hauser consagram a esta crise longos desenvolvimentos. John Viénot, *L'histoire de la Réforme française,* Paris, 1926-1934, e Raoul Stéphan, *L'épopée huguenote,* narram os acontecimentos do ponto de vista protestante, mas Lévis-Mirepoix, *Les guerres de religion,* Paris, 1950, dá uma impressão de conjunto mais exata, imparcial e serena. Sobre acontecimentos isolados, veja-se: F. Rocquain, *La France et Rome durant les guerres de religion,* Paris, 1924; os numerosos trabalhos de Lucien Romier, sobretudo os seus artigos sobre a noite de São Bartolomeu na *Revue du XVIe. siècle,* 1913; Reinhart, *Henri IVou la France sauvée,* Paris, 1943; as cartas do cardeal de Florença, editadas por Raymond Ritter, Paris, 1955, são uma mina; G. Pagès, *Les paix de religion etl'Edit de Nantes,* na *Revue d'histoire moderne,* 1916; Albert-Buisson, que compôs um bom retrato de Michel de l'Hôpital, Paris, 1950.

Filipe II é um sinal de contradição entre historiadores, como se pode ver pela apologia de Louis Bertrand ou pelas diatribes de J. Cassou ou Alfred Fabre-Luce; entre os trabalhos importantes, cf. F. Montana, Madri, 1914; Cari Bratli, Paris, 1942; de Mariano Tomás, Saragoça, 1939; Navarro de Palência, Madri, 1936; e, naturalmente, o grande historiador espanhol Menéndez y Pelayo, bem como o objetivíssimo Gregório Maranon, em *Antonio Pérez,* Madri, 1954. Sobre a revolta dos Países Baixos, veja-se H. Pirenne, *Histoire de Belgique,* Bruxelas, 1923-1924, e Lettenhove, *Les Huguenots et les Gueux,* Bruxellas, 1882-1883; Carton de Wiart, *Marguerite d'Autriche, régente des Pays-Bas,* Bruxelas, 1939, e *La jeunesse du Taciturne,* 1936; sobre Guilherme de Nassau, ver R. Avermaete, Paris, 1939.

Quanto à Inglaterra, além dos grandes manuais já citados, tal como o de André Maurois, que contém um impressionante e exato capítulo sobre Maria Stuart, o livro clássico é o de Neale, *Queen Elisabeth,* Londres, 1933, embora exija alguns retoques; o de M. Humber-Seller, *Elisabeth I, reine d'Angleterre,* Paris, 1953, e o de Jacques Chastenet, *Elisabeth I,* Paris, 1951, são particularmente interessantes. Vejam-se também os estudos de L. Cristiani em *L'Ami du Clergé,* 1954. A resistência católica é recordada com emoção por Evelyn Waugh, *Edmond Campion, martyr,* Paris, 1953. Graham Greene apresentou a autobiografia de John Gérard com o título *Vie et passion d'un jésuite élisabéthain,* Paris, 1953. Veja-se também Beda Camus, *Le Bienheureux John Roberts,* Paris, 1930; Mathieson, *Politics and religion in Scotland,* Glasgow, 1902; e o anglicano V. Jourdan, *History ofthe church of England,* vol. II, *The reformation.* Quanto à personagem impressionante e inquiétante de Maria Stuart, ver R. Chauviré, *Le secret de Marie Stuart,* Paris, 1937, e Paule Henri-Bordeaux.

As "variações" do protestantismo foram estudadas por Bossuet na sua obra célebre, da qual é preciso 1er também a crítica de A. Rébelliau, *Bossuet, historien du protestantisme*, Paris, 1892; vejam-se também Baudrillart e Dedieu. Strohl, no seu *Pensée de la Réforme*, fala dessas "variações" como de elementos de fato, sem analisar o fenômeno. Entre as obras que permitem compreender a psicologia da Europa nascida do protestantismo, ver Raoul Gout, *Le miroir des dames chrétiennes*, II, Paris, 1937. Finalmente, sobre a Rússia e a Igreja oriental, P. Janin, *Les Églises séparées d'Orient,* Paris, 1927.

IV. «*De propaganda fide*»

Muitas obras foram dedicadas à questão missionária: veja-se a bibliografia em Robert Streit, *Bibliotheca Missionum*, vols. IV e V, Münster, 1937. Citemos apenas Delanoix, *Histoire Universelle des missions catholiques*, Paris, 1957; Olichon, Paris, 1937; Mesnil, Paris, 1949; Lesourd, Paris, 1937; B. de Vaulx, Paris, 1951; e Ëlie Marie, *Histoire des instituts réligieux et missionnaires.* Georges Goyau é uma mina de informações sobre todos os assuntos missionários, por exemplo *Missions et missionnaires*, Paris, 1929, *L'Église en marche*, Paris, 1934, *Apôtres du Christ et de Rome*, Paris, 1938. Há também as antologias de B. de Vaulx, *Les plus beaux textes sur les missions*, Paris, 1954, e R. Millot e D.-Rops, *Textes pour l'Histoire Sacrée,* Paris, 1955. Sobre o padroado português, consultar-se-á com fruto a obra magistral de Chappoulie, *Rome et les missions d'Indochine au XVIIe. siècle,* Paris, 1943, e Antonio da Silva Rego, *O padroado português no Oriente,* Agência Geral do Ultramar, Lisboa, 1940.

Quanto aos conquistadores e às missões espanholas que avançaram na sua esteira, Jean Descola, Paris, 1954, contém uma boa bibliografia; sobretudo sobre Bartolomeu de las Casas. Há diversas edições das *Obras completas* do dominicano. Os principais trabalhos sobre ele são os de Lewis Hanke, Marcel Bataillon e Manuel Giménez Fernandez. As missões jesuítas foram estudadas em geral por Brodrick, *Origine et expansion des jésuites,* Paris, 1950; Brou, em artigos da *Revue d'Histoire des Missions* em 1928; e F. A. Plattner, *Quand l'Europe cherchait l'Asie,* Paris, 1954. Quanto a São Francisco Xavier, serve-lhe de pedestal uma ampla bibliografia, e o aniversário de 1952 trouxe ainda numerosas obras; vejam-se as biografias de Brou, Paris, 1922, Léonard Cros, Toulouse, 1900, A. Bellessort, Paris, 1917, Marmoiton, Crisenoy, Brodrick ou Léon-Dufour.

Sobre a história missionária do Japão, Léopold Delplace, *Le catholicisme au Japon,* Bruxelas, 1909-1919. Para a China, G. Soulié de Morant, *L'Epopée des jésuites français en Chine,* Paris, 1928, e Bernard Maître, *Mathieu Ricci et la société chinoise de son temps,* Tien-Tsin, 1937. Quanto à Índia, Dahmen, *Un jésuite brahme, le P. de Nobili,* Paris, 1931.

V. A Igreja de rosto novo

Os papas deste período, 1572-1622, não foram assunto de trabalhos importantes, com exceção de Sisto V; cf. as biografias de von Hubner, Paris, 1882, e Graziani, Paris, 1907. Ludwig von Pastor continua a ser a principal fonte para estudar os outros papas. Sobre os aspectos políticos desse período, ver a tese de Polman, *L'élément historique dans la controverse religieuse du XVIe. siècle,* Gembloux, 1932. Sobre a obra missionária de reconquista, ver o citado *Edmond Campion,* de E. Waugh. S. Pedro Canisio foi estudado por Michel, 1897, Genoud, 1915, Braunsberger, L. Cristiani, 1925, e James Brodrick, 1956. A união dos rutenos foi assunto de um trabalho sólido de Guépin, *Saint Josaphat et l'Église grecque unie en Pologne,* Paris, 1897. Sobre o cardeal Belarmino, ver as biografias de J. D. Couderc, 1893; Brodrick, 1929; Fiocchio, 1930; J. de la Servière, 1913, e J. Thermes, Paris, 1923. Le Bachelet estudou as relações de Belarmino com a Bíblia Sisto-Clementina em *Les Recherches de sciences réligieuses,* 1910-1911. Quanto a Barônio, desde A. Kerr, 1890, não houve senão a obra italiana de Calenzio, Roma, 1907.

Sobre os teólogos deve-se recorrer sempre ao excelente manual de patrologia de Cayré. F. X. Jansen estudou *Baïus et le baiunisme,* Lovaina, 1927; sobre Francisco Suárez, há Scoraille, 1912, e L. Mahier, 1921. Quanto ao molinismo, todas as obras gerais sobre a Companhia de Jesus lhe dão grande importância, sobretudo Brucker; no *Dictionnaire de théologie* o artigo de E. Vansteenberghe é substancial. É inútil dar uma bibliografia, mesmo resumida, de Montaigne; bastará recordar que abundam obras sobre o seu pensamento religioso, desde Sainte-Beuve, *Port-Royal,* vol. II, e Faguet, *LeXVIe. siècle,* até G. Lanson, F. Strowski, H. Janssen, J. Flattard, Maturin Dréano, Clement Sclafert e Camille Aymonier.

Panoramas gerais encontram-se em L. Prunel, *La Renaissance catholique en France au XVIIe. siècle,* Paris, 1921, e no monumental *Histoire littéraire du sentiment religieux en France,* 12 vols., 1916-1938. Bérulle foi assunto de uma tese de Jean Dagens, Paris, 1952; ver também André George, *L'Oratoire,* e Bruno de Jésus Marie, *La Belle Acarie,* Paris, 1932. Sobre o aspecto hierárquico da reforma tridentina, veja-se Paul Broutin, *L'evêque dans la tradition pastorale du XVIe. siècle,* Tournai, 1953.

São Pedro Fourier foi estudado por L. Pingaud, Paris, 1902, e São Camilo de Lelis por C. Goutier, Paris, 1926. Sobre São Francisco de Sales, os dados bibliográficos encheriam páginas inteiras: a sua obra foi assunto de uma publicação monumental pela Visitação de Annecy: R. Bady publicou um excelente volume de extractos, e E. L. Couturier, Paris, 1952, uma coleção de admiráveis *Lettres de direction et de spiritualité.* Quanto às obras sobre ele, ver Bremond, vols. I e II; Bordeaux, *Aux pays de Saint François de Sales* e S. *F. de S. et notre coeur de chair,* A Célarié; A. Delplanque; S. Hamon; J. Leclercq; F. Trochu; C. Roffat, etc. Hermans, *Histoire doctrinale de l'humanisme chrétien,* resume bem a sua figura.

Para a arte barroca, o grande livro é sempre o de Émile Mâle, *L'Art religieux de la fin du XVIe. siècle,* Paris, 1951. Além dos grandes manuais, pode-se consultar G. Schnürer, *Katholische Kirche und Kultur in der Barokzeit,* Paderborn, 1937, Henri Woelfflin, *Renaissance und Baroque,* 1888, Benedetto Croce, *Storia della età barrocca in Italia,* 1929, muito discutível, e os estudos de Eugênio d'Ors, Gonzague de Reynold, Marcel Brion. Sobre Rubens, ver L. Hourticq, Paris, 1924. Por fim, sobre o sentido geral de todo o período, é justo recordar os artigos de G. Bardy em *L'Année Théologique,* 1949, IV, e as páginas profundas de L. Gardet, *Aux origines de l'âge moderne,* publicadas em *Le Cheval de Troie,* n° 7-8, 1948.

ÍNDICE ANALÍTICO

ESTE LIVRO ACABOU DE SE IMPRIMIR
A 5 DE NOVEMBRO DE 2024,
EM PAPEL IVORY SLIM 65 g/m².

ESTE LIVRO ACABOU DE SE IMPRIMIR
A 5 DE NOVEMBRO DE 2024,
EM PAPEL IVORY SLIM 65 g/m^2.